U0934112

《王亚南全集》编纂委员会

《王亚南全集》编辑部

王亚南全集

第六卷

厦门大学出版社 | 国家一级出版社
XIAMEN UNIVERSITY PRESS | 全国百佳图书出版单位

图书在版编目(CIP)数据

王亚南全集.第六卷/《王亚南全集》编纂委员会编.—厦门:厦门大学出版社,2021.1
ISBN 978-7-5615-6764-7

Ⅰ.①王… Ⅱ.①王… Ⅲ.①王亚南(1901—1969)—全集 Ⅳ.①C52

中国版本图书馆 CIP 数据核字(2021)第 012794 号

出 版 人 郑文礼
出版策划 宋文艳
责任编辑 许红兵
责任校对 英 瑛
装帧设计 李夏凌 蔡炜荣
技术编辑 朱 楷

出版发行 厦门大学出版社
社 址 厦门市软件园二期望海路 39 号
邮政编码 361008
总 机 0592-2181111 0592-2181406(传真)
营销中心 0592-2184458 0592-2181365
网 址 http://www.xmupress.com
邮 箱 xmup@xmupress.com
印 刷 厦门集大印刷厂

开本 720 mm×1 000 mm 1/16
印张 37
插页 3
字数 574 千字
版次 2021 年 1 月第 1 版
印次 2021 年 1 月第 1 次印刷
定价 158.00 元

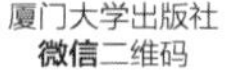
厦门大学出版社
微信二维码

厦门大学出版社
微博二维码

编纂体例

1.编校基本原则:尊重与保持原著面貌,同时兼顾现行学术规范和读者阅读习惯。

2.版式:原为竖排者均改为横排,繁体字均改为简体字。

3.古体字、异体字改动而于原意无损者,改为今体字和通用字,并按新版《现代汉语词典》规范。

4.对明显的文字排校差错,包括衍(多余)、脱(减少)、倒(倒置)、错(错讹)进行校改。添加的字用六角号及楷体标示,其他径行改正。漫漶不清、无法辨认的,用方框"□□"标示。

5.生僻或明显有碍于读者理解的旧词,改为常用或便于理解的新词。

6.标点符号原则上不作改动;个别影响阅读或容易引起歧义的,采用现行国家标准予以改正。

7.著作(译作)、文章原则上采用原有标题;个别无标题或标题有改动的,由编者酌加或修改,并用"*"号注明,加"编者注"说明。

8.原作中的夹注、篇后注、章后注等,原则上改为脚注,文献出版年份和页码统一为阿拉伯数字。

9.编者所加注释均注明"编者注",并根据情况采用脚注或夹注形式。

10.引文均不复核,个别明显错引处径行代为改正。

11.原文中人名、地名、国名已成音译定例的,按定例予以改正和统一;未成音译定例者,仍循其旧。卷末根据需要附"人名译名对照表"等。

12.统计数字按现行规范统一。年代表述仍循原著写法。

13.内容涉及对外或民族、宗教政策的，亦保留原样，必要时加“编者注”说明。

14.早期原著中个别提法不合现行规定的，径行作省略处理。

《王亚南全集》编辑部

本卷编者说明

本卷收录王亚南有关中国经济问题研究的七部论著，包括三个方面：

一是抗战前夕和抗战期间对半封建半殖民地中国经济和战时经济问题研究的三部著作，即《中国经济读本》（上海一般书店 1937 年 5 月出版）、《战时经济问题与经济政策》（光明书局 1938 年 2 月出版）、《中国经济论丛》（五十年代出版社 1944 年 2 月出版）；

二是新中国成立前后关于中国社会经济改造问题研究的两部著作，即《中国社会经济改造问题研究》（中华书局 1949 年 7 月出版）和《中国社会经济改造思想研究》（中华书局 1951 年 6 月出版）；

三是新中国成立后关于社会主义经济问题研究的两部著作，即《马克思主义的人口理论与中国人口问题》（科学出版社 1956 年 12 月出版）和《论当前两种社会制度下的两种不同经济现象和市场问题》（上海人民出版社 1959 年 10 月出版）。

在这七部论著中，既有对中国经济的整体描述，也有对中国社会经济问题的专题研究；既有深邃的理论思考，也有实用的政策探讨。而贯穿其中的，是马克思主义经济理论与中国实际的紧密结合，是用历史唯物主义的观点来认识中国社会、研究中国经济问题，是对中国经济现实的客观分析和对中国未来发展的热切期望。

在《中国经济读本》中，作者在深刻分析半封建半殖民地的中国社会经济形态和性质的基础上，对总崩溃过程中的农业、破碎支离的工业、买办商业及高利贷性金融、经济衰落中的财政与货币进行了全面的阐述，最后指出了中国经济的出路。

在《战时经济问题与经济政策》中，作者不仅阐述了战时经济的重要性，肯定了充实、调整经济力量的意义及其基本原则，而且分别就战时金融财政、内外贸易、工业、农业等问题及其对策作了详尽阐明，最后对中国战时经济进行了展望，指出整个经济政策除适应战时需要以外，还应具有改造中国经济本质、建设中国经济独立基础的功能。

在《中国经济论丛》中，作者从工业与农业、货币与资本、物价与管制、商业资本与工业资本等诸方面阐明了战时经济存在的问题，指明我国当时经济问题的症结，不在其技术方面，而在其社会性质，从而引起了学术界的广泛重视。

在《中国社会经济改造问题研究》中，作者在系统分析半封建半殖民地的社会经济形态的基础上，阐明了中国社会经济改造上的自然条件、技术、资本、土地、生产力与生产关系等问题，最后指明了改变半封建半殖民地的社会生产关系、实现中国社会经济改造的道路。正因此，该书被视为《中国经济原论》的续篇。

而在该书的“姐妹篇”——《中国社会经济改造思想研究》中，作者不仅对数十年来关于中国社会经济改造的各种意见，尤其是资产者与小资产者的改良主义思想进行了考察，而且对中国社会经济改造的正确途径，即如何发展新民主主义经济进行了深入的思考，系统阐述了由半封建半殖民地经济到新民主主义经济、旧社会生产关系与土地改革过程中表现的诸规律、三大经济纲领与社会劳动生产力的解决和发展，以及新经济的构成与性质、范畴与法则及其作用等等，描绘了一幅中国社会经济改造的蓝图。

在《马克思主义的人口理论与中国人口问题》中，作者在论述人口问题的表象和本质的基础上，对马尔萨斯的人口理论进行了批判；并依据马克思主义人口理论，历述我国历史上的人口问题及其产生的原因，最后指明解放后我国人口问题的性质及其解决途径。

在《论当前两种社会制度下的两种不同经济现象和市场问题》中，作者运用马克思主义政治经济学的基本原理，对资本主义社会和社会主义社会两种不同社会制度，以及由不同的基本经济规律作用而产生的两种不同供求现象进行了深入分析，指明了社会主义优越性之所在。

上述七部论著，时间跨度大，内容广泛，其中有的论著是由作者已公开发表的论文结集出版的，如《中国经济论丛》就是作者在中山大学任教期间发表的关于中国经济问题的9篇论文构成的《论文集》；有的论著仅有初版，有的论著则有再版或重印，如《战时经济问题与经济政策》1937年12月初版，1938年2月重印；还有一些论著由于各种原因，内容存在一定的重复，校勘、整理中根据实际情况进行了相应调整。如《中国社会经济改造问题研究》与《中国社会经济改造思想研究》，后者是在前者基础上根据形势变化改编、扩充、增订而成的；前者第三～十章及附录，与后者上卷第一～三篇、第五～七篇和附论一、附论二以及下卷附论五各篇（章）的标题虽有所改动，但内容重复。为此，删去了后者的重复部分，并在相应书页加编者注说明，使全卷保持简洁与完整。

目 录

中国经济读本

战时经济问题与经济政策

中国经济论丛

中国社会经济改造问题研究

中国社会经济改造思想研究

下卷 中国社会经济改造之路——有关新民主主义经济理论的研究

马克思主义的人口理论与中国人口问题

论当前两种社会制度下的两种不同经济现象和市场问题

中国经济读本

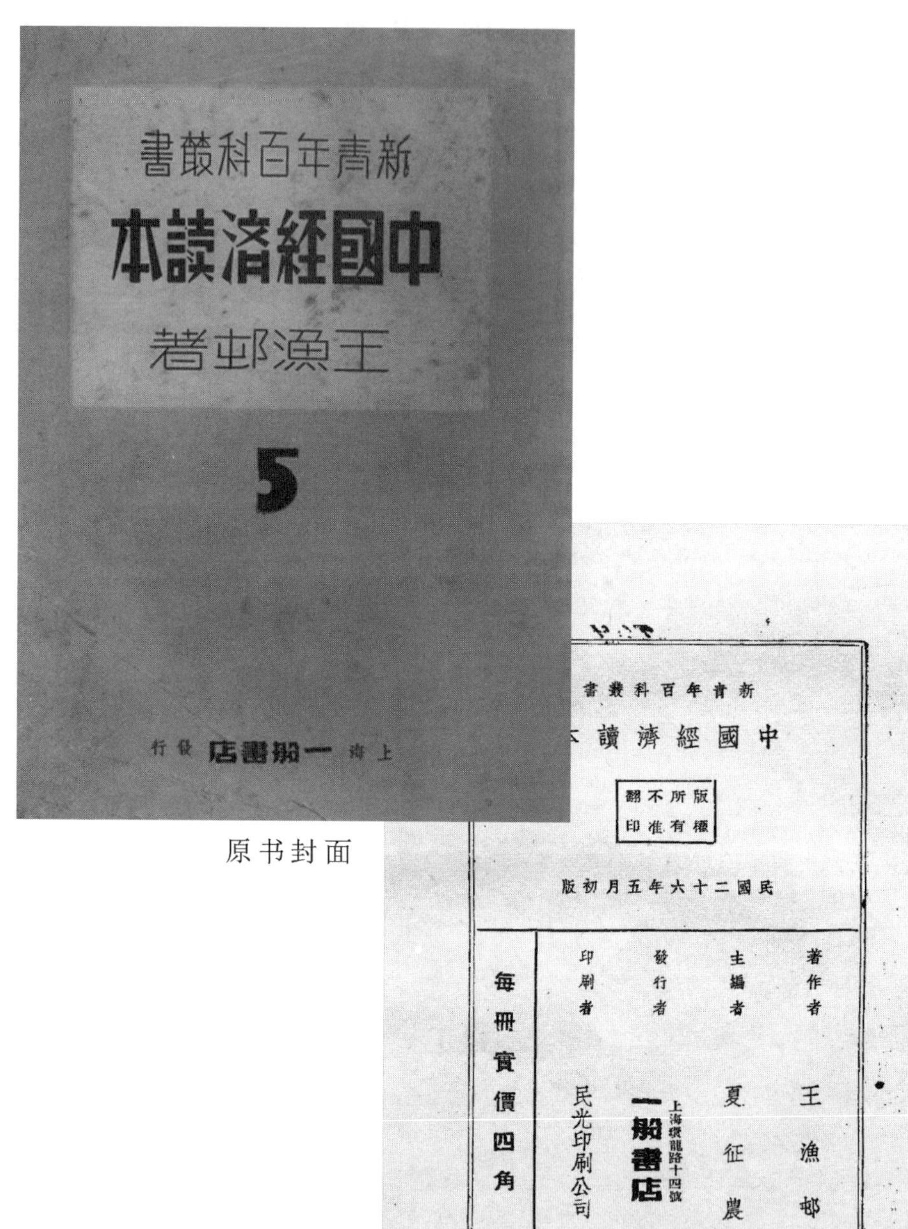

原书封面

新青年百科叢書
中國經濟讀本

版權所有
不准翻印

民國二十六年五月初版

著作者 王漁邨
主編者 夏征農
發行者 一般書店 上海環龍路十四號
印刷者 民光印刷公司

每冊實價四角

原书版权页

第一章　中国经济序说

一、从两个经济学者的中国经济观说起

把中国经济作为研究的课题，首先当然是要了解中国一般的经济现象。中国当前的经济现象怎样呢？我们最好让国内闻名的“资产”经济学者来回答这个问题。

上海实业界巨子“兼”经济学者穆藕初曾这样告诉过我们：

> “我国今日的国家经济，已濒于全部破产的状态。言工业，则各产业部门皆奄奄一息；言农业，则整个农村凋敝不堪，而由于经济恐慌狂潮之激荡，各国且正眈眈虎视，无不欲挟其庞大的经济力，控制我国，使我国沦入次殖民地的地狱。”①

而经济学界“权威”学者“兼”金融家马寅初博士，亦曾如下面这样“概乎言之”：

> “中国经济之衰落，在今日已成为吾人目睹身受之事实，举凡农村经济之破产，都市资金的膨胀，工商业之凋敝，入超之激增，土匪之蜂起，贫穷之普遍，何莫非吾人感觉到的切肤之痛。中国整个的国民经济，可谓已到总崩溃的前夕。”②

由实业家金融家分别表述的“目睹身受”的事实，我们除了感觉其表述方式未免含混外，大体还不妨看为是当前中国经济现状的缩写。

但理解中国经济现状，或研究中国经济，所贵不在知道一般人都能感觉到，都能含糊指数的表面现象，而是(1)要考察分析存在那些现象中的根本原因，并(2)要根据考察分析所得的原因，以为挽救中国经济改造中

---

① 见《复兴月刊》第二卷第二期。

② 见《中国经济改造》序言。

国经济的张本。

不幸，实业家学者金融家学者对于中国经济衰落破产的实况，不但因观念形态的限制，不能作真正客观的检讨，同时也实有其不便道出真正原因的“苦衷”。所以他们针对着中国整个破产的经济状势所抒发的一些宏文巨著，就无非是矛盾混乱概念的堆积。

比如马寅初博士关于中国恐慌破产的事实，有时虽归因于“军阀勇于私斗……税目繁兴，……税率綦重，……稻田……改种鸦片，……国际贸易，既处劣势，……同时又因交通不便，地方不宁……”[①]等等；有时又说“今日中国之恐慌，实与各国不同。各国之恐慌处于人为(man-made)，中国之恐慌则由于天灾地变。”[②]他这样把握不住中国经济衰落的原因，所以关于中国经济改造的方策，就只好支离闪灼的提出一些“头痛医头”的治标办法。一个人要想从这类大著名论中理解中国经济，结局恐怕至多只能增加若干混乱蒙糊的观念。

这事实所指示我们的，是研究中国经济，应特别注意研究的方法。

二、关于怎样研究中国经济的答案

因为应用不正确的研究方法，只能得出一些不正确的结论，所以在进行中国经济的研究以前，须得把研究的方法确定一下。

本年一月某杂志曾提出“怎样研究中国经济”的五个具体问题，征求答案。我虽是被征答者之一，但因为当时忙不过来，只答复了其中较重要的三个。那三个答案，正好供我们在这里做参证，所以我把它分别写在下面，并略加引申的说明。

1.研究中国经济的主要意义是什么？

“研究中国经济的主要意义，应当是由中国经济形态之确切理解，进而决定如何改造中国经济之对策。”

2.怎样将正确的经济学理论，应用到中国经济问题的研究中？

“在研究中国经济的过程中，我们颇需要借鉴或取证于正确的经济学

① 见《中国经济改造》上卷95页。

② 见《中国经济改造》上卷53页。

理论，不管这理论是关于一般的，抑是关于中国的。至如何把经济学理论应用到中国经济的研究中的问题，我以为，那是‘运用之妙，存乎一心’。大约在研究之始，不妨先读一些有关一般经济的正确理论，以期在基本认识与研究方法上有所益助。”

3.怎样避免对中国经济问题作不正确的观察？

“要避免对中国经济问题作不正确的观察，首先要把中国经济形态的本质拿稳。不错，要了解中国经济形态的本质，又必得从中国的各个经济问题研究起，于是这当中发生一种循环的关联。但我们可以这样分释：如其我们对于整个中国经济形态有了理解，那考察各个经济问题，就很容易辩证是否正确；如其是为了要由各别经济问题的考察，而求中国经济形态的一般的理解，那在事实已显然证示了中国经济究是何种形态，或中国经济形态，已经由正确经济理论提示了大体途径的今日，我们与其对于各别经济问题作自我体认的‘格物致知’工夫，那就不如就正确经济理论所提示的线索，作进一步的发挥研究。所以，在中国经济研究中应用正确的经济学理论，同时也就是避免对中国经济问题作不正确考察之一有效方法。”

我们设把上述三个问题的答案综合联贯起来，即不外是借助正确的经济学理论，以确定中国经济形态的本质。

不错，在研究的方法中，我们是应当特别注意经济资料之搜集、整理和运用的。但我认为，经济资料之搜集、整理和运用，须与“借助正确的经济学理论”连带考察，因为一开始处理乃至搜集经济资料，就要以正确的经济学理论作为基准。“资产”经济学者所注意的统计资料或经济实录，不是要它接近事实，显示真相，反之，却是要它便于歪曲事实，隐蔽真相，所以，在他们看得非常贵重的材料，对于采取另一种观点的经济学者，也许全无价值。比如，就中国土地问题说，他们所要搜集的材料，无非是荒地的统计之类，因为利用这种统计，乃可掩饰由土地集中倾向所引起的诸般严重事实，如封建式的地租榨取和农村各阶层间的剧烈冲突等等；又比如，就中国劳动问题说，他们不但不大注意有关劳动条件，劳动争议的一类统计资料，甚且在他们论中国经济的洋洋数十万言的巨著中，完全把这一门的重要事实，一笔抛过不提。

要之，“借助于正确的经济学理论”，同时就可决定搜集材料的方法，至材料的整理与运用，那当然是更要受经济学理论的左右的。

然则怎样才是正确的经济学理论呢？在答复这个问题之前，我们须得把经济学的概念说明一下，大体上，经济学有广义狭义的区别。狭义经济学，即所谓资本主义经济学，那是以资本主义社会的经济或政治经济为研究对象；至若广义经济学，则是把整个人类社会的经济事象，作为其研究对象，在那种研究中，发现人类社会史过程，曾由其经济形态经济生活的转变，经过若干阶段。对于那些阶段的理解不同，于是在同一研究领域内，乃发生了所谓不正确的经济学理论与正确的经济学理论的区别。

比如，现代资产阶级经济学者或经济史学者所分划的经济发展阶段，如德国里斯特(List)所分的野蛮未开化状态、游牧状态、农业状态、农工业状态、农工商业状态；喜尔德布兰德(Hildebrand)所分的自然经济、货币经济、信用经济；布赫(Buher)所分的家内经济、都市经济、国民经济阶段等等，通只是就表面的现象，曲加解说，而且他们还有一个共同志愿，就是要表明资本主义经济，是社会进化的最高阶段，是不会再有变更的阶段。

但站在相反立场的社会学者经济学者，却以新的科学方法，确定社会经历的阶段，大体是由原始共产制，过渡到奴隶制，以次为封建制，为资本主义制，最后为社会主义制。由一种社会制过到其次的或较高级的社会制，通是依照一定的法则，那法则的简括说明是：人们在一定社会从事生产活动，必须加入一定的社会关系里面。这“生产关系的总和，构成社会之经济的构造”。在此生产关系内部由社会的自然的诸要素所决定的劳动生产力，一受到保育与促进，势必要求改变生产样式，改变获得生活资料的方法，从而要求改变以前所有的社会生产关系。换言之，即新的生产力，必然由其不可抵抗的新的生产关系的要求，而使既成的社会关系，既成的法律政治以及其他上层建筑，或急或徐的趋于倒坏。

这种广义的经济学理论，早有铁一般的事实证示其绝对正确。特就世界大体的趋势讲，我们固然要借助于这种正确的经济学理论，以说明资本主义没落的必然性，但就中国社会经济推演的过程讲，我们亦得根据这种正确的经济学理论，以确定其性质。

三、中国经济性质问题的提起

可是，前述正确的经济学理论，所指示的只是社会经济发展的一般法则，或大体的途径，它对于每个特定社会，是否完全适用呢？比如，由那种理论所提示的奴隶社会经济阶段，在西欧的希腊罗马社会，乃至在东方的日本，虽曾经历过来，且成为其各别社会发展过程上的一个划时期阶段，但在中国，却因种种理由，使这种体制在中国社会史上没有占着支配一个时代的重要地位。不过这说来话长，为了篇幅的限制，这里只好就现代中国社会经济的情形来说。

从一八四〇年代鸦片战役以至现在，中国社会经济在实际虽经历过了无数的变动时期，但其社会形态经济形态的本质，却还不曾有何等根本的改变。然则那本质是怎样呢？我们能依据进步社会科学者所提示的说明，来确定其为封建形态，或资本主义形态或介在这两者间的第三形态么？对于这个问题，不是三言两语所能交代清楚。我现在且先提出确定中国社会经济性质问题，所必然要遭遇的几种困难来说。

第一，中国社会是在封建阶段停滞了几千年岁月的。直临到西欧碧眼黄须儿用巨炮轰开闭锢已久的"国门"，我们的祖父辈还是过着封建的生活。不过在那个时期，中国的封建制，已经进入了解体过程。经过外力的敦促，她是应当大踏步的向着资本主义旅程转换的。但外国资本主义势力一方面尽管加速促成中国旧来封建体制的破毁，同时却依照其帝国主义活动，不但直接阻止中国资本主义经济的发展，甚且还从许多方面扶植中国旧来封建成分的延续。其结局，整个中国的经济形态，就在其兼容并蓄着旧来封建成分与新的资本主义成分的复杂外观上，使我们不易遽然确认其本质。

第二，在无论哪种社会形态中，其所包容的经济成分，并不是单纯一个种类。比如，在现代最高度发达的资本主义国家，还不免保留几许旧来遗下的封建残余。即如今日已进到社会主义阶段的苏联，亦还有资本主义的，甚至封建的经济成分尚待克服。不过，问题的关键，不在某种经济的是否纯粹，而在它对于其他的经济成分，是否占着优越的地位。这是确定一切社会经济形态的准则，当前的中国经济，虽然因为受着帝国主义的控制与侵蚀，致不得成就资本主义的发展，但帝国主义的国际资本活动，却又使中国经济具有资本主义支配的外观，这是确认中国经济的又一困难之点。

第三，在一切新旧交替的过渡期中，在旧的经济成分还在某些方面受到扶植，新的经济成分又不能顺利成就其发展的转换期中，往往总会在社会意识上反映出各执一是的不同认识；而且，因为实践上或实际斗争上的要求，片取有关前一经济成分的材料，说当前是封建经济占着上风固振振有词，同时片取有关后一经济成分的材料，说当前是资本主义经济占着优势亦似不大远于事实。这是中国经济性质问题必须提起的又一说明。

然而这诸般困难，仍旧是可依据正确经济学理论予以克服的。在前述广义经济学所提示的社会经济发展阶段上，虽然不曾明确指出中国当前这种经济形态的范畴，但我们只要依据其决定封建经济与资本主义经济之分野的法则，就不难为征知当前中国经济之究竟性质了。

四、封建的？资本主义的？抑是第三社会形态的？

近年来，关于中国社会经济性质的论争，已算相当热闹了。直到最近，这热闹场面还不曾终结，不过较先前是显得零落了。参加论战的主张，真是所谓“樊然杂出”，我们在这里没有一一举述的余裕和必要。但为便于说明起见，仅就显分壁垒的下列三种主张，略加解述。

1.封建经济说

照这种说法，中国当前的经济现象，还是由封建的经济成分占着优势；封建军阀所由延续的地方经济体系，在各地活动的帮行制，特别是保留着农奴制成分的佃农制，以及半自足的小农业生产状态等，皆为主张此种说法的有力根据。

但这主张在论战场面上，不曾怎样引起人们的注意和共鸣，原因是，它忽视了封建经济的两种本质，即第一在自然经济占着优势，第二在以地主依其封建身份关系，把农奴束缚在土地上，供其超经济的榨取。惟其对于这种本质未大注意，遂把国际帝国主义资本，通过买办资本、高利贷资本在中国国民经济内部，特别在中国农村经济上所引起的变化抹煞。

2.资本主义经济说

惟其国际帝国主义资本，通过买办资本高利贷资本，控制着中国国民经济的大动脉，由是发生资产阶级操纵政府，工厂工业在沿海乃至内部各大都市兴起，手工业没落，小农产品商品化，以及资本集中等现象，有些人又主张中国国民经济，已达到了产业经济阶段，已经是资本主义的经济了。

但这种主张的最大缺陷，就是只强调国际帝国主义资本控制着中国全经济部门这一个断面，可是，那种资本控制着国民经济是一事，而受其控制的主要国民经济生产部门，是否改换生产方式，是否资本主义化为又一事。原来资本主义的前提条件有两个：一是商品经济占着优势，一是生产手段所有者与其被雇的工资劳动者间的对立关系。在国际帝国主义资本控制下的中国经济，甚至其中占着重要地位的小农经济，虽然日复一日的在向着商品化的途程迈进，但帝国主义资本在其他方面，却又有阻止中国农村社会生产关系资本主义化的趋势，换言之，即中国农村的社会对立，尚不是资本所有者与其被雇工资劳动者的对立，而是保持着相当浓厚封建性质的地主与贫苦佃农的对立。雇用农业劳动者耕作田地的富农，或所谓农业资本家，在中国农村中，只占着极有限的成分。而且，就在这种富农或农业资本家与其雇佣的工人之间，亦还保留有不少的封建主仆的色彩。

3.前资本主义经济或商业资本主义经济

在封建社会过渡到资本主义社会之间，有所谓第三社会形态或中间社会形态存在。在这种社会中，封建的经济成分尚未克服，本格的资本主义经济又不曾完全确立起来，一般占着优势的，是商业资本经济。中国现阶段社会经济方面呈现的许多事实，如买办商业家银行家之握有极大的经济实力，他们对于国内市场的操纵，对于若干新式工农企业的把持，对于一般工农业生产者的高利贷剥削，对于地方军阀的利用和玩弄，乃至对于政府的高利盘剥，都可表示这种经济的优越性，而手工业的破产和农民经济的商品化，亦可作为这种经济的注脚。

然而，姑不论这种社会经济形态在理论上的正确性真实性如何，我们终不能由此概括现阶段的中国经济。我们也承认中国经济尚未脱过渡性质，但最关紧要的，是中国社会由封建形态向着资本主义形态的推移过渡中，却遭遇着了国际资本主义的捣乱。国际资本主义随其发展与需要而在中国所演的重大作用，使中国经济弄成了三不像的东西。

所以，我们得在这种意义上，来求对于中国经济性质的理解。

五、所谓第四种经济

中国社会到了清代统治的后期，即一八四二年鸦片战争的当时，集权的封建体制，已经在分解的过程中，引一段史实来说明，就是："在清朝统治下累积的官僚主义的封建社会之内部的诸矛盾，自十八世纪以来，已经开始暴露了。以贫富为主体而汇合着浮浪的知识份子，零落的小手工业者，小商人等而结成的宗教结社，曾在中国各地孤立的分别的发生暴动与叛乱……

"至前世纪中叶，旧有中国社会末期的农民战争，已随当时发端于中国南部的太平天国之乱，而达于最高潮。太平天国之乱，正是旧中国社会内部诸矛盾的尖锐曝露，同时亦是庞大国家机构的颓废与皇帝及其官僚装置之支配权完全失坠的告白。"①

可是太平天国的动乱，不仅具有农民战争的性质，同时还具有民族战争的性质，因为就在这个时候，西欧资本主义势力，已在促成中国旧社会内部诸矛盾暴露上，演了莫大的作用。由对外孤立维持其旧来形骸的中国社会，如非因英国资本的中介，而导入国际资本势力，它的解体过程，一定会遵循另一种法则，而在那种解体过程中演出的姿态，也一定不是当前这样。

这就是说，国际资本主义或帝国主义势力的侵入，歪曲了中国社会的正常发展。

大体上，由鸦片战争的一八四二年，到日俄战争的一九〇五年，资本主义各国尚是徘徊于工业资本阶段，它们对于殖民地的要求，对于殖民地的经济侵略，还只具有相对的意义。但过此以后，金融资本的形态出现，帝国主义对于殖民地的经济侵略，乃具有绝对的重要意义；结局，像中国这种落后的，而又充分具有满足帝国主义之经济侵略要求的国家，遂益发没有成就资本主义发展的可能。下面这段话，大可说明此种事实。即：

---

① 见拙编《中国社会经济史纲》第361～362页。

“中国自卷入国际贸易漩涡以来，帝国主义即掌握了中国经济的支配权。中国的劳动民众，受着帝国主义与中国地主、官僚、高利贷资本的联合统治；交通及工业中的资本主义要素增大，旧国家崩坏，而代以军阀制度。此等现象，对于旧式生产方法给予了莫大的打击，甚且要根本予以倾覆。然而，代替旧生产方法的新生产方法，又有多少的困难与障碍。即在一方面，帝国主义阻害中国的发展；在他方面，地主及高利贷资本，又凭借帝国主义者及旧官僚机构与军阀军队的权力，以歪曲中国的发展……”①

由这段话中，我们知道：

第一，中国无论在都市抑在农村，都是由国际资本帝国主义行使最高的统治。

第二，在那种统治下中国旧时封建的关系，加速的趋于破坏，旧式手工业与农村中的封建生产方法，都加速衰弱，但这仅只说明帝国主义统治的一个断面。

第三，国际资本帝国主义一面虽如上述这样促成中国旧生产关系的生产方法的破坏，同时却因为他对中国行使统治，要与买办资本相结合，要在政治上直接间接的仰仗封建势力，所以它不但不能扫除中国的封建残余，甚且在某种实际要求上，有利用那种封建残余关系与力量之必要。所以

第四，帝国主义的国际资本，尽管全面的控制着中国经济，但中国经济中的资本主义化成分，或资本主义的生产方式，却仍在一边破坏一边保留的半封建关系之下，莫由发展起来。而在农村经济方面，尤属如此。

根据以上的说明，就知道中国这种破碎支离的经济，若以当前世界存在的主要经济形态来权衡，就算是社会主义经济、资本主义经济、殖民地经济范畴以外的第四种经济。这种经济的主要特性，就是

第一，对于国际资本帝国主义的隶属性。

第二，依附国际资本的买办资本主义的优越性。

第三，一直蹉跎在过渡期中的半封建性。

在大的分野上，这种经济与殖民地经济通是属于资本主义的经济体

① 参照橘朴著《支那社会研究》第45页。

系,或可说是现在资本主义制度下之一派生经济形态。

我们要把中国经济的这诸般性质弄清楚了,然后始可分别解析中国经济诸部门的一般现象;由是发现现阶段中国经济恐慌的特殊性,并进而探求挽救中国经济危运所必须遵循的途径。

自习问题

一、"资产"经济学者为什么不能理解中国经济的性质?

二、我们为什么要研究中国经济?

三、怎样去进行研究中国经济的工作?

四、试说明研究中国经济,必须提起中国经济性质问题的理由。

五、封建经济说的错误在什么地方,资本主义经济说的错误在什么地方?

六、请简括释明中国经济的特性。

第二章　在总崩溃过程中的农业

一、农业的重要性及其特殊性

在今日来主张中国“以农立国”，无论其如何持之有故，言之成理，总不外是主张把中国变为十足的殖民地。可是在事实上，中国却显然不曾脱出“以农立国”的状态。换言之，即农业在中国经济上，仍占着非常重要的地位。

据前北京政府农商部在世界大战发动的一九一四年的调查，中国农业户数有59402515户，农业人口有358413890人，占全体89.13%。迨至战后的一九二七年，国民党中央土地委员会调查的结果，却是农业户数56000000户，农业人口336000000人，占全体84%。这两种统计，都不十分可靠，但大体可以窥见农业人口在全人口中所占的绝大比率。

对于这种事实的反面证明，就是在全国民生产总额中，农业生产总额竟达到90%以上。由是在中国对外的输出上，农产品就占着优越地位。照一九一三年至一九二二年那十年间的输出贸易状态，农产物的输出，在全输出额中，计达68%乃至82%，平均约占74.5%。①

在国民生产上，在对外输出上，既都由农产品占着绝对优势地位，我们已不难由此窥见中国经济的一般特质了。因为农业是属于原始产业部门，这个产业部门一直占着优势，从资本主义的视野来说，就是表示那种经济的落后性；从其对于国际资本主义的有机配合说，就是表示那种经济的隶属性。设我们由此反过来讲，中国农业的特殊性质，又显而易见了。

我曾讲过：中国农业，是整个中国经济之一部门，从而，中国农业的特殊性云云，就须得从中国经济的特殊性，而认知其意义。一般论中国经济

① 参照日本改造社《支那经济年报》昭和十年版。

的人，大概都不会忽视它那“半殖民地的”或“次殖民地的”性质。由是农业上之特殊性，就不外是对于整个中国经济之“半殖民地的”性质的“分与”。申言之，即“次殖民地的”农业形态，规定了中国农业的特质性，也规定了中国农业上所发生的一般问题的动态与特质。

原来所谓次殖民地的涵义，就是这个国家虽不曾为一个帝国主义国家所吞并，却在为多个帝国主义国家所宰割，受多个帝国主义国家宰割的国土，其经济形态，从而，其农业形态，必然要显示出以次的特殊性来，即一方面受帝国主义的压迫榨取，和对于帝国主义经济的隶属依存，同时，却又正因其成为帝国主义的隶属，成为对帝国主义提供商品和资本市场，并提供原料的地域，而必须适应配合的保持其落后的封建关系。因此，中国的农业，就在帝国主义摧残与封建势力剥削的两重压迫下，苦苦挣扎。所有中国农业上的诸般问题，都须由此得到理解。[①]

二、帝国主义与中国农村经济

事实上，在资本主义列强，踏进帝国主义阶段以前，它们已在中国农村经济上发生过莫大的影响；不过，在此以后，其影响更加严重罢了。

帝国主义对于殖民地半殖民地的主要经济侵略方式，是把它们大工业的制成品，拿来与那些落后地域的原料，作不等价的交换。单在这种交换关系上，中国的农村经济，就必然要相应发生以次诸变化：

第一，由于大工业商品的输入，旧来的农作物，乃无法保持其原状。“丝，茶，棉及鸦片这四类贸易上及工业原料上的农作物，因帝国主义而起莫大之剧变”[②]。如茶，不但遭受印度爪哇之资本主义的大茶农场出品的竞争，且还蒙受日本较优良生产组织的产品之打击。生丝，市场早为日本原丝人造丝所侵夺，在桑的栽培上，发生破坏的影响。棉花亦耐受不了美棉印棉的竞争。此外，如甘蔗的生产，都因爪哇台湾等地大甘蔗农场的出现，从而因外糖的输入，使中国糖业甘蔗栽种业顿改旧观，欧洲与日本的化学工业的发达，已把中国靛的生产完全破坏了。然而我们还得从另一

---

① 参见拙作《中国农业问题讲话》，《中国农村》第二卷第十二期。

② 见陈彭译马扎尔《中国农村经济研究》第 450 页。

方面去观察其影响。

第二，帝国主义由输入大工业商品所换去的原料，当然同样要影响到中国的农业生产。我们已经讲过，中国农产物的输出，平均占全输出额75％，茶，豆，烟草，桐油，落花生油，丝等，均为输出的大宗。以前中国东北数省主要出产的大豆，完全是用以供应日本的市场，当前华北的棉花种植，也专门是为了减少日本对于美棉印棉的需要。山东、安徽、湖北、河南诸省的烟草，都无非是适应帝国主义在中国乃至在它们本国的工业要求。

单就上面这种输入输出关系说，中国农村经济的变化，已大可想见。且以一件事实来说明这两方面的影响吧。“油种及菜油的输出，不仅夺去了中国农村经济的肥料，不仅使中国农民食品转坏，而且同时还夺去了乡村和城市的主要原料（点灯用）。帝国主义以石油代替了菜油。从来没有一种商品像石油那样深入农村中。美孚油创造了可惊的商品批发网，几遍及全中国。商品之流通极速，上自大托辣斯，下至小农消费者，莫不用之。”①

但无论商品输入，抑是原料品输出，都需要打破农村中的自给自足经济状态。而与农业结合的旧式家庭手工业，则显然要在此种要求上，蒙到破局的打击。由是予旧农业生产机构以决定的破坏影响。

同时，隐在自给自足经济状态破坏后面的事实，就是农产物的商品化。一般农民所生产的物品，已经不是为了供他们自己的消费，甚且不是为了供给他们各别所在地域的消费；在另一方面，他们所需要的适用品乃至大部分或全部的必需品，又要取给于国内其他地域和国外的输入，这样，农民经济就差不多整个卷入了国内国际的贸易流通漩涡，由是造出了国际资本帝国主义通过土著高利贷资本，而控制着整个中国农村经济的前提条件。

其结果，“商业及高利贷资本，得以极低的价格，由生产者即农民收买去一切与工业有关的农产物（生丝，棉花，茶，豆类，烟草，靛等）。农民中最贫苦的份子，只由市场罹到一切痛苦，而莫能得到何等利益。间或有之，亦极其有限。与商工业有关的一切农产品利益的大部分，都为输出商即外国商店与中国商业高利资本所占去了。农村的货物，在都市得不合

---

① 见前《中国农村经济研究》第458页。

理的代价，中国的货物，在外国得不到合理的代价”[①]。

中国一般农民，由帝国主义与买办资本合同榨取所演成的种种惨状，现在且不忙说，我们这里姑先考察中国农村经济卷入国际资本漩涡所引起的积极作用。

原来在一国国民经济的领域内，农业的发展是要与工业发展相辅而行的。帝国主义势力侵入后，中国民族工业乃至帝国主义在华工业诚然都有相当的发达，由是相应刺激了农业上的生产。但同时帝国主义伙同买办资本榨取的过程，却“由帝国主义占有铁道内河及沿海航路，作为其商业扩大及资本主义发达的前提，而更加促进。外国的金融资本，促起了中国采取工业（石炭铁等）的发达，随后又促起了种种消费品工业（纺织，烟草制造，榨油，食品制作，酿酒等）的发达。由农村榨取的资本，先投在运输业及商业上，更进而投在工业上。然而帝国主义的不平等条约，协定关税，国内市场的有限性，军阀统治，货币制度不统一，财政机关的混乱，商业及高利资本的优越等，都在阻害工业的发展，使频频发生的经济恐慌，夺去其投在生产上的资本的利得，就在商业范围内，资本亦不得圆滑流通。由是，此等资本及都市的一般蓄积，都用购买土地或从事高利贷经营，其结果，小地主数增加，自作农佃农化的过程，乃更加激急”。[②]

由此种事实，我们知道帝国主义只是在中国农村经济上发生破坏的作用；帝国主义既由制品，甚至由原料食品输入在中国农村造出大批失业农民，同时却又因其妨阻中国工业发达，使那些过剩的劳动力，没有“致用”的出路。在另一方面，农产品尽管商品化，尽管在大量供应帝国主义的原料需要，但一因帝国主义通过高利贷资本，限制着中国农产品的价格，二因帝国主义需要保留或扶植中国农村中的半封建的榨取关系，以致中国农业资本主义化的前途，亦极形黯淡。

三、小农经营与资本制农业经营

我们已讲过农业在中国经济上的地位了，这里且讲讲小农经营在中

---

① 参见橘朴著《支那社会研究》第 54 页。

② 橘朴著《支那社会研究》第 55 页。

国农业经济上的地位。

无论从哪方面讲，小农在今日全般农业经济上，占着绝对的优势。这是有必然的历史法则作为其基础的。据一位社会科学者告诉我们："农民们的自由而零碎的土地所有，和其自力经营形态一般占着优越地位时，那一方面是古代希腊罗马最隆盛时期的社会经济基础，另一方面也可在我们现在诸国家中遇到——那是封建土地所有制在崩溃中产生的诸种形态之一。"

中国当前还是在封建土地所有制崩溃过程中。在这当中的土地所有关系虽然在换一个方式，向着集中的路上走去，但并不曾像十九世纪初期的英国那样，由所谓圈地运动，导来资本制的农业经营。特在说明此种事实之前，我们不妨略略述及中国土地的集中倾向。

在一九二七年，汉口土地委员会，曾揭示以次两种统计：

(一)按百分法计算各层的农户，其结果如下：

1.1～10 亩的农户，44.45％

2.10～30 亩的农户，24.73％

3.30～50 亩的农户，16.21％

4.50～100 亩的农户，9.57％

5.100 亩以上的农户，5.33％

(二)按百分计算各种农户的土地分配，其结果如下：

1.平均有 5 亩地占土地 6.16％

2.平均有 20 亩地占土地 13.26％

3.平均有 40 亩地占土地 17.44％

4.平均有 70 亩地占土地 19.40％

5.100 亩以上的地占土地 43.00％

综合这两个统计数字，43％的土地，竟集中到全农户 5.33％的人手中了；同时，44.45％，或几达一半的农户，却只占有 6.16％的少量土地。中国土地问题之严重，可见一斑。

可是担心中国土地问题过于严重的我们"友邦"，却由其专造中国各种统计数字的东亚同文会，编出下面这样的相反统计。

“所有面积……在全耕地中所占百分比
十亩未满的……四二,三
十亩以上的……二六,六
三十亩以上的……十五,八
五十亩以上的……九,七
百亩以上的……六,六”

我们不能说汉口土地委员的统计,十分正确可靠,但东亚同文会的调查数字,则全系出于有意的捏造。据内政部最近发表的察绥青冀豫鲁晋陕陇苏浙皖鄂湘粤桂滇17省的土地分配情形,则有如次表[①]:

	户数	所有耕地
100亩以上	1.63%	18.52%
51~100亩	5.03%	19.55%
31~50亩	10.28%	22.00%
11~30亩	26.22%	21.98%
10亩以下	56.84%	15.97%
公耕土地	—	1.98%
合　计	100.00%	100.00%

假使我们不妨把这看为是比较接近事实的折衷数字,则以1%以上的户数,占着18%以上的耕地,同时56%以上的户数,只占有15%的耕地,两相较量,其集中的或土地分配不均的倾向,已昭然若揭。

关于土地分配上何以会形成此种现象的问题,且留待后面再说,这里所要说明的,就是土地的集中,是否便于资本制的农业经营,或者资本制的农业的生产方法,是否随土地集中而有相应的发展。

事实给予我们的是否定的答复。

百余年来,中国农民所经营土地的平均亩数,在日渐减少。至最近亦然。在一七一一年每人平均耕地为90亩,一七七二年为26亩,一八二一年为21亩,一八八〇年为10亩,一九一四年为5亩,战后一九二七年为

① 参照薛暮桥著《中国农村经济常识》第26页。

4.25 亩。[①] 据前北京政府农商部统计，中国每个农户经营土地的面积，10 亩以下占 36%，11 亩至 29 亩占 26%，30 亩至 49 亩占 25%，50 亩以上，占 10%，100 亩以上，仅占 6%。这两项数字，通是表明，零细经营，为中国农业生产方法之一特征。

这就是说，中国的土地所有尽管集中，但其使用，却在随集中而分割。马扎尔曾指出中国农村之土地所有规模与土地使用规模反离的几种倾向，即：

"1.在地主、商人、绅士、军官、高利贷者、富农手中的土地私有的集中过程，比较迅速。

2.在富农的乡村中土地使用的集中过程之迟缓。富农土地私有的集中，时常并不能造成土地使用的集中。因为富农要将土地出租出去。

3.小农民私有者转变为佃农之过程的相对迅速。

4.小土地所有者与小经济之土地使用分散过程之迅速。"[②]

同一著者在其他地方，还概括这诸般倾向说："中国农村之土地关系的动态，由土地所有的集中过程，由所有者向着佃租人转化，及由土地使用上之急激分裂过程而显示其特征。其结果，农业生产关系，乃不得不趋于恶化。"[③]

总之，中国土地虽在向着地主、军官、商人、高利贷者、富农手中集中，但他们集中到手中的土地，却并不用以从事较大规模的经营，或应用资本主义的农业生产方法，而是在一反掌间，又把它租佃出去；就在富农，他们自耕的田地面积虽较小农或半佃农或佃农为大，但他们一般还是把一部分土地，用批押或租佃的方式，分给贫农小农使用。

本来，在典型的资本主义国家(例如在英国)，佃农本身就是资本家，他们由土地所有者即地主那里租得土地，雇用那些专门等着机会出卖劳动力的农业劳动者从事耕作。每年收获告终，他们除了支付地租，支付劳动者工资，偿付其前垫经营资本外，其余就是他们的纯所得，或经营资本的利润。但这种现象，不能在中国发现，中国的佃农，大都是极其贫苦的

---

① 见马扎尔著《中国农民经营的经济及其发展诸倾向》。

② 参见《中国农村经济研究》第 404 页。

③ 马扎尔《中国农民经营的经济及其发展诸倾向》——参见日本改造社《支那经济年报》昭和十年版第 70 页。

农民，他们无力经营多的土地，所以地主或其他土地所有者都是把土地分割的出租。甚且，土地愈集中，即小农小自耕农愈加转化为无土地者，土地在使用上就愈有分割的必要。分割了的小规模零碎经营，显然无法应用资本主义的经营方式。因为“过小农的土地所有，在其性质上，会排除劳动之社会的生产力的发展，排除劳动之社会的诸形态，排除资本之社会的集中，排除大规模的牧畜，排除科学之累进的应用”。①

简言之，就是过小农的土地所有，会排除资本主义的经营方法，这原则，在土地所有上的分割，抑在土地使用上的分割，都同样适用。我们在次节，还打算加以补充的说明。

四、农村的生产关系与生产力的矛盾

不错，资本制的农业生产形态，在今日中国的农村，亦并不是绝对不能发现的现象。就农具方面说，每年机械农具的进口，已有相当的数字；中央及各地方政府直接经营或间接援助的农业实验区，都在分别试行大规模的农业经营；北方许多省份已由日本人士在替我们采用资本制的植棉方法；一部分的富农乃至佃农，也不乏雇用农业劳动者帮同耕作的实例；不过，我们即令把所有这些事实都综合起来，亦还抵不上旧式零细经营的百分之一二。

然则中国农民为什么要这样“抱残守缺”的不肯改变其经营方法呢？不理解资本制经营的利益么？没有新式的机械农具可供利用么？没有充分的畜力么？待雇的无产者农民不存在么？都不是的。实际的利益，往往可以使无知者启发知慧的；资本主义列强一定都很乐意把它们制好的新式农具，向中国运输；劳动力不待说，就是辅助机械的畜力，亦决没有问题。然则问题的关键在什么地方呢？

我曾作过这样的说明：“……中国农业问题的症结，乃存于它遭受帝国主义侵蚀与封建势力剥削的两种事实：帝国主义与封建势力苟合所形成的生产关系，所形成的顽梗外壳，使箍在它里面的农业上的生产力，失却其发扬滋长的生机，以致引起全面的溃烂。

① 见《资本论》英译本第3卷。

“近人从农业观点来论中国社会的阶级的生产关系，多就次表而显示其分野：

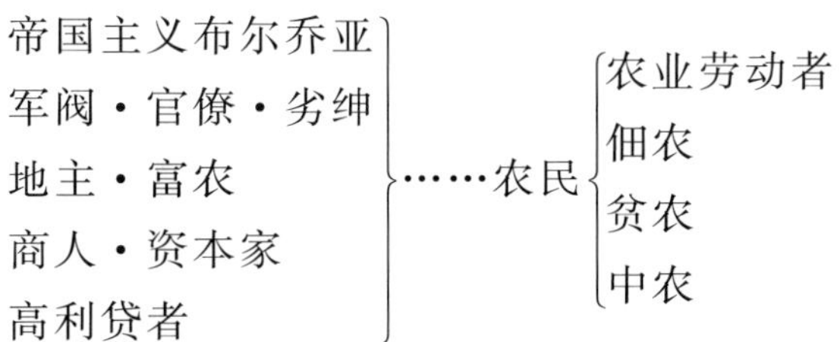

上表不过是指出一个大体轮廓。其实，地主，劣绅，官僚，富农乃至军阀高利贷业者，通常都是息息相通，或一身兼为数种方式的农民压迫者。同时在农民方面的佃农，贫农，农业劳动者间，亦没有怎样严格的限界；许多农业劳动者，同时又是佃农或半自耕贫农业。但无论如何，压迫者与被压迫者间的显然分野，那却是构成农业上之生产关系的枢纽。”①

现在我们要问：这样的农业上的生产关系，为什么就阻害农业生产力的发展呢？那

第一，可就帝国主义破坏中国经济的作用来说明。资本主义的生产方式的采行，无论在工业上，在农业上，都得有较充裕的原始蓄积。中国过去的资本蓄积，都为专制王朝及其庞大封建统治机构所胡乱消耗了。由帝国主义侵入所造成的逐年增加的入超，早使中国农村社会的周转资金，日就枯竭。而且

第二，由帝国主义商品侵入所妨阻的工业上的正常发展，致中国社会由原始的封建榨取方式所挣得仅少资金，都只好用以从事高利贷业或土地购买，结局，中国的土地价格，一直都是保持着非常的高率。土地价格昂贵，一方面是地租能维持封建榨取关系的条件，同时则是妨阻土地从事资本制经营之一条件。因为农民无论是耕种自己的土地，抑是租借地主的土地，他在土地方面的支出增多，对于其他生产要素如农具、畜力、人力方面的支出，就相应减少。即令

第三，他们可以通过买办商业资本，由国际资本帝国主义获有生产资金，但经过多层剥削的高利贷，益以苛捐杂税与“准封建”的徭役征敛，终使他们经营所入，不足以偿其所出；所以在须卖土地，卖儿鬻女偿债；或须

① 见拙作《中国农业问题讲话》。

拿出其充饥的仅少谷物支付地租的情形下，中农很快的变为贫农，生产者与其生产手段分离，成了非常普遍的现象。可是

第四，在这种过程上造出大批无土地者，该怎么办呢？他们不能希望中国发展工业来容纳，也不能希望中国发展资本主义化农业来容纳，结局，他们除了当兵当匪或从事其他不守本分的勾当外，只好为了避免走上漂泊乞丐的或吃树根树皮的命运，而向地主求得一块土地来苦苦经营；他们这种人愈多，地主就愈能发挥其“衣食父母”的权威，使封建的剥削关系能继续维持下去。

从这种种事实，我们就明了中国农村的生产关系，在如何防阻其生产力的发展；要希望在这种生产关系之下，解脱农业生产力的桎梏，甚且承认中国农业上的资本主义生产，已经占着优势，那真是达观到令人难得想像了。

五、普遍贫困论和永恒饥馑论

农业上的这种无法解决的矛盾，愈往后去，当然愈要扩大贫困的范围；在当前，就是最不肯睁眼去看中国农村险象的资产阶层的学者们，也禁不住要发出农村问题严重的呼声。不过，他们所注意的，与其说是立在饥饿线上的最下层贫苦农民，倒不如说是那些逐渐卷入了恐慌圈的中农乃至小地主，事实上，就连富农，就连道地的（即非军阀官僚商人转化的）地主，也都耐不了农业恐慌怒潮的冲击，而相率破产，相率加入饥饿贫乏之队伍。

不错，我们住在城市，特别住在洋大人脚跟前的幸运者，也许容易被一些新式大建筑、大企业、大享乐机关矇住了眼，觉得中国的贫困并不普遍。但至少在农村中，那种现象已经达到了可惊的普遍程度了。特中国各地的情形不同，因之贫困也相应发生差异。如在西北陕甘各地，就远不如中部扬子江流域诸省，同时中部这些省份，又大体不如江浙一带。一个住在山洞里吃草根树皮的陕甘农村的贫农，也许会感到江浙贫农所过的是异常华丽舒适的生活，但我们并不因此就否定农村的普遍贫困现象。

不过，言普遍的贫困，还是就中国农村的横切面立论，如其贫困是一时的，即令普遍，也还有复苏的希望，然而事实告诉我们，中国农村是永恒饥馑的。一九二八年，美国赤十字会因在华国际社会事业机关即华洋义赈会和传教团体的劝告，参加饥馑救济事业，因于同年五月至八月，对中

国饥馑状况，作实际调查，调查委员的报告书，在九月发表。其中表示：中国的饥馑，与美国人普通所谓灾荒（Famine）的意义不同，中国灾祸的原因，乃由于军阀土匪及政治的不良；所以他主张，此种带有永久性质的原因不除去，外国人妄作救济，实无多大意义。该报告书并指出中国饥馑的原因，有以次诸点：①

1.军阀的割据及不法的征发。

2.军阀的铁道占领及农民，车辆的征发。

3.土匪的横行。

4.租税上的苛敛诛求。

5.道路网的颓废。

6.因农民经济力薄弱，对饥馑毫没有抵抗力。

7.自然的原因。

这个报告书提示了两点正确意见：其一是断定中国的饥馑，不全是由于自然的原因，甚且主要是由于封建军阀及与其相关联的一列人为的原因；其二是由此断定中国的饥馑，带有永久性质。

然而，从帝国主义彼岸渡来的赤十字会调查委员，究不肯爽直的把帝国主义在中国造成的恶害举发出来。实际上，在他们光临中国的前两年（即一九二八年），中国国民党农民部已在《广东农民运动报告》中，把农村困危的原因，概括为以次六点：

1.帝国主义的压迫与进攻

2.政治的变动的频发

3.地主及富豪在佃租和高利上的酷苛榨取

4.民团及土匪的猖獗

5.自然灾害的频发

6.买办阶级对于农产物价格的操纵

上面这六种原因，恰好是前述农村生产关系对生产力梏桎破毁的补充说明。其中“自然灾害的频发”一项，实际上，亦有一大部分可由“人谋不臧”来解释。水利的不兴，人工灌溉系统的破坏，森林的缺乏，以及其他防止自然灾害设备的废弛，无一不是军阀割据，政治不良，和太上帝国主

① 见橘朴著《支那社会研究》第73页。

义玩弄与侵蚀的结果。

不错，那个报告，是以广东一省内部情形为对象来着笔的，但对于整个中国，有同样的妥当性与真实性。在该报告起草的一九二六年以前是如此，在通过世界恐慌，通过"九一八"事变以后一列侵略，通过几次大水灾大旱灾大内乱，直到今日，事实更证明其是如此。我们且把现阶段所显示的农业问题的姿态，作一个综合的解说。

六、现阶段农村的种种破坏现象

这里所说的现阶段，大体是指着世界恐慌发生以后，即由一九二九年以至现在。在这个期间的中国农村状况，虽仍在沿着农业生产力横被摧残或农业生产行程日就崩溃的路线向前迈进，但这时帝国主义及在帝国主义作用下的封建势力所加于中国农村经济的压迫破坏活动，却比以前来得猛烈多了。

我们且先从帝国主义方面的毒害说起。

由一九二九年开始爆发的世界经济恐慌，加深了帝国主义国家之间的商品资本市场的矛盾冲突，而由此冲突导来的制造军需原料的需要，更使他们不能不在封锁各自保有的殖民地以外，加紧向着防卫力薄弱的半殖民地角逐，中国东北及华北的失陷和特殊化，就是那种角逐最明显最尖锐的表现。这广大地域失陷或变相分离，在整个中国经济机构上所引的破毁作用，我们拟留待后面再说，这里只分述帝国主义在这经济恐慌阶段所摧残中国农村经济的一般途径，或中国农村经济在现阶段遭受帝国主义磨折的几种重要事实。

1.农业原料的国际依赖化或殖民地化

帝国主义在这方面的作用，是一面由于破坏中国的民族工业，另一面由于军需原料的需要，使中国农业原料增加其对于帝国主义国家的依存性。所谓"工业日本，农业中国"，固然是表示日帝国主义的愿望的有力说明，同时其他帝国主义者亦殆莫不在作此打算，作此活动。我们试一检察近数年的桐油、生丝、棉花、茶叶的出口数字的动态，即可说明此点。

2.农产品价格的跌落

单就农产品的对外依存性说，其价格无疑会受国际市场的影响和国际及国内资本家的操纵，而各种洋货（农业方面的）的大量倾销，又使有些供国内需要的农产品（如米麦等等），闹出“物贱成灾”的怪象。至若去岁大丰之年的粮食飞涨，那却是帝国主义者、汉奸、奸商，变一个方式来破坏中国农村经济的例证。

3.农村副业的破产

农村副业即旧式家内工业之蒙受国际资本帝国主义机械商品的摧残，那原不始自今日，但我们在前面讲过，帝国主义国家愈感受经济恐慌的压迫，它对于半殖民地带的侵略（其所别所辖殖民地是不在话下的），就愈会无孔不入，我们只要看近几年帝国主义商品及资本在中国日益加速深入的程度，即可知道那些躲在穷乡僻壤的苟且偷存的农村副业，都相踏上了以前接近口外地带的农村副业的灭亡命运。农村副业在中国农业经济上的重要功能，那是人所周知的，所以我们不能把这个打击看得寻常了。

4.农村金融的枯竭

帝国主义在这方面的破坏作用，是直接间接操纵中国的金融脉络，捉弄中国的货币制度，使原来保存在农村方面的些少活动资金，都汇集到沿海大口岸，特别是上海，然后一批一批的注入它们的金库。当然，“为渊驱鱼”的中国农村动乱，也是帮助农业金融枯竭的一种原因，但如追究农村为何发生动乱，那又不能不由帝国主义分担一大部分责任。实际上，日本帝国主义者不是彰明较著的到处为中国制造动乱么？

其他如某某帝国主义者，用鸦片白面红丸等毒物，毒害中国农民，用大量走私货物骗去仅有的农村活动资金，以及在其特殊势力圈内，任意圈划农地，洗劫农村，在在皆是帝国主义向中国穷苦农民转嫁其恐慌损失的卑劣手段。

至若与帝国主义破坏侵蚀作用相配合，或借帝国主义而延续其生存，而增强其魔力的封建势力，则是由下面这几种活动来发挥其腐烂的作用：

1.高利贷活动

随着农村破产，或农村金融枯竭而肆其淫威的，就是旧式典当、旧式放款，以及在某种限度的新式农村贷款一类高利贷活动。特从事这种活动的，不但是国内的土豪商人军阀，买办资本家，对中国“乐善好施”的帝国主义，特别是我们的“友邦”，都非常努力。如在华北之天津、北平、济南、张家口，在华南之厦门、福州、汕头，乃至长江流域的上海、汉口等地，都有他们从事此种活动的实绩。

2.捐税徭役榨取活动

事实上,高利贷活动不但与帝国主义的榨取方式配合,也与封建榨取的其他方式配合。例如,历年由外货倾销所造成的巨额入超,由工业破产所造成的失业洪流,乃至由都市及农村失业动乱所要求的救济与镇压,在在皆有促使中央及地方政府减少收入增加支出的倾向,换言之,即皆要求增繁增重其捐税徭役(徭役用折合货币的办法征发,那同时亦是一种捐税),结局,一方面固足助高利贷活动,同时也定会招来。

3.圈地活动

这种活动的前哨(日本帝国主义者在满洲华北各地任意圈划中国人民土地,这里且不论及),主要当为所谓"匪区"的扩大,但其实除江西、福建、四川、湖北、陕西、甘肃等省"匪区"而外,由高利贷压迫,由水旱灾压迫,由捐税徭役压迫,而实行离乡别土的众多农民所遗下的土地,不也是在多种方式与花样之下,集中到军阀、贪官、污吏、土豪、高利贷业者手中去了么?至官圈或非官圈的土地的用途,那并不是用以从事较大规模或大规模的新式农业经营,而多半是让它荒废着。此外,由筑堤筑路道河作坝所圈占的大量土地,虽其作用有不同,但在某种方面增大中国农业的灾难则无二致。

总之,上面这种种事实,是帝国主义与封建势力连同摧残中国农业的如实说明,而中国农业生产行程总崩溃的真相,或表现在那种总崩溃现象中的各种农业问题,皆可由此得到更具体的理解。

自习问题

一、中国农业的特殊性将怎样说明?

二、帝国主义影响中国农村经济的实况,举例说明之。

三、小农经营何以同土地集中现象并行不背?

四、资本制的农业经营,何以不能在中国发展起来?

五、农村的生产关系,为什么阻害了生产力的发展?

六、永恒饥馑论作何解释?

七、农村现阶段的实况如何?

第三章　破碎支离的工业

一、中国工业的先天条件与后天环境

一国工业的发展，显然不是出于偶然，先天所具的条件与后天遭值的环境，斯为决定其工业发展程度的基本事实。中国工业是与中国农业同样“分与”有整个中国经济的特殊性的。特这特殊性大抵是就其后天所遭值的环境立论，虽然后天的发育与先天的禀赋密切关联，但在叙述的便利上，我们仍不妨分别考察。

发展工业的先天必备条件，大体可就工业所需的原产物或原料、劳动力及资本三项来说。中国向以“地大物博”见称。对于原产物或原料的需求，虽然不能完全取给于国内，但至少总不能算是一个天惠过啬的国家。就劳动力而论，中国远在鸦片战役以前，就已经感到农村剩余劳动力的无法处置。固然农村劳动者在熟练、技巧及其他方面的性质上，不一定就可完全转化为新式工业劳动者，但经济学者告诉我们，劳动生产力上的最大改良颇有赖于社会分工状况的逐渐改进，而分工又有赖于一般经济，特别是工业上的进步。这就是说，中国劳动力的供给，在量上不成问题，以质而论，亦大可希望其随经济进步而逐渐改善。况且中国人的劳动力，又是以能发挥耐苦的卓越性见称的呢？

即“在自然富源上，中国不仅富有多种多样的矿物资源，在农业方面，亦因自然环境的特惠，和土地的自然丰度的肥沃，而有多种多样的农作场。此外，中国人的劳动力，又颇能发挥耐苦忍劳的卓越的属性”。[①]

然则，剩下的，就是资本问题了。中国过去类似周期的无数次的大动乱，以及形成那些动乱的胡乱耗费与胡乱榨取，一直不曾留下可供工业发

① 见拙作《中国社会经济史纲》第 347 页。

展的原始资本蓄积。不幸,在世界其他地域已蹈上了资本主义旅程的阶段,资本在一国经济发达的关系上,占着绝对的重要地位,那正如土地在封建经济上占着绝对重要的地位一样。缺乏资本,但却具有丰富的天然资源和有优越性的劳动力,那就不但天然资源与劳动力无法利用,甚且要引起挟有庞大资本,同时,却正感到天然资源与劳动力不够多不够便宜的先进资本主义国家,来"越俎代庖"的为我们利用。著名的《帝国主义论》著者荷布孙(Hobson)氏曾说:

"……以异常勤勉的劳动能力,与多分的聪明与效能,而又惯于过着低标准物质生活的四亿左右的人口,占有着一个有丰富矿物而未开发,而其制造工业或近代的交通机关又感缺如的国度,遂不期而展开了有利榨取的眩惑与野望。"

由是,欧洲资本的食指,乃在十九世纪初头正式敲击中国封锁的门户,并开始促使中国社会蹈入解体化的过程。英国的鸦片密输,与其无情大炮的轰击,那可说是欧洲资本伸展到中国社会的开路先锋。中国之有新式的工厂工业,亦就是在这时开其端绪。

论到这里,我们可以转到中国工业所遭值的后天环境了。无论从哪方面说,中国工业之弄出今日这种破碎支离的现象,都有其必然的道理在。

第一,工业的发展,要与农业相辅而行,就提供原料讲,就提供商品市场讲,都是如此,但中国的农业状况怎样呢,把我们前章所述的中国农村的生产情形,及其普遍贫困与永恒饥馑的现象,那显然都不是保育中国新兴工业发展的温床。而况

第二,就是这样零落不堪的市场,还得为周围的帝国主义国家,推销其制品;本来在一个独立国家,对于外来的制品,在保护其本国工业立场上,是有利用关税政策,予以限止的权能的。但可惜

第三,中国的关税权,在自定税率方面,在管理方面,都完全丧失了,就前者而论:一八四三年七月,我国与英国所订之《通商章程》其中一段为应核估时价,照值百抽五征税云云,自此章程协定结果,我们国定税率,就变成协定税率,而失去变更之自由,对于我们出口进口货物值百抽五的最

轻关税根基，就从此被固定了[1]，就管理权而论，那是由《天津条约附属通商章程》所规定的，通商各口，都得邀请英人帮办税务。税率既不得自由变更，管理权又操之外人，我们还有什么方法限制外货的进口，保护本国的工业。不错，在一九二一年华盛顿会议以后，中国关税逐渐走上自主的道路，目前距离真正的自主，虽还差得远，但比较算有改进了。然而在事实上，中国即有完全自主的关税权，亦还不够保障中国的民族工业，因为

第四，我们早在中日战争（一八九五年）结束的当时，在《马关条约》中，把工业权丧失了。记得那条约第六款第四项规定："凡日本臣民，得在中国口岸城邑任便从事各种工业制造。……"日本既取得这种特权，其他帝国主义者当然援例效尤，于是我国通商口岸，如上海、天津、汉口、广东等处，皆有外人所设各种工厂。从而，外国资本不但间接在中国使用，更能直接在中国使用；他们用其庞大的剩余的资金，挟其崭新的机器与最新式的经营方法，来利用中国丰富的资源与低廉的劳动力；此外，他们还凭借有种种不平等条约，以帮助其经营的发展，如他们在中国有水上陆地的交通工具，有庇护其作非法经济活动的领事裁判权等等。而同时

第五，中国的民族工业，除了苛捐杂税以及其他偶然意外损失和非法干涉外，在资本的融通上，在商品的周转上，又须受高利贷金融与买办商业机构的阻害。

总之，从上面这几点看来，中国工业的破碎支离的前途，就显然是命定了的。我们也承认，在帝国主义者相互火拼的场合（如前次世界大战），中国民族工业也多少碰到展拓的机会，但一到他们需要把侵略方向转注到中国的场合（如在世界恐慌发生以后的现阶段），中国原来有点转机的民族工业，又不免大倒霉头了。

这就是半殖民地工业的特殊性。

二、国际资本与中国工业

中国发展新式工业的缺乏资本，既如上述。那中国如不须发展工业则已，否则就有仰赖外资的必要了。

---

① 参见漆树芬著《经济侵略下之中国》第199页。

原来利用外资来发展工业，本系国际间资本移动的常有现象，即如今日社会主义的苏联还在不绝借入英法等国的资本。不过，中国情形有点两样：在事实上，与其说是中国利用外资，不如说是中国为外资所利用。这种分野，决定了帝国主义资本在中国使用的性质与用途，也决定了中国工业是否能由帝国主义资本来发展的疑问。

国际间的投资，有两个方式，一是直接投资，一是间接投资。间接投资就是一国间接以金钱借贷于他国政府与私人，已惟收其利息或红利，至与金钱有关的企业上的经营处理，皆不得过问。若直接投资，则是一国政府或人民，用其资金在其他国直接从事种种企业经营。大约前一种投资方式，系行于平等国之间，而后一种投资方式，则为帝国主义对于殖民地半殖民地所通行。

诚然，帝国主义各国对于中国政府亦有借贷的关系存在，并且，中国有些私人或半官的新式企业，还包含有外国政府或私人的股份，但我们权且不问政府借款是采的哪种方式，外人与中国人的合股经营具有哪种性质，姑先把帝国主义对中国的直接事业投资，和其对中国政府的债款，作一个比较。

事业投资与政府债务的比率(单位百万美元)

	事业投资	对总额的百分率	政府债政	对总额的百分率
一九〇二年	503.2	63.9	284.7	36.1
一九一四年	1084.5	67.3	525.8	32.7
一九三一年	2531.9	78.1	701.6	21.9

上表所指示的有两个要点：

1.列强对中国的投资，在逐渐增加。但

2.其对中国政府的借款，则与其直接使用在事业上的资本的比率，则在逐渐减少。

然则投资是那些帝国主义国家，而且投资事业的分配，又是哪样呢，那可由下表得到一个概括的回答。

主要各国在事业上的投资内容(单位百万美元)

	英国	日本	俄国	美国	合计	百分比(%)
运输业	134.9	204.3	210.5	10.8	560.5	24.8
公益事业	48.2	15.6	—	35.2	99.0	4.4
矿业	19.3	87.5	2.1	0.1	109.0	4.8
制造业	173.4	165.6	12.8	20.5	372.3	16.5
银行及金融业	115.6	73.8	—	25.3	214.7	9.5
不动产	202.3	73.0	32.5	8.5	216.3	14.0
输出入业	240.8	183.0	12.2	47.7	483.7	21.4
杂项	28.9	71.3	3.1	2.1	105.4	4.6
合计	963.4	874.1	273.2	150.2	2 260.9	100.0

(上二表,参见日本圆谷弘著《支那社会的测量》第1245页)

根据上表,帝国主义列强对中国事业投资上,占第一位的是运输业,为全额的24%,占第二位的是输出入业,为全额的21%,占第三位的是制造业,为全额的16.5%,其余有关工业部门的矿业,占4.8%,即包括制造业与矿业的工业部门的投资,为全额21.3% ,设再把运输业项下包属的工业部分的投资(如日俄等国于其在华铁道附属区域,所建设的附属于铁道系统中工业部分,和英日诸国附属于其在华轮船系统中的工业部分)加算起来,他们在中国事业上的直接投资,就是以工业部门占居第一位了。

这事实,可以从反正两方面来说明中国工业所受帝国主义投资的影响。即

在一方面,帝国主义有许多理由,不愿以资本借给中国发展工业,其一是,中国社会不安定,对于不容易随时收回的工业投资,难免裹足不前;其二是,中国人的企业精神及经营方法,在它们都看为不易保障其资本的利润;其三,最主要的是,它们要使中国维持对它们的隶属性,好经常供给其原料,并不要发展起与它们制品竞争的工业。可是

在另一方面,它们却又凭借其在中国的种种不平等的特权,凭借其充裕的资本,精良的机械,科学的管理经营方法,和布满在中国的交通网,以与中国仅有的民族资本,在工业领域竞争。

就这样，中国工业借外资扩展固不行，即利用已经蓄得的一点资金，亦经不起帝国主义的打击。当前虽因帝国主义准备厮杀而需要军需工业原料，使中国若干小的工业部门，表现一点前进的希望，但那在整个民族工业的凋落景象中，究不过是闪灼出一片最后的回光罢了。

我们且先在下面把帝国主义在华工业和中国民族工业作一个比较。

三、民族工业与帝国主义在华工业的比重

在解说中国民族工业以前，我们得把旧式手工业家内工业，作一个简括的交代。

中国由欧洲资本侵入，以致迫而采行近代工厂制的机械产业，那是前世纪末叶的事。自是以后，旧来立脚于非机械的技术基础上的种种色色的制作工业，当然要感受致命的打击，由是在全般工业生活上，引起一大混乱。

中国旧时工业的主要生产形态，当为家内工业，但随社会全般经济的演变，此家内工业亦呈现了种种不同的姿态。最初，家内工业是以自家消费为目的；自家生产的，或以自家生产的生产物，与他人换得原料，再施以制作的“家内工业”，皆属于家内工业，不过是极原始的罢了。最原始的家内作业，“为自然经济之一必然的从属物，其残存物之存在于小农民层者，殆常受到支持”，就因此故，当近代机械产业强使旧来工业归于解体的过程中，农民方面亦殆不免要发生出抵抗的阻力。加尔先生说过：“印度及中国的生产方法的广大基础，系由小农业与家庭工业的结合所形成，英国人为了在印度破坏此等经济的诸结合体，曾同时利用其直接的政治权力与经济权力，他们的商业，虽在印度的生产方法上发生革命之影响，但那种影响，是要用他们廉价的商品，去破坏其农工业生产结合之原初的必要成分，即纺织业与机织业，由是分解其经济诸共同体，然后始能谈到。但这种分解作用，只是缓慢的达成，而在中国更是如此，因为在中国不能利用直接的政治权力。由农工业结合体所生的大大经济节约及时间节约，使其对大工业的生产物作顽强的反抗。”①

---

① 加尔，即卡尔·马克思(Karl Marx)。下同。——编者注

不过，在这位著者生存的当时，中国附属于农业的“家内工业”，虽还在“对大工业的生产物作顽强的抵抗”，但往后因资本主义列强的在中国逐渐取得了许多特殊的政治权力经济权力，同时，中国失却防卫的旧式家庭工业乃至于手工业，日复一日的减去了他那“抵抗”力，临到现在则如一位俄国著者所说：“旧式生产方法结构之一的农业与家庭纺织之结合，在中国北部及中部，大半是已消灭了的。中国农民经济的特殊悲剧，是在于家庭纺织之消灭；那不但是因中国纺织工业发展之结果，而且还是因外国纺织品之输入，而其主要者，是因外国棉纱之输入，有以造成之。多年以来，旧式农民经济失去其巩固性，然其结果，它多半的损失，并未创造了工业。农民之为农民，破产而已，而不能建立基础，变成无产者，因为不是中国工厂在那里工作，而是英国以后是印度继之是日本。”①

谁都知道旧式纺织业是中国家内工业手工业的代表形态。这段话所暗示我们的，是(1)中国一切形态的旧式工业，都随欧美乃至日本的新式机械工业与机械制品的侵入，而或则完全解体，或则尚在解体行程中；可是(2)在这解体废墟上建立起来的，与其说是中国民族工业，却宁不如说是帝国主义为我们“越俎代庖”的外国工业。

这，我们可由这两种性质工业的比较，而得知一个轮廓。不过，下面的比较说明，大体是利用世界恐慌发生(一九二九年)以前的数字，因为在这以后的中国工业动态，我将留在以次两节叙述。

一个沦落到半殖民地地位的国家，当然谈不到发展何等重工业；而在轻工业部门中首屈一指，且在整个中国工业方面立于绝对重要地位的，无疑是纺织业。

这里且从这个部门考察起。

中国民族的纺织业的发展，约经过三个阶段。一是日俄战争期中，一是世界大战期中，一是战后复兴期或中国国民革命潮流膨胀的当中；这三个阶段，通是帝国主义稍稍松懈了对于中国压迫的时候，所以中国民族纺织业得由此受到刺激，而有进发。然延至一九二七年，中外纺织业的比较，仅不过在形式上占着有限得很的优势。同年上海华商工厂联合会的中国纺织厂统计，有如次表：

① 见陈彭译马扎尔《中国农村经济研究》第544～545页。

国别	华商	日商	英商	合计
厂数	73	42	4	119
纱锭数	2033588	1026676	2045320	3541584
线锭数	65470	77631	未详	1430102
布机数	13459	13981	2348	29788
工人	138613	79427	16500	234540
用花(担)	4504568	2785441	130000	7680027
出纱(包)	1261584	717769	130522	2129849
出布(匹)	4259669	4739704	未详	8999350

从这全般数字上讲，华商论厂数虽占 63%，但论织机数仅约占 49%，线锭数，约占 41%；在生产力上，出线虽较外厂略多，而出布则反相形见拙。这就是说，中国第一位新式工业即纺织业，至少是与外人“平分春色”。而且这还是世界恐慌发生以前的情形。

次于纺织业数一数二的工业，就是带有十足中国旧工业形态色调的丝业。据一九二七年调查，上海 93 家制丝工厂中，就有 88 家是由小的钱店融通资金，其资本平均不过 5000 元左右。许多都是由亲戚关系人集资组成。规模既小，科学经营管理方法，当然很难谈到。虽其中有若干丝厂规模较大，但与他国丝业比较起来，直不可同日语。外国资本在中国直接经营丝业的虽然不多，但日本片仓制丝系在上海所设的日华蚕丝厂，其资本就有 250 万之多，足足抵得上中国 200 个丝业经营单位。

外人的经济优越性，在肥皂工业上，亦可分明看出，一个德国著者曾这样说：

“把残下的二十个中国肥皂工厂的资本合起来，也远不及英国人日本人手中的两个外国肥皂工厂的资本，最大的中国人工厂，所使用的劳动者，不过由百三十人到百七十人，但两个外国人工厂，却都雇用了七八百人。”①

制粉工业中，有许多工厂是与日人合办的。火柴工业部门中的日资

① 见横川次郎编译《支那经济史研究》第 197 页。

经营,亦够为中国民族火柴业极大劲敌。在青岛、济南、天津等地的日本火柴工厂的资本,合计达数百万元。年来中国火柴业的不况,固然与瑞典资本势力的侵入大有关系,然主要的打击,还是来自日本在华工厂及日本国内大量过剩火柴之向中国偷运或倾销。最近中国火柴业的联合经营,据说日本系公司亦参组其中。

烟草工业部门的中国资本经营,以南洋兄弟烟草公司为最大规模,其余不过是一些零细经营。但南洋兄弟烟草公司的资本仅1000万元,而英美烟草公司的资本则达2000万元,日本在天津经营的东亚烟草的资本,亦达1150万元。

新式制糖工业,是由日本系的明华糖厂与英国系的太古造糖公司把持全国市场,近来中国对于这种经营,虽在多方努力,然广东的制糖业,就因遭受这些帝国主义的在华糖业,与其国内出品的倾销,大受打击。

属于重工业方面的煤业,中国原有萍乡、六河沟、临城、井陉、开滦、中兴、本溪湖、抚顺八大矿区,就中抚顺煤矿全属日系,本溪湖煤矿中日合办,开滦煤矿中英合办,其余均为华方官办或商办(临城煤矿旧系中比合办,井陉煤矿旧系中德合办,现均分别收回商办官办)。全中国境内煤矿投资总额224152025元,其中纯粹日资占11.7%,日英德俄与中国合资占40%以上,纯粹华资仅占48.22%。

钢铁工业在我国原极不发达,中国生铁产额就较之铁矿产源最少的日本还少得多(如在一九一八年,中国所产为47422吨,日本则为649126吨),而且中国仅有几家铁厂,除了浦东的和兴及汉口的扬子厂外,其余都是受外人特别是日本的控制。

最后,我们还不妨把新兴的电气事业比较一下。据一九三四年的统计,全中国的电力投资,为2亿3450万元,其中民营者占33%,公营者占8%,外资占59%;发电容量,民营为39%,公营为11%,属于外资者达50%。

以上系就全国较重要工业部门,略予考察;其实,无论哪种新式工业,都有外资伸其魔手,而且多半都是由外资占着优势的地位。

然而这大体还是就一九二九年世界恐慌以前说的。

四、哪些工业部门在衰弱中？

世界恐慌发生后，帝国主义列强对于殖民地次殖民地的依存性，益发增加，换言之，即它们对于这些落后地域的经济侵略，益发变得凶狠。

他们侵略活动所加于中国民族工业上的打击，可从它们在这个阶段所采取的几种侵略方式来说明。

在一切帝国主义国家中，日本算是最残酷最凶猛的了（这当然是由其资本主义的脆弱性使然），由“九一八”事变开端的一贯军事侵略，使中国东北数省华北数省都完全的或部分的变成了日本的附庸；这广大面积的领土的丧失，在中国全般经济机构上，从而在中国工业上所引起的变化与损失，真是非可言喻。

次于这军事政治占领的最野蛮无耻的劫掠活动，就是公开的走私；过去两年来，走私活动在中国财政上民族工业上造成的损失，我们一查看各种统计即可明白。

以上这两种侵略方式，大体只是由我们“友邦”所积极执行。至若“友邦”与其一切帝国主义者全体都动员活动的，就是他们分别把国内及其他外国找不到出路的多余商品，像洪水般的推涌到没有阻拦或阻拦较少的中国市场来，这样，一点脆弱得怪可怜的中国民族工业，还有不崩溃的道理么？

而况，除了帝国主义的这多方侵略之外，还有，“助桀为虐”的中国半封建系统的种种摧残民族工业的力量在“趁火打劫”，而空前的大水灾大旱灾大内战的又从中发生破坏作用，所以，几年来的中国工业，乃显示了以次这样的凋落景象。

我们还是从中国最主要的纺织业说起吧。

据一九三三年的调查，全中国的纺织工厂，共达 133 家，其中属于中国资本的，为 98 家，在一九三四年四月，上海中国人工厂 19 厂中，完全运转的，只有 5 厂，减工缩小范围的 8 厂，完全停止的 6 厂；在天津的 6 厂，亦有 2 厂全停，其余减工半停。而上海方面占有全部华商纺织业之一半的大规模的申新诸厂，且在这时流出了整理的消息。到一九三五年六月底，则是“九十二家的华商纱厂，拥有纱绽二七四二一五四绽，但其中减工者十四家，停工者二十四家，停工减工之绽数，达一〇〇一四五六绽，实及百分之四十以上。”[①]一九三六年的纺织界消息：“跟着领土主权的危殆，在华北的各厂，自然更趋不振，尤其是天津六大纱厂中，裕大早由日人管理，裕元已于五月间卖给日商钟纺织社实成于七月十五日拍卖完毕，新华则在最近也无法维持，而又为钟纺以百二十万元的代价买收，因此六大纱厂中，只有北洋和恒源两家”；而它在八月又传出“资本薄弱，势须倒闭”，仍由日商积极进行收买的消息。北部的纺纱业，算完全溃灭，其在南方的，同年至八月以前，亦报称著名纱厂倒闭者，上海 8 家，无锡南通共 4 家，济南 1 家，青海 1 家，汉口 1 家，而各地勉强挣扎的纱厂，又因“日纱销路倍增，致国纱去货呆滞……业将夜班先行停开，至轮流制之日班工作，各厂亦均纷纷减少工作时间”[②]。

这种每况愈下的景象，在昌言中国国民经济建设者，不知作何解释！

再看次于纺织业的丝业吧。在一九三〇年，上海丝厂计达 135 家，丝车在 25000 部以上，到了一九三四年，上海丝厂仅残留 31 家，丝车 7070 部，约当一九三三年的 30%。这存留着的 31 家，如顺利进行，全年产丝也不过 2 万余担，较全盛时期，减少 60%，何况其中又先后停闭了十几家。一九三五年初，闸北的丝厂，又相继倒闭，留剩的几家也都弥留在恐慌的沉疴之中。余如无锡旧有丝厂 50 余家，一九三五年开工者仅达 30 家。浙江全省开工者仅 16 厂。四川一九三三年尚余铁机丝厂 19 家，一九三四年上半期减至 11 家，到同年终完全停工了。广东丝厂在一九三四年开工者仅 50 余家，较全盛期减少 2/3。[③] 由一九三五年下期到一九三六年，中国丝业虽因世界特种繁荣关系，表示了一些恢复的征候，但这种好转，当然会随世界特种繁荣的逐渐曝露弱点，而进一步的引起恐慌，况且“友邦”由“特殊贸易”偷运来的大批人造丝，已把这暂时延续中国残余丝业之一缕希望，也无情破坏了呢？

中国面粉业的市场，随东北数省的失陷，差不多失去了一半。而残余部分的销路，又因天灾人祸所引起的人民购买力的减退，农村经济的破

① 见 1935 年《中国经济年报》第 107 页。

② 见 1936 年 7 月 16 日《上海时事新报》所载荣宗敬谈话。

③ 参照 1934 年《中国经济年报》第 1167 页。

产，致大多数人都不得不以更低廉的杂粮来代替面粉。于是在一九三四年中，面粉业生产能力虽较其前年度减少 25%，而其价格，却因存货堆积过多，致跌落到面粉交易所不能不停止拍板。一九三五年面粉价格虽由世界麦价上涨引起了转腾的趋势，但中国面粉工厂倒闭减工的消息，依然时有所闻。

此外，如橡胶业，如火柴业，如煤矿业等，莫不在向着衰落的旅程前进。橡胶业以一九三一年为全盛期，当时上海橡胶厂达 60 余家，出品达1000万元以上，但到一九三二年，这景气即开始衰落。延至一九三四年，有名的陈嘉庚橡胶公司倒闭了，接着大同等 8 厂停业，正大等 8 厂暂时停工。一九三五年上海残下各厂之产量，较前一年度减少 25%，但其销量却不及1/2。至火柴工业的倒闭停工景象，也足与纺纱业丝业等量奇观。销路锐减，生产过剩，私运火柴进口，与外商火柴压迫之外，还有政府课加的高率统税。在一九三四年，中国银行曾提供我们这样的统计，火柴厂倒闭者 13 家，短期停工者 30 余家，其余勉强支持残局的业主，因为敌不过帝国主义的私运与倾销，乃不能不投降式的邀请日本合作。煤矿业自一九三一年东北失陷，每年产量便骤然减去 1000 万吨，而一九三四年的产量则是 2000 万吨。在全面的经济恐慌状况下，煤矿业当然不能例外。由于产量的滞销，各种煤价皆趋跌落。由是河北的开滦，山东的中兴，浙江的长兴，江西的萍乡等矿区，都在多方限制生产，大都靠借债与积欠劳动者工资苟延残喘。而津浦线上名矿之一的烈山业已停工数年，浸在洋洋矿水之中。

其他，如水泥业卷烟业等等，只要是属于华人经营，殆莫不陷在极度恐慌与溃灭过程中。

然而这正是次殖民地工业必然要遭到的命运。

五、哪些工业部门在发展中？

也许有人说，我上面的叙述，只是看到中国工业之黑暗面的呻吟，事实上，中国有些工业部门，近年还有突飞猛进的发展。即中国工业究也有其光明的前景。我现在无庸辩驳，且把现阶段中国在发展中的工业，指明出来，然后再请达观者自行判断。

中国目前在发展过程中的工业，约可从下列三个方面显示出来，即

第一，交通工业。交通是要在极广泛的意义上，才包括在工业范围里面叙述。特别是中国的交通，所有的交通工具，都是各帝国主义国家工厂的出品，所以更不宜于把这个部门，算作工业。但为了叙述上的便利，姑且"聊以自慰"的说这是中国目前最存希望的一门工业。

交通方面大体有四个部门可说，即航业、航空业、公路与铁道。英日两国在中国航业方面的跳梁情形，美德两国在中国航空业方面的争霸势焰，这里都不打算赤裸裸的道达出来，扫人兴趣，而只想着重铁道，顺带涉及公路。

铁道的发展情形，言其要者，有英国庚款支持建筑的粤汉铁道南段，已按照计划于一九三六年底通车。浙赣铁道的杭玉段早经通车了，南玉段亦在德国资本巨额投资之下，于同年一月通车。民营江南铁道与官办淮南铁道部分的或全部完成。浙江钱江大铁桥的工程，亦将很快的成就。华南方面如此，华北也有几条铁道在兴筑中，陇海路西段，在由对比借款与对华方银行的借款，逐渐向西拓展；山西的同蒲轻便铁道亦大部分竣工。至在计划或已开始的铁道，有宝成铁道有法国资本经营的成渝铁道，有日本要求兴筑的沧石铁道，有英国要求粤汉与平汉接轨、粤汉与广九接轨，因而相关联的有武汉大铁桥的筹划。此外，小的铁道支线，亦成功了不少。

与铁道相并发展的，就是各省的公路竞争。惜我们没有在这里详述的余裕，总之，煞是可观了。

抛开军事政治的作用不说，这种交通业务的发展，究与中国国民经济前途有何帮助呢？中国的交通，具有两种特征，一是非由产业改造交通，而是交通制度的近代化先于产业的近代化；一是与这相关联的，即所谓"在亚洲和非洲铺设铁道，差不多完全为了达成帝国主义的目的，……经济的独占化及内地政治的附庸化"。

由此乐观的场面，只能导出极悲观的结果。

再看其他在发展中工业部门吧。

第二，军需原料工业。中国是一个内战场面最大，内战时期最长的国家，但虽然如此，中国的军需工业却并不因此发展起来，一位日本著者曾对此作揶揄的论调说："……中国技术界权威李书田氏有云：中国对军需

工业方面——特别是火药兵器及其他——没有积极的意向，因为中国国民是和平的，不是战争的。但说中国人是和平的民族，也许不错，但却不能由此达到不需要军需工业的论据。军阀是军器的消费者，而其制造者则是外国资本家。中国的军阀战争，与日本的军需膨胀根本不同，所以，无论作多少次战争，都不曾在工业的发展上成就何等进步的功能。"①这段话所指明的是中国战争，充分具有次殖民地性质，由是，战争的武器，都由帝国主义者为我们供给。

在另一方面，帝国主义因为要在现阶段准备战争，或者，为要替其他帝国主义国家准备战争，又得要求我们这种落后地域为其提供军需原料；中国近年破铜烂铁、旧棉絮等等物品的出口，以及各种军需矿产的开发，都可说明此点。关于中国军需矿工业发展的情形，我们可由近两年之矿物输出增加趋势，而得一反证。

种数	一九三四年	一九三五年
铁矿砂	3161630	4809849
铅矿砂	3161630	3582
锰矿砂	15049	10415
钨矿砂	6315349	6693145
锌矿砂	15624	151097
生锑	332075	796073
纯锑	3607941	6786441
生铁及铁砖	19	168

（参照 1935 年《中国经济年报》124 页）

上表指示我们的，是在一九三四，一九三五两年中，一般的矿砂输出，皆有增加，有的增加至一倍以上，有的增加至数倍。输出的增加，当然暗示着生产的增加，即在这些军事原料工业部门，皆在迅速向前发展。

然而这种发展，只显示了中国经济，中国工业之次殖民地的属性的加强。对于帝国主义之隶属性的加强。

① 见圆谷弘《支那社会的测量》第 173～174 页。

而况，还有比这更可悲观的事实在呢！

第三，帝国主义在华工业。在中国工业中，呈现着最显著的发展姿态的，当推帝国主义列强直接经营的工业。而在帝国主义列强中，又以日本的在华工业活动为最积极。比如，就帝国主义对华投资的用途而言，美国就比较倾向对中国政府借款方面，而同时英日两国则都侧重在直接投资方面。其中，英国对华总投资额中，用于制造工业矿业方面的，不过占18%，日本在其对华总投资额中，则在同一用途上，占有32%以上。直至现阶段这三国的对华投资，仍在按照原有的倾向前进。即直接用资本在中国发展工业的，以日本为第一，英国次之，美国又次之。

英国在华的制糖业、卷烟业等等，都在表示坚实的前进，其纺纱厂的厂数机数，都有增加。在一九三五年，我们已见到关于中日英三国纱业消长的这样可悲的消息："……华资纱厂已经失去进取的能力，但相反的现象是日资纱厂全部都是扩张的，尤以纱绽布机在比数上的增大，最为可惊，即数年来坚持保守的纱厂，本年也新增纱绽一万五千绽，在总数中所占成数也随之增加。……"①

一九三六年的日本纱业发展趋势，我们由其在华北华南各地收买中国纱厂的事实，已可见一斑。到了本年度，三月份的《申报》又转载下面这样的日本报纸的消息：日方调查在华日厂之现有实力，纱绽为2122988枚，线绽363153枚，布机28616台。本年内预定增加者，为纱绽1151800枚，线绽50000枚，布机28016台。即本年未完成的增加率，纱绽占54.2%，线绽占14%，布机约为100%，若一旦完成，则纱绽将超过华厂现有之纱绽数（现华厂纱绽为2922980枚），线绽将超过华厂线绽两倍以上（现华厂线绽共176840枚），布机将多华厂布机二倍以上。

事实上，日本这种积极活动，并不限于纺纱工业方面，其他如制油、制糖、火柴、卷烟、麦酒、制麻、蚕丝、窑业诸部门，都在大取攻势，最近在电器用品及材料制作方面的投资，亦颇为积极，如川北电气公司、中华电气制作所、中华电气事业有限公司、中国电气公司等等，殆莫不是由日资在里面操纵。

要之，中国工业中表示前进发展的部门，不是为了提供帝国主义之军

① 见1935年《中国经济年报》第107页。

事原料，就是直接由帝国主义者直接在中国所进行。

在溃灭与破坏中的，是中国的民族工业；在发展推进中的，则是帝国主义直接间接卵翼扶植的工业。

这就是次殖民地之破碎支离工业形态的如实说明。

自习问题

一、中国工业与中国民族工业之区别如何？

二、中国民族工业为什么不能发达？试列举其原因。

三、帝国主义现阶段的侵略活动，对于中国工业的打击如何？

四、试略言目前中国民族工业的破坏情形。

五、目前在发展中的几种工业，究于中国经济有何利害关系？

六、中国民族工业，能在帝国主义多方压迫下发展起来么？

第四章　买办商业与高利贷性金融

一、中国商业的特殊性

这里所谓中国商业，是广义的包括国内商业与国外商业。为了内外商业有不易分割的联锁性，所以我打算在这里综合的指出其一般的性质。

中国经济之次殖民地性，我们已一再指明了。参组在这具有次殖民地性之整个经济机构中的商业，当然会在其活动上，显示出以次种种特殊性质来。

第一，显而易见的，是它的地方性；在一个军阀割据，政治不统一的国度，统一国内市场所必须的先决条件，如划一的度量衡，划一的货币，都付缺如；由是全国中各省，甚至一省中各不同地域，都各别形成商业单位。同一种类货物的价格，在同一国度中，比之在相异国度之间，有更大的差别。诚如一位苏联的东方研究权威所说："满洲与日本之关系，较上海为密切；南中国与中国北部及中部之贸易，都经过了香港。云南与印度支那的关系，比对广东的关系，密切得多。……帝国主义的海关政策，还是加强去分裂国家的统一。满洲充满了日本丝及其纺织品，而同时上海的丝及纺织品，又不断由上海输入印度。"[①]这就是说，帝国主义势力圈的分划，使中国在商业上不能形成民族的市场。由是

第二，造成国内商业的跛行性与萎缩性。"物贵畅其流"是中国关于商业的一句金言。如其我们不妨说，商业是调节农村经济与都市经济的一种中间性的经济形态，那把我们前面述过的中国农工业情形回忆之下，就知道中国的国内商业，是决没有繁荣发展之可能的。而况，国内商业除了缺乏前述几种形成民族市场之前提外，还会在租税上，在交通上，在商

① 见陈彭译马扎尔著《中国农村经济研究》第480页。

业资本上，遭受异常的困难；租税繁重，交通阻滞及一般资本利率奇高对于商业的不利影响，就是这几个成分，会大大增高商品价格，使其更不能适应一般低落的购买力，换言之，就是使一般低落的购买力，更容易去接纳帝国主义商品的倾销。不但此也，因为中国各地租税不是一样的繁重，交通不是一样的不便，资本利率不是一样的高昂，于是国内的商业，就非常容易形成偏枯的臃肿的现象；拥塞在大都市所引起的过剩的商品，简直不容易配分到需要那些商品的地域；所以，以前满洲尽管需要丝及纺织品，而其供给地却是日本，湖南、江西等省尽管有过剩谷米，但广东、福建等省所需的粮食，却是取给于暹罗、安南。商业上的这种跛行性，及其由是促起的衰落倾向，遂很容易发生以次的现象。即

第三，对于国际市场的隶属性。说也奇怪，中国商业一方面尽管保持有异常浓厚的地方性，同时却又具有极大的国际性；不但如此，其地方性在某种限度，甚且成为其国际性的前提条件。比如，前述丝及纺织物的价格，就很易受日本同类竞争的物品价格的影响；米的价格，又很容易受安南、暹罗米的价格的影响。不过，除此各别地域的商品价格，受制于其所依附的最密切的关系国家的商品价格外，还有一点值得注意，即整个中国市场，已早成为世界市场之一部分。所以前述那位著者说："中国没有民族市场，然已卷入国际市场之中。中国已发生了中国市场及国际市场之结合，价格之形成及其经济范围，完全随国际市场而转移。在中国大商业中心，甚或在较落后的北京，价格的水准之变动，是和纽约的价格水准相平行的。"[①]可是这种对外的国际性，却仍无法改正其国内各地域市价的悬殊，城市与乡村价格的悬殊，结局其地方性固成为阻碍国内商业发达的条件，从而成为阻碍对外输出之一条件，而其国际性却又正好是其提供国际商品市场的说明。于是，

第四，于是乃在其对外贸易上，造成入超的永久性。当然，一国的入超倾向，不能单从流通行程来解释，甚至根本要从生产行程来解释，但我们是无法不否认流通的范围与深度，大足影响生产形态的事实的。中国在二十世纪三十余年来的对外贸易，一直都是入超，下表可提示我们以具体的数字。（单位千元）

---

① 见陈彭译马扎尔著《中国农村经济研究》第480页。

年次	纯输入	纯输出	合计	入超
一九〇四年	536046	373120	909166	162914
一九〇九年	651490	528150	1179641	123339
一九一四年	867975	537947	1405923	330028
一九一九年	1008022	982801	1990832	25221
一九二四年	1586371	1202440	1788812	383932
一九二九年	1972083	1582440	3554524	389642
一九三〇年	2040599	1394166	3434765	646433
一九三一年	2233376	1416912	3650339	816413
一九三二年	1634726	767535	2402261	867190
一九三三年	1345567	611827	1957395	733739

上表所指示我们的，不仅是中国一直在入超，并且其入超的数字，大体还在递增。固然，一个国家的入超，并不一定完全是坏的倾向，许多资本主义国家，也有入超的事实，但问题是在入超的内容与性质。不过，关于这点，我们要留在下节解述。

综上几种商业的特殊性质，恰好与前述中国农业与中国工业的特殊性相配合，而构成全般次殖民地经济的系列。

二、买办性商业的扩大

在这里，我们先得把"买办"的概念弄个明白。

据一位名叫摩尔斯(Morse)的著者所说[①]，与外商关系的买办的发生，得回溯到广东贸易时代，但当时的买办，系由中国特许商(Hong Merchants)的推荐，其交易范围，亦严格限于特许商，降及一八四二年，《南京条约》订结，于是原来的一切独占权打破，外国商人得依条约指定的场所，自由与其希望的对手买卖，其买办及从仆，得无所掣肘的进行交易。"事实上在中国的各外国商社，都使其买办对于商社担当一切契约的保证。

① 摩尔斯著《中华帝国之国际关系》(International Relation of Chinese Empire)。

一般的买办，都是中国各地的富裕而巧慧的商人。他们希望由处理外人的商务而获取利益。他们对于外国商社与中国商人之交易，担负一切责任。”即买办乃专属于外国商社，他为商社介绍中国商人，且进行交易；在那交易范围内，他对商社负有一定保证的义务，同时有向商社领取一定薪资与一定率手续费的权利。

大体上，帝国主义列强在中国的商务，都是以买办为中间人在那里进行。买办制度是中国这种具有特殊性的商业的副产物。资本主义列强一发展到帝国主义阶段，它对于殖民地次殖民地的要求，益形强烈。单就投资与吸收原料两点而论，次殖民地之买办的地位，是要愈来愈重要的。买办商业的范围愈扩张，买办阶层的人数，从而其势力，也就跟着扩大起来。不过，我们这里所当注意的，并不是买办制度本身，而是买办性商业的一般动态。

买办商业的第一个显著特征，就是把原料半制品提供资本主义国家，而由那些国换取制品；这从资本主义国家方面来说，就是用中国的原料品半制品，加工制造后，再运来中国投销。这是非常显明的事实，我们用一九三四年的贸易数字，来概示其一般状况。据上海海关统计，同年的输出如次表：

	金额（单位百万元）	比率	内容
一、农业生产物	129.1	24.1%	茶、果、野菜、谷类、烟草、豆类、花生
二、动物产品	118.2	22.0%	食用动物产品、皮革、猪毛、羊毛
三、熟丝纺织产品	139.2	26.0%	生丝、绵、原料用纤维、纺织制品
四、矿产品	28.6	5.4%	铁矿石、锡、钨、镍及其矿石
五、其他共计	535.2	100.0%	

把上表中的熟丝及纺织制品除外，其余70%以上的输出品，都是属于原生产物，再看同年的输入吧。

	对全输入的百分比
一、食料品饮料类及烟草（谷类粉类砂糖类）	21.68
二、原料品（棉花煤木材等）	13.81
三、半制品（金物类药品染料等）	21.33
四、制品（金物矿物制品机械织物纸药品车辆）	43.18

即在全输入品中，制品与半制品竟占60%乃至70%。然而我们还得把一九三四年的特殊情形加以考虑；即就世界说，这是军需工业繁昌的年度，从而中国的矿物，得在输出中，占百分之几的比率；更就中国说，这又是水灾旱灾交相煎逼的年度，从而，在输入中原料品与食料品得占一个相当的比率。如把这一年的特殊情形除去，那就更显得中国的对外贸易，完全是采取不等价交换的次殖民地的贸易形态。

再，买办商业的第二特征，就是它的内容与其交易的规模，与世界贸易的变迁，保有极密切的关联。显然的，中国的买办性商业，在目的观上，原不外对于资本主义经济的调节与补充；从而资本主义经济的上升或凋落，就要直接反映到中国买办性的商业上来。例如，由本世纪初，直至一九三一年，中国的输入输出贸易数字，大体皆系保持上升的趋势；在一九三一年，输入达20亿以上，输出达14亿以上，贸易总额为36亿，但因这是世界恐慌已渐趋于普遍化的年度，所以一到次年及这以后，即伴随全世界贸易不况的程度，而逐渐崩落。一九三三年输入仅13亿4000余万，输出仅6亿1000余万，两共19亿5000余万元，但至一九三四年，两共仅15亿7000余万元，约只相当于一九三一年的40%。固然，对外贸易上的这种可惊的激减，须把东北数省失陷与中国普遍灾荒兵乱的事实，加入考虑，但其伴随国际资本主义经济颓落而下降的趋势，却与那些事实，同样显而易见。

复次，买办商业的第三特征，就是对资本主义列强之困难或恐慌的转嫁，即不等价交换的程度的加深；帝国主义对殖民地对次殖民地的交易，原本就是不等价交换的，但当帝国主义列强之国内经济发生恐慌时，它对于其困难或损失，就必然要更无情的向着殖民地次殖民地转嫁。不错，像中国这样穷困的次殖民地带，非帝国主义对其原料食料品提供市场，它就无法接受帝国主义的制品，但问题不单纯是在交换，而是要看怎样的交换。我们已经知道，中国的商品市价，在在是受帝国主义操纵。我们诚然常常听到，帝国主义在不绝以廉价的商品，向中国倾销，但这所谓廉价，所谓倾销，是就其相对意义而言的。从世界物价跌落的水准来考察，它们投到中国的制品，并不见低廉，同时它们由中国吸取去的原料品食料品才真是低廉。这一切，可就次表而征知。

近五年来中国对外贸易各项指数比较

指数类别		1930	1931	1932	1933	1934
进口	价格	117	139	160	123	123
	货量	88	81	74	69	52
	货值	103	113	95	84	64
出口	价格	103	102	86	78	68
	货量	86	88	63	73	74
	货值	88	90	54	57	50
出口货量与进口货价之比		98	103	85	106	142
进口货价与出口货价之比		114	136	150	130	181
进口货值与出口货值之比		117	126	176	147	129

表据 1934 年《中国经济年报》第 79 页。

上表指示我们的一个总概念，就是中国对外贸易的不等价交换的程度，随着世界恐慌而益加深。即如，以一九三三年——一九三四年与一九三一年——一九三二年的进口价格相比，虽有跌落，但还不曾跌到一九三〇年的水准；但出口货价格在这五年中，则是一直向下跌落。而且一九三四年的指数，仅及一九三〇年的 60%。设我们更就这进出口货物价格之差比，来权量同时期内出口货量对进口货量之大体增加比率的情形，就知道帝国主义在这恐慌期内，该借买办商业给予我们如何的重创。

此外，我们还得把这大体属于对外贸易的买办性商业，对于国内商业的影响，略予说明。我在本书前面提示过，帝国主义要在中国顺利的取得制造原料，并推销其制品，先得破坏中国的自然经济状态，破坏农业与原初型手工业的结合体，其破坏的深度，又视其积极推行帝国主义政策为转移。世界恐慌发生后，帝国主义列强对于那种政策的推行，更转积极，军事的占领，破廉耻的走私活动，侵略的资本网的密布，早已借着它们分别促进的交通工具的帮助，把中国残留在穷乡僻壤的些许自然经济状态，差不多破坏得干干净净；可是，那种破坏作用，只不过成就了买办性商业的先锋任务，对于国内商业，决没有多大的好处。在民族工业凋落与农村破坏的情形下，整个国内商业必然要变成周转帝国主义列强制品和为其吸收原料品食料品的经济机构，这就是，国内商业对于买办商业的隶属，亦即是买办商业机能的扩大。

三、买办制的衰落与变态金融资本的抬头

可是事情像是有点不可思议，买办性商业虽在不绝扩大其范围，但买办制本身，却辩证的有转向没落的倾向。近人曾对此作这样的释明：

"随着帝国主义对中国侵略过程益益发展，在买办制度中，也愈益显著的表现着资本集中原则的作用。例如，外国商业，最初只能在上海通过其所附属的买办之手，购买货物。买办通过内地小市镇的行庄，行庄又通过农村的土豪富农分途定货。然而随着外国商社的经营方法进步与资本的扩大，它们遂直接在内地分设采办处，自与原料产地接触，其结果，外国商社对于买办的必要，益益减少。同时有力的买办又把他们积得的资本，自己开设独立商店。特此等大买办，虽因其独立性增加，渐使其经营工业化，而益发积有大量资本，但不能顺应此种趋势的买办们，则都不免是淘汰而破产而没落。"①

我们大体承认这种事实，但须作若干补充。资本主义列强日进到帝国主义阶段，其过剩资本的输出，较其过剩商品的输出，尤为重要。而其资本在次殖民地的运用，则又与其通过政府或通过私人经营，作间接的投资，宁不如直截了当的自行经营各种企业，作直接的投资。在前一章中，我们已把帝国主义列强在中国发展其工业交通业方面的情形，略予指明了。事实上，它们甚且伸其魔手到中国农业方面，日帝国主义者在华北培植棉区的企图，就是一个最好例证。工业由其经营，农业亦部分的由其计划，大部分的由其控制与指导，同时，司工农经济联络与调节的交通工具，

① 参照橘朴著《支那社会研究》第 211 页。

又多半受其劫持掌握，它们已经可以自由自在的在中国从事商业活动，而不用仰赖买办了。中国近两三年来的外货进口减少，至少有一部分是由于帝国主义在中国的工业发达所致，同时中国土货出口的减少，也至少有一部分是由于它们直接在中国利用原料品食料品所致，单就这方面来说，买办的重要性与需要，已经非减少不可了。

不过，我们在此应注意的是，这种实际的动态，大体只能说是买办性商业的变质，而非那种商业的否定，在某种意义上，甚且与我们前面所说的买办性商业的扩大，可相应的说明。

即在大的视野上，帝国主义列强在中国的商业活动，无论怎样减少了原来对于买办的需要，但在中国这样维持着政治上的半独立场面的国家，终须有种种形态的经纪人，作为其商业活动以及与商业活动有关的一切经济活动的先锋与保证。申言之，就是“帝国主义要在中国投销制品，买收原料，从事洋行、银行、矿山及其他种种实业，不得不雇用买办供其驱使。……帝国主义要在中国投资（铁道、邮政、电报及其他种种政治借款）或为了要利用中国的封建政府，以榨取其人民，又不得不制造出别种的中间人，由是发生了所谓“官僚买办阶级”或“官僚资产阶级”。我们不妨把这官僚资产阶级称之为金融资产阶级，因为中国银行的大部分，都在他们手中……”①

这说明了以次诸种事实！

第一，随着帝国主义对中国的依存性加大，对中国的侵略程度加深，它对于买办的需要也不一样；即

第二，以前的买办，只须对于某一项商业，某一个商社，负担向导与保证的责任就行了，但到后来，特别是临到现阶段，他却非具有极大的资力与社会的地位，不足以担当帝国主义所课加于他的更大的更包容的任务；幸而

第三，随着帝国主义势力在中国的前进，中国已经造出了适应帝国主义的更大任务的特殊买办资产阶层，他们凭其在买办活动中蓄积的大量资金，以及由那资金所取得的社会上以及其他方面的优越地位，恰好够适应帝国主义之更进一步的需求。可是

第四，在以前许许多多的买办中，究只有少数人积蓄有大量资金，换

---

① 参照橘朴著《支那社会研究》第 206 页。

言之，究只有少数人能担当帝国主义所需要的特别买办的任务，由是大多数"原型"买办之失却时效，之遭受淘汰，遂表现为整个买办制的没落。

以上这几点说明，已够暗示出：帝国主义在其对中国侵略活动的发展过程中，已经形成它所需要的买办金融资本，在买办金融资本作用之下，原来的买办性商业，乃得更有效的开展。

四、中国金融资本与帝国主义

无论是"资本主义"的概念，抑是"金融资本"的概念，一用到中国这种半殖民地国家来，都得注意其限界。我们诚然不否认中国有金融资本的存在，但那不得与帝国主义列强的金融资本混为一谈。因为中国金融业的银行，原本就不是产业发展的产物，反之，却是在破坏民族产业，或阻害民族产业发展过程中成长起来的。我们如就这种畸形金融资本的发生渊源说，更就其运用性质说，就其与帝国主义在华外国银行的联系说，都得替它加上"买办"的头衔，而确定其与帝国主义间之不可分离的密切关系。

以第一点而论，中国当前这种形态的金融资本的形成，一部分固然是由于军阀官僚地主，拿他们依封建榨取方式所蓄得资金，跑到金融资本阵营来，但其主要的源泉，则应当说是由于前述买办阶层的蓄积。自然，封建性的榨取，与买办式的蓄积，有许多相关的和共通的地方，可是溯其源流，买办究是属于帝国主义体系。当前中国的金融机关，一般把它区分为三个种类，即旧式钱庄、中国新式银行及外国银行。旧式钱庄原本就是封建残余的金融势力，早有随新式银行日益发挥其机能，而归于淘汰的趋势。在中国新式银行中，封建军阀官僚们确曾参照了不少的资本，甚至近年各地纷纷设立的小银行，有许多是由军阀官僚地主们投资凑集的，可是一般的说来，终以买办资本占着金融业上的优越地位，所以我们单从这点来说，已不妨称中国金融资本为买办金融资本。

其次，无论是中国旧式钱庄，抑是新式银行，都对帝国主义在华银行持有寄生的隶属的关系。外国银行的资本确厚，中国银行乃至钱庄在金融上周转不来，都是靠外国银行融通资金，不过，中国新式银行对外国在华银行的关系更为密切，钱庄大体是透过中国银行，与外国银行作资金上的融通。然则外国银行为什么要这样扶植中国的钱庄与银行呢？这看后

者方面的经营活动就可明白。即

最后第三，中国金融业对外国银行，从而对帝国主义的报效工作，由以次一段话，可以说明："照目前国际金融资本与民族金融资本的分工状态看来，外商银行的资金运用，还只不过能使货由国外运输到通商口岸，以后的工作——使外货由通商口岸的进口商转到批发商，再转到在口岸和在内地的消费人手里的工作——却是华商金融业的工作。在华外商银行的主要业务，是进出口押汇，因为它们不能在内地开设分支行，所以不能办理由口岸押汇到内地的业务；因为它们不十分知道中国人的情形，所以也很难直接向批发商放款。目前由洋行的买办，都市里的批发商和零售商，以至内地的批发商和零售商，资金的融通，都依赖着华商银行和钱庄。"[①]单就这种中外金融业的分工状态来说，中国钱庄与银行，是对于外商银行尽着分店支店的任务。内地厂商购买外货要由钱庄或银行兑款给外商，外商购买土货，也要经过钱庄或银行把资金偿付于土货商人。钱庄与银行，一部分的在从事以前道地的买办的工作。

总之，无论从哪方面说来，中国金融业都带有极浓厚的买办性，都可说是国际金融资本在次殖民地中国的一种派生形态。

五、高利贷金融的动态

在外资卵翼下的中国这种金融资本，显然不是中国产业发展的结果，反之，却竟可说是破坏中国产业的结果。帝国主义对于中国工业农业的破坏作用，前面已讲过了。如其说那种破坏作用，是借助于买办资本达成的，那主要依买办资本而形成的中国金融业，就无疑是成长于中国产业破坏的过程中。

这事实，决定了中国金融业之高利贷的动态。因为加尔先生告诉我们："利润率的高度，是与资本主义生产之发展成反比例，所以一国利息水准之高低，是与工业发展的程度成反比例。"申言之，即工业发展愈高度化，其利润率愈低，从而其利息率愈低。由是，在资本主义生产占着支配地位的国家中，纯粹的高利贷形式，只有在最落后的生产部门，才起相当作

① 见章乃器：《当前的金融问题》，《社会经济月报》第二卷第三期。

用。而在产业不发达，或产业发达遭受阻害破坏的殖民地次殖民地带，其利润率利息率，当然相应高昂。当然，帝国主义的发展，世界货币市场的影响，都有助成那些地带之利息降低的倾向。但同时我们得认识以次的事实。“金融资本将银行制度隶属在它之下，而操纵殖民地或半殖民地之交通，对外贸易，货币本位制，航行及开采工业等之最高权，然而它不侵入小农经济中。因为土著高利贷资本之贪暴，以农民经济完全破产，乃用政治上的压迫来威胁；因为土著高利贷资本有类集中最大多数的剩余生产品甚至农民之必要生产品，都到自己手里来的希求，所以帝国主义有时也有操纵高利贷资本的企图”，即“殖民地中之金融资本，常抛弃银行资本及商业资本之形式，以便转变成为高利贷资本。外国银行在殖民地的金融活动，不仅是对外贸易，所经营者不仅是货币价额投机，交易借贷，租借地之收入，工业之金融化等等而已，而其所经营者，还有经过当地土著银行业及商人的高利贷事业，在形式上是借与土著银行业及商人之借款。”①

在这种关联上，土著银行及商人当然会因国际金融资本的扶植，而益扩张，而益发增大其对于国际金融资本在殖民地次殖民地之支店分店网的作用。但这问题要看土著银行或钱庄，在怎样进行其金融业务或金融活动。在这里，我想就实际数字来说明。

中国银行是中国金融界首屈一指的银行。它在一九三〇年一九三一年一九三二年这三年中的投资配分状况，有如次表：

	1930 年	1931 年	1932 年
商业	24.14%	21.79%	22.38%
工业	6.57%	10.14%	11.46%
公用事业	0.94%	1.08%	1.19%
同业	16.92%	15.02%	18.92%
团体	1.94%	1.37%	0.60%
官厅	48.93%	47.19%	42.61%
个人	4.56%	3.41%	2.84%

① 参照陈彭译马扎尔著《中国农村经济研究》第 413～416 页。

上表指示我们的最显明事实，就是该银行的投资主要对象，为官厅，其次为商业，更次为对于同业的借贷，而其投向工业方面者，始终不过占着百分之几或百分之十上下的比率。银行对官厅贷款，当然是通过公债方式。“……现时银行之购买公债，亦有二方式，一为投资，一为投机，两者皆足以得厚利。……在‘九一八’事变前，公债市价，大抵在七成左右，而公债之还本付息，皆依额面照付用以折合市价之利率，当在一分五厘之谱，故银行皆乐于公债之投资，而不愿低利之工商业放款。……近年来产业颓唐，农村破产，银行之农工商业放款，素以榨取为务，而不以救济事业为目的，处斯情形，类皆收缩范围，以免担负风险……此路不通，乃转而趋于公债投资之途。”①

金融业既依公债方式向官厅或政府榨取厚利，政府对于此种榨取，当然只有依半封建的超榨取的方法，取偿于一般工农大众，结局，金融业的公债投资，不但其本身为一种高利贷形态，且会间接助长道地的高利贷活动。

事实上，中国金融除了这种对于政治的联带性外，另一个活动对象，就是大都市的地产房屋，特别是金融总枢纽所在的上海的地产房屋。这在某种限度内，殆可视为上述政治投资的结果。由公债透过政府，依繁重捐税所造成的社会不断动乱，必然要驱使国内仅有的资金，都拥集到上海及其他沿海大都市——有帝国主义租界为防卫的大都市——这种汇集的资金，既不肯用工农放款等方法分散出去，结局，自然要在工业紧缩破产与农村金融枯竭的情形下，演成游资过剩局面，这一来地产房屋又当作其游资活动的最好对象了。一位经营地产的西人斯巴克(N.L.Lparke)说过：“上海之金融组织基础，筑在地产房屋之上，正有如南非洲筑在金与金钢钻之上，南洋群岛筑在马口铁与橡皮之上。”

最近三十年来，上海公共租界地价总值，皆在一直上涨，依公共租界工部局估计，公共租界土地总值，在一九〇七年为161047.257两，至一九二七年为399921.955两，一九三〇年为597243.161两，同时，每亩平均价格，则分别由9.656两涨到18.652两，更涨至26.986两。地产价格如此飞涨，到这方面投资，当然有大利可图。所以上海在一九三〇年地产交

---

① 《中国金融业高额纯利之来源》——《申报月刊》三卷七号。

易总记录为 65000000 元，一九三〇年竟达 131000000 元。各银行投资于房地产总额，在一九三一年为 24996062.39 元，翌年更增至 28982317.92 元。不过，地产上的投资或投机，到这时已差不多达到了顶点，此后则因种种关系发生破绽，弄成“此路亦不通”的危局。其详细情形，留在次节补述。

总之，中国金融业不拘在公债方面活动，在地产上活动，抑是为帝国主义商业作买办活动，都与发展民族产业背道而驰。

六、由生产行程的溃烂到流通行程的滞塞

但以正常的经济关系而论，商业的金融的活动，都得以产业的发展为其坚实基础。中国买办金融阶层，尽管幻想太上帝国主义金融资本，能永远保证其发扬滋长，且能透过其寄生的政府机构，顺利的向中国广大群众作“竭泽而渔”的侵蚀与蓄积。但无论帝国主义也好，封建势力也好，抑是摆动于帝国主义封建势力之间的买办阶层也好，最后都是靠着中国民众的脂膏来滋养，而民众的脂膏，又须得由生产事业，即由农业工业上的不绝生产活动，给予以培补。可是，如前所述，帝国主义苟合封建势力所给成的生产关系，始终在桎梏社会生产力，破坏生产事业，而造成前述农工业之整个崩溃的状态。

不错，中国变形的金融资本，有一部分，乃至一大部分是从破坏中国产业发展过程中产生出来，但其间有一个限界。而且，买办式的金融资本与商业资本，与资本主义世界的荣枯现象，保持有极密切的关联。自一九二九年世界恐慌开其端绪以后，帝国主义一方面尽管要向中国作更厉害更残酷的榨取与侵略，同时因为世界市场的闭滞，对于中国原料品食料品的输出，发生衰落的现象，由是影响中国仅有的购买力，使其向中国的输入，亦发生障碍；结局，在此种不等价交换过程中，寄托其生存并延续其发展的中国买办金融资本与商业资本，乃深切感到危机了。

不幸，就在这当中，“九一八”事变发生，华北上海抗日战争发生，由是在中国全般经济机构上，引起了莫大的缺陷与震动。接着广泛的内战，空前的水灾旱灾，又益以日本帝国主义者的不绝发动军事经济侵略，致中国任何部门的经济，都陷入了无可救药的绝境。国内土著的商业不必说，通

都大邑的买办商业资本，亦呼应不灵，破产者日有所闻。我们在这里没有列举各大都市，特别是上海、汉口、广州天津等地破产商店之统计数字的余裕，但大小商店破产歇业，早已成为“司空见惯”的现象了。

伴随商业危机而发生的，就是金融业的危机。我们已经讲过在中国银行投资的总额中，商业特别是买办性商业占有一个相当比率。商业全般不况，当然使金融业发生困难。不幸在这种金融艰难的情形下，又碰着了美国帝国主义者为抢夺中国货币权而发动的白银政策。这种政策实施的结果，中国上海存银一批一批的向着“黄金王国”集中，而一向由过剩游资造成的地产交易的繁荣，也开始交了恶运，上海唯一的普益地产公司，竟于一九三五年七月宣告倒闭。

而主要活动于这些部门的金融业，当然要大倒霉头。一九三四年，中国系银行总店倒闭了 12 家，一九三五年倒闭了 15 家；至旧式的钱庄，更不堪设想，单在一九三五年一年中，就倒歇了 132 家。

经济上（不论是生产方面抑是流通方面）的这种全面的破产，多少要打破一点中国有力资产阶层特别是买办金融资本家们的幻想，使他们感到，单靠着帝国主义与封建势力的掩护，一味在流通行程中，作投机的金融活动，势将不免造成“同归于尽”的景象，于是最近一年来，渐渐酝酿起了工业放款与农村投资的空气，然而他们这种“转换”，要以社会生产关系的变革为前提，在那种关系没有任何变革的限内，我们是不能对此存着何等奢望的。

自习问题

一、中国商业上的特殊性，与工农业的特殊性有何关联？

二、买办性的商业该怎样解释？

三、买办制度衰落下来，买办何以倒会抬起头来？

四、中国金融资本与帝国主义金融资本，有何相异之点？

五、试简述中国金融资本与帝国主义的关系。

六、中国金融事业，何以不肯以生产事业为其活动对象？

七、中国金融业的动态如何？

八、流通行程的活动与生产行程的活动，关系若何，试简述之。

第五章　在全般经济衰落中的财政与货币

一、一般的话

从前面诸章的叙述，我们已经知道中国国民经济的特殊性质了。特农业、工业、贸易、金融诸部门，就现代资本主义经济的视野来说，大体都是属于〔私〕经济或个人经济的范围，同时，与此相并存在的，还有所谓公经济或国家经济，财政与货币，大抵是归属在这个部门中。不过，这两方面都是指明其大概情形，事实上，当着自由放任主义经济时代，国家经济的范围，缩小到了最低限度，而在当前这种统制主义经济时代，货币金融诸部门固不必说，就是农工商业，也都成为国家管理经营干涉的对象。

不过，我们在这里所要注意的，不是公私经济的严格限界，而是公经济对于私经济的补充作用与关联作用。现代资本主义的公经济的成立，其目的原在促成私经济的发展。但这套理论应用到中国这种经济形态上来，都得设定一些限界与例外。因为

第一，在最近以前(乃至就在最近)，中国还不曾形成一个十足的现代型的国家。封建军阀的割据，使那种在形式上代表中央政权的机构，无法发挥现代国家的机能，亦即是无法进行其促进私经济的任务。不但此也，

第二，帝国主义在中国所扮演的“太上政府”的角色，已不仅助长中国的分裂，还是多方限制中国政府在经济上行使促进私经济的任务，更进而促使其破坏那种经济。由是

第三，在中国国家财政方面，在货币制度方面，都由封建势力与帝国主义的两重打击与破坏，充分显示出了半殖民地的轮型。即中国不拘是财政制度抑是货币制度，大体上，都只能发生破坏中国民族的资本主义经济成分的影响。

事实是会明确证示这种推论的。

二、财政收入与国民经济

近几年来，中国财政上，总算确立起略具近代规模的预算了。预算数字的可靠性，虽然论者还多所揣测，但至少总算有数字给我们揣测。

而且，一国财政的正常性，须视其政治是否上轨道为转移，近年国家渐趋向统一的局面，亦是其财政渐趋向近代化的前提条件。就这种关系来说，当前的财政，理应远较过去财政为合理，为较能发挥其促进全般国民经济的功能。可是，我们试亦检查这几年的国家财政预算，其对于一般国民经济的影响，仍是消极的意义超过积极的意义，破坏的意义大于建设的意义。我们且就〔民国〕二十四年度二十五年度的岁出岁入为例来说，并先从岁入方面说起。

这两年度的政府岁入，都不外包括三个来源，除填补不足的债款一项，留待后面补述外，其余就是赋税与国有财产事业收入（计国有财产收入，国有事业收入，国家行政收入，国有营业纯益等），兹表例如次：

年度	赋税	国有财产事业收入
二十四年度	685650931.00 元	81103712 元
二十五年度	679816113.00 元	79292113 元

据上表，中国国家岁入的主要源泉，就是赋税，国有财产事业收入对赋税的比例，不过 1/10 强。而在赋税项下，二十四年度，关税占 49.7%，盐税占 27.6%，统税（计包括卷烟、棉纱、麦粉、火柴、水泥等统税）占 16.4%，烟酒税占 3.3%，其余印花税、矿税、交易税、所得税、银行税合共不过占 3%。在二十五年度的总税收中，关税占 46.7%，盐税占 27.8%，统税占 19.5%，烟酒税占 2.5%，其余印花税、所得税、银行税、矿税、交易税等，亦合计不过占3.7%。从这几项简单的数字中，我们可以得到下面这几种启示：

1.中央政府的财政收入，有 90%乃至 90%以上，是出自赋税，而赋税又有 90%乃至 90%以上，是出自间接税方面。间接税是最易转嫁的，这就是说，最能成为一般消费者的负担。但

2.占全部税收之半额的关税，显然是根据收入关税原则来确定的，换

言之，即中国关税政策，不是依据保护原则，而是依据收入原则。半自主的关税，又复大受收入原则的拘束，其对于国内产业就不但不能发挥保护功能，甚且会加以破坏。不错，这种税是容易转嫁到消费者大众的，但在大众购买力已低落了极限的今日中国，凡属有损大众经济力的行动或政策，均将马上反映到民族的产业上面。比如

3.在全部税收中，几达20%的比率的统税，如麦粉统税、棉纱统税、火柴统税之类，一方面尽管与大众生活必需品有关，可以把税收加担在他们身上，但他们可用更低级的杂粮代替麦粉，可用更粗恶的织物代替棉布，结局，大众的生活水准是更降低了，但麦粉业棉纱业也相应凋落。就火柴业一项而论，我们曾听到这样的消息：据二十三年苏浙皖火柴厂商请求政府救济的呈文中说，新增统税"连定税额约占货价百分之七十之谱，经济负担既难胜任，资本运用，尤感不敷。而旧货过多，新货积贮难销，各厂工作势将停顿"。因统税增加，引起春季天津四大火柴厂被迫停工，青岛、济南、北平各地火柴厂相率减工。财政部统计苏浙皖区、鲁豫区、湘鄂赣区、冀晋察绥区以及福州分区等省的火柴工业状况，无论在产销双方，一九三四年，都较一九三三年更衰退了。更萎缩了①——这是赋税直接摧残产业的一个例证。至于

4.在税收中占27%以上的盐税，那虽然像是抓住了每个人民非买不可的"痛处"，但这种类似人头税一般的贫富均摊的课税部门，其对于人民的有害影响，即置不论，可是人民用在这上面的费用多一分，用在其他消费品上面的费用就要少一分，结局，产业仍是要蒙受不利影响的。

总之，无论从哪方面说，把财政收入建筑在间接税上，主要建筑在不能完全自主的关税收入上，决非保育民族产业的方策，而前述各种产业的凋落状况，甚且要由这种财政政策负一部分责任。

三、财政支出与国民经济

可是岁入的不合理，如能在岁出方面找到合理的有积极性生产性的用途，也未始不无益助。

---

① 见1934年《中国经济情报》第121页。

我们且仍以二十四年度二十五年度的预算，来考察其岁出情形吧。

二十四年度的岁出总计为957154006元。就中，军务费一项占321000000元，合全部岁出三分之一强。设把对各省移作军费用的辅助费106916788元，以及参合在教育费建设费等等方面的军事性质的费用，都加算起来，那军务费就几乎要占全岁出的一半。在同年的岁出预算中，教育文化费为37211621元，建设费为36374890元，债务费却达到274803277元。即全岁出中，军务费占第一位，债务费占第二位。

二十五年度（民国二十五年七月一日起至二十六年六月三十日止）的岁出预算总计为990658450元，其中列入军务费项下的为322019200元，其余大抵与前一年度无大出入，但债务费却减少了，为239037908元。

就这两年度比较，二十五年的岁出总计，比二十四年增加了数千万元，其债务费支出却减少了数千万元，有人把这看作财政状况转好的征候，还有人把这看作预算数字不尽可靠的说明。我们现在且不管这些，只把这样的岁出预算，对于国民经济的影响说说。

一国岁出有三分之一以上，乃至有一半作为不生产的军事的支出，从经济的观点，或从国民经济的观点来说，究是一个重荷。无疑的，今日有许多资本主义国家，都在为此重荷所困窘，但当前世界的特种景气，却是由此膨胀军事费激刺军需产业所形成，即是说，那种不生产的支出，究还在某种限度或某种意义上，诱致了生产的结果，在中国不然，中国的军需武器，以及其他有关军事的交通工具，都是由帝国主义国家供给，而多年来运用那些武器那些工具，以从事内战的工作，在破坏国民经济上，尤演了异常严重的作用。所以，我们敢于说，在目前内战停止以前，中国政府岁出的一半的费用，都是用在破坏国民经济的活动上的。

不过，论到这里，我们还得注意一点，即各省割据军阀之各别军事费用的支出，这项支出我们虽然不能觅得可靠的数字，但其数目之大，也许要相当于或不大少于中央军务费的总支出。直至最近，各省军费的支出，在各省岁出预算中，依旧占着绝大的比例。有些省份除了巧立名目的苛捐杂税外，还把其主要财源的田赋，预征到十年乃至数十年以后。这种事态在农村经济上，从而在整个国民经济上所造成的破坏作用，那当然比中央政府那种财政预算，还要厉害得多，严重得多。

四、由财政赤字导来的公债累积

然而前述那种破坏性的财政岁入，与那种同样具有破坏性的财政岁出，如逐年能够相抵，而不致危及财政，其祸害也许只及于一般本身。但事实告诉我们，对国民经济，尤其是对于农工业具有破坏作用的财政，必然要因农工业商业的不况，因税源的减少，以致引起财政危机。

中国近十数年乃至数十年来的财政，都是靠借债来平衡赤字，最初是借外债，当外债信用低落时，是借内债，当内债资源感觉枯竭时，又借外债。

借债愈多，其挪借条件愈恶，而每年对于债务费的支出，乃不得不在总岁出中占一个极大比例。比如，就近六年的情形来说，债务费对全岁出的比例，有如次表。

债务费对全岁出的比例

	债务费（单位千元）	对全岁出所占百分比
1930 年	289529	40.6
1931 年	269844	39.6
1932 年	223961	28.4
1933 年	241842	29.1
1934 年	257530	28.1
1935 年	274800	30.6

据上表所示，债务费在近六年的财政岁出中，都占有30％左右乃至40％以上的比例。结局，政府每年在岁入项下照例列入的公债，始终不够填补岁出项下由偿还债务本息所造出的缺陷。二十三年度的财政报告上说：“历年政府借贷，大半用于偿还旧债，惟所发之新债券，因系照票面贬价发行，实际上利息奇重，而国家收税之经指定为新债之担保者，亦日见增多。”

这里由财政当局自承的“利息奇重”，正是前述高利贷金融的补充说明。金融业者因为对于公债的投资和投机，有重利可图，于是把资金都运用到这方面，使农村发生金融枯竭的恐慌，使工业在种种打击之下，又蒙受金融周转不灵的痛苦。而由这工农业不况所导来的税源减缩的情形，更反过来造成借债的需要。

单就这方面说，公债愈积愈多，赤字愈演愈大，那种财政危机，已够严重了，而况自东北数省失陷，华北数省特殊化以后，中央财政岁入的主要财源，即关税、盐税乃至统税，都各别劫掠去了一个相当部分，而近年大规模走私之影响税收，更不待论了。在收入方面如此缩减，而在支出方面，又因连续天灾内战的普遍化，行政机构的扩大化，不能不有所增加，所以临到一九三五年，财政的危机已经达到了异常严重的程度。

五、解救财政危机的币制变革

事实上，像中国这种性质的财政，历年就是在危机中挨度的。政府当局，特别是负财政责任的人，当然要努力或已经作过许多努力，去克服那种危机。但克服财政危机的办法，不外两途，一是由开源以增加岁入，一是由节用以减少岁出。然而由前一点而论，政府虽曾在增税及创办新税上用过不少工夫，可是由前面描述的各种课税对象的情形来说，此路显然不通，即令在相当范围内，多少有所成就（如新办所得税之类），但对于日益增大的财政赤字，俨然是杯水车薪。在民国二十五年度的财政报告中说："本部深信欲求税收之增加，非先提倡人民的生产力，改进其日常生活不可。幸经本部努力筹维，近年内……建设款项之支出，包括铁道，公路，水利，公共卫生，农村救济等费用，反见增加。"这说明，至多只表示了政府对于加税或新创税，已知道非增进生产事业不行的觉悟；就其每年摊支在建设费上的些微款项而言，它对于那种觉悟的实行，再原谅点说，亦是"心有余而力不足"。

开源不易，节流是否可行呢？不错，政府在行政机构方面，已用尽了方法，去节缩开支，去裁汰冗赘机关，可是我们知道，中央每年最大的支出，是占全岁出40%乃至50%的军务费，是占全岁出30%左右乃至40%的债务费。不能在这两项大支出方面施行节缩方策，即令在其他次要或不重要项目上撙节下点滴费用，仍无补大局。

然则军务费能够缩减么？用事实去答覆，定难办到。纵令内战终止了，全国统一完成了，就对外的国防意义而言，军务费一定是有增无减，虽然预算的数字上，不妨构造得好看一点。那末，剩下的节流办法，就只能向债务费上开刀了。

外债的延付或减息，显然不能做到，把注意集中到内债方面，那不但非政府当局所愿做，且亦非其所能做，因为那一来，中国买办金融资本家阶层，定会对政府的新公债，表示拒绝，即使政府失去其用以填补逐年财政亏空的唯一"财源"。

这两条都不易走通，财政上的碰壁，当然会招来严重的后果。"紧急生智慧"，于是货币改革的方策被采行了。

不过，在采行这种方策的过程中，我们得注意帝国主义从中玩弄的推拉魔术。

帝国主义对于中国经济之全面崩溃所演的作用，这里不用重提了。中国的财政危机，以及伴随财政危机而引起的金融危机，在帝国主义者方面是曲尽了捉弄的能事。日帝国主义者的独占中国企图，已由其近几年对于中国的一系列侵略事实而益行露骨。日本的活动，当然使英美列强具有戒心，它们虽有许多理由，不能像日本那样舞手动脚的蛮干，但它们却十分明了现阶段之金融支配绝对意义。一九三四年八月美国发表了银国有的命令，两年之内，吸收了外国白银 6.9 亿盎司，其中约 4 亿盎司是由中国流入。这种银政策对于中国的打击，我在前面已略予说明了。当美国宣布银政策时，其政府当局的表示，只说是想借此提高中国购买力，以便增进其对华输出，但在实际，却是想借此进一步的破坏中国的金融财政，以便诱使中国加入金圆集团。如果这种企图能够实现，则中国的海外准备金，必定存积在纽约，美国乃可顺利的展开其支配中国的势力。所以银政策实施后数月，一九三五年三月，美国即派遣经济考察团来华，以观中国方面的动静。

但就在这当中，英国的哈蒙德将军、罗斯爵士辈也前后来华了，他们所带的使命，也无非是乘着中国金融财政乃至全般经济陷入恐慌深渊之际，诱使中国加入金镑集团，一以对抗美国的策动，一以妨阻日本的侵逼。也许因为英国手段高明，或者英国在华金融势力更大更深入的缘故，又或它的办法更投合中国那时的要求的缘故，中国在颁布征收平衡税和对私运白银出口予以死刑处分的法令之后，即很快的在一九三五年十一月发布了币制改革和银国有的命令。从某方面的意义看来，这种新货币体制的出现，确是中国国民经济上的急切要求，但此次新货币政策的成功，据《中国银行年报》所说，其原因不止一端，“尤以英大使之通令，裨助良多，否则多数外侨及外国机关，或借治外法权为护符，从事阻挠，则实行之际，必增加困难与淆杂”。这言外已表示新币制得到了英国莫大的援助，同时也表示这币制与金镑发生了若干密切的关联。

新币制既是在这种策划下完成的，于是在日本方面，就以走私活动与更疯狂的武力侵略来报复，而在美国方面，则借着停止购进白银的策略，使银价跌落，使中国借抛售白银，作为新币制稳定基金的计划，蒙受严重打击。于是至一九三六年上半期，就有陈光甫氏赴美签订银协定的措施，这次银协定的签订的结果，在中国货币金融的制霸活动上，算是由英美“平分春色”。

现在且不论中国如何由新币制实施，跌进了英镑美元集团，而只是要看新币制如何去成就解救财政危机的任务。

财政部长孔祥熙氏关于币制改革在财政上的影响说：

“在十个月内，可使政府财政永远平衡。”

新币制为什么有这大的功能呢？

且听下文分解。

六、新币制与全般经济危机

新货币体制实施的结果，政府得增发不兑换的纸币，以填补财政上的赤字。但单靠发行纸币是否就能顺利挽救财政危机呢？恶性的通货膨胀，在现代国家机构健全的资本主义各国，尚有所惮而不为，像中国这种国家，当然更感困难。所以在新币制实施后数月的一九三六年一月四日，行政院会议通过了“民国二十五年统一公债发行原则”。这次统一公债，是把原来许多名目分歧的30余种旧债券，作划一的整理，对旧债通给以划一的6厘利率，并将其偿还期限，延长三倍。偿还期间延长，政府每月在债务费上的支出，就可相当减少，从而对于窘迫万分的财政，可得到一大缓和。

特政府的这种新公债政策，是在其新货币政策已经实施之后，才敢于推行的，换言之，即新公债政策是由在新货币政策基础之上建树起来的。所以，财政上受到新公债政策的利益，还只能说是归功于新币制改革。

然而一国健全的财政基础，是建立在全般经济的繁荣上，货币体制上的变革，虽属左右那种繁荣景象之一因素，究不是唯一的成素。前述中国农业工商业上的破灭状况，实际是否由新货币实施，而得一昭苏机会呢？财政当局在公布新货币政策时，曾说明实施那种政策的旨趣说："现银巨量流出之结果，国内通货因之紧缩，资金不易通融，而企业家尚须担负款项利息。且因银价提高，交汇低落，足以促成我国币值之高昂。积此原因，致商品输出，大受打击。"这说明，显然表示新币制该在如何计虑国民经济的复兴。

所以，在新货币政策公布时胪列的各种办法后面，附有这样概括的辞句："以上办法，实为复兴经济之要图，并非以运用财政为目的。"

然则这样竞竞于经济复兴之新货币政策，该收到了怎样的结果呢？据《中国银行业务报告》，则是"去岁（一九三六年）我国商业金融，均甚平稳，远非前此不定与恐慌之情况可比。但过去一年，殊属重要，以其为新货币政策成败所系之试验时期也。襄者外汇高涨，物价下跌，工商各业，备感紧缩。因此新货币制度之推行，皆感有救济恐慌之功效"。又说："昔日国内紧缩停滞之情况，因币制之改革，已收救济之实效。"

如其说恐慌只是发生于通货不足，新货币政策之施行，也许于恐慌之经济，不无"功效"或"实效"。但如说中国经济恐慌，有我们前述的更根本的原因在，那单单货币的变革，尤其是向着帝国主义金融集团统一的货币上的变革，究只能暂时缓和财政的危机，而决不足以救济全般经济的困危。

不错，去岁全国的丰收，与政治趋向统一的局面，是凭空把新货币政策的功能增加不少了。但虽然在那种好转的情势下，工业方面，特别是最主要的纺织业方面的破产状况，却不但没有在去年变好，且照我们在本书第三章所说，是更加变坏了。至于表现经济好转之最显著征候的物价飞涨，却也有不尽可乐观的理由在。

据说，一年来，全国各地如上海、广州、汉口、南京、华北的物价指数，都分别有百分之二十几乃至三十的上涨。物价的上涨要在以次两种场合，才能说是好的现象，其一，是要物价上涨不妨害输出，其二，是要工资提高的水准，能跟得上物价提高的水准。以前而论，货币改革后的对外汇价，一直都是钉在一先令二便士半的汇率上面，汇率没有降低，而物价却一直上涨，那显然于输出大有妨碍。一年来，因为列强对于军需原料需要的加强，在对外输出上，虽尚维持着略略增加的场面，但究说不上是货币改革的功效。设把输入上的变动关系加以考虑，其情节就更不可乐观了。一九三六年的输入贸易，在表面上固见减少，可是如把走私的输入加算起来，也许实际有所增加。而且，帝国主义随中国物价上涨，而在中国直接经营的工业，一年来也是增长得可观的。

在对外贸易关系如此，在物价与工资的背离现象中，亦无从看出"转好"的材料。事实告诉我们：工资如不能随物价上升，则那种物价增涨的结果，只是使大众的生活，愈加恶化。年来上海各地不绝发生的罢工风潮，可以说明劳动大众在如何为了物价高涨而受牺牲，而不能不起来苦斗。

像这样对外市场对内市场都不见起色，且反恶化，一般的经济状况，当然不能因货币改革有所改进。不但此也，据前述《中国银行业务报告》："二十四年十一月三日行发行的为四万二千七百万元，迨至二十五年底，增到十一万四千三百万元。如此激增，或将视为通货过度增加之明证。"该《报告》虽在这一段文句下，补充："收回杂钞""法币需要激增"等等原由，以表明非"通货过度增加之明证"，但谁也不能否认当前物价飞腾，与银行发行激增之联带关系吧。至少，财政部对于其所发表"新货币制度说明书"上的以次声明，没有做到，那是说："最佳的货币制度，至少须达到两大目的：一是外汇稳定，一是物价安定。"现在，外汇虽相当稳定了，物价却无法安定。

我们很希望物价不克安定的原因，不是由于恶性的通货膨胀。但这种联想如不幸具有某种限度的确实性，那经济复兴的期待，都将变成幻觉，而不能不另找出路了。

自习问题

一、中国财政对现代资本主义国家财政，具有何等特点？

二、试说明中国财政岁入轮廓，并指出其有害一般国民经济发展的事实。

三、试把财政岁出之破坏性指示出来，并与财政岁入之破坏性作一比较。

四、中国公债是怎样累积起来的？

五、币制变革，是否可以挽救财政危机？

六、一般经济危机无法排除，财政危机是可以单独改善否？

第六章 中国经济之出路

一、第四种经济的可能前途

中国经济的主要各部门，大体已在前面分别论到了。为了便于提出这种经济形态的改革方案起见，这里打算总括前面各章的说明，以为下面立论的张本。

渗透在现阶段中国经济中的一般动态，由以次五点可以概括，那即是

1.帝国主义资本之独占强化。

2.金融业之浮薄膨胀。

3.交通事业之狂态进展。

4.农业恐慌之继续深刻化。

5.民族工业在破产中呻吟。①

以上五点，正好说明中国今日一般人对于中国经济的不同认识。

有的人以为中国经济在复兴中，在发展前进过程中，其论据大抵不外是指着二、三两点，即金融业在浮薄膨胀，交通事业在狂态发展。有的人则以为中国经济在崩溃中，在全面没落过程中，其论据显然是指着四、五两点，即农业恐慌在继续深刻化，民族工业在破产中呻吟。

然则经济上的这种不平衡姿态是何由形成的呢？基本的农业工业既然陷入恐慌破产的深渊，照例要以农工业为基础的交通与金融，何以竟能表现前进的发展的现象呢？要解答这种问题，先得把前述第一点，即帝国主义资本之独占强化加以考虑。中国金融业之依附帝国主义的情形，中国交通事业之帝国主义的背景，我们原已讲过了。这里再重复念出一段

① 参照《东亚》记者作《现阶段中国经济不均衡发展之姿态及其意义》，《中国经济》三卷五期。

明言,那也许于我们理解此种关键,更有帮助。

> “金融资本把银行制度隶属在它之下,而操纵殖民地或半殖民地的交通,对外贸易,货币本位币,航行及开采工业等之最高权……”[①]

所以,像这样在帝国主义影响或扶植之下发展的金融业与交通事业,都不是正常的,所谓“浮薄的膨胀”云云,所谓“狂态的发展”云云,要皆影射此种事实。

自然,我们也并不绝对否认金融业与交通业之任何形态的发展,在某种场合,在某种限界内,也许有助于中国工业农业的昭苏或复兴,但我们所当特别注意的,是帝国主义势力之借着那些事业之进展而深入。中国的交通事业,特别是中国的金融业,全是在帝国主义破坏中国民族经济过程中发展起来的,这是中国全部降为次殖民地或部分的沦为殖民地的一个痛苦经验。我们只要看当前许多典型殖民地带的交通与金融等方面的事业的发达状态,就知道中国目前的这种经济动态,是太值得悲观的。

然则怎样办呢?

我们前面已讲过,在当前世界所有的经济形态中,中国经济大体算是第四种经济,即除了我国这种次殖民地经济形态外,还有资本主义经济形态,由资本主义派生的殖民地经济形态,及较资本主义经济高一级的社会主义经济形态。这就是说,中国经济的可能前途:

1.转落为十足的殖民地经济。

2.发展为资本主义经济。

3.超越资本主义经济阶段,而升到社会主义经济。

但在当前的国际环境之下,我们走第三条“经济路”的可能性,是过于渺茫了。我国朝野上下在主观上,也许想努力向着第二条“经济路”挣扎,可是在客观上,中国经济却是在大踏步的走向第一条路。

二、在“合作”“提携”声中的国民经济复兴运动

“国民经济复兴”或“国民经济建设”,是每个中国人应当呼喊,应当去实践的口号。但近一两年来,我们在这个口号下收到的“实迹”,却是如前

---

① 见陈彭译马扎尔《中国农村经济研究》第413页。

面所述，农业恐慌的继续深刻化与民族工业的全面破产。而比较可引以自豪的交通业与金融业上的“乐观”景象，或“建设”成绩，前述那位《东亚》记者又为我们具体的指证其缺陷。那大体是说：使中国经济形成此种不平衡发展，而占着指导地位者，无疑为外国资本。近年各国均向中国输入大量之资本，用以“建设”中国。自伪满洲国独立，日本资本向满洲及中国北部积极进行以来，各外国资本相互倾轧而愈激。它们近年对华之资本活动的特征为：

1.其活动之一般强化，

2.列强之冲突，特别是日英日美冲突之尖锐化，

3.日本之断然占有优势等。

各帝国主义国家现正利用在华各集团间之矛盾，采政府借款与向交通事业工业直接间接投资之形式，以强化其在华之支配。即以日本为例，除满洲之进出外，企图独占中国北方棉花石炭之原料与市场，而形成所谓“日满华北集团经济”之组织。其他直接投资亦激增加……

上面这段话所说明的，是中国近年的国民经济建设运动，大体是在两种势力的资本活动下进行：

其一，是由欧美资本采取的“合作”形式，

其二，是由日本资本采取的“提携”形式。

欧美资本雄厚，故其活动的途径与程序，都来得较为“合理”而温和，日本帝国主义原是缺乏活动资金的，它的资本主义的脆弱性，使它在中国的活动，不能不采取极凶猛极露骨的军事侵略方式，和极无廉耻的走私与贩卖毒品等方式，以资补充。就这样，我们就比较容易理解经济“提携”对于中国国民经济复兴途上的破坏性，而对于欧美式的“技术合作”“经济合作”，却存着莫大的期待。自然，在这两种“乐善好施”的“援助”当中，我们宁愿接受后者，但

1.一切帝国主义，都是自私自利的结晶。它们在中国的资本势力增加一分，中国经济解放或复兴途上的障碍就要多增加一分。因为它们在原则上，在事实上，都不能从中国的立场来扶助中国，至多只是从它们自己的立场，来帮同进行一些中国也像是需要然而非根本需要或在现阶段非根本需要的事业。所以

2.企图使中国进一步变为它们原料供给地和商品市场的各帝国主义

者，虽然知道中国经济上的燃眉的急务，是力求生产资本主义化，是大规模工业化，但关于交通工业也好，关于其他机械工业也好，或者关于一般消费品的生产也好，始终是把他们制好的物品，供给中国，而不肯帮助中国建设这诸般工业。可是，在另一方面，即

3.它们倒乐意在中国建立它们自己的工业。甚且为了原料的需要，还设法改良中国农业。日本在华北的植棉计划，英国在山东等地的扶助栽种烟草区域，都算是它们促进中国工农业发展的"实绩"。然而

我们对此帝国主义在中国强化独占的活动与"成绩"，能够看作中国国民经济复兴的内容么？换言之，中国还能期望在帝国主义"帮助"之下，成就克服经济恐慌，完成国民经济复兴的大业么？

三、农村经济建设运动的"限界效用"

也许我们可以这样说：1.帝国主义"援助"我们的动机无论怎样不好，我们多少总可受到一些益处，例如，航空、公路、铁道等交通机关，虽然有助于帝国主义势力的深入，但于中国军事政治的统一活动，乃至对于将来的抗敌工作，都有莫大用途；即就经济的立场讲，亦并非于国内商工业的振兴，全无作用；况且

2.诸帝国主义者间的相互冲突，我们正好利用以解除它们共同加诸我们的经济束缚，例如关税权能挣到当前这种"准"自主的状况，货币能在极短期间成就改革的目的，都算是利用帝国主义者之间的矛盾冲突的结果。加之

3.帝国主义列强对于中国的主要经济部门，特别是工业部门农业部门的建设与复兴虽不肯积极援助，甚且在妨害它们利益的场合，多方予以破坏，但我们可利用它们的物力人力，从事它们愿意帮助的，于它们有利可图的经济部门；而把我们自己能够集中起来的物力与人力，用以从事那些于它们利益相冲突的，但于我们自己为必须的经济建设。那不是非常合理而又十分可能的打算么？

关于前两点，我们在这里没有充分解答的余裕；但我们只须记得"道高一尺，魔高一丈"的金言，就明白中国经济的复兴大业，不是这样仰人鼻息、听人摆布所能为力的。

至若上述第三个办法或原则，事实上似乎已在为中国所运用：近年来在“国民经济建设运动”口号中呼喊得怪起劲的“农村经济建设运动”，大体就是从这种缝隙中透出的一缕闪光。

本来这种运动不自今日始。农本主义者——梁漱溟一流人物在河北、山东各地进行的农村建设工作，大体可以说是这种运动的前驱，不过前者还带有几分“乌托邦”理想，而后者则是比较实际的。我们且来略略描划这种运动的起源。

中国金融机构建筑在公债与地产上的事实，我们已在前面述及了。一九三四年美国银政策的实行，加速促成了中国金融恐慌的爆发，中国金融业者在这种恐慌当中，渐渐觉悟到了：专门为洋大人做“经纪”，专门在公债地产上运用资金，不是有永久性的前途。要从金融恐慌中“振拔”出来，先得在生产事业上做一点工夫。但中国生产事业，主要如农业工业既然全面的陷于崩溃的境地，还能在自己的恐慌灾危未解除之前，拿资金去冒险么？近年民族工业之全部破产，金融业者采行紧缩政策，采行自救政策，也许尽了不少的“推波助澜”作用。他们目击帝国主义的倾销政策、走私政策，以及直接在华设立工厂活动，会从根本挫败中国工业仅有的竞争能力，由是他们的视线，只好勉强集注到农业方面了。

适会中国农业上的衰落景象，已经达到了富农、小地主甚或道地的(即非军阀官僚转化的)中层地主都不易撑持的田底，于是，由地主阶层呼出的农村破产的呻吟，就更容易打动政府当局的视听，和激起金融资本家阶层的“慈悲心”。结局，我们听到金融资本家们“转向”的论调了。

农村资金向上海集中的倾向停止，银行资本甚且在向着农村逆流了。

在一九三五年中，银行对农村投资的总额，据说有2亿元。就其贷款额而论，江苏省最高50元，最底5元；安徽省最高180元，最底5元；山东省最高900元，最底3元；河北省最高812元，最底20元；河南省最高150元，最底2元；陕西省最高250元，最底2元。

以各别银行而论，中国银行的农业贷款，一九三五年末约达2516.1万元，其中贷与小农者，约为51万元。全年对农村合作社贷出额，约达449万元。这些贷款，较之前一年度增加一倍以上。贷款区域普遍于9省80县，共126000余农家。同行一九三六年度的农业贷款，据其最近业务报告，虽与工业贷款交通事业放款混合着，维持前一年度的比率，而未给吾人以单独的明确数字，但大体总该是有增无减。

交通银行在一九三五年全年中的农村贷款总额，为 608 万元，较前年度增加 150 万元贷出区域达 10 省 72 县。农民 20 余万人。同年度邮政储金汇业局的农村贷款，据算为 60 万元。江苏省银行在去年把资本由 200 万元增至 400 万元。预定将来增资到 1300 万元。其扩张资本的目的，就是要扩大农业区域的救济；所以它已经在江苏各地成立分行及办事处达四五十处之多。此外，据去年三月份新闻所载，中国农民银行受财部特许，发行纸币 1 亿元，同时以 5000 万元从事农村救济事业。

以上列举的种种数字，不过是例示中国金融业者把眼光移向农村事业的一般动态。而与金融业者这种动态相配合的，或者适应金融资本阶级这种要求而产生的，还有从文化方面，从技术方面，进行改良农村的种种活动。而其中大体可以说是由银行业者贷款直接派生的农村合作社组织之增加与推扩，在一般达观的人看来，满以为那是中国农村经济复兴的征候，同时且是促成那种经济复兴的动力。其实，这是过于在表面上观察事象了。

严格的说来，中国农村经济危机的主要症结，并不在于农村金融枯竭及农民破产本身，而在于整个国民经济发展的前途受到了妨碍；在外力压迫之下，在封建势力借外力而益张其势焰的情形之下，国民经济的固有基础已从根本发生动摇。中国农村之技术的退步，经营的缩小，金融枯竭，农民破产失业等等事态，都不过是其必然相伴发生的现象罢了。

由是，银行资金之向农村逆流，以及伴随此种倾向而表现的各种改良农村、复兴农村的工作，极其限，亦不过是“头痛医头，脚痛医脚”的改良主义的治标办法，而谈不到农村恐慌之根本救治。

不但此也，这种复兴农村运动，既是由前述地主阶层与买办金融业者做发启人，做推动者，其结局，恐还不免要从种种方面加深农村经济困蹶的病根。近日对改良农村运动表示悲观者曾说：“在改良主义的领导下，一切乡村组织的任务，是在维持、复兴并巩固旧的社会秩序，即维持、复兴并巩固帝国主义侵略和封建势力的经济体系。”事实上，这也许不能完全算是过于激越的论调；一切不从根本谋解决的敷衍工作，都不免有增大既成势力的可能性存在。

当然，我并不是说，在整个中国国民经济发展的障碍未根本排除以前，即阻碍中国经济复兴的帝国主义与封建势力未澈底打倒之前，一切改良的工作，都不应进行；尤其是，中国农村因资金集中都市所加深的恐慌，得银行投资的润泽，自然能在某种限度内，使那种恐慌有所缓和。但显然的，问题不是在复兴农村经济运动应否进行，而是在那种运动究能收到怎样的效果。

我们知道，中国农村经济是在全面的崩溃中。无论谈到哪方面，都需要救治。文化方面也好，技术方面也好，资金方面也好，交通方面也好，通非全盘改造或调整不可，通非根本改变农村社会生产关系，以便解放生产力不可。不然，单就资金一项说吧，在前述一九三五年度一年中，银行方面向农村投下近 2 亿元的资金，在银行方面虽然是破天荒的"慷慨"，但在范围广阔而其恐慌深度又达到极端的中国农村，却不过是杯水车薪；又如，就改良技术改良教育说吧，无论是凭着少数人的带着"理想"的努力，抑是凭着若干地方团体、社会机关的有组织的活动，终如针投大海，激不起多少波纹。梁漱溟一流人物的农村建设运动的成果，是大可给我们反省的。

总之，在农村社会关系没有何等改变的限内，要图农业生产力的解放那是难乎其难的。

如其说，上面的议论，太根本了一点，那末，姑站在改良主义的立场，言其极显而易见的事实吧。

农业的改进，是多方面需要工业发展的。农村的日常消费品，新式农具，都得取给于工业方面；同时，当作原料，当作食品的农业生产物，又要以工业方面的发展，为其推销的出口。也许有人要以现成的事实反驳我们说，帝国主义不是能供给我们各种各色的制品，同时并容受我们的农产品么？这问题，会牵涉到对外的贸易。就是，中国农业上的需用品与生产品，如都仰帝国主义来供给来销售，那就不但会使中国的农业，完全成为帝国主义的隶属，随帝国主义列强的经济恐慌而加深其恐慌，同时帝国主义列强且会运用其在华种种特殊权力，并利用中国农业仰其鼻息的缺点，而操纵价格，而增进其不等价交换利益，而转嫁其恐慌，而且，这已经不是推论，而是事实。

这就是说，农业经济是不能单独复兴的。在工业在对外贸易以及其他经济方面没有同时收到改进之效以前，金融家、地主、改良主义者，无论怎样热心努力，怎样“慷慨”，终无法收到农村经济复兴的效果。

四、关起门来实施统制经济如何？

关于上述的农村经济复兴运动，我还想借一位统制主义者——罗敦伟的批评意见，作一补充，或者作为中国统制经济的引论，那是说：

“……中国农村经济的破产，有其本质的原因。本质的因素不能除去，用什么改革技术，增加生产，调剂金融——枝节的政策，妈妈主义的政策，不过表现我们的幼稚病，不会有什么大效果。充其量，也不过在某一个地方，某一个时候发生一点小效果，构成中国农村经济破产的‘回光反照’，决不能克服现下农村经济的恐慌……”①

然则，该怎么办，他提出了农村经济统制的办法。不过，他还很“正确的”知道，徒徒统制农村经济亦无效果，要全面的统制中国经济各部门，方能收到经济复兴的效果。在他，这全面的统制，被称为“计划的统制经济政策”。——在这样一个堂皇的名目之下，把一般人断断争辩的统制经济与计划经济的区别，也解消了或统一了。

把统制经济政策当作是克服现下中国经济恐慌的法宝，几乎已成为经济学界的一种“时尚”。现代所谓统制经济，原不外金融寡头支配或经济独占强化的别名。我们诚然不妨在同一的名目下，进行别致一点的工作；或者，中国这种特殊经济形态，应当施行一种特殊的统制经济。

但统制经济政策的目的、内容、实施的步骤与程序，尽管怎样不同，然既称为“统制”，就得注意到统制政策所必需具备的两个前提：其一，是统制主体的统制权与统制力；其二，是统制客体的性质，其容受统制的组织基础。中国客体的经济事实，是否发展到了够容受集中统制的那种程度，即产业上的加特尔、托辣斯等独占组织，乃至各种社会的职业的组合机构，是否有相当的发达，这是每个主张实行统制经济政策的人，应当加以考虑的。

而且，我们除了缺乏客体的统制基础之外，对于运用统制政策之主体的统制权与统制力，亦有“不够资格”之感。本来在一个产业不曾发达而

① 见《中国经济统制论》第165页。

又不得发达的国家，其政治权力是无法安置在强固基础之上的。中国之次殖民地的地位，中国连关税权都不能充分运用，工业权且完全丧失，交通权亦弄得四分五裂，破碎支离，如是而言统制，那除了随帝国主义资本在中国之独占强化，而进一步受其劫持操纵以外，还有什么可说。

所以，像马寅初那样的"资产"经济学者，虽然在其"大著"《中国经济改造》中，把"改造"的基点，安置在统制经济上，说："今后吾国经济之出路，不外二途：一则追踪欧美各种已现没落之资本主义自由竞争，自由生产…… 一则即今日之所谓统制制度。由吾人观察，前制已不适用……"，[①]即后一制度大堪效法；并还依其"卓见"，指出中国容易实施统制政策的许多理由来，可是一把那政策应用到实际，这位博士却又不免怦怦心悸，表示束手无策了。

例如，关于统制输入品，他说："今日以我国情形而论，能否实行此种政策，而不引起国际纠纷，殊难预测。日本对于二十二年财政部颁布之新税则，尚用种种压迫，促我国政府设法减轻税率，以便日货之源源输入。对于进口货物国产标记，要求改用英文，借以抵制华人之抵制。"[②]使博士知道当前这种大规模走私活动，当必更相信此路不通。

关于管理汇兑，他说："(一)中国国外汇兑，向为外国银行所操纵，试问有何方法可使彼帖首受范，受中国政府之管理；(二)中国政府既无法可以禁止国民委任外国银行，亦不能禁止国民前往存款，存款于外国银行，即无异存款于外国；(三)运往外国之现金，有外国兵舰为之装载，中政府无检查之权；(四)华商运洋货进口，可以顶冒在华外侨姓名，汇去货款，即可任彼代付，犹如华人在上海租界内买地，多用洋人姓名，在领事馆登记。"[③]

关于利用外资，他说："外人有不平等条约有护符，资本所到之处，即其势力所及之地"。[④]

关于工业统制，他说："假令关税实质上能完全自主，上海……等各关皆能提高税率，足以限制或拒绝外货之进口，然外国之商人，可以将其本

---

① 见马寅初《中国经济改造》上卷193页。

② 见马寅初《中国经济改造》上卷第203页。

③ 见马寅初《中国经济改造》上卷第203～204页。

④ 见马寅初《中国经济改造》上卷第95页。

国之工厂，移设于在华之租界，直接在华制造。”[①]

单就马博士提出的这几项对于他自己的统制经济政策的反驳，已够使我们想到中国统制经济之前途！工业、商业、对外贸易、汇兑、金融，利用外资乃至货币权等，都无法统制，然则主张以统制制度来“改造”中国经济云云，究将统制些什么呢？

自然，我们并不否认中国尚有可以运用统制经济政策的余地。如生丝出产的统制管理，米谷之统制运销，火柴业等等之统制生产贩卖等等，其最后的效果，即统制活动是否能贯澈到底，虽尚有问题，但在某一限度，某一场合，尚有可以为力的地方，并且也许较之不施行管理统制，要有效果。但我们应注意的是：

1.这种枝节的局面的统制，在其本身就是缺乏统制的，而所谓“计划的统制经济政策”云云，所谓“改造”中国经济之“上策”云云，都是在字面上做文章，而完全没有想到中国的客观环境。

2.实际上，哪怕在高度化的资本主义各国，其政权即使再统一集中，其被统制的经济对象，即使再有组织，再便于统制管理，而其用以克服恐慌的效果，仍极渺茫，且已由许多厉行统制政策的国家，显然证示其失败。

要之，严格意义的统制经济，中国不但未具有实施的资格，就令退一万步，说我们的前提条件齐备，亦不能期望其打开中国经济的难局，克服中国经济的根本危机——虽然我们并不因此就反对可能范围内的统制方策的实施。

五、由“土地村有”谈到实现“耕者有其田”

在“国民经济建设运动”的空气中，在“统制经济”喧嚷得怪起劲的场面下，还有人抱着这样一些较为实际的想像以为中国尚是一个农业国家，中国的生产品，中国的对外输出品，都是由农产物占着绝对的优势。从而，今日中国经济的困难与危机，主要是由于农村经济的破产，农村经济破产，以致占有80%的全国人口的购买力异常底落，影响工业品市场，由是造成工商业金融业的恐慌。至农村经济所以破产之原因，他们却主要

① 马寅初《中国经济改造》上卷第317页。

的认定是土地问题没有解决，申言之，即土地集中到少数人手中，使农村生产者无地可耕。故他们依据这种认识，而提出土地分配问题。

原来这个问题在中国国民革命运动发生之初，即已为革命先觉所密切注意，但后来渐渐被人忘记了；这被遗忘的问题，何以重又被人提起呢？其所提的方法或认识，是否正确呢？我们没有从长讨论之余裕。我们在这里所要注意的，只是这被人看作解救中国经济危机之销钥的土地问题，究是如何被人处理；并且，依照那些处理方法，是否真有助于中国当前经济危机的解脱。

中国共产党的土地政策，我们在这里不打算讨论。站在防止共产党活动的立场上，首先提出土地问题，并决定"土地村有"办法的，是山西的阎百川氏。他的"土地村有"的主要纲领，是

1.由村公所发行公债，收买全村土地为村公有，此项公债，由产业保护税、不劳动税、利息所有税、劳动所得税为担保。

2.就田地之水旱肥瘠，以一人能耕之量为一份，划为若干份地，分给村籍农民耕作。

3.如经村民大会议决，对于村田地为合伙农场者，即定为合伙农场。

4.人民十八岁受田，五十八岁还田。

5.如田地不敷村中农民耕作时，应由村公所为未得田地之人，另筹工作。如田地有余，不能耕作时，应将余田报请县政府移民耕作，以调剂别村人民之无地耕作者。

6.耕农因耕力之减退，或田地中栽培特别费工作之作物，应准使用雇农，但雇农以下列三种为限：

(甲)其他耕农之有暇力及余力者；

(乙)十八岁以下，五十八岁以上之男子；

(丙)劳动年龄内之女子。

7.推行之初，对省县地税负担，仍照旧征收田赋。

8.坟地宅地，暂不收买。

9.村公所应按人口增加情形，土地改良状况，在适当时期，将份地重新分划。

我对于这个"土地村有"纲领的总感觉，即认定那是对于南北朝时的所谓均田制一类东西的改头换面的重抄，但还远不如均田制的较为澈底，

较有社会意义。本来阎先生这个“创作”，原不在改革土地关系，而反在保持现有土地关系的既成秩序。他在《中国社会》第二卷第二期中，已明白表示：“我们现在要避免共产党土地政策的残酷毒辣的惨剧，只有迅速的解决土地问题。”又说：“防共的根本办法，是要废除土地私有权，树立土地公有制。”显然的，其解决土地问题的动机，是在安定农村没有土地的农民之非分之想；若认真的实施土地公有政策，却又类似蹈袭共党的办法。所以一般人称那政策为妈妈主义政策。然而我们总得原谅他的“苦衷”，佩服他提出这个问题的敏感与勇气。

特就技术上讲，就原则上讲，这办法真正见诸实行，不但不能解决土地问题，不能安定农村的秩序，甚至会招致反其预期的严重结果，至农村经济的改善或复兴，那是更谈不到的。

以村为土地所有的主体，土地的分配以村与准则，未确定农民之一般的受田面积。村有大小，村所属的土地有多寡，有肥瘠。即令一村之农民，可按其土地之等级，分受得大体平均的土地面积，村与村之间，将如何求其平衡。各村的人口，如何调剂？村民的资格如何确定？凡此虽都是一些技术上的问题，但却含有影响整个纲领之根本困难在里面。不但此也，按照土地村有的办法，是否个个村民都能受得土地呢？据南开大学经济研究所李庆麟氏所说，“以山西目前的人口，按照公有的办法，分配山西可耕的土地，便不免有二一〇，五八二家农户，或一，一二二，九三〇个农民发生无田可耕的恐慌”。

我们就退一步，说每个山西人民，都多少可以依此办法分得一点土地吧。但土地上的分配问题，应当与其生产问题连同考虑。诚如一位社会科学先觉告诉我们：“……这种分划（即地主土地划分为农民财产），应当适应真正新的资本主义农业的条件，应按照新的道路，而不是按照旧的道路。划分的根据，不应当是旧的碎散的小块土地——这是百数十年前根据地主的管事与亚洲式专制官僚之意志而划分于农民之间的——而应该是自由的资本主义农业的要求，为适应资本主义的要求起见，土地的划分，应该是资本主义农业管理者间的划分，而不是守旧顽固的农民中间的划分，因为这些农民中间，大部分是固执陈旧遗规，只合于宗法社会的条件，而不合于资本主义的条件……土地的划分，要得进步的性质，那末，一定要根据新的划分法。这种新的划分法，就是土地的国有，就是土地私有权的完全消灭，土地上经营的完全自由，旧时农民转成资本主义农业企业者的自由。”

准此，像山西那种村有办法，即令在进行上没有困难，即令每个农民都能获得一点土地，但旧的碎散的小块土地的划分，于农业生产力的解放，毫无益助，从而，于农村经济的危机，仍不能有所救治，反之，在旧的农村生产关系一仍旧惯的限内，多此一举，不但无所助于农民的困危，且一定会招致农村更大的不安。

所以“土地村有”的办法，近已变成了中国土地问题演变史上的一个新的陈迹。

到最近，报章上又在刊登实现“耕者有其田”的办法了。在名义上，“耕者有其田”显与“土地村有”为两个不同的土地政策。后者表示土地为村公所所有，而前者则是由耕者所有。但揆诸实际，还有更大的不同意义存乎其间。我们且把“耕者有其田”之创导人孙中山先生的说明，写在下面：

> “……我们国民党的民生主义目的，也就是要把社会上的财源，弄到平均，所以民生主义就是社会主义，也就是共产主义，不过办法各有不同，我们头一个办法，是解决土地问题……现在我们所用的办法，就是平均地权。”①

> “……对于最终目的的土地公有入手办法，在第一步是打破现在土地分配不公的制度，而主张平均地权，由政府规定地价，其办法由地主自己报价，政府则按价征税。地主以多报少，政府则按价收买，以少报多，政府则按价抽税，自报价之后，土地若因政治的改良社会的进步而增加地价，则其利益，即归公有，以预防土地为少数地主垄断的种种弊端；第二步，实行耕者有其田；第三步，实行土地国有，以达到人民共享土地所生一切利益的理想。”②

上面这两段话，对于实施“耕者有其田”的办法，虽未明言，但已明确指示那是解决土地问题的第二步骤，即做到这第二步骤，然后始能达到土地国有的第三步骤；第二步骤既是由第一步骤而来，我们甚且可以把第一

① 见《三民主义》“民生主义”。

② 《中国国民党党员训练大纲》。

步骤的平均地权的种种规定，看作是实现“耕者有其田”的入手办法。

像这样解决中国土地问题的方案，如其从民十五北伐革命运动以来，即着手实施，也许能迂回的相当的减少土地问题的严重性；但荏苒到十余年后的今日，方始把这旧调重弹起来，这是非常值得婉惜的。

但“往者不可谏，来者犹可追”，我盼望政府当局今后不再忽略这个问题。据近日报纸所载，有中央乃至地方政府党部负责人参加或主持的地政学会年会，曾通过“耕者有其田”案，并议定各种实现的方式。其决议如次：

> “……耕者有其田，为本党既定政策，且亦为我国社会人士所公认。揆之今日实际情形，尤有迫切之需要。惟此项政策究应如何使其实现，迄今尚无定论。本会认为欲达此目标，应采下列各种方式：(一)政府应发行土地债券，尽先征收不在地主手中之土地，以次及于不自耕作之耕地，以供创设自耕农场之用；(二)自耕农场应按照地方情形及农地种类，规定适当大小之面积，禁止分割或移转于不自耕作之人，并限制负责最高额；(三)荒地之开拓，已耕地之改良，重划地价税制之推行，土地银行之设立，及农村合作社之提倡，均为创设及维持自耕农场之必要手段，应即实施”云云。

这种决议案是否贡献政府，政府是否采纳，即采纳矣，是否认真推行，虽尚属疑问，但我们可以发现其两个特点，即(1)把平均地权与当前改良农村运动的种种方法，冶于一炉；(2)比较适于资本制经营之自耕农场的创议。

不过，根据下述两种顾虑，我们终不能对此存何等大的希望，那即是第一，土地问题在中国全般经济问题中，虽然具有异常重要的地位，但在中国经济上其他方面问题不能发现连带解决之途径的限内，土地问题决不能有妥善的解决；而且第二，我们一再说过，生产力的解放，是以桎梏生产力之生产关系的打破，为其先决条件，在帝国主义还苟合着封建势力，成为农业生产力发展之障碍的限内，一切纸面上的决定，都经不起实际困难的打击。

因此，我们要期望由土地问题的温和解决，以挽救整个中国经济之危局，那又是过于不着边际的幻想了。

六、我们要建设国家资本主义么？

如其说，实现“耕者有其田”，是与前述农村经济建设运动有关的问题，那我们在这里所要提论的国家资本主义，就是与前述统制经济有关的问题，且与前述国民经济复兴运动有关的问题，不过，其重心，其范围，各各不同罢了。

在土地问题上，我们已经发现了两种不同的提法，两种不同的解决方法。在国家资本主义那种主张的视野，我们亦发现了两种不同的提法，并且那还像是站在两种相反立场上来主张的。

一种的提法，是说发达国家资本，是国民经济建设运动的骨干；“要使国民经济建设运动，能够负担起建设经济国防与建立民主主义经济制度的两种使命，无疑的，不能以落后的散漫的小生产为基础，应该是有计划的机械化，电气化，现代式的科学技术化，简言之，就是大工业化。唯有大工业化，可以把落后的散漫的小生产改造成为应用最新式技术的，大规模集中的，有通盘计划的产业部门，只有这样才能与帝国主义经济力量抗衡，才能形成民族经济的基础。……但这不是‘大贫’‘小贫’的中国资本家所能担起的任务。……所以，中国如果舍弃发达国家资本的途径，建立资本主义，必然的，徒遭资本主义的损失而已”，以上大体是从生产的经济国防的立场立论，“再从分配方面讲，也唯有发达国家资本之后，分配的社会化才有可能。……支配私人的生产法则，是以私人利得为前提。因此，要使一般国民的物质享受与文化水准的提高，要大量的生产，使大量生产的利得归属社会全体，这也唯有国家资本发达了之后才有可能”。①

这一大段话所说明的，是把国家资本主义看作经济国防与民主制经济制度的前提条件。不过，这位作者虽然也提出了“经济国防”这个语辞，其全文中，对此并不曾作何等进一步的发挥，只是说，要“大工业化”了，“才能与帝国主义经济力量相抗衡，才能形成民族经济的基础”。这显然忽略了现阶段民族危机，从而忽略了现阶段经济国防的意义，以为中国可以关起门来讲建设，讲大工业化，实行国家资本主义。至其主张由发达国

---

① 吕道元《国民经济建设运动与发达国家资本》——见《国民经济建设月刊》。

家资本，以实现民主制经济制度，则又误解了近代国家资本主义的特质，专在字面上发挥。这里且引一段解释国家资本主义真诠的文字，以资参证。

“在国家资本主义的体制中，经济主体，是资本家国家——集合的总体的资本家。反之，无产阶级专政的时候，经济的主体，则为无产阶级国家，综合的组织的工人阶级——组织起来成为国家权力的无产阶级。在国家资本主义中，生产过程，是资本家阶级所抓取的剩余价值之生产的过程，而这一过程，兼带有变剩余价值为剩余生产的倾向，而在无产阶级的专政之下，生产过程则成为有计划的满足社会欲望的手段……”①

这是近代两种国家资本主义形态的对比的说明。如其中国要发达国家资本主义，究会沿着后一路线？还是沿着前一路线呢？中国经济中国社会原非资本主义的，尤非社会主义的，以大体趋势而论，其倾向前一路线，较之倾向后一路线更有可能。其结局，将如斯托尔漫(C.Stenrmaun)所说：“所有经济部门都为集合的趋向所支配和贯澈。但私人利益的地位仍旧巩固：一切私有财产生产方法所形成的财富之数目，逐渐成为财政大臣之私有物，使他们霸占经济转变过程的利益。国家的法律及政治的规定，都是这些资本大臣，经济的所有者及享用者所利用，提高私产的特权形式，使少数人对全民族握着统治的地位……”②

中国即使标榜国家资本主义，亦决不能达到斯氏所说的这种集中统制的程度，因为中国一切经济部门，都渗透有帝国主义的作用在内，不过，想借国家资本主义来实现民主制的经济制度，那就未免南辕北辙了。

在这里，我还想引论从别一观点来强调国家资本主义的主张，那是说：“我们中国在这时候所要实行的国家资本主义，当然不是，而且也不能是，德国现在和苏联当时所实行的国家资本主义。我们目前需要在这样一个国家里面实行国家资本主义，那种国家采取革命的民主主义政治，它对外能够排击它主要的敌人，而和其他列强能够在平等的基础上面维持并且加强友谊的关系；它对内能够代表全国各阶层民众的利益，能够完成一个各个阶层共同对外的政治联盟，而且能够实行国家资本主义的经济

① 布哈林《转形经济学》——参照罗敦伟《中国统制经济论》第128页。

② 见斯氏著《国家资本主义论》。

建设，建立各阶层人民的经济联盟。在这样的一个国家里面，我们的国家资本主义将产生一些什么结果呢？它将使我们独立的民族经济大大地开展起来，使我们的国防大大的巩固起来，使我们民族的生产力和经济关系向前跨进一个阶段，使民族企业家和劳动大众都能得到些好处，人民全体的生活必然大大改进。”①

这段话的要点，第一是要采行不同于以前苏联，也不同于现在德国的国家资本主义建设；不过，第二，在从事这种建设之前，要实现一种不同于苏联不同于德国的政治，即革命的民主主义政治；第三，那种政治能实现，从而，那种国家资本主义的建设能实现，国防经济可以确立，全国一切阶级人民将受其利益。

这个主张，完全建立在假定上面，即建立革命的民主主义政治实现的假定上面；如其说一切政治形态，是受决定于其社会经济结构，那在当前的社会经济关系下，企图实现那种形态的政治，其希望就极渺茫；至若那种不同于苏联也不同于德国的第三形态的国家资本主义是否能成立，成立了之后，是否能实现一切阶级人民受其利益的结果，那又是渺茫之上的渺茫了。

七、生产经济与国防经济的比重

关于中国经济的出路，我们已分别论及了。近人在提唱在实行的种种方策，如国民经济复兴运动，如农村经济建设运动，如统制经济政策，如土地村有，如实现“耕者有其田”，如国家资本主义建设等等，这许多相关联的方策之杂然被人提起，正表示中国经济在无论哪方面皆需要救济，皆需要改造。

对于所有这些方策，在一方面，我皆承认其在某种场合，某种限度，有实行的可能与必要；我们诚然不能忽略一种不澈底的，不大适合环境要求的方策，在实际会发生的反动与恶果，但当作改革或救济经济危机而被采行的办法，至少总有发生局部的效果的可能。这就是说，关于上述的各种方策（就是最易发生流弊的国家资本主义建设亦在内），我都不反对其分

① 钱俊瑞《我们要建设国家资本主义》《自修大学》一卷三号。

别的采行。不过，

在另一方面，我却不能相信这任一方策，或集合这全体办法，有打开中国经济难局，或挽救整个中国经济危机的可能。因为，我们如其不否认中国社会经济的次殖民地性，或中国经济对于帝国主义资本的隶属性，或帝国主义势力在中国一切经济部门的侵略的操纵的作用，那我们无论采取何等适于中国经济救济的有效方策，结局，都将遭受帝国主义的直接间接的破坏。

特别是在日帝国主义者毫无忌惮的对中国行使军事政治经济侵略的现阶段，我们的任何经济方策，都得带着处变的意义，即带着抗战准备的意义。中国的正常的国民经济发展，或中国经济危机之根本救治，那是中国经济已卸除其次殖民地性以后的事，即是在踏翻帝国主义在中国之统治以后的事。也许有人要反驳：中国国民经济建设不成功，决无法培养起对抗帝国主义的经济力，更不足以言抗战的国防经济。但这种驳论，是根据两种误解：

第一，以为中国要求与帝国主义，或与现阶段的日本帝国主义抗战，须自己的经济力量，由种种方面的建设，赶上日本；果其如此，日本资本主义经济就自发的停止发展，以待中国十年"生聚""教训"起来，恐亦不会有何把握；

第二，以为中国在国民经济复兴的过程中，可以迂回的苦心孤诣的去避免帝国主义的压制干涉：这幻想已怀抱许久许久了，年来事实所证示我们的如何？

总之，中国在未与全般帝国主义或某一最凶狠帝国主义作一最后清算以前，任何带有正常性的国民经济建设，任何形态的资本主义发展，都谈不到。中国的经济问题，要与中国的民族问题连带的解决，所以，我们当前的一切可能的经济活动，都得以国防经济为依归。在这种处变的国防经济准备的过程中，对外，要在可能范围内，多方阻制最凶狠的敌人的侵略活动，因为这种侵略活动能多阻制一份，即在相对意义上，能多一份抗战力量；对内，要在可能范围内，多方限制一切足以削弱抗战力量的经济活动，装门面的建设，无战事上必需的所谓十年产业计划之类，乃至专为营利投机的企业等等，都当以备战的目标，分别予以妨阻；自然，有关人民生计的经济方策，在广义国防要求上，亦是不容忽视的。

最后，我还得补充一句：中国经济的出路，要以中国民族的出路为前提。至若民族已经解放之后的经济发展路线，现在是用不着预言的。

自习问题

一、中国经济为什么表现发展不均衡的现象？

二、中国经济之可能前途如何？

三、国民经济复兴运动有何困难？

四、农村经济建设运动的效果如何？

五、统制经济能否在中国实施？

六、试比较“土地村有”与“耕者有其田”之异同。

七、国家资本主义的意义如何？中国能发展国家资本否？

八、中国经济的出路，与中国民族的出路有何关联？

九、我们何以要侧重国防经济？

战时经济问题与经济政策

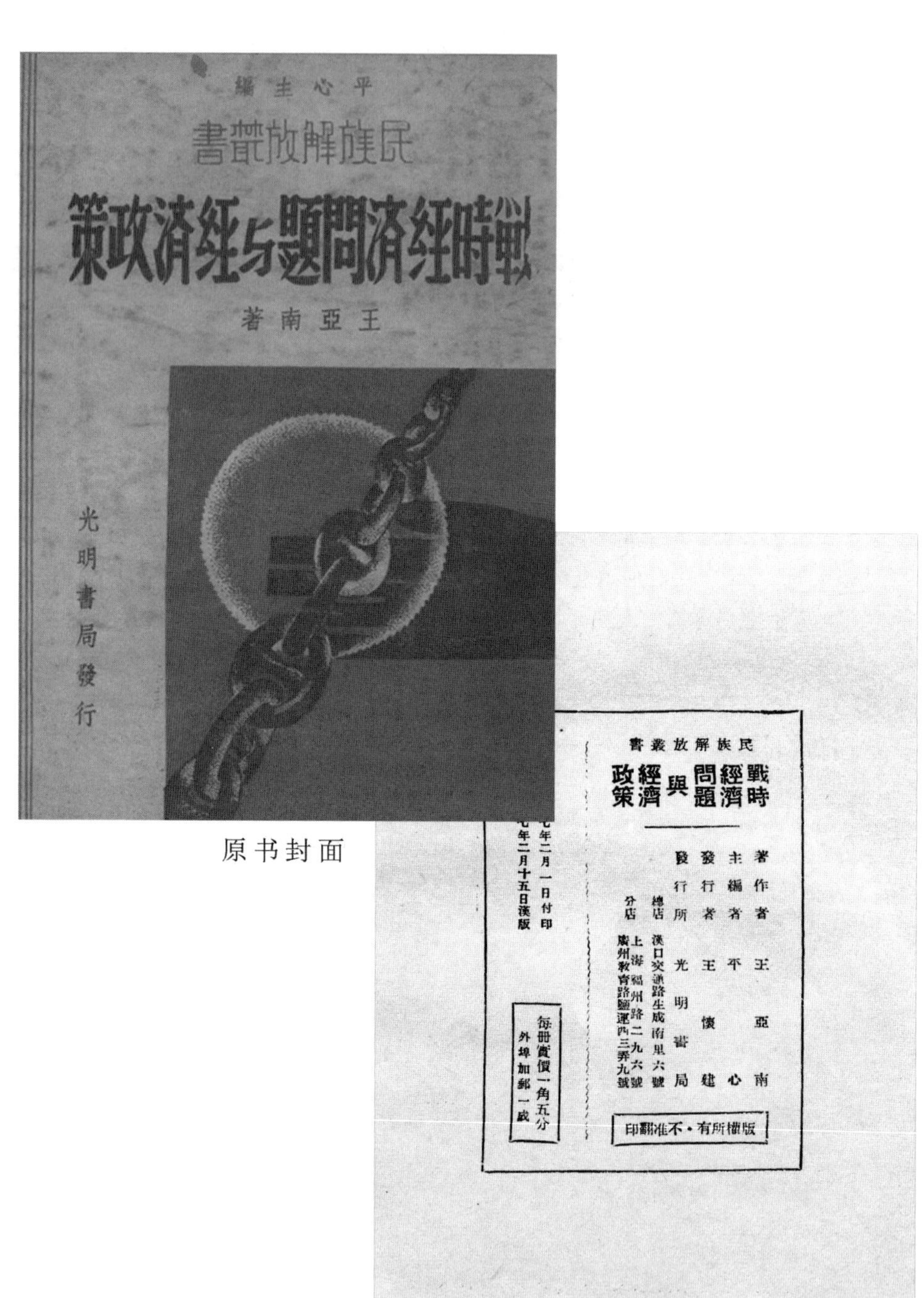

原书封面

民族解放叢書

戰時經濟問題與經濟政策

著作者　王亞南
主編者　平心
發行者　王懷建
發行所　光明書局
總店　漢口交通路生成南里六號
分店　上海福州路二九六號　廣州教育路鹽運西三弄九號

七年二月一日付印
七年二月十五日漢版

每冊實價一角五分
外埠加郵一成

原书版权页

第一章　战时经济与中国经济之战时编制

一、我们应当怎样去理解战时经济的重要性

我们首先得指明：经济是战争的基本条件。一切战争活动，皆须借经济力而发挥。全民族战争或全体性战争的总动员，是以经济上的总动员为它的骨干或基础。

但在另一方面，我们却又应当知道经济在战争中的重要性，毕竟是相对的。经济上占有优势，诚然在战争上占有极大便利，但如其说经济发展上的参差程度，即是决定战争命运的唯一因素，那就未免坠入经济决定论的"玄"中了。那种议论的必然归趋，就是经济落后国家对于先进国家的永远隶属；是殖民地半殖民地国家之民族解放战争胜利的根本否定。

所以，我以为，强调经济在战时的重要性是可以的，但却要有一个限界。

在《文化战线》第一期中，孙怀仁先生发表了一篇《抗战时期之财政》的论文，他在立论之前，揭出：

"金钱就是武器，炸药，被服，装具"——英国战时标语。

"钢弹既毙敌人，其次则以钱弹制之"——德国战时标语。

然后再申论说："……近代战争之胜负，与其说是取决于人力，毋宁说是取决之于物力来的妥当些。可是在这个交换经济社会中，战争要能得到充分之物力的补充，就需要有充分之交换物力的金钱——战费。因此，本文前面所引英德两国战时的标语，也就可以说是近代战争中之颠扑不破的真理。"——他这说明，恰好是战争上的"唯经济论"，乃至"唯金钱论"，而为奥国战将莫德古古里（G neral Mont cuculi）[①]所谓"作战之第一要素曰金钱，第二要素曰金钱，第三要素亦曰金钱"的注脚。

孙先生论"抗战时期的财政"，当然非强调经济力量或金钱力量不可，

---

① 原文如此，莫德古古里（General Montecuculi），现多译为蒙特库科利。——编者注

但若把这种力量解称是决定战争胜负的唯一要素，那却一开始就把中国的抗战前途显示得非常黯淡了。因为我们在抗敌过程中，显然是要以我们优越的人力与精神力，来弥补我们经济力的不足的。

事实上，我们就从肯定经济重要性的立场来讲，一个经济落后的国家，仍不妨在近代战争中，表现其若干经济的强点。李宗仁氏在“抗战的经济信念”论文中，曾指出那些强点是：

“第一，中国生产重心尚未集中都市，即令敌人将沿海重要都市占领或毁坏，于中国经济并无致命打击；

第二，中国人民生活简单，且大多数均以务农为生，即令在战争中遭受敌人封锁，但日常生活，尚可自给自足；

第三，中国士兵欲望单纯，生活刻苦，且在民族高潮激励之下，军需给养，更能适用最经济之办法”[①]。

但我们还可作这样的补充：产业落后国家之资本家阶级的势力，并不像在先进国家那样雄厚，从而，他们对于以国家统制管理为特征的战时经济的妨阻，就比较无力了。这即是说，单就这点而论，由平时经济过渡到战时经济的阻力，在落后国家，比较小多了。

不过，所有上述诸点，大体都是偏重在消极方面。不怕摧毁，不怕封锁，不怕刻苦，乃至在调整战时经济活动上，不怕资产阶层反对等等，诚然大有助于落后国家之抗战的持久，但持久战的经济基础，单靠这些消极条件是颇嫌不够的。

而且，一个落后国家发动反帝国主义的战争，它的目的，并不仅是在“守着”“抵住”就完事，同时必得在守卫抵抗的当中，予敌人以最有效的反击，使其实力受到破灭的消耗。因为在近代意义的战争上，不能见机反攻，即不能长久困守；这即是说，在使敌人受到更大的消耗以前，自己一定要有所消耗。而在此消耗过程中，我们虽然大可用人力和精神力，来补充物力或经济力的不足，但我们随时都不要忘记：前者只能在一定的物质条件下发挥其作用；物力或经济力愈加充实，则我们广大的人口，和昂奋而团结的抗战精神，就愈加有力了。

要之，我们反对战争上的唯经济论或经济决定论，因为按照这种说

---

① 见《钱业月报战时特刊》第三期。

法，美洲独立战争的胜利，土耳其反帝国主义运动的成功，都将成为历史的奇迹，而今后殖民地落后民族的反帝斗争，更要被视为不量力的冒险尝试了。不过，这种反对主张，丝毫没有忽视经济在战争中之重要性的意味，反之我们毋宁要着重帝国主义国家之经济优越力的观点上，一方面加紧发扬我们的精神力，同时并尽可能的充实和调整我们仅有的经济力。

二、中国经济在平时表现的种种缺陷

然则在抗战的要求上，我们将如何充实，如何调整我们的经济力量呢？要解答这个问题，先得把我们中国平时经济的实况，及其种种缺陷，略加申述。

在发动民族战争的前夜，由资产阶级自己招供的中国经济全貌，是下面这样[①]：

“中国经济之衰落，在今日已成为吾人目睹身受之事实，举凡农村经济之破产，都市资金的膨胀，工商业之凋敝，入超之激增，土匪之蜂起，贫穷之普遍，何莫非吾人感觉到的切肤之痛。中国整个的国民经济，可谓已到总崩溃的前夕。”这是中国资产经济学者马寅初氏的供状。

“我国今日的国家经济，已濒于全部破产的状态。言工业，则各产业部门皆奄奄一息；言农业，则整个农村凋敝不堪，而由于经济恐慌狂潮之激荡，各国且正虎视眈眈，无不欲挟其庞大的经济力，控制我国，使我国沦入次殖民地的地狱。”这是中国实业界巨子穆藕初氏的供状。

他们对于中国经济的这种概括的叙述，当然任谁都无法否认其真实性。但在大体上，这毕竟只能给予吾人以平面的肤浅的感觉，而不曾把中国经济的本质及其真正缺陷显示出来，然而在应付战争的要求上，却又得理解中国经济的症结，以为“调整”或“非常处理”的张本。

上述那些经济现象，是由于

（1）中国无论在都市方面，在农村方面，都是由国际资本——帝国主义行使最高统治，从而

（2）在那种统治之下，中国旧时封建关系，加速趋于破坏，旧式手工业与农村中的封建生产方法，都加速衰落；同时，帝国主义为要行使统治，又

① 参照王渔邨著《中国经济读本》第一章。

必得扶植并勾结买办资产，必得在政治上直接间接仰仗封建势力。

中国的国民经济，就是在帝国主义与封建势力两重桎梏下，弄到这种破碎支离的场面的。这种事实本身，展示了我们调整战时经济的必由途径。

三、中国经济之战时编制的基本原则

这次的战争是中国民族主义与日本帝国主义直接的大规模的正式搏击，但同时却又是日本帝国主义企图排除在中国的其他一切国际资本，而单独行使其最高统治的结果。

为了应付这种性质的战争，我们对于一切方面的动员活动，都得遵循以次几个原则：

(1)民族利益高于一切的原则；

(2)支持长期抗战的原则；

(3)在破坏过程中打下建设基础的原则。

把这三个原则，运用到经济动员或调整战时经济的方面，则可分别作这样的解释：

第一，在民族利益高于一切的原则下，我们一方面固然暂时要放弃清算买办资本和封建地主的号召，但同时却要求一切社会阶层，同等的担负责任，换言之，就是要“有钱的出钱，有力的出力”。至于利用战时机会，贪图暴利或加强剥削的行为，自非严厉禁制不可。

第二，在支持长期抗战的原则下，一切经济的动员措施，都不宜只顾目前；财政上的设施，生产上的设施，乃至交通方面的设施，至少都要顾及三数年内的战事需要。

第三，在破坏过程中打起建设基础的原则下，我们要利用政府权力在战时的加强，利用帝国主义乃至封建势力在战时的减弱，以便设置种种经济建设的基础。日本帝国主义是阻碍中国经济复兴最凶狠的敌人，战争发生了，它纵然在中国边疆及沿海各地行驶破坏，但却无力阻止中国内地方面之可能的经济改造与建设。

要之，上述三点，是调整当前中国经济，使适应战时要求的基本原则。根据这几种原则，我们就知道中国战时各方面的经济问题，该应如何提出，并该应如何去请求对策了。

第二章　战时金融财政问题及其对策

一、中国金融财政的特质

一国金融财政在战时该担当有如何的重要任务，我们是用不着在这里详述的。根据前次世界大战的经验，资本主义列强，乃至社会主义的苏联都于埋头整军经武的当中，同时对于其金融财政政策，采取了非常时的必要准备与措置。也可说，惟其它们要大规模的扩张军备，它们就不能不在金融方面财政方面，有所更张了。所以，目前各国的金融体制，都充分表现了战时编制的性质。

我国直至此次对外战争发生以前，只有一个很短的期间，没有发生内战。其结果，在国防军备上，固然没有多少成绩可言，而对于金融财政的措施，亦差不多是一仍旧贯。其间，如一九三五年十一月四日法币政策颁行，如一九三六年二月间新公债的实施，以及如一九三六年七月二十一日所得税暂时条例和同年度遗产税暂行条例的公布，虽算是新金融政策与新财政政策的一个端绪，但遗产税议而未行，所得税亦未脱尝试范围，而认为行之有效的新法币政策与统一公债办法，于中国金融财政的特殊性质，仍无何等改变。

我们且先述中国金融的特殊性。

中国金融大体上有三个特点可言：一是银行资本集中于条约口岸，依附国际金融资本；二是银行投资的对象，主要为官厅，次要为商业，只有百分之几的一小部分资本，是用在生产的工农业方面；三是高利贷。这差不多是落后国家的一个标帜，因为对政府公债对买办商业的投资利息高昂，故资金愈不易用在生产事业上。这三个特点相互关联而构成中国买办金融资本的特质。这种金融资本愈发达，一方面只表示国际金融资本在中国之支店分店网的作用愈大；另一方面，则表示它由购买政府公债方式，由助成舶来倾销品方式，所加于中国人民的剥削愈大，所加于中国生产事业上的压迫愈大。过去中国工农业的衰落倾向，买办资本实是尽了不少的破坏作用。

次就中国财政的特殊性来说吧。

财政与金融，原是息息相通的。受支配在那种金融资本下的财政，当然容易显示出它的特征：其一是永久入不敷出；其二是“债务收入”始终占着政府收入的一大部分，而政府支出当中，又由“债务支出”占着一大部分，即是说，借债还债，成了国家财政上经常的重要工作；其三是财政收入之90％乃至90％以上，是出自赋税，而赋税之90％乃至90％以上，又是出自间接税方面。至若财政支出将近一半乃至一半以上耗费在不生产的军事上和专讲排场的建设上，那也算是一个特征。

我们把中国金融与财政的特征分别指示出来，乃是要说明：这样的金融财政决不能应付战争要求，并且，其调整对策，决不能枝枝节节的限于一些临时办法，而一定要在民族利益高于一切的前提上，在“改造”或“建设”的意义上，作一个通盘的有永久性的筹划。

二、战时的金融政策

战争发生了，在经济上首先受到深刻影响的，当然是处在神经中枢地位的金融。特别是因为战事发生在金融中心的上海，故在这一方面所受到的震动，更加厉害。但经过了两个月战事以后的上海金融，竟是这样出乎意外的“稳定”：

“上海金融情形，两月以来，因战事关系，票据交换所每日交换数量，日益萎缩，较战前几缩减十分之八，显为工商业停顿，支付减弱所致。然证诸实际情况之稳定，表里之良好，殊非吾人测料所及。银行外汇，因社会生活率之缩减，洋货输入锐减，外汇需要减弱，汇币亦自然消淡。而中交及商业银行内外业务，日趋发达，足证资金已不绝流入内地农村。据专家批评，非常时期金融，能如此稳定，实出于政府措施得法，与金融界协力合作有以致之。”①。

① 见《钱业月报战时特刊》第四期。

我们且不管这种“稳定”里面，是否蕴蓄着“不安定”的因素，但政府在战争发动以后的金融措施，只做到了下列几项：(1)银行提存限制，(2)同业汇划规定，(3)令四行设立内地贴放会等等，像这几项措施，虽然都非常必要，但积极性甚少。为了支持长期抗战场面，且为了利用战时机会，以求中国金融特殊性质的改变，当前的金融政策，应该从以下几个方面着手：

第一，建立内地金融中心。要使中国金融脱却买办性质，而助成中国国民经济的发展，首先就得把金融的中心地点，由“条约口岸”离开，但这种措施，在平时是绝对不易办到的。战争在上海展开以后，中外商业阻滞了，当地的地产买卖活动停止了，国际金融资本对于中国金融资本的拘束力，既因以弛松，同时集中在上海的资金，不但无所用之，甚且有遭受破坏的危险。诚能利用这种机会把金融移往内地，并在内地建立起中心来，那不但大有造于中国金融之买办性质的改变，而其对于支持长期抗战，尤有莫大的便利。因为这点做到了，乃可谈到

第二，监督资金的用途。金融中心如移到了内地，国际金融资本的控制作用，就要大减特减了，在那种场合，政府要监督资本的用途，亦属轻而易举。而且，资金一集注在内地，它的用途，自然而然的会移转到工农生产事业方面，政府这时只要稍加监督指导，停止一切不急需的产业或事业，那战时所需的国防工业，就不难举办了。其他如商业的调整，交通事业之进行等等，亦当不失为主要的投资对象；这一来，除支持长期战争外，中国整个国民经济，且能受到金融莫大的敦促与刺激了。

第三，慎行通货膨胀办法。资金诚能用在战时急需的事业上面，诚有助于国民经济的复兴，那即令在相当范围内，采行通货膨胀办法，亦就没有了不起的危险。因为，我们且不问中国的金准备实际已达到何种程度，战时国民消费力虽然缩减了，但外货受阻，外销受阻，正好是中国工农业相互走上复兴之路的机会；以这些生产事业为活动对象，而增发一些法币，那决计不会引起何等不好影响。而且，金融中心移到内地了，内地穷乡僻壤都建立起金融机关的支店分店网了，法币的需要，当然要大增特增起来。不过，通货的膨胀，是宜于慎重将事的。

第四，严格管理外汇。资金逃避，殆为战时的一种无可避免的现象；现在政府之实行提存限制办法，和同业汇划办法，实际无非是防阻此种现

象的发生。但外汇不加以严格管理，或不禁止用法币购买外汇，那逃避现象，仍无法制止，而通货膨胀之举，实足以促进资金逃避；同时，非急需的对外购买，亦不易作有效的禁止。因此，管理外汇，为当前紧急的要图。

第五，增积对外购买资金。战时军需品的不断供给，需要我们不断输出大批的资金，这种资金，是取给于国库，或取给于法币准备金，势将影响法币价值，使对外汇兑发生不良影响。故战时各国对于此项资金的筹措，都是以捐助或购买公债或兑换法币的方式，从民间搜集。中国散布于民间的金银，一定有可观的数量，前此政府通过的金银兑换法币，和金银购买救国公债办法，都不外希望由此增积对外购买资金，但可惜行之不力，而拥有多量金银的达官显宦和资本家们，又不肯踊跃从事，故其成绩极为有限。

综合上述各点，就知道我们目前在金融方面的努力，距离战时金融需要，我们的努力是还差得远的。

三、战时的财政政策

中国财政的畸形性，我们已在前面讲过了。那种财政，原与中国特殊的金融体制相关联，在平时，那已经是弊端百出，破绽滋多，一到战争场面，当然更是撑持不易了。

战时支出突增，那是非常显然的事实，但在另一方面，占全税收之一半以上的关税，乃至占全税收20%以上的统税，都因战事影响，而大减特减。政府为图补救这种战时财政的非常赤字，采行了几种增加收入的方法。

其昭昭在人耳目的，是五万万救国公债的发行。这种公债募集了几个月的成绩究竟如何，我们且不用妄加揣测，但其募集的手续或方法，都显然颇欠妥善，据各地农村的通讯，这种公债在各地是用摊派的方式进行的。这一开始就违反了“有钱的出钱，有力的出力”的原则，而地方摊派上的流弊种种，更加使这种公债变成了苦民扰民的一项“弊政”。

与救国公债并行的，有由邮局发行的航空救国邮票，对额定邮票，附加捐款若干。由此所得的收入虽属有限，但究不失为一种办法。

此外，增加印花税和征收土货转口税，都算是填补财政缺陷的有效方法，然前者姑且不论，在课转口税的土货里面，把米粮亦包括进去，米每百公斤征税5角，谷每百公斤征2.5角；更把柴每百公斤征税5分，炭每百公斤征税2角1分，这都要直接增加人民的生活负担。

综观上述几种增加收入的办法，通是叫穷人和富人担负同等的责任，换言之，就是叫有钱人减免他们有钱出钱的责任。有钱的人，拿点钱出来，于国有益，于自己本身无何等损害；无钱的人一增加负担，马上就要影响其生活，影响其"有力出力"的责任，从而影响战争的前途。

所以，为了支持战争，一定要采行比较合理的财政政策，我以为，那种政策，至少要做到以次诸点：

第一，加紧实行所得税与遗产税。所得税业经部分的实行了，但遗产税却议而未行；像这种直接税的征收，本来要经过繁难的调查手续，但在战时来推行这类税收，一定要比平时减少许多阻碍，为了支持长期抗战和平均负担起见，这是事在必行的。

第二，延付一切国内公债的本息。中国高利贷性质的公债，对于持券人的好处，是优厚有加的，他们在平时享受了分外的好处，到战时叫他们延展一点领取本息的期间，那在他们并不算是了不起的打击。然而，政府也许是为了鼓励他们继续承受公债的缘故吧，在战期中的九月底，还提出678万元，支付电政等4种到期债券的本息。这实在是太体贴他们了。

第三，撙节一切行政支出。这有一部分实行了，但还不见澈底。

第四，停止一切非急需用途。"九一八"以后，中国一直是在国难期中。但政府在各方面的设施和建设，却像是没有留意到这一点，即在此次战事发生以后，讲排场和因人设事的种种举措，依旧不曾完全停止。

第五，举借外债。为了应付紧迫的需要，在战时举借外债，亦是不可厚非的。但外债的用途，必定要点滴都用在军事需要上。

要之，战时的财政措施，亦不外是开源与节流，不过因为中国过去财政的缺陷甚多，我们是有在战时予以矫正之必要的。

第三章　战时的内外贸易问题及其对策

一、战争发生后的一般贸易趋势

无论是对外贸易，抑是对内贸易，战争一发生，就要改变它的旧观。因为交通的阻滞，又因为贸易本身对于战争的适应关系，和其对于平时一切交易关系的改变，对外贸易固然遭受莫大影响，即对内贸易，亦不能不改弦更张；而在产业落后，外国制品充溢国内，同时，本国原料品依存于外国市场的国家，则此两者间的相互影响，更足以增大其脱节的变易的性质。

现在且先考察中国对日抗战局面展开以后的对外贸易情形。

中国对外贸易的主要对手国，原为敌国日本，战事发生，对日的输出输入贸易中断了。迨日军强横的封锁我们的沿海口岸，于是对其他外国的贸易，亦受到阻害。据八月份江海关发表的统计，全国进口总额55615966元，较七月份减少68749989元；全国出口总额45273057元，较七月份减少42949343元；而其入超总额为10342903元，较七月份减少23200806元。若就上海这一个口岸而论，同月的洋货进口总额为28164194元，较去年同期减少18423元，土货出口总额为23756935元，较减4700061元。这即是说，不论就全国讲，抑就上海讲，进出口贸易，都大大减少，不过全国入超总额在此期间的减少，这是中国不况对外贸易上值得乐观的一点。

至于国内贸易的变动情形，我们手边没有可资证示的材料；但据各地方的通信，就知道交通阻滞的结果，许多地方的鲜果菜蔬，都不克输送到一向销售的地方；同时因为津沪一带工业的停闭，如像棉花生丝一类原料品的出路，大成问题，由是奸商从中操纵囤积，致使内地的全般农工业，遭受莫大的打击，更由是反过来造成商业上的种种不好现象。

由战争在对内对外贸易上造成的逆境或困难，如听其自然，一定会影响战争对于内外贸易的要求。所以，为便利战争的进展起见，势须分别采行战时的对内对外贸易政策。而我国一向的买办商业流弊，最好能利用战时的机会，予以剔除。

二、战时的对外贸易政策

中国当前应采行的对外贸易政策，我以为要着眼在特殊的与一般的两个方面，前者系就中国对敌国日本的贸易而言，后者系就中国对其他一切国家的贸易而言。

本来，一国既与他国发生大规模的战事，则彼此之间的政治经济关系，当然完全断绝。但奇怪得很，中国与日本已经战斗几个月了，彼此间的外交关系，还是一仍旧贯，而我们一向视为抗日重要武器之一的经济绝交，也还是到了上海战争打了40多天的前月，方始由上海市商会公开提倡。据报载，在战争打得非常热烈的八月份，日本输入上海的货价，达700多万金单位，九月份日本方面仍然有大批货物输到中国，目前上海失陷，敌人更可利用它在中国各地布置的走私网，而更大量的注入了。同时在中国方面，我们一读到以粮资敌的惩罚条例等等文告，就知道以粮资敌乃至以其他旧铁麻袋等物资敌者，大有人在。其实慢说贪利奸商不肯澈底与敌断绝经济关系，就是我们的政府，不也还在十月份(报载)照付敌人的到期赔款么？所以，就至今日，我们还得把对日断绝一切经济关系，从而，断绝贸易关系，作为我们战时对外贸易政策的一个主要项目。在当前，敌人的武力，已伸展到我们腹地了，我们不但要加紧防避他的飞机大炮，尤要加紧防避他的私货。

对于敌人的贸易如此，而对于一般国家的贸易关系，亦有根据战时需求予以调整的必要。调整的方法，当从输入输出两方面入手。

在输出方面，我们要采取禁止输出与增进输出两种途径。就前者而言，如有关军需品的资源，如国内日常需用的食粮，如一般感觉缺乏的用品，当禁止其输出；同时如国内消费不了的乃至节省消费所得的剩余物品，则又当多方设法增进其输出。

而在输入方面，我们却又要采取限制输入与奖励输入两个途径。如奢侈品化妆品以及其他非十分必要的适用品，必限制其输入；若国内发展国防工业所需的原料品或半制品，则又当奖励其输入。

像这种输入输出的因物因时制宜的规定，当然要妥为运用关税政策，而我们前面所述及的严格管理外汇，亦于对外贸易统制上有莫大的作用。至于创立国家管理机关，乃至国营机关，能做到，那自然是更易收效的。

依着有效的对外贸易政策，又益以战时需要的改变与交通的阻滞，我们很可在一般商品的进出口上，做到贸易平衡的地步，虽然我们的重工业不发达，从而，军需品要大量的向外购买，但逐年六七万万入超的庞大数字的纠正，那对于中国全般国民经济，固是一个重压的解脱，同时在国内工业手工业上，则尤有莫大的刺激作用哩！

三、战时的对内贸易政策

对外贸易与对内贸易，是密切关联的。在对内贸易上，没有加以全盘的筹划和严密的统制，则上述对外贸易上的诸般措施，不但不易收到预期的效果，甚且还要引起种种弊端。例如，就食粮禁止外输一项来说吧。食粮禁止外输，原是为了维持国内的民食。如其国内出产杂粮乃至生产大米地带的这类产品，不能顺畅的供给国内需要这类产品的地带，那禁止食粮出口的措施，就会使那些生产食粮地带的农民，蒙受滞销落价的损失；同时在对外贸易上的以粮资敌的惩治条例，亦恐不易收到预期的效果。前此报载敌人在沿海各地以高价利诱农民偷售食粮的事实，就是对外贸易政策必须辅以有效对内贸易政策，始能收到实效的如实说明。

在过去，中国的商业枢纽，差不多是操之于外商洋行，每年几万万的入超，就表示国内的贸易，主要是为帝国主义的舶来品作推销，而买办金融的活动，和外资在中国自由从事工业品制造的情形，更加使国内贸易带有充分依附帝国主义的国际性质。但战事发生以后，对外贸易顿改旧观了，买办金融失其依托了，国内的贸易，亦相应改变其实质了。在这几个月的战争期中，政府对于国内商业，除了禁止囤积一类消极办法外，似乎还不见有何等重大的措施。我以为，当前的对内贸易政策，至少要做到以次诸点：

第一，建立内地的贸易中心。前述建立内地的金融中心，是要与建立内地的贸易中心相辅而行的。中国一向对外贸易中心偏在沿海口岸，特别是偏在上海，那无疑是起于事实上的要求，但内地贸易中心，依旧附着在沿海口岸，这种不合理的事实，只有就买办性质的商业关系来说明。目前战争在沿海一带发生起来，这是我们移动金融中心的机会，也同样是我们移动贸易中心的机会。武汉地处全国中心，水陆交通均便，正好成为全国货物之一大集散所在，而具备贸易中心的资格。但一个贸易中心地的形成，除了地理上的形势外，还得从各种便利贸易的设施上，予以努力。比如

第二，创设国营贸易组织。这种组织，在战时是非常必要的，最有关军需资源，有关民食的产品，最好由政府负责买卖，以资调节；像这类大规模的国营贸易机关，乃至由政府资助监督的半国营贸易组织，如设在预定的贸易中心地点，其结果，那种地点，自然而然的会形成为全国的贸易中心了。

第三，进行各种辅助商业活动的措施。战时在商业上感到最棘手的问题，就是运输问题。一切的交通工具，当然要尽可能的用以供应军运的急需。而在战争阻隔的地域，更容易发生货物滞积的现象。在这种情形下，我们得注意商业是支持战争活动的一个重要经济部门，对于货物的输运，应多多予以疏通的方便；最重要的，是军运与货运的妥为调度。除交通外，商业的货款措施，亦是非常必要的。政府在军事倥偬中，它所能经营的商业，究属有限；若金融梗滞，使商业发生周转不灵的情形，则其影响所及，就不仅限于商业本身，人民的生活，乃至战事上的急需，都将妨害。这一点，与金融中心移到内地是有密切关系的。

第四，统制物价与节缩消费。物价的统制，为防止囤积操纵一类奸商活动的有效方法。不过，要做到这点，困难滋多。形式上，尽管政府对于某种物品定有某种价格，但实际的需要如其紧迫，那种规定，势将成为具文。例如，上海战事发生后，法租界当局虽曾对许多种食物规定售价，但自我军退出上海，敌人对上海开始封锁后，那些食物都因断绝来源而高腾到规定价格以上很远了。所以统制物价，只能在一定范围收到效果，安定物价的切实办法，还是在灵活物品的流通。又，节缩消费，亦有助于需要的缓和，与物价的稳定。但此点非对买卖加以一定限制，从而非社会有严密组织，不易实行。欧战时，德意志等国实行的食品购买券制度，就中国今日的情形说虽则是谈何容易，但吾人究非从速作此准备不可。

此上诸端，皆为中国战时对内贸易政策上必须实行者，但政府目前已经做到了的，却似还太少呢！

第四章　战时的工业问题及其对策

一、把我们原有的工业检点一下罢

工业是支持战争的一大原动力。直接关系战争的军需工业固不必说；就是有关人民一般生活的制造业，亦间接大有助于战争的活动。世界各国在准备战争的当中，即已将其全部工业机构，妥为战时的必要配备，一旦战事发生，就迅速有条不紊的动员起来。

在我国怎样呢？以土地人口的比例来说，中国与世界任何资本主义国家比较起来，几乎没有何等工业可言。现在且就它的军需工业与一般工业分别检点一下罢。

关于中国的军需工业，日本有一位名叫圆弘谷的记者，曾这样揶揄的说"……中国技术界权威李书田氏有云：中国对军需工业方面——特别是火药兵器及其他——没有积极的意向，因为中国国民是和平的不是战争的。但说中国人是和平民族，也许不错，但却不能由此达到不需要军需工业的论据。军阀是军器的消费者，而其制造者则是外国资本家。中国的军阀战争，与日本的军需膨胀根本不同。所以，无论作多少次战争，都不会在工业的发展上成就何等进步的功能"①。不管这段话的立论点怎样，其表示中国过去内战"是军器的消费者，而其制造者则是外国资本家"云云，则是千真万确，中国的军需工业，差不多是等于零的。近几年世界扩军的结果，中国有几种军需工业原料，如锰矿砂钨矿砂等等，是在增加产量的。但这完全是为了供给外国军需工业的需要。

再看一般的工业罢。在全面崩溃的旧式手工业暂且不说，新式工业有中国民族资本工业与帝国主义工业的分别。主要的民族工业如纺织

① 见《支那社会的测量》第173～174页。

业，丝业，火柴业，卷烟业，面粉业诸项，强半集中在几个“条约口岸”，特别是集中在上海。年来各国恐慌激起的倾销洪水，早把中国仅有的这几项工业，弄得破碎支离了。同时敌国日本，更为避免关税的障碍，一方面采行公开走私的野蛮方式，一方面更利用中国抵挡不了倾销与走私而奄奄待毙的产业的危机，大取攻势，且看下面的一段说明吧：

“一九三六年的日本纱业发展趋势，我们由其在华北华南各地收买中国纱厂的事实，已可见一斑。……事实上，日本这种积极活动，并不限于纺纱工业方面，其他如制油、制糖、火柴、卷烟、麦酒、制麻、蚕丝、窑业诸部门，都在大取攻势。最近在电气用品及材料制作方面的投资，亦颇为积极，如川北电气公司、中华电气制作所、中华电气事业有限公司等等，殆莫不是由日资在里面操纵。

“要之，近年中国工业表示前进发展的部门，不是为了提供帝国主义的原料，就是由帝国主义者直接在中国所进行。

“在溃灭与破坏中的，是中国的民族工业；在发展推进中的，则是帝国主义直接间接在卵翼扶植的工业。”①

这是战争发动前的中国工业的全貌。

二、战争发生以后的中国工业状况

以这种破碎支离的工业，来应付对外战争，那显然是极其不利的。然而在战争已发动的过程中，这一点工业基础，却还有一大部分被破坏了呢？

平津失陷以后，在天津的纱织业、面粉业，全部沦落破坏了。上海在抗战三个月的长期中，首先是闸北、杨树浦、浦东一带的工业陷于停顿破坏，以后战事延及沪西南市，这一方面的新旧产业，亦都遭遇了同样的命运。同时在京沪、沪杭沿线各地的一点民族工业，都成了敌人飞机不绝轰炸的目标，其结果，全国强半集中在上海乃至苏浙两省的工业，算是同归于尽了。而在广州、厦州等沿海口岸，亦不时遭受敌机的光顾，故各该地的少许工业，早就在威胁破坏中。

---

① 见王渔邨著《中国经济读本》第 93 页。

不过，在此全国大部分工业遭受破坏的当中，却还有几点值得乐观的现象：

第一，中国境内由外人直接创立的工业，以日本为第一；所以中国一切工业部门，都有日本插足其间，而在纺织工业方面其气势尤为凶猛；经过最近两年的剥夺与吞并，日人在华纺织业，差不多要驾乎华人所有纺纱业而上之了。这次战争发动后，中国民族工业的牺牲，固然不减，同时敌人在中国的各种产业，却亦全部停顿了，而且一部分已经破坏了。加之

第二，中国内地原来受外国工厂和舶来品压迫，致不易运转，乃至不能运转的一部分工业，特别如武汉一带的纺织业，却正在利用此外货受阻与敌厂停闭的机会，勃然昭苏起来。

第三，把工厂移到内地去的呼声，虽然年来唱得非常热闹，但因内地未大安定与厂方拘于因袭的种种理由，实行迁厂，乃至肯把新厂开设在内地的，实在寥寥无几。此次战事发动后，一向产业资本家们视为安全的乐土，突然变成最有危险的地带了，益以社会的敦促，政府的奖励，向内地迁厂的，已大有人在了。但因有些工业迁移不易，有些厂主观望不前，以致趁着可搬期间搬出去了的工厂，还不过一部分，这是太美中不足的。

由以上两个方面的比较观察，使我们知道：我们当前应当采行怎样的工业政策，始能供应战时的需要。

三、我们在战时应采行的工业政策

中国工业既如此贫弱，而其仅有的一点基础，又大遭破坏，故从大体说来，中国战时所需的工业，差不多都要重新创立，故其工业政策，与其说是在如何调整既有工业，不如说是在如何创建新的工业体制。

所以，我们为应付战争而进行的工业政策，就不外是注意以次几个项目：

第一，工业区域的配布。过去工业的偏在性，既造成了这次破灭的打击，故将工业区域妥为配布，那是今后工业政策第一着要做到的。那种配布，至少应根据三个原则：一是集散原则，既一方面要使工业集中在某一地带，但为了避免敌人空袭起见，同时还得使某种工业的各部门，作可能的分散；二是便利原则，即为减低生产成本与增大效能，各工业固然都应

位置在交通发达地区，同时每种工业又得选定其原料供给和动力供给较便的所在；三是有机联络原则，即各种工业之间，都有其程度不等的联系，在区域的配布上，自当就其较有关联者，予以较接近的安排。

第二，工业种属的规制。这所指的，亦有几个方面，一是就需要程度说，看战时最急需的是哪些工业，次需要的是哪些工业，最不必要的是哪些工业，大抵如奢侈品一类制造工业，属于最后一种，当然以不办为好；一是就制造可能性与效益性说，有些工业虽是必要的，但不一定是中国目前的技术水准及其他资源方面一时能办的；甚至即使勉强可以办到，其自制如较之购买太不经济，亦当权衡处理；一是就规模与数量说，军需品也好，其他一般消费品也好，政府应该概算大概的消耗数字，以为某种工厂应设多少，应有多大规模的准则。

第三，工业性质的酌定。此处所说的工业性质，系就某种工业究由官办好，由民办好，抑由官民合办或官督民办好。除纯粹国防性质之工业，应由官办外，其余一般工业，最好能参加政府或国家资本，以立下监督统制工业之基础。

第四，工业资金的调度。官办的工业，当然由政府出资，其他如官督民办，乃至纯粹民办工业，政府亦当在金融政策方面，规定便利工业贷款的方法；且还可在其创业之初，给予一定额数的补助金。

第五，工业人材的保护培植。由战争破坏了停歇了的工业，其原来的技术人员，无疑都要流为都市难民；即令逆流到农村中去，他的技术，亦毫无用途。所以，我们要振兴工业，对于这种人员的保护，是应切实力行的。但沪战发生以后，政府对于上海几十万技术工人，似乎只由社会局作过一次“口惠而实不至”的登记，这是非常痛心的事。而况，我们为了工业发展的需要，除了设法保护已有的这种人员外，还得由正式学校或短期补习学校一类教育机关，大量作育此种人材呢！

第六，工人生活待遇的改良。在应战时需要而进行的工业上，工业资本家惯会利用战时需要紧迫的口实，加强工人的劳动，或延长其劳动时间；同时也惯会利用国难的口实，叫工人更忍痛一点，少受一点报酬。所谓战时的暴利或非法利润，就是以此为一大源泉。这种剥削方式，即令在贸易统制上，严定买卖价格，亦不易禁制，但如规定一般资本的利润率，在一定率以上的利润，摊作国家的军费和改良工人的待遇，那就比较公平了。这也是工业政策中必须明白规定的。因为工人是在后方支持战争的生力军哩！

此外，如工业生产活动的监督，工业产品的推销等等，均为我们战时工业政策应当注意的事项。然而我政府在战争演化的几个月中，虽然枝枝节节的发了几道有关工业建设的法令，但动员复兴或建设工业的计划，迄今犹不见音响。军事倥偬，不遑及此，也许是一个原因，工业建设，非一蹴可几，也许是另一个原因，但为支持长期抗战计，为了把此次战争看为民族复兴之一大转机计，我们是盼望政府在这方面下大决心的。

第五章　战时的农业问题及其对策

一、战争前夜的中国农业

正如决定战时工业政策，须得检点一下中国原来的工业情形一样，决定战时农业政策，亦须检点一下中国战争前夜的农业。

近年整个中国的农村经济，在更惨酷的遭受帝国主义磨折，而其显而易见的事实，则有：

（一）农业原料的国际依赖化或殖民地化。帝国主义在这方面的作用，是一面由于破坏中国的民族工业，另一面由于军需原料的需要，使中国农业原料增加其对于帝国主义国家的依存性。所谓“工业日本，农业中国”，固然是表示日帝国主义之愿望的有力说明，同时其他帝国主义国家，亦殆莫不在作此打算，作此活动。我们试一检察近数年中的桐油、生丝、棉花、茶叶的出口数字的增加动态，即可说明此点。

（二）农产品价格的跌落。单就农产品的对外依存性说，其价格无疑会受国际市场的影响，和国际及国内资本家的操纵；而各种洋货（农业方面的）之大量的倾销，又使有些供国内需要的农产品（如米麦等）闹出“物贱成灾”的怪象。至若去岁大丰之年的物价飞涨，那却是日本帝国主义利用汉奸来变一个方式破坏中国农村经济的例证。

（三）农村副业的破产。农村副业即旧式家内工业之蒙受国际帝国主义机械商品的摧残，那原不是近年的事。但帝国主义各国，特别是敌国日本，感受经济恐慌的压迫愈甚，它对于半殖民地的侵略就愈会变本加厉。我们只要看看近年帝国主义商品及资本在中国日益加速深入的情形，即可知道那些躲在穷乡僻壤苟且偷存的副业，都相率踏上了以前口外地带之农村副业的灭亡命运。

（四）农村金融的枯竭。帝国主义在这方面的破坏作用，是直接间接操纵中国的金融脉络，捉弄中国的货币制度，使原来保存在农村方面的些许活动资金，都汇集到沿海大口岸特别是上海。但“为渊驱鱼”的中国农村的动乱，也是帮助农村金融枯竭的一种原因。

不过，在这些事实形成的过程中，我们当然不能忽视而配合帝国主义活动之中国土著封建势力的破坏作用。高利贷、捐税徭役及圈地等压榨行为，也是在近年日见其强烈。于是农民废耕逃避捐徭的现象，耕地缩减的现象，农业生产力减退的现象，在中国千疮百孔的农业上，更涂染了一层惨黯颜色。

二、战争对于农业的影响

中国近年农业一般的情形，既如上述。而在战争本年度农产收状况，亦自为当前确定农业政策值得考虑的问题，所以在考察战争对于农业之影响以前，有顺便一述之必要。

本年度大体算是一个丰年，除四川一部分苦旱，河南棉田因淫雨歉收，山东因洪水成灾外，其余各省之农产物，都颇丰盈。就中在江南方面，我们且见到这样的记载：“本年度虽逢寇乱，然江南田禾颇为稔熟。据农民称，较诸去年，可多收两成。现在早稻已经登场，晚稻至霜降节亦可收获，照目下情形观之，决无变化，是以在长期抗战中，食粮可以无虞。”[①]又据实业部棉业统制委员会中央棉业改进所估计，本年棉产额，皮棉共达19661755担，较去年增加16%强，为我国棉产空前最高数。

这都是战时差可人意的现象。但我们且看战争对于农业各方面的影响吧。

直接遭受战争祸害的，就是战区各地的农产物与耕地的破坏。仅就上海附近各地说，我们知道：“浦东之川沙、南汇、奉贤及太仓嘉定宝山各县，为江苏省江南棉产最富之区，现各县沦为战区，遂致百万余亩成熟棉田，弃置不收，农村损失，难以估计。”[②]这是仅就上海附近一隅说，现战区已扩大至绥晋冀豫鲁浙苏闽诸省，且有数省已陷于敌手，其破坏影响之

① 见《钱业月刊战时特刊》第二期。

② 见《钱业月刊战时特刊》第二期。

大，真使人难于想像。

其次，就是农产物因受战事影响，而发生的滞销情形。试举一二例，如云本年"棉产丰收……惟苏浙晋鲁冀诸省均陷入战区，沪上中外各纱厂大抵被迫停工，各业均受影响，收买商人均无力收买……。"[①]又如："抗战发动后，后方生产事业之维护，甚为重要。而目前尤切需要者，为秋收登场之棉茧稻米，苏省所产棉茧，为数颇巨，近因纱丝两业陷入停顿状态，秋茧及棉花两项，均感出路困难……。"[②]这还是就接近战区地方而言，至其他如长江上游中部，乃至珠江、黄河流域各省农产物品，当然会因国内及国外市场之梗阻，而在运销上发生莫大的脱节状态。设我们把前面述及的农产品对国际市场之依赖情形连带加以考察，其影响当然更易显现了。

还有，战区的扩大，一方面固然减少耕地面积，同时因为从事战争的壮丁人数增加，致缩少农业劳动人口；这种趋势，我们已不难由各地加紧壮丁训练与招募志愿兵等等，而仿佛其大概了。

总括上述诸种事实，我们知道：战争影响农业经济是非常厉害的。中国破碎支离的农业经济，再加以这种打击，如不采行适当对策，自会在支持战争上发生莫大的危机。

三、我们在战时应采行的农业政策

中国农业经济的实相既如彼，而战争所给予农业经济的严重打击又如此，故无论从战争哪一方面的要求说，迅速采行有效农业政策，实为紧急要图，而那种政策，则须具有以次的内容。

第一，扩大荒地垦殖与加多耕作次数。中国是一个农业国，平时每年度农产品输入数字，竟在总输入统计中，占一个可观的额数。这种奇特现象，由前述农村经济破产的种种事实，即可说明。而输入农产品中，日常需用米麦等项所占比例之大，更表示战时输入受阻，又益以耕地缩减，所以加于民食问题上的压力，该是如何重大。要救补这种缺陷，从事荒地垦殖，与加多熟地耕作数次，是最为必要的。就前一点而论，据国民政府主

---

① 见《钱业月刊战时特刊》第二期。

② 见《钱业月刊战时特刊》第二期。

计处之调查，全国可耕之土地（包括东北与西北诸省区），占全国面积27%，而已经开耕者，则不过13%。至近年农民被迫废耕弃耕而遗下之荒地，犹不在内。东北诸省失陷后，此种统计虽大有斟酌之余地，但全国到处不乏可耕荒地，则为不可争辩之事实，就广西一省而论，其荒地就足够容养现有人口之二倍。至已有熟地上之耕作，一般都因农村金融枯竭与榨取过甚等原因，使农民无力尽地之利，进行不休耕的耕作。上月政府为增食粮计，曾"于皖赣湘鄂发动大规模冬季播种，广植小麦，派赵莲芳赴各省接洽，现此项工作业已就绪，刻正分途实现中。赣播种区已勘定五十处，计面积一千亩，由中央拨款百万，以为收购籽种贷放农民之用。……"[①]像这种运动，实有使其普及之必要。

第二，试行农业合作社与国营农场办法。开垦荒地如以战区失土的农业难民进行，我们倒很可利用他们打破了传统拘束的机会，试行农业合作社和国营农场的办法，前者由农民相互合作进行，后者则由国家直接经营；在现行的土地关系下，这类办法原是太新奇了，但难民与荒地差不多由现行土地关系脱节了，所以，只要我们努力干去，一定收到相当成果。且可为中国全般农业问题的解决，显示一个有前途的前景。

第三，增进农耕技术。在上述农业合作社与国营农场的场合，固然有待于农耕技术的改进，新式农业机械的采行。但在一般农业上，尤有注意此点之必要。因为战争一方面虽造出许多失业农业难民，同时却有招致农业劳动人口相当缺乏的作用，故这时不但有农业机械化的要求，并且，即令在相当限度内机械化，或采用最切要的几件机械，那亦不致如在平时一样，引起劳动过剩的结果。

第四，统制农业生产。这是一个非常必要的步骤。生产不加统制，农民如一仍旧贯的生产些依赖国际市场的产品，或生产些非战时所必要的乃至应禁制的产品，那由前一条路，定然会造成滞销现象；由后一条路，定然会形成多余而有害的浪费，而这两方面最显然的结果，就是使必要的农产品，相对的感到缺乏。如此，军需品原料，是战时最必要的，一般日常生活必需农产品如米麦等，亦是同样必要的。至若鸦片原料与卷烟原料，就前者言是非常有害的，就后者言，是比较有害，至少是非必要的。以此定

---

① 见《钱业月刊战时特刊》第四期。

农业生产统制的标准，当然会有较合理的成果。事实上，哪怕就是必要的农产品吧，如其对于那种农产品的生产，不加以通盘规划，不在一定需要范围内作综合的打算，则犹不免造成重此轻彼或过犹不及的现象。此外，如某种非国内所必需，但却为世界市场所企求的原料品，我们亦不妨斟酌交通情形，作相当限度内的生产。

第五，统制农产品消费。农产品消费最应加以统制的，决为食物部门，欧洲大战时，参战各国为了维持食粮供给，对于其消费，都妥为规制。如(1)禁止用谷物喂养家畜——与战时有关的禽兽，如鸽马之类，不在此限；(2)禁止用食粮酿酒磨油；(3)规定每人每天所吃食粮数量，不得超过每人平均维持生活之最低数量等等。在今日，如像在德意志一类加紧备战国家，即令在战争未发动的平时，亦在这些方面强制节约消费。中国的生活表象，一向就是所谓“庖有肥肉，厩有肥马，民有饥色，野有饿莩”；关起门来过太平日子或从事内战时，当作别论，目前要支持对外战争，要使前方战士后方工农队伍，有气力奋斗，叫一般胡乱过分享受的人，撙节一点，那决不算是“苛求”。

第六，便利农产品集散。农产品由战争直接间接引起的滞销情形，端赖政府在种种方面予以疏通的便利。试就实例来说“……近因纱丝两业陷入停顿状态，秋茧及棉花两项，均感出路困难。苏省工农业生产指导处已着手此项维护工作。其中茧棉两项，业已进行收买，规定标准价格，分别设立收茧处及收棉处，办理棉茧之收买、加工、储藏、保管、运输、销售等事宜，收棉工作委由江苏省农民银行农产运销处，及江苏银行信托部办理；太、嘉、宝三县业已开秤。至收茧工作，另设立二十六年秋期收茧委员会主持办理，以苏省原有之各县蚕桑改良区为实施机关，计包括无锡等二十余县。鲜茧标准价格，定为三十五元一市担，此外，稻米之买收，闻亦在计划中”①。这是一件非常需要的工作。在对外市场梗阻，国内工业复兴工作尚无头绪的当中，政府如不设法疏积农民的产物，势将使农村经济活动引起致命的滞塞。特别是米粮一项，尤须努力集散，成立食粮专卖处一类组织，以资调节。

第七，活泼农村金融。中国农村金融枯绝及其所以枯绝的原因，前面

---

① 见《钱业月刊战时特刊》第三期。

已经讲过了。战争既把中国金融资本的用途改变,农村金融是希望稍有昭苏机会的。但这也还要政府特别努力。因为战时需要金融周转的地方太多,同时,农业在改良技术上,在采用机械农具上,在开垦荒地、加多耕作次数上,又都要有相当充分的资金,故非政府规定周转农村金融的最低预算概数,责成国有农民银行或其他银行妥为筹划供给,实难有济。至若前述国营农场之创设,农业合作社之资助,专卖机关之设立等等,更是要多量资金的。不过,对于这类生产事业,即使为增加筹码,实行某种限度的通货膨胀,亦不见得就有害处,问题仅在处理是否得宜。

第八,改善农民生活。如其说上述种种改进农业经济办法的目的,不是为了增加地主或农业资本家的利润地租,而是为了增大战争的能力,争取民族战争的胜利,那负有前方部队之殿军任务的农民大众的生活,是必得设法改善的。近年农民在水深火热中的困惫情形,我们已经指述了一个大概。在战争中,农村原来受到的帝国主义的压力,是弛松不少了;我们为了团结对外抗战力量,这时虽不便提出变革土地关系一类口号,但除了上述资助农民,或贷款给农民的措施外,至少要能做到下列三点:(1)豁免战区人民一切捐税负担;(2)减低田赋田租;(3)对农民劳动大众的债务及利息,分别停付或酌减。这是战时改良农民生活的起码要求,但目前在大体上,不但不曾做,甚且未打算做。真正做到了的,怕只有晋北及陕北罢!

关于当前的农业政策,我们已讲得颇多了,但仍只限于荦荦大端。因为农业上待调整待补救的地方是太多了。

第六章　中国战时经济的展望

一、总结的说明

这里，我且把前面分别论述的各点，作一总结的说明。

一国经济由平时过渡到战时，我们第一知道：那与它的原来经济结构，有密切的联系，那种性质的经济结构，其战时经济的编制，就须采那种政策；一个资本主义国家的经济组织，如果有高度的发达，它的独占产业形态，就某一方面说，是比较容易作战时经济动员编制的，但这已经经过战时编制的经济形式，纵然改变原型了，却并不就有本质的更改。前次大战时各国实施的战时经济，一时曾被高调为“战时社会主义”。但据一位德国作家赫色（A. Hesse）所说，“……那种战时社会主义的状态之实现，既不是按照一定计划而预定实现的，也不是随意导入的结果，而是战争在一定时期，追随特定的实际的个别目的，极力干涉国民经济生活，并且适用从来没有经验过的广义社会原则所造成。其目的不在发展为经济的社会主义。又，凡关于战时经济的一切法规，其意义是把经济的个人的利益，均放在社会全体幸福之下，此外，并不含有其他意义……”。这说明是矛盾的，资本主义国家从事战争，并不是为了社会全体福利，而是为了拥护并扩展社会少数特权阶级的利益，从而，“并不含有其他意义”，即并不破坏少数特权阶级利益的经济编制，就不外是强制牺牲大多数人财力劳力，以成就少数人特殊利得。所以，大战告终了，所谓“战时社会主义”，立即显现为更高度的独占资本。若像中国这种国家，它的对外战争，即争取民族独立解放的战争，在本质上是革命的；由是，它那次殖民地经济的战时编制，就得于适应战时需要的目的以外，同时力求其对外依附的经济本质的改造，而且，它非在这种经济本质改造的基础上，不易支持长久战争，不能实现真正的自由独立。

其次，我们知道，整个中国经济的本质，既是次殖民地的，前述各个经济部门，当然都分与有那种性质，所以，我们在叙述金融商业工业农业各部门之战时政策或战时编制时，都特别注意它原有的形态，都企图使它们各别的政策，具有改造性质的内容。因为，任何一个经济部门的改造，都与其他经济部门有密切的联系。中国内地金融中心没有建立起来，决不易树立内地商业中心，决不易成就工业复兴，而在与这各部门相关的农业上，更自无法推行我们前面所述及的那种政策。

总之，中国战时的整个经济政策，一定要除了适应战时需要以外，还具有改造中国经济本质，建设中国经济独立基础的功能，因为要这样，这种经济政策，始可与当前的民族解放战争相配合。

二、中国战时经济与抗战前途

我们原已讲过，经济决不是决定战争胜负的唯一原因。但却可以说是一个最有力的原因。我们的经济，如能依据前述原则编制改造，当前战争的胜利，一定更有把握。反之，如其战时经济编制，全是敷衍的，应付的，消极性质的，我们的抗战，纵然借着其他原因，如精神力的过于强旺，敌人国内经济的瓦解，或国际共同制裁等等，而获取胜利了，那距我们民族独立自由的要求，还是遥远得很，因为那种胜利是建立在不坚实的基础之上。

有积极创造性的战时经济政策，既关系真正民族解放战争前途，如此重要，那么，我们要预测中国目前抗战的前途，大体可由我们是否积极推行那种经济政策而得到一近似的结论。

我们且不讲战争发动以前的经济上的准备。战争既已演进几个月了，政府在经济方面虽然不能说没有努力，但可惜迄今尚没有公布一种有创造建设意义的经济法令，也许正在草拟中罢。但我十分担心反民族的买办因素封建因素的阻力，还是太大了；即帝国主义的间接支配力，还是太强了。特别是一切有重大意义的社会经济改革，都非取得工农大众的支援不行，从而，都非对工农大众的现在可怜惨酷生活，有某种限度的改善不行，这一点，也许是颇值得人们徘徊瞻顾的。但我盼望“民族利益高于一切”的最高原则，能促起政府下最大的决心。

中国经济论丛

原书封面

中國經濟論叢

民國三十三年二月初版

著者 王亞南

金長佑

五十年代出版社

重慶 新生路四十號

成都 陝西街一六二號

西安 貴陽

定價國幣四十元

原书版权页

序 言

这里集印的八篇文章①，是作者两年来在国内杂志及报章上发表过的，有关中国经济方面的论文。其中有关经济科学之一般理论者，已由中华出版社以《经济科学论丛》的书名出版，其有关中国经济思想者，正计拟出一个《中国经济意识论丛》的专集，因此，这几篇文章，就在所谓“三部曲”的联想下，被冠以《中国经济论丛》的名色。

《当前的经济问题与经济计划》，系刊载于国立中山大学出版的《经济科学》；《当前经济问题总分析》，系当作衡阳《大刚报》的星期论文发表；《当前的货币与资本》，刊载于《时代中国》；《当前的物价与物价管制问题》，刊载于《新建设》；《中国商业资本论》，刊载于《广东省银行季刊》；《中国农业上的技术问题与社会问题》，系当作星期论文在《桂林扫荡报》发表；《中国商业资本与工业资本间的流通问题》，刊载于《新工商》；最后，《战时经济的重要性及中国的战时经济政策》，刊载于《新建设》。

这八篇文字看来是凑集的，但作为其全体关联的研究观点与研究方法，却是统一在一个系统之下的。我始终认为中国当前经济问题的症结，不在其技术性方面，而在其社会性方面。经济上的一切设施，是不能用搬家的方式来进行的。这是民生主义之现实性与正确性的基点。时下经济学者们的立论与立案，都不肯依据经济问题的内在特质，却一味去摭拾一些表面现象，使我们在经济上的努力，和我们在经济上所需要的努力之间，显出极大的脱节距离。关于这一点，在第一篇《当前的经济问题与经济计划》中，有一个发端性的说明。在第二篇《当前经济问题总分析》中，提出了我们研究中国经济问题的方法；其中有关当前经济问题的正面解说，颇有求备而无法求精的地方。紧接第三篇《当前的货币与资本》，第四

① 原文如此，本书第9篇《中国工业建设论》，在序言中没有提及。——编者注

篇《当前的物价与物价管制问题》，差不多可以看为是第二篇的补充。第五篇《中国商业资本论》及第六篇《中国商业资本与工业资本间的流通问题》，比较更本质的解明了当前最为一般人所苦难索难解的商业及商人活动的倾向及其限界。《中国农业上的技术问题与社会问题》，是问题"鞭襞近里"所必须提出的，但这只是粗枝大叶的分划出了这一基本命题的轮廓。最后一篇《战时经济的重要性及中国的战时经济政策》，对于大家谈得最熟，但却认知得最模糊的战时经济，中国的战时经济，以及中国所能实现所需实现的战时经济，作了一个解析，并还提论到了我们执行经济政策者，我们研究或考察经济政策者所应抱的态度。

各篇都归给在经济政策方面。在原理上的论究，或有不充分不完全的地方，希望作者在最近付印中的《中国经济原论》一书，可能多少补救这种缺陷。

王亚南

于广东坪石野马轩

民国三十二年十月

第一篇　当前的经济问题与经济计划

一、经济计划·经济学界·经济学

抗战的支撑力，是建立在较为健全的经济基础之上。

关于战时的经济问题，曾千百次被提出来讨论，也曾千百次依据讨论的结果，提出了解决方案，而且有许多方案，确已见诸实行。但时至今日，客观的经济现实，都似更增大了要求我们对它再检讨再计划的压力；仿佛经济上的紧张，格外容易显出经济学界的忙乱。举凡世界各先进国家解决战时经济问题的办法，由较综括的统制经济和计划经济，到较具体的各种新税制、银行管理、专卖、国营企业商业公司化、农贷、土地金融、工贷、实物征收征购，以及储金公债劝募等等，都被连续设计出来，并已局部的或全面的付诸实施。这许许多多的经济新政的实施，以言其效果，是中国以不够现代化的国家，居然由此支持了五年以上的现代战争；设检讨其缺陷，则今日经济问题之日形紧张与繁难，就是如实的说明了。

对于当前的经济问题，国民经济学或一般财政经济学者，似有一个共同认识，就是包括这种种重要国家设施的经济计划本身，还不够周密详尽，同时，执行经济计划、人事行政方面，还大有整饬余地。这是非常允当的。任谁都不能否认设计和人事对于经济问题解决的重要性，但在这里，我不想涉及人事问题，单就大家异常关心的经济计划而论，其间实在很有需要分释的地方。

今日谈经济计划的学者，很容易犯一个笼统的毛病，以为经济计划完全是一个技术性质的问题，而不知道，特别在中国这种社会，那同时还是一个社会性质的问题。惟其如此，他们就像不可避免的，使社会去迁就计划，而不大注意使计划去迁就社会。所以在结局，他们虽然像很注意材料的搜集，但却很似给了我们这样一种印象：先制定了或先打算输入某种经济计划或经济体制，然后再把搜集来的材料，拿去作为支援。他们动辄把计划不易有效推行，诿责于技术条件的不够，不已充分说明了这点么？

其实，适合现实经济要求的计划，根本就是把中国社会经济基础上的落后技术条件，加入了考虑的。换言之，需要高度技术条件，需要超越中国社会技术水准的经济计划或完美的经济体制，在本质上，在事实的逻辑上，就不是或不能为中国经济实现所要求。因此，在当前的各种经济设施下，诉说技术条件的不够，我有同感，但我不能以同一口吻来发生共鸣。因为一个产业落后国家的经济计划，是不能把一个产业已经发达的国家的经济计划，作为样本的。

讲到这里，我想顺便谈几句不全是题外的话。作为中国经济之发案者或立言者的中国经济学界，根本就充满了英美的，或者在较狭的范围内，充满了德苏的经济意识的气氛。一个从大学经济系毕业出来的经济研究者，可能背诵出现代各种经济形态的基本概念，可能指数出苏联三个"五年计划"、德国两个"四年计划"乃至美国"复兴计划"的内容，且也漠然能分辨统制经济与计划经济的区别，但一问到那些经济基本概念，与中国社会的商品价值、地租、利润、工资等等，有何本质的不同；那些经济计划如推行到中国社会，有何根本的阻碍，他不能置答了。结局，原本是当作研究中国经济之手段的现代经济学的研究，便在无形中成了目的。"为学问而学问"的气概，像使整个经济学界超然于中国经济的现实；一旦这些超然的学者对现实立言起来，第一，就会感到中国社会技术条件，不够他们所要求的水准；其次，且会因为他们过于为技术问题所困惑，以致不得不致疑于经济法则本身。

这是当前楔入在经济问题与经济计划之间，使它们不易妥为调和起来的一件基本事实。

二、中国经济问题的把握

当前的财政经济问题，分别指示出来，自然是非常之多的，但可就以次这两个方面加以归纳。

（一）在财政方面，就是如何使国之所入，足够国之所出，即国家之预算如何平衡的问题。

（二）在一般经济方面，就是如何使全国民之所入，足够全国民之所出，即国民经济上的再生产，如何使其保持，如何使其能依需要增加而逐渐扩大的问题。

这两个问题，事实上还可进一步予以归纳，即前一问题的解决，必须要以后一问题的解决作为基础，因为“国之所入”根本就是导源于“全国民之所出”；“国之所出”增大了，势须“全国民之所入”相应增大起来，始有办法。这是经济学上的常识问题。但我们经济学者在财政经济问题的处理上似乎有意无意的忽视了这个基本常识。这原因，也许是由于物资的分配与周转，把他们的全部注意力吸收住了。自然哪，战时紧迫需要所造成的许多阻滞流通的不合理现象，很有理由使他们相信，全国民之所入，原是可以供应全国民之所出的，但流通领域内的垄断，囤积居奇，以及各地方的互为限制，把原来够供应的物资，弄得不够了；而在某些部门，原已不够供应的物资，就更加显得缺乏了。他们把这看作了物价问题的症结，所以，向着物价问题斗争的许许多多的办法，都是从流通过程着眼和下手。在抗战发生后的前两三年间，流通不够圆滑的看法，简直翳被了生产不够支应的事实。时至今日，虽然从流通上解决物价问题及其他一般经济问题的见地，还有着支配的作用和影响，但客观的经济现实要求，已使那种见地大有修正。

在抗战过程中，一般人的消费是迫着缩小了，但一部份人的浪费，战争的破坏，特别是军需上的浩大支出，并非一般国民的消费缩小可以抵偿，至少，战时对于物资的需要，是不曾减少，有些部门还是续有增加的。而在另一方面的生产领域，就工业上说，许多小型的制造业、独立手工业，乃至较大规模的工厂，是在政府直接间接的保育下建立起来了，但由于大后方遭受敌机的轰炸，敌人屡进屡退的扩大战区的蹂躏，以及物价飞涨和统制程序的侵扰，致令我们只能在统计数字上，看到生财和生产品价值的增大，而在工业生产品本身，一般的讲，恐还不能表示增加的倾向；农业上的情形，比工业上更予人以非常暗淡的展望，它不能像工业那样集中的容易受到政府的保育，敌寇的蹂躏和统制程序的干涉（例如省际乃至县际间限制农产物流通等），农业的受害程度，殆有甚于工业；此外，物价飞涨在一般认为是润泽了农村，但其实受到涨价实惠的，是农产物的不劳而获者，而非农产物的直接生产者，后者甚且因此受了恶劣的影响：地租或土地费用的增大支出，把他们更新农具、雇佣劳工的可能性日形减缩了。将农工业双方的生产状况综合起来考察，使我们不得不致疑于我们的再生产规模，不但无所增益，甚至还在减退，全国民之所入，根本就无法供应全国民之所出，这不仅是中国财政问题的症结，且是中国全般国民经济问题的症结。

三、由问题到计划

财政经济问题上的这种症结或病理，已渐被诊断出来了，朝野的注意，渐从流通过程移向了生产过程。但至今日为止，所有奖助农工业生产的措施，还不够扭转社会再生产规模日渐趋于缩小的趋势。这原因，显然不是由于政府的热忱不够，而是由于政府的财力不够；也不是由于政府的财力不够，而是由于政府运用或利用社会人力物力的方式和程序，还有需要商讨和改进的地方，这也许是最近经济计划问题，特别被提到论坛，被加进政府议事日程的重要原因之一。

任何一个形态的政府，都没有把社会生产的全责，加担在自己身上的可能。它的贤明办法，就是照应着当前社会的人力物力的实况，规划一个运用的程序，使它们在消极方面，不致于浪费，在积极方面，能尽量发挥其最大可能的作用，这是经济计划必须遵守的原则。

中国国民的经济上的再生产规模的缩小趋势，可以从下列三个基本生产条件被浪费的实际状况而得到说明：

（一）土地上的浪费——到过战区或敌后沦陷区的人，对于广大土地的荒芜不治，已够惊异了；然而，就在大后方，由高率地租形成的零碎经营，以及由土地本身费用太高，致投用到土地上的肥料、种子、农具、畜力、人力所费，不能不相应太少，因而引起的土地生产力的减退情形，虽不曾显然叫一般人知道，但确是非常严重的。此外，由于土地所有权及投资的限制，很多省份的荒地未见垦辟，熟地却被战时的各种土木工程所耗用了。至于城区附近许多耕地，相继为新暴发户买来荒着待价而沽，那也成了一件尽人皆知的事实。

（二）资本的浪费——中国社会的资本蓄积，原是非常贫弱的。但即此贫弱的资金，却最大部分被商业吸收着：商人富厚了，他同时便是高利贷业者和地主，地主也同样是高利贷业和商业的经营者。钱向更有利的地方去，而在战时，更向更稳妥的地方去，生产事业不论如何招手，他们都是掉头不顾的。结局，挤在土地上的资金，造出了反生产的后果，而挤在流通界的资金，除了把社会有用的物资，用囤积等方式暂时封锁隔离外，就是促成衣食住行育乐婚丧诸方面的胡乱消费，游资不能用到生产事业上，甚至原来已往是当作农业资本而作用着的一部分物力（各种农具或制造工具）与人力（技工），也因缺乏资金，无法继续或恢复而不得不归于徒然的弃置。

（三）劳动的浪费——中国劳动的浪费方式是非常之多的：官厅及私人家的隶役劳动，不但是普通存在形态，战时且因兵役等关系，使劳动在这种形态上的浪费，变本加厉了。乞丐、匪盗、游食者，所在皆是。依不同的原因，而大批由生产过程脱离出来的产业劳动者，一变作小贩、叫卖者，便都成为生产的累赘。但最基本的，还是逗留在广大农村的劳动群，都因上述的农业田地零碎经营关系和生产资本不足关系，而引起的不可计量的劳动力的浪费。

土地、资本及劳动三方面的可怕浪费，恰好违反战时一物须当作两物用、一人须当作两人用的要求。这三者，关系社会性质的成分多，关系技术性的成分少。如其我们肯深入一点考虑，把这些基本生产条件上的实况，看作是我们当前经济问题上的最基本问题，从而，在解决当前经济问题的设计或计划上，使劳动由不生产性和反生产性解救出来，使资本由商业方面转到产业方面，使土地能脱去或减少一些传统束缚，而发挥生产力，那就算是一个智慧的或成功的设计。

这无疑是谈何容易的事，但要对中国当前经济问题，作较根本的补救，却又是非通过不可的关节。

我在这里，当然无法提出一个详尽的经济计划，我只说明，我们的经济计划者，除了需要把上述诸基本生产条件，作为其计划之骨干外，同时还得注意，劳动问题的解决，是把土地问题及资本问题的解决，作为前提；因为，必须资本正当的用到产业方面去了，官家私家的隶役、乞丐、匪盗，乃至准乞丐的大量小贩，始有被吸收到生产领域的可能，农村劳动者始有发挥其生产力的可能；而资本如何由商业转到产业方面，又是把土地问题的相当解决作为前提，因为土地上的投资，如不足以吸引商贾的注意，农村的金融状况，如不能给予高利贷业者活动的机会，商业资本是可能向农业上转向的。至若土地问题的根本解决，当前也许还不是时候，但土地问题的相当解决，当前却正是时候了。为了便利食物征收征购一类要政的有效推进，很需要确立合理的租佃关系，高率地租减低下来，佃权确实得到保障，则实物征收征购的财政设施，便可能变为财富分配的合理措置。这样，依财政的需要而提高征收征购（须设一定限界，而伸缩征购比例）的额数，便寓有平均地权的意义，便寓有阻止实业赢利向土地上转移的作用。土地投资被堵截住了，加担或转嫁在一般贫农佃农身上的负担减轻了，农村便渐有了昭苏的机会，而这也正是产业资本活动的机会。

这是中国经济问题解决的必由之路。同时，也就是中国经济计划立案者所不能忽视的有关社会性质的程序。

四、结　论

在这里，我可以把上面的说明，概括起来，并加以补充。

（一）中国经济学界考察中国经济问题，似乎传统的忽略了中国社会。所以，过去乃至现在的许多经济计划，包括详尽、周延的规模，应是“着毋庸议”，但因为未十分留意到实施的可能与步骤，所以，实行起来，无法依照计划的规定。这决不如大家所理解的，是社会技术条件不够适应计划，而是计划本身没有注意中国社会的技术条件。

（二）计划中的每一重要步骤或实施，第一须问及它所需要的前提条件，第二须问及它可能实现的限度，第三须问及它必须实现到何种限度，才可能成为次一步骤或次一设施顺利推进的保障。这些问题，在经济现代化的国家，诚然都是关系技术性质的问题，但中国经济建设上的现代化的计划，却随在会发现社会性质的阻碍。比如，改进农业的许多设计，不论是关于农具方面、农贷方面，或其他农民文化生活的种种方面，都总无法推行下去，在乡村建设上辛勤努力过来的人，由他们的成绩，可以推断他们所遭遇的困难的症结所在。

（三）国父把土地问题和资本问题，作为民生主义经济展开的中轴，这是正确的握住了中国社会经济性质的结果。委员长近年力言“我国今日政治经济与社会政策，最迫切而需要解决的，莫过于土地问题”，这更是对于我们今后解决经济问题之各种设计的最高准则，在抗战过程中，我们虽不能提出并立即施行国父所理想的土地解决方案，但在治标或应急的计划中，仍不能忘记这是解决中国经济问题的起点，尤其不应忘记，一个产业落后国家的战时财政经济问题，只有善于利用土地经济的财源，始有办法。

第二篇　当前经济问题总分析

这是三十一年十二月十八日在中山大学经济学会所讲的讲稿，这个讲稿由该会笔记出来再由涂西畴君加以整理，附敬谢意。

今天诸位这样踊跃来参加这个演讲会，我想不只是大家的兴趣问题，而是由于大家都关心当前的经济问题，不仅是每一个人自己生活上的严重问题，而且是整个民族国家存亡的问题，像这样严重的问题，大家自然是要求得到一个基本的了解的。

我提出这个题目，自己也感到有点儿大胆。因为我虽曾念过几本经济原理的书，但对于当前中国许多现实的经济问题，自感并未深入地认识。不过我今天提出这个题目来讲，与其说是想对此问题作详细正确的分析，毋宁说是想借此引起大家对当前经济问题作深入的研究，并多少提供一点理解上的帮助而已。

一、问题与方法

在讲到本题目之前，我还要声明一点，就是普通的讲演，关于方法方面很少把它提出来作为一个讲题里的项目。我今天之所以把方法提出来讲讲，就是因为我们是从事学术性的研究。这里把问题与方法合并起来，是在使大家理解或研究其他问题亦可利用这里所利用的方法。

（一）问题的分析

1.表面化的问题与潜伏着的问题

目前一般人对于经济问题感到威胁的，大都是表面化了的问题，而问题之所以表面化，却是由于潜伏着的问题发展而来的。现在表面化了的问题，过去是潜伏着的，不久的将来也许都会表面化。譬如当前的物价问题，在抗战初期它并未表面化，但它在当时已经是潜伏着了。所以我们分析问题，不仅应分析表面化的问题，尤当分析潜伏着的问题。

2.现象上的问题与本质上的问题

一个问题，无论是表面化了的抑还是在潜伏着的，都可以从现象上去看和从本质上去看，这两种看法显然是有差别的，本质与现象是对立的范畴，本质并不直接出现于现象的表面。如果我们只看问题的现象，不透过现象去看问题的本质，那是看不到问题的真相的。看现象是常识的，看本质才是科学的，所以科学的研究，就是要透过事物的外表现象，去看它内含的本质。这即是说，要从现象的背后，去发现它的本质，如此，才能把捉客观现实真理的所在。同时我们还应注意，看本质不能孤立地看，必须比较地看，譬如战时物价问题，在现在世界参战诸国家中，物价问题在现象上都是受战争的影响而上涨，但为什么物价问题在别的国家不像我们当前这样严重？这就是物价问题所产生的各国社会条件不同，所以物价问题的本质也各不同。

3.技术性的问题与社会性的问题

呈现在我们面前的许多问题，有的是属于技术性的，有的是属于社会性的。譬如金融上银行的分业，交通上管制的分区，土地深耕与机器的使用，这都是技术性的问题。而金融的恐慌，土地私有权的集中，以及碎耕佃租的封建关系，这些对于农村生产的制束，都是社会性的问题。

以上是就不同的问题说，即同一问题有它的技术面亦有它的社会面。如管制物价问题中的平价、限价购买或照券分配等，这都是它的技术面；但这些方式或统制方法在他国行之有效，我国却行不通，那就不尽是技术条件不够的问题，其中实存有社会的远景。

4.部分意义的问题与全体意义的问题

就问题的影响来说，有些问题它的影响只是部分的，有的却是全体社会的，譬如重庆的鱼，卖 110 块钱一斤，贵阳的鱼卖 60 块钱一斤，这种鱼价的高涨，充其量只是该地少些豪商巨富平日常吃鱼的人受到影响，无钱的人尽可不吃不买，所以此种鱼价高涨的影响在地域上，不过是某一城镇，在社会阶层上，亦不过是极少数的特殊份子能够感到，故此为部分意义的问题。又如对外贸易的钨锑等矿来说，由于外输交通的断绝，马上使它的生产受到极大的打击，但这也只是少数从事钨锑矿业者受到影响。

未从事此业的人,是没有多大关系的。但进一步拿棉花来说那就不同了。棉花价格的高涨,必然引起纺织制布厂成本的增加,从而布价高涨,凡需衣料的国民,必因布价高涨而受到寒冷的威胁。所以棉花涨价的影响,比鱼涨价的影响,其全体性是大多了。至于更关系生存的粮食问题,它的全体性更大了,那是很明显的道理,用不着解释。

大体说来,如把一切问题分类起来,都可以归入上述这四个范畴,八个项目,不隶属于此,必隶属于彼,或者兼而有之,问题是要看我们怎样去研究它。

(二)研究的方法

上面已把一切问题的性质分别说明了,现在要讲到研究问题的方法,这可以分下列三项:

1.全面的观察法

全面的观察法,意思就是反对孤立的看法。仍就物价问题来说吧!把物价问题孤立起来研究与把它放在当前整个经济问题中来研究是大不相同的一回事,研究出发点不同,其所得出的结论也大有出入。今天我们的题目本身,就要求我们采全面的观察法。

2.发展的观察法

所谓发展的观察法,就是反对固定的看法。因为一个问题的发生,不是偶然的。它不但有发生的前景,且有演变的历程,在其演变各阶段,会参入各种不同要素,而表示出不同的内容和性质,因此,我们观察和分析问题,不仅要由它的现实终点寻到它的起点,而且要注视它在发展过程中的变化。如果我们不把握对象的发展变动性,就不易发现问题的真相所在,从而也就找不到它的症结所在。如太平洋战争爆发前的国内物价问题,与现在物价问题,它的背景和内容,都是大有差别的。如其我们把去年物价问题的现实背景拿来当作现在物价问题的现实背景来研究,那所得的结论是与现实的真相相差很远的。所以我们看某一个问题,不应从中途去看,应从它的起点去着眼,把握它产生演变的全过程,是很重要的。

3.差别的观察法

差别的观察法,就是反对拢统的看法。一切问题的产生发展,都是有其因果关联本末先后程序,它在全社会诸种伴生的或并生的问题中,不仅有它的隐显明暗的形态，而且有它的轻重缓急的属性，科学的观察法就是要在纷歧繁复、庞然杂列中，找出问题的因果关联、本末先后、轻重缓急的差别来，否则我们对于纷然杂列中的问题，就会只看到漆黑的一团。

上述几种方法，不仅可用来研究当前的经济问题，就是研究其他一切问题，亦大体可以适用。

二、乱人视听的三个表面化的经济问题

（一）物价、通货、商业资本的“三位一体”观

目前经济问题最为人注意的是物价、通货、囤积居奇，这里所说的商业资本，就是把囤积居奇扩大来说的，我们一提到物价高涨，大家马上就会联想到通货膨胀，联想到囤积居奇、商业资本活动，因此，物价、通货、商业资本活动，差不多已被人视为“三位一体”的东西了。现在一般人的观察，大都停滞在这三个表面化了的问题的外表上，他们被问题的现象，阻碍了他们对问题本质的认识。

（二）万花筒式的认识论

一般人对于物价问题，何以会是万花筒式的认识呢？拿具体事来讲更易明白。

物价问题的原因，被指出来的是多极了，而为解决物价问题所提出的主张，亦是多得惊人，这里用不着一一介绍，大家平日在报纸杂志上都看到了，交通困难，供给不足，敌伪搜劫物资，运用狼毒货币政策……不一而足，而物价本身也被人认为是物价高涨的原因。大家也许看到章乃器先生那篇《物价休战论》的大文罢，他以为甲涨价，乙更涨价，遂相互影响，竞相抬高，设大家协议休战，甲不涨乙也不涨，不是天下太平了么？然而这是太把问题看得简单了。经营商业或产业的人，不仅各自手中的资本大小不同，而且彼此的营业的环境条件与计划亦各异。从而各人的商品卖买价格，是有其自主性的。有的人对于自己手中的存货需要快卖，低价亦愿脱售；有的人却不愿快卖，而要待价以沽；有的人愿高价购买，谁能阻止这种自发性呢？那么物价本身，又如何休战呢？这纯是观念论的“物价问

题起于物价问题”的看法。

促成物价问题的严重性，一般已指出了最大的原因是通货膨胀，通货膨胀在目前也许是最基本的，这以后再说。现在要问的是这种膨胀究竟达到了怎样的程度呢？真实的数字是无从知道的，就大后方几个大都市今年的物价指数来说，昆明较战前高77倍，重庆高65倍，曲江高四五倍，然则我们的通货是否也发行了这多倍呢？厉德寅先生统计国内32家银行在三十年度的通货流通额指数较战前约高12倍，而物资缺乏之指数则较战前约高二倍半，他由此推论当前物价的高涨80%是通货膨胀的关系，20%是物资缺乏的关系，这类算术数字式的统计，表面上是可靠，过细分析说来却大有问题，不过通货膨胀为当前物价问题之要因，则为无可否认之事实。

对于当前物价问题一般常识的看法与一般所谓经济学家的看法像是无大差别。物价高涨由于通货膨胀，通货膨胀则由于商业资本的活动，国家银行发行通货愈多，商人投机活动也愈猖獗，结果银行通货尽量发行，而银行里还是缺乏筹码周转。中秋节我在重庆时，眼见许多银行，支付两万元都感困难，因为银行发出的钞票，都被人拿去从事投机事业去了，很少人将资金存入银行，银行的收入是靠顾客的存款，无人存款，那里会有大量资金存在银行？政府为弥补赤字而发钞，原希望发行的钞票能够回笼，这种回笼靠税收储蓄募债等方式来实现。但我们的税收，一向是以关盐统税为大宗，现在这些方面都有问题，新税制度的实施，很多地方还不够健全，收入是很有限的，而募债不独国民消化力薄弱，就是有钱人，亦不愿承售。因为私利的追求，是现在社会私人经济活动的唯一鹄的，囤积居奇，转手之间即可获利千百倍，大利所在，人所共趋，有钱人谁都不愿自动地去购买公债，银行利率是很低的，谁愿将手中资金存入银行？这样一来，政府发出的钞票，自然无从回笼，政府为着财政上的急需，不能不继续增发通货，通货愈膨胀，商业资本的活动便愈猖獗，物价也跟着愈高涨，物价愈高涨，财政上的支出也愈增加。为弥补赤字，又只好增发通货，根据这种循环的因果相联，我们可以得出这三个连环式：

(1)物价高涨——通货膨胀——商业资本活动——物价高涨。

(2)通货膨胀——商资活动——物价高涨——通货膨胀。

(3)商资活动——物价高涨——通货膨胀——商资活动。

这三个连环式，又可倒转来看，所谓万花筒，就是这样的，目前一般经济学者，对于物价问题的看法，大都是这样万花筒式翻来倒去，在这样认识连环式的圈子里打滚。

（三）怎样说出现象因果论的循环圈

上面已把目前最普遍的万花筒式的物价认识论介绍了，现在我们该应怎样说出这循环的圈子呢？这就得借用经济学上的经济法则了，但大家还得注意，就是，利用经济学上的法则，还得拿现实社会的基本事实来配合；要通过经济学上的基本法则，更配合社会上的基本事实来看，我们才能跳出这循环的现象圈子。现在我们就拿通货与物资的关系来解说吧，大家知道，通货是周转货物的媒介物，兹就下列三种场合来说明通货数量与物资涨价的实际关系：

（A）通货增加，物资不增加，结果物价必上涨（这是推不翻的事实，较易明白）；

（B）通货增加，物资反而相当减少，其结果是更涨价（这也是不能颠破的事实，这也容易明白）；

（C）通货增加，被流通的物资中，不易周转部分，比周转迅速部分，以更大比例减少，结果是更涨价。此点比较麻烦，必须解释一下，大家知道，流通界物资的周转快慢是不一的，有的物资一天可转几次，有的一天只能转一次，有的数天乃至数月才能转一次。就是说：物资种类不同，供求情况各异，它的周转速度是不同一的，同一数量，转得快的物资，需要货币少，转得慢的物质，需要货币多，这事实我们是承认的。就一般而论，物资中的工业品是转得快些，农业品转得慢些，这也是事实，用不着怀疑。这里我们拿当前的事实来说说：食物征购征收部分的农产品，是由农民直接送缴政府机关，政府再把它发给军队和公务员，这部〔分〕物资，以前需要通过流通界，现在从流通界脱出了，既不加入流通界，自然不需要货币周转。我们刚才已说明了，农产品是周转较慢的物资，需要货币多的部分，征实征购的物资部分，既不加入市场流通，就等于从流通界中减去了需要货币多的一部分物资，还有年来许多地方对于借贷本利的偿还，对于工资的支付，都采用实物，这样自然经济形态就会使它原来需要货币周转的这部分的物资也不要货币周转的，在这种情况下，通货增加，而物资中需要货币多的部分，又以更大比例减少，结果物价自然会更加涨价，这也是不能否定的事实。

上述这三点，是经济学上的基本理论，它是当前社会的基本事实，这一讲，我们仍似没有脱出上面所说的圈子，但大家不要着急，我们是会从这个圈子跳出来的，现在就开始跳吧！

（四）由问题的现象，到问题的本质

这里还得讲一点经济学上的基本知识，就是物价高涨，必然会刺激生产，因为物价高涨了，生产品更值钱了，大家自然会乐于努力生产，不久以前《大刚报》曾登载驻苏大使邵力子先生的谈话资料，苏联自德苏战事爆发以来，官方统制的物价，虽较战前差不多，而不影响一般大众生活，为官方所允许的私人性质的农产品价格，都增加了五六倍以至二三十倍，而同时生产额的增加，也以这一部分为最惊人，有的竟达到了100%，乃至300%到400%。邵大使这种报告，我们也相信是可靠的。不过这种事实，只从外表现象上来看，是不能把捉它的真相的，必须从现象背后去发现它的本质，才能作科学性的说明，大家知道，苏联是实行社会主义的国家，国内市场价格不是由国人所左右，而是由政府支配的，但苏联目前并非百分之百的社会主义化，它的经济形态中，还有私有经济成分存在着，其所以涨价，全是政府为了刺激现存私有的和集体的生产部门增加生产所操行的一种政策，这就是上面所说的它的私人企业生产指数，有的竟增加到了若干百倍的原因。

苏联战时物价上涨，刺激生产增加，就算是政府所采施的一种政策，英美等国，自战争爆发以来，由于物价的上涨，也多少刺激了生产的增加，如其这都是事实的话，那么，为何我们中国的物价上涨，就不能刺激生产增加，甚至适得其反呢？好了，我们就可能从这里跳出上面所说的循环圈子了，苏联是社会主义的国家，生产诸条件的不同，用不着说明的。就是英美，我们也很明白，他们是最高度化了的工业国家，产业早已支配着商业，我们这个国家，是一个工业落后半封建的次殖民地的国家，产业还大体是受着商业的支配。我们之所以不能由物价高涨来刺激生产，反而制约了生产，关键就在此。一个落后的国家，它的一切生产部门，既然统统是由商业支配着，物价上涨，就不但不能利用来刺激生产，反而变作了商业资本扩大活动的条件，这是为我们自己社会本质条件所决定了的。由于社会本质诸条件的不同，从而由此本质诸条件不同的社会里所产生的问题，自然有着不同的内容，譬如发国难财这件事实，在英美等国也有，但他们国里发国难财的不是“囤积投机”的商人，而是军火业的资本家。落后性的社会，是商业支配产业，而资本主义化的国家却是产业支配商业，了解这点，我们才不会奇怪中国何以不会由物价上涨来刺激生产了。

在抗战前，中国产业，一般是没有发达起来的，所谓民族资本，只是为外资在流通界服务，充当买办性的商业资本，直至一九三〇年，外人在中国竟有 8000 家洋行之多，他们的业务的主要对象，是收购中国的土产原料，输出去，再把外货运进来。在这种不等价的交换下，来吮吸中国国民的血液，尤其是外商在中国境内凭借不平等条约的保障，设立工厂就地利用中国廉价的人力物力来从事剥削中国国民大众，摧抑中国民族工业幼芽，以致中国的工业就在国际资本买办资本这种残酷的蹂躏下，抬不起头来，所以中国抗战以来的经济基础，就是商业支配产业的基础。这就是说，我们抗战开始，就是生产不发达、供给不足的一个工业落后的国家，是商业支配着其他的生产部门的国家。商业资本之所以不让中国的产业发达起来，就是因为产业一发达起来，商业资本就会失去它的支配地位，特别以帝国主义为后台的买办商业资本，它在中国境内是必然要竭力蹂躏中国物资的成长的。

抗战以来，商业资本对于生产的破坏，是日益剧烈，它的破坏行为，是在流通与生产两方面双管齐下。它在流通过程中的活动，在年来是以“囤积居奇”的姿态出场，经它这种囤积居奇的活动，已足够惹起生产阻滞，使能供给的物资数量变成不能，使不能供给的物资数量变成更不能。但它（商业资本）的罪恶，仅此尚无多大关系，而它的最大罪恶，是在破坏生产过程的进行。先就工业来说吧，工业生产是需要劳动力原料机械等生产要素的。劳动力会因物价高涨而高涨，机械这种固定资本，一旦投下去，是不能随时拿回来的，它须经过长久的生产过程，才能逐渐转移于新生产物上而周转回来，它的周转速度是很慢的。在目下，一笔钱用去购买机器来生产，这笔钱不仅要经过长时期才能收回来，而且获利亦微乎其微。假使把这笔买机器的钱，用作投机活动，转手之间，即可获得巨利，周转既快，利润又厚，谁不乐而为之。无怪目前许多工业生产部门都放弃直接生产，把它们一部分或最大部分的资金，拿去购买原料，从事囤积居奇的商业活动了，现在许多工业都靠经营商业来维持着，这就是所谓“产业资本的商业化”，结果工业生产自然会搁浅了。

其次就破坏农业来看，农业由于自然气候季节性的限制，在农业上的投资，更不易随时收回，固定资本固然如此，就是流动资本也差不多要经历一年始能回转，而且自然的灾歉的关系，说不定还会亏本，因此之故，年来投用在农业上的资本，不但无所增加，反而一点一滴的把已有的可以运用到农业生产上的资金，都被吸收到商业上去了。由于商业资本的活动，造成了商业利润的特殊丰厚，以致一切生产都不易维持，在这点上，农业与工业是同其命运的。

但在农业方面还会受到另一大摧残，那就是土地的投资。照理说，商人赚钱愈多，便愈会扩大商业的经营，但由于都市方面不断受到的统制或干涉以及飞机轰炸危险，一般商人往往将经营商业的一部分资本，改用以投资土地，这是中国历史上自秦汉以来所常见的事。不过他们投资土地所得的高额地租，又可以反过来投到商业经营上或用以购地皮，年来我们农村土地兼并之风是十分炽烈，这样土地上的投资，商业资本实为其主角。土地投资，虽不能像囤积居奇短时内可获暴利，但地价日涨，亦属大利所在，尤其是在中国这种社会中，都市工业尚未发达，既不能吸收农村中游离出来的失业份子，农民只好忍痛接受高额地租条件，而在一小块土地下忍受饥寒挣扎着。而且中国佃租关系不曾现代化，租率可以随时增加，地租可以随意增加，土地及土地生产物又在不断涨价，更加上土地投资安全可靠，不像经营商业有时还要冒市场风波的危险，所以土地投资，在中国社会里面不仅是商人乐而为之，一切有钱人差不多都以此为共同的癖好。

这种土地投资的风气，尽管一般人，甚且一些莫明其妙的经济学者以为这样可以润泽农村，其实在农业上是有百害而无一利的。就农业经营来说，农民（不论是自耕农或佃农）既要为土地支出大部分的费用，他们用以修理或增添农具，维持畜力人力，购买肥料的费用，势必相对而减少，从而势必缩小再生产的规模。农民的生产一年缩减一年，一年困难一年，这不啻给与了高利贷资本的活动机会，所以各国高利贷资本，传统的是商业资本破坏农村的帮凶。

就上面的说明，可知商业资本破坏生产过程比破坏流通过程的罪恶更大，而商业资本之所以能从事囤积居奇的活动，也正是由于它能破坏生产过程，假使它不破坏生产过程，物资生产顺畅，供给多，那么囤积居奇也就会失去效力，这是很明显的道理。

上面所指出的，我国战时物价高涨，不独不能刺激生产，反而制约并破坏生产，乃是出于商业资本活动的结果，但这并不是否定商业资本活动以外的其他原因；而是说，我们认这是主因，其他的因素，只是副次的，或第二次的。在问题的发展过程中，尽管以副次的因素，表现得非常强烈，但本质上还是有它的基本原因在作用着。

一般人对于此种认识，现在算是比以前进步了，两年以前，还很少认识到这方面的危险，就是政府目前所采施的几种政策，已不像以前那种专从流通过程下手术，而逐渐注意到生产过程上了，我们现在可以把政府措施的政策提出来检讨一下。

三、在执行中的三个挽救经济危机的经济手段

（一）公营制的扩大活动

所谓公营制，是指着中央及地方政府机关所经营的商业性的购销组织。如对外贸易委员会、物资统制局，以及各省市的企业公司等，这些机构是政府出面组织主持经营的，其目的和宗旨，是在对付商业资本的活动，办法是统购统销，以平仰市场的物价。这种公营制施行以来，它对于商业资本猖獗的制遏，确曾起了一些效用，打击了它所在地区的囤积居奇活动，但这只是暂行的、局部的，且还不免发生一些弊害，就是这些机构收购物资，原来的用意虽在抑低物价，但客观上的实施结果，却反而扩大了助长了商业资本的活动。因为与私人的资本比较，政府所能筹积的资本，毕竟是太有限了，政府不能为了压低价格，而赔折太多，特别是政府方面的企业活动，如含有补充预算的目的，更进而不能澈底防止若干人假公济私的企图，那等于抬高物价，就更有莫大的影响了。

（二）新金融政策的加紧实施

这所谓金融政策是强调下列两点：（1）紧缩信用；（2）限制商业投资。紧缩信用与限制商业投资，是一个政策的两面，其主要目的，不外减少对生产部门以外的各种投资，而使生产部门的投资可能扩充起来，这政策是正路的，而且也是必须的，这种政策实施后，在某些地方商业资本活动，确曾受莫大的打击。但美中不足的是，扩大工农贷款，事实上仍产生了不少新的流弊，就是贷款在中途被转变用途，转变目标了，如有些厂主，利用工业贷款，从事囤积原料，不用以扩大生产，这种情形，目前是很普遍的。农贷流弊更大，许多农贷，并未贷到直接生产而是确实需要救助的农民身上，往往在中途就落到了一般有权势的地主商人手里，被他们用作投资土地和囤积居奇了，这一来，扩充工农贷款，不独没有实现增加生产的目的，反而间接帮助了商业资本的活动，这流弊稍微留心实际问题的人，就可以指证出来。

（三）新税制的积极推行

这里所谓新税制包括各种专卖事业，过分利得税、遗产税、实物征收征购等等，目前政府对于这种新制是在积极的推行中，其目的不外下列两点：（1）平抑所得；（2）平衡预算。这两个目的是新税制的基本要求，但租税制度是极易转嫁的，加之我国租税制度欠缺健全，故收税反成为增价之媒，反过来又影响税收。至于专卖事业创设，在某一方面说，固然可借此增加政府的收入，还可借此缩减商业资本的范围，但毛病也随着发生，就是目前有些专卖部门，根本还没有做到符合专卖本旨的地步，只不过是一种加税的方式。因此之故，政府在计划中准备以专卖名义加税的那些物品，马上已被商人加价了，有的专卖品，政府只加30%，而商人却竟因此借口加价到60%以上。这种现象，随处可以看到，况且专卖机构人事，都尚未臻健全，能否实现政府的预期目的，尚难决定。

至于实物征收征购，也是政府新税制中的重要项目，这一种政策，是具有极大的重要性的。若果我们说二十四年的法币改革的新货币政策，奠定了抗战的财政基础，那么，实物征收征购，就勉强可以说是支持抗战的继续进行的一个相当重要的措施。但迄乎今日，这项要政也还没有收到可以发挥的效果，人事机构之未臻健全，尚是偏于技术方面的问题，而最关重要者，则是如一般人所指出的征购不平与不公，有权有势者，大多逃避缴纳，或利用不合理的佃租关系将负担转嫁于他人。这在今日农村中是很普遍的现象，同时也是很严重的问题。

(四)总括的说明

上面所举出的三种经济手段，都是关于经济政策方面的。经济政策施行得法，固然可以促进社会财富的发达，但它本身却不是财富，这就是说经济政策，只能用作增进财富的手段，而不能由政策由手段本身变出财富来。这一点我们应当辨别清楚，同时我们知道，任何政策要施行有效，不仅须具备它的前提条件，而且需要具备一些有关社会政治的许多辅助条件，才能收效，否则实施起来不是事倍功半；就是得不偿失，因此一种政策施行的后果，往往是会被它的前提条件与辅助条件所制约的，我们现在且就这一点加以较根本的说明。

四、亟待解决的三个基本经济条件

(一)资本、土地、劳力的浪费

要把上述的几个经济手段，拿来促进财富，根本就得把构成财富的主要经济条件，如劳力、资本、土地这类东西，妥为部署安排。本来一个国家的经济措施，就是把“地尽其利(土地)，人尽其力(劳力)，物尽其用(资本)”，这个基本原则作为其指标。且看看我们社会目前的这三个基本条件，是在怎样的状况之下：

大家已明了，我们社会里的资本，大部分都拥集在商业活动的流通界中，资本拥集在流通界的结果，必然会引起大量浪费，一般豪商巨富，既陶醉于暴利之中，钱来之甚易，去之亦不惜。无怪乎社会有钱者，终日狂欢享乐，沉醉于酒池肉林，这样挥霍的浪费，不独耗损抗建的宝贵物资，而且刺激社会人心，这辈醉死梦生之徒，表面看来是消耗自己私人的财产，实际上就是摧毁抗建的国力，这是很明显的，也就是由于商业资本活动造成的。商业资本这种畸形的活动，事实上并不仅是浪费，且会在不远将来吃尽一切生产资本。就浪费的程度和破坏性说，后者是更加厉害的。

其次，我们要讲到中国土地浪费的情形，现在全国各大都市附近有许多耕地，都被荒芜着，以致引起社会人士喊出“垦荒不如保熟”的呼声，那些土地都是被土地投机者买了去，因为地价高，地租高，农民租去耕作，得不偿失，所以没有人愿去耕作。大家一定会问：土地投机家把地皮闲置在那儿有什么意思呢？是有意思的。他们在静候地皮涨价。他们把这当作一个囤积的方式，但就整个土地浪费说，这还不过是一件小事。中国的荒地未被利用的已经太多了。就是已被利用的土地，也未能达到地尽其利的目的。第一，中国佃租关系尚未现代化，一般佃农，莫说是没有钱拿去改良土地，就是有钱，谁也不愿去改良耕地，因为投下改良土地的资本，不是随时可以收回的，地租关系既未现代化，地主随时有权收回土地，取消佃农的佃耕权，结局，土地改良，不但被凝结在土地上的资本要为地主所有，地主还会利用改良了的土地加租转佃别人，这一来，佃农改良土地，就等于加自己的租，或使自己离开原耕地，这样谁还愿意改良土地呢？无怪国内各地佃耕的土地，都留在一种半荒芜状态中。第二，中国的农业，大都是小块地面的零碎经营，零碎小经营之不合理、不合经济原则，是尽人皆知的事实，用不着我在这里详加解释。

从上面两点看来，我们未耕作的荒地的浪费，固然甚大，就是已耕作的土地，其浪费还更大，这是一般人不大能注意到的。

最后我们来检讨，我们劳力的浪费情形，中国劳力的浪费可说是天字第一号，官厅中的雇役，私家里的仆婢，真是多得惊人，而游民、乞丐，到处皆是。即使是参加生产的工农业者罢，他们在旧的生产方法上，生产效率是至为低下的，这一点与上面的零碎农业经营和资本在不生产的使用，正相关联。

上述三大浪费，都是我们产业不发达的基因所在。讲到这里，好像我们已离题太远了，但不用急，我们是会讲到主题上来的。

(二)资本节制的三部曲

国父中山先生早就看到我们社会的上述三大浪费。故在民生主义中特别提出平均地权与节制资本两大基本政策，为什么他不同时关涉到劳力问题呢？因为他深知土地和资本两大问题解决了，劳力问题自能会随着解决的。

依我看来，在目前节制资本有三大途径可循：

(1)使商业资本转化为产业资本；

(2)使零碎资本转化为大量资本；

(3)使私人资本转化为国家资本。

在这三者中，第一点是起点，若果不能使商业资本转化为产业资本，流通过程无法趋于正常，生产过程亦横遭破坏，结局一切经济问题都无办法，假使商业资本转化为产业资本的趋势形成了，则在此情形下，零碎的资本，就会汇积为大量的整批的资本，而使生产大大扩张起来。但大家会这样怀疑，一、二两点实现了，我们不也是走上了资本主义的道路么？这就要关联到第三点。不过这第三个步骤，一般说来，虽然是要前两步骤已有头绪了，始能着手，可是关于最有集中性主导性的银行资本之类，实在早就应该采行这种措施了，自然，目前最感困难的还是如何能使商业资本转化为产业资本。谈到这个问题的解决，是必然要归结到最基本的土地问题的。

(三)转到最基本的土地问题上来

首先，商业资本向产业资本的转化，为什么要牵涉到土地问题呢？大家应注意一点，所谓商人，并不是固定的，非生而为商人的，所谓商业资本，也并不是固定的，不能转移用途的资本。反过来说：非商人也很容易变为商人，非商业资本，也很容易变为商业资本。目前许多从事囤积居奇的，不一定原来都是商人，教授、官吏、学生、农民以及其他各色人物都有，恐怕今天在坐的诸位说不定也许有干这事业的。因为人有了钱，就不是人作主，而是钱作主了，在现在社会，利之所在，人所共趋，目前商业利润如此丰厚，有钱人都容易变为商人。即就社会资本移动来说，它(资本)有一种自动性，总是向利润高的部门流转，目前利润最高的是商业，所以各种资本，各种游资，都是向这部门流注。这种流注的趋势，若水之就下，沛然莫之能御，我这不是替商人辩护，而是依科学研究所指出的一种趋势，在这种趋势下，商人自己并不能作主，而是由他手中的资本作主，并且，他一个人的个别资本也不能作主，而是由整个商业资本作主。我们只要把握住全面的倾向，因势而利导之，就能把商业资本倒转向产业资本，目前正是一个很好时机。这不是说，目前是打倒商业资本的好时机，而是限制商业资本活动的好时机，因为对外贸易投机的去路已随着国际交通而断绝了，投机外汇，亦早已没有可能，它的活动对象是大大缩小了。中国的工业生产品，是颇为有限的，目前商业资本已不能不逐渐以农产品为主要的活动对象了。既然如此，是不是在农产品的购销方面，予以有限的统制，必能达到转化商业资本的用途的目的呢？但仅仅在这方面加强限制还是不够的，它还另有一条出路的，那就是向土地方面投资，这是在中国社会颇有传统历史性的。商业资本向土地方面进出的破坏性，前面已经指出了，以商业资本在受到多方限制，而定会流向土地上的必然性，那亦是不用细说的。事实上，都市方面愈加强管制，商业资本愈加要把农村作为其逋逃薮，因此之故，我们认为土地问题的解决，是当前经济问题的解决的前提条件，商业资本这条去路不截断，仅仅限制农产品价格，乃至统制一般物价，决不能把商业资本变为产业资本。中国土地的封建性是极浓厚的，而商业资本恰好最欢喜在这种场所活动，当前农村的土地兼并之风盛行，至少有一大部分是商业资本活动的结果，今年春蒋委员长有鉴于此，曾有一个有关处理土地问题的手令。其中有一条是主张土地地租所得，不得超过地价10%，这是一个最好的原则，不管这原则用地价税，用更合理的实物征收征购办法，用减租，或用其他更有改革性的方式来贯澈，都可使商业资本投向土地的去路断绝。

土地问题若有合理的解决，农民便能放心改良土地，增加生产，他们的生活也可因此改善，那一来，当作商业资本帮凶的高利贷资本，也就会没有用武之地了，农业改进发展了，工业亦必相应有改观而很快的发达起来。所以我们认为土地问题的解决，是当前一切经济问题的要键，目前政府对于国父的土地政策，似已积极求其实现，真能把这个核心问题，提早予以解决，那对于当前经济问题的解决，无疑是大有帮助的。

(四)民生主义配合着民权政策始能实现

不过解决土地问题，目下似还须要具备有其他社会政治的辅助条件，来自农村的人，都会知道，目前农村里有权势的，都是地主或地主兼商人，他们不仅操纵农村经济的命脉，而且是地方政治势力的代表者。政府一切改革土地的措施，要通过他们去进行，很似“与虎谋皮”，慢说抵触他们切身利益的问题，就是政府三令五申的垦荒规定，建筑修塘坝的劝告，做来一定与他们有利的事件,他们亦是视同具文。所以土地问题的解决,民生主义的实现,究非予农民以相当权限不可,即非配合民权政策来施行不可。本年十中全会对于民权政策的强调,也许与此不无关系,我们目前的抗战是在求民族主义的实现,但要继续抗战下去,民生主义就不能不设法积极推行,而推行民生主义,又不能不配合民权政策的实施。我们面对着当前的严重经济问题,益感到国父提示的伟大的三民主义理想的整个性及原则与政策的统一性。

五、最后的话

(一)仍是中国社会的经济问题

把上面的各项说明综合起来,就知道当前中国的经济问题,仍是通过中国社会本质而发生的问题,要解决这种问题,也非借助于通过中国社会本质而创建起来的根本办法(民生主义政策)不可,自然在战争过程中,要遂行有关社会变革的大措施,也许不无形格势禁、"投鼠忌器"的地方,但问题已经演变到这种严重阶段了,决不是治标的仅关系技术的治疗所能收效,中国过去有两种脍炙人口的说教,都与我们这里所提论到的经济问题的解决有关,其一,是说:"物有本末,事有终始,知所先后,则尽道矣"这是表示问题的形成有它的本末先后,问题的解决,也就不能不把握,"庖丁解牛批隙导窾"的一定的程序。其二是说:"七年之病,求三年之艾,苟为不蓄,终身不得",这又表示弄了许多年的问题,即令其救治方法,像失之迂缓,只要是病根所在,就不能不从早进行预备。

(二)认识问题与解决问题

我们当前的经济问题,如其是关系中国社会性质的问题,把这一点认识出来了,诚然不一定就能把问题加以解决,即如国父在20年前,就已经把中国经济问题的症结及其解决办法提出了,但我们的社会经济问题,迄今还残存着,并还变本加厉了。这是必然的,认识问题与解决问题之间,存在着一个大距离,而且愈是关系根本问题的认识,就愈对一般人的常识水准不能相容,愈是有变革性的问题,就愈对一般人的保守习性,不能相入,所以理想的主义,往往在见诸实施以前,要经过一个阐扬的准备的阶段,要使它的客观条件与主观条件,达到比较有利的阶段。先知先觉的认识,一旦变成了大家的认识,即大家都认定非如此不足以解决问题了,那认识问题与解决之间就比较接近了,就应当是实践的时候了,事实上,真的澈底的认识是必须在实践中才能体验到,而解决问题的最有效方法,也是要在行动中才能逐渐发现的。

(三)大好的时机,大众的利益,大众的责任

经过五年的艰苦抗战,国人对于中国经济的认识是加深多了,进步多了,大家已不像过去那样含糊马虎,比较能看见中国经济问题的症结了。这种意识的进步,在解决当前经济问题的实行上是大有帮助的,而且延至今日,就是猖獗的商业资本,就其活动对象范围以及其他无论哪方面讲,已走到了下坡;它确已警觉到其没落的命运,而有向生产转向的潜在的可能要求,设将其认为唯一逃罪与逃命的土地方面的去路阻绝,再在加强管制之余,因势利导之,一定大有助于当前经济问题的顺利解决。加之在抗战建国的旗帜下,政府的权力是集中的,而阻碍民生主义国策的压力是会在总动员的要求下减少的,把这各方面的情形综合起来,就知道当前是根本解决经济问题的大好时机。

在另一方面,如其当前经济问题不能解决,对于我们抗战前途之影响,当不难想像,而对于一般在目前发国难财的人,也不见得就是利益,由货币膨胀所增大的虚财富,已经是不可靠的,设目前的局面长此拖延下去,即便他们还可利用社会地位,利用财力,能继续取得某些利益,但他们未来危机也许比一般穷而无告的人还要大。这种事实只须稍用常识,稍稍留意一下中国历代王朝末期所演的惨剧,就知道一般发国难财的人,也有从速回头来警惕一下自己的前途之必要,所以帮同解决当前的经济问题,并不仅是一般大众的利益,也是少数特殊有钱有货有土地者的利益。

我们站在民族主义的立场,看到目前那辈发国难财摧毁抗建的人们,心里自然会涌上一团怒火,但站在科学研究者的立场,还是要把心绪冷静下来去研究问题,分析问题,以谋有效的解决问题,这个责任,不是那一个人的,是大家的。我希望今天来此听讲的诸位,都把这个责任,放在自己的肩上。

第三篇　当前的货币问题与资本

一、货币与资本的基本关系

近几年来，因为经济问题日益惹人注意，一般的经济知识大有进步了，科学常识化了。但毕竟因为许多常识不曾受过科学的洗礼，不是由科学通俗化过来的，所以，现实的各种经济范畴的科学的研究，不但不因一般经济知识进步，而减少其必要性，甚至把那种必要性加大了。单就货币问题和资本问题来考察，就很可为我们说明这一点。

我现在不忙解说一般人是怎样用常识来理解货币问题，来处理资本问题，先且就货币与资本的基本关联，加以本质的科学的分析。

当然，这两个经济范畴，不是在一篇论文的引论中可以释明的。下面的解说，只限定在这里讨论所必要的范围之内。

溯源来说，货币是由商品发展过来转化过来的。今日我们认定与商品处在对立地位的货币或贵金属，它原来也还是商品，不过，自它以自然的社会的特殊“造化”，取得了一般等价物的资格和地位以后，它就伴随着社会经济商品的发展，愈加使它“是货币，同时是商品的二重存在关系”，发生了内在的变化，它愈是货币，就愈不是商品，自当作货币的贵金属，为了流通上的便利，由条块原型演进到铸币，再由铸币演进到代表纸币，货币就真像是与一般商品没有何等内在的关联；一般商品必需是具有内在价值的社会劳动的体现物，货币却可以不是。货币学上的所谓“货币国定说”，就是从这种错觉上发生的。但这样一种学说，是不只一次为事实所推翻了；每当恐慌或其他惊扰原经济秩序的事变发生，纸币代表资格被取消了，还是让铸币来出头；特别在铸币本身亏折性太大的场合，铸币还不能应付场面，而要惊动库存的条块原型的贵金属。到了这时候，货币因为它有内在价值，因为它是社会劳动体现物，它才能成为一般商品的等价物的性质，才重新被人们所意识；“货币国定说”的叫嚣，才暂时收敛下来。但人们毕竟是健忘，一旦由恐慌及其他原因造成的经济波动平定下来，货币可以以它的变装或化装形态，在社会上不胫而走，于是这同一的现象，再又招引起和原先同一的幻觉。

许多货币学者，就是用这种幻觉构成他们的学说体系。

货币的本质明白了，再才可以谈到资本，谈到货币与资本的关系。如其我们说，货币是在一定的社会关系之下，由商品发展转化来的，那末，资本就是在一定的社会关系之下，由货币发展转化来的，货币之商品的性质，既然如前面所说，限制了货币越轨活动；而资本之货币的性质，从而，资本之商品性质，也就本质的限制了资本的活动机能，在这种意义上，如其说货币是二重的存在，是货币，同时是商品；则资本就俨然是三重的存在，是资本，是货币，同时又是商品，从这里，我们就知道对货币不能明了的人，对资本该是如何的隔膜啰！

资本在它发生作用的过程中，在它增殖价值的进程中，都是以货币为它全过程的起点的。从事商业也好，从事生产事业也好，最先都是拿货币来与商品对立，换取商品。在商业上，换取商业活动对象的商品；在出产事业上，是换取生产过程中所需的生产手段与劳动力一类商品。在这场合，货币可以能同所有这些商品交换，并不因为是取得了资本的资格，也不因为是取得了货币的名义，却毋宁是因为它具有一切商品所共通具有的内在价值，换言之，它在这里要表露出商品的特质。

货币的这种商品的特质，即它以社会劳动体现物资格所获得的内在价值，如其在条块原型上是百分之百的，在铸币上，会依照造币费及磨损程度而减少，在其代表的纸币上，更会因发行超出准备金额和超出流动必要数量的程度而大大减少，则其所能换得的商品，所能表现的资本价值，也就不免以同一比例程度而减少。一旦货币因为上述的理由，竟变得完全不能代表铸币，代表贵金属，而全没有内在价值，它也就不免要终止其资本的机能。但在货币，还不曾完全失去其当作货币，当作资本的资格以前，贬值货币资本化的问题，在数量上，在用途上，都是会引起人们的摸索和疑虑的。

二、当前货币问题的表里

在民国二十六年发动抗战以前，中国在货币制度上，曾有过两度的变革，其一是二十年的“废两改元”的成功，又其一是二十四年的“币制改革”的实现。经过这两次变革，中国币制算是取得了现代的外形。但离现代性的实质尚远，因为货币毕竟不外是一国整个经济中的一个部门，它的发展和变革，不能越出其所适应的全体机构所允许的范围，在整个民族经济日形虚弱的情势下，货币上的成就，倒毋宁视为是出乎意外的一种“收获”。

我们不用在这里探索这种成就的原因。所当注意的是：我们这种具有对内对外两重价值的货币，在那次改革后，对内价值的统一算大体做到了，对外价值的独立却还不够得很。这两方面的事实，正好构成今日货币问题的前景。

在抗战后的上半期，即在英美对日宣战以前，中国货币问题的症结，与其说是发生于对内价值方面，却不如说是发生于其对外价值方面对外独立性的不够，甚至把它对内统一性的效果减少了。事实是这样的，由币制改革到抗战发生，仅仅两年的短期岁月，这个期间，仅够整理以往封建性的地方性的杂牌货币，为法币大量发行作一个准备工作，抗战既经发生，政府的统计权力加大了，推行法币的地域范围，一方面虽因沦陷区的扩大，而有缩小趋势，但以前阻于交通及其他政治原因，使中央政府纸币不易到达的地区，却开始成为容受法币的尾闾。所以，在这个期间，法币的发行，不论其发行准备到达了如何的程度，显然还是在流通需容量的饱和点左右进行，至少是不曾大大的超过那个饱和点。但虽然如此，那个时期最后一年间的物价的变动，在许多地方，特别是在昆明重庆等等大都市中，却已显示法币大大的漫溢出了流通需容量的水槽，这原因，在某种程度之内，也许可以解说是法币集中在那些都市中的数量太多，但进一步的分析，当不难发现其尚有较根本的理由在。

中国的币制，虽然在名义上被称为汇兑管理，可是它需要管理的事实，正好是管理不易施行的根由。中国是一个逐年为大量入超所苦的国家，它的经济的对外依存，尽管是它的货币对内价值，无法避免其对外价值变动影响的原因,但如在汇兑管理上,把战时不必需的物资阻止输入,同时多方设法奖励输出,也许能把这种原因的破坏作用予以缓和。可是,我们已经指出过,我们的货币权的独立性是不够充分的。我们是在上海,在香港,维持我们的货币的对外价值,但在这些地方的我们的货币权,自然是大大的受了限制。其结果,资金的逃避,敌人的套换,以及从地皮、公债投机移转到标金及非法贸易上的商业资本活动,就在独立性不够的货币权的漏洞中,且在完整严密性不够的关税权的漏洞中,使货币的对外价值,不绝在外汇市场上发生变动,平准外汇基金一再陷于枯竭,还无法使货币的对外价值稳定下来,对外价值一度变动,立即反映到对内价值上,使上述的那一列活动更猖獗起来。这一个人为的暴风雨似的旋律,当然不能不使政府在财政上,为维持货币对外价值所受的亏折,用增加法币发行方式,来予以弥补,由是,这个像是派生的旋律,就把那个正在迅速发挥其威力的原来的旋律的作用扩大了。

然自太平洋全面战把中国对外关系从海洋上割断以后,中国货币的对外价值,也就只能在敌伪货币政策下发生对内价值的破坏影响,这个影响诚然是不宜忽视的,但同以前比较,却就不可同日而语了。

到现在,谁也不会想像这个问题,即:假如太平洋全面战不发生,照着上述的那种形势演变下去,中国货币的价值,该会变折到什么程度呢;或者说,会不会变折到我们目前这个程度呢?这显然是无法较量的。但不论如何,问题的姿态和内容,一定大不相同,尽管前一个期间内货币对外价值加担在他对内价值上的破坏作用,到现在还残留着作用。

照理,沪港陷落以后的法币,要维持住它的价值,是比较单纯多了。我们不怕国外的敌人或友人,利用我们不够完整的货币权以及与此货币权相联属的关税权,来操纵我们的外汇金融市场了。但由沪港陷落造成的新局面:大量游资的内流,以前一切投机对象,如外汇、公债、标金、地产、洋货的消失,从两方面来加强了商业资本的活动。中国传统的商业资本形态,在海通以后,原是随其买办性的附加而大有改变的,这种对外关系的隔断,至少在外观上,使我们的商业资本,有恢复其原来活动方向的可能。即它的活动对象,势将不免趋向土地及土地生产物上。虽然直到目前为止,它在一方面,还在把已经输进来而尚未消费掉的舶来制品,当作最有利的投机目标。我们知道,一切落后社会的商业资本,由于它对政治的关联性，由于它对产业的独立性，它的活动，已经大可超越商品流通的合理范围，一到战时，一到上述的新局面下，它就更加会火上〔加〕油的发挥其破坏作用。

就它对货币的影响来说明吧，由囤积居奇所造成的物价暴涨，当然会直接增大政府的财政支出，但政府在这方面的负担，如能由其他方面得到补偿，也许不致因此引起法币发行额的增加。可是，由物价暴涨所形成的商业暴利，不仅妨阻了战时公债、捐献及存款诱致的财政金融政策的执行，并且使一切构成政府财源的生产事业，都无法推进；不但如此，政府反而要在直接间接支持扶助的各种生产事业上，日益加大其负担。这一来，政府借增发货币来填补不断增大的赤字，就像成了一个无可避免的倾向。而在货币额增发过程中每度新发货币对于原有货币，又是会不绝的增大其破坏的影响。

本来，在货币取得了统一的发行权以后，当作铸币之代表来行使的纸币，是可因政府从外面附加于纸币的强制通用力，使纸币具有和铸币同一的法定价值，但这种强制通用力，受有两种限制：其一是发行准备额，其二是流通需容量。就前一点而言：是纸币的发行，不得超过一定比例的发行准备；就后一点而言，是纸币的发行，不得超过流通界所需容的一定数量，在经济发达，财力充裕的国家，前一种限制的拘束力，也许不一定很大，其发行准备即使不充分，甚或全无发行准备，亦不难借助于强固的政治力量，使不超过流通需容量以内的纸币，维持住法定的价值。但一旦发行额超过了流通需容量的限度，就令其发行准备再充分，也无法阻止纸币价值，依照其漫额的比例而跌落。而且，在这场合，发行准备的充分，虽不能挽救纸币的跌落，发行准备不充分，却就不免要加重跌落的不良影响。我们目前正在经验着这种事态。

不仅此也，纸币的发行，愈超过流通需容量的限度，愈非流通界所能容受，它就愈非逗留在流通界不可。商业资本恰好是在这里浸润着，把它游泳的本领充分发挥出来。

在这种情势下，原来当作支付手段的货币，就在一部分的工资、债务、薪金上面，被实物化的要求所代替了。而政府为了缩少通货的发行，广泛的采行实物征收政策，并对军队、对公务人员发给实物，那在傍的方面的影响，可以存而不论，对于货币本身，却显然把它的需容量减少了。

货币问题向前演变，就愈把它的内容变得复杂，把它的所在的矛盾和严重性变得尖锐。于是，解决货币过剩的许多办法，在拟议中，在讨论中，有的且在实行中了。

首先，改用关金，及让银币在市面流通，借以节缩通货的发行，算是最适合一般想像力水平的意见了。但就改用关金来说，如其照当前法币与关金的比价，每1元关金，换20元法币，即使把印刷的费用和困难抛在一边，用关金来代替法币，也只有使法币都印成20圆一张，或以20圆为单位的同一结果。至于让银币在市面流通，那在目前不但行不通，无意义，而且会对法币发生莫大的破坏影响。银币价值与纸币价值的差离，要使其定着在一定的比价上，那就不但要给人以对法币的不良印象，而在事实上也是决难做到的。不仅是银币，就是以较有兑现保证的其他纸币，同法币一同流通，其额数即使再多，也定会从流通界隐遁下去。

其次，采行健全的货币政策。使过于充溢的货币，不集注到商业上，而集注到产业上，即利用增发的通币，以从事经济建设，那无疑是非常必要的，但这与其说是货币上的问题，不如说是资本上的问题，顶好把它放在次一节去讨论。

三、当前资本问题的表里

在前面，我们已把货币与资本的联系，交代清楚了，若使过于充溢的货币，变成生产的资本，那显然是再上算不过的，货币问题固可由此得到解决，资本问题也联带可以解决。但问题是不能这样简单的。

我们首先明了一件事实，就是：一国财富的总额，除了债权债务关系，就恰等于商品、财产和现金的总额，与通货之增减，并没有何等关涉，晚近国定货币的主张者，以为国内金币愈是由纸币符号去代替，则可以变化为生产资本形态的，即转化为生产手段与工人之工资基金的货币资本也愈多。这显然是一种谬见，货币当作资本使用，哪怕是用以从事商业，在它需要拿去同商品对立着，与商品发生交换关系的限内，它本身的商品性，它本身所含的内在价值，立即就会暴露出来。

前面说过，我们的货币，早经突破了它发行准备额的限制和流通需容量的限制，它的内在价值，已早不够用来尺度一般商品的价值，反过来，我们还须从商品的价格变动上,去发现它究值得多少了。在这种认识上,尽管我们的货币数量在不受限制的增加,它所代表的价值,却毋宁在以更大的比例减少。据一般的统计,一般的物价指数,是较战前提高了 60 倍到 70 倍。这说明我们的法币价值,已相对的跌落了这些倍,但我们的法币发行,却似还不曾达到这个倍数。然则名目上的货币额数的增加,究与社会财富的增加,有什么联系呢?

不错,在商业上,以前用 1 元的价值记号来表现的东西,现在用 70 元的价值记号来表现,哪怕是周转同一规模的商业,所须价值记号的数字,是庞大得多了。如其把这样的价值记号的数字的增大,算作是商业资本的扩大,那倒没有什么。但要把这样的商业资本,乃至一般游资,转化为生产资本,却就颇有问题。

我们知道:生产资本在它增殖价值全过程中,是要以货币为起点的。

我们当前的货币价值,即使有再大的贬折,如其贬折了价值的货币,能顺利的把它的大部分的额数,来应用到生产事业上去,也就算差强人意了。但第一,就货币本身说,贬值的货币,特别是一直还在贬值中的货币,在本质上,根本就有不易离开流通界的倾向,它本来价值的不绝低落,正期待着由迅速周转所迅速增殖的价值来补偿。商业的高利润,是不免一直把它吸住在流通界的,也许说,商业活动的范围日益狭窄了,对象日益减少了,浮游的商业资本,不免走向它历史旧路的土地上去,事实上,它们已大量的集中到土地上去了,但即使如此,那亦和使用在生产事业上大有区别。那仍不会脱去商业投机性,在今日土地所有形态及使用形态下,那对于农业生产不但无所助益,反而要发生莫大的破坏作用。

而且第二,要使货币变成生产资本,必得用货币去交换从事生产的生产手段、生活资料及劳动力都已经在社会存在着,或可能在社会存在着的。然而,在一个经济落后的国家生产手段的生产,照例是缺如的。在它不能由国外取得供给的限内,这对于它的生产规模的恢复、补充和扩大,却会成为一个不易逾越的限界。不错,把零散的、个别的生产手段,集中为社会的较大规模的,那也不失为一个发展生产事业的方式,但这样的经营,必然是当作商业的隶属物而活动,目前各地的小型工业的情形,正如实的说明了这一点。

此外,还有第三,在使商业资本的一般社会游资转化到生产资本的过程中，有许多困难是可能由政府的资本政策或金融政策来予以解除的。而在实际，政府已早采行了限制商业资金和扩大生产资本的贤明措施了，但也许因为在本质上，中国的银行资本一向对产业资本的联系，远不若对商业资本的联系，那种措施的结果，还不曾充分表现出来。

由上面简括的说明，我们知道：中国资本累积不够的问题，并不曾因为通货数量的庞大增加，而有所改变；反之，由于货币贬值及由贬值货币所必然联带引起的诸般性态，却毋宁把资本缺乏的问题，更加变得严重了。社会财富或社会实质的资金的缺乏，在它本身，对于把浮游的商业资本转化为生产资本，已经设下了一个限界，而这同一限界，事实上又会发生阻止其转化的影响，因为一个社会的产业的发展，是把它过去已经蓄积起来的财富或原始蓄积为前提的。

四、展开来看

综括的说来，我们当前的货币问题与资本问题，都是把中国社会的客观诸条件，作为背景而产生的，我们不能变戏法似的在货币的制造上解决资本问题，同时又在资本的运用上解决货币问题。

谈到这里，我们需要把论点展开一点来考察，一般人殷忧到当前的法币演变趋势，常不期然而然的联想到第一次世界大战后的苏联卢布和德国马克，而“一则以惧”；追进一步联想到苏德在破碎支离的局面下，后来分别运用不兑现的卢布马克，竟在不同视野上，建立起了社会主义经济和国家社会主义经济，又不禁“一则以喜”了。然而这两面大镜，我们是要仔细分别之后，才能引以为自鉴的。

苏联在一九一七年至一九二一年中，卢布价值的惨落，竟达到后来整理卢布时(一九二四年)，规定以500亿纸卢布换一个金卢布的程度。当时卢布惨落的原因，一方面虽由革命后社会化程序之采行，及国内战乱和国外武装干涉所造成，但同时苏维埃初期经济政策，固有意假继续印发大批钞票之手段，以达到纸币价值完全消灭之目的。德国在大战败北之余，国内生产组织，固已破坏不堪，同时作为全国经济神经中枢和脉络的金融机构、交通机构，又分别为战胜国所管制，而且，大量赔款的要索，复使其财政陷于无法收拾的地步。所以，马克之跌价，虽不像卢布那样由于政府有意的促成，但德国政府于无可如何之中，借此货币混乱局面，以拖赖赔款，则为无可否认之事实，此后协约国为了勒索赔款，必须借道斯计划及扬格计划，以稳定德国货币，正好是一个反证。

卢布马克贬值的内情如此，苏德此后的复兴工作，显然不是靠贬值的卢布或马克来进行。不错，新经济政策实施以后之卢布，亦为不兑换纸币，且没有内在价值，其功用毋宁在作为国内经济生产与流通分配上之计算单位。也许说，苏联国情与我们大不相同，其所作所为，不宜为吾人之比照，就讲希特拉[①]登台以后的德国货币吧！德国虽仍采行金本位制，但其发行准备，愈来愈变为神秘。德国存金的数字，与其马克的发行额，早就没有明确的联系。希特拉备战的第一个四年计划和第二个四年计划，好像是在马克变资本的魔术下推行的。但那与其说是由于马克本身有什么神通，不如说是由于马克作用着的社会条件，与我们太不相同了。

首先，由于德国社会经济组织的严密，和其科学技术的进步，它的马克膨胀，随时都与其人为的流通需容量的增大，保有相当的联系，所以膨胀尽管膨胀，马克的法定价值，始终不见有怎样的动摇。

其次，由于对外贸易统制的成功和物物交换的多边协定的成立，一方面，它能使输出入贸易维持在相当的平衡关系上，不致由资金外流，使货币的对内价值，受到对外价值劫持，同时，它在建设程序上所需的物资，即马克资本化的对象物，又不虞匮乏。

第三，德国原已是一个资本主义高度发达的国家，国内的商业，早在八十年前，就已经是当作产业的助手，而失掉了在这以前的独立发展，并对生产事业，处在有利的支配地位的优势，所以，即使在马克跌价的场合，商业活动仍是被局限在产业需要所允许的限度的。

至若伴随落后经济而必然会发生的传统的妨碍生产，妨碍流通的一切事实，在一个资本主义高度发达的国家，是早就不存在的。

把所有上述这些事实加以考虑，就知道我们的货币，即在正常的稳定的状态下，要使其资本化，要使社会的累积在商人手中的货币财产，转化为生产的资本，已经是够困难的，而在战时，在商人正好乘着物价上涨的浪潮，即大显其游泳身手的情形下，那种困难就不知要增加到多少倍了。

---

① 希特拉，现通译为希特勒。下同。——编者注

要之，我们对中国的货币问题，资本问题，不能单就它们本来孤立的考虑。如其我们知道一个社会的货币和资本，对于全经济体制处在如何重要的地位，我们就应该理解到，把货币问题和资本问题的处理，与整个社会经济的改革分离开，或者，想借这些问题的合理解决，然后再向全体社会经济改革的路上行进，都不一定是很有效的办法。我现在可用下面这几点意见，来结束全文的论旨：

第一，现实的货币运动和资本运动，都有一定的规律贯透着、限制着，对于它们在运动过程中发生的障碍或困难，也只能在所体现的规律或法则允许的限度内，作最可能有效的处置。超过这种限界以上的期待与努力，都将证示是对于科学的角力，而不是对于科学的运用。

第二，货币与资本，都是在一定的社会经济关系下发生作用的，如其我们的社会经济关系，尚允许货币只累积为商人资本，尚允许商人资本取得绝大的有利优势，我们就不能期望同一的社会经济关系，能顺利的使商人手中累积的货币财产，转化为生产资本，甚至还不能期望一般的生产资本，不逆转为商人的货币财产。

第三，在我们当前的社会经济条件下，即使还存着当前货币与资本改进的可能限度，但要执行一定的货币金融政策，使全面的经济关系得到改善，我们就不但不能因为过于期待货币金融政策，把其他更根本的措施加以忽视，反之，却更应就货币问题资本问题妥善解决之历史前提条件，作更大的努力。

一九四三年三·一二于坪石野马轩

第四篇　当前的物价和物价管制问题

一、物价问题的一般说明

（一）物价问题是怎样发生的

1.发生于货物供需方面——所谓物价，是包含着货物和货币两个相关的主要因素，在交换运动过程中体现出的一种经济形态，它是以货物为主体的，物价问题大体是发生于货物供求关系的变动上，当货物供给超过需求的程度，则因供多于求，争相出售，物价必因此而下落；反之，货物供给少过需求程度，则求过于供，势必竞相购买，物价必因此而上涨。故货物对供需比例的增减，是物价问题发生的基面，这是很易明白的。

2.发生于货币供需方面——一般所指物价的高低，是以货币作标度的。但作为物价之标度的货币本身，其价值就无法固定，它可以因生产所需的劳动量加多，而提高价值，亦可以因生产所需的劳动量减少，而降低价值，它的价值的增减变动，均会在物价上发生反映，即货币价值高，物价相应低落，反之，则相应提高。但关于这个问题，这里不想深入讨论，因为我们后面所着意的纸币毋宁是在它的数量的供需方面。流通界的物品总体，如保持一定量不变，而运转此一定量物资所适需的货币数量增加，则物价即下落；减少，则物价必相对的上涨。故货币数量对货物一定量在总流通过程所适需的比例增减，亦可使物价发生涨落的变动，即使这变动是暂时的。

3.同时发生于货物货币两方面——货物或货币的供需增减，均可使物价发生涨落的变动，而此两方面供需比例同时发生增减的变动，在这场合，有可能使物价发生变动，亦有可能使它不生变动。若果货物供需比例的增减，与货币供需比例的增减由同一基线同向保持均衡一致的相对比例，这可能使物价不生变动，否则，即可使物价发生微变或剧变，这亦不难明白。

总之，物价问题的发生，大体上是不妨由以上三方面的变动关系来说明的。但其中，最主要最基本的因素，还当就货物的供需关系而得到理解，因为货币虽然重要，仍不外是以周转货物为它的任务。就因此故，我们在下面说明物价问题发生的一般由来和其不同的性质时，就是从货物的供需状况出发，而随后再在有关的场合，把货币的供需问题加入考虑。

（二）物价问题的一般性与特殊性

1.物价问题的一般性——所谓一般性，是指各社会共同的现象，即物价在它任何存在的社会，都是变动的，这就是它的一般性。此种变动，无论是发生于上述三方面哪一方面，它都是起于供需均衡的破坏，假使供需两方刚达饱和点，则此种均衡自可维持。但供需要维持这种饱和点的均衡，是很不容易的，它的常态是不均衡。不变动的均衡，反而是它的变态。因为物价这东西，它本身就是社会交换关系的产物。社会交换关系，就是靠物价破坏供需均衡来进行的。尤其是现社会物价已成为一切生产的指标，社会需要什么？需要多少？这在生产者是不大知道的。但他有一件事是知道的，即市场价格的变动，他可从市场价格的变动上来判断社会需要，估测生产那方面物品为有利，从而确定自己的生产方针。故物价的变动，已成为现社会经济运行的唯一主轴了，它的常态是动，不动的均衡，只是它的变态，它是在不绝破坏均衡中，追求较长期内的均衡，在不停破坏均衡的行程中来表现自己的身份。由此，我们可以答出这样的结论：就是物价问题，在价格经济形态存在的任何社会，都会发生的，不过有其缓急轻重不同的程度罢了。这种变动的共通性，就是物价问题的一般性。

2.物价问题的特殊性——所谓物价问题的特殊性，是指不同社会或同一社会不同时期的物价变动，其性质不同而言。

就不同的社会来说：在经济落后、生产未发达的社会，它的物价问题主要的是由于供给缺乏，即生产不足。但在经济发达的社会，恰相反，它的物价问题主要的是由于供给过多，即生产过剩所造成。但这不是指着将全社会生产物合理的分配于全社会成员还有多余的那种绝对的意义；而是指在这社会里有许多人，尽管需要货物，但无购买力，而另一部份人手里却堆积大量的生产品，无法卖掉，致形成生产过剩的现象。这是资本主义社会近百年来普遍存在过的事实。在经济落后、生产不发达的社会的物价问题，表现在物价变动形态上，一般的是上涨。而在生产过剩的资本主义社会，一般的却是下跌。所以同为物价问题，在不同的社会，不仅有其不同的形态，而且有不同的内容和本质。

在不同社会物价问题的性质是如此，就是同一社会，在不同的时期，物价变动的性质亦复不同，就平时与战时来说，在经济落后的社会，平时生产既不足，一到战时就更不足；而在经济发达的社会，平时生产是相对的过剩，但到战时消耗陡增，不独平时过剩的事实很少存在，甚至在某些方面亦呈现出供不应求的现象，而引起物价剧烈的上涨，故同一社会，在不同的时期，物价问题，亦有其不同的性质。

综上所述，可知物价问题，有它的一般性，亦有它的特殊性。

二、中国物价问题的症结

（一）一切的原因，皆是在生产不足的基础上发生提高物价作用的

前面我们已说过，中国是经济落后生产不发达的国家，我们抗战的经济基础，原来就是生产不足物资缺乏的。一到战时，自然更感不足。所以我们战时物价高涨，尽管原因甚多，但无一不是在这生产不足的基础上发生提高物价作用的。这里我们把上面分析出的诸原因，例举几种，予以溯究，更可明白这点。

1.就需要加大来说，固然，战争本身就是大消耗的。战时各种需要会增大而促使物价上涨，但这话是有限度有范围的，政府需要加大，支出膨胀，这只是就货币数额来说的。在预算中，有些项目支出大大膨胀了，这是事实，谁也不能否认的。但有些项目，尽管在货币数额上加大了，而实际上反而缩小了，这只要把战前的物价与目前对比一下，就不难看出。抗战以来，政府支出预算虽然较战前高数十倍，但就其支出的购买力而论，则远远不及战前，由此可见政府支出预算，在某些项目上，实际上是大大的减缩了。何况战争所消耗的是物资，而不是货币，如果我们生产相当发达，供给不太不足，物价问题又何致日益严重？

2.就外输杜绝来说：国际交通断绝，国外物资无从输入，影响到我们物资不足，助成物价上涨，这也是事实。但这正是由于我们自己生产不足，实依赖国外输入补充所致，假使我们平日生产发达，假使我们战时的生产，还能维持住相当的水准，那末，就是外输杜绝，又何致严重的影响物价到这种程度。

3.就囤积居奇来说：年来促使物价暴涨，囤积居奇可说是颇为一般人所注意的因素之一。但一般人之所以从事囤积居奇，就是由于物资不足助长成的，假使物价能刺激生产，而不致妨阻生产，物资有了相当供给，任你去囤积，也就不一定有奇可居。

4.就通货膨胀来说：前面已说过，政府增发通货，是为了弥补赤字，财政上之所以发生大串赤字，是由于收入枯竭，收入之所以枯竭，是基因于国民经济基础的贫弱，也就是生产落后，人民负担力有限，政府不能任意增税和多发公债筹措战费，只好增发通货弥补赤字。由此可知通货膨胀，还是基因于我们国民经济落后，生产不发达的基础上造成的。

5.就敌伪的破坏来说：也是基因于我们生产不足，所以敌伪的破坏和掠夺偷运的结果，才愈增加我们物资的不足，造成物价高涨，倘使我们生产发达，物资供给充裕，就是敌伪部分的破坏掠夺我们也能够立刻补增。那末，敌伪的经济战略也就不易收效了。

综上所述，可知一切原因，都是在我们生产不足的经济基础上发生提高物价作用的。

（二）主要的原因，皆是借商业资本的活动而益加大提高物价的影响

这点大家也许会怀疑，商业资本怎么会有这样大的威力？这里我们仍拿影响物价高的几种主要原因来加以检析，大家就会明白。

1.敌伪的侵略政策——敌伪所使用的货币政策吸收我内地物资，是亲自派人来进行的吗？不是的，他们都是假手于各种商人的偷运走私来取得的，也就是借商业资本活动来实现的。这种情形，只要是到过洛阳、金华以及邻近沦陷区的各都市的人，定十分清楚。

2.通货膨胀——通货膨胀是造成我们战时物价高涨的主要原因之一，这已无用讳言，但上面已说过，政府增发通货，是预算不能平衡要弥补赤字，也就是法币不能回笼，法币回笼是要靠税收公债储蓄存款等方式来

实现的，政府不能任意增税，上面已有说明，无用再加详释。那末，此外只有发行公债和劝人民储蓄了。可是商业利润特别丰厚，厚利所在，人所共知，承销公债和储款，又难免不受其牵制，故商业资本的活跃，法币的不易回笼，通货也就不易收缩，由此可知促成物价高涨的通货膨胀，也是在商业资本活动下面益加大其影响的。

3.消费扩大——自抗战以来，有钱人的消费，一般的是大大的扩大了，因为钱来之甚易，耗之亦不足惜。今日从事商业投机赚钱是太容易了！本钱大，赚钱也愈易愈多，赚钱易，自然会扩大挥霍，也无怪乎今日的醉于暴利中的人们，衣服、饮食、起居，都极尽其挥霍之能事。这都是商业资本独立活动所促成的。

从上面的检讨，可知影响我们战时物价的主要原因，无一不是借商业资本的活动而益加大其影响的。

（三）商业资本的活跃，愈有渗透性，生产规模愈形缩小

一般庸俗者，往往以为物价的高涨，愈可刺激生产，殊不知在商业支配产业的社会，这种推理是荒谬的。我们知道：现社会资本有一种向高利润流转的惯性，年来商业利润是居于特殊的丰厚地位，因此，不仅各种游资趋流拥挤在商业界，甚之被用到生产上或拟用到生产上的各种资本，也大量地脱出生产领域，而转为商业资本。就工业来说，因为固定资本不易周转，一笔钱投下去，往往要经较长时期才能收回，而劳动者生活资料日贵，工资必要求相应的提高，从而生产成本增高，成本高，赚钱就不易，与其从事工业生产，倒不如经营商业，转手之间，可获厚利，便而且捷。故年来从事工业生产者，大都是囤积原料，兼营商业，或转营商业。这种工业商业化，在目前是很普遍的现象。

不独私人支配着的资本是如此，就是政府苦心孤诣所筹放的工业贷款，也往往逃不了被转为商业资本的命运，自然啦，这不是说所有工厂都是这样，但一般的趋势确已如此。

社会各种资本，既不易导入工业生产上去，也就更不易导入农业生产部门。因为农业上资本周转比工业更慢，加之自然条件的变化，往往不得不冒人力所不能控制的天灾危险，故农业生产，在商业利润特高的场合，就更不易吸收社会上各种资本。讲到这里，大家会问，年来不是有大量游

资流入农村吗？是的，但这些流入农村的游资，并不是被用到农业生产上去的投资，而是向农产品投机。因为工业品极为稀少，只有农业品成为卖买的主要对象，故年来大量游资流入农村，都是购买农产品囤积居奇。农产品既成为商业资本活动的主要对象，价格必涨，故拥有农产品出售者，日趋富裕，自给不足者，便愈益贫困。与此现象相配合的，还有土地兼并之风的炽烈，因为土地较有固定性，一般有钱而不便于经商，或不利于经商者，土地即成为最合式的投机对象，不独有高额地租，且可坐获土地涨价的厚利。不过流入农村的大量资金，何以不会增加农村生产呢？因为土地投资过多，用于改良农业工具和其他生产费用必相当减少，农业生产亦必随之缩减，故商业资本流入农村，促使土地兼并，不独不能润泽农村经济，增加生产，反破坏了农村生产的行程。中国封建社会发展之所以迟滞数千年，这种土地投资的买卖，是起过极大作用的。所以商业资本的活跃，它的渗透性也就愈大，对于社会生产的制束也愈强。

（四）商业资本在现阶段的动态

1.商业资本造出了它扩大活动的前提——前面已讲过，商业资本的活动，是在生产不发达的基础上才能起破坏生产作用的，正由于它能破坏生产，它的活动才能扩大起来。在生产更不发达的社会，它就更有高利可图，所以它的扩大活动，是以它能破坏生产为前提的。商业资本愈庞大，经营规模也会愈大，社会经济不会愈发达吗？但事实上不能这样去推理。固然，它的活动一方面是需要社会经济有相当的发达。但太发达于它就不利了。因为产业发达了的社会，商业是为产业服务的。现在资本主义国家，商业资本是没有独立活动的余地的，是被产业资本支配着。所以商业资本是不希望社会超过它能支配的发达限度的，它只容许社会经济发达到某些程度，它便开始它的破坏活动了。

2.商业资本也造出了它灭亡的前提——因为它的有利活动，是在破坏生产的前提下进行的，但社会生产规模在遭受破坏下缩小到一定的限度，商业资本也就会无用武之地。因为社会生产萎缩，必伴生出社会购买力的衰弱，社会购买力衰弱，商业有货也卖不掉。价钱愈高，顾主也愈少，销路便愈不好。现在大都市里许多商店，尽管锣鼓喧天，大喊减价，却吸引不到几个顾客，足见商业资本，已走到日暮穷途了，它的活动对象，是一天一天缩小了。虽然，它还可向土地方面去投机，但这条路前途更黑暗，更危险。商业资本转向农村土地的投机，是会促使农村破产的！这也可能是它替自己制造更悲惨的归宿。中国历史上可资我们鉴诫的事迹是很多的。

现在一般发国难财者，尽管赚了大钱，但这种钱还是虚浮不实的东西，一旦碰到危机，它的遭遇比我们现在束紧肚皮的穷汉是会更悲惨。故商业资本能造出自己扩大活动的前提，亦能造出自己灭亡的前提。

上面只是指出物价问题的症结所在，明了此，我们才便于进而讨论物价管制问题。

三、中国物价问题的演变趋势

（一）中国平时物价问题

战前中国的农工业，差不多大部已陷于破产的状态，当时的物价，一般说来是低落的。这种低落的现象，是不是由于我们社会生产过剩所致？不是的，这种事实，并未妨碍我们上面所说明的原则，因为中国本身，不独是经济落后，而且是被种种不平等条约束缚着的国家。正由于我们经济落后和遭受种种不平等条约的压抑，所以外国大量的工业品和农产品，得像潮水般的冲流进来，就民国二十二年至二十五年国外贸易统计平均每年农产品的输入，竟占海关总输入27%。中国自号是“以农立国”，农产品的输入尚占如此大的比额，那末工业品的输入就更不用说了。由于资本主义国家工农业品的大量输入倾销，不仅摧毁了我们薄弱的民族工业基础，而且深刻地破坏了中国旧有的落后的农业单纯的再生产行程，把中国连推带拉地卷入了资本主义世界经济斗争的漩涡，我们整个国家经济基础，就在这强酸性似的漩涡里，加速溃解着，广大的国民购买力，也就随着国民经济的破产而日益萎弱。因此资本主义国家输入那大量“价廉物美”的商品，尚无力去“享受”，而对于自己国内的土著品，也就更少人去过问了。这就是我们国家在战前土著的农工业品在国内市场呈现出“过剩”现象而闹着物贱荒的实相，这与其说是我们自己生产过剩的象征，不如说是破产的标志较为适切。认识这点，对于我们理解中国战时的物价问题，是大有帮助的。

(二)中国战时的物价问题

中国战时物价问题,就它的演变过程,我们可以把它划分为下列三个时期:

第一期——"七七"全面抗战展开,到二十七年底武汉、广州的陷落。

第二期——自二十八年初,到三十年底太平洋战事爆发。

第三期——自太平洋战事爆发到现在。

在这三个时期中,物价的变动性质和程度,都各有不同的,在第一期的物价,只是微涨,这是由于战事爆发后,需要较平时扩大,加之战事进行区域物资生产的破坏,和敌机对于某些城市的轰炸,以及输入的减少,这些都是可能造成当时物价上涨的因素。但当时需要的扩大和敌人的破坏,只是部份的,而战前还有相当的积蓄可以移用,输入方面也只是东北部沿海的几个港口被塞,西南的国际交通线仍可输入。而当时商业资本的活动对象,都是集向于外货外汇的投机上,在国内市场的活动势力还不大,法币也没有大量的发行,通货容受量的可能性仍然存在。就是敌人的经济作战方略,也只限于运用贸易手段,吸收我法币,夺取外汇,而沦陷区域的物资,由军民抢运和内迁,还大量内流,所以在这一时期的物价变动也不甚大,只是微涨。

到了第二期情形就不同了,物价的变动,由微涨而转为局部的陡涨。这是由于战争范围的扩展,需要愈增浩大,战前的贮积,到此时差不多大部已耗毁,加之广州沦陷,滇缅路停运,国外输入的可能性愈形减少,且战区扩大,卷入战场的一切生产事业概遭破坏,被敌占领地区所有物资横遭劫掠,而广大的后方复遭敌机广泛的烂炸,不仅窒息了大后方的生产进行,即现存物资亦普遍的横遭毁灭,致国内物资愈增不足。而商业资本对外投资的机会,随着国际交通线断绝而逐渐减少,从而相继转向国内市场的活动,囤积居奇之风,自此滋长,供求失调加大,物价便开始暴涨。政府支出日益膨胀,而各种收入,有的反随战事的推演而大为减少,致财政日感棘手,为弥补赤字,便增发通货。加之敌伪鉴于我政府对外汇的管制加严,套购不易,乃采取新的货币战略,在华北华中各沦陷区域,严厉地限制我法币流通,以致在沦陷区的法币开始向内地逆流。这样一来,我们通货容受量的饱和点，便很快的被突破了，这是造成第二期物价暴涨的诸由来。但此种暴涨，仍属局部的、非全面的。只是几个较大的都市和某些特殊区域有此现象，而较有地域性或未被战事直接影响的地方，物价也还稳定。

但是到了第三期情形就更不同了。太平洋战事爆发后，国内军事行动，虽较前两期略形停滞，但促成物价上涨的因素和作用，却大大的加多且加强了。香港沦陷，滇缅路随之断绝，致国外物资输入陷于杜绝。而港沪陷落，对外投机外汇外货的两大据点丧失。因此，拥集在这两大据点里的庞大商业投机资金，已无用武之地。从而像潮水般地越过敌人“封锁线”，浩浩荡荡向内地涌来。以致内地游资愈增充斥，物价也就愈形狂涨，囤积居奇之风，更益炽烈。囤积愈猖獗，流通界物资便愈少，而加速了通货的流通速率，致愈压迫物价暴涨，再加上敌伪所采施更毒辣的货币战略，愈加剧我物价问题的严重性，盖自沪港沦陷后，敌伪利用我法币套取外汇的机会已根本消失。因此，敌伪便转借法币吸收我内地物资。办法是：将法币对军用券之比值压低为 10 与 1 之比，譬如当时广州一带的米每市担价格军用券是 30 元，与前仍未上涨，但折合法币却提高了 10 倍，每担已达 300 元高价，当时内地的米价与之相较是低多了，以致内地的宝贵物资，在敌伪利诱偷运的奖助下，便大量地落入敌伪手中。而沦陷区的法币，在物资交流的反向运动下，也就大量地流回内地来了。愈使我内地物资缺乏，愈增加后方游资充斥，压迫物价暴涨。物价愈暴涨，囤积居奇之风便愈炽烈，供求的剪刀差便愈增大，供求愈失调，物价也愈狂涨，生产也就愈遭制束，反转来又愈压迫物价上涨，愈招致囤积居奇的猖獗，循环影响，互为因果，致造成第三期物价全面性的飞跃暴涨。

四、管制物价的面面观

(一)经济不发达的社会管制物价的困难

1.经济不发达的社会，产业重心不在集中的工业，而在分散的农业，故管制较为困难。因为工业是集中在都市，易于管制；而农业是分散在扩大的农村，不独区域广泛，而且组织散漫，故管制不易。中国社会经济的中心，就是在分散的广大农村，所以管制物价是比较困难。

2.经济不发达的社会，产业组织不易健全起来。社会有机的联系不够，故管制上各种技术性的措施，是不易收指臂之效的，这是我们管制物价困难的第二点。

3.经济不发达的社会，金融不易发生全面控制的作用。譬如英美等国，由于产业高度的发展，所以产业差不多均为金融业所控制。故把握金融业，即可控制产业，支配国民的经济活动。但中国金融业与其说是与产业紧密联系，不如说是与商业密切联结较符事实。故不能假手于金融机构来控制商业资本活动，这是我们管制物价困难的第三点。

4.伴随经济不发达而保留下来的封建残余力量，在在皆足以发生阻碍管理的作用，这点我们平日留意中国现实社会的观察，是一定很清楚的，这些封建残余力量，在我们的社会还广泛的残存着，它不独会对任何现代性的经济政策，发生排拒的作用，而且是现实经济发展的有力桎梏。

讲到这里，大家又会问：我们当前管制物价，既有这样多的困难，实施起来，一定不能收效，结果岂不是徒劳而无益吗？但大家应知道：目前管制物价，虽有上述的诸困难，但亦有不少的便利条件存在着，只要全国上下，认识物价问题的症结所在，群策群力，利用当前的便利条件，则上述的诸困难点，并不是不能克服。当前的便利条件何在？下面就会讲到。

(二)当前加强管制的便利

1.对外关系的割断——这对于我们实施管价上是极大便利的地方，因为战前国际资本的努力，差不多支配了我们整个国民经济的活动。政府各种经济政策上的措施，辄遭牵累，大家试想我们两年前的外汇管理问题的处理，该受了多少“洋气”啊！现在这些外来的牵累纽带，已割断了。这对于我们管价政策的推行是方便多了。

2.政府及舆论制裁的加强——自抗战以来，政府对于国民经济的统制力量，是日益加强了。这次限价命令颁布后，各地都能奉令推行，尽管各地域各部门推行的努力程度有差别，但未看到有藐不遵行的显著现象。同时在舆论界，亦能一致热烈拥护，这种舆论的力量是很大的，它不仅多少可以澄清一般阻碍推行的怀疑心理，且能在相当范围内纠正各种措施上的错误，这对于限价政策的推行是大有助益的。

3.商业资本已渐走向下坡——现在各大都市的商店营业情况，比以前是冷落多了，这次限价政令宣布实施后，衡阳、桂林等地许多商店关门停业，虽然这些商店有的是逃匿下乡，但就商业市场的态度来看，实已反映出来萎缩的形象了。若果商业资本活动势力正在上升的时候，就是我们的口号也不能提出。目前一般商人已渐渐意识到自己前途暗淡的影象了，此时政府能因势利导之，自不难收事半功倍之效。

上述这些便利条件，自然还须要善为利用，尤不可忽略人为努力的配合才能奏效。现在让我们来检讨这次限价政策本身有何特点。

(三)这次限价政策的特点

1.全面性——这次限价，是全国各地同时一律实施的，过去那种各自为政，你管制他不管制的流弊是减少了。管制全面实施起来，商业资本的逃避就比较困难，至少是不能像以前那样猖獗。这是它的特点之一。

2.伸缩性——这次限价虽然是全国同时举行，但不是各地按同一的限价标准，而是按各地实际生活水准分别制定限价方策。这是颇有伸缩性的。

3.基准性——这次限价是以大众最需要的日常生活品粮盐为标准，颇有基准性，但到现在我们还不知道为什么衣料尚未列入？这也许是衣料的统制较难的原因罢！因为衣料要经过整个农工业的生产过程，通过过程愈长，就愈不易管制，从这点，足见政府这次实施是十分审慎的。

上述三点，可说是这次限价政策的几个特点，同时我们还应认清，这次管制也是最后一次，这就是说，这次管制成功了，以后自然无须再来一次管制。假使失败了，以后也就无从管制，所以我说这是最后一次管制。它的成败，不仅会影响到整个战时经济的处理，而且有关整个国计民生的安危，这是值得大家警惕勉励的。

(四)限价过程中应预为防止的流弊

一种政策的实施，尽管如何审慎，如何努力，但只要把我们前面所提出的，发生于中国社会本质上的诸种困难情形加入考虑，就知道那是难免有流弊产生的。要把它可能发生的流弊，预先防止，那对于政策实施定当助益。

就我们观察，这次限价政策的推行，可能发生的流弊，有下列几种：

1.各地步骤的参差，互为限制，必引起阻碍流通的现象。譬如就衡阳与曲江米的限价标准来说，衡阳每市担为370元，曲江为290元。但以前曲江的米，大部分是来自衡阳，现衡阳的标准既较高，则衡市的米，就不会再如以前向曲江运来，其他可类推，互相补剂的流通，一被阻碍，势必造成供求脱节，黑市猖獗。

2.农村限价不易进行，这就可使商业资本(A)采取化整为零的分散办法逃匿乡村，(B)造成乡镇附近的黑市猖獗，(C)使商业资本益发向土地上活跃。

3.商人由限价所受到的损失，会转嫁到生产者身上，因为生产者不是买者，就是卖者，商人只是流通过程中物资的传递人。它蒙受损失，自然要向卖者或买者转嫁，这是必然的。

4.限价对象物只是日常生活品的若干种，则被限价的物品，因受人为价格的不平待遇，必引起被限价物品生产减缩，成“货不上市”的现象而愈招致供求不平衡。

五、结　语

上面关于当前物价管制问题，已拉杂的讲了一长篇，现在我想总结的说几句。

(一)中国战时的物价问题，是以中国经济不发达、生产落后为背景而产生的。一般人只把买卖现象看作物价问题的核心，那是只看到问题的现象，没有深入问题把握其本质。

(二)管制物价，与其说是以各个别商业或某些物品价格为准，不如说是以全国整个商业资本的总动向为准。因为个别的商业是不能作主的，而是由整个商业资本作主的。必须掌握主要的总动向，才能更有效。

(三)管制物价不是要毁灭或破坏商业资本，而是要把握它的总动向，因势予以利导。它本身并不是可怕的东西，而且就它破坏封建关系的那一面讲，还是有进步性的。它的利害，是全视其对于现实社会其他因素结合所产生的作用为断。只要我们从积极方面来把握利导它，那末，我们就能抑止它的为害性，而扶植它的有利性，金融、租税制可以在这方面发生积极作用。

（四）管制物价不单是流通过程的工作，同时更是生产过程的工作。不单是都市的工作，尤其是要配合以土地政策在农村来推行的工作。

（五）这次管制物价的成果，不能单就限价本身的高低来判断，也不在能否把物价限制在某种限度来判断，而是要由限价如何不妨碍生产，且能有助生产来判断。

这是一月二十三日在国立中山大学研究的讲演稿经涂西畴君笔录出来特此附志谢忱。

第五篇　中国商业资本论

一、全文的集注点

凡属关心中国当前经济问题的人，即使再有客观的平静的心，也会叹惜致恨于商业资本的猖獗活动，事实上，我们即使把今日中国整个经济问题的症结，单从商业资本这个视野来求得说明，纵会不是最本质的，最根本的，但却无疑要涉及最本质的最根本的问题上去。

当作一个社会经济形态而表演着的商业资本，在一般人主观上，尽管它的活动像是越出了常轨，超过了一般社会的需求，且更进而成为全社会经济系列上的反对物，但在商业资本自身，它对自己的任何活动，是“行乎其所不得不行”，它的动态，不但不能照着一般人希望它的活动限度作去，且也不能照着它的主体即商人们的意志作去，商人们对于他们所控有的商业资本，在某些场合，虽然做着主持人或支配人的事，在另一些场合，却是在跟着他们的资本所必然趋向的途径走，这好比拖着马车的马，在上坡的时候，马车无疑是被拖在马后，惟马首是瞻，一旦到下坡的境界，马却不像是拖着车走，倒反而是被马车赶着走，其中的原委，就因为是，各个人的资本，既被汇合成为社会规模或社会形态的商业资本，各商人的资本的活动，就不能自个别资本决定各自的动向，而必然是取决于全体商业资本，依照一定社会经济法则而采取的动向。

在这种认识下，我们骂商业，痛斥商业资本，虽然再露骨，再不留情，也只能使自己多一些精神搅乱上的痛苦，于整个商业资本或它的化身，商人乃至商人阶层，丝毫无损，更自然于整个经济问题，无何裨助。不但如此，从全社会演变的视野来看，商人并不一定是凝固在那里，一直都是商人，那正如同他的资本，并不一定是一直凝固在那里，一直都是商业资本。一个社会的法律观念，道德观念，一个人在他已经在从事商业活动，已经是商人的场合，虽然格外被争利的强烈要求冲淡了。但当他将从事商业活动，将变为商人的场合，我们并不能用一个凝固的商人的观点来范围他，而且，特别在今日中国的情形下，一个商人并不单纯是商人，他可能是为一己利益而活动的商人，同时又是为大家利益而活动的别种人，当他在前一种人格下，我们可以指摘他忽视社会的法律与道德，在后一种人格下，却又似乎不能不默许他是法律与道德的支持者。一人之身既可备有这两重人格，我们就很难把商人看作是特别不顾道德法律的人了。

自然，我在这里作如此的推论，并不是想为发国难财的商人或商业资本解脱责任，我只是要表明：法律与道德是社会的产物，是要在一定的社会条件之下，才能发生作用。要限制商人或是商业资本，单把注意集注到现象上，或者，只凭感情来造出严峻法令，并动员一切道德压力，恐都不易收到预期的效果。

商业资本活动，既然是离个别商人意志而独立，既然是对商人、对一切“准商人”，乃至对商人预备队伍，都表现为一种不易抵制的必然趋势，我们即使要借道德与法律的力量来加以阻止，也须辨认出那种必然趋势所由形成的社会经济的因果法则，但环绕着商业资本而作用着的诸般法则，要把握它，差不多非动员整个的经济学，甚至非动员别于现代狭义经济学的广义经济学不可，商业资本是原始社会以后的一切社会都存在着的经济形态。它的全部历史，充分显出了它的活动所依据的全部法则。

二、商业资本在中国社会经济发展史上的兴衰继绝关键

中国历史上是有着许许多多的朝代变革的，朝代变革的原因，可以从各种观点去考察，当然也不妨就商业资本的演变来予以说明。事实上，中国历史上每个王朝的兴废，差不多都是伴随着商业资本的兴废，这王朝的兴废的密切关联，会给我们这样的印象：王朝是把商业资本作为它的兴废存亡的前提条件，但揆诸实际，都是商业资本借着每个王朝的兴起，而得到再生的机会，等到它扩大起来了随即就对它借以再生产的王朝，无情的侵蚀其存在的物资基础。

中国商业资本在殷周王朝已经有其端绪，但在中国社会经济发展史上，殷周王朝是被位置在初期封建阶段，而在这以后的二千余年间，差不

多滞留在中国的典型中央集权力的封建体制的阶段上，中央集权的封建体制，是商业资本活动的温床，因为，商业资本在它消极的意义上，它是需要社会落后的，但太落后或还逗留在前封建的状态下，它没开展的可能，同时，在积极的意义上，它是需要社会的前进，但太前进或是跨上了资本制的历史，它又没有掌握着支配地位的可能（资本主义的社会的商业，一般是隶属于产业的——此点后面还要说明），惟其封建体制对于商业资本特别保有生存攸关的联系，在中国社会经济史上，商业资本就像一直在为了使中国经济滞留在封建阶段而活动，它像是不止一次的宁愿以身殉王朝，与王朝同归于尽，而不想使产业资本代它取得社会支配的地位——这是中国产业不发达，中国很久不曾走上资本主义旅程的一个重大的原因。

自然，我们这种说明，是考察中国商业资本历史的结果，是对商业资本客观表现加以评判的结果，而在历代的商业资本活动者主观上，不但不曾意识到这些，他们当时的知识基础，也不允他们意识到这些。

论到这里，我们可以进而解说中国商业资本所据以演变的必然法则了。

中国历史上每个王朝的兴起，差不多都是在社会生产力大遭破坏的丧乱之余，因秦以后的几个重要的王朝，如汉、晋、唐、宋、元、明、清都是如此。如其视社会生产力的澈底破坏，是一个王朝覆亡的基本原因，则新的王朝组基之始，便必然会总一切可能的方法，促使社会生产力的恢复或再生，一切封建社会是把农业生产作为它的物质存在基础，所以每一个王朝的明君贤臣，都是以便农利农为其要政，讲求水利，改进农业生产技术，薄税敛，设置劝农力田官吏等，差不多千篇一律的被各王朝开国之君臣们相率实行起来。

在封建的贵族、领主、官吏是靠农业剩余生产物维持的限度内，重视农业生产，无疑有其生存上的必要，对于商业在理论上，他们要敌视的，而在实际，他们确也不绝采行了敌视的掯制的步骤，因为商业的活动，是不免要分润一部分农业剩余生产物的。商业活动愈形扩大，所分享去的农业剩余生产物必愈多。所以封建社会的整个经济政策，总是把重农抑商作为它的骨干。

但历代王朝的重农抑商的政策，却似乎只从反面告诉了我们的一件事实，就是“农”其所以要特别的去“重”，无非是因为前此把它看轻了，

“商”其所以要特别去“抑”，也无非是因为前此把它太放纵了。汉朝一位政论家曾大声疾呼的说明了此种事实：“法律贱商人，商人已富厚矣，卑农夫，农夫已贫贱矣”，各封建王朝在本质上在实践上，都走着劝农力桑的路，但却为商人大开富厚之门，那不是因为它们没有远见，而是因为它们不奈事实的必然逻辑呵。

商业的发展，是把治安与交通作为它的外在条件。把交换媒介的确定，交换对象的增殖，作为它的内在条件，每一个新王朝的统一的局面，和由它在统一局面下必然要做到的休养生息，“田野辟，道路治”，以及凡百改善民生的庶政，其主旨虽在增进更多的农业剩余生产物，更生农民，但结果大大的促成了商业的繁昌，商业通有于无的机能，在一定场合和一定限界之下，无疑大有助于农业生产的增殖与扩展，但商业发达到一定限度，却把它原来可以助成农业的作用，转化为破坏农业了，至少，是它愈来愈烈的破坏作用，早把它原有的助成作用掩盖了。

封建社会的工业生产，只是当作农业上的副业，全部商业的交换对象，差不多都是限于农产物，而且主要还是限于那些以地租赋税名义，由农民提供封建领主贵族官吏们的农产物。商业愈向前发展，各地通有于无的作用愈增大，被消费的对象愈繁多，结果，封建上层社会的消费欲望，就愈加会受到刺激，而农民用地租赋税名义提供到他们的农业剩余生产物部分，就愈加要对他们的农业必要生产物部分，增大其比重，换言之，就是农民为了维持自己能继续劳动，并为了维持能继续生产所需的那一部分必要生产物，都将因此减少，租税不论是侵蚀到了农民的生活费，抑是侵蚀到了他们的生产费，再生产规模是会相应受到拘束或缩减的，一日再生产不能保持，租税所自出的经济基础，就定会发生动摇，在这场合，封建上层社会要继续维持不生产的浪费性消费，就只有两个途径可循：其一是加重对农民的剥削，而进一步破坏其寄生的经济基础，其一是用借债等方式，多方张罗其浪费所需的资金，但无论选定哪一个途径，结果都会是土地向着商人豪民手上集中，农民则相率离开生产过程。

商业资本向着土地方面的进出，无疑得到了曾由它转化成的高利贷资本的协助，但资金由商业同高利贷业移到地产上去那并不是商业资本活动的中心，而是它进一步的扩大，因为土地上乃至高利贷业上的收入，还可继续更番的变为商业活动的本钱。有人说商业资本，高利贷资本和土地资本“三位一体”，那是颇为允当的，它们在任何一个落后社会，都会依照不同的方式，表现为一个整体的三种作用。

然则商人地租收入者，高利贷业者豪民们，为什么不肯把他们的资金使用在工农产业上，而必须向着这些方面兜圈子呢？这并不是因为他们有一种远见，以为把资金使用到生产事业上，生产事业或产业发达起来，就是对于他们自己已有的地位与利益的否定，而是因为封建社会种种的传统法规及传统意识，妨碍生产活动，使他们权衡利害，更容易为当前的厚利和伴着厚利而可能取得的社会地位所吸引。

事实上，商业资本的活动，还不只停留在社会经济的领域，它的化身或商人，不仅“蹛财役贫”，不仅使“封君皆低首仰给”，不仅“因其富厚，交通王侯”，且还能借其通神的财力，借其对于实际经营的经验，相率利用各王朝财政空乏的机缘，直接担任起理财的政务，“吏道益杂不选，而多贾人”了。在这种场合下，封建社会传统的抑商政策，便被暂时搁置起来，而采取一种为商贾豪民所能接受的妥协方案。其实，在现物地租成为商品交换基础的限内，在社会生产力的恢复与发展，必然附有富之蓄积与豪商发达的条件的限内，商人由抑商政策所受到的损失，最后必然要取偿于农民。农民在多方诛求之下，只好把他们赖以维持生存的仅有土地，以更恶劣的条件，贡献于豪商地主。

封建主义到了需要迁就豪商地主，需要对商业资本妥协，并需要由豪商参加政权，决定经济国策等方式，使自己商业化的阶段，这必然会把一切对农业生产有利的措施，如治水，如改良农业设备等等，放在一边，同时更由浪费与不生产支出的增大，和租税收入因农民大批离村及豪商客吏多方规避的减少，而不得不对勉强留在农村挣扎的农民，采行更无情的剥削。到了这样一个阶段，天灾水祸的及各种形态的瘟疫，必然一再侵迫着饥饿的农民，使他们不能不到处流亡，不能不由流亡转徙丧失去一切封建意识所加于他们的安分守己的束缚，而选择“挺而走险”的末路。由是到处发生战乱，社会生产力遂根本遭受破坏，现物地租及商品货币关系的基础，均连带丧失无余，不仅是贵族领主，就连豪商肮吏也对这一代的集权封建体制殉葬了。

商业资本走上这样的末路，当然不是商人阶层始料所及的，但在中国社会经济发展过程上，他们确实有无数次陷在这种不能自拔的命运中，汉末、唐末、宋末、明末，他们都曾一度在盛极之后，接着就踏上其前一王朝终结时的商人阶层的覆辙。一度一度的血腥故事，好像总教不乖他们。这事实，我们是不能单用商人“利令智昏”的考语来解释的。就是那些像把商贾之利，看得卑卑不足道的历代明君和贤士大夫，也都不曾意识到他们的王朝，所寄托的封建政权，何以终于不能避免的要走分崩离析之路。

一个社会的本质不曾改变过来，那些意识着这个社会，使这个社会取得历史存在的一切法则，便会不顾人们的志愿，而铁一般的贯澈其作用。商业资本运动法则，是封建主义经济运动法则的一个重要部门。上述中国历代商业资本兴衰存亡的演变关键，只有从中国封建社会的发展法则的作用才能得到说明，而这一法则，却还是晚近广义经济学研究的成果。

三、鸦片战役以后的商业资本

把鸦片战役作为中国社会的现代化过程推移的一个转捩点，那大体是为一般人所公认的，在这以后，中国传统的封建社会组织，已逐渐趋于解体，同时，附件于这个逐渐解体的封建社会的商业资本，也相对的，扩大了它的活动范围，改变了它的姿态。

不过一个旧社会组织的解体过程，是要到它胎内孕育着的新体制蛹脱出来，才宣告完结的。直到抗战发生时为止，中国现代化的新社会体制的难产，就使封建残余在各地或多或少的保留下来，这种保留的成分，如其必然是关系于最广范围的，最有保守性的，最基础的农村社会生产组织方面，从而，其解体的成分，如其必然是关系于较窄狭范围的，较有变易性的，较为上层的都市经济方面，则我们社会的姿态虽然是改变了，它的本质常不能有根本的变革，结果，依存于我们这种社会的商业资本，尽管把它活动范围加大了，把活动方式改换了，在大体上，仍不能丢开它一向依以作用的运动法则。

自然，我们这个古旧帝国的门户，自被先进各国的大炮轰开以后，舶来的各种形态的制造品，便用种种方式，推销进中国来，同时，中国之种种土地的生产物，则被先进国吸收去，对外贸易关系之拓展，确实为中国商业资本开辟了一个新的纪元，或者说，已在它原来的新陈代谢的细胞中注入了新的血液。

自然，中国的对外贸易，并不自当时始，远在西汉时代，我们已同西域诸国有了贸易上的往还，因为那时我们输出的主要是生丝，西方不通"世故"的学者①，还给我们以"生丝帝国主义"的考语。从后中国西北多数由阿剌伯②人作介绍的中西贸易，乃倾重于海道，使中国东南如交州、广州、明州、扬州等地，成为对外通商港口，市舶司之设，"蕃坊"之设，均为当时国外贸易日有拓展之明证，迄大元帝国成立，中国与中亚细亚西域各地之陆地交通，虽一度开拓，然大元帝国崩溃，此路不通，至于明代又因倭寇肆虐，国人海外航行禁止，以致海外贸易完全阻绝。然在这当中冒险航海事业在欧洲勃然大盛，葡萄牙人意大利人先后发现东西航路，欧洲人争先恐后奔来亚洲，葡萄牙人在明武宁正德十二年（西元一五一七年），西班牙人在明神宗旧历三年（西元一五二七年）即已来中国互市，因倭患阻绝的中国海外贸易，至明末清初又复逐渐恢复过来。——由上面这一段中国对外贸易关系的简略的说明，我们就可晓然于中国以往商业资本的活动，并不尽是局限于国内市场，亦又不完全是以土地原生产物交易为对象，不过，当时那种时断时续的对外贸易，论其范围和规模，固已不够改变或有多大影响于中国商业资本运动历史定向或必然法则，何况它的性质，又是那样由国家予以限制。唐代对于外国输入货币，征取关税 3/10，宋代则须抽征其总额 1/10 乃至 4/10，而且后者对于外来货物，都令其先出卖于市舶司，再由市舶司或官方出卖于民间，官方在买卖价格差额上，获有莫大利益。所以，对于"初与蕃人贸易者，计直满百钱以上者罪论，十五贯以上鲸流海岛，过此送关下"。迄乎元代，世祖忽必烈奠定江西，即规定凡邻海诸郡与蕃国往返，互易舶货者，其货十分取一，粗者十五分取一。其后，官方且自备船给本选人蕃贸易诸货，其所获之利，以十分为率，官取其一，交易者得其三，为了保障国家对外贸易利润的独占，即令权势之家，亦不许其用己钱入蕃为贾，犯者罪之，且没收其家产之半，由此可知宋元诸朝的对外贸易，大抵都由国家行使独占，商业资本的活动，当然是大大的受到了妨阻，至当时输入的商品，主要为达官贵人之奢侈品，如香药、犀角、象牙、珊瑚、琥珀等，而其输出品，则为金银、铜铁、铅锡、丝绢之属，交易对

① 见沙哈诺夫所著《中国社会发展史》。

② 阿剌伯，即阿拉伯——编者注。

象既局限在这些奢侈性的（就中金属的流出，确曾紊乱当时币制），商品方面，对于社会的经济基础，即使听令商业资本自由活动，亦似不能发生决定的影响。

然而五口通商以后的中国对外贸易，在上述无论哪一方面，却有了极大的变改。这种变改，与其说是由于我们国家抛弃了对外贸易的传统态度或政策，宁不如说是由于我们的贸易对于国家，不允许我们采行传统的对外贸易的态度和政策。

商品生产是现代经济上的一个最显著特征。现代经济每进一步发展，就是生产物商品化的程度和范围的加强加大。到了十九世纪中叶前后，所有先进后进的资本主义国家，差不多都把它们的商品生产，发展到了这样的限度，不仅它们生产出来的物品，都当作商品投向市场，它们用以生产的物品，亦是作为商品购向市场。其结果，市场的扩大要求，就成了商品生产的先决条件。国内市场是有界限的，向外扩展或制造市场，简直变成了资本主义国家的最基本而重要的国策。在此种国策指导下，它们对于其贸易对手国，或者说，对于我们在这里所论及的中国，就不是像过去那样，仅输出一些带有奢侈玩意性质的东西，如香料、象牙、琥珀之类，所有日常需用的必需品便利品乃至新奇名贵的奢侈品，都是它们要向中国输入的，它们并且用威胁利诱的方法，把所有这些商品，尽可能大量的，向着中国的每个角落去找销路，它们像是在商品制造上，为中国社会服务，变为中国的工厂。而与它们这种要求配合起来，双管齐下的，就是因为它们自己的生产商品化，工业化，它们国内对工业化所能提供的原料，就相对的，绝对的都愈来愈不够供给了，同时，在为它们的商品所泛滥的中国，却因制造有人代庖，连旧式手工业，也日就趋于式微，它的农产品，特别是当作原料而生产出来的农产品，就恰像上帝妥为安排好了的一样，都成为缺乏原料的工业国的最好补充，这在世界经济分工上，俨然是“各尽所能”“各取所需”。结果，中国的经济特征，就可用上海一个大百货公司的广告联来标识它，那就是“广搜各地土产，统办全球货物”。

但中国这种经济特征的形成，并不是不曾受到传统的政治经济诸条件乃至一般社会意识民族意识的障碍，为便于突破这些方面的障碍，多次的战役和一列不平等条件约被连续制作出来。有了这些，中国经济的那种特征，就更加得到了保障。无疑的，在资本主义生产方法，以它自己的模型制造世界，并多方破坏旧有的封建生产方法的过程中，中国也像矛盾而不调和的逐渐成长了相当程度的新式制造业和工厂工业，虽然这些现代型的企业，至少一年以上，是各资本主义先进国家，为了最低廉最简便的利用中国原料与劳力，凭其在中国取得的工业特权而直接经营的，但由于它们这种经营，上述中国的那种经济特征，就像涂上了使人炫惑的不明朗的彩色。

在这里，我们似乎用了较多的篇幅来绘描中国经济形成的过程和特征，但如其说，中国的商业经济或商业资本形态，是中国整个经济形态的一个分枝，或是它的重要部门之一，则我们的说明，就很有其必要了。在具有上述这种特征经济条件之下，中国的商业资本的活动，从以次几个方面，和过去表现了不同的分野。

首先，商业活动的对象是增多增大了，舶来的国内的各种样式的大量工业制造品，被投进流通过程中了，这和过去仅把农产品作为惟一活动对象的商业，已有了极大的不同，而且在过去的农产品中，大体上只是当作地租移交土地所有者（不论是国家或官府或私人）的那一部分农业剩余生产物，会投到市场，而农民留以自给的部分，则不曾或无须转化为商品，但在这时候，由某些农产品生产的专业化，以致它们的全部生产物，无论是剩余的，抑是最终会作为必要的，都得通过市场，就是都得变为商业的对象。除此以外，各种票据，有价证券，外汇，交易所里面最架空的，但都是最大规模的交换物，以及较有确实性的地产，通是商业阶层在新时代找到的高兴舞蹈的乐园。至于人（苦力或娼妓），被购买被招雇，或被质押来“外运”或“内销”，虽然是“古已有之”的一个不小的商业部门，到这时，都扩大了规模，改变了形态。

其次，商业活动的范围是大大扩展了。这原和它的活动对象有着密切的关系，中国农产品向世界每个资本主义角落的进出，虽然在国门以外，不一定是甚至全都不是中国商业资本活动的结果。但在国内，却连在穷乡僻壤的地带，亦逐渐依新的交通工具，依新的金融与交换组织的发展，而直接间接嗅到了商业资本的气味，而且，就是在都市方面，由上面述及的各种交易所，也真不知为商业资本开拓了多少新途径和新天地。

第三，商业活动的性质，是有点大的改变了，在现代国外资本未侵入中国以前，中国的商业资本独立的，差不多是在中国社会经济实况所允许的限内，照着它的必然途径展开的，但在这以后，它的活动，便愿意地或不愿地被卷入国际资本的漩涡，而且愈来愈成为后者的尾巴，对于无论采取哪种侵入方式的国际资本，它的活动，虽都不外是为他们推销制造品和采购原料，但这个任务，还不是直接以所谓民族的商业资本担当，在一九三〇年，其总数已达 8000 个之多的大大小小的外商洋行，差不多是以主人或监督者的资格，利用一切可资利用的特权，来推动中国整个流通界的活动，事实上，由这些洋行配合着中国买办们所进行的商业活动，已早越出了流通过程，即侵入生产过程了，即是说，它们不仅是只推销制造品，采购原料，同时，还借着政治的金融的力量，把制造品，和生产原料的控制权也把握住了，在大城市及其附近的准资本主义的家内工业，乃至专为某种用途而生产出来的农产品，几乎都是由商人所支配。

把上面几种事实加以考虑，中国的商业资本，在一方面，不仅是改变了姿态，改变了内容，且还改变了原来的性质，可是在另一方面，它性质的改变，仍不曾达到一个使它被剥夺去对产业资本行使支配的路段，恰恰相反，商业资本在某些场合，在大都市若干新式工厂工业上面，虽然已像具有先进国家商业对产业处于隶役地位的外观，但即使把它的本质形态存而不论，它在这方面以隶属者资格活动的范围，对它在整个产业方面，特别在广大农村方面，以支配者资格而活动的范围，是不可比拟的窄小的。

而且先进资本主义国家，对中国经济侵略的方策，愈到晚近，便愈不能允许他们卵翼下的中国商业资本，向着积极的进步的路上走去，即向着产业资本转化，或对产业资本隶属的路上走去，原料供给地，和商品推销场所的保存和扩大，是买办型商业资本成立和发展的前提，虽然在帝国主义阶段的资本输出要求，即在落后地域从事产业活动的要求，保有使买办商业资本活动势焰减弱的趋势，但即使，资本的输出，有一部分是为了利用落后地域的资源与人力，从而，在相适应的程度内，有一部分原料无须输出，有一部分制品，无须运进，但在国内的这一部分原料和制成的商品，依旧是要靠商业资本来集散的，而况事实上，帝国主义阶段竞夺商品市场与原料供给地的要求愈烈，它所输出的资本，就愈加会以较大比例用在政治性质的投资上，而以较小比例用在经济的开展上，而由前一投资成本，通过金融市场，公债证券所造出的商业资本，其作用是要比由后一投资成分所造出的产业资本作用大得多，多得多的。

总之，由鸦片战争到此次抗战的这一长期间，中国的商业资本，是在它附有隶属的买办性的特质，而加深扩大，它在国内的活动，改变了它的传统姿态，但正惟其它是买办的，是国际资本的附庸，它就始终只有逗留在国际资本或帝国主义政策，可能允许或要求中国整个经济“变革”的限内，有了一些无碍其原有本质的变革。

四、抗战发生以后的商业资本

要更根本的理解上述中国现代过程中的商业资本，对鸦片战役以前的商业资本的变革的限度，最好是看抗战以后的商业资本，在怎样的范围和程度上，在怎样的变形和变质的限界下，归复到了鸦片战争以前的历史形态。

前面已经说过，中国的商业资本，照例，或者更妥切的说，照着它活动的作用着的历史轨道，是与商业高利贷资本土地资本发生密切的“三位一体”的联系，商人赚了钱，更借着高利贷的活动，用更有利的条件，取得土地，兼为地主，地主在土地上的收入，除了在窄狭范围内的个人消费外，或者是用以购买土地，或者是放款取息，或者是经营商业，或者是同时兼作这三方面的活动。问题是看当前的实利（或他主观上所能理解的实利）在怎样给他们以指导。他自己也是可能或为自耕农场或工作坊的主人。

外国资本侵入以后，在开始，中国的商业资本仍还执拗的维持着传统的活动途径，但愈到后来，因为它活动范围的逐渐加大，和活动对象的不绝增多，它的注意力，它的兴趣被众多的诱惑物所分散了，同时，国际资本又运其千钧的压力，使它不能不被迫或被敦促到新的“伊壁鸠鲁主义”的乐利世界。

不但此也，由帝国主义各种侵略方式所造成的中国整个农村的贫困，不安与动乱，在以往尽管是商业和高利贷及土地集中的结果，同时又是它的原因，但到这时，“十里洋场”的新兴都市，都当作避难，享乐，致富的“三部曲”的理想天堂，而把中国一向特别会流向土地上的大量商业游资，都吸收到那里。

自然，在广大的农村乃至离都市较远的城市集镇里面，仍多的是商贾，高利贷业和土豪。全国上层社会买办阶级及洋大人们的消费，大体是把农村剩余劳动生产物作为基础的限内，当作他们的基层剥削者的豪商们，却毋宁有在广大农村加强其活动的必要，但毕竟因为洋商巨贾，大地产者，以及新发展起来的金融家们，直接间接把农村多少可能利用的资金，都累积搜括去了，农村土地集中的现象，虽然不曾中止，在靠近都市边缘的地带，甚且还变本加厉了，可是衡以过去各王朝在末朝的土地集中速率及其规模，更衡以当时商业及高利贷活动的窄狭范围，在抗战发生前的数十年间，中国农村土地集中趋势，在相当程度内，被上述大量游资集中的大都市的事实所缓和了。无疑的，农村的不绝动乱，已影响商贾豪强们对土地的兴趣了，而尤其要紧的，却是土地这种在过去能令商贾们抬高地位，并借以接近官场，踏上官阶的财产，到了这个新的时代，即使在农村方面做一个有权势的人，还有利用它的必要，但要在大的场面下做一个闻人或什么要人，他定然会感到土地并不是很必要的条件。

据以上所说，中国商业资本到了现代就似乎不只加多加大了它的活动的对象和范围，连它的蓄积所得也改变了，或者说是歪曲了传统的转化途径，亦就因此之故，中国传统的商业资本运动法则，遂不可避免的在应用上受到了相当程度的修正，然而在当前，这伟大的时代的抗战，却对于我们的商业资本至少在外观上，是嘲讽式戏剧式的发生了扭转历史行程，使它们仍回向旧路去的影响。

中国商业由国际资本侵入所造成的新场面，和新动态，是以整个中国经济对国际资本的关联性和依存性作为前提。而此对外关联性或依存性的保持，又是以中国能借各大沿海港口及在那些大港口的贸易金融和产业，为其联系的枢纽。在抗战的前期，由渤海到整个的南太平洋方面的诸港口，即由天津到厦门一带的对外联络口岸，多半被敌人阻隔住或占领去了。其间，上海虽曾因为它的特殊性，还对香港，甚至通过一些曲折途径，直接对内地保持着若断若续的关系，使中国的商业资本，还很活跃了一些时候，甚且在外汇，标金，及出入口贸易方面，有了空前未有的活动。然自去年十二月英美对日宣战起，不到半年工夫，由香港到仰光这一列对外交通的口岸，都相继被敌人占领去了。这一来，对外出入口贸易，几乎全部遭受阻滞，同时，随着上海香港这些港口的沦陷，过去在外汇、证券、土产上面活动的所谓“游资”，都无用武之地了，由是，商业资本活动的对象和范围，都大为减缩。对外的关联的割断，对外的依存性或者是隶属性，也在某些方面相应的解脱下来。即商业资本，除了通过沦陷区的非法活动外，也就像取得了独立的或更古典的传统的姿态。

在这种场面下，如其中国产业建设已有了基础，或者说，如其中国已有的产业基础，足够使商业资本寄托在它上面，而受它的支配，则由对外关系断绝，由一切投机活动停滞，即直接间接从流通过程腾出的大量商业游资，就可能自择有利途径，转用在产业方面，但不幸中国的仅有产业，就连那些用外资经营的部分，差不多90%以上，是建设在目前已沦陷的区域，相率被敌人掠夺和破坏了。抗战以来，政府虽多方抢救或迁徙战区产业到后方，并在后方各地鼓励工业生产，但迄今为止的成果，仍远不够支撑住商业对产业所加的压力。商业资本是横行无忌了。

在目前，商业资本简直像倒转过来了历史的车轮，在找寻它的旧路去发展，以前由国际资本带来的一切商业活动的新对象，新领域，既都相继丧失，同时，国内有限的工业，又无法对商业提供何等重要的活动门径，结果商业遂又“旧调重弹”的把土地及土地生产物作为它最可能的和最有利的投机对象了，事实上，俨然是不可避免的趋势，确又受到了以次诸种偶合事件的鼓励和敦促。

比如第一，由政府在役政，路政以及战时各种要政方面的需求，各级地方行政机构加强了，党政军机关不但加多了，同时却又更向内地分散了，结果，战时的大后方，哪怕是较远僻的地带，也表现了多年未有的安稳状态，就因此之故，大后方各地的土地，就格外显得稳固，显得对游资有吸引力了。

第二，物价的暴涨，日益火上添油的刺激换物运动，但战时需要的加大，由外来供给断绝及交通条件不够所引起的必然缺乏，由换物运动本身造成的大囤小积，造成的人为缺乏，对于游资或特殊利得的拥有者，就不能不转移其视线于所在即有的土地上面了。

第三，市场上一般物品的大囤小积，对于敌机轰炸的危险，是颇堪重视的，自然、物资和人口，是在不绝向较僻远地区的都市附近的乡村疏散。但由此引起的一般市民或官吏对于农村的兴趣，正好是土地变为投资对象的重要诱因，这一来，商业资本和土地资本的结合，就更加变得容易了。

第四，高利贷资本在它的社会作用上，一向是当作商业资本和土地资本之间的中介的形态或辅助的形态，土地和商业活动对象的土地生产物，都较为实在,较有着落,高利贷即使借着抵押方式进行,亦尚不易把所有权确定起来,所以,它的所得,到结局不是用以发展商业,就是用以购买更多的土地。战时物价的剧烈变动,照理,应当最不利于贷借资本,因为,一定的货币额,经过的时间愈长,不但会相应减少其对实物的相对价值,且会妨碍其周转,但如其所采方式是在较短期内,以货币贷出实物收进,或实物贷出,实物收进,那就可以避免这些缺憾了,事实上,这正好是当前贷借的最普遍形态。这种形态,显然更有助于商业游资在土地上的集中,然而最关重要的,还是:

第五,土地投资即使在周转性上不如商业的迅速而活跃,但它有三种利益,可以吸引高利贷的商业资本,其一是,土地的价格,在随物价的高涨,而迅速增高;其次,土地的生产物,亦在不断的涨价,最后,由土地所得地租额,可利用种种理由,或利用中国租佃关系的落后性和不合理性,借租率抬高而增大。

商业资本向着土地上的转化,是随着商业活动对象的缩减,和物价的飞跃增涨,而益形厉害的,自然,在这种转向过程中,我们不能忽视土地重又变成重要财产形态,在社会政治上所发生的有利于土地集中的各种影响。土地原是最有定着性或执拗性的东西,它的转移,如其不是有经济以外的各种强制作用存乎其间,它就很难得顺利的投合商贾强豪们的贪馋的胃口。

而且,我们还须注意的是:商业资本尽管逐渐的把土地及土地生产物作为活动的主要对象,或者说,逐渐向着土地方面集中,那并不能理解为商业资本结局都全转化为土地资本,或者土地资本化的结果,即地租积蓄所得,不会再转化为商业资本,事实上,地租蓄积所得,不但随时可增大商业活动资力,且可间接由商业的扩充,再回过头来加强土地的集中。可是,问题的关键,并不在商业资本,究会在何种程度,转化为土地资本,使土地资本化,集中化,而是在商业资本,是否必然无其他更有利途径可循的要转化到土地上。要握住这个关键,我们就明了于当前商业资本危害的程度,及当前统制商业资本诸方策的有限效用了。

五、当前商业资本所造出的危害及其所受到的限制

我们现在为商业资本所造出的种种危害而苦恼。

但如把一般人对商业资本猖狂妄行所加的感情的乃至理性的评论，加以分析，似乎商业资本所得的罪，还不是它应得的罪，它被评定的危害比之它实际所造成的危害，大有距离，这就是说，如其商业资本对当前的社会经济难局负有破坏性的责任，论者似还不曾把它的真正责任指明出来。

在当前，物价暴涨，成了全社会不可终日的问题，同时，也成了政府财政上不可终日的问题。由于克服这种困难问题所感到的切身痛苦，自然容易使举朝上下叹惜痛恨于所谓操纵物价的豪商大贾等之缺乏人的与民族的良心，把物价暴涨的原因，诿诸商业资本之不合理的非法的活动，当然不会有人为商业资本叫屈，但最可虑的是，商人或拟商人的商业资本，如在这方面承担了过大的表面的罪名，就很可能忽视它在其他方面的更本质的破坏作用。时至今日尽管商业资本的那种破坏作用，已经从各方面表现得非常显明，丝毫没有令人致疑的余地，但一般社会人士，却仍不肯明显把事实照着它的本质揭露出来。

“操纵”“囤积”，是最一般的加担在商人身上的罪名，把这个罪名再加重些，也不过是阻滞了一般流通过程，使原本要以迅速提供到市场的物品停抑一个时候，以便在由此引起供不应求引起的缺乏限内，把价格抬高起来，但责难如其止于这个限度，我们马上就需要把商人区别为正当商人和不正当商人，不正当商人，也定可找到许多的口实，来使它的行为合理化合法化，事实上，就个别商人来讲，他是否真正“囤积”“操纵”，并不一定是取决于他对那种行为所具的伦理观念如何，倒是取决于他对那种行为所具备的必需条件如何。我们很可以说，商人，在他是全体商人之一的限内，在他的资本是全部商业资本之一的限内，他个人的意向，其实就他用以经商的资本的意向，而他这个别资本，又是随全体商业资本的总动向为转移，所以，重责或严惩若干商人最露骨的不法行为，而放纵了整个商业资本的破坏作用，结果，就会像我们以前把若干的凶悍的日本军人，当作日本帝国主义来打倒，把若干顽固的北洋军人，当作全体军阀来打倒一

样。即使他们这些希望打倒的对象，都“手起刀落”，“应声而倒”，对于日本帝国主义和军阀本身，仍不能发生何等决定的影响，若干特定商人之于整个商业资本，亦是如此。

如其说，若干特定商人，是在某些特定场合，作了阻滞流通，抬高物价的非法活动，而他这种活动，事实上，就不仅只是由整个商业资本，在流通过程所赋予的，且还是由整个商业资本在生产过程的破坏作用所成全的，商业资本在流通过程所表现的罪戾，正是它在生产过程所已经造成的罪戾作为前提。我们业已知道，中国的商业，一直在对产业行使支配，在束缚产业使它不易有发展的余地。照一般因果论的看法，产业不发达，商业是不会发达的，由此大可得出：商业资本一定也希望产业资本发达起来的结论，谁能反对有更多的生产品，然后始更能有生意做的事实逻辑呢？但只要我们了解商业在前资本主义社会是做着产业的主人，在资本主义社会，是做着产业的佣仆的事实，那就不论我们主观上怎么想法，怎么对商业资本表示希望，而商业资本在它自身，却是以产业资本的不发展，作为它自己发展的历史前提条件，这例子在世界任何一个社会或国家，都不难指证出来。

中国产业落后，当然有其更基本的，更包延的原因存在，但传统的国际资本作用下的商业资本的作祟，却显然是无可忽视的，不过，我们已在前面暗示过了，在五口通商以后的商业资本，和在这以前的商业资本，是用不同的方式在生产过程上发生破坏的作用，即前者是附属于国际资本，一方面为国际商工业资本充当仆役，为他们推销制造品，并搜括其原料，一方面则充当民族的诸般产业的主人，而后者则是采取比较独立的形态，更直接更集中的使国内诸产业受它的劫持和操纵，这两种破坏产业的方式，在本质上原没有了不得的差别，但在认识上，前者比较容易为人所察觉，后者却像是特别能翳障人们的直感，所以，商业资本在流通过程的弊害，尽管一个稍有经济常识的人，都能谈得振振有词，而商业资本在生产过程的弊害，就连一个诩然以经济学专家自命的学者也颇费力了解似的，也许就因此故，在姿态上恢复了过去传统的当前商业资本，它就只有在流通过程表示的罪行被人指摘出来，而它这罪行所以能在流通过程构成的，应当探索到生产过程的基因，却一般地被忽略了。

商业资本对产业或生产事业的控制，本来是它传统的古典作风，但到战争的场合，它这种控制机能，却因利乘便地扩展到空前未有的程度了，它在工业生产领域里面活动，实质上简直把新式旧式各种形态的工业生产生机窒息打杀无余了，一般私人的新式工厂经营，如果照着常规做去，一定只有归于破灭，否则就是局部的巧妙转变其性质，买好原料来存积着，而不把它制造出来。国营省营的企业是逐渐增加了，但一分析其内容，它的存在繁荣，一定要看它的商业性质部门对它的生产性质部门，占有如何的比重，在这种场合，商业资本吞蚀工业资本的实质，却反表现了救援工业资本的外观。同时，政府通过银行，一批一批的提出来救助私营工业的贷款，又在种种曲折的手法上，在工业商业化的技术上，变为商业资本的附庸。

在农业生产领域里面，商业资本的破坏作用，似采取了较迂回的行径，土地及土地生产物成了商业活动的主要对象，它是会促使死静的农村，随在都受到搅扰的和震动的，土地转移的频繁，土地价格的暴涨，将直接间接造出抬高地租的后果。一般自耕农或佃农在土地本身上的费用增大了，他们用在土地以外的生产费，如种子、农具、肥料、畜力、人力乃至灌溉方面的支出，就相应减少，甚至全无着落了，结果，农业上的再生产规模，一定会随着商业资本逐渐展开的活动，而逐次的趋于缩小，在这种破坏影响下，政府即使再热心支持自耕农，再扩大农村的贷款，事实上，农贷已经同工贷一样，通过一些曲折的手法，一部分或者全部转化为商业资本了。

商业资本在工农生产上的这些破坏作用，恰好造出了它在流通上大囤小积活动的前提，社会每年的再生产规模愈形缩减，供需愈不相应，商业上的囤积居奇活动，就愈加会发挥无限的威力了。自然，囤积居奇对于抬高物价，是有莫大影响，而由此抬高物价，所加于生产事业的压力，亦非常显然，但我们不能即此就倒果为因，强调它在流通过程所造出的危害，而忽视它在生产过程所造出的危害。生产比之流通是本质得多，根本得多的，商业资本如其不是在生产过程窒息着阻抑着生产活动，它在流通过程的猖狂妄行，就会大大受到限制。

论到这里，我们似应把乱人视听的通货膨胀关系引到论题上来，照一般人的看法，商业资本这种具有破坏性的大船，似乎是有随着通货膨胀的浪潮而不自主的簸动，把通货膨胀促使物价腾贵，把物价腾贵，引起商业资本活跃的现象一加考虑，商人阶级定有理由借诅咒通货膨胀，而昌言自己可告无罪于天下的。但这种说法，也只可淆惑常识，而不够蒙蔽真理，我们仍请历史来做证人吧。中国历代王朝在中期以后，由商业资本造成的经济残破支离局面，并不一定分别由各该时期通货膨胀的促成。反过来，倒是因为商业资本的猖狂活动，由它造成的消费范围对象与程度之加大加深，同时，由它引起的农业剩余生产物的缩减，以致使社会的生产与消费脱离，使消费破坏生产，破坏租税基础，而导来币制的混乱。自然，币制混乱了，可能大大的助成商业资本的势焰，使它更能浑水摸鱼，但我们不能把因果倒转过来，说商业资本，原本就是由于通货膨胀。

在目前我们已经用不着讳言通货已有了相当程度的膨胀，但试一回顾抗战五年来的通货发行演变史，即使再执着于现象因果论的人，把根本的生产方面的问题抛在一边不顾，亦会明了商业资本活动，该在哪种演化过程中，发生过如何推波助澜的破坏影响，也许说，我们当前的抗战，在历史上没有前例，其范围之大，消费之多，本质上就不是中国现有的生产条件生产规模所能适应，也就是说，本质上，就不能避免生产不够供应消费的和政府收入不够抵偿支出的困难，从而，在这种要求下所增发的通货，商业资本似不能负责任。然而，这也是似是而非的诡辩。在这场合，一般社会的消费，和战争直接所需的消费，理应分辨出它们各别的范畴，和其正相矛盾的实质，我们如其把前后方的消费情形，作一全面的比较的观察，一定会发现战时不合理的消费，该在如何妨阻有关争取胜利的战争上的和生产上的合理消费。然则，一切不合理的消费的制造和演出，商人及他们所运用的资本，还不应担负责任么。

商业资本活动之破坏生产，自昔已然，若要究明当前与过去有怎样的不同，与其说是它利用了战争局面下的特殊情势，如战争破坏作用，对物资及通货膨胀等紧急需要，宁不如说它利用了中国现代化的金融组织，利用了社会地位和社会关系，因对外的经济政治联系，而益加特殊，此外，并还利用了货币经济关系日益向农村的扩大和深入。从这几方面看，商业资本在当前表现空前的猖獗，就不是偶然的了，如听其自然的顺利发展下去，其破坏的作用，也许不难造出过去各王朝在中期以后所形成的危局，但论到这里，我们似还不能忽视近年政府在流通过程方面拑制商业资本活动所生的影响。

大约自抗战挨近第三个年度以来，物价问题的重压，已迫着中央及各地方政府不能不全般的或分别的采行一些平抑物价限制商业资本的方策，如妨阻物品在省际县际间之流通，如各级平价机关之设定，如由中央物资局，由战区经济委员会（现已取消，其任务改由经济作战处进行），由各省企业公司等各级收购物资的机构的成立，如各种专卖事业的推进，如新税制的体系建立，以及交通运输统制及金融统制之厉行，所有这些方策，几无一不是想对物价抬高现象，能发生一些补救妨压的作用，事实上，如单就好的方面说，我们自己目前的经济状况，其所以没有演变到完全不易维持的境地，未始不可说是这诸般方策，已有了若干实际效用，但我们在承认其效用之余，仍不能不指出其效用之可能限界，特别是它们在运用过程中，可能发生的反作用。

在前面，我曾表明一个商人的个别资本活动，是随着整个商业资本的全般动态为转移，零碎的枝节的妨止，不但无补于全局，却反而会使整个商业资本，因某些个别商人，某些地域或某些部门上的商业活动受到妨害，而益形加大其凶焰，比如省际县际的统制障碍，在直接受其管制的商业或商人，也许暂时要感到一些损失和不便，但其结果却正好加大了流通的困难，发生了囤积一样的影响，官方搜购物资，即使立意想平压物价，借此削除商人中间的垄断，借此调剂社会供需状况的盈虚，但对于那种措施，政府不仅限于资金，缺乏健全的采办保藏和取给的机构，且往往因为附有补救财政急需目的，致无法避免助长商业活动之结果。至今日为止，专卖与各种新的税制，目的诚在抑商，结果不过是使商人抬高物价，有了更充分理由的口实；比较差强人意的，有一年以来始渐加强了的金融管制，但这种管制即使在消极的意义上讲，亦似乎不曾完全发挥其可能发挥的拑制作用。要之，像以上所说的这些管制商业资本的方策和方式，在一方面，显然是以中国落后的经济基础作为其出发点，各级政治的单位，各别经济部门，各个地域分途进行，统制本身所要求的严密组织，确定程序和分划权责诸条件就无法做到，而在中国要做到这一点，又显然像不能专从技术的改善求得解决。因为我们即使再勉强的做去，终不能对一个生理组织未发育完全的少年人，硬需他担当起成人的作业。现代的统制经济，是现代资本主义经济发展到了高度组织了的阶段才产生的，我们的经济基础，虽然还有允许我们那种管制方式改进的余地，但极其限，也像只有允许那种形态的不相统率的管制方式成立的可能。

而且在同一落后的经济基础之上，商业资本就不仅只容易在上述那种不易澈底不易严密化的管制的孔隙中滋生起来，凭了它在本质上对于产业或生产事业的多方控制机能，它还能进一步把那诸般管制，利用来加强对于各种生产事业的束缚。比如，保育下之许多生产事业，例如农业方面的植桐植茶地带，矿工业方面的各种军需品及钨、金炭诸生产领域，都有商业资本在那里假手于管制以从事垄断。

所有这些事实足够暗示我们以次两点：

第一，中国的商业资本与先进资本主义国家的商业资本，本质不同，作用不同，从而对它的管制方策，亦不能一样，纵令有讲究技术条件之必要，单从技术着眼，决不能有根本的补救，纵令有在流通过程努力的必要，专从流通过程着手，更无从求得根本的解决。

第二，任何管制办法，在它本身不能抽象地抽出绝对有效或绝对无效的结论，问题是看它见诸实行的前提条件充备到了哪种程度，同时，还要看它在同一时期和它相并施行的其他办法，究能在何种程度给予它的奥援。前述专卖制，交通金融管制等等，通是拊制商业资本的有力武器，但这些武器的发挥威力，是不能单凭挥舞者一时的兴趣的。

六、商业资本活动的限界及其转向产业资本之可能途径

中国的商业资本，就是把它从中国社会取得的特质，取得的特殊有利的历史条件，作为其活动的根据。那么，对于它的限制，就不能不从这些方面来下手。

事实上，在最近的阶段，商业资本已像表现了强弩之末的趋势，这趋势，必然会给吾人以两种不十分明确的观感：其一，以为是统制确实收到了效果的如实说明，如实依照着目前的作法，把管制加强加严，一定能使商业资本压伏下来，其一则以为商业资本如走到了下坡，即使让它活动下去，也定然会应验一句，“多行不义，必自毙”的老话。我们且不忙分辨这两者的正确性，姑先把商业资本在当前已走向下坡的事实揭露出来。商业资本照着它自己的运动规律，它会如我们前面已经讲过的，使社会的生产规模，日渐趋于缩减，生产规模缩减，将从两方面来施反作用于商业资

本本身，那就是商业资本活动的对象减少了，一般社会就会购买力降低了。我们不论走到哪个闹着变态繁荣的大都会或大市镇，只要稍加凝视，就会发现那里被商业资本周转着的工业品，都在不绝的缩减中，而充斥街头巷口的拍卖铺店，显然不是买卖着刚被生产的物资，而是把旧有的东西，拿来适应购买力低减的市场。稍微昂贵一点的物品，已逐渐不易找到买主，除了特殊有钱有势者在即时消费的饮食享乐方面，还维持着相当豪阔的场面而外，包括了生产者、公务人员、士兵等等广大社会群，已在不绝降低生活水准，不绝缩小需要圈。自然，商业资本的利益，不已指导它把活动的目标，移向农村的原生产物，转向原生产物所生产出的土地么？但它的利益所在，就是它的破坏作用所在。愈到后来，它要维持并扩大它自身的利益，它对社会一般生产的利益，就愈会加深加大其破坏性，在它的利益是由牺牲社会一般利益破坏社会生产来成全的限内，最后它将发觉：社会一般生产利益牺牲到了无可挽回的程度，它的利益，它的生存，亦会宣告中绝。这所谓"牛死虱死"的惨事，历史上是用"社会生机破灭，商业关系从根归于瓦解"的文句描写下来的。

也许说，在商业资本运动已经走向下坡的阶段，对它采行种种强制干涉方策，当然可能收到些效果，但商业资本被统制干涉所受的损害，如其还能取偿于社会，那末，在商业资本上增加一分压力，就会以同一的或更大的程度，使全社会生产利益增受破坏。事实上，我们当前从交通、专卖、金融管制等方面限制商业资本活动所生的结果，已在说明这是千真万确的逻辑。

论究到这里，似乎我们已导出了一种非常悲观的结论：商业资本听其自生自灭是太危险了，曲加干涉，也同样的或更快的会促它走到毁灭之路，它的毁灭既然如我们前面所说，一定会导来整个社会经济的崩毁，那不是我们当前的社会经济结构，命定了要弄到所谓"其何能淑，载胥及溺"的境地。

但上面这种悲观历史事实的逻辑，却正好从另一方面指示了我们一个处理商业资本的合理途径。

商业资本既是把一定社会条件作为其存在与活动的依据，在它，无论是自行覆灭，抑是以大压力促其覆灭，都是社会本身的不幸。而且我们翻阅一部中国历史，虽然觉得商业资本对于中国整个经济的发展，是不只一次的演着破坏的作用，但近世欧美各国的商业资本，却曾大有造于其产业资本的育成，可见商业资本活动，并不能笼统地视为大逆不道的事。我们取缔商业资本，即使只限于非法的不合理的部分，但要求其见效，求其不致“玉石俱焚”，亦当依据现代经济科学所指示我们的途径，看商业资本运动本身，被体现出的法则，在怎样发生作用，然后再因势予以利导，“干涉”、“管制”乃至“压迫”，只有在一定条件下，在一定的历史条件已经作成的前提下，始能把商业资本由不合理的不合法的活动范围，转为导向有利于一般经济发展的范围。而这所谓历史前提条件，就是商业资本向着土地方面，从而，向着高利贷业方面转化之可能性的削除。

历史教训我们：商业资本对过去农业生产事业的破坏，是从土地方面下手，农民大众在地价地租上支出了过大生产费用所造成的困境，恰好为高利业开出了罪孽的乐园，近年商业范围和商业对象的缩减，土地及土地生产物已经成了商业资本打破沉滞局面的可能有利出口，而都市方面各种管制方策的执行，和一般舆论对资本所有者所表示的憎恶，遂“为渊殴鱼”似的使大后方都市附近乃至僻远地带，都有逃罪与逐利的豪商们的频繁踪迹。“压力是向着抵抗力弱的所在发展”，加强管制，竟在土地方面网开一面，驯见管制愈趋严密，农村生产方面所受到的破坏影响，就愈不可忽视。

因此，我认定，要管制商业，不发生危险及全般经济的影响，是需要认清中国社会经济法则，把商业资本和土地资本化的关系割断，如何割断这种关系，有民生主义的土地国策在，用不着琐赘，且也不是这里所要详细说明的，但无论是严格执行地价税办法也好，是改善实物征收征购方式，俾在一定限度以上，累进收购也好，抑是发行土地债券，由国家代购土地，以摊还办法，转给农民也好，或者是依各地不同情形分别同时采引上述各种方策也好，总须做到非生产者不得购买土地，生产者不致丧失其土地的地步。能这样，商业资本的蓄积，就不会形成加速促使农村破坏的危局。而商业资本所有者在土地生产物上的活动，亦将因此大大受到限制。这种把握住中国商业资本运动法则，对它采行根本治疗的办法，一经见诸施行，然后再从交通、金融、专卖、赋税诸方面对商业资本所加的一切管制，就不但不致在基本的生产事业上间接的发生破坏的作用，却可反过来，促使商业资本的蓄积，转向社会有利的用途上去，即转向产业资本上去。到了那场合，各种奖励产业的方式和方策，就格外容易收效了。

要之，从社会全般发展的观点考察起来，商业资本并非一定要滞留在流通领域内的资本，商人也并非一定不能改变他的生活形态的人，而且，在一定历史前提已经造成了的情形下，商业资本就不仅不是可诅咒的资本，商人就不仅不是可诅咒的人，它或他，甚且不会发生次于产业资本次于产业家的社会功能。

在近代，商业资本曾在各先进国家成就了促进产业发展的作用，当商业资本所有者发觉他们不能继续用贱买贵卖的欺骗方式和劫掠方式维持其利益的时候，他们中间至少有一部〔份〕人，就很快由流通过程移向生产过程，使自己变为生产者，变为生产事业资本家。亦就是在这种情势下，产业资本渐渐取得了对商业资本的支配地位，而这种的商业资本，就相应改变了它的社会机能，它已不复是产业或生产事业的破坏者，而是它的成全者了。

诚然，商业资本向着产业资本的转化，也正如同产业资本的商业化一样，并不是由各别资本所有者，自发地去成就的，一定的社会历史条件，会造成一种形式，使它不得不向着有利的场合流转，商业资本生产化或生产资本化，是一个包括着社会历史变革的大问题，当然不是一件简单的事，但在它成就这历史任务所需要的许多条件之中，一个最基本的最有决定性的条件，就是有关土地所有关系与使用关系的改革。一切近代国家，差不多没有例外地是先完成土地变革，然后再在变革了的土地关系上，踏上产业革命的过程。土地关系变革的内容与程序，各国因其自然条件与历史条件不同而未能一致，但使农民由封建束缚下解放出来，使土地上的租佃关系建立在合理的法定基础之上，使土地所有形态，不致根本妨碍土地的使用，那差不多是各国相同的。今日中国的农民，表面上也许不像西欧各国及日本土地变革当时的农民那样，很严厉地被束缚在土地之上，但由土地所有形态和租佃关系所造成的客观情势，却使他们对于土地的依附，不下于被纯封建规制所纽结住的束缚，他们愈是离开土地不能有其他更广阔的生路，土地就愈加变成了蓄积财富再好不过的手段，变成了商业资本扩大活动的地盘。

近年来，朝野人士鉴于财政经济问题的日益严重化，鉴于前此的一切经济认识与经济方案，需要再考虑再计划，于是注意渐从流通过程移向生产过程，渐从技术性质的观点移向社会性质的观点，渐渐看透了商业问题同土地问题的内在关联。我这里所提起的中国商业资本运动法则问题，也许是大家已经设想到了而不曾把它系统化的问题。至多，也不过是为大家讲了想讲的话。　国父在民生主义经济中，特别把土地问题和资本问题提出来作为金融经济国策的骨干。他是充分理解到了中国在现代化过程中的一切经济问题，是不能不顾及中国社会的本质，和中国各种经济形态所分别具有的特殊运动法则的。

十二月三日于坪石野马轩

第六篇　中国商业资本与工业资本间的流通问题

一、问题的症结

在当前的经济问题中，商业资本与工业资本间的流通问题，算是最本质最基本的一个。这个问题的现实理解，其重点，当然是存在于工商业间之不平衡的发展上，也就是存在于工业资本过于微弱，商业资本过于膨大的变态事实上。本文的目的，虽在研究商业资本如何始能转化为工业资本，但其穷源究委的说明，却不能不涉及商工业资本之本质的相互关联。

人们因为过担心当前经济上的一般情势，遂把他们一向忽略了的商业资本过于膨大的问题，很感觉性的或直观的提论出来，仿佛这个问题，是到了战时，特别是到了抗战过程中的近两三年，才开始发生似的。自然，商业游泳在日益增涨的水槽中，是容易惹人注意的，但只要我们把问题的客观性仔细端详一下，一定会明了，伴随这个问题而发生的一切情势，在中国现代社会里面，与其说是变态的，毋宁说是常态的，与其说是严重化的开端，毋宁说是严重化的发展或继续。

自从中国开始现代化的程序以来，这个问题，一直就在客观上取得了异常重要的地位。但这个问题之被把握，被浮现在极少数人的脑海中，却还是近十数年来的事。人们是惯于把他们没有想到的问题，当作客观上不曾存在的问题。因此，我们今日来讨论这个问题，就不期而然的充溢了历史的兴趣。事实上，一个取得了社会史姿态的大问题，是很不易横断的孤立的去说明的。

二、有关资本流通问题的几个基本认识

把商业资本与工业资本对立起来加以理解,那中间横跨着一个社会的分水岭。在一个产业发展,工业已取得了社会的支配的优势的社会,商业在不断为产业或工业所革命,直到它的本质,变更到能适应配合工业对它的要求。在这场合,商人所扮演的,是为工业资本家分劳的任务;商业的流通过程,被包容在总生产过程中。商业上的利得或商业利润,是由总产业利润或工业利润派分出来。商业活动不能超越出产业资本所允许的活动的限度,后者亦敦促它不要太不及这个限度。而其间的限节器,就是利润平均化的法则,假若产业或工业资本利润,低在商业资本利润之下,社会上的资本,就会由工业上向商业上流转,使商业资本的利润,对一般利润水准,降落下来。反之,假如工业资本对商业资本发生过剩现象,同一的利润法则,亦会强制它倒流过来。资本的流转,在这种社会,可以说是不容易发生问题。即使在某特定情形之下,发生问题,那所发生的问题的本质,也与我们现在所讨论的中国商工业资本间的流通问题,完全两样。

在产业不发达的社会,即在前资本主义的社会中,商业同产业的关系,就呈现出了一种异样的姿态。商业不但不曾被吸收到社会总生产过程中,而社会一般零碎的,独立的,大体还滞留在落后的自然状态中的产业,根本就不易形成一种有机的社会生产过程,形成一种足够左右商业的社会优势,而同时商业却还可利用其较为适中的,并且在事实上控制着生产物买卖价格的地位,反过来,在社会生产过程的外部,对社会全般的产业,行使支配。商业对产业支配的可能性愈大,它就愈能发挥它的贱买贵卖的欺骗与敲诈的机能,在这场合,如其说产业上还有利润(那其实大体是劳动工资的转形物)可言,这不妨用利润这种名色来称谓生产者的利得,则那种利润或利得,就显然会倒流似的表现是由商业利润分派出来。因此之故,在广义经济学上,就提示了我们这样一个法则:在资本主义社会,是产业利润规制着商业利润,而在前资本主义社会,则是商业利润规制着产业利润。资本主义的利润法则,不能在前资本主义社会建立起来。于是在前资本社会的商工业资本间的流通问题,就无法依照自由竞争的

原则来理解和处理。

然而，对于我们所要讨论的问题，还须有更进一步的前提认识。当一个社会由前资本主义形态移向资本主义形态的过程中，从资本流通的这一个角度去观察，一定会发现一些撩乱吾人视听的不易截然辨识的经济现象。产业或工业，对于商业，从而工业资本对于商业资本，工业资本利润对于商业资本利润，在某些场合，可能建立起了现代的外观，但却不曾把它的过去本质，改变过来；在另一些场合，也可能改变它的若干过去的本质，但那种改变，还不够使现代性的一切关系确立起来。在这种场合，我们对于资本问题的处理，尤更需要运用科学的分析，透过问题的现象，去把握它的本质。

三、在古典形态下予以新装的中国商业资本

在开始现代化程序以前，中国的商业资本，一向就赋有一种与生产资本疏隔的特质，这种特质，大体是由中国地主经济型的封建制上取得其存在基础的。在这里，我们无暇说明我们的封建制，为什么没有发挥其领主经济的基本因素，却愈到后来，愈益发展其地主经济的基本因素。我们只能说，在地主经济形态下，商业资本对于地权的关系，就和在领主经济下，截然两样。如像在西欧各国，商人和领主，即商业资本和地权，一直是采取对立的形态，土地由分封由世袭取得，又有断分制与长子继承制作为侧面的保障，对于有贵族血统体份以外的平民，特别是对于商人，就是封锁的。亦就因此之故，商人在商业上蓄积的资本，乃有较大的转用作生产资本的可能。反之，在地主经济形态中国商业资本，却因以次几种事实，竟与地权发生了密切的关联。那几种事实是：(一)商人可以自由买卖土地(只有极少数的王朝，在较短期内，作过限制)，由是在商业资本与地权之间，建立起了一个通路；(二)当作商人活动对象的物品，一大部份是人民要以赋税形态贡纳于朝廷的土地生产物，而这些土地生产物，一般都是通过流通过程，才以货币形态，输纳到国库的。这又不啻在商业与地权之间，建立起了一条稍微迂回一点的便桥；(三)商人可以自由取得土地，可以把土地作为接近官场登上仕途的跳板，仕商在社会生产关系中，发生了“通家”的联系，商业资本与地权的关系，就由是得到了有力的支持。自

然，我们不能否认中国历代采行重农抑商政策的事实，正如同我们无法否认西欧各国商人在近代初期也曾大量购买土地的事实，但上述的基本命题，却并不会因此受到破坏。反之，且还可由此从反面来予以确证，只可惜我们限于篇幅，不能在这里加以较详尽的说明。

中国商业与地权的密切联系，在事实上，并不只商业上蓄积的资本，不易直接用到工业上或产业上，且还因为地权上吸收了过多的社会资金，致令商业的活动，不能展拓到对外贸易上，这在一方面，固然是由于商人冒险图利的活力，被地权吸住了，同时也因为商业在政治上的权力，由其分化为地权而分散，致令它没有左右国家对外贸易政策的力量。两方面互为影响，就造成了中国对外贸易不发达，从而产业不发达的根本的原因，从这里也可约略窥见中国一般经济史地学者，用地理因素来说明中国对外贸易不发达，从而，产业不发达的究竟，该是如何的失之皮相与疏忽。

当中国的商业仍被束缚在地主经济的基础上，伴随着历代王朝的兴废的，而一再重覆其无可奈何的历史形态的当中，西欧各国的商业资本，已因在地权方面的遭受排斥而向外发展，已因对外贸易的不断蓄积，逐渐分解了破坏了封建的领主经济的基础，在那种过程中，新的生产方法被建立起来，相应着，一种新的对外扩展贸易的方式，被建立起来。结局，中国不能自动的发展的对外贸易，却迫而被动的发展了。

在五口通商前后，中国商业像木乃伊接触了空气似的变质了。但因为那种改变，不是由于社会经济基础根本变革的结果，而是由于社会对外关系发生变动的结果，所以对外贸易尽管把商业资本对地权的兴趣冲淡了，甚至转变了，但商业上所有的蓄积，第一因为不是得自外国，却是通过买办性对外贸易关系，以更不利或更酷刻条件，得自本国；第二因为外国为要保证那种买办性商业，把中国工业发展所需要具备的一切条件，都分别用各种不平等条约的方式予以破坏或支解；第三因为原有的社会经济组织，在若干买办性商业及与其相应的买办性企业活动的沿海大都市乃至有新式交通工具联系的内地若干城市及其附近地区，尽管已改换了原形，且还附以资本主义的外观，但广大的农村，却不过在手工业与农业的自然联系上，遭受破坏，其余作为封建生产关系之基本部分的土地所有形态与使用形态，依旧执拗的顽存着，所以，在日益增加并扩大的新的商品货币关系中，土地的重要性虽然减少了，土地的诱惑性，虽然为新的营利事业所代替了，但最有变动性的商业资本，或商业可能挣到的蓄积，仍不易甚至不能转用到工业上。不错，我们曾利用国际帝国主义间的矛盾冲突，在它们压力松弛的空隙中，有了一点工业上的成就，不但不够用以改变商业对工业的社会优势，且在不旋踵间，就因那种压力的再加紧，而全部崩溃下来。

由是，我们知道，在近百年中，中国商业资本无疑在古典形态上，附着起了新装。但它这新装，毋宁说是一种伪装。它并不曾同工业建立起现代的关系。它不为中国工业服务，却在牺牲本国工业的条件下，为外国工业服务。在这种情形下，当然不能希望，我们商工业间的资本，有正常的流通。

四、战时商业资本的工业资本化与工业资本的商业资本化

抗战发生以后，情形有些改变了。沿海对外大商场的丧失，对外贸易的阻断，中国商业资本已不得不暂时脱去了它的新装或伪装，它不能为外国工业服务，理应为本国工业服务了。而同时，由对外贸易关系阻断所造成的一般日用品与军需品的缺乏，反给予以民族工业以大的刺激。而况一向束缚中国工业的各种不平等条约，也于此时无形取销了，而政府为了抗战与建国任务的达成，更多方予工业以便利与扶助。在这诸般情势下，如其我们还发生工业资本问题，那就是由于社会全般资金的缺乏，而不应是由于商业资本工业资本间的不平衡发展。但揆诸一般实际情况，却出乎意外的，正好是因为商业资本过于膨大，以致引起工业资本的特别困蹶。

在抗战过程中，商业利用物资缺乏，物价步步增高的机会，在通货日益膨大的条件下，蓄积了大量的货币财产。但货币财产尽管蓄积，商人却仍不肯像现代初期西欧各国商业经营者一样，使自己变为工厂老板，使自己的资本，变成工业资本，他们的资财，无论是货币，是待售的商品，抑是商业设备上的生产，一直是停留在流通过程上。他们甚至把商业活动的对象，扩大到土地上，这在一方面似恢复了商业过去对于地权的联系，但在商品货币关系相当发达的今日，自然更带有商业投机性。这就是说，商业上蓄积的资本，不论是直接投在道地的商业上，抑是间接通过土地再绕

到商业上，都在力求自身的膨大，而造成了当前商业游资过剩的现象。

然则商业上过剩的游资，为什么不转向工业方面呢？大家略易想到的阻碍，当然是由于工业利润比之商业利润太低了，仿佛就因此故，不仅商业资本不易工业资本化，甚至政府苦心孤诣多方扶助的一点工业，且有商业化的趋势。据报章所载，许多公私经营的工厂，在把它们的厂址，当作地皮经营，把它们的机具或原料，当作囤积品来处理。

商工业资本间这种反乎一般期待的逆流，很容易给予吾人以这样的印象，仿佛中国的社会经济，已经造出了前述平均利润法则作用的条件，即是说，它已资本主义化了。它已在照应着资本主义的运动法则，使它的社会资金，向着利得较高的部门流转。由是，许多人，就照此推论，以为我们如能运用金融政策，多方限制商业资本利润，同时并多方抬高工业利润，商业上的资本，就自然会流用到工业上去。其实问题是不能这么简单的。

商业资本不肯转化为工业资本，却相反的使工业资本商业化，如系按照资本运动的法则进行，那么，当资本群向商业移转的当中，工业上就应当由资本短绌，事业缩减，生产品减少，供给额降低而提高其利润。反之，商业上就应当因其资本对被周转的货品之绝对的相对的增多，而减低其利润。但我们当前的现质，却并非如此，好像资本愈挤到或被吸收到商业上，商业利润反更形增高似的。不错，我们需要照一般人乃至一般经济学者所惯常的解释，说我们是在战时，一切不免有些变态，但战时的影响即再扩大，亦不够说明那种变态。那至少只能算是中国社会在战时的“变态”。我们试想，现在该有多少国家在参加战斗，但任何一个国家，却不曾使它的商工业间的资本问题，具有我们这样的内容。当理论被展开到了这样程度，我们的经济学者们，即强调用资本主义的金融政策来解决当前资本问题的经济学者们，都反过来用“中国经济落后”这个拢统的论调，使他们从自己理论的缺口逃脱出来。可是当他们一脱出了这个缺口，又毫不觉得矛盾的把“中国经济落后”的命题，暂时储放在下意识中，再回头来用资本主义的各种标签，来表识中国战时经济及由此引出的各种经济问题的性质。

事实上，中国当前商业资本的这种“变态”的发展，恰好是在证示广义经济学上的一个法则，那就是，商业资本愈脱出总生产过程而独立发展，商业资本或工业资本将愈不发展，即前者的发展与后者的发展成反比例。这个法则，是在前资本主义社会的经济条件下发生作用的。我们当然不能否认中国经济中的资本主义因素的存在，但那种存在，在规模和比重上，显然还没有达到阻止那个法则发生作用的程度。当我们论究中国商工业资本间的流通问题时，应当随时不要忘记这个基本论点。我们在一方面固然不妨把商业上的高率利润，看作其吸收资本的扩大活动规模的原因，但同时应理解：这所谓高率商业利润，并不是资本主义涵义的东西，也并不是孤立形成的东西，它有取得其存在的全社会经济基础。

五、解决工业资本问题的前提条件

在近半年来，政府为了国营并奖助私人新兴工业，确曾尽了最大的努力。一方面鼓励商业资本工业化，一方面又得阻止工业资本商业化，迄乎今日，困难仍是有加无已，这原因最容易说明的，是商业还能保持住高率利润。但政府不是在从税制上，从金融上，从一切管制物价方案上，限制商业，打击商业么？但问题症结就在这里。一个国家的工商业间，已建立起了现代的关系，工业本身就具有节制商业资本的机能，虽然有时为了这种机能的发挥，还不能不借助于资本政策或金融政策的援助。如像中国的工业，一向就因为它自身没有建立起足以扭制商业的基础，一向就是做着商业的附庸，同时更因为与此种事实相适应相关联的落后的社会生产关系的存在，就使政府的诸般限制商业的法令，不容易顺利推行，结局，许多抑商政策的节目，倒反而变成了商人借以增进其过份利得的口实。政府本身是好的，但却被应用政策的客观社会条件歪曲了。

不仅如此，把社会经济看成一个总体，它的各部分在本质上已是相互包涵的。中国商工业资本间的这种不平衡关系发展，我们是理应效法各现代国家所执行的金融政策来予以调整的。事实上，我们确也如此做了。但其间有一个值得注意的问题，就是我们的金融资本，在社会构成上，已经是对于我们的商工业资本形态的一个配合。甚至可以说，商工业资本间的那种畸形发展，还大大的受了我们的金融资本或银行资本的促成。在资本主义国家中，所谓银行资本，原本就是因应工业通融资金的便利而产生，银行与工业结了不解之缘，若在落后国家，它只有侵蚀生产的高利贷金融业，而不能有扶助工业的银行资本。如其在名义上有了银行资本，这种银行资本，就很容易保有高利贷的特质，结局，很容易对商业发生较密切的联系。甚且很容易由结托商业，而变形为商业本体。要通过这种性质的银行资本，来执行扶工抑商的资本政策，就似乎很难收到预期的效果。在这一关键上，我们如何运用银行资本来收缩商业资本或增益工业资本的问题，就引起了如何使银行资本本身变质的问题。

一切有关商工业资本流通问题的措施，如果采取这种推论的方式，最后均将达到一个结论，就是：我们要抗战，同时确实需要建国，需要改良中国社会，使中国社会本身，不允许当前资本问题乃至其他问题上的不合理的现象的存在。

在这种前题认识下，我特别要强调民生主义所明确示我们的土地政策。土地政策所由提出的现实社会生产关系，是一切落后经济关系的基础，亦是我们这里所讨论的商工业资本流通问题所由发生的最基本原因。我在其他场合（例如在最近发表的《当前经济问题总分析》及《中国商业资本论》诸文中），曾分别指出当前商业资本活动与土地投资的联系，我并指明，商业资本上的蓄积，得自由投用在土地上，可以从多方面增大商业的声势；那第一，会使土地商品化，借以扩大商业活动的范围，战前在大都市中作地皮投机，战时却对后方各大城市附近乃至在较荒僻的地域，表现了极炽烈购买土地的兴趣；第二，土地商品化，不啻为商业在土地生产物屯积居奇上，得到了捷径，那同时又是商业资本逃避统制的一个便门；第三，利用土地方面的落后所有关系与使用关系所获得的高额地租，一转手间，又可用以充实商业资本。但除此以外，还有一项更本质的影响，最好在这里补充说明，那就是：商业同地权的关系愈形密切，它就可能腐蚀一般落后的社会生产关系，使其不易执行任何打击商业的任务。因此，我认定，在一切不澈底的限制商业资本活动的政策中，阻止商业资本向土地的进出，还不失为一个有效的法门。自然，商业资本转向土地的活动受到了妨阻，并不一定就会把它转用工业方面。社会资本由商业移向工业，无疑还要具备一些历史前提，但如其我们不把阻止土地任意买卖的政策，孤立的来理解，定然会知道，那种政策上执行上所需要配合的其他革命步骤，将大有助于当前商工业资本流通问题所形成之社会经济基础的变革。

六、四个结论

论到这里，我们似可把上述诸般意见，综括以次四个结论：

第一，中国商工业资本间的不平衡发展问题，并不始自今日，在此次抗战发生以前，这个问题就曾严重的存在，不过直到战时，才因现实的迫切需要，才把这一向不大引起吾人注意的问题，开始在脑中唤起而已。在这种意义上，抗战对于中国社会史的研究，确实提供极可宝贵的社会测验。

第二，不管在过去，抑是现在，中国商工业资本流通问题的形成，是把中国整个社会经济形态作为它的基础。像这种问题的解决，和其他主要关系技术性质的问题，不能一样简单，建造几条铁路，几只轮船，几个水渠，政府能在财力及技术许可限度内，不牵涉到全般社会经济基础，而努力有所成就。但如我们在这里讨论的资本问题以及与资本密切关联着的土地问题，却不能单从技术上的努力得到解决。

第三，要使商工业资本依照平衡利润法则来调节其流通，固须具备一定的社会经济条件，但在这种根本条件未造出之前，我们并不能呆然无所作为的听任商业资本把一切生产资本无情的吃尽。租税政策，金融政策，限价政策，以及其他对商业寓有抑制作用同时对工业寓有扶助作用的诸般设施，假如能曲尽人事，亦许不难收到相当效果，但我们首先应知道：在落后的社会生产关系里面，租税、金融及物价等等本身，就分别是那种社会生产关系所由表现的因素，使它们健全的可能性是有限界的；运用它们来调节资本流通问题的效用性，更是有限界的。

第四，当前商业资本不绝的膨大，对于全般社会，特别是对于工业，固然在逐渐增大其不利的暗影，但对于商业本身，其不利的程度，亦并不难想见。商业为求独立的发展，工业上的不发展，固然是它的前提，但商业所周转的生产物，如每况愈下的减少，那就不但商业活动的对象和范围，会相应缩小，商业活动需要的消费者，也将因生产渐形萎缩而丧失其购买力。在目前，个别特殊的商业者，也许还在陶醉于他们由货币数量测度出来的利得，但就全体商业或商人阶级来讲，他们一定不难发现：在社会生产规模日益缩小，社会财富日益减少的情形下，他们手中由货币测度的资本，不过是虚资本，是空中楼阁飘浮的烟云，只要经过一阵大风，就会吹得毫无踪影的。所以，为他们打算，他们尤需要改弦更张，设法改变他们的资本用途。然而，各别商人的资本，已经被结成一种商业资本的形态，特定的商业资本形态，已经是在一定社会经济条件下发生作用，其结果，个别商人，固不易拘束他手中的资金，只好随全体商业资本的动态为转移，而同时，整个商业资本的动态，亦并不是全由商人阶级全体所拘束。大家试一考虑商人们动辄发出的“我们也无办法”的呼声，就知道以民生主义的土地资本政策，扭转一般的趋势，在今日不仅为工业家的要求，亦应为商业家所期待。

第七篇 中国农业经济上的技术问题与社会问题

一、旧问题、新理解

在未到题目的内容之前，对于这个题目本身，须得解释一下。

所谓中国农业经济上的技术问题与社会问题，就是把整个中国农业经济作对象，而来探究它的诸般问题，而把最有包容性的技术问题与社会问题，拿来概括这诸般问题。大家都知道，中国是一个具有广大幅员和悠久历史的国家，农业经济的发展是极不平衡，极不一致的。当作整体看的农业经济上，一定有无穷无尽的问题须待探究解决。但我们是不可能的把这一切的问题并列的来讨论，所以为了说明的便利，我才从"技术"与"社会"这两方面来研究它。

农业技术问题，这是大家都知道的，它的内容也用不着在此详加说明，譬如如何有效的进行播种、施肥、灌溉、消除害虫等等，都是最基本的农业技术问题。又如如何有效的改进畜牧、森林、水利、农作物运销、保管、制造，乃至一切有关农业工作对象处理所发生的问题等等，都是属于农业经济上的技术问题。

农业经济上的社会问题，最基本的是土地所有与使用等问题，其次如农村文化问题，农村对都市隶属与对立问题，以及农村内部借贷、买卖、雇佣等等，都是属于农业经济上社会问题的范围。

事实上，这里所谓农业经济上的技术问题与社会问题，比上面具体指明的，还有较大的包容性。可以说，是指着技术性的问题与社会性的问题，它们本身就是紧密联系着的，相互渗透的。任何农业技术性的问题，都含有社会性的因子，而任何农业社会性的问题，也都含有技术性的因子。但我们之所以把它分开，提出农业技术性问题与社会性问题，不是要从二者相辅相成的关系上去理解，而是要在二者相互对立的关系上去理解。这种说法，也并不是新提出来的，而是近十余年来一般经济学者曾热烈地论争过的问题，所以我说这是旧问题，但到现在，这个旧问题，却赋有了新的内容。这是由于抗战以来，我们大规模动员了广大的民众，对于农村社会，已经发生了极大的影响，由于抗战需要，政府对于农业上采取了许多新的措施和办法。在这些措施和办法的实施过程中，无论有结果或不够结果，无论突破了何种阻力或根本为阻力所屈服，已使大家都觉得这个问题所由发生的基础，已有所改变，已有了新的内容，而这也正是新的认识。这是六年来的全民族战争所给予中国农村社会性质问题研究上的大收获。

对于这个附有新内容的旧问题，原有三个理解的方式，即：

（一）是在着重技术性的意义上去理解的，以为力求农业技术的改进（如耕作技术，乃至有关农作之一般技术——如农产品运销、水利等等），农村的很多社会问题（如佃租、农贷、雇佣等），可以迎刃而解。换言之：即农村一切变革，单从技术上努力，即可实现。

（二）是着重在社会性的意义上，以为农村社会关系如果不改进，则一切技术条件、技术问题，都无法进行。

（三）在折衷的意义上，是认定农村社会关系的变革，虽为技术发展的必需前提；但同时却又认定技术改进的一切努力，可作为农村社会关系变革的准备，正如同手工业变革到大工业，必须借旧社会解体过程中的制造业为其准备一样。

上述这三种理解方式，我们从社会观点来看，很明显的第一种理解，是把社会性问题缩小为技术性的问题，我们可称誉为“无需变革论”。第二种理解是把技术性问题扩大为社会问题，这我们可称它为“坐待变革论”。第三种理解是把技术性问题与社会性问题的限界，加以区别，并明其本末轻重，这可称为“准备变革论”。

讲到这里，读者会问：我们究竟采取哪一种理解方式？要答复这一点，我想最好还是抓住这问题的几个主要论点加以检讨，大家就会明了我们是怎样来理解这个问题。现在我想把中国论坛上对于这个问题的论点，归纳为下列五点，顺序加以检讨，作为展开本题目的说明。

二、论点一：中国农村社会早经变革，只求技术改革便行了

这论点有一个前提：即认定农业技术上的变革，须以社会关系变革为其前提的。这是从事实逻辑上出来的，认为英、美、德、俄、日等先进国家，都是先改革农村社会关系，然后生产技术便在新的社会关系中实现改革的程序。如法国是在一七八九年大革命中，把一切旧的传统制度，都给摧覆了，然后经拿破仑时代（一七九九——一八一五），到复古王朝时期，国内生产技术，才一般的发达起来。德国是在一八四八年“三月革命”后，才实现这种技术上的变革。俄国虽在彼得大帝时代，实施过“移花接木”的产业化的办法；但俄国国内生产技术一般的改进，还是到一八六一年“农奴解放”后才实现，日本农业技术，也是到明治六年的“地租改正”以后才有发展。这些先进国家都是通过了社会关系的变革，农业技术的改进才能实现的。

这种社会改革的内容，是包括了下列两个命运：

(A)解除农奴的一切封建义务束缚。

(B)土地与劳力得自由买卖。

因为在典型的封建社会里，土地是属于少数领主所有的，劳动力是束缚在土地上的，在社会关系改革以后，土地可以自由买卖，劳动力也就从在土地的封建关系上游离出来，也可自由买卖，资本也可自由利用，在自由竞争下，生产技术得到刺激而迅速发展。中国关于两方面，早就取得了的，因此，我们认为中国农业经济上的问题，只是技术问题了。

是的，中国自秦汉以来，土地一向是自由买卖的，其中只有南北朝和唐代所行的均田制，曾一度限制自由买卖。但也只是限制，并未绝对限制土地不能自由买卖，由于土地可以自由买卖，劳动力对于土地的附属性是减少了，从而劳动力也可以自由买卖。这在外观上看来，说中国农村社会关系早经变革了，也似乎很对。但问题是在中国农村社会关系既早经变革，何以技术上的改革不能实现？问题逼迫我们去考察究明，就在此。

要探究这原因所在，我们是不能离开中国社会本质的特征来考究的，只有把握中国社会经济结构自秦汉以后与西欧诸先进的资本主义国家农

村社会关系改革后的社会经济结构本质上有何不同，再从这些相异点去分析解剖，我们才能得到理解。

很显然的，中国自秦汉以后的社会经济结构，与西欧诸国和日本的封建社会，有一个根本不同的基础。即：

（一）中国是地主经济，西欧诸国和日本的封建社会基础是领主经济。这不同基础造成的原因，现在我们没有充裕的时间来讲，现在只能就这不同的基础，对于农业技术上的改革有何影响，予以简略的说明：

在领主经济之下，土地劳力都是不自由的。但在地主经济之下，土地可以自由买卖，劳力也可自由买卖，这一点是说明中国封建经济的进步性，也是中国封建社会发展在较高程度的说明。可是在这种进步性中，却体含着一种妨碍中国社会经济正常发展的因素，这就是在地主经济之下，土地既可自由买卖，有钱人就多半把钱用于购买土地。因为在封建社会，一个人地位身份的高低，是看他有多少土地来表度的，土地越多，地位身份也越高，权势也就越大。秦汉以后，权贵显宦之流，大多数是出身于地主阶级，而拥有巨量的土地，这我们只要翻阅中国封建社会的历史，就可知道。

在地主经济基础上而产生的封建政治制度，又是向心的、集权的。在统一集权的政治制度下，商业一定是相当发达的；因为在集权的政治制度下，是设官而治、给俸而食的，人民向政府缴纳的赋税，是直缴到中央，再由中央发给各地的俸禄阶级，这种巨量贡纳物资的流转，对于商业的发展是起着很大的作用的。但商业繁荣所累积起来的商业资本，在重农轻商的压抑下，得不到正当的发展，从而便转入于土地投资，流入农村的资本投入土地买卖上愈多，则用于农业生产上的资金也就相对的愈少，因此我国农业上的生产，总是在单纯的再生产行程中循环着，这是我们社会生产技术不能发生革命的大原因所在。

（二）我们的封建社会，虽有上述的进步性，但这种进步性是非常有限的。近代无论哪一个国家的土地改革，除却土地与劳动力可以自由买卖以外，还有合理的地租关系的确立，所谓“合理”是有下两种解释：

（A）地租率不得高于一般资本的利息程度。

（B）地主与佃农的租佃关系是确定的，是不能任意增减的。

此外许多国家的政治力量使农民得到耕种的土地。这是现代化土地改革的内容。我们的土地虽早就有了自由买卖，但现代化的佃租关系是没有确立，因此，地主可以任意提高租额，租率既高于其他各种资本的利润，在重农抑商的传统习俗下，不特商业高利贷资本循环地转为土地资本，就是一般地主取自农民的地租，除一部份自己直接消耗外，其余都概行转为土地投资，这是造成中国历代土地兼并炽烈的主要原因所在，也就是中国历史上循环不断的农民战争所由来。

这种地主经济的特性，一方面使中国封建社会的不固定，一朝一朝，一次一次的再生产出来。

讲到这里，大家对于中国农村社会关系变革虽早，而不能实现技术上的改革这一疑点，也不难明白了。所以认定中国农业经济问题只是技术性的问题，那是根本抹煞了中国社会本质而立论的。

三、论点二：不通过农村社会的变革，技术亦不难改进

这是认定中国农村社会关系虽未曾变革，但技术的改进是可以实现的。这论点，也是以事实来说明，就是把中国封建社会作为实例的。中国是两千年的封建国家，但中国农业技术，早已有了高度的发达，如灌溉、施肥、轮栽、深耕，农器专门化的应用，畜力、风力、水力的利用等等，这些技术所发展到的高度，是欧洲和日本各封建国家所不及的。

是的，中国农业技术老早就发达到相当的高度，这是事实，谁也不能否认的。这原因是有下列几点：

（一）中国是地主经济。在领主经济之下，农奴除把自己生产物的一大部分纳缴领主以外，还要替领主服各种劳役。因此，不独农奴手中大部生产物被榨去，而且剩下的劳动时间也被领主夺去，这对于农奴生产上技术上的改进，在正面说是一大妨害；但领主与农奴间的生活，却又是相互保证的；领主是靠农奴供给生产物和劳役以度其庄园小天地的生活，而农奴最低的生活水准，领主亦得予以维持，这对于农奴生产技术的改进，在反面说来，是缺乏刺激性的。但地主经济就不同了，农民除纳粮纳租外，剩余的生产物是属于自己所有，且还有机会可以爬上地主阶级，因此，在地主经济下，一般农民，都愿设法谋自己生产技术的改进，这是从正面来

说的。但就反面来看，地主经济下的农民，在人格身份关系上，他们是平等的。因此，农民的最低生活，是没有像农奴那样还有领主予以最低限的维持，这种贫富的伸缩性，是比农奴为大，亦可以刺激生产技术的改进。这也是中国封建社会农业技术能发达到相当高度的原因之一。

(二)历代王朝，一代没落，一代又再生。每值一王朝没落的前夜，中国社会的情形是有人无土。因为土地都集中到少数豪绅大贾的手中去了，故一般农民都在土地兼并过程中被挤排出来了，结果是"壮者散之四方，老者死于沟壑"，又变成有土无人的局面。在混乱破坏的过程中，虽然旧的许多技术大多被摧毁了；但这只是一面，在另一面，因新兴王朝的统治者，百官俸禄全是靠农民"出粟米麻以事其上"，故每值新兴王朝的初年，统治者不仅要"勤勉百姓使力作毋偷，怀乐家室，重去乡里"，而且还能"轻税薄敛""取于民有制"。各种农业上的技术莫不尽其奖励，以求增加生产，以免"仓廪空虚"，从而技术又得到复兴。这也是中国封建社会农业技术在战乱摧毁之后得再兴起的原因所在。加之各朝不断的扩大领土，各地自然条件和技术的不同，由于政治的统一和文化的汇流，易使各地条件不同的技术和生产经验，能更综合，能更充实。且各次农民战争中，社会生产力虽遭受严重的破坏，但优良的技术，仍有部分的保留下来。

有此上述原因，故中国封建社会的农业生产技术，得以发展到相当高度。

讲到这里，读者也许以为这一个论点是十分正确，中国农业技术的改进，无待社会关系改革，也可以实现的。但这是把问题的内容弄错了。我们所谓"技术"，不是指封建社会的，而是指现代的。这论点的最大毛病，就是把不同的特定社会的技术混同了。事实上，中国农业技术是不能拿来与现代化了的各国比较的。因为二者是属于不同社会的不同种类的。我常听到许多农业研究者的朋友说："我们对于中国农业技术的改进，好像没有什么帮助似的"，事实上也确是如此。这原因就是由于我们所学的技术，是现代的东西，它要适用到中国农业上，还差了许多社会的条件。因此，要把现代性的技术移植到中国来，在我们社会关系的适应上，就随在会碰到格格不入的地方。这是从事农业技术研究曾参与过中国农业技术改进运动的人，都能体验得到的，所以把中国社会的技术，一律的当作现代性的东西来理解，那不可避免的要作出错误的结论。

四、论点三：技术上累积的改进，可以促使农村社会关系的变革

这个论点，是以两个前例作根据的，即农村社会变革与技术变革有两个形态，一个是法国形态，一个是英国形态，法国在大革命前是重商主义盛行到最高度的国家。重商主义争取对外贸易的出超，是以牺牲农业来实现的，故在重商主义盛行下，法国农业是受到极大压抑的，这已用不着详说，一七八九年的大革命，虽然把旧的农村社会关系改变了，但农业技术的一般改进，还是到一八二五年英国机械输出解禁后，才自英国输入大批机械，农业技术的改进才真正实现，足见技术的改进，仅有社会关系的改变，还是不能实现。

英国社会由封建转入现代社会，是没有像法国那样采取激烈的方式，只是采取缓缓渐进的方式，她的农业技术的改革，是地主与农民相互协力实现的。这是因为英国地主贵族阶级与法国不同，他们是不像法国的地主贵族那样都集住在都市，穷奢极欲地过着特殊阶级的生活，尽情地向农村榨取，而是大多住居农村中，因此，他们是深知农民的艰苦情形，故能协助农民，改进技术。

中国东北与江浙一部分地方机械的利用，也可说明技术上累积的改进，是可以促使农村社会关系变革的。

上述这论点的说法，我们如果详为剖析，是不难看出她的毛病的。法国可不必讲。现只就英国来予以分析：英国地主对于英国农业的改进确是尽了很大的协助力量。此中原因，仅归之于地主对农民的同情进而协助，那是很皮毛的看法。我们知道：英国从十六世纪到十八世纪这一期间，她已在世界各地取得了广大的殖民地，使英国积累了巨量的财富，这些财富对于英国产业革命，是起了极大的促进作用的。但在产业革命未发生之前，这些财富大部分是流入农村。故英国农业技术在此项巨量外来的财富润泽下得到改进，由此可知英国农业技术上的改进，并不是专靠地主协助来实现的。

我们东北与江浙一部分技术的改革，程度如何？是不易得到正确的材料。不过就个人估测，那些地方即使未被敌人占领，也不易收到社会逐

渐改革之效，因为我们社会条件未变革，仅一部分的技术条件，是不会成功的。欧西诸国的产业革命，是机器驱逐劳动；而我们中国恰相反，是劳动驱逐机器。这种劳动驱逐机器，在我们这个国家已成常态，而江浙一部分地方使用机器，反而是变态。在劳动驱逐机器的社会里，新的技术自然是无法增长起来。何以中国社会产生此种劳动驱逐机器的事实？这是中国社会本质诸条件决定了的。我们的农村近百年来是经常的处于破产状况中。城市工业还幼稚得可怜，不能大量吸收农村游离出来的产业预备军，他们只好积留在破产的农村里，接受低额的工资，以图延续自己的生命；而一般有钱的土地经营者，在他们眼目中的估计，与其购备机械，反不如雇用低廉工资劳动反而合算。因为机械的使用，不仅受现存土地所有面积零碎与位置参差的限制；而且远不如劳动的活动。劳动活动驱逐机械的现象，并不是偶然的，而是社会本质诸条件决定了的。

但读者会反问：何以江浙一部分地方又有使用机器呢？这也不难解释的。江浙一部分地方使用机械，并不是一般农民自己购备的，而是某些商人为出租赚钱而购置的。这与农业资本家是大不相同的。这也就说明了中国社会生产还是如何的在受商业资本支配着啊！在这种场合之下，政府予以帮助，也许可能获得部分的成果，但要全面的收较大的实效，却是很难的。

五、论点四：通过合作方式，可以变革社会农业技术，同时变革农村社会生产关系

这是认定农村买卖、贷借（即商业利贷）是限制农村技术发展的生死关头，商业的利贷等活动之所以能猖獗起来，是由于农民的散漫，不能协力合作所造成。如果能通过合作方式，把农民组织起来，使其协力合作，那不仅可使农业技术改进，同时还可使农村社会的生产关系变革。

这不仅是许多中国人是这样主张，就是不少外国专家也是这样看法，我在抗战以前亦曾是抱着这种幻想。可是抗战六年来现实的经济，却证明了我们这种想法太乐观了。

我们知道“合作”是到十九世纪后半期才产生的一种经济制度，当时德、丹、法诸国，因为国土内产业上发展的不平衡，落后经济部门还不免受

商业高利贷的蹂躏，于是，有心的社会人士，认定要避免农业生产品受商业高利贷者的控制和垄断，必须使他们在买卖关系上，在借贷关系上，自己结合起来。自从这种合作运动产生，他们的农民确实得到了不少的好处，中国自华洋义赈会于一九二三年创办合作事业以来，到现在已有二十多年历史了。由于从事合作运动的人多方努力，延至抗战期中，不仅在农业方面极力的推广，在工业方面亦得到相当的发展。这种劳绩，是谁也不能抹煞的。但我们的农村何以到现在仍然广泛的、全面的受商人和高利贷者的控制和垄断呢？最基本的原因，当然是因为我们农村的社会关系，还是商业和高利贷业者活动的温床。也许有人会提出这样的反问：我们的农村落后关系，同现代先进国家的落后经济部门，都是以“落后”的原因，而招致商业及高利贷的活动。为何它们这些国家的商业高利贷活动，可借合作事业来予以拑制，而我们的合作事业，为什么就不能获得这样结果呢？这无疑是一种“智慧的”反击，但我们正好需要借此来说明其中的症结。

先进诸国的经济落后部门的商业高利贷活动能被拑制，那是因为这一切落后性的资本的活动，已经在前进的经济部门，失掉了活动的存在的基础。产业愈向前发展，它们可能活动的范围愈狭，它们将不绝为产业所革命。简言之，它们的社会生产关系已经变革了，总的经济发展动向，已经于商业及高利贷一类落后资本形态不利了，所以，借着微温性的改良的合作方面，就容易把那种倾向改变过来。不过，借合作方式来从买卖关系贷借关系上拑制落后的农业及高利贷业为一事，借合作来医治资本主义剥削的痼疾为又一事，后者不是我们在这里所需说明的。

至于中国，社会经济的总动态，还是有利于落后资本形态，而不利于进步的资本形态。产业不但不能革商业的命，商业还支配着产业。在这种情形下，要想借合作来根本限制商业高利贷那是决难做到的，事实上，对于农村的合作贷款，显然未深入农村，大多是偏于农产品的运销方面，很少直接投入农业生产领域中，而且普通都是以短期的小额的信用贷款为主，农贷不能直接参加到农业生产领域，在输销上就容易变为商业高利贷资本，因此，我们的合作贷款，不独没有解除商业高利贷的垄断，在有些场合，竟不免变为商业高利贷资本的附庸。因此，年来政府苦心孤诣所经营的农贷，往往不免在中途变了质，被转化为商业资本或土地资本。据报纸所载，不少工业贷款也往往逃不了这种转化的厄运。由此可知合作的方式，在它所需的其他社会条件未配合齐备时，是不易单独运用它来突破社会难关的。这只要留心当前的合作事实，就很易明了。有些人眼看到其他先进国家运用合作事业所收的效果，满以为我们推行起来同样可成功。殊不知一种经济制度或政策的实施，要想其得预期的效果，主观人事的努力，固为其不可缺少的因素，而客观社会条件的配合，却是决定其得失的枢纽，忽略此项社会条件的配合，在主观的人事努力下，虽不会是徒劳无益，但充其量，也只能获得“功半事倍”的结果。

六、论点五：由工业方面的建设，可以领导地促成农村生产技术和社会关系的变革

这是工业领导农业的理论。主张此论的很多，不仅是主张，而且已实行很久了。主此说的理由是：农业上各种传统的习惯技术不易革除，它是分散的，且受各种自然条件所限制，要使其变革，总比工业为困难，如果把力量集中于都市方面的工业，是比较要容易收效，近代不少国家的现代化都是这样做来的。

这种讲话，固然是有事实的根据，但它却没有顾及到中国内在的条件，我们把国中产业发展的条件予以考察，就会发觉这样说法，是很有问题的。我们暂且把产业发展所必备的关税权和货币工资权等等条件舍而不讲，仅就农村与都市的关系来说，就不难察觉这种主张在我们这个社会还不易走得通的。事实上，工业与农业是不像一般想像那样分得清楚的，都市工业的发展，一面是把农村作为原料和劳动力的供给地，一面又是把农村作为工业生产品的消费场，这两方面都不是农村在传统静态下可以成就的使命。以全力从事都市建设，如果农村问题没有得到合理的解决，那么发展都市工业所需要的劳动力，在中国目前，虽然可勉强不成问题，但原料的供给，工业生产品的销售，就大有问题，因为农村问题得不到合理的解决，农业生产是影响很大的，专靠海外去攫取原料，中国本身就更没有具备那些条件。在另一面，广大的农民在一小片土地上过着很低水准的物质生活，单纯的再生产尚无法继续维持，哪里又能提高我们的购买力，来享受都市工业品？事实上，中国产业自甲午战争以后，就大规模的

开始了，但半世纪以来，都市工业的建设之所以得不到成果，帝国主义的经济压抑，固然是外来的重大妨碍因素；而我们现在的农村关系改革的不够，未尝不是主要的原因。近十余年来，国内一般从事工业建设者，在经验的教训下，才明白此路不通，才想到农村改革的重要。可是这一转向，又很不中用的认定农村可以孤立的变革，甚之竟有重农主义的出现，竟主张用农业去领导工业革命了，这都是没有顾及到中国社会本身条件的庸俗主张。

七、总结论

上面已将各种论点归纳简略的检讨了，现在我想对于这个题目，总括的加以说明，作为本题目研究的结论：

（一）我们把中国农业经济作为问题研究，是为了说明的便利，事实上，它与整个中国社会经济纵的横的关系分离不开的，只有在整个社会经济基础上，全面的发展的意境上予以把捉，才能作科学性的说明。

（二）中国封建的特质，在现代化过程中的中国，一般的经济情况和经济条件，始终在拘束着限制着我们农业经济上的一切问题。这就是说：中国农业技术与社会的改革，一向是被中国封建社会的实质在支配着、作用着。

（三）在现存的农村社会关系之下，我们绝对不能希望中国农村的技术有何等重大的改进前途，因为封建的障碍没有澈底的铲除，土地所有与使用之矛盾未能解决，农业上一切技术的改革，是照例会受到阻碍的，但虽然如此，

（四）在农村社会关系未有根本变革以前，我们决不能忽视：

(1)技术上努力的准备作用——技术即使在新的农村社会关系之下，亦不能突变，只能依着已有的技术基础来变。因此，我们若能在技术上建立一点基础，那么一旦社会关系改革实现，对于技术的改革也就更易实现。

(2)技术上努力的助成作用——在农业经济不平衡发展和不同一方式发展的情形下，技术改进的容受性、可能性，各地方也许不同，但绝不是没有，在可能范围的任一努力，都可能直接间接发生助成农村社会关系变

革的作用。技术上努力的成果，不仅可作社会改革的准备，而且更会显出社会改革的要求程度来。

（五）在抗战过程中，政府对于农业上的改革，虽还未全面的采取　国父中山先生的整个民生政策，但有关民生政策初步实施的诸种新办法不绝的试行，总算是朝向这方面一步步的推进，这固然是抗战以来现实经济危机迫切的要求，但也未尝不是近数年来技术上的努力有以促成。甚至技术上努力的失败，也可以从消极方面，来说明、来反证这些努力对于旧的农村社会关系的变革要求。

（六）现在已经是处于农村社会变革的前夜了，已经是民生主义经济澈底实现的前夜了，技术的需要更为迫切。希望我们从事农村技术的研究者加倍努力。

第八篇 战时经济的重要性及中国战时经济政策

一、问题的重心

这个题目所包括的两个部分——战时经济的重要性和中国的战时经济政策，分别来讲，都是非常习见的，都像是任何一个肯留心经济问题的人，可以不大假思索，诉之于常识即可得到概略的理解的。但也许正是因为大家太轻易用常识来处理这种问题，横在这种问题中的，需要用科学来释明的地方，就无形受了过于丰富的常识的障碍。“谬种流传，演为故智”，只在问题的表面上做文章的经济研究者，事实上，无异在为流行的常识所领导。因此，我们目前像有这样一个似乎矛盾的要求：愈为大家谈得烂熟的自明的问题，就是愈需要加以科学分析的问题。

由战时的经济的重要性，谈到中国的经济政策，仔细考虑起来，这问题是比我们偶然想到的要复杂得多困难得多的。

首先，站在落后经济的国家的立场，过于强调经济在战争中的重要性，就像无形采取了“经济决定一切”的硬性命题，而把“精神战胜物质”的作用轻视了。在这里，我们应当明了：文字对于现实的表达，往往是要加上不少的限界语辞，然后始不致失之“过甚”或“不够”的。我相信：“经济决定一切”的绝对表现，就是百分之百的物质主义者，似亦不致贸然予以支持；同时，“精神战胜物质”的绝对表现，恐亦非百分之百的观念主义者所能遽然接受。这两个相反的命题，都只有相对的意义。也如在其他一切方面一样，经济和精神在战争上的作用，是各别有其一定限界的。说经济决定战争的命运，是表示战争在任何场合，都须把物质的条件，作为它进行的基础。尽管物质条件具备了，并不一定就能保障其作战精神的团结奋斗，正如物质条件没有具备，亦不一定就能保障其作战精神的团结和奋励一样。大约在物质条件相等的作战对手国，说战斗精神强旺者胜，是没有什么讲不通的。若在物质条件悬殊的两对手国，则在物质条件处于劣等地位的国家，一方面固须格外振奋精神，以补充其物质的短缺，但同时却应明了：那种精神不是无所依恃、无所根据而能凭空发挥的。像中国这样一个被侵略、被迫而作战的国家，求解放、求自存的意志，当然可以淬厉我们的战斗精神；当然不妨为了振奋士气，而昌言“精神战胜物质”。但要使我们那种精神不致浪费，或者更大有所发挥，我们就毋宁要强调经济在这种场合的决定作用。至少，我们亦不应因为过于强调精神方面，以致分散了减轻了我们对于物质条件方面的注意。

表现在我们面前的现代性战争，已够唤起我们现代性的理解了。

但我们一般人，乃至一般战时经济研究等，仍复有不少“蓬心未革”的地方，这原因，也许有一部份是由于认识这种问题的需要具备的基本原理，还不易对一般太习惯了的常识取得优势地位。

二、战时的经济的重要性

我们说战斗精神，在相当范围内，须得通过作战物质条件，或依赖作战物质条件而表现、而发挥，那已表明了经济在战争过程中，该是处在如何重要的地位。但经济对于战争的重要性的认识，是随着经济愈来愈益增加其重要性的现实战争过程而展开，同时也还是随着现代经济组织，愈来愈益变为战斗核心组织的事实而展开。一般来讲，现实的发展，是超在认识的发展前面的。而我们在现代经济水准上，差不多是一种不具体的经济组织，当然不易使我们对于经济和战争的关系，具有如何健全的组织，不错，我们在认识上的这种现实的限界，是可能因为我们实行参加现代性的战斗，因为我们已经变为大范围的世界性战争的一员，而多少留有超脱扩展之余地的。事实上，我们社会论坛关于这一方，不已在流布着各种强调经济之特殊重要性的理论么？

最直截了当但却未免失了单纯，而又容易引起误解的表现方式，那是所谓“战争的第一个要求是钱，第二个要求是钱，第三个要求是钱”，从国家的财政观点来看，这也许是对的。但钱的解释，如果被限定在包括有硬币的货币方面，我们就很容易被导向一种错误的认识，以为加紧开采金银矿，加紧印刷钞票，就可能从事战争。其实，货币对于战争的最大贡献，亦只能在集散人力物力上尽着流通周转的机能。并且，我们在下面将会证明，愈是现代化了的国家，它的战时经济，愈会否定货币的这种作用，愈只需要把货币作为价值增减、变动、流转的登记尺度。

与这种强调货币的说法，同样脍炙人口但却仍旧不能把经济的重要性完全表示出来的观察，是即所谓三 m 主义：第一个 m 是指着人(man)，第二个 m 是指着钱(money)，第三个 m 是指着物质或军需品(munition)。在钱或货币以外，提论到人力同物资，这是比较包括了。但人和物的质与量，其集中与分散，不是从它们本身可得到说明的。于是，

又有所谓战时经济六因素论，在上述三者外，更把交通、技术及生产组织涵括起来。列举总是不免遗漏的。其实，经济的重要性，并不是要把它对战争贡献的每一方面都指点出来，而是要对它和战争的关系，有一个基本的理解。

最后，我们可就包括无遗的所谓总力战或全面战，来说明经济在其中所扮演的根本作用。总力战或全面战的意思，是动员全社会一切人力物力直接间接来参加战争。但何以能做到这点呢？这就非把战争动员中的经济作用加以分析不可。

首先，我们得明了：总动员或总力战，总是以经济为基础。我们没有在这里详细说明此点的余裕。单就人力这个要素来讲，其可能动员、可能利用的量与质，都受了经济条件和约束。一国国民之变成军队，是把一定的军需品，一定的装备，作为它的前提。愈到现代，一个士兵所需要的物质装备，已经够使动员的人数，受到莫大的限制了。同时，继续维持大规模的战斗，又非有一部分人经常继续从事生产劳动不可。大约，一国社会生产劳动力愈低，它维持前线一定作战人数所需要生产劳动的人数愈多，换言之，即可能动员到前线的人数愈少。不过，这里有一个相互乘除的事实存在，即生产不发达的国家的军队，其装备比较简单，从而，维持其比较简单装备的生产劳动人数，也比较不多。但一般说来，军队的装备与社会劳动生产力，终不免是限制动员人数的两大妨碍。所以，在以前小农经济体制下，一国只能动员其全国民 5%或 6%。在产业资本主义时代，直接参加战斗的人数，还不过占全国民 10%。而在帝国主义时代的第一次大战中，各交战国动员到战争过程中的人数，已达到了全国民的 15%或

20%。在此次战争中,每个作战者的物质装备,无疑是加多了,但一般社会劳动生产力,却在以更大的比例增加。所以,此次动员到战争中的人数,有些国家,或许已超过出30%。但上面还都是就量上讲的。如其我们不否认量变质亦变的原理,就知道被动员出来的5%的那种兵员和被动员出来的20%乃至30%的那种兵员,有着极其不同的本质。小农经济体制下的人民,一般是安土重迁,怕变动,不习惯冒险,且是散漫而迄未经过集体规律训练的。这和从现代产业组织里面陶冶过来的劳动军,在观念上,在使用武器的技能上,同仇敌忾的国家观念上,都极不相同。

其次,我们还应该明了:总动员和全面战,都是以经济为贯通、联络与集中、配调的脉络,由后方到前方,由一个战区到另一个战区,由一种部队到其他种部队,以及在同一种部队里面的有关联系,及其间人力与物力的有机配合,都不是在战争过程中,按着指挥者的想像或精密的设计所能完成的工作,那全部工作可以说是在平时就已经在经济上有了准备。比如,人与物的集散调配,所依赖于交通工具者至大,但大量的交通工具,特别是运用种种交通工具的技术工作者,都须在平时经济过程中产生出来、冶锻出来,到了战时始有办法。交通工具之效率的发挥,是表现在时间的节省上。在战争当中,时间关系战争的命运及作战者的生命;而在经济活动上,时间则关系企业者的荷包。如何按照最经济最迅速的步骤,使货物或劳动者运转到一定目的上,那正是指挥作战者,要求使一定数量的人马粮秣,最迅速有效的输配到战场所需借镜、所需则效的方法。总力战的有机性,最依赖于经济的有机性来达成的。

最后,我们甚至可以说,现代战斗机构,是现代经济的应用和加强。现代产业的组织,在其本身就是一个劳动营的编制。各个生产单位在纵的方面横的方面,都与其他单位相并构成一个有机的系列,对战斗机构提供了组织上不少的便利。即使是商业的供应运输机构,亦变成了战时物资配给的有效关节。如其我们不妨把现代战争中的干部人员全体,看作是战斗机构中最生动的部份,那班人纵令不完全从事产业活动的人,但他们一定是很了解现代产业组织的人。现代性的战斗机构,是把现代性经济机构中最有效的部份移用过来利用过来的结果。

三、战时经济的总轮廓

我们前面所指述的经济对于战争的重要性，是把和平经济或平时经济作为认识的出发点。平时经济对于战争贡献的大小，一是取决于产业发展的程度，一是取决于平时经济战时经济化的程度。大约产业愈发达的社会，其平时经济战时化的可能性愈大。

在第一次世界大战以后，“战时经济”已当作一个特殊体制在为人所讨论着，甚至还有所谓专门研究战时经济的“战时经济学”的产生。我们这里是指出以次三个要点，用以概括战时经济的全内容：

战时经济的第一个要点，就是自由经济的统制经济化。

现代资本主义经济的特质之一，就在社会每个经济活动的主体，都有法律上的自由。他没有钱，愿意从事哪种劳动；他有了钱，愿意从事哪种企业，都可以按照他自己的打算做去。成功与失败，都是他自己的责任。这种自由主义经济体制，到了产业革命的第二期，即前世纪最后数十年间，已经有了不少的改变。加特尔、辛迪克、托拉斯等经济组织的出现，个人的经济活动自由，已受到了限制，为了减少牺牲，保证利得，个人已不惜尽量限制自己的自由活动，以便给予自己所参加的组合或产业团体，以较大的便利与实力；更进一步，为了减少牺牲，保证利得，各企业团体已不惜尽量限制一己的自由活动，以便给予自己可能左右的国家或政府，以较大的便利与实力。这种演变的程序，正好符合资本主义向帝国主义阶段转化的要求。第一次帝国主义战争，是在这种经济基础上进行的。由第一次大战到此次大战的过程中，许多国家依据上次战争的经验，在其备战的阶段，就已经把原有的统制经济化的倾向，更广泛更澈底的加强；一到战争爆发，所有由私人乃至由任何企业组织，还在不妨碍战争预备的条件下保有的些许自由活动，亦全面的受到限制，到了这种场合，自由主义经济乃如实的统制主义化了。

战时经济的第二个要点，就是私经济公经济化。

这里所谓私经济，就是指着现代国民经济或个人主义经济。这种经济与上述的自由经济，正好是相切相涵；而且，一定要企业或产业为私人所有，他对于可能扩大或增殖其财产的自由活动的要求，始有现实的意义。所以，在自由主义经济发达到顶点的时期，也正好是个人主义私经济充分发达的时期。一旦在资本主义体制演变过程上，自由经济不得不让位于统制经济，这种私经济也伴着开始其公经济化的程序，不过，这所谓公经济的意思，大体有两个涵义，一是指着社会化，一是指着国家化。而在一般资本主义国家，更像能给予人以国家化的外观。因为统制经济的实施，就是国家对于经济干涉权力的行使，国家在必要的场合，特别在战争的场合，得以命令停止或并合或征用任何经济部门的产业及其生产成果，这就仿佛国家真的做了全国经济的主人。事实上，私经济公经济化的限界，除了国家直接经营的若干产业外，其余都不过是国家对于私人的产业，暂时的或部分的取得其使用权，或者暂时的部分的限制其使用权，而对于该产业的所有权，并不因此忽视，反之，甚或因此更加予以保障了，而且，像这种公经济化的内容，还是把以次这种事实作为前提，即在现实战争中，乃至在备战过程中，一切物资差不多都是为战争国家而消费，即国家变成了社会最大的消费者，它控制着消费，它就可能连带控制着被消费的生产物的生产，生产的消费的关节把握在国家手中，于是：

战时经济的第三个要点，就是货币经济的自然经济化。

本来，自由主义的商品经济，从它流通过程的另一个方面来看，就是货币经济。商品生产的最显著特征，是生产出来的东西，都须卖出，而用以生产的东西，都须买进，商品进出的运动，在另一方面，那是货币的出进运动。此种货币经济，是以商品不绝通过市场，由甲手转到乙手的事实作为其存在的基础。一旦商品的流通受到阻碍，或者被迫统制，此货币的流通，亦相应以同一程度，遭受妨阻。货币经济是在自由经济，是在私经济，分别向着统制经济化、公经济化的那一瞬间，就开始其自然经济化的端绪。但其全面的在广大范围内自然经济化，却是发生于战争过程中。我们已讲到战时社会的主要消费者主要生产者是国家，国家把生产与消费统制的统一起来，其中间的商业化过程就无形的缩减或消失了。大大小小的工厂或农场的生产，不是由国家指定，就是对国家有优先供应的义务，而它们生产所需的原料及其他生产手段乃至劳动力，亦同时由国家依统制的方式予以供给。国家主要的收支几乎都是采行实物的形式，而其对外贸易又是应用记帐的租借方式。所有这一切的战时经济活动，几无一不排斥货币，而使原有的货币经济形态自然经济化。

四、中国战时经济的基本认识

战时经济的具体内容，既如上面所说，是自由经济统制经济化，是私经济公经济化，是货币经济自然经济化；并且这种演化的趋势，还是存在于资本主义经济的内在发展中。但加强或促进这种趋势，使其适应战争的要求，则是战时经济政策之中心的或主要的课题。我们现在不想进一步去考察当前各参战国家的经济政策，是否收到了预期的效果，即是否使其平时经济，达成了战争所要求的统制经济化、公经济化，或自然经济化的任务。我们的目的，宁在利用前面有关战时经济的分析，用来检点我们的战时经济。

从表象上看来，我们的战时经济，也像是在走着统制经济化、公经济化、自然经济化的路。我们在一切经济活动方面，差不多都采行了干涉统制的步骤，许多较大规模的企业经营，几乎全是由国家拿出资本，至少，亦是在国家资助之下，由官方予以监督，公经济化的倾向是表现非常明白的；至于自然经济复归的倾向，已经由政府征收实物、发放实物和民间借贷关系、支付关系，乃至一部分买卖关系的结成，都不通过货币却系通过现物的事实，予以说明。我们原希望中国战时经济，能急起直追的赶上诸先进国家，但当我们执行战时经济政策以便加强或促进上述诸倾向时，万不宜忽视经济学为我们指明出来了的基本原理。即现代的所谓统制经济，虽然在一方面是对于自由经济的排斥，但同时，却是以自由经济为基础。公经济化，是在极度发达了的经济基础上进行；自然经济化，是在极度发达了的货币经济基础上进行。其所以如此的原因，就自由经济与统制经济关系来说，即国统制经济是把全社会的诸般经济事象，加以高度综合的组织，使其发生更密切的有机的联系。一切妨阻自由经济的地域的特权的诸障碍，一定会妨阻统制经济的推行。必须通过自由经济，把这诸般障碍打破了，统制经济始得依照一定的步骤、一定的计划畅行无阻。在被统制的全范围内，不允许一个以上的命令机关存在。如其甲一统制计划，乙一统制计划；甲地区一统制计划，乙地区一统制计划，结果必会发生相互抵触、相互牵制的反统制现象。我们的自由主义经济，是不曾全面建立起来的。在残缺不全的自由经济基础上，当然不能希望成就高度有机化的统制经济。但问题不是在我们究应完成何种程度何种范畴的统制经济形态，而是在我们采行统制步骤时，切不要忘记：我们在打破地区限制、打破封建特权的场合，同时还要强调自由经济。未曾受到自由惠泽的流通，根本无法统制；未曾受到自由惠泽的生产，也根本无法统制，统制只是扬弃自由，而不是否定自由。

再就公经济与私经济的关系来说罢。这两种经济形态，亦是不能完全在对立的意义上去理解的，我们已经指明：公经济化并不是取消私经济或代替私经济，在一般资本主义国家，只不过是暂时限制私人经济的使用权罢了。当然，许多国家在战争过程中，为了特殊的需要，曾由国家直接出资建立了各种大规模企业，而国家的资本来源，则至少有一部分是得自赋税，这无疑也是一个公经济化的方式。不过，这种种方式，在我们实行起来，都有不少的障碍。因为我们这里所谓私经济，主要是指着各种现代型的企业财产，一定要现代型的各种企业，在个人主义自由主义政策下，充分发达起来了，国家在战时始可依动员的方式，暂时取得其使用权，暂时利用其集中的企业形态，以整备战时经济体制；或者把这些大规模企业财产，当作大宗赋税来源，以便增扩国家资本。而在我国，私经济或国民经济既不曾确立起基础，征用私人企业的使用权，固然无济于事；向私人征收企业财产税，借作扩张国家资本的用途，亦似不易做通。在此社会经济条件下，我们的私经济公经济化，就具有其不同的内容。由国家或公家创建的各种企业，极类似各国在重商主义时代所作的诸般经营，且极容易重蹈官办或官督商办时代的覆辙。不仅如此，我们的这种公经济化的趋势，不但无法利用私人企业发展所育成的优良技术、集中组织，且反而会因国家企业所必然取得的诸种优先权利，以致妨阻私经济的发达。在事实上，一切防阻私经济发达的措施，势将直接间接限制公经济化所需具备的前提条件。

最后再就自然经济与货币经济的关系来说罢！在经济进化的历程上，货币经济原是由自然经济转化过来的。货币经济再度自然经济化，很容易给人以退化的印象。但这是极其表面的观察。货币经济愈发展，愈会否定原来的自然物的交易形态，使一切流通支付关系，都以货币为媒介来进行。但货币发达到一定的限度，它原有的机能会逐渐为更简便更直接更少费用的票据来代替，以致它在结局只有了价值记号的作用。不过，货币进化到这一个程度，是以私经济社会化或公经济化为前提，是资本主义经济临到转形阶段的事。现代战争的紧迫要求，虽然把这种现象提前变态的实现了，但第一我们应明了：货币经济所由转化过来的自由经济，和货币经济将再转化的自然经济，只是名词上的类同，其本质与内容则极不一样。第二，货币没有在它转化过来的阶段，尽量克服自然经济要素，则货币没有高度的发达，还使它所作用的社会保留着浓厚的物资交换和自给自足的成分，则至少在那种限度内所转形的自然经济，就不是由货币经济转变过来，而是直接由原始自然经济变形的。我们战时经济的自然经济化，大体夹带有原始性自然经济的作用在里面，因此，我们在这方面所采行的经济政策，就不可避免的要包括以次的两重奏：即一方面使现代性的自然经济因素克服货币经济成分，如政府坚决采行的实物征收和现物支付的措施是；另一方面又使货币经济成分克服原始性的自然经济因素，如政府运用大量的法币去破坏落后地带的自给自足经济，并极力设法稳定货币价值，使其继续成为一般有效的交换媒介物的措施是。像这样，一面否定货币，一面却又肯定货币的事实，看去虽像矛盾，但我们正可由此了解问题的症结，即战时经济中的自然经济化的要求，必得以货币已成就其历史的发展为前提条件，商品货币经济的自然经济化，是不能以原始性的自然经济形态来达成的。

由上面的说明，我们知道中国的战时经济，尽管一方面在某些场合，不免要设法促成统制经济化、公经济化及自然经济化的倾向，但同时须得明了：我们造成这些倾向的前提条件，根本就不健全，于是，我们在执行经济政策时，就不但要顾及我们社会经济可能转化的限界，同时这要注意在可能范围内，保育自由经济，保育私经济，保育货币经济。这双重的任务，表明中国战时经济政策立案者，责任该如何繁重，处理问题当该如何谨慎。

五、正在进行中的战时经济政策的考察

在这里，我们没有详论中国战时实施的各种经济政策的余裕，为了说明上的便利，我们自不妨对照上述战时经济总轮廓所指明的诸般内容，并依据中国战时经济的诸基本认识，把我们正在推行中的货币政策、实物征收政策、公营企业政策及物价管制政策，分别加以评定。但这个工作是相当困难的。

特别是这些政策尚在推行中，我们不应以目前的得失，遽下最后的结论。因此，我们在这里，最好把政策推行的已有的结果，当作大家已明的事实，而特为政策的立案者乃至政策的研究考察者，提出几点可供参考的意见：

第一，所谓经济政策，是对于已有的经济动态，加以干涉、限制或促进的意思。所以，任何经济政策的立案或推行，都不能不关涉到立案者、推行者乃至研究者个人的经济利害关系，即它不能对人人都有利益。不过，经济现象是复杂而不易直看到其最后的利害得失的。即暂时在某方面对于某人有利益的政策，全般的发展的研究起来，也许不一定就有利益，甚或极其不利。因此，无论是政策的立案者、推行者，抑是观察评定者，都得超脱于自己利害关系之外。这一点当然极不容易做到，但却最必需做到。

第二，无论哪种经济政策的施行，都须经历相当的时间，始能让其作用表现出来，战时的要求是紧迫的，也许更使人不耐；战时是要求牺牲个人利益的，也许更使人对于政策的效果，不易释然。但政策的立案者施行者，事先如其能超然于一己之利害关系，详细审慎政策施行的步骤及其预期的效果、预期的困难，就需要有耐性，有突破一切非难和阻碍的毅力与决心。即公平而冷静的政策的评论者，亦不能不明了时间是任何政策表现效果的一大因素。

第三，每种有广袤性的政策，如物价管制之类，其作用是多方面的，其影响亦是多方面的。我们在推行这种政策时，固须明确把握中国社会经济根本特质，而认知其可能达成目的的限界，但同时尤须注意，这种政策实行之直接的结果及在物价问题以外之间接的结果。事实上，物价管制如能在所设定的范围内不讲情面，不怕困难的澈底施行，则由此政策推行过程中，必然要求做到的户口登记、定量分配、消费限制乃至生产扩增等等措施，定会大有助于单纯物价问题以外的一般经济状况的改进。在这种认识下，物价管制就不仅是当作一种交换过程上的消极统制手段，且可当作是生产过程上的积极增产运动；不仅是当作一种经济策略，且可当作是一种社会政治生活训练；不仅是当作战时经济设施，且可当作是战后经济的准备作业。

第四，每种经济政策的实施，都不能孤立的得到效果，一定同时要依照经济的可能有机关联，而以其他诸般政策来予以配合，比如，仍就物价管制这种政策来说，大家从表面上也不难联想到：施行物价管制，一定要牵涉到金融、交通、租税及贸易诸方面的设施的修正，但最基本的，也许容易为一般人所忽略的，却是它的有效施行，须关联到民生主义的土地政策与资本政策。因为在一个小农经济的国家，统制物价的“物”，主要就是农业生产物，农业生产物不通过土地关系来予以统制，限制物价本身的效果是要受到莫大影响的。而且关联到土地的诸种落后关系或特权关系，正是统制物价的死对头，当前最猖獗的商业资本活动，亦是在这种社会生产关系孔隙中成长起来的。

上面提出的几点意见，主要是涉及我们战时经济政策的通性，而不是分别论及其个性，主要是指明定立政策评定政策的一般客观准则，而不是对任何特定政策加以何等评正。

六、最后的话

经济在战时的重要性，大家都是知道的，但也许大家知道得不能真切，不是从战时经济的内部或内在关系去求理解，而是在表象上去求理解，所以，那种重要性并不易充分表露出来，可是，战时经济并不是到战时便自然而然的凭着战争的要求，凭着战争的意像，就能创造出来的，它是依照平时经济的基础，用各种战时经济政策，去促进、去导引、去改造的。亦就因此之故，一国平时经济的发展程度，就限制了它的战时经济政策的性质和内容，同时也决定了它的战时经济编制的可能限界。

我们依这观察方法来看中国的战时经济和战时经济政策，一定能使我们的认识，更接近真实。

由积极备战到正式抗战的近十年间，我们在经济政策方面确实有了不少的成果，法币政策是抗战敢于发动的一大推动力，粮食政策是抗战能够延续下来的一大支撑力。但由于我们一再说明的中国社会经济性质的限制，我们的战时经济政策，当然不易一一收到莫大的成功。不过，即便在那种限制之下，我们已有努力的成果，与可能期待的成果之间，似还有相当的距离。要曲尽人事，要完成客观允许我们的成就，我们不要只把责任诿之于战时经济政策的立案者和执行者，我们每个人都有责任——不仅是遵行经济法令的责任，同时还有创造舆论、指导舆论，以便修正政策、推进政策的责任。

一九四三年七月于醴陵野马轩

第九篇　中国工业建设论

这是我在中山大学工学院的讲演稿，原题为“工业建设与经济学”，经涂先求君笔录出来加以增补整理而成此篇。

一、工业建设的意义

“工业建设”这个术语的含义，看来好像十分明确，用不着加以解释，但在实际上，许多毋庸解释的术语，就最容易被滥用，也就最需要加以说明。

从科学的范畴来说，工业是历史发展的产物，是人类社会劳动的一种作业，一般把它与农业和矿业区别开来。它是以原料（通过劳动滤化的低级生产物）为劳动对象的一种加工作业。由于加工过程中所使用的劳动工具和方法的不同，通常又区分为手工业和机械工业两大类，前者是用手和简单的劳动工具，生产率较小，故又称为小工业；后者是用物理性较复杂的机械为主要劳动工具，生产率较大，故又称为大工业。这两种形态的工业，虽都是历史发展的产物，但前者在现代以前老早就有了的，只有后者是现代社会才出现的。换言之，机械工业是现代社会的产物。所谓“现代社会”也就是以这种机械作业在社会生产结构中占着最大比重为特征。我们今日所需要建设的工业，就是后面这一种机械工业，因为前一种手工业在我们的社会，还占着绝对的优势，就表识着我们社会还是一个落后的社会，还不够现代化，不够机械化。我们今日所要求的工业建设，就是要求从手工业变为机械工业。

这种从手工业到机械工业的变革，在外形上由于它所表现于物理性的巨大变化，从而很容易使人把这种变革，意识为纯技术的范畴，这自然是一种错觉，只有从历史发展的观点上来看，我们才能明白这种变革，是社会发展历程上必经过的阶段。技术物理性所表现的变形，只是这变革体现在外表上的一面。

此种社会体制发展上的变革过程，在社会科学上名之曰“工业革命”。所谓现代化了的国家，意即工业革命业已完成。我们国家不够现代化，就是我们还没有完成这一变革的过程，还正在这变革的过程中。我们今日所要求的“工业建设”，就是要求从主观的努力来加速完成这一过程，而一般所谓“工业革命”的别称，就是“产业革命”，从而我们也可以更本质的说：中国工业建设，就是要实现产业革命。不过“建设”这个概念，没有把“革命”这意思很显明的表达出来罢了。但进一步来理解，我们仍可看出“革命”是“建设”的另一面，因为“建设”是产生在破坏的对极，破坏旧的就是“革命”，把旧的破坏以后才有新的建设；换言之，新的建设是要在革命破坏后的废墟上来进行的，它是以旧的破坏为出发点，而以自身完成为终结，有怎样的破坏，才要求怎样的建设，后者是前者的产物，前者又是后者的清道工夫，一般所谓“没有革命的破坏，就不会有革命的建设”，这话是真实的。在一间破旧房子存着的同一原基面上，决不能同时又树立起新的大厦来，必须把原来旧的拆掉才不致妨碍新工程的进行，由此我们不难明白“革命”与“建设”是互为条件的，是对立同时又是统一的，没有建设的革命，固然是消极的革命，而没有革命的建设，亦是不真实的建设，我们数十年来的革命实践，其所以未能早日实现三民主义新中国的建设，帝国主义的侵略束缚摧残固为其主要原因之一；而我们的革命破坏不够澈底，旧社会残存的因素太多，从而妨害了新社会建设所需诸般条件的成长，与阻碍了新的建设工作的推行，未尝不是一个最基本的重要原因。所以我们的工业建设，还包含着打破落后的传统的旧社会因素的意思在内，这是应当认清的。

年来国内不少学者专家以及立法者，都忙于战后工业建设计划和方案的草拟，这种“未雨绸缪”的打算精神，是值得我们敬仰的。不过，把一个社会体制变革性的建设事业，仅理解为技术的范畴，而忽视现实社会存在着各种旧因素的妨害作用而不予以全盘革除，那末，我们有理由预断那种计划方案，即使草拟得极其周密堂皇，结果仍难免不成为一纸具文，数十年来，我们许多有关工业建设上的计划和方案之不易见诸实施，那都是值得我们今日谈工业建设者之检讨和反省的。

二、工业建设的诸前提条件

前面我们说明了工业建设的意义，这里我们应进而认清工业建设需要些什么前提条件。

（一）大家容易明白的前提条件

（1）物的条件——资源或原生产物，机械工具以及工厂设备等。

（2）人的条件——技术人员、技工，以及一般自由劳动者等。

（3）政治的条件——健全的币制与自主（对外）合理（对内）的税制等。

（4）社会的条件——如市场、交通、社会信用等。

上面这些前提条件，（1）（2）两项普通一般人都会明白，无用多加解释，它们可说是工业建设的本格前提条件。（3）（4）两项，在具有一般文化水准的人，也都易明白，它们也可以说是保育扶植或促进工业建设发展的重要前提条件。没有健全的币制，是不会有健全的财政系统和金融组织的，从而通过政治机构来护植工业发展所采取的各种政策之措施，就不易生效；而自主（对外）合理（对内）的税制，对于一国工业尤其是幼年期的民族工业的发育，实具有极重要的扶植作用，不少先进的工业国家都曾利用过税制作为护育工业发展的重要手段，中国近百年来对外关税自主权的丧失，便利了国际商品的倾销与资源的掠夺，给我民族工业严重打击的事实，这是众所周知的。所以对外关税权的自主，是工业建设不可缺少的前提条件。就对内来说，税制良好，它可成为调整工业各部门发展的利器。反之，它就会变为束缚工业发展的沉重桎梏，因为税制不良，关卡林立，无异堵塞物资流通，造成市场供求失调，助长商业资本独立活动。而繁重的税额，实为绞杀产业合理利润的凶器，亦即阻遏社会资本趋流于工业生产领域的障碍，当前产业界对于“虚盈实税”的一致咀咒指责，甚至借此关闭厂门，拍卖机器，就是鲜明的实例。

至于社会的条件，如市场、交通、货币、信用、资本等，对于工业建设上的重要性，更为明显。现代性的工业，它生产出来的生产品的出售和用以生产的诸要素的获得，无一不是通过市场来实现的。所以一国商品市场的广狭，也就规定了它的工业生产规模的大小和发展程度，因为商品性的生产，是需要通过市场完成其生产行程的，所以居于商品流通过程支配地位的市场条件，便成为现代生产机构再生产过程能否继续运行的决定关键。而通过市场的交换行为是要借货币的中介作用来实现的，所以现代性的产业，不仅需要广大统一的市场，而且需要统一安定的货币条件。因为货币不统一，在市场领域必体现其狭隘性，而货币本身价值不能稳定，势必惹起物价的剧烈波动，由此生产界就会受到极大的震撼。近年来我们货币价值的剧烈变动所给予产业界的严重打击是十分显著的，因为币价的迅速下跌，产业资金经生产行程一度周转之后，它所售出的产品，虽能获得货币上的名目盈余；但因人工原料及其他诸生产要素价格的猛涨，生产经营者已不能由出售得的货币额买进与前一次同等规模的生产条件，从而再生产规模必由此而缩小，所以货币的统一与其价值的稳定，实为工业建设的重要前提条件。

其次交通与信用亦为工业建设上的重要条件，经济科学告诉了我们：生产事业的扩大和发展，是以它有机构成的资本累进的增殖来实现的，此项增殖的实体“利源”，固非产生于流通过程，但它却是借流通过程来实现的。生产资本周转的速度愈快，一定额的不变资本与可变资本配合消化速度也愈快，从而增殖的“利源”也就相对的愈多，交通与信用就是缩短这流通过程加速生产资本周转运行重要因素。如果在一个社会，交通与信用不发达，生产物资的流通与资金的周转就非常迟缓，从而辄引起生产诸要素供求上的脱节，而常使生产行程停顿，生产规模自难扩大和发展，所以交通与信用在工业建设上的重要，也是十分明显而较易理解得到的。

最后，关于资本这一前提条件，对于工业建设上的重要性，那更是一般人最易明白的，大家都认定没有资本，根本就谈不到工业建设，但目前一般人甚至不少专家和经济学者，都把这个社会的基本前提条件归属于技术范畴，以为从技术上予以措施即可办到，用不着去改革社会关系。这种看法与想法，要使符合事实的话，那我们社会今日涌集于流通界而独立活动的商业资本和猖獗于农村的土地资本与高利贷资本，老早已趋流到生产界去了，目前大后方许多工厂纷纷关门的现象，也就不会发生了，这种摆在我们眼前的事实，总不是开玩笑吧？

上面所举出的前提条件，都是当前论坛界所热烈讨论到了的，这里也无须用过多的篇幅详加论究，在我们认为除了上述这些前提条件之外，还有一个更基本的前提条件，是值得我们进而说明的，把这一个更基本的条件说明了，一般关于工业资金筹措问题，或资本等问题方面所生的误解，也许多少得到纠正。

（二）大家不易明白的前提条件——合理的土地关系

“合理的土地关系”这一个工业建设上的基本前提条件，直到现在，还不为大家所明白而被忽视着，这一方面是由于没有把工业建设这有关社会体制改革的事业从历史的视野去考察，一方面也是由于我们社会传统的土地关系存在着诸种特质，冲淡了人们对它要求变革的意识，但我们如果作较深入的观察，那就会明白上面所说到的那些前提条件，无一不与这一基本前提条件密切的关联着。这基本条件未具备的话，我们的工业建设，尽管从技术上去努力，也是很难希望有较大成就的。我们这种预断，并不是凭空幻想的，而是把经济科学上已确立的法则应用来分析现实经济的结果。

这里所指“合理的土地关系”，是指着工业化所需要的诸般前提[illegible]不但不受其妨阻与窒息，且能顺应此诸前提条件的要求，使得顺[illegible]发育的那种土地关系，那也就是现代化的土地关系。现代化的土地[illegible]它具有以下几个特征：(A)租佃关系法律化；(B)地租率不高出一般产业利润率；(C)在耕作经营上有较大的较自由的使用性。下面我们要就这三个特征来解说它们与工业建设所需上述诸前提条件，有着怎样的关联。

(1)就租佃关系法律化来看：在较狭隘的意义上，法律化了的租佃关系，就是指着土地出租者不能任意提高地租率和任意撤回租佃权，由是承租者的佃农们，才无所顾虑而乐于改良租耕的土地，而他们改良租耕的土地，才不致成为提高租率的一种奖励。同时，地主不能在租约规定之一定期间内，任意撤回租佃权，佃农才愿意把生活上节省下来的或可能累积起来的资本用于改良土地，因为用于改良土地的资本，是不能在生产一次两次即可全部收回，那是需要经过较长时期才能收回的。如果租佃关系未法律化，地主可以随时撤回租佃权，那末土地经营者投资改良了的土地，一旦被地主撤回租佃权（地主可将这改良了的土地以较高的租率另租于别人），则投在土地改良上尚未收回而凝化在土地上的那一部分资本，就归地主所有了。在这种场合，土地耕作经营者谁也不愿投资改良土地。

然而这里还有更深一层的理解，改良土地，增加农产品，增加工业所需原料及生活资料，并由是增加社会财富蓄积，增加工业资金来源，固然是租佃关系法律化的实效，但同时我们应知道：农村的一切社会关系，是以租佃关系为最基本的最有决定性的关系，这种关系能由法律予以明确化，则因缘此种关系而表现在我们农村的其他不合理的，如买卖的、借贷的诸关系，即高利贷资本与商业资本赖以活动的从种种方面阻碍工业建设的诸关系，都将得到纠正。

(2)就地租率不高于产业利润率来看：我们知道，在现在社会里的各种资本，都有一种向利润率较高的场所或部门趋流的法则在作用着。我们社会经济发展的迟滞和落后，虽然还不够使那种法则很明确的表现出来，但在大体上，如果地租率显然高于产业利润率，则社会拥有大量资金的人，也就显然不会把资金投入产业界，而会用以购买土地。如其所购土地能增大其社会地位和势力，同时土地上的其他关系，又允许其利用那种势力和地位，多方增进其土地收入，那就更会加重资金的这种运动趋势。而且地租愈高，从事现代式农业经营者固不会出现，而靠租入土地耕种为生者的农民的生活条件必无法改善。农民生活愈恶劣，它们就愈不能有多余的生产品抛售到市场去，从而也就愈无力向市场买进工业生产出的生活品及农具，而力求自给自足。中国经过近一百年的破坏，而尚顽执的保留到了相当程度的工农结合体，就是在这种事实上得到存在依据的。在这种情形下，商品经济自不易发展起来，市场货币信用交通诸关系，亦相应受到妨阻，地租现代化与工业建设所需诸前提条件的关系，由此可以深知其梗概。

(3)就耕作经营上有较大的较自由的使用性来看：这里所谓较大的使用，是指着耕作地面积能在技术上应用科学化的生产工具，能大规模的经营。所谓较自由的使用，是指从事土地生产的劳动者不受其传统的土地关系所束缚。这一点，关系到了土地的所有问题。我们目前的土地所有关系上，并存着大土地所有与小土地所有两种形态，这两种形态的相互补充着，都以零碎经营或土地碎分为其相通的特质。因为土地在使用上被零碎的分割着，它就不但不能应用改良的技术，以节约下过于无效率的劳动力，使劳动者的自由移动，自由适应雇佣市场受到限制。这种事实，许多学者因为太看重中国土地自由买卖，农民可能自由离开土地的片面现象而疏忽了，其实社会经济条件的拘束，比之封建法令(就束缚农奴说)的拘束，是有着同样的或更大的强制力的。

从上面简要的分析，可知合理的或现代化的土地关系，实为工业建设的基本前提条件，具备了这种基本前提条件，其他人的物的因素，才能成为工业建设条件，而其他政治的社会的诸因素，才能成为促成那些条件实现的手段。这不是我们空谈理论，而是每一个现代化了的国家所经验过来的事实。科学的理论就是从这种历史发展的事实上抽象出来的一般法则的体系，我们可以进而检讨各国产业革命过程中的土地变革关系。

三、先进各国工业发展与其落后土地关系的改革

现在工业高度发展了的国家，无一不是以土地关系现代化为其出发点，这里我们就英、法、德、俄、美、日几个国家来加以考察。

(1)英国——大家都知道英国是产业革命最早实现的国家，也是工业发展进行得最顺利的国家，其所以致此的原因，落后土地关系迅速的变革，实有决定的作用。原来英国的封建制度，是由诺曼的征服者威廉于十一世纪建立起来的。作为其基础的庄园组织，在一三四八年发端的黑死病灾变以后，便因劳动力的突然急速减退而引起动摇，一三八七年的有名的农民暴动，可以说是黑死病松弛庄园组织的结果。那次暴动虽被镇压下去了，土地所有者为了顾全自己的利益，都需要对隶农采取妥协的态度，于是自由租佃者与自由工资劳动者逐渐增加了。这对于英国此后产业的发展，在资本蓄积上，在商品市场的拓展上，乃至在劳动力的提供上，算是曲尽了准备的作业。而英国产业革命正式开始前60年间(一七〇〇—一七六〇年)展开的所谓圈地运动，即主要把耕地变为牧场的圈地运动，虽然用血与泪写下了“羊吃人”的故事，但英国向世界进出的毛织品工业，却是通过这种故事所由编成的事实中成长起来的。不过，毛织品的原料，毛织品工业上的劳动者，虽由此得到了供给，却并不曾阻止一般农业的衰落，为了挽救这种缺陷，英国就在它已经确立其“世界工厂”的优势当中，迄未忽视其对于农业上的诸般努力。十九世纪下半期为了便利改良土地，为了扶植自耕农所通过的许多有关土地的法案，那说明一个能靠殖民地生存的工业国家，亦不能忽略它在国内农村方面的合理化。英国

的殖民帝国的膨大，很容易使我们错认它的工业优先发展，不是由于农村落后社会关系的前提改进，但事实上，它的产业现代化过程，一直是把它的农村关系不绝改造作为基础。

(2)法国——法国产业革命是仅落后于英国而早于其他诸资本主义国家的。在十七世纪后期路易十四即重用高尔贝积极从事工业建设，一方面竭力培植技术人材，一方面为着原料及工人食粮的充裕，对于农业的奖励亦不遗余力，所以后人均视高氏为法国大工业建树的首创人。然而高氏的努力，虽不能说对于法国后来产业革命全无推动贡献，但因高氏的经济努力重点，是放在商业上，是在商业的要求上注意到农业，所以关于农业上的设施，都只在表象上用励劝的方式，图廉价原料品与食品的增加，迄未触到农村社会的生产关系，由他辅政直到大革命前夕的220余年间，法国的工业非特未能蓬勃的发展，而且愈向前建设，愈显得矛盾百出，不易走通，终不免发生“巴士底狱”壮烈的一幕伟大史剧。原来法国农民对于领主的从属关系，就在十八世纪初，依然顽执的存在着。农村的特权阶级，为贵族、僧侣及布尔乔亚层，他们在当时占有的土地，虽仅及全土地面积的二分之一，其他二分之一则属于农民，但农民是没有完全的所有权的，是要负担雇主税的。每一个农民所保有的土地，都窄狭到不够维持一家的生存，因此不能不兼作佃农或分租佃农，而这种分租佃农的境况，比之普通佃农还要悲惨。像这样的小农贫农经济，在重商主义政策所受到的水利及其他技术方面的奖励，决不能补偿他们由此奖励在种植品种、使用农具、栽培方法及买卖价格等等方面所受到的不便。同时，由奖励农业及工商业上所增大的国库支出，又须取偿于农民。而为了对无力负担的加强加深榨取所采取的包征税制，更促使可能残留在农村的直接生产者的生产条件，日趋恶劣，终至演成一七八九年的革命悲剧。但自大革命澈底扫除了旧社会的封建关系之后，其间虽有相当期间经历过拿破仑的政治纷扰，一旦由维也纳会议进于安定局面，法国就得借着一八二五年英国机械输出的解禁，而迅速走上产业革命的坦途，由此可见封建土地关系的改革与旧社会因素的扫除，对于工业建设的发展，该是如何的密切关联着。

(3)德国——德国现代经济体制的建立，亦即工业革命的完成，比西欧其他国家都来得迟缓，此中原因，主要的是由于德国社会封建诸关系的废止较为迟缓，当英国已完成第一期的产业革命时，德国才开始走上工业化途径。读过德国历史的人都会知道：一八〇七年普鲁士首相斯太因发布的农奴解放令，虽然撤废了选择职业的限制和打破了世袭隶农的关系，但这只是顺应历史发展的一种极消极的措施，而一八一一年哈登堡的立法且被封建雇主们的反对而流产，一八一六年的解放“宣言”，仍未把大多数的农奴解放出来，“宣言”所给予保护的农民，仅限于保有足够养活自己的土地的一小部分，大多数的农民仍被遗落在大土地所有者的权力下。但一八二一年七月所颁布的法律（共有地分割法和义务解除法），对于德国产业发展前提条件的孕育，是发生了极大的影响的。

(4)俄国——俄国远在彼得大帝时代就积极开始工业建设，可是在当时俄罗斯农奴的经济基础上，他那“移花接木”的作法，终而失败了。一七二一年发布的有名的“彼得饬令”，尽管用强制手段把大批农奴驱进工场，实施强役劳动，但结果不独未能使工业发达起来，反而导来此后一连串的农民暴动，而克里米亚之战，更无情的暴露了农奴制度的俄罗斯之脆弱和无力，终有一八六一年“农奴解放”饬令的颁布。但这种由上发动的农奴解放措施，并未把俄罗斯封建的土地关系全盘的变更过来，只是“从一方的窗中追了出去，从他方的窗中走转进来”而已。自然哪，这一改革是助长了俄罗斯资本主义体制的形成和发达，导来了较大规模的工业相继设立，但它是以残存的农奴制度为劳役土壤，使自己耸立在它上面，这就构成它那半封建的资本主义体制，此后俄罗斯的社会生活便变成“中世纪的野蛮加上近代的苛刻”的生活，一般生产者的大众肩上，不但负着旧来之封建的农奴的榨取，且要挂着资本主义剥削的重担。这个内在矛盾的发达，一方面把她推上了帝国主义的侵略道途；同时也就导来了国内革命怒潮的激荡。被称为“绞首台”的斯托利平的镇压和改革的措施，终未能遏抑这革命洪流的泛滥。反加速了“十月革命”这幕划时代的史剧的提早演出。而近二十余年来苏联建设的惊人成就，也只有从它社会经济结构全盘澈底的改革上去考察，我们才得到科学的理解。

(5)美国——美国产业发达的速度和达到的高度，在今日资本主义各国中，是首屈一指的，它之所以能那样迅速的发展起来，主要原因，就是由于它没有受到传统的封建因素所束缚，在自由的土地关系上很自然的蓬勃发达起来的。在产业化初期，广大的农民或农业经营者，他们并未负担过对主人——土地所有者——的义务及供应的重担。独立战争结束后，美国便开始了自己崭新的社会经济体制的建立。一八〇六年输出禁止令的实施，也就决定了美国工业上殖民地时代的终结，打开了国民的组织的工业发展的端绪。但在南北战争之前，美国的南部与北部的经济发展，却呈现出极大的区别，南部资本的发达是远落在北部之后的。北部现代化经济之所以较南部发展得快，主要原因，就是北部没有大量奴隶劳动存在，在自由土地的耕作经营上所蓄积起来的资本，很快的移用到工业和交通建设部门，由是工商业得顺利的发展。至南部垦植家们从事垦植所使用的劳动者，都是从非洲贩卖运来的黑奴，在劳动组织上还是一种落后的奴隶制度，从而限制了资本的活动与发展，南部这种落后社会因素的存在，对于北部经济的发展，也自然起着很大的牵制影响，所以在南北战争以前，美国的主要工业，还是以消费产业部门为主，至于纯制造工业还是南北战争奴隶劳动制度废除后，才有大规模的发展。从这里我们已不难看出落后的社会因素，是会如何的妨碍着工业的现代化了。

（6）日本——日本在幕末开港之前已开始提倡工业建设，但由于传统的落后的诸社会因素的存在，始终未能发展起来，直到明治六年（一八七四年）实施“地租改正”后，日本才真正走上产业革命的道路。虽然这改革，并未把日本社会旧的封建体制全般改变过来，但租佃关系却法律化了，地主从土地上蓄积起来的资本，其他企业部门易于吸收，故造成了日本半封建的资本主义之特质，同时这一改革，虽然并未减轻农民的负担，然而对于日本初期政府经营的军需工业的发展，却起了很大的协助作用。因为它充裕了政府财政的收入，从而政府能支出较大额的军需工业建设费用。这种军需工业的发展，也就加速了日本走上帝国主义的侵略途径。因为“地租改正”并未将日本生产大众的生活条件改善，从而无法提高一般农民的生产力，工业建设上所需原料食粮，在国内自然无法充分自给，工业的生产品也就无法在国内获得市场，从而对外夺掠原料与争占市场，就成为日本半封建的资本主义发展的唯一出路，中日、日俄两次战争，就是日本这种社会体制内在矛盾的发展所促成。这两次战争的胜利，不独使它获得了大宗赔款，补充它资本蓄积的贫血病症；而且夺得了国外广大市场与原料供给地，日本之所以能在保存着极浓厚的封建因素下继续其工业发展，就是依存于这国外市场原料的占有掠夺和国内人民尤其是生产大众的低度物质生活水准所提供的低廉劳动力这一基础上。明白了这点我们才不为“日本保留了极大的封建因素而能使工业发展”这一事实所迷惑。

四、中国工业建设所受传统的土地关系之妨害与挫折

由上述各国产业革命过程中之经验，使我们晓然于中国近一世纪来在工业上之努力，该在哪些方面，看到了传统的土地关系的妨阻。在目前“工业建设”声中，提论到这点，那也许比翻看人家的历史，还要亲切有味得多。但为了篇幅的限制，仅能概略的就以次诸方面来说明我们传统土地关系直接间接加在工业建设上的不利影响。

第一，我们传统的封建土地关系，大有助于传统的商业资本的买办化——中国的商业资本在春秋战国时代就发展起来了，可是它随着地主经济的形成，就脱出了它正常发展的轨道，而导演着促使王朝盛衰循环更迭的要角。中国历史上每一个王朝的兴起，商业资本便在统一局面下蓬勃的发展起来，由于商业资本的活跃，辄招致抑商政策的实行，结局，商业资本乃被迫转入土地买卖的漩涡，而加速造成土地兼并与集中，造成农民大批的离村和社会秩序的扰乱，王朝已是覆亡了，“牛死虱死”的商业资本亦相应归于没落。降及清代，由太平天国所标识的革命运动，已显示了商业资本在较长期安定局面下所滋长起来的力量，又在加速促成农村土地集中和农民大离散。这次革命运动，虽然被清政府借用外力压平下去了，但却并未把传统的土地关系予以改革，结局，刚在太平天国大乱结束后就开始进行的洋务运动、工业建设运动，就在各方面受到阻扰。而其间对那种运动具有决定打击作用的，大体要数到传统商业资本之逐渐变质为买办商业资本。本来，中国传统的商业资本是以它对于地权的联系为特征的，而买办的商业资本则是以它对国外贸易的联系为特征的。从表面上看，对地权的联系和对国外贸易的联系，是正相背离的。但一透视到内部的关系，就知道落后的封建性的土地关系的存在，不仅是传统商业的基础，且是买办商业的基础。只有在这个基础上，传统商业始能变形为买办商业。不过，在买办商业资本作用中，不但旧的生产组织被分解，就是旧的生产机能亦被斫丧。

第二，传统的土地关系助长了国际资本对中国金融业与货币可能发挥扶植民族工业之机能的窒息——太平天国革命失败后，中国社会秩序已经常陷于紊乱动荡的不安状态中，这种不安状态，必然会促使社会上依高率地租高利贷及商业上累积起来的资金，或依其他经济外的原始蓄积方式搜括的横财，在寻觅安全保障的要求下，大量流入外人势力所在地的大都市中，流入外人的金融机关中。这一来，不绝需要资金周转润泽的工业建设，就不但不容易从国内的原始蓄积受到挹注，反而因此造成了农村资金的枯竭，造成了高利贷以及与高利贷苟合的商业资本的猖獗的活动。结局，中国的旧式金融业不必说，就是新式的银行资本，即在若干场合，也受到了前述农村不安状态之“惠泽”而发育起来的新式银行资本，也因一般农村状况有利于独立的商业资本活动，不利于工业生产，而把它的性质完全歪曲为商业性财政性的东西，在这种情形下，尽管货币金融是工业发展的必要前提，是使社会资金能顺利的有效的转化为工业资本的机键，却反而通过农村的落后关系，以及由那种落后关系所形成的诸般事象，竟变成了戕杀工业的可怕势力了。设我们由此进一步推论到外人利用我原始蓄积以发展外商产业，使我民族产业多方遭受竞争压力，其有害影响就更加彰明较著了。

第三，传统的土地关系妨碍了中国工业新的技术条件的采用——这一点也是非常显著的。中国社会劳动力变态过剩的存在，主要是由于中国传统的土地关系所造成，这是无庸再说的。这种变态的过剩劳动力，正是中国劳动者低廉工资的主因，也就是阻碍着中国社会小商品生产的手工制造业转化为机械工业的重要原因之一。上述社会资金的误用与浪费，是中国工业资金缺乏的明显事实。在资金不易获得同时又不易获得机器的诸般限制下，企业者定然乐意利用随在可以找到，又可任意榨取的活的生产工具的劳动力，而不愿去购置机器。购置机器，不仅一次需要筹集一定额的较大量的资金，而且这较大量的资金额一度转化为固定资本，就要体现出运用上的硬化性，不易随时随意的转作其他用途。一旦生产行程上所需诸生产因素发生脱节现象，或者在外资外货交相煎逼情形下，经常遭遇到周转不灵现象，这些机器就可能被闲下来，而失去其资本的机能。如果他将购机器的资本改用于雇用低廉的劳动力，那是有较大较便的运用伸缩性的。劳动者是可以随时任意停雇的，劳动力是可以零碎购买的。正由于此种原因，所以在正常产业化的社会，一般是机械驱逐劳动，而在我们社会，却体现出劳动驱逐机器的反常现象。从这里，我们又可看出中国手工业制造业之所以不易转进为机械工业，传统土地关系所造成的变态的过剩的劳动力的存在，确在起着莫大作用了。

第四，传统的土地关系妨害了中国社会资本的蓄积和其向工业资本的转化——在中国地主经济制下，作为一切原始蓄积之最后来源的社会直接生产者的剩余劳动，无疑是有着较大的榨取深度与容度的，但这并不一定有利于中国社会资本的蓄积，这是地主经济结构中的诸特质规定了的。这里我们没有较多的篇幅来从长说明此点，只能扼要的指出其中症结所在：(A)资本的累积是以社会再生产不断的扩大来实现，再生产的扩大是以生产诸条件不断的改进为前提，这在层层剥削下的中国农村的直接生产者是无法办到的。(B)地主高利贷业者及商人，在社会总剩余价值的分割上，虽然他们个别获得了较大的分额，但他们由此取得的“利源”，往往是由取得的旧道路再分散转去，换言之，地主、商人、高利贷者的所得，总是再使用于土地购买、高利贷放款和商业活动上去，很少改用于生产部门上去，这种资本的运用，虽然在社会关系上再体现出租佃或债权与债务的关系；但就整个社会立场上来看，并不能增殖社会资本，而且(C)一个社会的资本，被用于非生产界愈多，则生产界可能吸收到的资本也就相对的愈少。中国社会一般出卖土地或借债者，一般并非用来改良自己的生产条件，而是用来维持最低度的物质生活，所以社会总再生产行程是无法扩大起来的，从而巨量的社会资本蓄积也就不易实现，高率地租、高率商业利润、高利贷一方面在阻止着社会资金向产业上运用，同时也因为它们在连同戕杀生产事业，因而也就不能造出大量可供产业运用的资金。这问题，同上述诸点关联起来，将更加显示其严重性。目前许多人都为这问题绞脑汁，这里是毋庸辞费的。

上述诸点，系就传统土地关系直接间接妨阻工业建设的最基本事实，简单予以指证，在实际，它们的作用和影响，不但是相互关联着，并且在现实上是表现得更丰富或者更形严重的。

五、当前工业建设的几个主要论点

关于中国工业建设的讨论，早已成为论坛上的主要课题，宝贵的意见是层见叠出的，但大家似乎都是在不同的程度上，把问题的考察，集注在它的技术面，而忽视了它更基本的社会面了。现在且就时下关于工业建设讨论得最热烈的几个代表意见，略予分释：

（一）重工业与轻工业的重心问题

即工业建设部门的重心问题。这有两种对立的意见：一种是认为当前工业建设的重心，应置于重工业部门，理由是我们急待建立现代性的国防。现代性的国防是建基在重工业上的，没有重工业就根本谈不到国防；没有国防，我们民族工业的建设，也就失去了保障，势必遭受外力的打击。故欲工业化成功，就不能不以重工业为主。另一种相反的意见是认为今后工业建设不应再蹈过去的覆辙，应循工业本身发展的一定程序。产业革命是首先发生于轻工业部门，轻工业发达了，对外贸易才能扩张起来，英国工业革命之所以能顺利发展，就是按合这个程序进行的。中国过去工业建设之失败，就是由于一开始就从军用工业着手，颠倒了工业本身发展的程序所致。

这种讨论在我们看来，是没有多大意义的，因为先进工业化了的国家，有的确是由轻工业部门开始的，英国是典型的代表。但亦有从重工业开始建设而实现工业化了的。社会主义的苏联第一次五年计划是以重工业为重心而开始的，第二次五年计划才把轻工业提升到与重工业并重的地位。而日本在开始工业建设当时，差不多与中国采取相同的办法，也是从军需工业开始。由此可知部门上的秩序，并不是决定工业建设成败的要键，英国是工业化最早的国家，在她工业开始时，并无其他国家已有大量机械和技术人材给她利用，她之所以由轻工业开始，是她的时代环境社会条件促成的，是很自然的发展起来的。但苏联日本从重工业建设开始亦获成果，就是由于它们的社会，具备了可以利用别人现成的技术条件，故能实现。若果自己社会没有具备利用别人现成技术条件的社会诸前提条件，任你从轻工业部门或重工业部门开始，都会无法收效，数十年来我们在重工业轻工业上都曾努力尝试过，但结果是一无所成，这不是最好的证验么？

(二)国营工业与民营工业的重心问题

这个问题年来是被人讨论得最热烈，归纳起来，也有相对立的两种意见：一种意见是认定要使中国不走上资本主义的途径，在工业建设上，就应遵照　国父中山先生的遗训，节制私人资本，利用大规模的国营事业来发达国家资本，以免重踏资本主义的罪恶覆辙。另一种意见是主张当前工业建设，应以民营为重心。理由是今日中国并不是私人资本已高度发展了的国家，不独用不着马上节制私人资本；而且正宜利用私人企业心较强的特点来奖励私人资本的蓄积，借以奠定工业基础。因为私人经营的企业，在自利心刺激下，是较国营企业容易发展起来的，而我们当前的政治条件，也不适宜于国营事业的创办，所以今日中国工业建设，不仅要利用已有的私人企业基础使之扩张，而且应多方奖励私人企业的经营，俾存留在私人手里的资金转化为产业资本，借以减杀当前商业资本、高利贷资本以及土地资本的猖獗。

这两种主张，在我们看来，并不是当前我们工业建设上的最基本问题，或者说，这只是民生主义已经确定了的用不着我们断断置辩的原则问题。事实上，一国工业的发展，是受它的社会诸条件规定了的，若果一个国家工业建设所需诸前提条件没有具备，公营私营都是没有希望的，数十年来我们公私经营的企业所受到的挫折，已够证验了。同时，一个国家社会体制的性质，也不是某些工业部门由国家经营就能决定的，如果一个社会的物质基础结构和政治性质，未脱出资本主义的范畴，即使工业上某些部门为国家直接经营，它累积起来的资本，这是会转为私人资本而无法妨止的。当前我们有些国营企业，在外形上似乎是国家资本，但骨子里它何尝具有国家资本的属性？充其量也不过是私人资本的变相经营形态罢了。因此，我们可以知道，一种企业的经营，在私人资本支配下可以发展，在国家资本支配下也可以发展。而在落后的社会，阻碍私人资本蓄积的诸社会因素未予铲除，同样可阻碍国家资本的蓄积。所以仅从企业本身经营上某些部门去控制私人资本，不独不易生效，而且在目前也不似乎大关重要。

(三)都市工业建设与农村工业化的问题

这个问题也是当前被人讨论得最热闹的,大家的论点都集注在都市工业建设同时不能忽略农村工业化,因为农村不工业化,农业生产力就无法提高,从而都市工业建设上所需粮食和原料,就会得不到充分的供给,势必影响都市工业建设的进行。因此,今后工业建设必须配合农村工业化才有前途。

这论点在原则上是谁也不能否认的。但问题并不在农村需不需要工业化,而是在如何才能使农村实现工业化的关键上。要使中国农村工业化实现,那就不是单纯的技术问题了。如果现存的土地关系不予改革,在现存的零碎土地小经营上,机械技术固无法使用;即使有勉强可使用机械耕作的土地存在,也是不会有人去采用的。前面我们已再三说了,在现存的农村社会关系下,一般直接担任生产者的农民的生产条件是无法改进的。这些贫困的农民谁有资力购买新式耕具?而一般地主富农,在高额地租的吸诱下,购买土地坐收地租,较之从事大农业经营,不独利得丰厚,而且清闲安逸得多,从而地主富农谁又愿购备机器自己出马去大规模经营?就农业企业家来说,地租高,农业上的利润就相对的低,与其把资本投入低额利润的农业经营,就不如去购买地皮,坐收高额地租,利得既厚,又可避免经营上的麻烦和市场天灾等的扰害。由此我们也不难明白在现存的土地关系下,单从纯技术一面去努力,要把中国农村工业化起来,也未免理想得太过分了。

经济科学已告诉了我们,在一个工业正常发展的社会,都市工业发展与农村工业化,是很自然会配合起来的,封建土地关系解除,农工结合体分解,从土地上游离出来的农民,很自由的涌进都市工厂,这一方面提供了工业上所需要的劳动力,一方面又是工业生产品的市场购买者。而在农村中土地关系现代化的条件下,从事农业经营者,利润既有保障,自然很易扩大经营,采用新式技术,提高农业生产力,使工业上所需原料与食粮,得到供给。

总之,上述这些论点,即使是工业建设当中需要注意的问题,但比起我们开始工业化所须严肃正视到的最基本问题来,对于它们的断断辩论,就似乎显得有些枝节烦琐,有些把问题片面化、技术化了。

六、总括的说明

上面我们已把工业建设的意义，它所需的诸前提条件和先进各国工业化经历过来的史实，中国工业建设所受挫折的原因与当前讨论这问题的几个主要论点，作了简略的探究分析与说明，这里再总括为以次的结论：

（一）一个落后国家的工业建设过程，也就是产业革命的过程，它是历史发展必通过的阶段，它是在旧社会破坏的废墟上来进行的。旧的社会因素不予革除，新的建设工程就会随在遭受阻挠而无法顺利展开。

（二）现代化的工业建设，不是一个纯技术的范畴，而是一个社会体制改造的问题。技术性的条件，只有在一定的社会性的诸条件具备下，才能有效的利用起来。缺乏一定的社会诸前提条件即使获得某些技术条件，亦不易收到工业建设上的成效，只有社会性的诸条件与技术性的条件配合起来，工业建设才能顺畅的发展下去。

（三）技术性的诸条件，不论是属于物的，抑是属于人的，都不难由别的先进国家移植来。社会性的条件却须在自己社会关系的改革中，才能实现。

（四）争取民族独立自由澈底解放，收回一切主权领土，有我们工业建设发达上的重要保证条件，而传统的落后的旧社会诸因素的革除，尤其是合理的土地关系的建立，实为我们工业建设首应实施的重要清道工作，我们应把这种工作作为我们工业建设的出发点。一般人动辄强调民生主义，但当他们谈论到工业建设时，却像极其自然把民生主义中的土地国策漠然置之了。这宁可说是非常意外的。

（五）一个关系整个社会改革的问题的解决，在作为解决问题手段的政策之确立上，固须有科学的理论作为指标，而负责推行的人对于其所进行的艰巨任务，尤须具有社会科学的认识。否则，在实践的过程上一遇到困难，就难免不因此发生疑忌，由疑忌而表示退缩，而改变念头。因此，我们认为提高国人对于这一建设伟业之科学性的理解，确系当前比实践还值得重视的急务，这是我们今日从事中国经济解放的理论的研究者，所当勇敢的积极的负荷起来的责任。

中国社会经济改造问题研究

中國社會經濟改造問題研究

王亞南著

中華書局印行

原书封面

民國三十八年七月發行
民國三十八年七月初版

中國社會經濟改造問題研究（全一册）

◎定價四元二角
（郵運匯費另加）

有著作權
不得翻印

著者 王亞南

發行人 中華書局股份有限公司代表 李虞杰

印刷者 中華書局永寧印刷廠 上海澳門路八九號

發行處 各埠中華書局

（一四三七五㐅海）

原书版权页

序

一、当作《中国经济原论》研究结论之初步的应用

现在拿来问世的《中国社会经济改造问题研究》，大体是作为拙著《中国经济原论》之续篇，或者使《原论》中通过“化验室方法”研究所得的诸种法则，再回到现实中去。

对于《原论》，我曾在一九四七年的“新版序言”中，这样规定它的任务：“我的研究，在一方面，除了对大家已经讲得烂熟的半封建半殖民地的社会经济形态，企图给予以科学的系统的说明，并对大家当作历史使命来履行的反帝反封建号召，企图给予以科学的明确的依据外，我还有一点傻想法，希望借此说服那些硬把中国经济混同或等同于一般资本主义商品经济的经济学者乃至自诩为“革命家”之流，使他们不要由认识上的错误，致妨碍上述那种历史使命的达成。”[①]然则那种任务是怎样去达成，或者是如何去进行科学的说明呢？“本书是尝试把中国经济全体，当作被若干基本经济法则所贯澈着的统一过程或统一运动，因而，各别经济形态相互间的内在因果关联，是我特别想努力分析的。”所以，我在全书中，把商品、货币、资本、利润、利息、工资、地租诸经济形态，详加解析以后，就把经济恐慌那一篇当作结论，表明那是在所有那些经济形态及其诸法则，连同作用下的产物，即认定对一般资本主义经济恐慌，以农业的、生产不足的、慢性的经常化的诸特征来表识的中国经济恐慌，是在这一列经济运动——小商品生产，商业使生产物变为商品，商业支配产业，商业利润高过产业利润，利润受规制于利息，国际金融资本支配着金融市场，各种不等价交

① 王亚南：《中国经济原论》1947年版序言，第2～3页。

换，资本向都市向国外集中，农村各种原始资本形态的相互作用为资本在它们之间的流转，劳动驱逐机械甚至驱逐畜力——所连同体现出的诸种法则作用下产生的，也即是“现代中国经济内部诸关系相互作用的结果”。我写那部书，还是在对外战争中，不过那时已显露出了一些内战的迹象。我是用下面这段文句，来结束的：“战乱在某种限度内，是恐慌直接间接造成的结果，不管战争是对外的还是对内的，也不管是胜利还是失败，如其我们社会的原有生产关系，不曾由战争予以本质的改变，生产人民大众的社会地位，不曾由生产方式的变革而一般的改善和提高，则我们上面分析研究的诸般经济原理原则，便会继续作用着，继续使我们陷在慢性的愈来愈益深沉的恐慌困厄中。”①

然则如何去改变我们那种半封建半殖民的社会生产关系呢？在《原论》尚未与读者见面以前，我就计划写一部《中国社会经济改造论纲》，把该书研究的结论，引到实践上去。但一方面因为我研究性质的限制，同时也因为我处在“官学”中的言论自由的限制，就把我的这种企图延迟下来了。而就在这当中，客观改造的实践，已经走在改造理论前面了，甚至我的《中国经济原论》研究，就实践方面说，也只合用来证示反封建、反国际资本统治的革命实践路线，或民生主义的，新民主社会经济的实践路线的正确。这一些事实，便限定了或限制了我现在拿来问世的这部《中国社会经济改造问题研究》的性质与内容了。

二、社会经济改造的实践路线

当我已把民生主义的实践路线，把新民主社会经济的实践路线，看为中国经济之合理出路的时候，我在本书中所企图达成的任务，就是(一)使一向受了买办经济意识，受了主观主义经济意识毒害的经济学界，了解他们为政府所设计所宣扬的那些经济建设主张与办法，根本是忽视或曲解中国社会经济特质及其根本问题的错觉；(二)使那些已经对民生主义理论，对新民主社会经济理论有了相当认识，且对其实践具有相当确信的人，能够借着现实诸经济问题解决之必然顺序的科学说明，以加深其认识，加强

---

① 王亚南：《中国经济原论》1947年版第195～197页。(作者引用时作了节录。——编者注)

其信心;并且(三)使那些对中国经济问题,特别是对中国经济改造问题,原本就感到隔膜的人,能由此较具体的问题研究方式,得到一些启蒙性的理解。

因为我的写作动机如此,我就从通常一般阻碍我们认识的自然观出发,由自然观引到技术观,由技术观引到资本观。资产经济学者们对中国经济问题,特别是对中国经济改造问题,从自然观点去看的虽然不多,从技术观点,从资本观点去看的,却就几乎是千篇一律;如我在书中指出的,他们是沿着自然的观点去理解技术问题,又是沿着技术的观点去理解资本问题。而不知自然条件、技术条件、资本条件,是关联到社会生产力,从而是密切结合到社会生产关系上的问题。所以,我在讲到资本问题之后,紧接着就讲中国经济改造上的生产力与生产关系的问题。中国旧生产关系,大体上是把封建性土地所有制作为基础,而土地问题又是一般讲得最多,看法各有不同的。于是我便在这一问题上多所解析,把论点归结到:它的本质的问题,不能由土地不够人口分配的自然观点来解释;也不能由人口在土地上的分布不平均的技术观点来解释;甚至还不尽能因土地集中,地租率太高来解释,而必须更本质的由它的诸封建特质来解释。问题如剥笋般的慢慢由外围剥到了核心,然后再提到中国社会经济改革的指导原理了。讲民生主义的人很多,讲新民主社会经济形态的人也不少,大家始终不曾把这样一个问题提出来 ,即那种主义,那种新社会形态,包含有私有的资本主义成分,又包含有公有的社会主义成分,那究竟是不是一种折衷的调和制度或混合制度呢?我的答复是否定的。资产者的改良理论家们,正在作着这种微温的调和混合教义的宣传,我们讲中国社会经济改革,是必须先把这种表象的疑云拨开的。所以指导原理问题的上篇,就在集中讨论这一点;到了下篇,才达到本题,达到民生主义、新民主社会经济形态为什么是中国社会经济改造之理想目标的问题。我在本文后面,还要把民生主义经济与新民主经济的概念,加以补充的释明。附带要在这里讲到的,就是,在上述的诸论文中,如关于生产力与生产关系的那一篇,是在《中国经济原论》刚出初版(旧版本)的一九四六年着笔写成的;而最后关于指导原理(下)那一篇,是在去年(一九四八年)九、十月间写成的,其余则主要是完成于去年暑假前后。现实的变化非常之快,幸而在今后一个可能相当长的转形期中,为了启蒙的实践,这部书也许还不致很快失去现实的意义,虽然其中关系基本指导原理的认识及其表达方式,是大可随着新经济的开展而不断有所增益的。

三、民生主义与新民主主义

当“新民主主义”在国内，在江南的国内论坛上尚多所“禁忌”的时候，要把它单独拿来作为中国社会经济改造的指导原理来讨论，就不如溯源的由民生主义引述出来。而事实上由孙中山先生提倡为改革中国社会经济之理想目标的民生主义，自称为孙先生革命信徒的人尽管“满不在乎”的把它当作具文，而倡导新民主主义的，却毫不避讳的宣称是在推行民生主义。特最近在《新中华》十二卷第四期刊登出来的《当前中国社会经济改造的指导原理》一文(那是本书最后一篇的选载)中的(三)节标题——“新民主主义是民生主义在实践上的改编与发展”，在表现上，有了大可斟酌的毛病。这里除了将该标题修正为“新民主经济是民生主义在实践上的充实与扩展”外，更作着以次的补充说明。

新民主主义的概念，是极其包括的，它不仅是指着经济的一面，并还包含有政治文化的诸多方面。它可看作新中国全面改造的思想体系，正相当于三民主义曾被人看作三民主义新中国的思想体系一样。如我在《指导原理问题》(下)那一篇文章中所指出的，民生主义其所以不能见诸实行，最基本的原因，当然是由于执行民生主义政策者，都是地主豪门，他们当然会对于那种政策，实行“怠工”。但如其说理论上也多少要负一点责任，就是由于三民主义中的民生主义与民权主义，根本不大调和。民权主义还不曾脱却资产者的范畴，而民生主义却提出了抑制资产者的，或有利于农工人民大众的纲领。就因此故，新民主主义的独创性，就宁在它的整个体系方面，由那个体系所规定的政权，所规定的以工农为主体，联合资产者的政治组织，就能够而且必须推行民生主义所提的那几项纲领。我们必须在这种认识下，来理解新民主主义与民生主义的关系；我们也必须在这种认识下，来理解新民主主义者为什么尽管强调民生主义，却并不因此丝毫影响其独特的社会立场和独创的思想体系；此外，我们还必须在这种认识下，来理解真正的三民主义信徒，真正的民生主义者，为什么和新民主主义者间还存在有极大的合作的可能。

王亚南

一九四九年三月三十日

第一章　中国社会经济改造之路与中国社会经济改造研究之路

一、中国社会经济改造之路

讲中国社会经济改造之路或中国经济之路，似有这样的意思：在消极方面表示它现在所已走的或正在走的路，有点不大妥当，有点行不通，有点走向绝路或死路的样子，因而在积极方面提出它应采行怎样发展的途径。显然的，凡属把“中国经济之路”这样的问题提出来的人，都有这消极积极或否定肯定两方面的用意。我当然不能例外。

事实上，为了要提出今后中国经济之路的观念上的障碍，也须把到今日为止的已往经济努力途径，或已往的经济指导原理，明白确定出来。因为以我个人的体验或观察，今日许多人提出的“中国经济建设之路”或“中国经济改造方案”，其实和现有的或已有的经济之路，并没有了不起的区别；进一步讲，我们的经济走上今日这个绝路，毋宁是受了与这种种类似的方案或指导原理的毒。从这种意义上讲，它们就无异是把已经做得非常支离，非常有害，或实行起来不绝引起了许多变乱的主张或途径，重新对于其所导出的变乱及破坏的后果，在不同的视野或不同的术语下，来“再主张”。所以，他们所提出的“中国经济之路”，尽管在主观上像是在强调什么“新”的东西，实际却无非重复老的一套。最大的“改革”，也许就是在表现的方式上。

我所说的在表现上可以是非常差别的“路”或建设主张，就其通过政治主持者方面立论，自李鸿章、张之洞一直到宋子文、张群、翁文灏，始终保持着一个传统精神或基本指导原则，那就是不管或不问已有的社会关系、广大的农村经济关系怎样，一味在技术的立场上，去努力经济的建设。即不把经济建设看为是有关技术，而同时更是有关社会的问题；以为以往的社会关系，特别是农村社会关系，不论如何，先把都市工业建立起来再说。当代的大技术论者，大机械论者，或者大建设家们，所不同于李鸿章、张之洞一流人物的，就是他们还没有李鸿章、张之洞那样的“热忱”与“自信”，而他们所有的“进步”，也许只是多了一些认识上的花样，或者强调国营，或者强调民营；或者从国防的立场，倾重重工业，或者从国民的立场，倾重轻工业；而计划经济、统制经济一类经济范畴之提上研究讨论的议程中，自然更是李鸿章、张之洞所梦想不到的。至若近半世纪乃至一世纪来的经济建设不绝失败，他们很少警觉到那是由于前此经济建设方式或建设指导原则有了“毛病”。太平天国之乱以后的中日战争、庚子之役、辛亥革命先后的动乱、军阀混战、国民革命、九一八事变、对日战争乃至抗战胜利后的内战……通被理解为大建设计划或方案未成功的原因，而不知道那至少有一大部分是由于建设不得其道的结果，是由于没有解放农村，没有减轻农民痛苦，却多方牺牲农村，加重农村负担，来“装饰”都市的结果。在这种意义上，我们所有的大工业论者，说得好听一点，也实无异是一些柯贝尔主义者(Colbertists)；也许就因此故，无怪他们与商业主义和专制主义政治形态，显得非常调和。

稍有现代产业革命常识的人，应当能理解一个事实，就是，现代经济建设在各国虽都是从都市方面开头，但作为那种建设之预备作业或清道工作的“改造”，却必须从农村开头。我们大大小小的李鸿章、张之洞们，是怎样使他们的主张与这种史实相融合呢？把那些根本无视这种史实“说干就干”的天真建设论者抛开不管，其余大概可以分别成两个类型：

一是承认中国农村社会是太落后了，但以为都市方面的工业建设，可逐渐把那种落后关系改变过来；由先进资本主义国家“开化”殖民地或先进国先由都市建立起资本主义经济秩序，然后再推广到农村的事实，加强了他们的信念。

二是认定中国农村社会关系，已早为资本主义经济秩序廓清了前进的道路；当作自由经济或资本自由活动之前提条件的土地买卖自由与劳动移转自由，在中国早已实现了，因此，先进国在现代初期所实行的有关农奴解放或土地改革的步骤，在中国没有必要；因而，在中国不问农村社会关系，而径行由都市工业方面从事建设，就应是顺理成章了。

关于前一见解——大多数建设论者的共同见解，如按照历史或社会经济史的发展秩序说，显然是把重在积极方面的“建设”，和同时还注意破除旧有社会关系方面的“改造”，混为一谈；他们仅知道用都市工业建设去改变农村的一面，而不知道我们农村的落后社会关系，特别在国际资本作用下，会如何妨阻那种建设的另一面。

关于后一见解，那虽然又有极少建设论者意识到，但对于不管农村或牺牲农村以建设都市的作风，却有着极大的支撑功能。我们甚至可以说，中国传统封建社会，由其采行地主经济形态，由其采行专制官僚政治形态，而在土地与农民的形式自由上所表现的特殊性，不仅朦糊了我们对它的阻碍进步作用的认识，也钝化了一般资产者对于它采行激烈变改手段的要求。

事实上，中国广大农村不仅未脱却旧封建主义的支配，近十数年来，一种因缘战争而起的新封建主义，正还在那里滋长着。用较严格的尺度来测量封建社会关系，人们可能拿欧洲在黑暗时代及其前后相当时期的农奴对于领主的隶属关系来注释。假使把当时领主对农奴在经济榨取以外的初夜权、裁判权、移住及婚姻干涉权等等，算为是封建制存在的确证，那在一方面讲，似乎在我们的历史上一直就缺少这个东西；而从另一方面深入一点去看，又像一直到嚷闹着宪法、选举的这个“大民主时代”，还随在可以找到那些令人不忍闻见的辛酸事实，随便举几点来看罢！

第一，用地租，用捐税，用其他传统的乃至晚近“自我作古”的制造的名色，向农民所作的无情榨取，那已经一般的超过了中世领主对农奴剥削的深度；我们战时跑遍了西南东南各省，由每个农村角落里小农、贫农、佃农、雇农及其家属的衣不蔽体，连粗杂食物亦无法塞饱的惨状，把那深度完全反映了出来。而一般从正式额定地租或赋税去作剥削结论的考察方式，显然是太迂腐了。

第二，无论是小农、佃农，甚至辛勤起家的小地主，对于当地的大小豪绅所表示的隶属程度，单用中世农奴屈服于领主的裁判权来测量，是犹嫌不够的。豪绅土劣们上通官府，下结地痞流氓，他们的语言，经常成为善良小民的命令，善良小民简直是他们终年准备找机会去剥削、敲诈、干涉、压制的俘虏。

第三，特别强调教化廉耻的中国社会，当然自来就不会有“初夜权”那一类不人道不合理的习惯存在。然而，每个出身并长养在农村，略微知道一些农村“细故”的人，定然可以从他们分别相距千百里的地区，得出一个天下“地丑德齐”的共同结论，即，凡属农村小民间稍有姿色的将成年女子，几乎是百分之百的要成为那些土豪劣绅乃至他们的大少爷二少爷……淫虐污辱的好对象。而且他们那样寡廉鲜耻的丑行，在一般人心目中，早已不视为奇异，而视为当然了。

仅由上面这几点事实，我们已可认知中国官僚封建社会的特殊所在，不全在它明确的用法制或惯例把个别农奴对个别领主的封建义务、人身隶属关系规定出来 ，而在它含混的把一般善良农民，交由其所在社会的土皇帝们，加以有形无形的无限制的侵侮和剥削。所以，由土地自由买卖、劳力自由移转所特征出来的中国封建制的进步性或外观上的自由，那不但不能成形为现代经济秩序所要求的社会前提条件，反而使一些相当了解产业革命历程的建设论者，也以为我们那种社会条件已经存在或封建制已不存在，而贸然强调大工业建设了。

从历史上去看问题，往往会使人更有理解，但如不能明辨各别社会的特质，那却又会使人更流于迂阔与武断。

然而，我们上面关于中国社会，特别是农村社会封建支配的说明，绝没有忽视将近一个世纪以来，国际资本、国内若干民族资本通过商业高利贷业及其他有关经济活动，在中国农村所发生的分解作用。但那种“分解作用”，是“听其自然”造出来的，而不是为了适应资本发展要求，依着何种农村改造政策造出来的；所以，在结局，即使是在比较安定的局面下，那也不过是加深了农村落后势力的剥削要求和剥削花样。而况，近十年来的对外对内战争，为了征兵，为了征实，为了其他摊派的“顺利”进行，一切都假手于那些地方的大小势力者、大小土皇帝们；到今日，一个保长办公室门前，可以有人拿枪站起岗来，乡长的衙门更不必说；然而他们如其没有这种威风，要钱要命的“大事业”将如何成就呢！乡村该是如何暗无天日！旧封建主义已经是够炙手可热，而蒙着各色老虎皮的新封建主义，则更在滋长，更形猖獗！

然而，我不想在这里数述农村与都市间的经济关系的 ABC 常识，我只想指明一点，在上述的农村社会经济状况下，我们就是再天真，也不应对于那些像孤岛一样，被那种农村封建统治所圈围着的都市建设，作着何等期待。那样的农村社会经济关系，不仅要限制着都市经济建设，且还无疑会歪曲着都市经济建设。今日大家昌言嚷叫的买办资本、官僚资本，乃至特殊化的商业金融资本，事实上，都可从农村封建统治的本质与影响上得到说明。而它们这些资本形态，除了对外的依存关系外，确也只有依赖农村的各种惨酷方式的剥削。

当然啰，我们在研究或说明的便利上，尽管不妨把经济看为"纯经济"的东西，但一诉之于现实，任一经济活动都不能离开社会关系，并得在那种社会关系中生根。因此，我们便可以说，同一的个人，无妨采取不同社会性质的经济活动或措施，而同一的社会形态或社会组织，却决不容许两种正相反对的经济体制，同样安稳的在它里面取得生存与发展。俄国的彼得大帝，日本的明治大帝，德国的腓特烈大帝，以及他们各别的官僚们，都很醉心于现代的经济建设；但他们的成就，不决于他们对新经济建设的决心与努力，而决于他们对旧有社会关系或封建统治基础的土地制度所抱的态度。明治大帝在从诸侯收回大政后不久，即有土地改革的措施公布出来，那种改革即使是不很澈底的，但却为此后日本资本主义发展开辟了前进的道路。彼得大帝只埋头于都市的工业建设，而不管农村。结局，都市经济建设即使由外资的援助与对农村的严酷剥削，而得到多少成就，它与整个农村封建统治间的矛盾，就益形尖锐化。由克里米亚战争的失败，彼得大帝的后继者们始感到要改革农村了，但因太不澈底，对日战争的失败，又觉醒他们及其官僚们再来一次，仍是在敷衍问题，而不曾解决问题。在前一次大战发生的前夜，俄国社会的革命潮流，实已闹得不可终日了。斐特烈大帝的德国，并不曾因他们父子怎样醉心资本主义经济建设而有何等了不起的成就，如非一八〇七年的农奴解放令，再后三年的农业自由令，威廉第一、第二恐怕也不会做出什么奇迹来。此外，法国路易十四、十五、十六三朝，曾都以不同的程度，努力于现代经济的建设，但毕竟因他们都企图在原有封建社会关系中建立起资本主义的生产方式，结局，都市生产与消费的现代化，和农村的残破与落后，形成一个尖锐的对立，一七八九年的大革命正是由此造成的。

这些教训还不够明白么？许多人还自作聪明的以为中国的农村或农民身分，是同大革命前的法国、俄国的农奴，不可同日而语。我在前面已经把中国今日一般农民的政治、经济、社会处境讲述过了；俄国大革命以前的农奴，是经过了几次不澈底的解放的；法国大革命以前的农民，早经把中世纪的身分解除了，只不过在经济上还对领主、教主们保留了一些封建的义务——无论从哪方面讲，今日中国农民的遭遇，比之法俄两国革命前的农民的境况，一定是要恶劣许多的。

问题慢慢接近结论了：

（一）如其我们不能否认，现代性的经济建设，不可能在传统封建社会关系中，或在传统的社会经济基础上实现出来；

（二）如其我们又不能否认，中国的传统封建关系，不曾由洋务运动、辛亥革命运动，乃至国民革命运动，得到何等本质的改变，甚至在某些场合局部改变了，重又回复过来，并还普遍渗入了一些新的封建主义的因素；

那末，要在这种场合讲"中国经济之路"，不论你是赞成资本主义，抑是强调新资本主义；是宣扬民生主义，抑是传播新民主主义；是鼓吹大工业主义，抑是憧憬"小康经济"主义，通有一个向前进的共同起点，那就是：

"改造农村社会经济关系，改善农民大众的社会经济生活。"

这第一着看错了，第一步走错了，无论什么主义，无论什么在形式上非常周全的计划，都不免带有幻想的性质。

而对于这种历史错误所支付的社会代价，便是大批成群的死亡，便是动乱，便是战争。

反之，如其我们面对着现实，看准了中国整个经济问题的根本性质，不取巧、不回避社会变革上的困难，勇敢的把农村的社会经济问题放在都市经济建设前面来解决，我相信，那一个共同起点，那一个共同认识，那一个共同努力的对象，就会使各种不同的主义和主张的分裂，不会距离得这么远，而由分裂相伴发生的死亡、动乱与战争，也不会变得这样惨酷罢！

在已经打好了的社会基础上面从事经济建设，是一件非常简单，非常容易的事，任何一个没有什么远见的人物，哪怕是懦夫，也不难依据一点模仿冲动，作出一些成绩来；反之，为那种经济建设打建社会经济基础的工作，那必然要关涉到社会关系的变革上去，那必然要使社会最有势力较有势力的人的当面利益，受到一些损害。于是，要成就这种工作，就不但要有远见，要有勇敢，且还要有一点民族的"忠贞"。

然而，不是一年两年、一十年二十年，甚至整个世纪也快经历过去了，真正的中国经济之路，不但没有"走"出来，并还没有认识出来。

"一切开头难",我现在姑且不讲开步的起点。

而且,就这么一个起点,一点起码的认识,我还不敢直接期待今日因动乱、因战争加深了社会成见与历史固执的权势者,而不得已回过头来致其殷切希望于我们的经济学界。

二、中国社会经济改造研究之路

中国经济走了错路,或者中国经济还没有走上它应当走的合理之路,那是中国民族或国民的不幸;然而,那究是谁的责任呢?

如其说,那责任应由经济立法者或经济决策者去承担,其中至少有一部分要归属到我们研究经济学的人身上来。我这样说,也许我是"敝帚自珍"的把自己这一行路的人的社会重要性,太夸大了一点。好在那是叫自己多承担责任,而不是要求分享权利,即使稍嫌过分,似应可邀鉴谅。

妨碍经济立法者或决策者采行合理经济途径的大敌有两个:一是个人的乃至关联着个人的社会阶级利害关系;一是无知。这两者相互影响着;或者是"利令智昏",或者是利害与成见结合,变得更不可理喻。在另一方面,如其能稍微看得远一点,深一点,也可把自己的切身利害关系的顾虑,减弱一些,冲淡一些,在经济的决策和立法上,更理智一些。在这种限度内,经济研究者对于那些掌握着经济决策大权的人物们的诱导或启迪功能,就非常重要了。经济上的研究,如确实而又明确的把握住了中国经济的合理发展途径,由宣传,由讲授,讨论,造出一个健全的经济舆论,即不"上万言书",即不当什么经济顾问,亦可间接成为那些大权势人物们任意决定中国经济命运的胡乱措施的阻制力量。反过来说,如其我们经济研究者自己,也没有明确认清中国经济的性质,而由是发出一些大不相干或有意无意迎合当道意旨的主张,那对于加深权势者的利害成见,对于有关国运民命的经济措施的傍趋斜出,就确实要分担不少"助纣为虐"的责任。

中国现代性的经济建设,系开始于太平天国乱事甫经平定的一八六二年。那一次乱遍了大半个中国,并历时十余年的大事件,在它本身,丝毫不曾引起当时平乱功臣曾国藩、李鸿章一流人物的反省,而他们受到激动的,毋宁是靖难过程中的快枪大炮的决定效用。在他们设想,如其有了快枪大炮,那种变乱根本就不会发生。但创建快枪大炮乃至其他军事设备的军备工业，究不是一件过于简单的事。技术条件是可以由外国人多多帮忙的，而钱，则得自己好好想法。于是“富国强兵”的大理想，就招致了洋务运动或变法图强运动的开展。而为了达成“西学为用”的目的，还曾在结束太平天国战乱的同一年度，于北京总理衙门之下，设立一个专门研究介绍外国图强致富之术的学术机关——同文馆。那显然不是专属经济方面的研究机关，但其重视理财致富，却是非常明白的。比如那个学术机关的主持人，首先就是用一位曾充总税务司的英国人赫德（Robert Hard），后来又用一位国人呼为丁韪良，而其原名则为马丁（W. A. P. Martin）的角色。他对经济学的认识非常奇特，以为那是“西国之新学，系属内政而不属外交，重在偃武修和”[①]。他的这一妙论，见于他当时为同文馆教员江凤藻所译《富国策》所作序言中。《富国策》（于一八八〇年印出）原书名为 Manual of Political Economy，原作者为 Fawcett，是一部名符其实的通俗经济学教本。江译此书，是否由于马丁的提示，或者是否想借此作为当时衮衮诸公建设的指南，不得而知；但有一点是确定了的，即十九世纪下期的中国经济建设活动，很少受到《富国策》乃至此后数年出版的《富国养民策》（原书名 Primer of Political Economy——Jevons）一类译作的影响。其症结所在，就是由于那一历史阶段的变法图强者，都认定他们所采行的经济建设途径，是自明的正确，一切经济原理或致富策略，只不过是在技术上讲求如何才能有效而迅速的走上那已经决定好了的建设之路。在这种限度内，经济学也好，经济术也好，都不是当作帮助他们去发现正确经济途径的指南，而只是当作证示他们建设认识正确的点缀。

由中日战争、庚子之役以至辛亥革命这一过程中，政府因为忙于应付内外战乱，且因为前此官办官督事业相继失败了，于是，民营的经济逐渐在种种的刺激下抬起头来。一九〇二年由严又陵所翻译的自由主义经典——《原富》的出版，究于当时自发的民营经济活动，有多少影响，殊值得怀疑；事实往往是走在理论前面的，《原富》倒宁可说是受了当时民营运动的启迪而被翻译出来的。在古典经济学中，那虽是一部比较易读的书，要是没有更通俗的同性质的读物作为陪衬，谁也不易孤立的去理解它，而况译文的古调铿锵，更增加了它发生启蒙作用的障碍。

---

① 见唐庆增《清代泰西输入我国的经济思想》——《中国经济问题》第 302 页。

在第一〔次〕世界大战当中，民族资本更因缘时会，有了长足的进展。这在当时一般人看来，官营官督的错误过去了，民营或让人民自己去作自由竞争的经济活动，才真是中国经济建设的康庄大道。其实不止当时一般所谓"识时务者"这么想，就是此后乃至今日不少经济学者，也还是这么想。

然而，就是这种乐观而顺势的情况中，孙中山先生独具只眼的提出了民生主义的纲领。到了三十年后的今日，大家对于民生主义，特别是实现民生主义的步骤，也许见仁见智，各有不尽相同的评价。但认定中国经济之路，不全是向着建设一面，还有破坏或改造的一面；不仅是在都市方面发展工业，而更须在农村方面平均土地所有权，改善农民社会经济生活；这才真是把握住了中国经济问题的锁钥，而一反以往经济建设论者的流俗看法。初期国民革命的进展，其得力于这种正确社会经济路线者颇多。而此后的坎坷与磨折，又不能不说是没有好好把握住这种正确社会经济路线的结果。

由上面的说明，我们知道，在太平天国乱事之后，民国十五年北伐以前，中国经济之路，无论是走岔了，抑是未被明确认清出来，其功其过，都于经济学界无大关系；事实上，当时研究经济的人，就不很多。而且，由理解一般的经济原理，到把一般原理应用到特定社会，也需要相当的时间。

经济学者最初集体的企图对中国经济建设承担起协助或领导的责任，或民间的经济研究者群自愿参加政府建设大业，当始于在中国经济学界取得有正统的支配地位的学术团体——中国经济学社。这个学社创始于民国十二年，到了国民政府大体混一宇内，完成统一大业的民国十七八年，它差不多已把国内大学讲坛上与社会论坛上的知名的经济学者，都吸收到了它的阵容里。尽管有些方面，它像是一八八五年创立的美国经济学会（American Economic Association）的再版，正如同美国经济学会，是一八七二年在德国创立的社会政策协会（Vercin für Soziolpolitik）的再版一样；参加中国经济学社的学者们，有不少是美国经济学会会员的生徒，也正如同美国经济学会的会员，有许多是德国社会政策协会会员的生徒一样。但一般的讲来，中国经济学社似乎在学术研究上表现得更不够劲，而其对于实际的主张，又似乎过于没有重点。

试看同社下面的宣言吧！

"北伐完成，全国统一，五中全会委员聚集首都，献议者条举万端，要不外党务、政治、经济、军事、外交。训政进行之顺利，端赖全会之乐观。本社同仁，际兹时机，感自身责任之重，知时势需要之切，特召临时大会，阐明经济救国之义。以为五中大会待决之事良多，其中关于经济方面者，当不在少；爰本国家兴亡，匹夫有责之义，于党国大计亟待商榷者，悉心研究。管见所及，以为在积极方面，当集合团体才智，从事经济建设；在消极方面，当革除苛捐杂税，裁并骈枝机关。……”①

“宣言”这样开头，接着就提出“悉心研讨”结果的积极消极各二端“贡献”。在消极方面的革除苛捐杂税，裁并骈枝机关，乃自明的事项；而积极方面的“从事经济建设”，不过是把财政、金融、工商、关税、地权、资本广搜并列一番。说得上“创见”的，也许就是“集合团体才智”那一项，据其解释是：“惟是全国人民经济问题，至为复杂，必须集合社会中各种阶级，各种职业之代表，与乎研究经济之专家，合组一经济议会，以为解决各项经济问题之独立机关；换言之，以农工商矿各职业，劳资各阶级，与夫消费各团体之代表为主体，参与富有经验学识之经济专家，合组一经济议会，则一切经济问题，不难迎刃而解矣。”一切经济问题，皆可经由经济议会而“解决”，其重要可想而知。于是该社乃以“野人献曝”的心情，建议五中全会，拟请设立经济议会，并在提案中说明这种组织在战后德国实行，得到了非常的效果。

那样有声有色的经济学者议会，拿出来是那样平庸，那样没有科学系统与明确定见的宣言和提案，那同国民党自己第一次全国代表大会宣言中有关社会经济方面的主张比较，不但对现实的认识退步得太远了，就是关于说明的学理修养，也落后了许多。这一来，经济学者在当局心目中的学术尊严性和评价，就难免要大打一个折扣；他们从此就由于轻视经济学者，而更不相信经济学，不相信什么经济法则，而慢慢更相信自己，相信政治权力能做出一切自己所要做的事了。一切的路是人“走”出来的，仿佛经济的路也是人“走”出来的。孙中山先生的正确指示，有意无意的被搁在一边了。而由是导出的社会政治动乱，更使经济措施完全逆转到李鸿章、张之洞的建设途径。

在这种考察的范围内，经济学者本不能承担什么直接的责任；但由中

① 《中国经济学社宣言》——见同社社刊第二卷《经济建设》。

国经济现实所范围着的经济学的贫困，却似在当时那种可以多少发生推动作用的局面下，表现得太无力了。

此后不久，内忧外患踵至，日本从东北打进来了，江西一带的“会剿”工作，又愈来愈变得繁重，于是财政经济上就只有“头痛医头”“脚痛医脚”的零碎措施，更使大家不便或没有勇气去接近根本的改造计划。马寅初先生的《中国经济改造》却在这时（民国二十四年一月）问世了。马先生是中国经济学社的主持人，也可以说是战前经济学界最有影响或最有权威的人。他的文字晓畅，且富有热情，对于其著作影响扩大颇有关系。当时政府当局对于他的议论，也似还表示相当重视。但说是“春秋责备贤者”也罢，他的许多见解，很像是在过于仓促中发表出来的，因此，他虽有热望有气魄向社会及政府贡献出改造中国经济的意见，而稍微过细检点一下他那部大著里面的理论线索，也正同中国经济本身一样，显得随在皆是漏洞。书前有总论，总论中表示：“本书重全体主义”（第 27 页），又表示“若从全体主义之立场观之，则重商主义确有‘实获我心’者”（第 30 页）；书末有结论，结论中复表示：“自由贸易应获最后之胜利”（第 699 页），再表示“本书之主张不悖于自由贸易主义”（第 705 页）。总论的主张与结论的主张是背道而驰，固不必说，其强调重商主义，强调全体主义，对于各别主义皆是望文附义，而迄未曾予以科学的理解。以这样貌为比附的说明，当然不易触到中国经济改造的根本问题。但在总论与结论之中，论统制经济，论利用外资，论财政，论银行问题，最后且论到土地问题：一切经济的角落都触到了，但各种经济现象之间内在关联如何，改造应从何处下手，皆不能示人以明确的系统的概念。每个论题，皆是“各自为战”，其仅有的联系，也许就是因为被搜罗在同书中。

我在这里显然不是要批评马先生的那部大著，同时也毫没有减少我对于马先生的尊敬念头，我只想借此表示两件事实：第一，经济学者要使他的主张在现实上，在经济改造实践上发生影响，是须得有热情的，也是须得使他的理论通俗化的；但其理论最忌没有重心，最忌没有本末先后，最忌支离。第二，马先生研究的方式和体裁，确实可以代表抗战以前，甚至今日不少经济学者的作风，即使含混一点，说他那部著作是中国正统经济学界对于中国经济研究的代表作，也许不太远于事实。

晚近二十年来的经济学界，至少是就所谓正统方面讲的经济学界，无疑是逐渐有了一些进步；但其一般的研究方式，似乎还不曾完全脱却以次三个流弊。

其一是常识化。把经济学当作科学来理解，它在许多场合是与常识对立的。一个常识太丰富的人，往往会妨碍他对于科学的认识。在英国古典学派经济学中，我们就发现亚当·斯密的经济理论，常被他动员得太多的常识典故所困扰。直到今日，我们还不难在中国经济论坛上，看到许多知名的学者，把研究停止在常识的阶段。常识是各别独立的，它不要管也不能管它们之间的内在关联。谈贸易，谈物价，谈人口，谈金融，通依据常识，作着极肤浅的判断。比如，关于中国人口问题，有许多知名学者认定中国人口之多，就把全国已有土地按人口平分，也不能得到解决；有一个好谈社会问题的自然科学者，就相信把过密地方的人口移到过稀地方去，一切社会经济问题，就可以好好解决；还有一知名于国内乃至国外的经济学者，以为中国人口如由四万万减至二万万，中国人民的经济生活也可好一半——但不知再进而缩减至四百万，是否可以使我们的经济生活好一百倍？诸如此类，都可说是常识在作祟。

其二是表象化。这原是与常识化相关的。一切社会事象，都有它的社会条件纲维着，张冠李戴不得；但如果只从表象上去考察，古今中外相类的事象，都可拉在一起。比如关于重商主义、全体主义、统制主义，都分别要从它们发生的社会经济史实中去求得理解；某特定社会，如其没有它所具备的社会经济条件，而要行模仿，其后果如何，就颇值得研究。如马寅初先生在战时以至战后，均以痛烈反对豪门资本见称，其实他在中国经济改造中所强调的重商主义、全体主义、统制主义，正好是在中国社会经济条件下造出豪门资本的有力武器。至今还没有一个人如此向马先生"反唇相讥"，马先生也许还不大觉得。因为他原本就没有想到全体主义、统制主义，就在资本主义社会，也是独占资本所用以剥削愚弄人民的统治工具。中国因为没有发达的产业的基础，所以，在战争的过程中，一经模仿的运用那种统制的法宝，就靠着特殊的商业金融的支援，而把那种特别奇形丑相的豪门资本造成了。

其三是技术化。任何经济事象，都是在特定社会形式下形成的。纯经济事象只有在观念上存在，或者只是为了研究上说明的便利，而将其社会属性舍象的结果。经济学上其所以要冠以"政治"的字样，无非是表示它的“社会的”含义。我们无妨从量上，从数字上，从图表上去发表经济现象中的纯因果关系，但切不宜停止在那里，必得进一步，透过量去鉴定其质；透过技术数字或图表，去考察其社会意义。最近上海论坛曾因一位经济学者应用凯因斯的充分就业理论，研究上海就业水准所给予物价变动的影响，而引起争论。我不想对这方面作较详细的讨论，在这里，我只想指明一点，那样的研究方法，也许可以在某种场合部分的解释英美经济现象，而在中国，实在还只有上海勉强有资格应用它；上海一般经济变动，如其不能脱离围绕它周遭的充满了失业破产的农村关系，而由此研究所得出的结论，就颇值得怀疑了。

中国经济学界的上述研究倾向，显然会对中国经济的认识，引起一些隔膜；甚至把已有的较能正确认识中国经济前程的研究成果，也给涂上一层翳障。他们那种研究方式，如其仅仅是留在大学讲坛上社会论坛上，还只是间接发生一些不利影响；不幸抗战以来，政府曾动员许多经济学者到经济立法或决策机关中，这一来，他们对中国经济不正确的认识，就难免“发于其心”，“害于其政”，而不得不在这种范围内，去分担走错中国经济之路的责任。

所以，中国现代经济一直没有走上应走的合理途径，在经济学研究还留在萌发阶段的十九世纪末，没有什么经济学者可以分担责任。经济学研究逐渐加多起来的第一次世界大战前后，经济学者就是有了什么高见，自愿贡献出来，似不曾受到预期的尊重，从而，也就无从分担责任；然而由抗战发生以至现在，经济学者的意见已相当被尊重，且已有不少人变为经济立法者、决策者、发言者了，如果这时的中国经济指导原理，还是想把都市工业建设好了再去过问农村，或者至多只是把农贷和农民合作一类“廉价”措施，拿去作为改变或改善农村社会经济的大国策，那在有权有势有社会特殊利益者，应当负担“利令智昏”的谴责，而在自信无意为特权代言的经济学者就显然要分受“学与世违”的责难了。

晚近中国经济学界的研究作风，不管是把经济学常识化、表象化或技术化，都与晚近英美经济学界的研究作风，有极大的联系，也许说，那是必须伴同商品输入、资本输入而输入进来的。我曾写了一篇《中国经济学界的奥地利学派经济学》,详细解述此中关键[①]。英美经济学界一般的其所以采取此种研究作风,那有它们社会经济本身发展到当代这一阶段的现实要求在。从社会的立场说,它们那种研究方式或研究所得的结论,或者更便于独占资本的维持。就把这些方面的问题抛开不讲,无论是翻遍美国克拉克、斐雪、伊利、卡浮尔、道希格等教本或专著,抑是翻遍英国马夏尔、皮古、凯因斯等的教本或专著,决不易发现我们这种经济形态;反之,却是我们今后需要经过长期努力,才能发生或竟永久不会发生的高级商品货币经济形态。用他们研究的那种方式,依他们研究所得的概念或结论,拿来应用到中国经济的研究上,说得过火一点,就类似"牛头不对马嘴"了。

但我这样说,决无意贬损上述那些学者的学术造诣,也决不是说中国人就不应该研究那些于我们社会无直接关系的学问。我一向就很重视一位法国学者杜阁(Turgot)的话,他说:"任何人如其不能忘怀于国界的偶然的区分,不能忘掉各国的偶然的制度,他研究经济学的结果,便不能令人满意。"但他所说的,只指示了真理的一面,指示了经济学的一般性,而不顾及其特殊性,即任何人如其完全忘记历史发展的不同阶段,忘记了各国在各经济发展阶段的不同要求,他研究经济学的结果,将更不会令人满意。

任何人都不否认中国是一个落后社会。一个落后社会的经济研究,特别是有关其经济发展途径的研究,如其需要借求于经济学原理,那些原理,必得是(一)把落后社会或现代资本初期社会的经济为研究对象而得出的结果;(二)把落后社会与高度发展社会相互结成的不平等经济关系为研究对象所得出的结果;(三)把整个资本社会由发生发展以至没落的全经济运动过程为研究对象所得出的结果。所有这些,我们都无法在上述英美经济学论著中得到任何印象,因为它们的一般共同点,也许就在回避或反对我们所需要参证的那些经济原理原则。

因此,要研究中国经济,研究中国经济的出路,初期的古典经济理论,德国历史学派的某些论点,马克思主义经济学说,乃至今日欧美经济学界站在反独占资本统治及改造落后社会经济关系的诸般新见解,才能给予

---

① 见拙著《中国经济原论》第 295 页。

我们以极大启示和明确认识。我们如其肯接触到这些理论或学说，对于中国经济前途的问题的讨论，就不会把自己封锁在都市的流通的狭隘圈子中，而可能在一个更高更远的境界，去看一个落后国家在当前世界局面下，所应采行的途径。

关于中国社会经济改造之路，我只指出，我们必须从改造中国农村社会经济关系作起；关于中国社会经济改造研究之路，我也只指出，我们必须从有关那种改造的诸种经济科学研究作起。

第二章 中国经济现况其特质及其研究方法

一、中国经济现况

如前章所述，经济的改造，本来是关系社会政制的问题，但我们要研究如何着手改造，却需要先对经济现状有一个清晰的了解，然后才可以从经济现状中，去观察它的社会的特质。把经济现状如实指述出来，看似非常简单容易的事；但我们对于同一经济现实，往往会发现极其不同，甚至许多地方完全相反的记载，就知道报告现状，不但“见仁见智”，可能有极大的歧异，且还可视为是极关重要的理论指导环节。而主观的社会立场和愿望，更无疑是会参组在那里面的。

比如，在抗战刚发生以前的民国二十五年，我们无疑还记得当时农村灾祸频仍，都市方面仅有的若干新式轻工业，如纺织业、面粉业、火柴业等等，相率破产、歇业或转售给外人的事实，但同年的海关报告，却给予以这样玫瑰色的渲染：“言乎经济，则汇市稳定，物价上腾，币制改革政策经此一年之试验，进行顺利，已奏肤功。至于农工各业，亦系齐趋发展。关于农业，举凡农村信用贷款之兴办，棉稻及小麦种子之改良，以及种茶制丝新法之提倡，均足以促进农村技术，而使之日见增进。关于工业建设，则机器制造厂、化学产品炼制厂，以及制糖厂、炼油厂等，纷纷兴办，几如雨后春笋，是则工业发皇之象征也。至言交通建设，则铁路、公路、航空，莫不突飞猛进，一日千里。再就对外贸易言之，据统计数字推测，中国对于舶来物品，需要渐少；尤以食料及消耗物品为最。其将来所需洋货，殆仅以生产物品如机器金属矿砂车辆及油类等为限。良以此类物品，或为本国所不产，或因现今所产者，尚不甚精也。至主要出口土货，一俟世界经济状况逐渐恢复，亦必渐形畅旺。”

一切属于官方的报告，都属于这个类型：它的特色，是含混，是挂一漏万，是对可资宣传的小节目大做文章，而须得隐讳的重大事体，却略过不提。官厅的形式报告如此，就是学者的研究，也往往发生相类似的毛病。比如战时大后方的农村经济状况，本来是因人力减少，负担加重，以及伴随战事而产生的种种不利影响，而无法改进，甚至日形恶劣的。但有些经济学者却在报章杂志上，把农村少数特殊政治地主或商人地主由土地及土地生产物涨价所获得的利益，扩大描绘成整个农村、整个农民阶层的繁荣征候。用这样的报道来安定人心，坚定当时一般失败主义者的动摇心理，也许是可以被原谅的；但我们的学者和政论家们，却是很天真的根据它来确定农村经济乃至全般经济的建设张本。

其实，中国经济的实况，在战前，已因参杂有国际资本，会妨碍我们的视听；在战争过程中，全国又差不多区分为三个经济体系，越发变得复杂了；到了战争结束后两年余的今天，那三大经济体系，又减少至相互错综的两个对立系统。即使尽可能设法减除主观的成见，我们对于其叙述，亦难免要遇到许多技术处理上的困难。为了便于说明起见，我想先就政府控制地区和非政府控制地区的经济实况，分别指出一个轮廓。

（一）政府控制地区的经济实况

政府控制地区主要是在长江以南，以及在东北、华北、黄河流域的若干点线，乃至受到了军事影响的面。大体上，这不但还是中国经济主体所在，且还是中国半殖民地、半封建经济的主体所在。这个地区的农村，差不多都在以不同的程度，全面陷于破碎、瘫痪与极端不安定的情形下。内战范围的扩大，负担内战人力物力消耗之地面与人口的不断缩小，使这个区域的农业生产规模与农民生活状态，恶化到了从来未有的苦况；农业经济危机更益以政治上激变与动荡影响，致所有各省区内，农民抗粮、抗租、抗征的骚动，变成了政府最烦心的课题。灾民饿莩遍地（据救济总署的统计，全中国有四千五百万急待赈救的灾民……大概还是指着东北华北华中区而言，其实长江以南在饥饿线挣扎的农民，说不定就超过了这个数目），政府征实在各地无法顺利进行，粮价急速飞涨，以及千辛万苦弄得的美援，却要将其中大部分拿去购买食料及其他农产品等事实，就充分反映出了农业经济危机的沉重。至于工业，在抗战结束以后，全国工业的重心，差不多是放在东北华北方面。经过近一年的内战，无论是煤、铁或纺织业的生产,在那个地区的,将近全部破坏或停顿了。本年一月《金融周报》上的国内经济纪要,就毫不掩饰的提述这一段不是耸听的危言:“胜利两载以来,华北始终在炮火弥漫中,陷于烽火连天,百业萧条,交通梗阻,流亡载道的惨境。北方本来是工业区,而现在大大小小的工厂,不是减产,便是停工。一般以为照目前情势恶化下去,非但以北方为重心的工业化建设将根本无法谈起,就是苟延残喘的局面也将感到难以维持。”①北方如此,南方像汉口、广州、重庆几个大都市,据各该地的通讯报道,所有新式工业乃至手工业,也全都陷入绝境。而现在在工业上为政府维持一点场面的,不过是台湾和上海两个地域:前者因了日本已有的基础,对水泥业、铝业、糖业等算部分有所恢复;后者虽是轻工业,特别是纺织业较发达的地方,但因战火差不多要燃及它的边缘,对恶性通货膨胀又是首当其冲,再加上动力、原料、销路以及紊乱百出的管制的干扰,所以,那里的纺织等工业,也都陷在日以哀求工贷来勉强撑持的困境中。工业生产事业临到这种生死关头,那在一方面说明财政、金融及商业诱发了如何大的破坏作用,但同时也不难明了这些没有生产事业纲维的经济部门,必然要显出如何的窘态与丑态。在内战中,财政的最显著特征,当然是军事的;军事范围的扩大,战斗剧烈性的加强,致使财政的支出,早因财源的迅速减缩,消耗的迅速增加,而愈来愈加需要依靠印刷机和外援来支持。此种性质的财政,无疑要使已经是高利贷性的金融,更加高利贷化;已经是买办性的商业,益形特殊化、买办化;壅塞在流通界的游资,除了利用政治因缘,从事高利贷和各种各式的特殊贸易外,就只有见机向国外逃避,或借着公开走私输入的舶来奢侈物品,即时行乐。结局在充满了破产、失业、饥饿、死亡的大经济洋面中,竟衬托出了与其太不相称的畸形繁荣的孤岛。

(二)非政府控制地区的经济实况

如其说,政府控制区域还在维持,并且在某些方面,还在加强中国近数十年来的已有的经济形态;或者换一表现方式,说那大体还是旧来经济形态的继续,那末,在与政府相对抗的势力所支配的地区的经济,在本质

① 见《金融周报》第十八卷第四期。

上，就不能不是另一个形态，或者正在勉强其转变成另一形态。因为，“国内战争，实际也是经济的战争。共党的经济战略是：另行建立独立的货币系统，保证经济生活的独立与自制，每一个区域，实行经济的自足自给，多种粮食，多种棉花，提倡家庭手工业（在苏北规定每家自置布机、纺锭），发展小型农村工业。如果某地区过去专产一种农产品，如烟草之类，则多改种粮食，因为怕特产运不出去，粮食运不回来。这是打算全国经济的分工，放弃与城市的联系。凭借农村，自建小型工业，把都市工业的任务，改由乡村家庭负担。”[1]然而，这其实主要是在战区，或在随时为战争威胁着的情形下的临时措施，并不能视为是新经济的全般内容。在比较稳定，比较离开军事威胁的地带，新的贸易关系已逐渐建立在城市工业品与农村农产品等价交换的基础之上。据报载，“翼中高阳、任邱、彝孙、安新、清苑等地方，纺织业蒸蒸日上，即任高两县，已拥有大小纺织铁机三万余架，纺车三万余辆，每日可产各色布六千余匹……分销于冀中、冀南、渤海等地”。可是更后方，更稳定的区域，则又说是“东北工业以哈尔滨、齐齐哈尔和安东为生产中心，供应着东北解放区全区的需要。煤的生产已较去年增加了两倍。牡丹江鸡西一矿，年产煤四十万吨。电力供应已恢复日伪统治时代的规模。……鸭绿江与吉林的木材厂纸厂均已复工。吉林省两个锯木厂，即能日出木材二百四十余立方米。……”[2]如其说，他们在工业方面的措施，因远离或接近战区而不同，而对于农业，却在一切区域有一基本的共同点，就是依着新颁的土地法，而使一切农耕者皆有其田。关于新土地所有关系的建立，我们还只能从报章杂志上获得一鳞半爪的报导；但我相信，事实上，政府中人都相信，他们对于这方面的努力，一定相当澈底，所以国防部长白健生也认定这是他们争取民众，支持战争的法宝。他说：“……本党第一次全国代表大会，便有二五减租的决议，可是未即实行，共匪却在其占领区实行其‘土地改革’，在国际上扩大宣传，更利用清算斗争的残暴手段，强行分配土地。其分配法即按某地农民人数与土地总面积平均分配，决不顾惜少数地主资本家的利益，牺牲少数来争取

① 见《经济导报》第十四期万彬《中国经济形势的新背景》。

② 见《经济导报》第五十一期狄超白《一九四七年中国经济总结》。

大多数的农民。……”[①]由此我们知道，新的土地所有关系，不但是他们战时经济体制的核心部分，也是他们企图实现的新经济的基石。依着这个基石，一切商工业的建树，和财政金融的部署，当然另是一个格调，不少学者以为他们提倡手工业，主张农工“破镜重圆”，便是他们那种新工业的基本特征，那是非常皮相的。

当作中国经济总体来考察，我们除了分别概述政府控制区与非政府控制区的经济实况而外，还得合起来去看它全般的特质。

二、从中国经济现状中显出的诸特点

第一个显然的特点，是以往被称为半殖民地半封建的经济体制，迄今虽仍占着非常重要的地位，但经过长期内外战乱及相因而产生的事态，这体制的内在外在关联，已起了极大的变化，特别是已从它内部日益尖锐化的矛盾中，成长起来了与它对立的新的因素。因此，今日的中国经济，除了原始形态的成分外，就不仅只包含封建的、资本主义的构成部分，还有“准社会主义的”因素，在其中起着积极的、极其生动的作用。我们一向惯称中国经济为过渡社会的经济，此在今日虽还可适用，可是那种过渡的关节，过渡的阶段，被新起的社会经济事象改变了，前此是单由封建制过渡到资本制，现在更加上由资本制过渡到社会主义制；过渡关系变成二重的了，复化了；惟其如此，我们的经济要改造，要现代化，它就不可能单是采取资本化的过程或社会化的过程，而同时是要在社会化过程中，不妨碍有助于社会化之技术基础打建的资本化。也正惟其如此，封建性的、半殖民地性的一切经济因素，就必然要成为那两种现代化方式在消极方面共同要求铲除或改造的目标。由是，

第二个显明的特点，就是由上述社会对立关系导来的战乱，使对立两方的经济，永久化为战时的体制。中外社会有识人士都认定中国经济建设不能顺利的进展，乃由社会政治的动乱和战争。但他们很少见到一切动乱和战争的发生，乃因没有好好把握到经济建设或经济改造的合理途径。我们这里倒不想指述其中的因果倒置关系，值得注意的，却是各走极

---

① 3月1日中央纪念周报告——引自厦门3月2日《江声报》。

端的两个对立的战时经济体制，在分别强化其经济战斗中，会怎样影响到它们彼此间的乃至全般的经济关系。关于反政府势力方面的经济，显然密切的在配合其战斗活动，“共党认识他们的力量，是在供给他们粮食与生力军的民众中，费了巨大的精力，在向农民宣传‘保卫你的土地’”①。而在政府方面，对于华北，已批准了傅作义政治经济配合军事的三位一体战术；二月二十六日政院临时会又通过“华中战场总体制”；关于经济部门，决定三项办法：(一)封锁战区物资，(二)争取战区物资，(三)破坏匪区物资；关于政治方面，复决定四项办法：(一)建立保安城，(二)强化地方组织，(三)扩充地方武力，(四)争取战区壮丁。从他们两面针锋相对的经济体制中，我们又发现了，

第三个显明的特点，就是农村经济与都市经济的分立或对立。政府无论从哪方面讲，都是企图使都市领导农村，使农村荣养都市；它的五百万大军是驻在有城有堡的地方，它的一千五百万公务文化人员是工作在有城有市镇的所在，所有他们这大批的消费者，连带服事他们的商工业者、劳动者，最后都是寄生于农村，由农村取得食粮与其他的供给品。针对着政府这一痛点，共党一方圈围封锁都市，断绝对都市的供给，同时又力求农村自给，以期摆脱都市对农村的控制，而其最利害最有效的办法，则是依平分土地的号召，以团结自己支配区域内的农民，而分离政府控制区域内的农民，这又无异在一方控制农村，一方控制都市的对立当中，更使政府区域的都市与农村的经济也无法调和。而交通动脉的破坏与支解，自无疑要益加加深那各种脱节现象。

第四个显著的特点，就是由整个经济联系的脱节，和两对敌方经济军事化所造成的一些反离的不平衡现象。那些现象的根源在全国，但却是从政府控制领域内显现出来：如(一)共党在各战区及其各后方区域力求自给自足，并力求封锁都市，以致政府在都市方面所需的物资，如棉花、面粉、大米、烟叶、矿物性石油及化工原料等，都不得不仰赖外国供给。三十五年度的入超为六亿美元，三十六年度用尽方法管制对外贸易，但除猖獗走私项下不计外，全年入超亦达四万亿元。而政府想用东北的大豆、青岛一带的食油、张家口的皮毛、豫郑等地的蛋品，拿出去换取外汇的计划，都

① 见《国讯》四四八期王译马丁(Martin)作《小黄村》。

受到了战乱与交通的影响，以致造成除军事支援外，非由外国供给上述农产物品需要，非由外国投资维持并开发华南等地经济事业，就大有朝不保夕之概。那一边自给自足，封锁都市，截断交通，愈来愈澈底，这一边依赖外国援助，对外国的依存便愈加成为不可避免了。还有(二)另一个反离的不平衡现象，就是由于庞大军费的支出，政府变成了最大最主要的消费者；由于经济的全面军事管制，政府也变成了最大最主要的供给者。结局，一切大大小小的民营事业，虽在恶性通货膨胀与无效率的管制下，逐渐趋于萎缩与破产，而政府，而利用职权以图渔利的官僚，却在相对扩大其对于经济的占有与控制。由是(三)最后一个不平衡的反离的经济现象产生了，那就是依赖外援的迫切，并不曾丝毫减弱国内仅有的大量资金，在不绝依变乱范围的加广与治安威胁程度的加深，而由乡村累积到小城市，到大都市，最后，则被利用机会或创出机会，向着国外特别是向着美国集中。

三、我们所要把握的问题

从上面有关中国经济现状及其特点之粗略说明中，我们已不难找到许多极关重要的问题，但在所论为中国社会经济改造途径的限内，却得把我们所要把握的问题，局限于以次诸端：

(一)经济上需要改造的基本关键在什么地方？

这个基本关键，与其说是已由上述的诸种社会经济事象中暗示出来了，不如说是已由将近一个世纪的多少血与痛苦的教训昭告出来了。今日对一个中小学生已可耳提面命的讲得明白的道理，如说一个社会落后，便必然是由封建势力，或变相的封建势力，在行使支配；说一个落后社会与先进资本国家发生政治经济交往关系，便必然使它的封建统治带有买办官僚的性格，使它的社会形态，带有次殖民地的本质；说一个像具有这类性质的落后社会的基本经济问题，不在其都市方面的商工业如何加速发展，而在其障碍都市商工业发展的农村社会关系，或以不合理的土地所有与使用为核心的一列落后社会关系等等，我想是无须详为解释了。中国历代所有的内战，从没有像今日这样把土地问题的严重性表现得如此露骨的。战斗双方都已警觉到须得以土地的给予或改革，作为抓住战斗者和保障胜利的号召。然而，愈是关系更多人，更多国内乃至国外权势者利害的真理，愈是需要付出更大的代价，才能发现；即使一时被发现出来，转瞬又被其他直接的浅近的利害打算或口实掩蔽下去了。所以我要进一步问到：

（二）阻碍中国经济改造的究竟是什么？

在中国国民党前身——同盟会的宣传号召中，孙中山先生已经提出“驱除鞑靼，还我中华，建立民国，平均地权”的十六字真传。所谓三民主义，亦是由此十六字革命口号发展的结果。“鞑靼驱逐”了，“民国建立”了，但地权却不曾“平均”；惟其地权没有“平均”，驱逐了鞑靼，并不曾除去鞑靼在中国留下的统治形态，从而“民国”的建立，也还只是一面招牌。所有同声惋惜“革命尚未成功”的孙中山先生的信徒，除了那些为个人利欲支配，毫无改革诚意者外，其余的人，大概为以次三种想法所迷误了：其一是认定关系社会经济改造的大事业，应当统一完全实现，治权打建稳固了才能进行，或者才好以一纸命令昭告全国来进行；其二是认定统一未告成，动乱未停止，就实施经济改造，那就无异帮忙强调那种改造的反对者集团，而拆自己的台；其三是认定经济改造，应当从技术改良、资本累积、劳动教育或其他种种方面下手，等到这些方面有了成果，关联到土地改革上的一切问题，就可迎刃而解了。第一个想法，直到内战遍全国的当前，才有一小部分人觉得那是把问题的因果关键倒转来了；根本上系因未改革而要求改革所生的动乱，如何能期望完全没有动乱再去从事改革？第二个想法，更是太没有自信，且对自己作为口头禅来宣扬的民生主义没有信心；认定应当作而且非作不可的事，自己不作，而让人家去作，且进而因为人家在作，自己就更不作，这殆可以说是一种极其变态的心理。至若作为这种变态心理之虚饰或口实的第三种想法，那无疑是似是而非的东西，因为它有中外各种各色的经济学家、政论家在帮同曲解、诡辩与极天真的宣传，所以，对于经济改造的阻碍，就显得更加有力了。

（三）谁能担当改造中国经济的任务？

这个问题，殆可说是非常明确的由中国经济本身的社会性质所规定了。

中国经济的封建性，从而，中国经济的半殖民地性，乃是它需要改造的症结。不论是谁，不论是何种社会政治集团，只要他或它们能认真的贯澈反封建、反帝国主义的政策，他就有资格担当起改造中国经济的任务。中国由国民党所领导的国民革命，其所以能成就一度统一中国的大场面，就因为它提出了反封建反帝国主义的口号，它的许多纲领迄今还是相当正确的。而我们到现在其所以提出这个问题来，却不能不说是由于它原来为争取政权而提出的许多正确纲领政策，因为我们前节所提到的种种原因，被轻轻的放在一边，没有认真去执行了。它不能认真执行自己革命的纲领与政策，就不能不由革命的，变为保守的；而在某种限度，与其原来要革去的对象，一鼻孔出气了。这同时也实在是中国国家与民族的不幸。历史是不能由谁包办到底的！

（四）在全面对敌的现状下如何能讲经济改造？

这是每个中国有识人士都在盘算着的问题。但最近美国在日本的太上皇帝麦克阿瑟，却把我们大家盘算在心里的问题，爽快讲出来了，他在三月四日公开发表的援华意见书中说："……由于各方之要求中国实行内部改革，中国问题之国际性，遂不幸而变为杂涩不明。此种内部改革，固属需要，但对现正弥漫整个中国之内战而言，则不仅属次要性地位而已。改革问题与内战问题之不能同时解决，犹之乎某一房屋已被熊熊大火燃烧时，该屋之构造设计殊不可能加以更改也……中国之完整能予确保，其改革自可在未来之进展中渐次实现也。"这种高见，其实就是我们前面第（二）问题所提及之最先一项改革障碍的"增订版"。着火的房屋不能计划改建，与动乱中的社会不能从事改革，其间实有麦克阿瑟简单军人头脑所想不通透的极大差别。事实上，多多少少的社会，正好是在动乱过程中迫着改革过来的。谁都不能否认我们在抗战中乃至在战后内战中，有不少方面已经有了不少的变革。自然，我们在今日言经济改造，当然不是，也不可能叫对敌的某一方面，定下一个全盘改造计划普遍施行，而只能讲到：中国的经济改造，有它必得遵循的一般途径，不论由谁来执行改造，是自动的抑是被迫的，是在动乱中抑是在安定局面下，都须不违反或离开那个途径。

总之，我们在现阶段所要讨论到的中国社会经济改造问题：

第一，要从原则上清除一切妨碍那种改造的便宜打算或回避口实。

第二，要明白指出改造必须遵循的本末先后程序。

第三，要尝试说明那种当作改造目标来实现的社会经济，该会采取怎样的形态和具有怎样的内容。

下面将分别一步一步的展开我们的研究。

第三章 中国社会经济改造上的自然条件问题

一、自然与经济

在一切社会事象或社会活动中,有关经济的部门,可以说是最与自然条件有密切关系的。许多经济学者把经济学称为"半自然科学",其用意无非因为它所研究的对象——经济,包括有或者会关联到许许多多的自然因素:作为一个重要生产部门的矿业,它的活动,差不多全是要同自然提供的丰啬程度发生关系;农业在气候、土壤、地势诸方面所受自然条件的限制,至为明显;工业在生产序列上,是对于矿产品农产品的加工和完成,但它本身直接利用自然条件的地方,也颇不少;至若在全面经济活动中起着血脉流通作用的商业与运输交通业,在山脉河流的分布,海岸海港的曲折深度诸地理条件方面,也随在可以见到自然对于它们的限制影响。此外,还有对经济活动主体的人类自身,或从种族的自然属性,或从心理的自然属性去考察的。不论那些属性里面该渗透有如何大的社会因素,学者们往往仍"行所无事"的当作经济的自然条件来处理。

在一般流俗学者看来,一切自然条件是既予的,既定的,经济既如此的同自然条件关联着,自然赐予的丰啬,虽然会决定一个民族或国家的经济发展的命运。因此,一论到中国社会经济的改造问题,他们就不期而然的,有意无意的提出自然的理由,来辩解或掩饰社会的历史的障碍。

二、"地大物博"与"地大物不博"

本来,在关系我们经济发展的自然条件的考察上,有两个正相对立的意见,一是属于传统的,"地大物博"的说法,一是到现代才发生的,"地大物不博"的说法。前者是由中国过去与比中国还落后的四周浅化民族接触，显得自己格外是“人杰地灵”、“物华天宝”的“衣冠上国”的优越感发生的。在当时那种情况的对照下，不但中国人自己和邻接四周的浅化民族漫夸着中国物资如何丰饶，就是在西洋人心目中，中国也是拥有最富裕、最多宝藏的大国。可是到了现代，特别是从十九世纪后期以来，泰西物质文明的进步，使我们相形见绌的对那些先进国家显得异常寒酸与贫乏，于是“地大”虽仍“着无异议”，而“物博”之说，愈来愈觉得不易支持了。特别是作为现代产业之基石的较优良煤矿铁矿产地先后被帝国主义国家攫夺去以后，次优或较不易开采的矿藏，又因资本技术及其他更基本的社会条件的缺如，而无法好好开掘出来；如是，“物不博”或资源先天缺乏的理论，就逐渐抬起头来。而农业上因民穷财匮，社会动乱，致水利失修，灌溉系统破坏所造成的水旱频仍的险象；因生产人民过分贫困，过分“剥削”土地所造成的土壤贫瘠的事实；以及因农民不胜租税摊派各种负担，而离乡别土，散之四方所造成的熟地荒地化的情形，致使那些怀疑中国地下自然条件原本不够充裕，或宁是极感欠缺的学者，进一步强调地上自然条件的如何恶劣了。而向这一方面大做文章的自然论者，有的甚且还推进一层，揣想中国人民的一般自然气质，究竟是否也适于从事现代性的产业活动？

三、几个基本认识

在这里，我不想详细比论中国现有诸般自然条件，是否真是中国现代化或中国经济改造的障碍。我也不必像有些研究中国社会问题的外国学者，从气象学、地形学、土壤学乃至人类学的观点，来论述中国的自然条件，如何适合于农业生产。我在本书提出这个问题来，或注意到中国社会经济改造上的问题的这一面，只是想大家在考察到这个问题的时候，应对它具有一些非常必要的前提的理解。那可总括在以次四点中：

第一，一个落后的国家，同时是一个科学技术条件很不易发达的国家。在这种国家中，一切有关社会乃至自然的统计作业，都无法好好进行。关于社会的调查，固然会随在碰到各种社会的障碍，如登记人口、丈量土地、清理财产、稽查营业数字等等方面所经验到的困难，是尽人皆知的。就是比较少与社会经济利害关涉的自然物资、自然蕴藏量，查勘研究起来，直接的社会障碍虽较少，但所需科学技术的设备与组织却更大。就因此故，我们诚然相信一个自然禀赋过于优厚的国家，会大有助于其社会经济的迅速发展，但我们却不允许任意武断一个社会经济落后的国家，根本系由于其自然条件太差。我们能说印第安人控制时代的美国的自然条件，比今日美国人所利用的自然条件，差得很远么？因此，

第二，我们又知道，自然的禀赋为一事，自然对人类的贡献为又一事。自然能否贡献于人类，或者在何种程度贡献于人类，从社会的立场来讲，宁可说是取决人类社会经济发展的程度，或人类对自然可能利用的程度。在社会没有进化到用金属的阶段，任何金属矿产，都不成其为人类利用的对象。电同原子是一直存在于人类所生存的空间的，但它们一直到近代到当代，才成为人类可能利用的自然条件。我们甚至可以说，每一个社会的历史发展阶段，都有它可能利用的特定的自然环境和自然条件。把论点折回到我们所研究的中国自然条件问题上来，我们中国在地下、在地上潜存着可能利用的自然物，就是依晚近科学技术发达水准来衡量，也比我们已发现已在利用中的种类与数量，不知要繁复广大多少。战时的紧迫需要，不是逼着我们发现了以前一向不知道的石油矿井么？假使我们现代性的产业，早在顺势发达中，即开发自然的事业，早在加速拓展中，则今日中国经济地理教程中，真不知要把原有可资利用的自然物，在种类上，在数量上，增加多少。然而，

第三，尽管当作一个现代社会来利用的中国自然条件，在中国尚不曾现代化以前，还大体是一个未知数。但依据已有的不完全统计，依据已经由国人或外人资本在开发中的自然物，并依据一直由传统生产方法所利用的各种自然条件，我们无论是在工业上最关重要的铁矿煤矿或其他矿产方面，抑是在农业上最关重要的气候、土壤、动植物等方面，都是尽够成就中国经济现代化的任务而不致感到如何缺憾的。况在分工交换交通日益发达的现代，一个国家的自然禀赋就是真有缺憾，也可依通力合作或以羡补不足的原则，从其他国家或地域得到弥补。我们如把日本曾利用中国各种自然资源，而相当发达其现代产业的事实一加考虑，就知道许多把中国产业坎坷状况归罪于天，归罪于自然的见解，不是完全无知，就是含有掩饰"人谋不臧"的歪曲意图。所以

最后第四，我得指出：中国在自然条件上表现的一切缺点，事实上无非是由于我们没有能力利用自然控制自然，以至"暴殄天物"的浪费自然

或斫丧自然的结果，自然宝藏之拱手让与外人，矿山和水力之无法开采利用，由森林未设法保护以至造成气候的失调，河床的淤塞和土地的砂砾化，乃至最普遍的荒地日增，游民日众。总之，“地未尽其利”，“人未尽其力”，皆属对于自然的糟蹋。如其我们不能由社会经济的改造，以增进我们对于自然条件的认识和利用，却反过来咎责自然给予我们的助力太少，赐予太吝，那还讲得通么？

然而在观念上，妨碍我们社会经济改造的，主要并不是这种倒果为因的自然论者，却反而是那些站在研究如何利用自然力自然物的技术论者的高见。

我们得把研究往前推进一步。

第四章　中国社会经济改造上的技术问题

一、由自然的观点移到技术的观点

考察中国社会经济问题，由自然的观点，移到技术的观点，算是前进一步了。把经济落后的原因，归之于自然，归之于先天禀赋的缺陷，显然近似一种宿命的看法。若强调技术，说我们经济落后，系由于技术落后，那至少还表示人为的努力，可以增大自然的利用，借以弥补自然禀赋的不足。所以在这种限度内，技术论者比自然论者是高明一些了。

但中国现代社会经济变革的延滞与蹒跚不前，所受自然论者的影响少，所受技术论者的影响大。这原因，就是由于中国现代社会经济变革的要求，起于“相形见绌”的外感关系者至深且大。其改革高见与宏论，不管是从外国顾问专家口中讲出，抑是从学成归国或海外考察归来的学人政论家口中讲出，均是很具体的根据他们所闻所见关于外国生产技术水准与中国已有的落后生产技术水准的比较；一个美国人、英国人、日本人或德国人每日使用现代机械所平均生产的效率，大过一个中国人利用旧生产工具每日平均生产的多少倍数，就成为他们讲解中国经济建设或生产建设应如何如何利用新生产工具或机械的大理论依据。看惯外国新式农场作业、大工厂作业乃至其他企业经营的人，一见到中国这些方面的落后景况，马上非常激动的强调技术改良，那是无怪其然的；但他们如其不是一些浅薄的单纯的技术论者，就应得进一步探问中外生产技术悬殊，或者我们的技术水准为什么不能追踪先进国家的社会原因。

一个社会的经济技术改良，原来是要关涉到一切方面的。但我们认为生产上的技术，是对一切其他方面起着决定作用的。所以为了集中论点，对有关生产建设上的技术的社会意义，作一简括的叙述。

二、技术与生产建设的意义

要从事生产，技术是一个非常重要的因素，这是谁都不能否认的。国内论坛上，不，就在生产建设的实践上，多年以来，甚至可以说数十年以来，无形中存在着两个对立的意见：其一是认定从事生产建设，只须从外国输进新的技术就行；又其一是认定从事生产建设，一定要排除生产建设的社会的障碍，社会的障碍不予扫除，新的技术也无法施展。前一个意见，可以说是技术改革派的意见，他们认为，在生产建设之始，用不着或可以不必搅动原有的社会秩序，等到建设从各方面扩展开来，原有的社会秩序，自然而然会为一种新技术造成的新社会秩序所代替。由李鸿章到张之洞这一辈子的变法图强论者，始终都抱定这种主见，他们留给我们的建设"陈迹"，差不多都是在这种主见下进行的。也许说，主张"西学为用，中学为体"的张之洞一流人物，他们只漠然感知到富强国家的轮廓，根本未意识到什么新的社会秩序。但晚近大大小小的许多新的张之洞，对此恐亦没有高明多少的理解。至前述后一个意见，可以说是社会改革派的意见。他们认为要使生产建设很顺利的进行，至少是不能不预先造出新技术应用所要求的社会条件的。孙中山先生的民生主义，在骨子里就包涵有这种基本的概念：他无疑是接受了中国半世纪以上的变法图强失败的教训，同时也明确认知了世界各先进国家现代化成功的必由途径。然而，就在大家认定民生主义已越过宣扬阶段，而达到当作国策来施行的实践阶段的今日，所谓技术派的意见，不仅支配着经济学界，还更有力的支配着经济界，这宁可说是非常意外的。

如其说惰性可以助长愚昧，对事理的认识不清，又会无端加强惰性，则技术在生产建设上，究竟占有怎样的重要地位，它能否在任何社会条件下发挥它的作用，那是需要从长研究的。

一般的讲，技术有广狭不同的两种意义：广义的技术，通常被解作处理事物所用的方法；而狭义的技术，则是指着经济活动时，在生产过程或劳动过程上，由劳动力方面表现的技能，和由生产手段，特别是劳动工具方面表现的技巧之综合。在劳动必须借着劳动工具始能发挥，同时，劳动工具方面的技巧，又必须借劳动力始能体现的限内，这种狭义的经济意义上的技术，就很可说是人类在生产过程上或劳动过程上，使用生产手段，特别是使用劳动的方法。如其说，经济科学严格意义的所谓生产方法，是指着劳动工具的结合方式，而在其中包含有人对人与人对物的两重关系，那么，技术就可说是指着那种结合方式上的人对物的这一方面的关系。

生产建设是经济范围内的事，生产建设的进行，诚然有需要借助于广义技术的地方，但一般人模糊意识中的技术，尤其是前述技术派或技术改革派意想中的技术，却显然是指着狭义的经济意义上的技术。

技术的概念明白了，技术在生产建设上的地位，就似乎由它的本质和功能完全确定了，表现为一自明的事理。但问题其所以这样被提出，就因为我们这里所谓生产建设，具有远较其字面表现为深刻的特殊涵义。

中国经济论坛上当作宣扬目标来使用的“生产建设”一语，有时被扩大其称谓为“国民经济建设”，有时又被缩小其称谓为“工业建设”，但三者所指，只有范围广狭之不同，其究极涵义则一。我曾在其他场合[①]，就“工业建设”这个有号召性的语辞，加以明确的分析。那曾指明，从科学的范畴来说，工业是历史发展的产物，是人类社会劳动的一种作业。它是以原料(通过劳动滤化的低级生产物)为劳动对象的一种加工作业。由于加工过程中所使用的劳动工具和方法不同，通常又区分为手工业和机械工业两大类：前者是用手和简单的劳动工具，生产率较小，故又称为小工业；后者是用物理性较复杂的机械为主要劳动工具，生产率大，故又称为大工业。这两种形态的工业，虽都是历史发展的产物，但前者是在现代以前老早就有了的，只有后者是现代社会才出现的。换言之，机械工业是现代社会的产物。所谓现代社会，也就是以这种机械作业在社会生产机构中占着最大比重为特征。我们今日所需要建设的工业，就是后面这一种机械工业。因为前一种工业在我们的社会，还占绝对的优势，就表面看，我们的社会，还是一个落后的社会，还不够现代化，不够机械化。我们今日所要求的工业建设，就是要从手工业变为机械工业。这种由手工业到机械工业的变革过程，即一般所谓“工业革命”或“产业革命”。所以，我们这里当作问题提论到的“生产建设”，实即以工业为中心，但却包括了农业及其他生产作业之全盘改造的产业革命。

---

① 参看拙著《中国经济论丛》第 165 页以下。

三、技术变革的重要性问题

论到这里，我们已可明确认知问题的重心所在了。讨论技术在生产建设上的地位，不是怀疑或低估技术在生产上的重要性，而是要究明：对于我们这种有产业革命涵义的生产建设，是否单靠技术上的努力可以成就？是否一切社会传统原封不动，新的技术仍可展开。约言之，即在我们的生产建设上，究是技术变革重要，抑是技术变革所需要的前提条件——社会变革重要？

这样来理解问题，也许还有一个障碍。就是有的人唐吉诃德式的不肯承认中国的生产建设，还具有产业革命的性质，为了在观念上使自己现代化，或使自己不过于落后，简直顽强认定中国的产业革命阶段已经过去了。但如何想得使自己冠冕堂皇一点，尽管是谁都有自由的，若避开名词来讲事实，任何人都不能也许都不曾否认中国的生产建设，原意就在使大工业代替手工业，使大农经营代替小农经营；概言之，即使用机械工作的产业，代替用手工作的产业。

可是，就在这种"避名务实"的精神上，又从反面引起一种错觉；由于他们过于"形下的"把握着由用手工生产转移到用机械生产，在外形上表现的物理性的巨大变革，遂不期然的把这种变革，直观的意识为纯技术的范畴，而将技术因以取得存在，因以发生作用，表现功能的社会条件置诸脑后了。

我们将从这里进一步展开问题研究的序幕。

首先，我们承认，在简单劳动工具受劳动者支配的过去社会，劳动是技术的基础；而在劳动者受支配于复杂劳动工具的现代社会，机械才是技术的基础。如其说，现代社会是以产业革命为始点，则产业革命就是以机械的采用为始点。在这种认识下，我们似乎应当而且必须把我们生产建设的努力重点，放在技术上，从而，放在机械的采用上。

其次，我们又得承认，现代的机械，像是能自行扩大其作用范围，或自图发展的怪物。一种产业部门采用机械，特别是与它相关联的产业，就不能不被迫而强制的采用机械。比如，机械纺织业，一定使机械织布业，成为必要。而这两者合起来，又使漂白业、印花业、染色业，有发生机械化学革命的必要。同样,棉花纺织业机械上的革命,又唤起弹棉机的发明和采用。各种轻工业相互连带的机械化,制造机械的重工业遂不能不相应产生。农业上的新生产方法,在工业生产方法变革的过程中,已经由机械的应用而开始了。而原先以小农业及家内工业,乃至都市手工业为枢纽的社会,其交通运输工具,决不够供应这种新生产作业场面的诸般要求,于是河川海洋的轮船、铁路,乃至电报等新机械交通工具,就被唤起来与工农生产领域的机械化生产规模相配合。

机械就这样像是离开人类意志而独自开辟出它的新天地来。一切现代国家仿佛通是这样完成它们现代化的大业似的。

然而中国自李鸿章开始采用机械,建立现代机械工业以来,距今快到一个世纪了,机械生产作业规模,仍旧是留在极不足齿数的可怜状态。所以致此的原因或责任,我们一向像自然的归罪于东西较先进国家从多方面加于我们的不平等条约的束缚。但如进一步问:许多先进国家在其现代化大业开始时,亦曾受到其他更先进国家的妨碍与束缚,则我们对于自己机械化前途的黯淡,似须坦白承认,我们在自己产业革命事业的开端,就未免犯了表象主义的"唯物的"毛病,那就是太看重机械的自发作用,和过于相信技术决定一切。

事实上,机械的采用,虽是现代产业革命的起点,但机械之所以采用,所以能采用,还更有它的起点,即有它的社会的前提条件。我们只是肤浅的观察到各先进国家机械化生产事业扩展的过程,而不曾透视到伴随那个过程,或者更确切的说,先行于那个过程的,还有整个社会变革的过程在。

我曾在前面明白指出,技术是人类在生产过程中,由劳动力使用劳动工具所表现的方法。这样一个简单命题,似已够暗示我们:无论是技术,抑是作为技术基础的机械,都是一种社会的存在,都是在一定社会关系下取得其存在的。

在劳动过程上,劳动工具的使用者即直接劳动者,虽然显得他们是机械的侍仆,他们的工作程序,工作进度,甚至工作效率,随在皆受着机械性能的拘束和限制,但一走出工作场所,回到社会视野来,机械毕竟由人们所造成,所使用的。一切历史时代的生产作业,诚然都是由劳动力所有者或劳动者,以一定的劳动工具,加工于劳动对象之上,而由是显示出一定水准的生产技术来；但劳动工具每经一度变革，不仅劳动者对于其使用劳动工具的技术关系改变，同时还连带着使劳动者使用劳动工具的社会关系改变。在以前的社会，小农或独立手工业者应用简单劳动工具所表现的技术，差不多主要是由他们的劳动性质或劳动技能所决定，而现代自由劳动者应用机械所表现的技术，则差不多主要是由机械的性能或技巧所决定。这中间穿插着一个微妙的社会关系。就是前者的劳动工具，是属于劳动者自己所有，劳动生产或劳动报酬，可因其技术的效率增进而增加；后者的劳动工具，是属于直接生产者以外的资本家所有，劳动生产物便是属于资本家，从而，资本家要想增大其所得或报酬，就比较不易期之于"利不关己"的劳动者的技能，只好期之于自己可以任意改良的劳动工具或机械的技巧方面了。

在这里，我的意思不是要解释增进技术的权能，永远是操持在利于技术改进者手中的"社会造化"，而是要说明，使用劳动工具的方法有所改变，即人对物的技术有所改变，在这同时，或在这以前，对于劳动工具、劳动生产物的所有分配关系，即人对人的社会关系，亦即在生产领域看出的社会生产关系，亦必然改变。

如其一个国家或者我们在生产建设上或产业革命上的努力，只著重在机械上或技术条件上，而忽视了与它配合适应的社会生产关系的变革，那将从许多方面证示那种努力之没有效果。

四、单纯发展技术的社会阻碍

不论是简单的劳动工具，抑是现代的机械，通是由人来使用它；但使用简单劳动工具的人的地位，和使用复杂机械的人的社会地位，是绝不相同的。不仅如此，使用简单劳动工具，人与物的关系，也比较简单；使用复杂的劳动工具或机械，人与物的关系，就比较复杂多了。木匠的斧头、锯、钻之类工具，就是属于木匠所有，由木匠使用；但一系列制造木器的机械，它尽管是由木业劳动者使用，却不是属于他所有，尽管是为木厂资本家所有，却不为他所使用。这种由劳动工具改变所引起的，人使用劳动工具的关系的变化，就一个人说，或就少数人说，像是没有大得了不起的关系，但若就社会全般来说，其变化就非同小可了。

在生产技术变革的过程上，一个木器厂的厂主或资本家，可能是以前自备斧锯的木匠，同时，这个木器厂的劳动者，他或他们也可能是以前自备斧锯的木匠。有的木匠跳升为木业资本家，有的木匠降落为被雇劳动者，这变化，就个人讲，我们尽管可以随意讲出一些偶然的或命运的因素，但就社会的立场讲，这些个人，扩而充之，整个工业上乃至农业上的人，相率向这两极分化，就不是偶然或命运可以解释的了。较有社会科学修养的人，也许有理由把这种分化，解作是应用机械、应用新的生产技术的结果。但仔细研究起来，我们似乎只可以说，新的技术、新式机械被广泛采用以后，确乎把那种分化加强了。但在起首时，新的机械技术，并不能制造出这种分化，反之，却是社会的这种分化局面，或者分化倾向，已借着某种社会的政治的变革方式形成了，它才允许新的机械技术逐渐扩展其应用范围。不过，这种分散局面，可因各别社会之历史条件及其他无数经验上的事实，引起无限的变化姿态。要测定它是否真正为机械或技术扩大应用范围所需要或必具的现代转形性的分化，就要看它的两对极——即一方面是无产的产业劳动者，一方面是产业资本家——是否在同时形成，否则如像中国传统存在的那种分化局面，一方面尽管有大量的无产者或由土地游离出来的失土地者的存在，而作为他们的对极的，却不是产业资本家，而是封建的大小土地所有者。像这样一种前资本主义的社会，要完成怎样不同于近代各国在产业革命当时所成就的社会的政治的革命，那不是在这里要讨论的，我只须指明，如其我们把前资本主义的社会分化，解作是现代性的社会分化，而以为即此就可把新技术同机械广泛的应用起来，发展起来，那么，新的劳动工具尽管像大水淌来一样的，毫不费力的从外面输运进来，那就使用它们的劳动力方面讲，它们不但不会像先进国家一样，加强排斥劳动力，恐怕还会受到劳动力的排斥；就使用他们的资本方面讲，它们不但不会像先进国家一样，特别为社会有财力而又想加速增进财力的人所欢迎，且反而会受到他们的冷遇或歧视。这是近数十年来我们社会的生产建设的据实说明，我将就此分别予以较详细的解释。

先从我们劳动力所有者对于新的机械技术的妨碍情形说起。

一般的讲，转形期间使用机械的自由劳动者不待说，他们主要是由原来小农及独立手工业者蛹化过来的。不论他们之中的保守性的程度如何，不甘愿离开自己的岗位，变成他们所不习惯的雇佣劳动者，那是大家一致的。他们直观的认定，使他们向着这个方面沦落的，是由机械的采用，而机械采用造成失业的惊恐，更加强了他们这种信念，于是，他们对机械采取直接的破坏行动了。每个现代国家都曾经验过这一类令人“啼笑皆非”的事。在我们坎坷万千的现代化过程上，这种“迁怒于物”的故事，也是间尝闻到，但却颇不足齿数。这原因，并非因为我们采用机械，应用新技术，很顺利的不曾受到劳动者的妨碍，而是因为我们采用机械，应用新技术的范围过狭，还不够在这方面引起劳动者特别重视。由我们社会历史条件的特殊，还由于我们采行现代化的步骤不免有些颠倒，我们采用机械所受到劳动者方面的压迫，就呈现了一种异常特殊的姿态。

作为中国封建制基础的地主经济形态，它与西欧或一般封建制基础的领主经济形态是不同的，那对于由封建社会过渡到现代社会的各方面的转形过程，也自然要发生一些变化。在地主经济形态之下，土地是可以自由买卖的，土地不曾由封建身分固着起来，耕作土地的劳动者，便也得到了移转上的相对自由。土地自由买卖与劳动力自由转移，尽管那自由是受到了许多限制，且与现代土地和劳动力自由的概念，大有出入，但毕竟是中国封建制的一种值得称许的进步性。这进步性，本来可利用来作为较易转向现代社会的一个阶梯，但可惜我们把它错误的理解了，那反而变成了妨阻我们走向现代社会的一个障碍。我们自来就漠然的把握这种进步性，这种自由，以为中国过渡到现代社会的变革，早经成功了。我们封建的本质，特殊封建剥削的关系，就被掩罩在这种进步和自由的后面，真所谓“自由自由，一切罪过都假汝之名以行”了。因为这是中国技术派意识形态中最“光辉”的部分，所以不惮烦地便在这里提示一下，而我的论点，还是要由此引述到中国转形期中自由劳动者所造出的问题上来。

前面讲过，现代各国采用机械所要求的自由无产劳动者，一般都是经过一种社会变革程序来造出的，都是把土地上的特权，城市基尔特的特权，从根打破，再从农工业上游离出来的劳动队伍中，来吸收住他们的。但中国自来就在土地自由集中的过程里面，不绝造出了土地被集中了的大批的农业劳动者，他们这类人——这类待土而耕的人的历史的存在（事实上，中国旧式的手工业者，无非都是一些得不到土地并殷切希望找机会得到土地的人），直接造成了高率地租的一大前提：高率地租不但牵引着高率商业利润和高率利息，并还局限着社会蓄积，始终除了浪费外，不肯走出这三位——土地、商业、高利贷——结成的连环圈套。由是历朝后半期照例由土地游离出来并且愈积愈多(多到老弱转乎沟壑,壮者散之四方,铤而走险,结束这一个朝代的乾坤为止)的大批过剩劳动者,到了我们这个时代,就仿佛他们不是为了等待土地,而是为等待机械来服侍似的。本来,即使是等待土地的人,他们是可能,而且逐渐会是愿意服侍机械的(虽然他们使用旧式农具乃至旧式手工器具的手,并不怎样惯于使用机械),但无奈他们方面,或者劳动力方面,尽管在客观上期待新时代的展开,我们社会的传统生产关系,却仍允许并保证着地租上、高利贷业上,乃至商业上的特殊利益,且还把大批的失土失业的劳动者的经常存在,作为其特殊利益所由取得的一个有力的助成条件。这传统关系既多方限制着机械或新技术应用范围的展开,结局那种过剩劳动者群的人数愈多,就不但不能按照资本技术构成上的比例,促成机械的采用,却反而依照着劳动者报酬与其求业人数所形成的反比例,压迫机械的采用。这就是说,容受过剩劳动者的范围愈狭,劳动力的报酬将愈低,劳动力的报酬愈低,生产事业的经营者,愈会觉得采用国外输入的昂贵的机械就不如雇佣"就地取材"的低廉劳动力;而在中国国情下,国际资本的竞争,防卫力量的薄弱,以及各种不利于新式产业发展的社会政治的作用,乃至由货币制度不健全和社会信用不发达所引起的资金的必然缺乏,都促使他们有理由觉得采用固定性太大的机械,不如多使用可以随时因应市场关系的变动而解雇而集合的奇特场面,就这样被演成了。我们迄今还存在着这种场面,它的根本原因,从表面上孤立去看,是无法理解的。

我们的劳动者在客观上是这样的排斥着机械和新技术,再看理应特殊亲近机械与新技术的我们社会的有钱人或资本家们的态度吧。

近代各国的产业资本家,有许多当然是产业界出身的,在转形期当然特别如此。但过去的商人,高利贷业者,坐收地租的贵族,乃至其他社会各色人等,也有不少变成了产业界的巨头。在以前等级社会的空气下,谁靠近产业,谁就要依他靠近的程度,失去其尊贵的身分。到了市民社会,经营产业变成极时髦的事业了。这种氛围气所由养成的本质原因,主要还是由于经营产业所得的利益,比之坐收地租,比之过高利贷生活及作欺骗的买卖,要较有利益。向着这方面趋利的形势已经造成,机械和新技术,便同过去社会的土地一样,特别被人们所爱顾和讲求了。

把这种事实拿来比照我们的社会，我们只依据上面的说明，就知道，我们还把土地当作最重要的殖利生产手段，机械就不易被当作最重要的殖利生产手段了。结局，坐食地租者固不必说，与“吃地租”保有极密切关系的商业者及高利贷业者，他们为了适应时代的变化，其最大展望，也只是做买办商业家和买办金融家，或者变形为都市的公债、地皮、标金经营者，除了在特殊有利场合下（如在第一次大战过程中的某一时期），他们是没有理由，也没有兴致去亲近机械与新的技术。

就是到了国际资本大体引退，民族产业在多方被奖掖的条件下的今日，“产业家”仍旧不曾变成一个很吉祥的名称。然而许多不肯正视事实的学者乃至政治经济家们，也许要把这种特殊产业不景气的原因，归之于机械不容易进口罢！

现代各国在转形期最愁难得的，是对机械抱着反感的产业劳动者，而我们却愁着找不到对机械表示亲切的产业资本家。

五、教训与教训的忽视

上面的说明，使我们有在这里概括并引申为以次诸点的必要：

第一，在生产建设上，技术无疑是一个极关重要的项目，但一切技术，必须附着于一定社会条件，在这限度内，任何一种技术上的变革，都不能不要求它的变革性质所需要的社会条件或社会关系；在另一方面，任何一种社会关系，对于作用在它那种关系或社会经济结构中的技术的改进，因此也都设定了一个限界。

第二，一国的生产建设，如不是指着产业革命过程中的转形大业，而是指着通常意义的生产或建设，指着产业革命大体完成以后的生产事业，因为它是在新的社会关系允许的情形下进行，着重技术，专心致力于机械的改进，如像先进各国在前世纪末本世纪初所努力一样，那么，它们强调技术的重要性，是不无理由的。到晚近，它们的技术发展程度，似已超过其社会生产关系所允许的范围，它们不能应用其在前一个转形期的经验，而仍想借技术的改进，来解决其在社会经济上所遭遇到的严重问题，所以，它们的这种努力，就只能为自己造出更大的困难。——我们不但需要接受近代先进诸国在前一个转形期的教训，我们还得接受它们在当前面临着的这一个转形期的教训。

第三，先行于技术变革的社会变革，尽管是一种历史的必然，但其表现形态，从而，其变革步骤与方式，各国不尽一样，事实上也不能而且不必一样。中国前资本社会的形态，对世界各国都显出极大的特殊，这特殊，是以我们社会的地主经济基础，对其他社会的领主经济基础，表现了较多的自由的进步性，但这种进步性，并不曾达到其对现代社会表示不落后的程度；其特殊，也不曾达到否定历史发展之一般定则的程度。我们有理由利用过去社会的进步因素，以减少社会变革过程中的痛苦，却万分不应该误用那种进步性，来代替新技术变革所要求的社会变革。

痛苦经验已经够多了，表演在我们眼前的产业界的伤心史实，还不够警惕我们技术万能论者的愚昧与迷顽么？

然而，如前面所说，中国社会在现代化过程上，一直就不感到劳力缺乏，且反因剩余劳力过多显出的资本过少现象，加强了技术论者的进一步幻想，以为我们技术改良的大障碍，就是由于资本不足。这使我们研究中国社会经济的改造，须在技术问题之后，把资本问题提论出来。

第五章　中国社会经济改造上的资本问题

一、一般在沿着技术观点考察资本问题

任何一个问题，是可以从多方面去考察，因而也是可以相应得出极其不同的结论的。

我们此刻来讨论的资本问题，多年以来，就是国内经济论坛上注意最集中，论究最广泛的问题，但可惜一般经济学者论究这个问题，不是由一个待改造的社会经济制度的前提出发，而是由一个已经改造过了的社会经济制度的前提出发，换言之，不是站在中国社会的立场出发，而像是欧美先进国的经济研究者，以他们自己社会为对象来考察中国资本问题的观点出发。结局，他们关于中国资本问题的讨论，就只是技术问题讨论的延续，或者把资本单纯看作实现技术变革或改良的手段。我们由前面第四章的讨论，已经明确知道现代技术之主要基础，是依存于机械，机械不论由自己国内生产，抑是从国外输入，都得有大量的资金或资本；资本数量愈多，采行机械以实现技术改良或变革的规模就愈大。就因此故，我们经济学者关于资本问题的注意，遂自然而然集注在现有资本数量或可能筹得的资本数量方面，一句话，他们是在“资本”数量关系上用功夫，至若那些考察出来的“资本”数量，是否会用作他们所谓建设资本，或本身是否资本，或是否将转化为资本，那显然都是关系到资本性质的问题。这一方面的问题，尽管在一个待改造的社会，或在一个尚未造出有利于使用资本的前提条件的社会，是比关于资本的数量的问题，更切要得多，但都似乎不在他们重视之列。自然，像吴景超、汪馥荪、巫宝三诸先生，用各种计算方式，算出中国国民所得或可能筹集的建设资本的探究，在某种限度内，由量的考察，会多少有助于我们关于中国资本问题的质的理解；可是着眼在量的方面，在技术方面，一开始，就是会把非资本的或不属于资本范畴

的东西，都含糊拢统的搅在一起，以至混乱我们关于中国资本问题之本质的认识。

二、资本与社会一般蓄积

在这里，我不想深入的论究资本性质的问题。但因我见到最近《经济评论》（第三卷第二期）上汪馥荪先生《论中国资本初步估计》的文章，觉得有一点感想。他把中国某一年度（一九三三年）的国民所得，看作资本的赁价，由这赁价，推算出中国资本的本价，即资本价值或全国资本（national capital），正如同由贷款利息额，依一定利息率，计算出贷借资本总额一样。汪先生很觉得他这种计算的方法，是一种创见。我也希望其如此。但是稍一检点，就发现那“创见”还不够健全，有人[①]已从技术方面提出了质疑，而我认为最成问题的，却是他连资产经济学者关于资本的基本概念，也不能把握，以至在所得中，对于利息、利润、地租诸分配形态及其相互关系的处理与说明，非常夹杂不清。事实上，且不论计算的技术是否健全，把所得看为赁价，把所得的一定倍数看为卖价或本价或资本价值，即他所谓全国资本，把社会性质的大问题抛开不讲，资财（stock）与资本（capital）的区别，在他，是显然不存在的。我觉得，用那种方式计算出来的中国资本的数量，即使再准确（其实是决无法准确的），也于我们理解中国资本问题没有多大的帮助。在中国这种性质的社会，它的中心的资本问题，显然不是在静态上去探究它如何可怜的只有那一点资本（虽然汪先生一再把中国资本数额加以太过宽的估计，以至把全社会资财都算作资本），那在一个落后社会，宁是非常自明的事理。它在资本问题上最伤脑筋的，在以往，在半世纪以上的产业革命的过程中，可以说是它的社会蓄积或资财，为什么不曾转化为资本；在目前，还是它的社会蓄积或资财，为什么不容易转化为资本。自然，它的社会蓄积或资财是很少的，但这正好因为是以往社会蓄积或资财不曾转化为资本的后果，也是今后社会蓄积或资财更须转化为资本的要因。为什么在一个先进国家不发生这样的问题（不错，在末期资本主义各国，许多经济学者也在叫嚷社会资金不用

---

① 如在《经济评论》第三卷十八期陈志让先生的《资本、人口、土地》里。

以从事生产事业投资，却用以从事股票证券投机，是一个严重的问题，但其性质与内容完全两样），而偏在我们这种社会发生这种问题呢？在拙著《中国经济原论》"中国资本形态"那一章，我已详细解述其中的关键了。这里只想补充一点，就是在一个前资本的社会里面，社会的财富蓄积，是以土地为基本的生产手段，因之，地租或农业上的劳动剩余生产物或其价值，为它社会蓄积的基本来源。当时虽也有商业资本，高利贷资本，那对现代性的商业资本银行资本，完全是属于另一范畴。后者是作为现代产业资本的补助资本形态而发生，从而它们的所得，即商业资本利润与银行资本利息，是由产业资本总利润中扣除。反之，前资本社会，特别像在过去中国社会的商业资本与高利贷资本，则是作用为协助土地剩余生产物的生产或其流通，而由土地剩余生产物或其价值中，分取其所得。自然，在两种性质截然不同的社会，一个不大懂社会历史关系的学者，也仿佛能摸出一些差别。但一临到像在中国目前这样的社会，尽管地租这种所得，还占着支配的地位，尽管配合着落后地租形态或封建地租形态的商业高利贷业，还相应维持着极大的优势，同时，产业资本已经发生了，新型的商业资本银行资本亦经发生了，于是看惯了，或从书本上习惯了先进国赚了钱，就去从事各种企业经营的学者们，就忘记了我们自己的社会条件，忘记了我们自己尚是由各种落后经济活动方式占着优势的条件，以为我们社会的各种所得，也是由它们那种经营方式得来，从而，也是经由它们那些经营方式投用出去，于是，在他们心目中的中国的资本问题，就是为什么如此少，而不是如何才使得它多，如何才使得一般人肯把落后性的所得，投用到进步性的事业上来。

这显然不是关系个人愿不愿意的问题，而是关系社会如何才使得个人愿意的问题。

三、社会蓄积在民间的资本化

现在且进一步看中国社会在民间的蓄积，是否容易转化为资本，转化为现代性的事业的投资。

在我们这种社会，"土地是财富之母，而劳动则为财富之父"的名言，仍是非常适用的。土地是最大的财源。地租这种所得形态（且不论其中包括进了利润乃至工资部分），表征着可能转化作建设资金的社会蓄积。但经济学上，资金的累积方式，往往决定其分散方式的积散律，在这里发挥极顽强的作用。可借以取得社会政治势力的土地，可借以安坐而食，而又可依凭社会的传统惯例，再加上政治势力而增高其所得的土地，一直都使地租的蓄积，不易使用到或分散到土地购买用途以外，至多，只是使用到有利于土地取得的商业活动或高利贷活动为止。事实上，商业活动及高利贷活动，直到今日，还被视作取得更大更多更优良土地之前哨的业作。因此，希望土地上的地租蓄积转用到生产建设上，似乎要我们分一点尊贵的注意到这种原有的或现存的社会生产关系上面来。

至若分散在社会各产业者手中，用以取得收入或利得的资财，在"有土斯有财"的社会，在主要借着自然力（土地）及劳动力谋利谋生，而非借着资本力的社会，那些作为生产手段，作为劳动工具及原料而存在于直接生产者手中的资财，那是极其零碎散漫的；把零碎散漫的资财，集合起来，使成大规模的产业资金，看来好像是非常容易的事。因为在表面上，那只是把小规模生产部门的资财，移转到大规模生产部门去，把购买各种各色简单劳动工具的资金，移转去购买机械，但稍加分析，就知道问题是比我们凭常识理解的，要复杂困难得多。独立生产者，不论是小农，抑是手工业者，他们的生产手段，是属于他们自己的，如其把他们购买生产手段的资金，拿去购买现代性的机具及适于机具所加工的原料品，要就是他们有足够的，或积得或借得有足够的能应付这种新场面的资金，能如此，他们的社会地位，就不是直接参加生产的独立劳动者，不是小农，也不是小手工业者，而是不直接从事劳动的资本家了；要不然，就是离开他们的原有的生产手段，或被剥夺去原有的生产手段，让他们以前取得那些生产手段的资金，被集中到他人手中，成就他人的资本生产，而使自己失去原有独立生产者的社会地位，变为"自由得一无所有"的劳动者。在这种社会的转变过程中，每个人的社会地位，每个人由一定的社会制度所规定的社会地位，都不能也不是照着他自己的意志变更的。要是照着各人自己的意志作去，我想社会一定全是资本家，而没有劳动者了。单讲到这里，已够使我们想到，使原有生产资金，变为现代性的，可以备置新式机具，应用新式技术的生产资金，该是多么不简单的事啊！

此外，我们还得阐明一点：把社会的障碍暂行舍弃，要使社会零散的诸种蓄积，集中为整体的，够备置新式机具的大量资金，那显然不能像派捐募债一样，向各人手中去取得；那除了用赋税，用公债，间接借助于地租一类原始蓄积方法以外，商业同高利贷业，也是最有效的两个转移并集中社会资财的方式。但商业者、高利贷业者，在我们社会制度之下，如经常都是做着地主的梦，而不是做着资本家的梦，他们蓄积所得，就显然没有变成机械或引出机械的希望。

四、社会蓄积在官家的资本化

在社会的转变过程中，要那些极容易由当前直接利害关系所左右的个人，把他们依各种落后方式获有的所得，投用到他们主观认为较不利益的事业上去，原是非常困难的；而且，在经济交往关系日益发达的现世界中，要从事一种够竞争得过国外乃至国内日益增大提高其基础资本额的企业，更属谈何容易。于是，创造"国家资本"的口号，便被提出了。

本来，用赋税，用公债，用滥发通货，用其他各种方式，敛集到官府的社会蓄积或财富，官府在其支出上，如其能尽可能节省不生产的浪费性的部分，而把它拿来从事生产建设，那是再简便不过了，也许就因此故，有些学者就设计出高其税收摊派，以便筹集建设基金的"赋税建设的"理想图画。但他们忘记了一件事，赋税可以建设，赋税更便于浪费；且其抉择往往并不是取决于官府的主观意向，而更大的可能是取决于官府所依存的社会经济基础。

中国在近代初期，是有过极创痛的官办产业或官商合办产业的失败经验的。在抗战发生之前，为目前国人咒咀的所谓官僚资本，已经在国外国家资本主义经济形态和国外社会主义经济形态的感染下，开始有了一些萌芽，经过长期抗战及战争结束时的大量接收以后，由各种半原始蓄积方式所造出的"国家资本"，一剖析其本质，却不过是"虚有其表"的东西。即是说，如其我们不承认中国未完全脱却初期的过渡的社会形态，如其我们还无法否认中国私人资本尚在开始形成期间，中国政治上还是表现为专断主义、官僚主义、封建主义的混合的形态，那我们在土地方面，在流动资本方面，乃至在其他现代性产业方面，凡以公家名义从事的经营，甚至最大一部分人以私人名义从事的经营，都不免与官的特权发生关系；我曾在其他场合[①]，把中国官僚资本分解为三个形态：官自己主要借官权取得的所有资本形态；官依职权直接运用的资本形态；官由运用公家资本，而由是使其他私人企业直接间接受其支配的资本形态。在这三者中，由官僚运用的那一形态的资本，才算是官僚口头上所宣扬的“国家资本”。这以国家名义装饰的资本，在当前这种政治形态下，显然曾是并将是官僚所有资本形态的大源泉。

然而，现实总是比理论丰富得多的，就把中国传统诸条件丢开不讲，我们也不能说，我们的官僚资本，与一般近代初期的国家资本，有同一的性质和内容。我们自己的社会，是处在一种过渡阶段，而世界大多数国家，却是处在另一种过渡阶段；当作中国的中国，我们是在资本主义的初期，而当作世界的中国，我们同时又不能避免资本主义末期的一切政治的经济的影响。我们曾在战时尝试的作过国营农场、国营贸易一类苏联型的国家经营，我们又曾继续努力从事国家资本主义下的产业编成。穿着拿破仑的服装，虽然不能就变成拿破仑，但却显然会使穿著者改变一些形相，而由是增加我们认识上的困难。

本来，在现代欧洲资本主义的幼年期，即在私人资本开始形成的期间，政治上也还是表现为专制主义的、官僚主义的、封建主义的混合的形态。因而，“夺取寺产，欺诈让渡国有地，盗掠共有地，掠夺封建所有地、氏族所有地，把它在无所顾忌的恐怖主义下，转化为近代私有财产”，就可行所无事的照着意向作去了。而在动产方面，“以国民名义为装饰的大银行，在出生之始，即不外是一个私人投机者的公司，它站在政府方面，借着政府给予它的特权，而取得以货币贷与政府的地位”，而它由此又是国债的债权者了。“国债的债权者，实际并不曾拿出什么，因为它所贷与的金额，转化为容易转移的公债券了。这种公债券在它的手中，和同额硬币有相同的作用。由是产生了一个无所事事的食利者阶级。”[②]再往前去，私人资本逐渐在社会上取得了优势，私人资本所有者阶级，早已为了保障他们既经取得了的资本权，强烈要求一种更适合他们权益的政治形态；他们尽管是利用政治特权胡乱取来的，却不愿他人亦利用政治特权再胡乱劫

---

① 见拙著《中国经济原论》附录四《中国官僚资本之理论的分析》。

② 以上均见郭王译《资本论》原始蓄积章。

夺去。“侯之门，仁义存”，明辨权利义务，明辨群己权界的法治精神，便被强调和被遵守了。

在我们还允许并且在某种条件下还鼓励私人资本的场合，如其中国官僚资本活动，也如同近代初期欧洲各国以国民或国家名义所形成的那种资本一样，能成为中国资本主义成育发展的一个推动力，我们倒用不着对于官僚资本表示过分的嫌忌或怨愤，因为那正是人家都曾经经历过来的道路，并且接着还会导来一个光明的前途。然而我们引为遗憾的是：我们的官僚资本，我们在这资本主义末期，由中国特定历史及社会条件所形成的官僚资本，决不肯也不能为我们成就这种历史任务。如我在《中国官僚资本之理论的分析》中所指出的，中国官僚资本的作用，依独占资本化、政治资本化、买办资本化的现实逻辑程序，使我们的民族资本迅速趋于枯萎和没落。

五、资本在海外蓄积与向海外蓄积

当资本直接靠民间的社会蓄积，和间接靠官府的国家蓄积，都碰到了大家乃至大经济学家都摸捉不到的社会障碍的时候，他们几乎都一致的把希望寄托到国外去，希望把由国外现成蓄积好了的资财，依各种方式，吸收或招引到国内来。利用外资与吸引侨资，就是那种希望的具体化。

且先讲吸引侨资。

将近半世纪来，吸引侨资，企望把侨胞在世界各地，特别在南洋各地，依勤苦或惨淡经营所蓄积的资产，移回到母国来，从事各种新兴事业的投资，那早已在当作一个国策来执行了。事实上，国内原先已经创造起来，不久又覆没下去了的，乃至今日还勉强撑持但却时虞破灭的许多只在民族资本史上留下了一些文字印记的新兴事业，殆有不少参加了侨胞的血泪在里面。投资最大的鼓励，是确实而安全的利得，不是其他任何带有心理因素的名词召感。一个人，在国内蓄积的资产，只肯用以购置土地，从事落后的买办商业与高利贷业，甚或作着胡乱的原始迷信的浪费，我们就没有理由劝诱一个远离故国，在国外辛勤积得有财富的人，硬要把他的蓄积，作着新兴生产事业的冒险。该有多少侨胞冒险失败了；该有多少侨胞把他们由国外鼓起回国投资的勇气，临到国门宣泄了；该有多少侨胞，把他们的资产拿到国内胡乱浪费了;结局,在国内的侨胞投资,不得已就只好走买办经营的路。国内各大都市,堂皇标告“广搜各地土产,统办全球货品”的大公司,不有许多是侨胞的投资么?那种性质的投资,究是有助抑是有害于国民经济,生产事业,或产业发展,早经有了定评,用不着词费。站在民族资本的立场上,我们虽然应当阻止买办性商业的扩张,但站在私人资本谋利立场上,我们却没有理由劝告他们改弦更张。一个懂得经济学原理的人,多少会明白不利于发展一国国民经济的买办式经营,到头会妨碍他们自己或他们后起同侪的往后投资事业。可是,有利个人而同时又有益社会的投资条件或环境没有创造出来,即基本妨害一般生产事业的社会障碍没有移去,侨胞在海外勤苦积有的财产,他们除了从事贩卖业或买办商业外,要就是留在国外,否则就是拿回买田做屋并作着其他一切原始性的浪费。自然,我们在这里是须得指出:拿回国内乃至留在国外的侨胞资产,确有一个颇不小的额数,由政府直接间接用捐输,用汇兑管制等方式,被吸入国库,转化为官僚资本了。

一句话,侨资原是生产建设资金的一个极大的可靠来源,但国内社会经济诸方面的恶劣环境,把它堵塞了,歪曲了,浪费了。

在华侨的资本如此,靠外人投资或利用外资,那虽然也曾同样当作一项国策来执行,但惩前毖后,其希望也是极其渺茫的。华侨要把资金用在国内,除了图利外,还有祖国的许多乡土因素在吸引他们;而在外国人,他们向外国投资,就极单纯的是为了利得,为了比用在他们本国还较多较大的利得。一切由外国人依各种不平等特权而自行经营的事业除外,无论他们直接在中国投资生产事业,抑是间接把资金借给中国从事生产事业,所有阻害国内产业资本累积的社会政治条件,也同样,在有些场合,甚至因为多转了一次手,还更会阻害其资本的累积,阻害其合理利得的实现。就因此故,在客观上,尽管中国现代产业的不发达和遭逢无限的坎坷,从对外关系方面讲,是由于国际资本或帝国主义势力在不绝加强加深其破坏作用的结果,可是,当这种结果形成以后,它们向中国的投资,就必须采取自己直接投用的方式,必须要求拥有不平等的特权。而它们那些直接经营,那些特权,就不但无补中国民族产业的发达,且会进一步加重其负荷。

尽管不只一百次的铁一般的事实明如观火地在表现着,而我们受了资本毒，着了资本迷的政论家乃至经济学者，一谈到中国生产建设资金，就像极其存心忠厚的把注意集中到洋大人那里，以为他们是非常大方慷慨的。但我可要不惮烦的提醒他们：

第一，一个国家要从事生产建设，在现代密切的国际经济交往关系下，不独可以利用外国投资，而且必须利用外国投资；但

第二，利用外国投资的基本前提条件，是国内的社会政治环境，已为生产建设铺好了有利可图的道路，换言之，是一切妨害产业资本蓄积的传统生产关系，乃至由那种关系派生的诸般经济障碍，都给一种社会变革清除了。所以

第三，必得一国国内的生产资本有利可图，国内生产再生产的蓄积会不绝资本化，那才能够吸引侨胞资本，吸引外国人资本。若

第四，不管自己的社会条件社会环境如何，一味认定国内生产事业不发达是由于生产资金不足，因而就不自揣固陋的妄期利用外资，那简直是把问题的本质先后弄颠倒了。

我们的许多政论家，经济学家，一直在这样颠倒他们的认识。

不仅此也，当我们国内间歇的动乱情势，多年以来，或者近半世纪来，一直在把国内各种原始蓄积的资产，无论是原生物质，是半制品，还是金钱，通过买办商业系统，通过经常入超，通过资金逃避，而不绝向外集中的时候，我们建设上所感到的资金缺乏现象，就愈显得要求侨胞向祖国效劳，要求外国大亨为这贫苦国度“施恩”了。然而我们一把这隐情略加分析，却就有理由认定多方讲求吸收侨汇，讲求利用外资的人，太不恕道了。

在最近，我们已从外国报章杂志，发现大量接济中国的美国人的大鸣不平了。当他们的援助，依各种方式陆续明号大召的寄运到中国的同一时期，中国的资金，却偷偷地不绝逃避到美国及其他中国官商人等认为较安全的地方了。就因此故，中国政府叫穷呼援到不可终日的生死关头，却正好是中国官人们冒险拼死把资金投向山姆叔怀抱的时候。究竟我们逃去的多，抑是他们运来的多，自然是一笔永久也查不清的混帐。我们自然可以说，美国人其所以肯帮助我们，正因为我们已事前送给了他们，或者他此刻帮助我们，我们不久还不是会送给他们。礼尚往来，再平衡其他政治经济上的利害，工于计较的美国人，无疑是会划算这一笔生意的。但在我们执行利用外资政策的人，如同时就是把国内资金搜运到美国的那一

干人,那就除了把利用外资作为一种扩大官僚资本的手段以外,只有天真的经济学者(假使他们没有依各种社会的文化的方式分润这笔进出买卖的油头)才能为他们讲得出一篇道理来的。

至于侨胞,他们是不能获得美国人那种好处的。但“利益往往会使人智慧”,一到风声不好的场合,他们停止对国内的投资,他们还会把已经向国内投下的资产,向香港一带转移阵地。

这现象自昔已然,只不过在目前表现得最为严重;在学者们眼光中,也许这更是我们应加紧吸收侨汇,加紧利用外资的理由。

然而,当这像是如往而复的资本问题,正困扰着一般经济学者,使他们难自解脱的时候,他们中间有一些较为聪明的角色,却把逻辑的联系,推进一层,说资本过少的问题要从与其相对照而发生的人口过多的问题,得到说明和解决。我也只好跟踪这线索探究下去。

第六章　中国社会经济改造上的生产力与生产关系的问题

一、问题的提起

在前面我们已谈到了中国社会经济改造上的自然条件、技术条件、资本问题。它们各别成为可能的社会生产力的要素，如其说中国社会经济改造的基本问题不在这些方面，或不能由这些方面得到解决，那显然要把问题的考察，推进到生产关系方面或这些方面的生产因素，如何在个别的或结合的受到已有生产关系的阻碍。

但把问题从这一方面来理解，势必要牵涉到许多不曾为一般人所论及的理论上的乃至实践上的基本问题。例如：

（一）我们的社会劳动生产力与我们的社会生产关系两者间，究竟是否适应？如其答复是否定的，认定它们早就处在不相调和的状态中，那么——

（二）这种不调和不适应状态所由形成的症结所在，究竟是起于社会劳动生产力方面？是起于社会生产关系方面？抑是同时起于两者方面？如其认为两方面都有问题——

（三）我们应先从发展社会劳动生产力入手？应先从改革社会生产关系入手？抑应从两方面同时入手？假如在技术条件上，我们不能在一切场合，同时从两方面入手，那么——

（四）在社会劳动生产力未发展起来的场合，是否能改变社会生产关系？或者反过来，在社会生产关系未经改变过来的场合，是否能发展社会劳动生产力？

所有这些问题，都是我们面对着当前经济现实，所应当提出并应予以确定说明的。

现在且按照逻辑顺序推论下去。

二、我们的社会劳动生产力与社会生产关系两者间，究竟是否适应？

这个问题一提出，大家对于平素以为理解得非常到家的事情说不定要发生一些疑惑。

首先，对于社会生产力和社会生产关系本身，以及它们之间的关联，就需要有所说明。

“社会生产力”一语，古典经济学者，特别是亚当·斯密及李嘉图[①]，就曾应用以解说一个社会生产能力的概况水准。威廉·培第及斯密，且明确的把劳动的分工程度当作生产力发展的一个重要指标，但他们任何一位经济学者，都不曾确定的包括的指述出社会生产力或社会生产诸力所由形成的诸因素。直到《资本论》作者手中，我们才清楚社会生产力的大小，是取决于以次诸方面：劳动工具的发展程度，劳动熟练程度，生产组织规模，自然条件利用范围，科学及技术应用水准。这诸多项目，比劳动力及生产手段所包者广，而且它们任何一方面，都是要在应用中、在生产进行中、在生产过程中，才显示为社会生产力的因素。正惟其如此，在上述诸因素作着技术的联同作用当中，同时就存在着与其相适应的社会生产关系。

如其说，“社会劳动生产力”是到了卡尔·马克思手中才得到科学的说明，那“社会生产关系”这一术语及其所代表的现实事象，就差不多完全是由这位作者所发现和阐明。他以为，社会生产诸力每发展到一定阶段，上述那些生产因素，就要被编组在另一特定财产状况中，从而就要显示出不同的所有与使用的方式；而就社会生产全般讲，就要结成不同的社会生产关系。这种社会生产关系的性质，原本是照应着社会劳动生产力的发展程度而形成，但当它经过法律化、制度化、风习化，而变成一定型的社会的存在时，它在一方面会发生促进生产力的作用，同时也会发生阻碍生产力的作用。文献曾为我们作着这样的古典说明：“社会生产力发展到一定

① 见《国富论》第一篇、《经济学及赋税之原理》前面诸章。

阶段，它就跟该社会中现有的生产关系……发生矛盾……于是这种关系就从帮助生产力发展的形式，变成了它的发展的障碍物。那时便导来一个社会革命的时期，随着经济基础的变化，而建基在这个经济基础上的巨大上层建筑也或急或徐的发生变化。在一切生产力尚能充分自由发展的时候，没有一种社会组织会事先消灭；同样，在旧社会胎内没有具备新的高级生产关系的物质条件以前，决不会有新的高级生产关系代替旧的生产关系。”

其次，我们即使理解了社会生产力与生产关系两者间的上述关系，把它应用到特定的中国现实的方面来，那亦是不能使人一看就明白的。

一个社会的生产力可以由一定量劳动的生产成果来测量，但因为劳动生产物是劳动者借着一定劳动工具生产出来，所以社会生产力更一般是借着劳动工具的效率来测量。如其说，任何一个社会，都同时存在着各种不同效率的生产工具，那么，依着生产关系照应着生产力而产生的事实，同一社会，也相应存在着各种性质不同的社会生产关系。这情形，特别像在中国当前这种过渡社会中，更会给人以极难辨识的印象。

惟其如此，如其提问到我们社会的生产力与生产关系是否适应，我们似乎可以同时作着极其不同或相反的解答。

从一方面看，小生产者应用简单劳动工具所体现的社会生产力，那与买办、独立商业者、高利贷业者、超额地租占有者、官僚和所谓准商奴债奴农奴官奴所结成的社会生产关系，并不见得有什么不调和不适应的地方，反之，甚且可以说，它们是恰好配合的。就是像岛屿般矗立在小生产大海中的若干现代机械工业，对于它们所表现的较大生产力，同时也镶配着一列产业资本家与产业劳动者，以及衬托于他们之间的种种社会生产关系。

然而，从另一方面看，一个社会，在本质上只能有一种代表的生产力与生产关系。像上述中国社会并存着两种以上的生产力与生产关系的事实，正暗示着新的生产力在向着旧的生产力挣扎，新的社会关系在向着旧的社会关系斗争，或者要求成长的新生产力，与阻碍生产力发展的原有生产关系正在搏斗。

我们由此知道，中国社会的生产力与生产关系，分开各别看去，像是调和的，但综合全般看起来，却是极其不适应、不调和的。应生者不能畅快的生长，应死者不肯“知价”的死去。

这动荡不安的错综混乱局面，实在延续得过于长久了。

三、我们社会的生产力与生产关系的不调和现象，究竟是起于生产力方面，抑是起于生产关系方面，抑是同时起于两者方面？

严格的讲，一个社会的生产力与生产关系，在任何场合、任何地域，都调和得天衣无缝，没有抵触破绽，那恐怕只是推论上的一种假定的合理状态。在现实上，历史继起的诸社会阶段，哪怕在极短暂时期内，都不会或不可能全面的实现那种理想状态。

虽然如此，那并不妨碍我们上述社会生产关系对生产力相适应的法则的建立，正如同纯粹的水只是经过化验手续才能取得的事实，并不妨碍构成水的氢二氧一方程式的建立一样。而且，又正如同合乎方程式的水，只是用来测验一般水的纯粹程度一样，假想中的社会状态，正所以用来说明现实社会的不调和与矛盾的程度。

在过渡期的中国社会，如上面所说，其不调和与矛盾，是非常明白的。问题乃在这种形成的原因，究在什么地方。

早在一百余年乃至两百多年以前，西欧学者如孟德斯鸠与亚当·斯密等，已正确指出：中国社会的生产能力，早经发达到了中国社会政治体制所容许的极限。这即是说，中国社会的生产关系，早就成为其生产力发展的桎梏了。

这事实，本来非常明白；任何一个古旧而长期停滞的社会，都无疑是由于其社会可能而且要求成长起来的生产力，在不绝受着不良社会制度或社会生产关系的束缚与摧残。其在中国，我们且不妨在这里简略追述它之所以长期停滞下来的大体经过：中国自有封建制度以来，王朝是更迭过许多了，每个王朝的开始，因为照例是在大兵乱与凶荒之后，都多方讲求社会生产力的恢复。由于省刑罚、薄税敛、劝工务农，以及其他种种有关奖助生产事业方策之施行，不久，社会上各方面都呈现出一些生机与朝气。农工业的恢复及其技术的改进，表示各种构成社会生产力的因素，都在相当程度上有了展拓的机会。可是这种展拓或“解放”一开始，原来随着前一王朝末期社会生产力破坏而破灭的商业资本活动，官商结托情势，以及由消费场面扩大与官僚机关扩增而导来的以榨取与聚敛为能事的社会生产机构，也相应紧束其一度松弛的韧带。结局，所谓“四位一体”的官僚、商人、地主、高利贷业者，联同加诸社会直接生产者的残酷剥削，又一度造出社会生产力的残破局面。

从这里，我们已不难理解到旧社会制度旧生产关系在如何限制和摧残生产力，但人们仍有理由反问：一个王朝初期能解放社会生产力的生产关系，为什么到了末期又阻害着社会生产力呢？这是容易解说的。每一种社会制度或社会生产关系，都有它所能容许的某种程度的社会生产力，对于任何程度的社会生产力都不能容许，它本就无法继续存在。所以，中国每度王朝末期所造成的生产力的破灭局面，往往就不但断送了那个王朝，甚至几乎要根本断送那种社会生产关系本身。但因旧生产关系的历史交代，是以新生产关系所依以建立的新社会生产力，已经在旧社会胎内逐渐孕育起来为前提条件，在中国社会关系下，既把原来的生产力由胡乱榨取以及由此导来的大战乱所摧残了，于是新的社会生产关系就无法产生，只有让新的统治者、新的王朝来恢复旧的生产关系。

上面这事实，或者这事实因以形成的基本法则，本来大体可以应用来说明近百年中国社会的动荡情形，来说明中国社会生产力与生产关系不调和情形，但其中显然增多了一些错综的因素。

直到现在为止，中国社会形式上的王朝是不存在了，但体现着以往王朝实质的社会生产关系，却并未曾经过像样的改革。但如其我们问：在以往的社会，显然是不容许现代性的生产力的存在的，我们照前面所述，我们不是已有了相当规模的新式产业，相当范围的新生产方法吗？如其传统的社会生产关系阻害着新生产力的存在与发展，那么，我们现代型的产业和新生产力的出现，要就是说，我们的社会关系改变了，否则，就是我们已经结论出来的命题，即生产关系阻碍着生产力的命题，并不正确，或者竟是错误了。

但在这里，我们须把各种问题的限界区划清楚。

第一，说传统的社会生产关系不曾改变，那是就它未作着历史交代立论的；事实上，我们数千年的封建生产关系，每经一个王朝，都无疑有了不少的改变，其在社会生产力方面亦是如此。依相连续的王朝如秦、汉，如唐、宋来比较，我们当不易发现其大的差别，但若依时间距离远的王朝如汉、唐或宋、清来比较，其变动，或者其向前扩展的程度，就显然可见了。但所有这些累积的量变或改进，终不曾达出质变来。

第二，说未曾根本质变的传统社会关系，一直在阻害着社会生产力的发展，那并不能据以断言，任何程度的社会生产力，或任何程度的新生产方式，都不能产生。在五口通商以后，中国传统的社会生产关系，显然附加了一些新的因素，较具体的说，就是附加上了买办商业金融阶级的新因素。这些因素的渗透与调节作用，使原有的社会生产关系，有了较大的弹性，有较大的容许进步生产力的阔度，而这，也正好给人以中国传统生产关系已经改变了无庸再改的外观。

第三，说那种只改变了外观的传统社会生产关系，是中国社会生产力与生产关系发生不调和现象或矛盾现象的根因，那同时并未否认一种事实，就是，哪怕在上述这种对现代性生产表示窄隘的社会生产关系下，有许多地域或许多场合，其生产力尚不曾发展到它所允许的程度；也就是说，生产技术上的不够努力，还不能拿落后的社会关系来做口实。但是，就是技术上没有尽到可能的最大努力，归根结底，仍不能不说是在多方受着社会生产关系的阻制，这一点我们将在下面补充说明。

把上面三点分释清楚，我们今后须多努力的方向，就似乎非常明白了。

四、我们应先从发展社会劳动生产力入手？应从改革社会生产关系入手？抑应从两方面同时入手？

然而近一百年来，我们经历现代化的全部努力，几乎都用在社会劳动生产力增进方面，都是用在技术方面。关于这，我在其他场合①已分别提论过。在这里，我只想在全文系统说明的联贯要求上，顺便予以解释。

改进社会劳动生产力，使小生产变为商品生产，使独立手工业变为机器工业，使零碎小农经营变为应用新式科学技术……由李鸿章一直到翁文灏乃至现在的王云五，通通是守着这种传统的建设方针。任何一个希

① 见拙著《中国经济原论》及《社会科学论纲》第四部。

望中国现代化的人，都无疑是把一切改进社会生产力的措施，看为紧急要图，但他们对于这种努力的成果的看法，却不一致。

在一方面，许多人以为我们社会劳动生产力改进了，或者生产现代化、机械化，就是整个中国现代化的成功；换言之，改进社会劳动生产力本身，就是现代化，就是现代化努力的目标。

同时，还有不少的人，以为我们社会劳动生产力改进了、机械化了，还只是现代化在技术方面的成功，真正的现代化，是要借着生产改进去影响、去变革社会制度社会生产关系。换言之，这是把社会劳动生产力改进，看作一个达成更富目的的手段，看作是建设或现代化的起点。

把新的、旧的、半新半旧的一切建设论者合起来，大体可以分成这两个派别。它们有一个共同点，就是强调社会生产力的改进。它们的差异点，却在前者根本不相信社会生产力以外还有什么社会生产关系的问题；后者就认定一个社会的生产力即使改进了，它还不一定就是一个现代社会。比如，战时美国国务院派到中国来作文化宣传与联系的一些使节，他们就极力称说德国和日本，应用了或者输入了现代的科学技术，把它们的生产改进了，但可惜它们没有输入英美的民主，致使其社会封建势力的军国主义者，误用了那种机械生产，误用了那种生产力，从事侵略而反动的战争。我们在这里引述他们的这种见解，只是表示上述那第二种人的看法，并不一定是"国产"，或者至少并不是中国一般建设论者的"私言"。

从表面上看来，或者至少自我认定社会生产力以外，还有所谓与其相适应的生产关系这一回事的人看来，后一派的意见，当然比较正确；但自实践的意义或要求上讲，后一派的意见，也许更有弊害。

我得指出，这种见解与前一派的见解，同样不相信社会生产关系会阻碍生产力，不相信在发展生产力的一切阻力中，生产关系是最大最基本的。生产力发展的自然障碍，往往可以借着技术的改进去克服，比如矿山开凿困难、交通阻滞、动植物病害、水旱灾，以及其他有关生产力遭受自然条件限制的种种阻碍，在某种限度内，是可能借新式技术的输入与科学知识的利用，而得到改善的。同时，有关技术科学发展方面的种种要求，在某种限度内，也可由社会有识人士的提倡和政府的奖助，而得到满足。但我们认定并中外历史昭示我们：所有上述这些自然条件和技术条件的改进，均只能限定在某种限度内，因为在一种旧的社会生产关系之下，不但自然条件和技术条件的改进受到限制，就是已经得到了改进的结果的应用亦要受到限制。我们百余年来现代化努力的成果就可充分为我们说明此点。

一种亘及全社会的生产力的扩张，并不是靠着好奇的模仿、靠着少数社会有识人士的提倡、靠着政府一时高兴的奖助，就能成功的。它的成功，是要举国上下，特别是社会政治上具有支配势力的人们，都觉得那种成功，就是他们自身的利益，而事实也正是如此。但要使他们这样“觉得”，使他们受到社会生产力改进的实惠，那并不是一件简单的事。以当前现实情况为有利益的人，如何能使他们在不同或相反的情况下，还能受到同样利益呢？目前利用本国社会生产力不发达，而以从事买办商业活动为有利的人，如何能叫他们在生产力发达的状况下，还受到同样利益呢？从而，如何能叫他们“心悦诚服”的来赞助生产力的改进呢？不错，社会生产力改进了，他们也许能收到同等的或更多的其他利益。但人们，特别是这一类人，是不能从眼前利害的境界自拔出来的。买办商业活动一减少，高率利息高率地租一降低，社会生产力立刻就会普遍增大起来。但买办、地主、高利贷者乃至成为他们的化身的竭泽而渔的官吏们，他们任何一个人的活动，都是被决定于现有的社会生产关系，他们不过在那关系中发生其各别的机能罢了。因此，在他们中间，虽不乏明达之士，对于改善社会生产力，对于提倡科学，对于工业化的号召，也报以共鸣，甚至出而奔走呼号，但等到他发觉这些努力，会在某种场合妨害其直接利益时，马上便把议论或作风改变了。现实的错综利害，使他们一时强调科学，强调原子研究；换一个场合，又高扬起五行八卦了。（意识上的矛盾，正反映出现实利害的矛盾，该在如何捉弄人们！）

由上面的说明，我们应该“举一反三”的理解到：

（一）任何现代国家，其社会生产力的改进，是由于这个国家已经实现了现代型的政治，已经把传统的社会生产关系改造过了，即使它这种生产关系改造的澈底程度，因各该国进行改造当时的客观主观条件而不同，比如就在前面提及的德、日诸国，我们如认为它的民主精神未同其科学技术方面的造诣成平行的调和的发展，那亦是相对的说法；事实上，它们各别传统的社会生产关系，如其没有十九世纪以来的种种改革，它们那种社会生产力的发展，根本就不可能。

（二）任何国家当它进行社会生产力的改进时，固然需要改变原有生产关系，但当进行生产关系的改造时，如其不同时把旧社会生产关系束缚下待解放的生产力，利用一切可资利用的机会，使其站立起来，使其安置在成长发展中，并使附丽于这种新生产力的各种新人，变成社会的势力者，则旧生产关系的改变，也不可能。

因此，在基本的认识上，我们尽管坚持旧社会生产关系的改造一般是新社会生产力发展的必要前提，但这种基本认识，本不妨阻我们在进行破除旧社会体制，或旧社会生产关系的同时，尽可能设法去解放、去促进新的社会生产力。

五、在新的社会劳动生产力未发展起来的场合，是否能改变社会生产关系？或者反过来，在旧社会生产关系未经变革的场合，是否允许社会劳动生产力的发展？

依据上面的说明，我们已经承认：像中国这样一个新旧交替的过渡社会，只要我们确认了破坏旧有社会生产关系，特别是打破传统土地所有关系的重要性，我们在实践上，对于增进生产力与破除旧生产关系，就不但可以同时进行，而且应当同时进行。

在中国社会，旧生产关系是适应着旧生产力而存在的。由一切政治的社会的权利被剥夺了的小生产者大众与买办商人土豪高利贷者所结成的社会生产关系，是适应着我们那种小生产规模与低级技术条件所形成的生产力水准而存在的。如其说，生产力每前进一步，那种生产关系即会相应发生变化，并在其内部起着新陈代谢的作用，由是，生产力的增进过程，应当理解为旧社会生产关系的解体过程，或新社会生产关系的创建过程。不过，当我们这样考虑问题时，可能使自己陷在一种不易自拔的循环论中。即如说，新的生产关系，既然只是伴随或适应新的生产力而产生，如其从前面所说，新生产力遭受旧生产关系的限制，不易发展起来，新的社会生产关系也就显然无法建立。以我们买办、商人、土豪、高利贷者为支配阶层所结成的生产关系，一直在束缚新式产业的发展，结局，代替这种不合理体制的新社会生产关系，即允许并敦促新式产业发展的所谓市民社会关系，也就无从成立。于是在这里，就有两个很本质的问题需要我们解答：

（一）在新的社会劳动生产力未充分发展起来的场合，是否能改变原有社会生产关系？

（二）在旧社会生产关系未经过根本变革的场合，是否允许社会劳动生产力的发展？

这两个问题，可是解作是一个问题的两面。最好同时予以说明。

引起这种问题的症结，在我设想，那除了抱有成见者的曲解以外，第一可以说是由于文字上的表现，往往难得很包延很生动的体现着现实运动过程；其次可以说是由于人们还只惯于在观念的把握社会基本原则或其公式，而很少去体认原则或公式在现实上的应用。比如说，社会生产关系适应于其生产力而存在的这一命题，那是表明，任何一个特定社会，都各别有一作为其发展标帜的社会生产力水准，也有与这生产力水准相应的生产关系。但是，不论是这生产力或生产关系，从一个发展历史阶段来看，都有极大的伸缩余地，而这伸缩余地，还不仅是说，一个特定社会的生产力，会在这个水准上下，其生产关系会表现出许多参差不一的形态；同时，就是恰够水准的生产力，也并不一定就有一恰够典型的生产关系来与它相适应。变动不居，参差互见，差不多是一切社会现象的特征；但变动与参差，应当理解为其中贯澈有一种求其适应、求其协调的作用存在，正如同经济上市场价格对价值的差违，乃在表示市场价格动摇于价值水准上下，正所以要求适应于价值水准。

明白了这个关键，我们就可以把历史上的许多成例，拿来解说前面提出的问题，然后再结论到中国社会改造上来。

先让我们来解答前一项问题，即在新的社会劳动生产力未充分发展起来的场合，是否能改变生产关系？

我们依据许多史例，对于这个问题的回答是肯定的。

在现代，人类曾经历过两次极有典型性的革命：一是一七八九年的法国大革命，一是一九一七年的俄国大革命。前一市民阶级或资产阶级的革命，把封建领主贵族权势所寄托的社会生产关系根本推翻了；后一无产阶级的革命，把资产者阶级权势所寄托的社会生产关系根本推翻了。这两种革命，就我们这里论及的问题来说，无疑都是在旧社会母胎内孕育起来的生产力，痛感到当时那种社会制度或社会生产关系的束缚，因而要求那破除束缚的结果。但显然的，社会劳动生产力既然感受到当时那种统治的关系的束缚，自无从充分发展起来，如其能充分发展，它们也就无需打破各别的社会生产关系。法国在大革命以前，曾由路易十四、十五时代，实行过多方改良生产技术的所谓重商主义政策。就因为重商主义政策在法国推行最为澈底，而法国采行重商主义，又是从各各改进工业生产技术，以期增进对外贸易入手，所以有的学者竟称重商主义为产业主义。法国当时产业发展情形，从下面这段文字可以推得一个大概，那是说："在十八世纪后半期，有许多拥有资本、机器和多数劳动者的企业，南部所设立的制造绢丝的大工厂，以及里昂地方的工厂以外，在波罗温斯南克多克创设了许多大工厂，纱罗麻织物等开始大规模生产。科尔莎·安多兰的铁工厂，也是十八世纪来所设立的。在矿业方面，在政府限制和保护下，大多数以股份组织经营，有很大的发展。"产业或社会生产力的这样发展，随在都要碰着当时贵族僧侣所支配的社会生产关系的阻碍，而感觉到这种阻碍的，显然不是新式产业或生产力本身，而为产业者或新生产力的导出者。他们会痛感到，贵族僧侣们的胡乱浪费生活，以及他们由此不合理生产所加于农民大众或整个农村的破坏影响，所及于政治及其他方面的腐败贪污与无效率的作用，在在皆不利于他们市民的商工业活动，他们由是觉得非推翻贵族僧侣的政治权力，决不能使他们的新兴事业得到发展。这正是所谓资产阶级的自觉意识，而当作一种运动、一种要求来体现他们这种意识的系统学说，在经济方面就是所谓重商主义，在政治方面就是所谓人权主义。这两种主义虽然不曾叫贵族、僧侣觉醒过来，但却大大助长了新兴市民阶级的信念，并加深了他们与前者之间的矛盾。因此法国临到大革命的前夜，尽管由路易十四时代以来在重商主义保育下发展起来的产业，已逐渐由战争与腐败政治所摧毁了，即是，在这旧社会母胎内孕育的新生产力，虽然将近是"小产"了，但那仍不曾妨阻推翻旧社会生产关系的大革命的爆发。

再说到俄国。俄国自彼得大帝于十八世纪初期"变法图强"以来，发展现代性的产业，特别是对外关系上，发展有关国防的工业交通业，早经成为野心君主和醉心现代化的有识人士的强烈要求，但俄国的旧社会生产关系，比之法国还要落后，朝廷的腐败与其由过渡的榨取方式所加于农村的破坏影响，殆有甚于大革命以前的法国。因此，俄国每当对外挫败之余，欲图振作，欲图改进其社会生产力，就不期然而然的要感到旧生产关系的阻碍。体现着旧生产关系解体所行的农奴解放，恰好是在克里米亚战争失败，开其端绪，迄至对日战争失败后才有较进一步的革命(斯托列宾的革命)的。但在实际上，这仅是指着积极的一面，解放农奴必须于失败后始肯进行，那正说明罗曼诺夫王朝的统治机构，即整个旧社会生产关系的支配力量，每经一度失败，即一度削弱，而其缺点与破绽，即一度暴露。临到二月革命前后，沙皇及其贵族将领们，尽可能使用一切残酷方法，囊括全国人力物力，用以支撑当时的猛烈战争。战争的失利，大量人力物力的残毁，继续支持战争危局的迫切要求，统治者已经大大的张皇失措了；而另一方面，痛感到战争和饥寒威胁的广大士兵群与农工人民，早已由革命运动者的宣扬，明确认知帝国主义俄罗斯即使胜利，亦是人民的灾祸，他们不需要战争，他们要求清算制造战争者与组织战争者，而由是要求清算到那班人依以作恶的政治组织，乃至整个社会生产关系了。由二月革命到十月革命这个难产期的阵痛，表明俄国革命与法国革命的极大分歧点。首先，俄国的沙皇统治，与国外帝国主义国家，特别是当时法国结有联系，而俄国所有的新式产业与交通金融组织，差不多都通过这种联系，对旧社会生产关系发生了补强作用；战争对于这方面的新生产力的破坏，正好意味着沙皇统治力量的减弱，但同时因为当时革命的爆发是在反对战争，如其革命停止在变形的资产阶级政权上，停止在克伦斯基政权上，根本就不会对外割断依托关系，不会达到中止战争的目的。而且，第二，俄国是一个比较落后的国家，农奴解放的过于迟缓和不澈底，致使俄国新式产业工人的生活待遇远较任何其他先进欧洲国家为低落，而俄国产业的集中性，又无形在促使工人大众便于团结，所以，当广大农村被战争震撼起来，一般被压迫贫苦农民找到行动机会的时候，工人革命大众就领导的走在他们前面，把革命引到他们预期达到的道路上去。他们实现了无产阶级的革命。

可是俄国革命的结果，不论怎样和法国不同，而在我们此刻论及的问题上，却有一个显然的类同点，就是他们变革旧社会生产关系的当时，其社会劳动生产力并不曾怎样发展起来，倒反而是当那依着勉强努力达到相当成果的生产力，逐渐受到被毁的时候，旧社会生产关系方始实行变革。

再让我们来解答后一问题，即在旧社会生产关系未根本变革的场合，是否允许社会劳动生产力的发展？

我们依据许多史例，对于这个问题的回答，亦是肯定的。

照前述例解，当法国、俄国未实行社会产业关系的革命以前，我们已知道路易十四、彼得大帝一流有野心而较开明的君主，已分别推行了不少发展新式产业改进生产技术的经济方策，虽然那些经济方策，有许多是旧生产关系可能允许的，也有一些是旧生产关系所不能容许的，但在其为了对内对外的某种目的，觉得有贯澈某些经济方策的必要时，即使是与维系原有社会生产关系相抵触，甚至要求在某种限度修正那种社会生产关系，他们往往亦是断然作去的。明乎此，就可理解到当前许多资本社会生产关系的拥护者或保守者，为什么也肯同意一些反乎其利益与意志的社会化法案。

但为了更明确弄清此种关键，且不妨以德国及日本为例来说。德、日都是比较后进的现代国家，惟其是后进，它们的现代化，在一方面，就比较是由于由外而内的强制；正因此，在另一方面，也就比较是由于由上而下的推动。这两方面联同作用，遂使它们的产业，带有军需的性格，它们的政治结构，渗透着浓厚的军国主义情调。而它们彼此以战争起家的事实更加强了这一趋势。显然的，它们的国力的膨大，和社会生产力的迅速增加，都不绝在要求它们的统治者，在某些场合，在某种限度内，对于旧社会生产关系施行种种适应性的修正和变革。如将农民封建义务化装为地租，将藩阀及其从属分别改称为将校和新贵族，将封建政治变形为形式上的议会政治等等。无论那是由于他们在主观上想效法英国式的光荣革命，抑是想回避法国式的大革命，总之是把原来的社会生产关系改变了。而这逐渐改变过来的社会生产关系，虽然在实质上，还对典型的现代资本家的生产关系大有距离，但却显然能予新生产力以较大的发展机会。因此，德国的封建组织，尽管是到第一次大战后社会民主党执政时始完全予以摧毁，日本的封建势力，尽管直到今日还成为异族统治者麦克阿塞将军从新“改造”日本的焦心课题，但我们上面的说明，已够证示一个未根本变革过的社会生产关系,或者只经过局部改革或改良手术的旧社会生产关系,在某种限度内,对于新生产力亦尚大有发展余地。特在这种未经较澈底变革的生产关系下,以种种强迫方式加速成长起来的新生产力,愈加使那种生产关系对它不能适应、不能协调,以致整个社会,显出德、日战前那样畸形的发展罢了。

把以上两方面的例解,归结到中国社会当前的改造问题上来,我们仍可参酌我们所遭值的实际情形,而综合达出以次的结论。

(一)中国社会的新式产业、新劳动生产力,是还未成育发达起来的;而它成育发达的障碍,无论是内发的,抑是外来的,通是通过我们那种传统的古旧生产关系。

(二)如其旧生产关系的澈底变革,是需要依生产力发展而抬起头来的新社会势力者作着革新运动来达成,则中国古旧生产关系,不是绝少改革的可能么? 可是——

(三)我们那种古旧生产关系,在近一百年,已经不全是古旧的了。就是在作为其核心的农村社会生产结构部分,亦逐渐渗透进了现代资本因素,如买办商业网,如农业单一栽培化,如农村劳动的都市进出等等。不过,这些因素对于古旧生产关系,是起着复杂的作用:一方面在分解它,同时又在维系它。结局,我们那种社会关系,虽然不曾像德、日诸国那样,对于其逐渐成长起来的生产力,行着适应的变改,也自无法像德、日诸国那样,借着那种逐渐成长起来的生产力,以巩固它自己。它自己一直在分解动摇中。

(四)像这样的经济结构,这样抱合着有外力在内的生产关系,尽管本质上还是古旧的、封建的,但正惟其本质上是古旧的、封建的,它就不可避免的要在它那种基本生产关系中,参组外力,或者参组进国外资本势力者,哪怕就在形式上不平等条约已经取消了的今日,所有一切与强大国家签订的平等互惠条款(如最近公布的《中美商约》),结局都将成为"片面义务"和"单惠他人"的东西,都将成为外资用另一套面具,另一个姿态在中国横行的东西。在这种情形下,古旧生产关系即使本质上未曾根本改变,但因在它基础上参组进了外力,也就可以在相当限度内容许其与外力有关的新劳动生产力的发展。但其发展不但在其内在关系上,有一限度(在拙著《中国经济原论》"中国资本形态"一节中我已详细分析到了外国产业在中国发展的限界），而且就是那种有限的发展，亦还不得不是畸形的和变态的。

（五）在当前的国际关系下，这样一副社会经济结构，一方面固然容易受到震撼，容易暴露出它的弱点，同时，哪怕是只能有限度的变态的发展的生产力，亦很容易孕育出对它表现“反动”的力量。惴惴无以自保的有限民族资本家，成千成万在饥饿线上挣扎的工农大众，对帝国主义对军阀统治感到深恶痛疾的觉醒的知识阶层，再益以在长期抗战中高扬起来的一般民众意识，与冶炼起来了的奋斗精神，那会无形的汇合成一种对抗古旧社会生产关系的伟大势力。因为如此，我们的社会生产力即使无展拓机会，甚至一部分乘机发达起来了的，又复挫折下去。但那正和社会生产力横遭破坏的法国大革命俄国大革命前夜的情形一样，那并不因此就认为古旧生产关系没有根本改革的可能，却反而证明那种可能是更大的。

在理论上，我将总括的说明一句：社会生产关系与生产力的辩证发展关系的提示，那无非是一般社会变动的准则，把那准则应用到实践历程中，只懂得机械的一套公式是不够的，我们不要以为在目前的社会生产关系下，生产力就绝无发展的可能（自然，现在正有许多人在“夸大”这种可能），我们尤其不要以为在新生产力未遂其成长或横被摧残的情形下，旧社会生产关系就没有澈底变革的可能（夸大前一种可能者，往往就乐观的不肯承认这种可能）。错综复杂的现实，需要我们极审慎的运用社会科学的提示。

把这些关键弄明白了，现在就需要追问到那参组有新因素的旧社会生产关系，究是怎样一些关系，我想从土地问题的考察上，来给予以明确的解答。

第七章 中国社会经济改造上的土地问题(上)

一、在历史中去看取现实

在上面,我们已逐渐推论到中国社会劳动生产力发展的障碍,是在它的生产关系方面,是在它把那迄今还顽强存在着的传统土地所有与使用形态,作为其基本的社会生产关系方面。但我们这样立论,大家很快就会想到中国过去土地改革的一些史实,而有意无意的表示非难。所以,关于这个问题的研究,我们得多费一点笔墨,而且,坦率的说,到今日为止,所有中外关于中国历史上土地改革的论著,殆没有几种能明确给予吾人以系统的科学的说明。在一切的原因中,也许最基本的是不曾把一般土地改革的社会的历史的意义弄得清楚,以致将古今中外的类似的或某些点相近的"改革","望文生义"的混凑在一起。如其说,历史认识的错误,会大大阻碍历史的发展,我们对于过去土地改革的意义弄不清楚,显然是会大大妨阻我们当前土地改革事业的。

人类在一切历史时代,都会在不同的程度上,依存于土地。愈是在以往的社会,愈需要依靠自然,依靠土地。由是,愈是落后社会的政治控制,就愈同土地的占有,保有更密切的关系。大体上,在土地占有形态规制着或范围着政治社会统治形态的限内,社会的斗争,往往非常本质的表现为对于土地的斗争;而社会的变革,也相应很基本的体现为对于土地占有方式的变革。从社会发展形式方面着眼,历史上大约有四个判然各别的土地所有形态:其一,是原始性的氏族或部族共有;其二,是特权性的贵族的占有;其三,是资产性的个人私有;其四,是高度组织化的社会公有。照应着科学的社会发展阶段论,我们这里是把原始社会以后的奴隶制与封建制下的土地所有,都算作是特权性的占有形态。就解放并发展社会劳动生产力的观点立论，由前一所有形态到后一所有形态的转形，都是一大进步，从而，由前一所有形态，为实现后一所有形态所作的努力，都是一大变革。这种变革的根本特质，就在其间包含着阶级利益关系的转变，以及与其相照应的政治支配形态的推移。简言之，这是社会革命意义的土地改革。

如其说，在一切阶级社会中，基本的除了支配者阶级与被支配者阶级之间的土地分配不平和利害冲突以外，同时还必然存在着支配阶级内部的土地分配不平和利害冲突，那么为了解救或缓和后一不调和现象所作的种种努力，不也可以说是一种变革或改革么？事实上，聪明而又糊涂的历史家或经济史学者，往往就把这两种性质不同的土地改革，混为一谈，更往往企图用这后一性质的土地改革，去蒙混或代替前一性质的土地改革。

这是我们研究中国历史上土地改革意义所必须弄明白的一点。

其次，对于加强上述那种主观认识的混乱，客观社会表象的或土地所有形态本身表现的参杂而并非十分划一的情形，也是值得简略引论到的。我们所提及的几种历史的土地所有形态，是就世界各民族各国家分别在不同自然的社会的条件下所参差显示的发展历程，而最本质的最一般的加以抽象与概括的结果。将它应用到任一特定民族或国家，势须再回头来把那些在一般中显出的特殊诸现象，作着科学的处理。比如说，中国数千年来的土地所有形态，从一方面看，显然是特权性的，但从另一方面看，却又像是资产性的；欧洲社会，在某特定地域或短暂时间内，虽然也表现了类似这种错杂不纯的现象，但中国社会的这一历史阶段，却特别长，特别显著。我们如其不肯从封建社会的本质，去解明或统一说明那种相反的表象，我们就似乎没有理由去阻止一般人把支配者阶级内部土地改革看作是“社会革命”意义上的土地改革的企图。

由上面这两点认识，将使我们达到这样一种理解，即：从比较有信史可稽的周代封建体制确立以后，中国就不曾实现一次澈底的有社会革命意义的土地改革。封建统治自那时起，就一直不曾离开过我们，那还不够反证么？在这个长的历史时期，勉强说得上土地变革的，共有三次：一是由秦商鞅正式以法令施行的废井田，除阡陌，即以地主型的封建土地所有制，代替领主型的封建土地所有制；一是由北魏开始施行的均田办法，即以封建国家定期配分的假公有制，代替豪强任意扩占的私有制；一是唐代中叶以后逐渐形成的官家私人的大土地所有，即以较有组织较为定型的庄田制，代替前此部分实行的平均配田制。如就这三次有关土地所有与使用的因革关系，来说明中国历史上的土地改革的内容与性质，那也许是不大远于事实的。

下面将分别解述这三次变革的历程，然后再总合起来，看它们暗示出了怎样的历史的乃至现实的意义。

二、由地主封建土地所有制代替领主封建土地所有制的变革

关于中国古代或三代的土地所有制度，我们只能从古籍中找到若干若有若无，不尽不实，且可因人而作各种不同解释的片段记载。孟轲关于三代田制税法的几段话，是言中国古代土地制度者所必须典据的。那是说："夏后氏五十而贡，殷人七十而助，周人百亩而彻，其实皆十一也；彻者彻也，助者借也。龙子曰：治地莫善于助，莫不善于贡；贡者较数岁之中以为常，乐岁粒米狼戾，多取之而不为虐，则寡取之，凶年粪其田而不足，则必取盈焉。"贡有解释，助系借民力。孟轲在其他场合，还用以次的文句限界它："惟助为有公田"，"请野，九一而助"。什么是"公田"呢？"公田"是同"私田"相对称的，"有诗为证"："雨我公田，遂及我私。"他老先生在对毕战的井地解答中，飘飘然把他对古代田制税法的零星传说，组织在他理想的主张中，又进一步使助法，使公田与井田关联起来。那是说："夫滕，壤地褊小，将为君子焉，将为野人焉，无君子莫治野人，无野人莫养君子。请野，九一而助，国中什一使自赋。卿以下必有圭田，圭田五十亩，余夫二十五亩。死徒无出乡，乡田同井。出入相友，守望相助，疾病相扶持，则百姓亲睦。方里为井，井九百亩，其中为公田，八家皆私百亩，同养公田，公事毕，然后敢治私事，所以别野人也。"这种与公田助法相联的井田制，姑且照上述的逻辑，说是殷人的田制罢。至周代所行彻法，很少说明，但他相信并且有意把它解释成近似助法的东西。他说："昔文王治岐，耕者九一，仕者世禄。"九一就是助法，况"雨我公田，遂及我私"的诗证，出自《小雅·大田》，为周行此制的实话；世禄同"九一而助"相关联，孟轲断言："夫世禄

滕固行之矣”，显意味着滕国先代亦曾行助法。经过这些曲折联系，所以他在“由此观之”之下，而力言“虽周亦助也”了。

把这类若有若无，不尽不实的片段记载，总括起来，至少总可告诉我们：

（一）由周代开始“封建诸侯，以屏藩宗周”的封建制，是把那些由殷代传流下来，加以“合目的”的再编制组织的土地制度为经济基础。而“八家为井，井九百亩”一类注释，无非是将农村共同体破坏后，全村落的人民须为其军事领袖或统治人物贡献劳力的一种理想构图。

（二）在这经过了再组织再编制的封建社会经济基础上，土地非国有，亦非公有，而全为统治阶层所有。他们按照其无法十分严密的统治等级，颁田制禄；在“普天之下，莫非王土，率土之滨，莫非王臣”的漠然命题下，设定了“天子地方千里，公侯皆方百里，伯七十里，子男五十里，不足五十里为附庸”的大体范围。《礼运》所谓“天子有田以处其子孙，诸侯有国以处其子孙，大夫有采以处其子孙”；《晋语》所谓“公食贡，大夫食邑，士食田，庶人食力”，皆是表示各统治层属依等级颁田制禄，食茅胙土的更具体的（虽然不是十分确实的）写照。

（三）土地被把握在各级统治阶级手中，没有土地的一般人民，便为了要依赖这种在当时成为基本生产手段的土地，而不能不在极苛刻的条件下，为他们贡献其劳力。“无君子莫治野人，无野人莫养君子”的这种对立而又像是相成的社会生产关系，就相应建立起来。

由上面的说明，就知道史载：“秦则用商鞅之法，改帝王之制”的那种社会经济体制，即“基本的对贵族颁田制禄，对农奴分等配田，因而，田地不许买卖（所谓“田里不粥”——《礼记》），农奴不许转业（所谓“农之子恒为农”——《管子》），不许迁移（所谓“农不移”——《左昭》）的世卿、世禄、世业的固定化的领主经济制度”[①]。而就土地方面说，就是领主封建土地所有制，像这种土地所有制，就不仅在用土地束缚农奴，同时也还在束缚或限制贵族。对农奴，是不许他们有土地；对贵族，则是不许他们任意扩占土地。但这种制度就在周之盛时，它究在领内推行到了多大的范围，并

① 见拙作《中国官僚政治的社会经济基础》，《时与文》二卷四期，下面有关部分，可以与该研究相互参证。

且实施到了什么程度，迄今还成为尚待研究的问题；而一临到比较有信史可征的春秋战国之世，特别是在战国，因为铁器的普遍应用，社会生产力一般的增加，包括商业活动与高利贷活动的交换经济的发达，以致旧来在某些地域某种程度确实施行了的领主封建土地制，一般已无法继续维持。在连续"兼弱攻昧，取乱侮亡"的战乱过程中，以前"礼乐征伐自天子出"，武王曾对周公说，"五侯九伯，汝实征之"；到了春秋时代，"礼乐征伐自大夫出"，齐之田氏，鲁之三桓，晋之诸大族，皆目无君上，"政逮于大夫"，等而下之，以至"禆臣执国命"了。这种变化的里面，这种变化所由形成的基础，殆可说是由于土地领有关系，已在先于政治权力而转换。王畿所在，以及"屏藩宗周"的同姓诸侯，大体都在中原当时比较开辟的区域；后来逐渐变为强大的几个国家，如秦、如楚、如齐、如晋，除晋以外，均在比较僻远而大有开拓发展可能的地带。它们不仅"天高皇帝远"，便于"狡焉思启封疆……故多大国"(《左成》)，同时它们的发展可能性大的自然环境，也在人口增多的压力下，"辟草莱，莅土地"，而变为大国。所谓"南则荆吴之王，北则齐晋之君，始封于天下之时，其土之方，未有至数百里也，人徒之众，未有至数十万人也，攻占之故，土地之博，有至数千里也，人徒之众，有至数百万人"(《墨子》)。无论如何，小国变为大国，有国者至失其国，原来约束封建贵族的羁绊既失效力，爵与禄早已开始分离。同时，在这种变动过程中，原来约束农奴的分等配田办法，亦与颁田制禄的秩序，一样成为发展桎梏。所谓"井地不均，谷禄不平"，对于贵族，对于农奴，都表示土地与身分脱节。于是，在一方面，是"禄之去公室"，是"公子公孙之失禄者"，是"世禄久已不存"；而在另一方面，是人渐"有恒产"，是"民农则其产复"。这种贵族化为平民，农奴化为土地所有者的情况，由春秋至于战国，已在加速发展中；使大家团结在一定等级秩序下的体制，既在相率解体，"君臣之分"，已经荡然失去存在基础，在政治上由孔夫子表露出来的"君不君，臣不臣"，正是在经济上由孟夫子昌言的"暴君污史，慢其经界"，和"井地不均，谷禄不平"的如实反射。一句话，世禄、世官、世业的贵族封建土地所有关系，在秦孝公用商鞅变法前，已经在各国普遍的趋于崩解。然而，我们并不因此就抹煞商鞅积极方面以法令、以政策来确立代替旧贵族土地体制的新地主经济秩序的功绩。他变法的主要内容是：

(一)"宗族非有功论，不得属籍"，即无功不及爵秩。

(二)“有军功者各以率受上爵”——“秦爵二十等,起于孝公之时,商鞅立此法以赏战功”(《文献通考》)。

(三)“耕织致粟帛多者复其身”——“秦孝公用商鞅,以三晋地狭人贫,秦地广人寡,故草不尽垦,地利不尽出,于是诱三晋之人,利其田宅”(《通典》)。

(四)“訾粟而税,上一而民平。”

所有这几项改革措施,都在破坏世禄世官世业秩序:凡有功者可以获得爵位与土地;凡耕作努力者,可以获得私有土地或更多土地;土地收入以赋税方式归于上,均在为私有土地的地主经济奠立根基。我们这里无庸解释,秦国为什么与他国不同;当时其他国家都听其自然演变,秦独特创一局,把已有趋势斩钉截铁的加以澈底变革。我们似乎只应指出,它变革的后果是:“田租口赋盐铁之利,二十倍于古”,是“人民勇于公战,怯于私斗”,是“国用富强”,是为后来吞并六国立下了坚实的经济基础。任何一种新制度,是会受到其施行的效果的鼓励的。秦以改革土地制度而得到吞并六国的实效,等到吞并六国,当然会把这致富图强的方法,因势利导,推行到统一的全国。我们虽然不曾发现秦始皇昭告天下,依秦国田制税法,一体施行变革的正式文告,但有一点更包括的说明了此种变革实际是存在的,即“天下皆为郡县,子弟无尺土之封”。有了这一项根本决定,任何贵族,就没有“食土子民”的权能。土地不为贵族所有,自然就成为在贵族统治破坏过程中逐渐伸展起来的地主或豪民所有,而秦代以后,二千年来的地主经济形态,就因此确立起来了。汉初诸子功臣,原曾裂土受封,其后亦逐渐剥削其政治权和经济权,而变为“就食长安而不至国”的遥领领主,变为名义上的侯国。东汉及其以后的历代王国,虽例皆赐予其诸子功臣以爵赏及土地,但都不过是点缀在地主经济制度下的领主经济成分罢了。

然而,中国这种地主经济形态,是与现代意义上的私人土地所有制度有别的,它虽然代替了贵族的领主经济形态,但并不因此就扬弃了它的封建本质。就土地领有关系说,那不过由封建的贵族统治者手中,移到另一型的或较进步型的封建的专制君主与官僚统治者手中罢了。统治的人物是改变了,统治阶层所寄生的基础,还是土地,还是土地劳动剩余生产物;统治者对于被统治者的控制,主要还是通过最基本的生产手段——土地;

土地占有的范围，仍是社会政治势力决定的测量尺度。许多人拘泥于政治的表象，把封建的本质看漏，以为中国古代领主贵族政治解体了，封建制度即随着消灭；而不知道封建制度的存废，最基本的要看社会统治阶层，是否还是寄生在对于农奴或形式上自由农民的剩余劳动或剩余劳动生产物的剥削上。这基本的剥削事实没有改变，单把剥削的方式改变了，即把分封诸子功臣，直接食于其封国封邑的方式，改作“以公赋税重赏之”，“以俸禄给养之”的方式，那并不曾消除封建的本质。虽然从社会史的意义上说，后一种封建制度是比较进步的，是比较给予了农奴以更多一点的自由，并且还比较能容许乃至要求相当范围与程度的商业高利贷业的发展，但就因此故，那又无异给予了各式剥削者，以更多的剥削机会，或更多的剥削自由了。

因此，由秦代努力促成的地主封建土地所有，因为在商工业未发展起来的情况下，在商工市民阶级未出现的情况下，本质上，无法不显示其狭隘性，但我们并不因此就抹煞其进步性。事实上，中国历史上的所谓土地改革，还只有这一次，够得上说是具有“改革”的意义，此后等而下之，就愈来愈不成其为改革了。

三、以均田制抑制强豪扩占土地的变革

由秦代统一而通行于全国的上述土地改革，或地主经济形态，一到汉代，便已因其对被剥削者给予了较多的生产自由，同时却对剥削者给予了更多的榨取自由，而变为儒学家者攻击非难之的了。董仲舒曾这样描述其弊害：“古者税民，不过什一；至秦则不然，用商鞅之法，改帝王之制，除井田，民得买卖，富者田连阡陌，贫者无立锥之地……邑有人君之尊，里有公侯之富……力役三十倍于古，田租口赋盐铁之利二十倍于古。或耕豪民之田，见税什五，故贫民常衣牛马之衣，而食犬彘之食，重以贪暴之吏，刑戮妄加，民愁无聊，亡逃山林，转为盗贼，赭衣半道。”（《汉书·食货志》）然荀悦所论，更接近问题的核心：“古者什一而税，以为天下之中正也。今汉民或百一而税，可谓鲜矣，然强豪占田逾限，侈输其赋太半，官家之惠，优于三代，强豪之暴，酷于亡秦，是上惠不通，威福分于强豪也。文帝不正其本，而免除租税，适足以资强豪也。”（《汉纪论》）他这段话，虽然很明白

指出:汉代的重农非重农民,乃特惠农地所有者的利益,汉代的减税,非有所益助于无土地的农民,乃特惠于那般土地所有者——强豪,且反因此鼓励强豪兼并土地,而益困农民,但他不知道,这正是官僚地主政权的特质的暴露,举朝上下大大小小的执政者,几乎都是大大小小面积土地的所有者,由他们来立法来执行农业政策,当然就不免要采取这样不合理的步骤。然则中古时代的阻制强豪均田制,究是怎样产生出来的呢?

论到这里,我们得明了,任何一个阶级社会,它的矛盾,并不仅表现于支配阶级与被支配阶级之间,在被支配阶级反抗未变成严重威胁的时候,支配者阶级内部的斗争,往往表现得还要热烈。我在其他场合讲过:封建社会的经济权力,归根结底,是建立在田制税法上。在那种社会中,田制税法不但体现着支配阶级之间的剥削榨取深度,同时,也体现着支配阶级内部对于那种榨取物分配的实现。与初期贵族封建社会比较,官僚封建社会财富在全社会各阶层之内的分配,毕竟还有更大的变动性,或更不易刻板固定下来。也许就因此故,中国在秦代以后每个王朝在田制税法上,就围绕着各种各色的斗争。大约在每个朝代之末,都有被支配阶级的农民起来,要求改变土地的分配关系并反抗租税,而在这以前,则是支配阶级、贵族、官僚、地主……们,相互不绝的由整理田制税法而掀起内讧。大约支配阶级中贵族官僚化的成分加重,乃与全部赋税逐渐集中到中央的事实相照应。反之,支配阶级中官僚贵族化的成分加重,又与全部赋税分散到地方或强豪的事实相照应。在这场合,就被支配阶级的农民说,究是把赋役直接贡献于专制君主于他们有利,抑是以私属名义,把赋役贡献给强豪于他们有利,他们似乎很不易抉择;因为他们始终就不曾由任一统治方式或剥削方式,得到负担较轻松的好处。可是,在支配阶级方面,那种转变,就关系很大了。强豪对赋役多一分控制,那就不仅表示中央经济权力的削弱,且意味着政治离心局面的造成。

自秦汉代以来,中国中央集权的专制封建体制虽然逐渐在强化,但就在这强化过程中,因为社会在比较长期安定局面下,财富累积加多,土地集中益加利害,贵胄、世家、大族、巨室、富贾、强豪,亦愈来愈多;他们所占田产资财,每与其奴役人民相为表里。贫富过于悬绝,当然于社会治安大有影响。但由董仲舒的限田主张,中经王莽暂行的王田制度,以至汉末儒者们的恢复井田运动,其中皆隐含有一个为一般历史家所不大容易察知的目的，那就是防阻这种拥有大田产，因而奴役有大量人民，由是削减中央控制的财力人力，以致造成离心力量的趋势。降及汉末三国时期，此种趋势殆已逐渐形成。当时蜂起各地，各霸一方的人物，几皆与其平日的大地主、大宾客豢养者资格，保有相当联系。他们几乎没有几个不是出身豪族、郡望或"世官"；或没有几个不是由于他们利用其社会经济上的地位，招收或集中有大量的宾客部曲以为角逐争衡的政治资本。袁绍初起时声势喧赫，无非因为他"宾客满天下"，只汝南一郡就达二万人；又孙坚父子崛起江东，无非因为他们"公族子弟及吴四姓，多出仕郡，郡吏常以千数"（《三国志·朱治传》）。其他如刘表、马腾、公孙瓒等，殆无一不是靠着宾客部曲的力量，各霸一方。豪族大家把土地人民掌握在自己手中，中央的赋役就愈来愈没有着落。在魏晋的动乱过程中，此种倾向不独未因以减弱，却宁是加强了。所以，曹魏的屯田制，司马晋室的占田制，殆皆寓有补偏救敝，且从经济上"强干弱枝"或向强豪抢救土地人民的大企图。

懂得了上述的曲折社会关系，我们就容易明白一般所称颂不置的均田制，事实上，无非是类似屯田制之类确保并增加国库收入的应变处置（至少在开始时表现得格外明显）。它的最后目的，并不在均产，而在设法增产，而在防止豪强霸占土地人民。原来自晋室南渡，豪室大族去者已大有其人，他们南去以后，与地方土著豪族间引起的土地争夺，已经充分表现在长期不易解决的土地问题上。而同时在饱经八王叛乱，五胡蹂躏的北方，虽然并不曾因一部分豪族大姓的南渡，而完全免除他们的把持与控制，但在土地荒芜，人民流散的情形下，由一个前此少受巨室强豪劫持的异族拓跋氏，来实施一种招殖荒芜，招收流散的办法，当然是不会受到大的阻碍的。而况，均田制的实行，不但未曾留下任何"均"豪右之田的记载，而事实上，"均"于一般人民的田地，还大体是止于荒瘠砂砾的地面，所谓"主将参僚，专擅腴美，瘠土荒畴，分给百姓"（《魏书·贺怀传》），那不已把均田制的特质，暴露得十分明白么？

关于均田实施的内容，这里是无须详为介绍的。它大体是在豪右占有以外的荒瘠地面上，依劳动生产力的大小，配给以可能耕垦的土地数量，而由是获取可能提供赋税定额的田制和税法。所以，除一定的永业田而外，还田授田的主体，并不限于主男，有劳动能力的妇女、奴婢乃至耕牛，都在其列。像这样依照劳动生产能力配给耕地的办法，在当时的情况下,确有助于经济的恢复,且曾在相当范围内,阻止了豪右的任意无限兼并。此外,还依着邻长、里长、党长三长制的帮助,阻止了农民对于税役的逃避。因此,我所理解的均田制,实在近似一种强制执行的半徭役制或力役制。因其施行相当有效,后来北周北齐都沿袭魏制,但略有损益。隋文帝混一宇内,推广均田制实施范围。到炀帝即位之初,田野垦辟倍增,"户口益多,府库盈溢",其后"大纵奢靡……兵车屡动……数年之间,公私罄竭,财力既殚,国遂亡矣"(《旧唐书·食货志》)。李唐惩隋之弊,然仍在半徭役的均田制的基础上,确立起中央集权的专制官僚统治。均田制及其相伴而行的税法,更系统化,并且推行得更澈底。授田的对象,不再是男丁、妇女、奴婢、耕牛,而集中在丁男方面,统一简单多了。其税法:"有田则有租,有家则有调,有力则有庸",条理系统多了。除某些特殊场合,原则上禁止田地买卖,又规定:"诸田不得贴赁及质,违者财没不追,地还本主",而"诸在官侵夺私田者,一亩以下杖六十,三亩加一等,过杖一百,五亩加一等。罪止徒二年半,园圃加一等"(《唐律疏议》)。

可是,均田制施行到唐代,虽然组织愈来愈形严密,但仍非由均富人豪右之产以配给贫民,而只是阻止了豪右、地方势力任意侵夺国家税役源泉,换言之,仍只是说明这种田制税法,是支配者阶层内部对土地领有权分配权斗争的结果。虽然中枢政府在此种向豪右向地方势力者抢救土地,从而抢救人民的过程中,同时还收到了用土地束缚人民,使其不易逃税逃役的极大效果。

四、以较有组织的大土地所有或庄田制代替均田制的变革

然而,上述的半徭役性的田制税法,虽然到了唐代,更加成为专制官僚统治的经济基础,且使那种统治的集中力量,更形强化。但每种经济制度施行的效果,必然会由其内在的矛盾的发展,而赍来否定它自身的结果。均田制在集权的专制官僚统治下加速推广施行,土地是显然会愈加垦辟的,土地剩余劳动生产物是显然会愈加繁多的,相应着,人口也会极快的增殖起来;但它所造出的这些方面的发展或变化,立即就显示它自身变为社会经济进一步发展的桎梏。比如,由广土众民及丰富物资所必然

招致的流通经济或商业资本活动，在在会使那种把土地人口定着在一定秩序下的半徭役性的体制，显出异常的狭隘性，而破绽百出；结局，原来用以限制或禁止王公百官特别是豪右们侵占公家税役源泉的租税体制或均田制度，就由他们这些在政治上社会上的优越权势者，利用它露出破绽的机会，开始来破坏了。其所采取的破坏方式：(一)使农民开垦荒地，迨其变为熟田，乃横夺地租；(二)违法收买口分田与永业田；(三)涂改书籍，以便隐漏隐占户口；(四)依典贴等方法，而行使收夺[①]。所以，延至"开元天宝以来，法令废弛，兼并之弊，有逾汉成哀之间"(《通典》)。而前此限制兼并者，反促起更猛烈的兼并。特别在安史之乱以后，各地权势者，相率招收流亡，隐漏户口，横夺租赋。到此地步，唐代依均田制及附均田制而推行的租庸调税法而建立的中央集权的物质基础，根本发生动摇。

可是，历史并不是重复的。我们不要以为唐代中叶在社会经济方面引起的变动，是汉代成哀之间的再版。类似中的质变与量变，始终是认识社会经济事变所不可忽视的测度标准。经过中古数百年长期的分立局面，经过半徭役的统制土地分配的均田制的施行，唐代中叶及其以后诸王朝的地主经济的主体，已经不大像西汉时代那些暴发户或新起的官商们；右族、门阀在中国中古以后的社会经济构成中，逐渐取得了决定的重要地位。所以，同是大土地所有，唐代中叶以后其所以出现更有组织的庄园的形态，那第一是由于门阀已经形成，其次是由于门阀豪族也在中枢政府施行均田制度的当中，利用了或是模仿得了组织私属、部曲、宾客的经验。因此，均田制及其伴行的租税制的失败，不仅说明流通经济相当发达的官僚社会，不可能再把土地与农民束缚定着起来，不使变卖，不使移转；并还说明这种社会由长期因缘积累所逐渐形成的门阀及其有关的社会政治势力，再不会允许把他们已经领有或将要见机取得的土地所有权力，完全交由中枢政府统制支配。所以，为了适应这两种客观情势，唐代后期统治者察觉得维持统治最稳妥最聪明的办法，如其不克垄断土地分配权，以期控有赋役源泉，就只好承认既成土地所有关系，以改进赋税收入。所谓杨炎的两税法，就是在这种情形下，抉择施行的。两税法因为是用以代替均田制及其相同的租庸调税法。所以，它在本质上，不仅是一种税制，尤其不

① 参见拙编《中国社会经济史纲》第 211 页。

仅是从名义上表现的“夏输无过六月，秋输无过十一月”的征收程序，而是关系当时土地所有与使用的一种体系。它的精神所在，是“户无主客，以居者为簿；人无丁中，以贫富为差”(《唐书·食货志》)。根据这种规定，前此由国家统制土地分配的一切规制，就从根取消了，换言之，前此限制豪门大族扩占的一切规制，固不复存在，而他们前此依种种方式取得的不合法的地权，且从而得到保障了。这一来，有如商鞅之破坏井田制，遭后儒诟病，杨炎之破坏均田制，亦同样遭时人及后儒之非难了。比如，汉董仲舒批难商鞅，谓其“改帝王之制，除井田，民得买卖。富者田连阡陌，贫者无立锥之地”。唐陆贽亦因此罪杨炎，谓“疆理隳坏，恣人相吞，无复畔限；富者兼地数万亩，贫者无容足之居”(《陆宣公奏议》)。可是陆贽对杨炎的非议，还只说其与商鞅“厥罪为均”。而宋吕东莱攻讦杨炎，简直指斥其罪浮于商鞅了，他说：“唐高祖立租庸调税之法，承袭三代汉魏南北朝之制，虽或重或轻，要之规摹尚不失旧。德宗时杨炎为相，以户籍隐漏，征求烦多，变而为两税之法。两税之法既立，三代之制皆不复见……杨炎所以为千古之罪人。大抵田制虽商鞅乱之于战国，而租税犹有历代之典制。惟两税之法立，古制然后扫地……”(《文献通考·田赋考》)。

儒家以复古守旧的立场，苛责杨炎，正反证两税法所强调的“不问主客，以居者为簿，不问丁中，以贫富为差”的规定，至少在形式上，更接近现代，更合乎赋税平等负担原则。所谓“王公、官僚、浮客，均在被税之列”，虽不一定能做到，而且后来事实也证示不可能完全做到，但有此标榜，不独可以加强中枢对豪右，对地方势力者“抢救”赋税源泉的决策，且可使士大夫振振有词的宣扬公平、平等，而由是缓和农民对于支配者阶级的对敌情绪。所以，唐代自两税法施行以后，各个王朝大率皆依据两税法精神，经理土地，整理税收。宋元两代虽格于豪右阻扰，成效殊微；明朝以户为主的黄册，和以土田为主的鱼鳞册，并行互证，成绩甚大；清代沿袭明制，于征收稽核方面，更加详备。凡此皆证示中国社会经济发展至唐代中叶以后，中枢统治者已不再可能用中古分立局面下施行的土地统制分配方策，以确立其对于地方势力或豪门大族的强力支配。它宁可在一形式的法令统一限制下，与豪族门阀贵介相协调。只要各种地方势力者不太藐视中央法令，即不公然大规模抗拒赋税，隐匿私属，致令专制官僚统治本身受到威胁，在支配者阶级内部，是乐得彼此周全方便的。也许就因此故，中国社会有关土地领有的庄园组织或所谓庄田制度，由唐迄宋，已大有扩张。明初由公家所占的官庄，其亩数已达全部民田七分之一。元清两朝以异族行使统治，王公勋官，皆有采邑，军队亦有禄田；皇庄、官庄、寺庄、军功田庄，所在皆是。此种大土地所有形态或庄园形态的产生，在渊源方面，固如前面所述，受有中古门阀与半徭役的均田制的影响，而不加阻制，听其发展，则以两税法推行为一大关键。

由以上的说明，我们知道：就中国土地制度的变革意义上讲，杨炎用两税法破坏均田制，和商鞅用奖励私有秩序来破坏井田制，是不能比拟的；后者是以较进步的地主经济去代替领主经济，而前者不过是在地主经济演变过程中，为克服它在特殊场合遇到的障碍，而采行的一种允许大土地所有的租税步骤罢了。可是把它和在中古停滞局面下创行的半徭役性的均田制或其租庸调税法比较，它却毋宁是前进得多的。

五、结　论

现在，且看历史上的土地改革留给我们当前土地改革的任务和教训。

首先，我们已由前面的解说，得知中国有信史可征以后的历史的土地改革，通是在封建体制内部进行的。除了商鞅变法，革去贵族土地占有秩序，还有一点革命意义外，其余大体都止于支配者阶级内部领有土地人民分配权利的调整。所以，由商鞅变法（事实上，在商鞅正式变法图强以前好久，那种不利于贵族封建土地制度或破坏那种制度的活动，就已经在秦以外的各国，部分的、自发的在进行着）而实现的地主经济秩序下，与现代性的土地私有制，只有表象上的类似；这表象上的类似，不但在某种程度，隐蔽了封建的实质，并由是被许多皮相而天真的历史社会学者，宣扬为中国二千余年以前的资产阶级的土地所有制。事实上，到今日犹顽固的认定中国土地分配关系，无须改变，或已经改变过了的政论家或经济学者，他们自始就不曾认识中国地主经济土地所有，仍是属于封建范畴的东西。

其次，过去一切的土地改革，除了第一次商鞅变法，带有几分无贵族身份者革贵族的命以外，其余通是由专制君主，由官僚，或即是由统治阶层自己执行的。历代的土地所有阶层，就是统治阶层；由土地所有者自己发动或计划的土地改革，把其他一切条件丢开不讲，那已不难窥见其狭隘性了。近代初期世界各国的土地改革,殆莫不是出于商工市民阶级的强求。市民的商工业活动,需要社会资本及劳动力自由流动,需要农村能提供制造品市场,并足量的原料供给,从而需要打破障碍这一切的封建关系。因为封建关系的物质基础,是建立在土地占有方面,所以,近代市民阶级的反封建革命,都必然是集中在封建土地所有的革除上。我们的专制官僚统治,尽管在其统一的政治基础上,在其赋税征集与配分的广大过程上,在其官商苟合的联系上,大有助于商业的发展,事实上,商业也确实相当发展了,但专制官僚统治在另一方面由管制商业,由干涉工业,由任意在捐税上打击商工业者,以及由其大规模的胡乱浪费社会蓄积,所给予商工业发展的破坏影响,是足够抵消其所给予的便利而有余的。结局,几千年来的商业虽然在屡毁屡建的过程中,还保留下一点规模,但它一直就不是以工业为其活动对象,而仍是以农业亦或农村副产以为其活动对象,换言之,它仍不能不是寄生在封建土地所有关系上。而这也就显然限制了商民的特质,限制了他们对土地改革的要求。——没有商工市民是要求土地改革,以往所有的“改革”,就无疑是由土地所有者阶级为了调度内部的分配而进行的东西。虽然每个朝代之末,都有农民叛变,改变既成的土地所有关系,但当时农民的知识水准,团结可能程度,至多只是要求把“改革”局限在变换若干土地所有者方面,而很少能注意到土地制度本身的。

第八章 中国社会经济改造上的土地问题(中)

一、旧问题的新考虑

到了现代,在实际上的土地问题,虽然愈来愈严重,而我们对于土地问题的认识,却愈来愈模糊。因为我们已逐渐有了虽然是带有买办性的殖民地性的商工业了,而且真正的现代工商市民阶级所要求的土地改革,亦不在均产,而在打破依附于土地,或附着于土地的封建特权,而在使土地变为得自由转移所有者,得集中使用的普通财产。而这种土地属性,或者这种性质的土地改革,中国似乎老早就实现了;中国土地老早就可以自由买卖,老早就在集中分散,分散集中;虽然不曾集中使用,却已经集中所有了。也许就因为大家只注意到问题的这种表象,所以在过去一直成为问题的土地问题,到了现代,反而似乎不大成为问题的了。由鸦片战役以来,差不多一切讲革新讲变法图强的人物,都不约而同的把注意集中到工业建设方面。直到中山先生提出"平均地权"的号召,接着曾在国民革命开始的短期间内,一新过人们的观感;但不久,那号召,又重被"经济建设""工业建设"的嘈杂骚音所掩盖了。革命的顿挫,建设的失败,以及由是引起的社会动乱,再迫着我们把前此看作不成问题的土地问题,重新考虑;不仅从现实中去考虑,还从传统上去考虑;当然大家考虑的结果是不一致的,但由中国社会性质问题的论争,到中国社会史性质问题的论争,通是一致的把土地性质问题作为重心。由研究的成果,益以现实的痛苦体验,我们今日对于这个旧问题,已算大体有一个新认识了。

这个问题在说明上,应该分作两个部分,或者两个问题:一是中国土地问题,或中国土地为何成为问题;一是中国土地改革问题,或中国土地改革为何成为问题。两者是密切关联着的,我们研究的目的原在后一问题上,但说明的重点,却在前一事实上。土地改革为何成为问题,要在土地为何成为问题的解说中去求得答案；至若改革的鹄的，改革进行的途径，那都是“尽在不言中”的。

二、现代中国土地为什么成为问题

对于这样一个问题，就在目前，还会引起种种争论。我想把围绕着这个问题已经发生的差别见解，依着由最不健全的到最健全的顺序，分作以次三项来解答：我希望按照这样的顺序来研究，是比较有助于读者的理解的。

第一种见解以为：中国土地其所以成为问题，是由于土地与人口不相配合。

这一流俗的皮相的讲法，往往竟出自一些相当有名气的社会学者经济学者口中。他们中间又有两个颇有出入的不同意见：其一是说，中国可耕地太少，不够人口分配；其二是说，土地上的人口分布太不相称，有的地方人口过于稠密，有的地方人口过于稀少。两种说法尽管可以相互冲销不少，其共同点则是把中国土地问题，约缩为土地与人口不相配合的问题。

关于前一高见，学者们是这样夸张着：根据官厅统计，中国人口为4亿到4.5亿，中国耕地面积为14亿7300万亩，每一人口所得耕地，就是平均分配，也只能得到3亩多。一个只有3亩地可耕，在集约耕作的南方，还比较能勉强维持生存，在北方就简直不行了。然而首先我们应明了，所有这类统计数字，通是“想当然耳”，或“以意为之”的。任何一个落后社会，根本不可能有正确的统计数字，经过科贝尔严格统制后的法国，到了大革命当时，仍苦于没有确实的统计数字可以利用；朝鲜在一九〇四年的人口是500万，到了一九一〇年由日人统计是1200万。在封建官僚统治的中国，人民对政府，政府下级对上级，从来就不曾有过关于人口与耕地的确实报道。外人讲中国行政机关所用的统计，有的竟是根据几百年前甚至一千年前偶然调查结果所编造而成。不错，人口与土地面积数字不确实，虽然无法证实土地对人口不够分配，不也无法证示土地对人口足够分配么？但我们如其把中国自清代采行丁银并入田亩或“摊丁于地”而输纳的税法加以考虑，就知道愈来愈不成为课税对象的人口的数字，其夸大可能性甚大，而愈来愈更成为课税对象的田亩的数字，则其漏报隐匿可能性甚大。就令把这些事实放在一边，而姑且退一步承认中国人口与耕地，确如政府所公布的数字，并承认即使把那些耕地平均分配给每个人，都不会够食，但我们为什么不在耕作上求改进？为什么那些在农村生产圈外的人，不靠土地生活的人，也必须在学者观念中配给以同额土地呢？事实上，农业生产条件改进的可能性愈大，不需要靠土地维持生活的人也可能愈多，他们不肯这样着想，偏要向着更凝固、更狭隘的领域去推敲，以为土地对人口已经分配不来，加上人口在土地上的分布，又是那样太不匀称，所以问题就更严重了。

关于这后一高见，仿佛更容易引起人们的共鸣。一般的讲，中国内地各省人口的分布，比之边区各地，是稠密多了。依照中国传统的移民实边的老办法，似乎可能使那些内地得不到足够土地，或失掉了土地的人，能到边区去获得土地，或获得更大乃至更肥沃的土地。但希望用这种方式解决土地问题的人，第一应考虑一下，人是不能像燕子或雁一样自由飞来飞去的，一个能把这种繁剧而多费的移民工作承担起来的政府，它是可能用更有效的方法，去解决人民的土地问题的。而况第二，我们的任一边区，是不是也有它们各别的土地问题发生呢？哪怕人口再少，争猎场，争牧场，不是一切落后民族的家常便饭么？不错，我们的生产方法，比边区各地进步，然而，内地人民移到那些地区去，一定不会引起他们那种争土地的方式，但谁能担保跟着生产方法一同移过去了的生产关系或社会制度，不在那里引起我们这种争土地的方式呢？我们在东北的新天地，在河套的大垦殖区，乃至在洞庭湖淤填起来的自然沃壤区域，不是新移住者耕作甫一开始，马上或很快就发现那些地方的主人，已经不是耕作者，而是站在耕作圈外来与民争地的地方权贵或势力者么？所以我虽然也在某些条件下，赞同把内地人口多分散一些到人口稀少的地区去，但却不承认这是解决土地问题的有效方法，尤其不承认中国的土地问题，是由人口在土地上分布不均匀所引起的。

说也奇怪，那些肯定中国土地问题，系由人口太多，分配不够，人口太挤塞在内地，分布不均匀的学者们，迄未想到那些平均分配起来犹不够的土地，究竟大部分是把握在谁的手中？

往前看去罢！

第二种见解以为:中国土地其所以成为问题,乃由于土地集中或分配不均。

从这一观点来考察土地问题,大约是注意以次两点:其一是看全国的土地,在人民间是作着如何的分配,即土地为谁所有。其二是看全国的土地,是在如何的条件下被使用着,被经营着。在现实上,土地的使用形态,大体系取决于土地的所有形态,所以我先就后一点来考察。

关于中国耕地面积的分配,已有的统计数字,也如同前述人口与耕地面积的统计数字一样,极不确实,保守者提出的数字,和进步者提出的数字,有极大的差异。如民国十六年中国国民党武汉土地委员会的调查,和国民政府主计处统计局编制的报告,就是两个对极的榜样,虽然后者在必要的场合,也利用前者提供的数字。根据较为中立而折衷的办法[①]:

(一)中国全国耕地面积约共 13 亿亩,其中政府及人民公有者为 1 亿亩,私有耕地为 12 亿亩。

(二)全国占户(包括土地所有者及耕作者)共为 6000 万户,其中地主占 3%,富农占 7%,中农占 22%,贫农雇农及其他共占 68%。

(三)地主共 180 万户,每户平均 1730 余亩,共占全耕地 26%;富农 420 万户,每户平均占 77 亩,共占全耕地 27%;中农 1320 万户,每户平均占 22 亩,共占全耕地 25%。最后,雇农贫农及其他共 4080 万户,每户平均占 7 亩,共占全耕地 22%。

上列数字,也许贫农雇农及其他每户平均亩数稍多一点,但如认为大体可供参考,占全农户 10%的地主与富农,已占有全耕地面积 53%,而占全农户 68%的贫农等,却只占有全耕地面积 22%,分配的不平均,与土地的集中,已可概见。

惟其全国大部分耕地被把握在仅占农户十分之一的地主及富有者手中(事实上政府及人民公有土地亦是由他们控制),其余占全农户十分之六七的贫农等,只有很少的土地或全没有土地可以耕作,于是农民对于土地,就显出过剩的现象来,于是地主对于土地,就有理由要求极大的耕作代价,即高额地租。中国普通的租率,由土地的丰度,租佃当事者的经济地位,以及其他种种因素,互有不同,但一般租额,总要占土地生产物

① 如吴文晖著《现代中国土地问题之探究》。

50%以上,有的甚且高到百分之七八十。

如其中国的土地问题,仅仅是因为土地如此分配不平均和由此引起的租率过高,那决不会发生今日这样的严重现象。以小农著称的法国不讲,英德美诸国的土地分配不平均情形,比我们有过之而无不及,国内许多天真的学者,根本不承认中国地权过于集中,也许是据此立论。至若地租率太高,其受害应止于佃农,于一般中小农似无关系,何至使中国整个农村,弄到目前这样悲惨的境地?

这疑问也是我们要求得到解答的。

再往前考察罢!

第三种见解以为:中国土地其所以成为问题,乃因我们的土地制度,具有封建的特质,整个落后社会经济关系,才真是中国土地问题的症结。例如:

(一)土地所有仍确实表现为一种社会特权,土地面积拥有的大小,在所在社会,显示为一种社会权势的指标。

(二)租赁土地除了约定的地租外,一般还依照惯例,有实物及劳务的报效。此外,地主或其关系人代理人,并还无形的具有支配佃农及其家属之人格的权力。

(三)土地所有因系社会权势所寄托,一般较大的地主,特别是文武官员的地主,一般皆或明或暗的免除输纳及其他公民义务。

(四)一切摊派、徭役、兵役,皆被转嫁或课加到没有土地或仅有少量土地的贫农、佃农、中小自耕农甚乃至善良的小地主身上。他们除公家负担外,还成为地主阶层或大小社会权势者见机或制造机会侵略剥削的对象。

(五)作为权势者爪牙的土棍、流氓、地痞,即使自己并无土地,亦大抵是以欺压敲诈农民为生,而晚近因农村社会动乱而增多的,或由商人、官吏、军人等转成的所谓“不在地主”,又正好是借着这帮人为他们作着强制性的聚敛。

(六)土地所有者大抵同时都是高利贷者或者变相的或正式的商人,而在赋税、徭役、摊派、高额地租压榨之余的农民,势不能不变成高利贷业者及各式欺诈商人的俘虏。

仅就上面这几项事实,我们应当可以看到:

第一,中国土地上的严重问题,不在地权的如何集中,而在地权因何集中,在何种条件下集中;不在地权本身是一种经济榨取手段,而在它同时还是经济外的社会政治压迫手段。就因此故,一个佃农并不止于受直接地主的高额地租剥削,所在社会的一切地方权势者,都会光顾到他。那正如同一个地主,并不止于剥削其直接的佃农,所在社会的一切佃农贫农雇农乃至自耕农及小地主,也都可能而且实在受着他的光顾。因此,

第二,中国土地上的问题,就不能单纯理解为从土地所有与土地使用所直接发生的问题,而更关重要的,却是那些比较间接的问题,即是在把那种土地所有与土地使用形态为基础而构成的落后社会关系政治关系下所发生的剥削与迫害问题。政治不易清明,人权毫无保障,动乱没有止境,产业难期发展。一句话,我们现代化途中的无穷无尽的坎坷,归根结底,殆莫不有封建性的土地制度问题横梗于其中。所以,

第三,我们的土地问题,就不仅关系地主与佃农的利害的问题,而是整个农村社会大小权势者、地主、豪商、土霸、高利贷者,以及与他们保持着极密切关系的官吏,和那些为他们所支配所宰制的所谓小民或下民之间的社会的经济的问题。而在我们那种依政治性、商业性,从而依消费性所特征着的都市,一般是依存于农村的限内,看似对农村无直接关系的都市各社会政治阶层,恐怕它们对于那种问题,也不会怎样漠不关怀罢。就是远在太平洋彼岸的美国,不也在以极大的关心,焦虑着中国土地问题的演变么?

三、中国土地改革为什么成为问题

由上面中国土地为何成为问题的说明,我们应已大体知道中国土地改革为何成为问题的关键了。

如其土地成为问题,果真是由于土地与人口不相配合,即在一方面,是由于土地不够人口分配,那只有依马尔萨斯式的解决方法,用战争、饥饿、疾病缩减人口。如某社会学者所谓中国人口由四万万减至二万万,中国人的生活将改善一倍,那一来,根本就不会发生土地改革问题。在另一方面,若是由于人口在土地上分布不均匀,那只要实行国内移民就行,也根本不会发生土地改革问题。

如其我们的土地成为问题，单是由于地权的集中，地租率太高，那改革起来，也许只要惊动领有大土地，并勒取高额地租的那一部分人，而且目前表现在各地的一些不利于土地所有者的事实，如社会动乱把土地所有者逼往都市，征实征购使小地主破产，以及相伴而发生的土地价格降低，乃至农民抗租赖租等现象，不都证明“改革”正在不动声色的进行中么？难怪许多人竟拿着这些事实，来论证土地没有改革的必要。

然而我们的土地问题，如其根据前述第三个见解，即不仅把它看为是关系地权与地租率的问题，而看为是整个落后封建社会特质攸关的问题，则上面所提及的那一些不利于个别地主或许多地主的事实，就只表明那至多不过是以土地制度为核心的落后封建关系，在局部的变化，在此处彼处暂时的分解，不但不足以说明土地改革的无须，且更证示那种改革刻不容缓，证示那种改革不仅只会惊动领有大土地勒索高额地租的那一部分人。

这就逼着我们明白指出土地改革其所以成为问题的根本道理了。

现代诸先进国家的土地改革，其急迫要求，当然是由农民或农奴的非人生活与各种“不逞”行动表现出来，而主张而敦促而实现那种改革，宁是出之于迫切要求解除封建束缚的商工市民阶层及其政权。中国传统的剥削关系太过残酷，以及由此引起的社会动乱太过频繁，致令在旧关系中不易孕育出商工市民阶级所由发生成长的新生产力。而国际资本侵入以后逐渐激励起来的工商业，又因旧传统统治未除，封建特质未去，始则买办化，继则官僚化，新式商工业的发展有限，它们的形态与性质又被歪曲化与畸形化，它们就不知不觉与变形的封建关系封建势力相习和相依存。就因此故，它们虽然在一切正规经济活动上，处处感到传统落后关系的妨阻，但却始终不易从这种曲折而暧昧的关系中，坚决提出土地改革的要求来。这是中国土地改革其所以发生问题的第一个基因。

不错，现代先进国商工业者对于封建关系，对于土地改革的要求，原也不是由他们自己提出，而是由代表他们意识的学者政论者经济学家提出，所谓启蒙运动，就是这样产生的。被理解为中国启蒙运动的“五四运动”以及此后在文化、政治、经济各方面表现的反帝反封建活动，正好是中国新式产业利用第一次大战当时外力轻减机会，有了一点前进展望的如实反映。等到大战结束，外力加重压力，买办金融统治歪曲了中国前进动向，并使其傍趋斜出，于是，旧来的落后关系，就因许多有力商工业者走歪路，靠特殊权力，而仅变为那些正当的商人或民族产业家的桎梏，结局，自认为民族革命先锋的知识份子乃至学者们中间，也起了分化，减弱了改革号召力量。土地改革问题已经许久不见有人谈论，特别是在朝的人不肯谈论，其关键就在此。这是中国土地改革问题其所以发生问题的第二个基因。

可是，推动土地改革的商工市民阶层，尽管不够力量，又不能集中力量，代他们宣扬并代他们发动土地改革的知识份子、学者政论家，尽管因落后社会认识水准的低下，特别是在后面为他们撑台、打气的商工市民阶层本身的脆弱与不长进，而表现得非常消沉、颓丧、彷徨或像迷失了前进的方向，但在大时代大战乱中，逐渐由直感、由体验、由切身利害问题而觉醒了，而被多方增强了社会斗争意识的所谓“下民”，特别是与土地攸关的农民大众，却已像不肯再从容等待都市商工业者对他们提携，等待启蒙知识份子对他们领导，而俨然要倒过来争取民族工商者的提携，并给予那些振作不起来的知识份子以领导了。这一来，一切就不是照循着现代先进国家的历史章法，而使那在观念上想从事土地改革的人，也感到惶惑与犹豫了。这是中国土地改革其所以发生问题的第三个基因。

第九章　中国社会经济改造上的土地问题(下)

一、小　引

在前章中,我是把问题分作两点讨论:一是现代中国土地如何成为问题;二是现代中国土地改革如何成为问题。我的意见,中国土地改革其所以成为问题,症结就在中国土地其所以成为问题的当中,而中国土地其所以成为问题,我认定那不是由于一般皮相社会经济学者所主张土地不够人口分配及人口在土地上分布不匀的高见,也不全是由于土地集中或土地分配不平及由是引起的租率过高的说法,而最基本的是因为我们的地权,是充分保留有封建的特质,我们落后的社会经济关系,皆是以那种制度为核心。所有土地与人口不相配合,乃至地权集中等等,都应视为那种具有封建特质的土地制度的诸特殊表象;换言之,那些现象,归根结底,也是要从那种土地制度去求得解释的。事实上,我已在那一章中对此有所解释。如其我们把中国土地问题作着这样严格的规定,我们土地改革问题的性质,或者我们目前土地改革其所以成为问题的道理,就不难明确地把握了。

二、改革主体与改革对象

一种带有浓厚封建性的土地制度,要施行改革,究将以谁为主体,并将革去谁,或以谁为对象呢?照一般历史的成例,那是由商工市民阶层实行清算土地特权保有者——贵族僧侣,而由是建立起资产者的社会政治权力。但历史并不是一个刻板划一的东西;由不同国家民族之自然条件与社会条件所形成的特异现实,虽然是一般历史发展通则的基础,但我们要回过头来应用那历史通则于特定国家民族,却没有理由忽视它们各别的特异现实。科学研究上的这种无法偷懒的周折,往往使固执着一般通则和拘囚于特异现实的两种人,都不易明白辨认一个国家在特定历史阶段的真正改革主体与改革对象;而一国在社会演变过程中所受外来的不同影响,更会加重那种认识上的困难。

在我们目前的土地改革上,还发生这个问题,即还发生改革主体与改革对象的问题,那包含有以次一列历史的现实的原因,虽然其中前一因由,对于其后一因由,具有极大的决定作用。

首先,中国道地的贵族土地所有权,从而贵族政治,早在两千年前就宣告结束了,但贵族政治的结束,并不是由于依靠商工业的资产者革命,而是由于仍旧依靠土地的专制君主、官僚与暴发户地主商人的抬头。这一变化引起的与我们这里有关的最大后果,就是哪怕同是依存于土地劳动剩余生产物的封建基础上面,土地剩余劳动生产物的占有者专制君主、官僚地主和那种生产物的流通者商人乃至高利贷者之间,已经没有存着十分严格的身分上的界限,他们彼此差不多都是"通家"。一方面是官僚地主等可以经商放高利贷,而在另一方面,经商放高利贷的人也可以拥有土地,也可以做官。这一来,像欧洲那样,商人与土地所有者贵族站在对立地位而从事斗争的景象,就显然不易发生;换言之,商人或商工阶层对土地所有者发动革命的可能性,就因他们自身也是土地所有者,而大大减少了。其结果:

第二,直延至现代欧洲资本东来,我们商人阶层依托于土地的关系,并不曾减弱,而由其愈来愈依存于外国产业资本,以增加其买办性,并由是加重本国产业发展的障碍,以至他们的真正利益,倒好像不是要破坏旧有的落后的封建关系,反而是要把那种关系保持,才使他们一直好"广搜国内土产"并"贩运环球制品",从中渔取丰厚利益。自然,中国近代与国际资本接触后,虽然造出了支配的买办商业金融阶层,但因商业金融流通范围的加深与扩大,也会动摇原有的落后社会秩序,而由是形成一种极度矛盾,极不调和的社会现象。在长期动乱过程中,反对买办势力所依存的帝国主义和反对军阀统治所依存的封建势力,虽然被明确列为革命对象,但无疑把以往资产者革命的章法,大大改变了,军阀统治下的土地拥有者豪绅土劣,同资产者买办商业金融人物,竟一齐包括在应改革对象的范畴里面了;改革对象的这种错杂关系,相应使改革主体也采取了复合形态。

第三,在对抗帝国主义买办阶层及封建土劣的斗争上,靠前进知识份子是不够的,因为任何社会性的变革,知识份子,究只能做指领工作,但无法做改革主体。现在中国这种社会，根本就限制了国民教育的发达与普及，即限制了知识份子的质与量。靠真正的民族资本家也是不成的。在我们的社会，不依赖帝国主义势力，也不依赖各种新旧特权发财的资产者，根本就不多，而要或多或少依赖国内外特殊势力的人，他们自始就无法有一个明确的改革要求或改革立场；幸而，在新的旧的，国外的国内的多重压迫的农工大众，特别是农民，他们必然而迫切的要求从事这种反帝反封建的改革大业。他们的知识水准以及数千年来沿袭的束缚传统，虽然限制了他们的认识和力量，但近一百年来的苦难磨折，却无疑是冶炼了他们，刺激了他们，使他们不仅在理论上，而且在事实上，是在或隐或显的做着这种改革的基本队伍。可是，这一来，又把改革内容弄得更复杂了，在现代，每个先进国家的资产者革命，虽然都在不同程度上，利用农工群众，来对贵族僧侣乃至专制君主从事反抗，但在那种场合，进步知识份子与农工群众，是作着资产者阶级改革运动的配角，现在如其把这种关系颠倒过来，叫一部分资产者及进步知识份子，去做着农工群众的配角，那一来，整个改革的性质和程序，便要引起一大变化。于是：

第四，在变革过程中，数十年来立于主导地位的国民革命运动，以及在这种运动中，起着领导作用的国民党、国民政府，便始终在为这个改革主体与改革对象的问题所困惑。对应着中国社会经济现实，尤其是对应着在世界正踏入一新历史时期的中国的社会经济现实，孙中山先生创建的“唤起民众”，唤起农工大众，以实现“平均地权”，“节制资本”的纲领，原是极端正确的。但那纲领在实地运用起来，不但执行者要有明确坚定的立场，且要随时极机动的处理其在现实运用过程中，可能引起的内部的分化。因为平均地权，打破封建土地所有秩序，虽然是真正民族资本家所赞同的，而且也是革命领导者希望促起民族资本家来赞同的，但节制资本的提出，又似乎在把一切资产者阶层作为改革的对象，而唤起民众，团结农工群众的号召，更像很容易激起资产者阶级的疑惧与反感，结局，国民革命运动发展到最高潮的时候，聪明而又在都市处有极有力地位的买办商业金融资本家，就把握时会，扭转乾坤，结局，原来是革命对象的买办阶级，以及与他们同样立在被清算地位的各种封建势力，倒转过来，变为革命的“国民革命运动”的支持者了。同是国民革命运动，前半截是唤醒民众，来反抗封建的帝国主义势力，后半截就愈来愈像结合后者来制压前者了。在这种转化过程中,以前主导革命的人物,就不少变成了买办,而大多数则变为"新兴"地主。这一来,土地改革的主体与对象,就更加弄得糊涂了——但在社会科学上,这却是非常雪亮的。

要之,我对于中国当前土地改革其所以成为问题的基本认识的关键,是把它放在改革主体上,主体不明,改革对象就无法把握,因而,一切纸面上、观念上、法令上的改革,都必然要走样。

三、革命难,改良亦不易

所谓改革,原包含有两个意思:一是革命,一是改良。这两者在社会制度的立场上,本来有极大的差别,革除一种制度而以其他制度来代替,才是革命;为了防阻一种制度过分发展引起弊害,设法予以矫正,是谓改良。但同一改革号召下,是可能由不同的社会制度,而认定其有二重性质的。比如,依民生主义中的平均地权,除去封建土地所有形态,虽然具有革命性质;但依同一民生主义的节制资本,限制资本过度扩张,又分明是改良性质。而且,就在同一的"平均地权"纲领,它对旧封建秩序的革命展望,并不曾因此就掩蔽它在执行步骤上的改良企图。然而,不论是革命也好,改良也好,它总会在不同程度上,对既得阶级的当前的利益,不免要有所损害;而同时对于被剥削阶级的榨取,不免要有所弛缓。惟其如此,孙中山先生自同盟会以来,就提出的"平均地权"的口号,直到半世纪以后的今日,改革还成问题,甚且还更成为问题。澈底"平均地权"的革命步骤,固不必说,就是一再提上议事日程,甚至还为举朝上下倡言要严厉施行的所谓"二五减租",结局也都流产了,有的场合,竟被聪明的土劣人物,转化为"二五加租"的大讽刺。

三十七年二月二日,湖南益阳发生的一件有关的惨案,说明改良主义的路,往往比革命主义的路,还要窄狭。那惨案发生后二十余天,始由长沙报纸披露出以次值得警惕的消息:"在政府高唱'限租护佃'声中,益阳箴言乡竟发生一暗杀佃农领袖邓梅魁的惨案。事情的经过是:邓梅魁是一个农民,因为号召当地佃农起来实行政府三十四年二五减租法令,深得佃农信仰,该乡成立农会时,被推选为常务理事……为农民争取福利,益为积极,因此遭受当地土豪劣绅忌恨,本月二日拂晓,邓尚卧床未起,突有六个身着短衣,手持武器的人闯入睡房,就床上将邓捆绑,拖至离住屋仅十余丈之高坑边，连击三枪毙命。噩耗传来，该乡农民理监事正副组长均逃避一空，即曾加入农会之数千会员，亦多率妻儿躲入深林丛竹之间，餐风饮血，惨绝人寰！虽数千年传下之农历元旦聚餐习俗，亦不敢出头露面，乐叙天伦。又该乡佃农睹此惨剧，纷纷将三十四年二五减租谷子，如数退还地主，以保性命。”报章这样披露之后，主张“限租护佃”的湖南省地政局长萧训发表了沉痛的感言，表示：“我民国三年入党，看了三民主义很好才加入，我总希望能得实行一点主义才好。我提出‘限租护佃’办法，并没有把握实行，但我觉得喊出这个要求来也是好的。”这个要求对于民生主义的土地政策，应该说是折扣又折扣了，但他当地政局长，还觉得“没有把握实行”，只不过提出来喊喊，竟也喊出这么大的祸来。

乡下的土豪劣绅竟这样无法无天，上面不是可以开明一点么？另一个属于广西省的地政局长彭襄，他对于广西，多年以来就想特别有所表现，而直到最近才见诸实行的“限田”成绩，在数月前的香港星岛日报上，披露了以次的消息：“在广西省参议会第七次会议中，地政局长彭襄作施政报告：对限田工作有详尽意见提供。据称，限田工作，原定于本年六月以前完成耕地面积总归户，及登记超额业主保留耕地之申报。惟进行时颇多困难。现各县执行情形，办理调查登记，有成绩报告者，有三江等八县；报告全无超额耕地者，有思乐等七县；正在办理中者，有桂林等六十县市；工作不明白者有昭平等三十五县。至办理时社会一般反应，大致均甚良好。地主愿将耕地抛售，而投资于商工业，暴发户不敢再收购土地，新兴地主将不再产生。地主集中地区，彼此出售田地，田价贬值，农民购地机会很多。”官腔到此为止，接着一大转：“但缺点仍多：若干地方为避免法令限制，多巧立名目，化整为零；地主与佃农有妥协事情，表面成立买卖，实际仍为租佃。且自由出卖期间规定为三十八年底止，时间太长，地主存观望态度。推行工作困难很多，最主要者，地主多为现在官吏及地方大绅，办理人员，心存顾忌，不敢认真执行。乡村长多属地主，不肯据实申报，地籍与户籍未能配合总归户，工作不易确定……”考中国的限田制度，是汉董仲舒提出的，以后历代均在增加政府税收目的下，用各种各色名义推行。推行不易有结果的原因，古今一样，“最主要者，地主多为现在官吏及地方大绅”，“乡村长多属地主”。

官吏大绅乡村长，是政治上的发号施令者，他们既然不愿在土地上对自己有所“破费”,而农民认真执行他们在某种场合为某种要求而公布的限田限租法令,又会遭到邓梅魁的命运,于是土地改革就似乎没有推动的主体,同时也就因此摸不着要被革去的对象。

这样下去,总是不成的,于是,以老于中国“国故”见称的阎百川先生,很聪明的在他“兵农合一”的号召下,提出“三权鼎立”的新的土地政策,即“地主保持所有权,农民取得使用权,政府执行管理分配权”。我不想进一步介绍他这种“三权土地政策”。如其说,哪有成绩,哪就是在精神上或在观念上,把政府放在“超然的地位”了,然而,政府在今日所要求的是实效,而不是在名词上的装饰花样。

四、认识进步了

在“寇深矣!”、“事急矣!”的紧迫情形下,在现在“三位一体”的在朝的党中,一向不大触及私有权问题的民主社会主义党,简称民社党,也发表土地改革议论了:三十七年三月十四日,民社党机关报《再生周刊》要求“来一个社会主义竞赛”。而在这之下,认定要“忍受小牺牲,偷对手的拳头”,以为“今天反抗者手头下的那张底牌,最大的点子,不过是‘土地革命’而已”。解决土地问题,不一定要流血,发行土地债券,实行累进的地价税,没收超额土地,使之“国营或公营”。所有这一切,他们以为“只要请问土地专家,相信必有非革命的办法,也可达到革命者所想望的效果”。至若由这非革命的办法,虽然有所损失,但他们自慰的说,“失了一些,总比统统失尽好”。也许因为他们这一批人,一向没有把这类词句修饰得好,这一“革命的”呼吁,一下就露出不少破绽:(一)“革命者”为什么总要采行“非革命的办法”,而想望劳土地专家设计出非革命的“办法”的人,为什么口口声声又以“革命者”自居;(二)“失了一些,总比统统失去好”,好像我们的“民主社会主义者”,完全是为自己打算才去请教土地专家的。

如其说民社党太不会讲究这类革命章法致露出许多破绽,而政纲第一条就是保护个人私有财产的青年“革命”党,却就表现得更不成样了。在三十七年三月二十三日的青年党机关报《中华时报》的社论中,力言“最好全国的荒地,大地主的过量的土地,以至所有贪污汉奸的土地,划一大部分出来给前线的士兵,以备将来解甲归田之用;现在为配合戡乱军事,要实施全国性的土地改革运动……是收拾人心，避免共党诱惑利用的不容再缓的举措”。

这几句话还用得着说么？究竟由谁来“实施全国性的土地改革运动”呢？他们不独不遍读历史，甚且乃不看时论。就在同月七日，国民党机关刊物南京《中央周刊》，已在《座谈中国土地问题》中，由民社党需要请教的“土地专家”，发表了不少一针见血的言论，如“现在各级民意机构的代表们，大多数与地主有瓜葛，各级行政机关的主管人员，也往往是地主阶级”。惟其如此，他们有些人就“异口同声反对解决什么庸人自扰的土地问题，连温和的渐进的绥靖区土地政策，他们也坚决反对”。而与国民党渊源最深的中央政治大学教授九十九人于三月二十六日发表的时局宣言，也毫不隐讳的指责：政府“纵容地主阶级，以维持最恶劣的租佃制度；且将各级地方政权与民意机关，乃至社会经济力量落诸地主阶级及其代表人——官僚集团——之手”。

因此政府的举措，与国民党的基本国策攸关，于是以土地政策为核心的改革问题，就牵涉到党制党务的改革上。而最近甚嚣尘上的党务革新运动，如其说是为了要确定国民党的社会立场，要恢复它在民国十三年至十五六年间的进步知识青年与工农的群众基础，它就可能重建起它对政府的指导权力，重提起它停顿了二十余年的土地改革运动。所以，我在这里毋庸推测这种国民党改革运动中隐含的政治动机，也不必眩惑于他们许多革新人物的宣传号召，我只愿意指出一点，即国民党如其不能由这次党务改革运动中把他们的社会立场弄个清楚，任何性质的土地改革，以及其他任何社会经济方面的改革，都将分不清改革的主体和对象，而使事态弄到益加不可收拾。

把一切改革失败的原因，归之于政治上的社会构成，更进而归之于党的指导原理和党的阶级任务，那不能不说是认识上的进步；然而，由少数人的认识，化为多数人的认识，由少数没有权势的人的认识，化为多数有权势人的认识，该有多远的距离呵！

第十章　中国社会经济改造上的指导原理问题(上)

一、观念上的尘障的清除

在前面,我们已由剥笋式的方法的研究,一步步接近中国社会经济改造上的核心问题了,即我们讲建设,讲改革,一开始,在自然条件上诚有问题,但自然条件上的问题,不在自然条件本身,而在我们利用自然,开发自然,制驭自然的技术水准没有增进;而技术上的问题,因为现代技术的基础在机械上,机械的大规模或普遍的采行,需要充分的资本,可是资本的累积,或由原始性资本累积转作现代性资本累积,处处遭到妨害,于是由旧社会生产组织破坏与新社会生产组织逐渐建立起来所造成的劳动人口过剩问题,就益发变得严重。所有从自然条件、技术条件、资本劳动诸方面显出的生产力发展上的障碍,都需要我们从支配的传统社会生产关系中去发现其解除的症结。在那种生产关系主要仍是把封建的传统土地制度作为重心(与封建势力苟合的买办商业金融体系,实际上究是以落后社会资格,与先进国家发生经济交往关系而产生的)的限内,农村土地改造,便成了一切改革问题中的最基础的问题。

改革土地的问题,在过去,在现代资本主义先进诸国现代化的初期,原是非常简单的,但今日每一个落后国家,都在直接间接受着国际资本的统治,同时,每一个先进国家在国内又各别发生了社会化问题,于是,原本是非常简单的土地问题,就变得相当复杂了。如其说土地改革的主体,不像现代初期那样,是由工商市民为了他们自己的利益,来为封建的农奴请命,而主要是农民见机或制造机会起来,为自己解除封建束缚,解除帝国主义束缚,而帮同工人及其他中间阶层人民来进行的。那么,那种改革或改造的社会指导原理,即作为改造目标而要达成的新社会经济制度,就显然与以往所已经实现的资本主义制或社会主义制，不尽相同了；它可能在一方面看去是资本主义的，在另一方面看去又是社会主义的。结局，有关这个问题的讨论，就极容易陷在不左不右，亦左亦右，“以右手行左策”，“以左手行右策”一类似是而非的观念尘雾中。所以，在开始讨论这个问题之前，我们必得把我们今后改造所企图达到的社会经济体制，从这些必然会黏附到它的观念尘障里清脱出来。而所有这些观念尘障的共同点，就是认定一个落后社会前进之路，是可左可右，亦左亦右的，是可以依我们自己的意志来任意开拓的，更具体说，是资本主义因素与社会主义因素，在一个制度里混合起来，是可以因时制宜的偏向前者，或偏向后者的。因为，要廓清这尘雾，得就所谓混合经济体制加以检讨。

二、所谓混合经济制度

“混合经济制度”[①]在今日尚不是一个很习见的名辞。它是在此次大战将趋结束，由中外若干皮相经济论者所津津乐道的。也如一切其他初见的名辞一样，它的涵义，并未十分定著，而正有待于一切对它发生兴趣的研究者观察者去貌为比附。但目前像上述那些人士之提论到它，显然是基于以次的，却并不曾经由科学证验的事实。即他们认定在此次世界大战历程中，世界两个对立的经济体系，即资本主义经济体系与社会主义经济体系，都在发生变化，并且都将在战后发生更大的变化。那变化的显明倾向，就是作为社会主义经济体系看的苏联社会经济，在战时已有不少向右转的资本主义化的征候，而作为那种征候之征候来看的事实，就是苏联采取了允许宗教信仰自由，提倡爱国主义，解散第三国际组织，以及以较多报酬诱致较大劳动生产效率的许多步骤；同时在资本主义的英美诸国，则又因战争的迫切需要，依统制干涉的程序强制的采行了一些在经济方面的社会化与国有化的步骤。像这样，一方面向右资本主义化，一方面向左社会主义化的正相对照的措施，就给予了留心世界经济演变的人士

① 据夏炎德君在其《战后世界经济之归趋》一文（见《经济汇报》第二卷第九期）所述，混合经济制度，系由美人史泰来（Staley）和蔡思（S.Chase）所强调。其在中国，在形式上，也许夏君是首先表示赞同者。

以一种颇不平凡的印象，使他们像很有根据和理由的，断定今后世界经济将走向折衷的混合的路，依我们传统的表现方式，即是走向所谓“中庸”的路。惯于传播这类皮相见解的国内权威的《大公报》，就曾在其三十三年上期(记不清月日)的桂林版上，强调这种趋势。而根据近一年来的报导，英国似更具体的在计划与提议扩大矿业、交通业诸方面的国有化的程序，美国亦不绝有类似的措施，如最近由政府宣布若干矿产资源地的国有等，即可见一斑。此外为法国将沦陷区经敌人转变过所有权的各种大企业，分别由政府予以管制和没收，亦不外此种趋势之具体反映。单从这诸般事实来讲，我们原不妨有条件的承认资本主义经济“左倾”社会化的因素存在；但在另方面，关于苏联战时国内社会经济的真正动态，我们如仅凭上述的一些需要充分鉴别的措施，而断定苏联在战后不但不会进一步社会主义化，且会改变其根本作风，而趋于资本主义化，那想法，就诚如一位美国记者所说，是一种不可救药的“愚蠢”。因此，从这一个视野来预断战后世界经济会走向混合制度的可能，就显然是“不可必而据之”的奇想了。

可是，混合制度论者们并不曾因此气馁。他们有的甚且更进一步，以为整个世界经济，即使不全是分途倾向于折衷的混合，但它们各别国内在分别进行中的不纯粹的资本主义制或未完全否定资本作用的社会主义制度，那已表明混合经济制度，并不只当作一个倾向而存在，且还当作一个事实而存在。对于客观的事实或客观的可能倾向，人们是有依照他们自己的希望或想像，去编造一种为他们所乐意的字汇的自由。但混合经济论者，却至少需要在理论上克服以次这几种可能引起的混乱：

(一)承认混合经济制度或其可能，首先必定已承认了作为混合因素的诸种体制，如资本主义体制、社会主义体制等等的严格性；而承认了这种混合制度或其可能，又无异在否认那诸种体制的严格性。

(二)社会的发展，贯澈有作用于其中的一定历史法则。各种经济制度，都有它自己的法则；每种经济制度在向着其次一种经济制度推移的历程中，又都分别表现有不同的法则。混合经济制度是不是亦有它的法则，或者亦有其混合各种经济制度法则所形成的混成法则，如其是的，那就不但是对于各别历史的经济制度的法则的否定，亦是对于它们之间的连续推移的法则的否定。

(三)混合经济制度不仅如上面所述，会否定社会经济法则，同时还必然会由其推论而否定历史，或至少不能不在其理论逻辑上，承认历史到此终止了。

如其混合经济制度论者无法解除这诸般理论上的混乱，他们就必然不可避免的会在实践上引起一些举棋不定的昏迷和周章。因为一切经济的措施，都必须是依据客观现实所显示的变动倾向或法则，有目的的予以因势利导或合理规制的结果。如其我们惑于一个社会同时并存着的诸种经济体制的因素，而不理解何者是它的基本经济体制的构成分，不理解那种体制已演变至何等阶段，并将为何种其他较进步的基本社会经济体制所代替，则所谓“有目的的利导”与“合理的规制”均将失所依据。因此混合经济制度这个名称的提出，如其不是号召者为现实的表象所迷惑，就是他们想用这种号召，去迷惑人们。在世界整个经济的大转形中，特别在中国经济的改建过程中，我们需要对这一似是而非的谬见，予以明确的辨正。

三、当作“混合经济”之先行体制看的国家资本主义经济形态与国家社会主义经济形态

一提论到混合经济体制，人们很容易联想到为大家所熟悉的，但却曾被应用得非常混淆的两个语辞，其一是所谓国家资本主义制，其一则是所谓国家社会主义制。这两个语辞，尽管在今日已明确的在分别表现着两个性质不同的社会经济形态，而一般人对它们的理解，却仍是非常混同。我们当前的混合经济制度论者，也许还有兴趣把它们用来支持其论点。因为在这任何一种体制之下，都同时存在着资本主义经济因素与社会主义经济因素。

苏联在推行新经济政策的时候，列宁曾在社会斗争的战略上提出“国家资本主义”这个名称[①]，揆其用意，无非是在当时生产极度破坏与极度萎缩的情形下，想借着对私人资本作种种让步的措施，使一般国民产业有一昭苏的机会。但当上述目的在开始第一次五年计划期内，得到某种限度的实现时，本来由国家给私人资本以发展机会的政策，就变质为发展国

① 见拙译乃特等著《欧洲经济史》第772页。

家资本的政策。于是“国家资本主义”这个名称,便随着政策的改变,被代换以“国家社会主义”的称呼。[①] 此后“国家社会主义经济”云云,遂专门用以表识苏联迄今所施行的经济形态。在这种经济形态里面,仍含有不少的私经济成份。以苏联社会经济的右倾推测是由此出发;如从苏联方面看出混合经济的何等展望,亦似只能由此出发。

在另一方面,当苏联依第一次第二次第三次五年计划建设所谓“一国社会主义”的期间,我们又还发现另一个昌言“国家社会主义”的国家,即希特勒的第三帝国。希特勒德国的“精神抄袭”,当然不止于“国家社会主义”这个名词,它也还有作了“五分之一折扣”的第一次第二次四年计划。但在计划刚开始实行以前不久,在所谓二十五条党纲中,凡可以比附于“国家社会主义”的诸条目都被“领袖”一笔勾销在“不许乱谈主义”、“不许作理论试验”的注脚中。结局,由酒窖革命起义到柏林地下室消亡去的希特勒德国,就一直是为大资本所支持,因而一直是在支持着大资本。在备战及从事战争的过程中,领袖希特勒及其党徒,无疑也推行了不少“难尽如资本家意”的经济措施,不少有关军需的大企业,按照战争及维护统治的便利与要求,分别予以合并或重新编配了。即国家对于大资本的所有权虽然“誓忠”保障,并且被宣扬为“国家化身”的领袖希特勒,虽然在扮演着“资本十字军”领导者的大角色,但一切资本的使用权,却无疑被侵夺了。主要的也许就因此之故,希特勒德国的经济的剧烈社会化措施,亦遂被设想为或被认定具有社会主义因素。而这种“僭称”为国家社会主义,实是依大资本对国家行使垄断统治的国家资本主义的经济形态,就可能被视为所谓混合经济之又一前身。

显然的,德国式的国家资本主义,从典型的资本主义观点去看,那是颇不纯粹的,正如同苏联式的国家社会主义,从理想的社会主义观点去看,亦是相当不纯粹的一样。但“不纯粹”云云,并不能不加辨别的理解为“混合”。对于苏联型经济,我们只能说它尚残留有资本主义的因素;对于第三帝国型经济,我们亦只说它表现了若干社会化倾向,它们分别以社会主义资本主义为其立国精神和基本社会经济指导原则的事实,却并不会因为它有那种残余或有那若干倾向,而在认识上引起混同的错觉。

---

① 见拙译乃特等著《欧洲经济史》第 772 页。

然而，混合经济制度论者，是可能由这类错觉出发的。因此，我们对所谓国家资本主义经济及国家社会主义经济，不能不有进一步的说明。我曾这样理解过[①]：国家资本主义，是资本主义的转形形态，而国家社会主义，则是社会主义的初期的或未成熟的形态。它们不仅在发展历程上是"邻居"，并且前者可视为是对于后者的技术准备阶段。虽然每个资本主义国家的发展，可因其社会的或历史的条件的差异，对于由其转形形态过渡到未成熟的社会主义形态的必然顺序，在规模上、在延续期间上、在表现姿态上不一定相同，但以次两点是非常明白的，即

（一）已发展到转形阶段的资本主义，决不会再回复到它典型的形态；同时已发展到未成熟阶段的社会主义，更决不会逆行或倒退到任何资本主义形态。因为其中存在着这样的事实：

（二）资本主义即使是在转形阶段，当作这个阶段的社会经济的指导原则或指导精神，仍不能不是资本主义的；同时，社会主义即使是在未成熟的阶段，当作这个阶段的社会经济的指导原则指导或精神，也仍不能不是社会主义的。

我们能把握这种关键，就有理由根本否定所谓混合经济制度的"说教"。但其症结，还须得作进一步的深入的说明。

四、对于社会经济制度多重存在的差别理解及其在实践上的一元指导

如其说，作为历史发展阶段看的若干社会经济体制，同时并存于某一特定社会，便被理解为混合经济制度，那我们就有理由相信像这样一种制度，即使是今人所"发明"，但却并非始自今日。大约自原始共同社会崩溃以后，在一切历史时代或社会阶段，差不多都多少存在着其前一发展阶段的经济制度的遗留。我们甚且可以说，纯粹的单一的社会经济制度，即不混合着其前一发展阶段的残余和后一发展阶段的萌芽的经济制度，客观上是根本不曾存在过的。举一个较极端的例吧，列宁在施行新经济政策

① 我曾有一篇《论国家资本主义经济形态与国家社会主义经济形态》的长文，见《中国建设》第六卷四、五号。

的时候,曾昌言当时苏联经济里面,包含有原始村落共同体到社会主义这一序列的五种不同的经济因素。这应该说是集混合制度之大成了。然而我们在认识苏维埃经济的时候,却并不把它看作混合经济制度,而竟不顾它的那种"无所不包性",仅认定它是与资本主义经济形态对立的社会主义经济形态。不论是赞成它的人,抑且是反对它的人,都一致当作明白的事实这样承认它,正如同我们今日,还可毫不迟疑的承认英美型经济为资本主义经济形态一样。我们其所以对于相并存在着的各种社会经济因素的某一社会,只确认其中之一的某种经济形态作为其代表经济形态,那首先最直接的无疑是要看那各种社会制度的经济因素,究竟是由何者在客观现实上占着最大的或较大的数量或比重。然而,这尽管是最普通的看法,却并不是最能避免错误的看法。要澈底了解一个社会的代表经济形态,除了注意其规模或数量外,同时还得就以次三方面去确定其性质。其中之一方面,是要看该社会的诸基本生产关系,形成了如何的社会阶级构成;另一方面,是要看该社会所由构成的诸基本经济条件,在体现着怎样的社会本质;最后第三方面,是要看该社会的一般经济活动,在被怎样的指导原则所左右。

这里且先就不十分可靠的数量观察说起。

这所谓数量观察,是看在某一特定社会中,某种性质的经济因素,对其他经济因素占有如何的较大的比重。但这种观察方法,很容易把我们导向下面这种疑团:比方说,苏联的实施新经济政策当时的经济,资本主义性的经济成份,特别是在农村方面的富农经济成份,无疑对社会主义性经济成份,占了一个相当重要的比重①。也许因为是单看到这一点,当时资本主义各国的大资产者阶级,正确信这个一度"着了社会主义之魔"的国家,快要清醒过来,重复回到他们的怀抱。就在同情苏联的国际人士,亦有不少在耽心苏联对国内资本主义势力让步太过,纵容太过,是不是会酿成资本主义"复辟"的危惧。

然而,在苏联自身,它却自信有一些极可靠的保证,就是,依着正确的

① "在一九二三年终,中央统计局估计,私人贸易占国内贸易的百分之九十以上";"在同年,国家独占大工业的政策,亦弛缓下来,私人租借财产,私人特许及混合公司的经营,是三种一般的例外";"雇工人数在二十以下的私人工业被允许了,农民在其保有地上","可雇全年长工,并以金付工资"——参见拙译《欧洲经济史》第768页以下。

社会科学理论，它知道决定一个社会的性质的经济因素，是它的基本的生产工具。在土地国有，一切其他工矿交通诸方面的生产手段，通通把握在国家手中的情形下，为了刺激生产，活泼国内市场，让一般农民及工商业者，在一定限度下展开自己的谋利活动，那不致发生怎样了不起的反社会主义危机。

无疑的，商工业者农业者，积得了相当财富，变成了中小资产者，变成了富农，势将不免比照其财富力量，在社会生产关系上，在社会阶级构成上，引起一些变动。事实上，在新经济政策将要结束的当时，这种变动确已成为苏联当局的注意焦点。但正因为前述社会基本生产手段把握在国家手中，从而，国家的政权把握在无产者大众手中，以往资产阶级所依以存立的一切社会特权、社会便利、社会基础，通通不存在了。所以，富农及中小资产者一时虽像来势汹汹，但因为他们扩大其社会权力的基本条件，早被把握在与他们站在对立地位的阶级手中了，等到反富农、反资本主义活动的新措施一开始，他们马上就在几次五年计划中，完全被清算了。

因此，在最后，我们知道，要测验一个社会是由哪种制度的经济成份占着表识它或代表它的地位，与其从静态上去计较它已成就的数量或规模，却不如从动态上，从实践活动上，去觇知它的指导原理。因为，在我们的研究立场上看来，对于一个社会制度的性质的决定，与其说是在它已有的经济的成就，不如说是在它正在发展中的动态。而引导或指点哪种动态的实践方针，不但反映着那种社会的生产关系或阶级关系，还反映着那种社会的基本生产手段，是把握在谁的手中。

可是，上面的说明，如应用到苏联以外的任一国家，却又需要我们对基本社会科学理论，作更灵活更有差别的运用。比如就典型资本主义国家英国来说罢。它在今日，没有一个人怀疑它不是资本主义国家，但它的资本主义，却显然已脱离典型阶段，而移到了转形阶段。惟其它在这一阶段，它的政治经济动态，就表现了一些令人感到迷糊的外观。今日最有力指导或左右英国社会经济活动的两大政党，一个是保守党，它的政纲极鲜明的在拥护既成的资本主义势力；另一个是工党，它的政纲，虽不像前者那样鲜明，但最后却要求实现社会主义的理想。照我们上面关于苏联政权性质及其经济指导精神的理解，英国政权掌在保守党手中，其经济指导方针，无疑是在向着维系既成资本势力方面努力，我们由此很容易看出英国的资本主义性格。但如像目前这样，英国是由保守党的反对党工党执政了，工党如“认真”实行其社会主义化的纲领，我们是否可以据此推断英国为社会主义国家呢？我们如对此没有一个明确的解答，势将影响我们上面的整个立论点，而为所谓“混合经济制度”开一方便之门。

但我们知道，英国社会的一切基本生产手段，通通是由大大小小的资本家所把持，照应着这种事实，英国的统治阶级，还是资产者阶级。在社会的基本经济结构毫没有动弹的情形下，工党所提出的社会经济纲领，至多只能是改良主义的纲领，它只企图把社会主义作为未来的展望，而不想立即以激烈的手段求其实现。惟其如此，工党就可能在资产者统治的政治经济基础上，掌握政权；亦正惟其如此，我们就无法由当前掌握英国政权的工党的可能作风，而把英国社会理解为社会主义社会。

不但如此，我们在另一方面还有理由相信，在客观现实的要求下，在“以退为进”的政略运用下，在“廉价”革新步骤可能更有利于“宝贵”社会权力保留的权衡划算下，保守党在某些场合，不但会赞同工党的“廉价”革新，甚且还乐于提出它的“社会主义”。前此保守党内阁的建设大臣伍尔顿勋爵，就曾提出一个“向贫困宣战”的计划，这个计划是曾被誉称为“我们的时代的社会主义”[①]。真正的社会主义，是建立在资本主义的经济基础上的，亦可能是由资本主义被迫逐渐让步，逐渐采取革新步骤，而逐渐接近于实现之旅程的。但基本的社会经济组织没有受到威胁，“突变的生育阵痛”不曾经历，那依旧还是资本家的天下。

把苏联同英国的社会经济本质，从一切乱人视听的表象上，明确体认出来了。我们就知道所谓混合经济制度，只不过是在那些辨认不清各种社会经济本质的人们的头脑中存在，或者只是在那些希望复杂的社会经济事象变得适合于其简单想法的人们的头脑中存在。因此，我预想这种在现实上根本不曾存在的混合经济制度，将在中国论坛上，当作一个“时髦”而流布传扬着，形成为转形过程中的现实革新认识上的一大障碍。

---

① 见李译《英国的改良政策》(《国际时事研究》第七期)。

五、中国经济改建上的“三重混合”问题与“二重混合”问题

被当作世界的一个重要构成份来看的中国，无论我们愿不愿意，它已经是处在由资本主义向社会主义推移的世界大转形的过渡阶段了。但在中国自身，又无论我们承不承认，它确还未从前一个转形阶段，即由封建社会向资本主义社会推移的转形过渡阶段，蛹蜕出来。

照应着并正视着这种历史现实，孙中山先生在将近三十年前，就提出了顾及世界潮流及中国自身社会条件的民生主义经济改建原理。虽然快经历一个世代了，那种原理的正确性，还不曾丝毫受到怀疑。所可惜的，是我们迄今还不曾将它付诸实行。时贤对于如何实施，以及在实施当中需要注意到的问题，论列颇多。但从字里行间，使我体认到他们大多数的见解，有意无意的混杂有这里所论及的“混合经济制度”的意识，比如，显而易见的：

（一）在论及中国工业化的时候，大家不约而同在把论点集中到工业化的诸技术条件方面，仿佛落后的封建诸生产关系以及依存或“苟合”于那些生产关系的变态的商业金融形态，对于工业化都无妨碍，又仿佛工业化中的民营国营的措施，不妨与那些关系及那些经济形态相并存在，“各遂其生”一样。

（二）在把民营事业理解为资本主义型经济，国营事业理解为社会主义型经济的场合，大家又不约而同的以为这两者同时推行起来，会水乳交融的达到调和而折衷的圆满结果。“道并行而不相悖”的包容哲学，更大有助于这种意识的发展。

对于前者，我们称之为“三重混合经济制度论”，即有意无意的认为封建主义、资本主义、社会主义可以混为一体。中国土地幅员之大，国内经济发展之不平衡，颇足为他们“持之有故”的论据。不错，他们中间较高明一点的，有时虽也认定有铲除封建势力的必要，但当他们高兴起来，却又以为工业化的过程，同时就是各种封建传统解体的过程，但他们不知道这仅是问题的一面，其最关重要的另一面，却是各种封建传统正在阻止工业化，歪曲工业化。

对于后者,我们称之为"二重混合经济制度论者"。他们已经认定要工业化,必须从土地改革的程序上,从根掘去各种封建力量生根的地盘。可是他们没有注意到,土地即使改革了,社会型和资本型的经济,在某种场合,尽管可以像是相互补充,相互促进。但它们彼此间相克相消的作用,却大过封建制与资本制间的矛盾。所以我们如其天真无邪地认定它们在客观现实的演变上,也可以像在我们高论者头脑中那样糊里糊涂的不分界域,那我们一开始各种企业私营国营的程序时,立即就会碰上许多步骤凌乱与互相牵制的弊害。

总之,"混合经济制度"在理论上是不存在的,任何社会在任何一个阶段,只允许有一个支配的指导的力量。而且只有在单一的指导原则下,才可能使社会经济的发展,较顺利地达到预期的目的。以当前中国客观现实的情形来看,非特殊的顽固者,决不会再坚持要保留封建力量,并以为保持封建力量,可能不妨害工业化。他们至多只不过小视了传统封建诸势力,并且对那种势力所依存的社会根基还有些隔膜。这就是说,从所谓"三重混合经济制度"错觉解放,还比较容易;但以同一的当前客观现实看来,要大家从所谓"二重混合经济制度"错觉解放,就比较困难了。因为我们已经有了几十年甚至一百年的封建毒害的经验,而对于资本制度如何妨碍社会化的教训,则只是漠然得自其他国家。因此我们如其不愿意爽爽快快的走资本主义的路,或者渴切希望避免资本制在各国所造成的弊害,则我们在并行国营与私营的建设程序当中,就要明了我们的建设指导原则,必须偏重在哪一方面。它不能是混同的,不能是二重的。二重的经济指导,在经济实践上所发生的破坏影响,恐怕比二重的军事指挥,在军事行动上所造成的混乱,还要严重得多。然而,建立军事的统一指挥,是较之建立经济的最高指导原则,要容易得多的。因为经济上的单一的指导原理或指导精神,必须是一定社会生产关系的产物。这,我们试回顾本文前面第三节所说,即可明白。其中有许多实践上的道理,需要详加分释,容另作专文讨论。这里,只不过乘着讨论一般混合经济制度的机会,顺便述及罢了。

第十一章　中国社会经济改造上的指导原理问题(下)

一、我们需要怎样一种新经济制度呢?

像中国这种社会,特别是在当前这种世界的中国社会,它的经济改造,或它改造的指标或理想展望,如前章所述,不是什么资本主义与社会主义的混合制度(The Mixed System),但也不可能是资本主义制或社会主义制。为什么?我们一把现阶段落后的过渡的社会的以次一般特征指出来,那就会显示为自明的逻辑结论了:

(一)任何一个在资本主义世界支配下的落后社会,都有封建的土地所有关系在纲维着;

(二)它一与先进诸资本主义国家发生经济交往关系,马上就要由许多不平等的条件或条约,把它的半殖民地的或次殖民地的性格充分显现出来;

(三)买办商业金融资本,又是这种社会、这种国际经济关系下的必然产物;

(四)整个流通经济,乃至现代型的各种生产事业,差不多都是直接间接的为外国资本所控制;

(五)在这种经济环境下,一个专制的、官僚的混合统制政体,又成了一种必然的必然;

(六)所有这些国外国内的寄生阶层,又毫无例外的是把那些束缚在新旧榨取机构下的生产人民,特别是占全国人口比例最大的农民——零碎土地经营的中小农、佃农、雇农,作为牺牲;

(七)在两次世界大战过程中,那些横被牺牲的生产人民,特别是广大农民群,都在不同的程度,依大时代国内外民族的社会的宣传运动和由战争所受到的生活上的实际影响，而从他们一向视为当然的被奴役地位觉醒过来。①。

从上述七点社会特质中，我们知道，要这种社会走资本主义制度的路，决行不通。一般的讲，资本主义制原是封建制的正常代替者。但这种社会其所以长期停止在过渡的落后的阶段，却正是由于走资本主义的路而行不通的结果。在封建制末期孕育起来的工商市民阶层，本来会强烈要求摆脱封建统治，而迅速建立起资本主义的秩序。可是当他们的利益，一开始就同先进国家或帝国主义国家结托，而带有买办性质的时候，它同时必然就会在某些方面，同原有的封建关系苟合。结局，它的正常发展途径，就横被歪曲了。因为是买办性的，产业革命或生产努力，乃无形受到了限制；产业或新兴生产事业愈发展不起来，它对于摧毁封建秩序的力量，固然无法增强，同时，对于摧毁那种秩序的要求也必然会相因减弱。加以，支配这种社会的官僚政治统治和帝国主义势力，又在直接间接扶植这种国家的官僚资本买办资本，而多方打击民族资本，于是，以新兴商工市民为改革主体来努力促其实现的资本主义社会秩序，就命中注定了无法实现。此在一切落后国家都是如此，而长期受着专制官僚统治，商业长期与政治苟合，工业长期遭受管制的中国，更会变本加厉的歪曲着市民革命的命运。

如其我们有理由从商工市民阶级方面来考察中国资本主义的黯淡前途，同时，我们似乎也更有理由从工农阶级方面来确认中国径行踏上典型社会主义旅程的不易。依一般历史发展通例，社会主义或共产主义的秩序，是因资本制度末期孕育起来的劳动者阶级所要求的，换言之，这种社会改革的主体是劳动者阶级，而其对象则是资本家阶级了。在劳动者阶级所推行的社会革命当中，产业劳动者是立在主导的地位，而以农民大众为其助成力量。但一国的资本主义制度如其没有全面确立起来，不仅在其中辩证的发展着的劳动者阶级的势力，特别是产业劳动者的势力，不易成长起来，就是一个社会主义秩序所需要的，作为其前提条件而存在的社会化与高度技术化的物质基础，也决无法建树起来；所以像这种国家向社

---

① 除了这(七)项以外，其余均见《经济周报》6卷21期拙作《中国经济研究之世界的展望》。

会主义前进之路，就无法是一直线的，而不得不经历许多曲折。

然则作为中国当前社会经济改造的理想图案或指导原理究竟是什么呢？

二、民生主义依旧有相当妥当性

多年以来，民生主义经济学说，不但未见诸施行，甚至除了极少数的国民党的机关刊物，还很形式的或者有些近乎“歇斯底里亚的”当作宣扬点缀而谈论到以外，在支配着中国经济论坛乃至左右着中国现行经济国策的所谓英美学派的经济研究定期刊物或其他出版物中，几乎全不易发现民生主义的影子。我在前数年所撰《中国经济学界之奥地利学派经济学》一文（已收编在拙著《中国经济原论》中作为附论七）中，曾就此发过一点牢骚，那在今日仍是或更是有效的，兹引述有关一段在下面：

> “其实，当中国经济学界早陷昏迷状态中的二十余年前，孙中山先生已很正确的提出了经济改造的必由之路。民生主义经济中所创议的土地政策，确不仅只把握了中国社会的客观经济现实的症结和认清了资本主义的弊害，同时还很理论的断定中国不经过土地上的变革，不由此扫除过去封建社会的残余力量，决无法顺利进行任何现代性的经济改造，这是任何一个现代国家所经历过来的铁一般的事实；同时也是古典学派乃至批判经济学者们从历史的经济法则所论证得昭然若揭的。只有奥地利学派最害怕历史的阶段论。他们为了辩护资本阶段的‘永生’，遂不惜从观念上把一切不同社会的特殊经济性质或特殊经济条件加以舍象，原始人使用的石器木棒和近代资本家支配的生产手段，在他们看来，并没有什么本质的不同，所以原始人使用石器木棒所得，是为了消费，资本家使用生产手段所得，同样是为了消费。以此类推到其他经济形态，他们认定一切过去的同现代的，只有简单与复杂的区别。在这样的认识下，经济学的基本概念，就被一视同仁的涵盖成为不着边际，不关一切历史现实的漠然的时间概念与空间概念，让数学去发挥出演绎的功能。资本主义的来龙与去脉，绝不能在这种经济学找到线索。在经济大恐慌一再威胁着资本主义生存的时代，这种否定历史经济法则的经济学的风行，在

资本主义各国,至少有其消极的回避现实的意义。

然在现代化遭遇挫折中的中国,对于这种经济学无批判的吸收,就等于对中国社会经济性质的忽视,也就等于对民生主义经济理论,即须根本从土地所有关系上,挖去封建势力寄托的地盘,然后始能谈到现代性的经济理论,反而(其实是必然)被平淡的搁在一边了。在所谓国民革命过程的二十余年中,民生主义中最基本的且是最初步的土地改革政策,其所以未曾见诸实行,当然有我们国情造成的诸种客观的障碍存在,但如说到主观上的努力不够,其罪戾有一大部分应该归到我们经济学界的奥地利学派的作风。一切在经济建设上有发言权的经济学者,殆没有一个肯触到中国社会所需要的本质的变革。不错,当他们看到经济建设上遇到了现实障碍的时候,间或也漠然提到中国经济的落后性,并以此来含混其立案对于现实的隔膜。但'经济落后'的社会意义是什么?他们在讲坛上,在论坛上,从不曾给予我们以明确具体的指示。

一个以民生主义为现实指导原则的国家,其经济学乃至经济学界所奉行的,竟完全是与这个指导原则相背离的经济理论,这已够令人感到稀罕;但最稀罕的,却是这种存在已久的事实,直到今日,还不曾有人把它指明出来。”

说也奇怪,中国国民党中应不乏经济理论研究者,我始终殆不曾发现一本刊物对抵触他们所服膺所宣扬的民生主义经济理论的那些买办性学说,有过一点反攻或批评。反之,许多戴有国民党头衔的经济学者,都在行所无事的对于漠视他们经济教义,甚至整个从根本否定他们那种教义的学说,还在有意无意曲尽着宣传的义务。然而,把社会事理弄清楚了,也不会觉得奇怪。在实践上既是在大踏步的跟着买办学说,即使中国迅速殖民地化的买办学说去做,在理论上怎么又好反对那种学说,或把自己原来所皈依的民生主义理论,拿来阐扬呢?

任何一个正确的理论,是要在实践过程中才能获得其应得评价的。民生主义的正确性,是曾经一度在大体上作为中国国民革命之反封建反帝之经济上的指南而被其高扬革命运动的效果所证验过的了。

站在经济科学研究的立场上,整个民生主义理论体系,特别是关于其中所提各重要课题,如平均地权、节制资本、发展国营事业之间的相互关系的说明，容或有不少可资研讨商榷的余地；就是有关那些方面实施的步骤的提示，也留下了不少可供我们从长探究的地方，但所有这些，均不妨碍它在某一特定时期内当作中国经济改造的指导原理。

首先，在民生主义中，平均地权是作为最先最必要去做的。孙中山先生指示我们说，中国土地分配的不平，或中国大土地所有，并不像大革命前俄国那些国家那样利害，可是他紧接着表示，那并不意味着封建剥削的缓和，而实显示为封建剥削的更为残酷。许多皮相社会经济学者乃至国民党的信徒，仅抓住中山先生前半截中国特大地主并不多的提示，来降低他平均地权的重要性，而把他强调中小型地主剥削更残酷的命题完全忽视了。我在前面有关土地问题的诸章中，已一再指明：中国土地成为问题，不是由于一般皮相社会经济学者所主张的土地不够人口分配及人口在土地上分布不匀的高见，也不全是由于土地集中或土地分配不平及由是引起的地租率过高的说法，而最基本的是因为我们的地权，仍充分保留有封建的特质，我们整个落后社会经济关系，皆是以那种性质的地权或以那种土地制度为核心。附着于封建的土地所有关系的存在，受剥削迫害的，就不仅是出高率地租的佃农，佃农也不仅是受他“顶头上司”的地主的剥削，所在社会的地主或地方势力者，同时还是所在社会的一切小农贫农的见机剥削者。中山先生是见到了此种症结，虽然他还不曾讲得十分详尽。他把平均地权作为民生主义实践上的第一政策，是够叫今日丢开社会制度而大谈经济建设的人们有所惭愧的。

其次，他在平均地权之后讲节制资本，第一，乃表示私人资本要在地权有了本质改变，社会资财或社会蓄积，才能由土地上蓄积起来，并才肯由土地方面移用到新兴事业上去；不过第二，他鉴于西方资本主义社会的流弊，认定对于私人资本的发达，应使其受到一定的限制，从这里，已显示出了民主主义对资本主义在本质上的区别，虽然他在当时，还不曾明白体认出中国资本主义即使听其发展，也很少前途的关键。

又其次，对于发展国营事业，显然是在他伟大的发展观点与进步展望上推论出来的。节制资本是消极的，社会劳动生产力的发展，阻止是不行的，一定得使它导向社会化国有化的路上去。他的许多物质建设计划，提示了“国家资本”创造的内容，但他做梦也未曾想到它的代替物，竟是今日这样奇形丑相的“官僚资本”！

最后,我还指出,所有他这几方面提示的改革课题,都给予了我们一个动的,愈向前愈有希望,以至继续努力到止于“社会主义”至善的远景。在土地问题上,他是把平均地权作为土地国有的初步实践;在资本问题上,他是把容许私人资本有限度的发达,作为创造国家资本或一切生产工具国有的初步实践。他迄今还为他的信徒们所不谅解的“共产主义是民生主义的理想,民生主义是共产主义的实行”的遗训,不正是这种既理想而又现实,既高瞻远瞩而又平易浅近的极富有弹性的指导原理的具体表现么?他手创了这主义,也手创了实行这主义的党。党没有好好运用这斩除前途荆棘的犀利武器,却“授人以柄”,叫它成为自己“引颈就戮”的东西;面临到所谓“第二国难”的关头,而嚣嚷着“第二国难”的信徒们,竟像一点也没有辜负革命先导者的遗教的反省。

三、由民生主义到新民主主义经济

自然,我们确认民生主义的正确,是从大体原则上讲的,绝不宜把它强调到绝对形态的地步,以为那是任何落后社会,在任何改革阶段,都无须有所增益、补充、改进,就可以任意拿来现成应用的。民生主义是在第一次世界大战将届结束的一九一八年讲述的,那恰好是苏联出现的第二年,到现在已经快到三分之一世纪了。在这过程中,中国虽然仍是处在过渡阶段,可是封建势力与帝国主义势力不绝在发生变化,特别是在长期抗战当中,一方面官僚政治在利用时会形成官僚资本的巨大成长,同时生产大众则因民族的社会的觉醒而逐渐变为不可抗拒的社会力量;这新的形势,被环绕以第一次大战后以至第二次大战后的整个世界资本主义不绝趋于社会化的新动境,遂使民生主义表现了它的狭隘性,特别是在实现的方法、程序和技术措施上,表现了它的非现实性。

所以从这一个角度去观察,我们殆可以说,所谓新民主经济对民生主义所显示的差别地方,就与其说是在经济指导原理上,毋宁说是在那种指导原理的实践上。经济原理的实践,关联到政治组织、政治体制,或实现社会经济改革的主体。现代资本主义型的民主政治,显为配合资本主义或维系经济秩序而产生。被视为有内在关联性或“联环性”的三民主义,在理论体系上,其带有限制资本主义甚至反资本主义倾向的民生主义,就似乎为了适应什么革新实践要求，而需要一种比民权主义还能表现更生动更扩大基础的政治组织。惟其民权主义所企图实现的政治理想，大体上没有对资本主义型的议会政治表示很大的距离，惟其配合物质建设的社会建设，孙中山先生只是具体提出他之所谓"议学"或民权初步，于是他在民生主义上对于平均地权的实施，就不得不提出已有议会政治秩序的先进国所采行的完全由官方来执行的那一些办法。此后，在国民革命初期所推行的农工政策，单就平均地权的实施上言，理应可以说是为了补救此种缺陷。把农民协会作为协同政府实现平均地权的基层组织，显然是叫改革政体借政治力量来对改革对象的贪污土劣实行清算。宁汉分家局面形成以后，农工政策被认为过激不合于"和平改革"理想，被澈底清除了，于是民生主义便又只剩下几条原理，有时高兴嚷着要使那几条原理见诸实行，便又只是姑且在各地选择一两个示范区域，尝试一下测量陈报一类极其形式的然而注定了全无效果的准备工作。在这当中，土地的所有与掠夺，被大大的受到鼓励了。在将近二十年的岁月中，一个更恶劣的局面被造成了。把前面引过的党政方面自己讲出的话再引一遍吧。

三十七年三月七日国民党机关刊物《中央周刊》的《座谈土地问题》中，有这样一针见血的言论，如"现在各级民意机关的代表们，大多数与地主有瓜葛，各级行政机关的主管人员，也往往是地主阶级"。

同月二十六日，与国民党渊源最深的中央政治大学九十九教授发表的时局宣言中，也有以次激越的文句："政府纵容地主阶级，以维持最恶劣的租佃制度；且将各级地方政权与民意机关，乃至社会经济力量落诸地主阶级及其代言人——官僚集团——之手。"

像这样不说出，大家也明白，说出了，大家却更加明白的事实，充分为我们解答了正确的民生主义经济原理，为什么被三民主义的信徒淡然放在一边了。既然各级行政机关，都是地主阶级或其"代言人——官僚集团"主持，就是费了极大气力，由人民负担了极大捐费而"选出"的各级民意机关，也在为地主阶级及其代言人所劫持，那么，不利于他们，但却有利于农民的民生主义，叫谁来见之于实行呢？事实上，这种形势的造成，并不自今日始，只不过到了"寇深矣，祸急矣"的今日，才被深切感到，而敢于讲出罢了。

因此，不谈中国社会经济改造则已，不行民生主义则已，要向这方面努力,一定得把民生主义与配合民生主义的政治组织连结在一起。那不仅关联到农工政策,而且关联到执行农工政策的主体;换言之,民生主义原理的实行,即把平均地权、节制资本、发展国营事业看作为一种过渡的理想的社会经济体制来实施。在我们这种落后国家,非由构成人民最大多数,构成生产人民最大多数的农民自己或其真正代表者,变成政府和民意机关中的主体,是根本行不通的。而在另一方面,为了允许私人资本的有限度的发展,非叫那些与买办官僚相区别的民族商工业者参加也是行不通的。由是依据民生主义原则,但却在实践上包含有更浓厚的政治意义的所谓新民主主义,就被提起,被当作一种改革的推动力,被"拥有"民主主义的国民党及其政府的对敌方面所号召了。在政治的对敌关系上,像是后者提出"新民主经济"来对抗三民主义,其实在理论上,在社会经济改革的指导原理上,新民主经济并不是民生主义的代替,却竟可说是民生主义在实践上的发展。

从这一角度来看,今日政府与其对敌方面所掀起的惨酷内战,事实上,并不是新民主主义与三民主义之争,不是社会经济指导原理差别之争,而是实行民生主义与"冻结"民生主义之争。假使今日的政府,能坚决执行民生主义的政策,或以比新民主主义内含各方式还更有效的程序,来加速推行民生主义,那末新民主主义的号召,也许不易像今日这样"其声大而远",而站在新民主主义下的人士,定会把国民革命初期的旧调重弹,而向国民党同志们,高喊出"惠而好我","携手同行"的亲热声音了。从报章杂志上,我们不是随时可以见到国民党人士揶揄对敌方,说对敌方推行的那一套土地纲领,不过是"吾家总理"遗训的翻版么?一点也不错,而且他们确也是有理由这样说的。但彼此分离或对敌的最大距离,就是一方在向着民生主义改革主体努力,一方在向着民生主义改革对象发展,如是,大家不能殊途同归,不能像张元济老先生最近在中央研究院会议中所说的"大家都要改革,可以好好坐在一块商谈"了。

论到这里,我可以附带表述一点不完全是题外的意见。最近和谣又甚嚣尘上了。我没有兴趣追问这和谣的来源与动机,但根据我们上面推究的结论,我认定,在任何情况下的和谈,一定要和谈两造的政策接近,有关国家根本大计的社会经济改造的原理与实践接近,一定不是由任何有地位有势力的人物,他们个人讲交情,拉关系,比赛政治艺术所能为力的,不是由所谓第三方面、第四方面……作着政治经纪来软劝硬拉所能为力的，而必得和谈两造的政策接近。所以以我近似迂阔的书生之见，来盱衡今日的大局，一定要彼此积极表现出贯澈民生主义的行动和事实，那才是和谈可能实现的重要枢纽。

四、新资本主义及其他

最后，我得补充说到一点，就是对应我在本文第一节所提到的我们这种社会经济政治方面的诸特点特质，而提案的改造指导原理，或作为其理想来企图实现的社会经济体制。我们已讲到了民生主义制，又还讲到了更包容更有实践意义的新民主经济制，还有人，如施复亮先生提倡的新资本主义制①。本来名词是一个影子，是形式上的，只要实在的内容相同，偏于形式的名词，叫做什么，原没有了不起的关系。但一个名词如在表达出实际要求的动态，我们却就得费神予以斟酌。

施先生是我的一位熟识朋友，但我们仍觉得他提出的新资本主义这一名词，颇有商榷的余地。他认定最近将来的中国经济，只可能做到这几点："（一）全面改革土地制度，取消地主特权，实现耕者有其田的土地政策；（二）没收官僚资本，扩大国营事业的范围，包括银行、重工业、主要交通工业以及最基本的轻工业；（三）保护民族工商业，扶助农业和手工业的小生产，奖励各种合作事业；（四）管理外汇和对外贸易，实行保护关税和部分的计划贸易；制定进步的劳工法……增进劳工福利事业。在这范围内的经济，无疑还是属于资本主义的范畴，不属于社会主义的范畴。"因为他已在这段文字前面明确指出了，"要实行社会主义经济：第一，至少应当把主要的生产手段（第一是土地）收归国有；第二，至少应当使大规模的生产，取得领导的地位；第三，至少要使计划经济的力量能够控制整个国民经济领域；第四，至少要废除剥削关系和剥削阶级"。中国最近将来可以做到的经济，是上述资本主义经济，而不能做到具有这样内容的社会主义经济，那就直截了当称为资本主义经济好了，为什么又提出"新资本主义"这个名词来呢？

---

① 见《观察》四卷四期"废除剥削与增加生产"一段。

他说“使用这个名词,也有我的理由:第一,在最近将来,为着促进生产力的发展,我们还要尽量利用资本主义生产方式的种种优点,在一定范围内的追求利润和合理竞争,讲求效率和计算成本,以及由此而生的技术进步和管理改善,都是我们所要保存的优点;第二,在生产过程里,特别在流通过程里,今后中国经济还要受资本主义运动法则的支配(至少在基本上),我们只能从认识这种法则中去指导或调节资本主义经济的发展,使它有利的走向社会主义;第三,在这一时期,不仅在经济上有不断的斗争(机器生产与手工业生产的斗争,集体劳动与个体劳动的斗争,公营企业与私营企业的斗争等),尤其在政治上更应有不懈的斗争,始能保证这种经济的发展,使它有利的走向社会主义,免得人们因误认社会主义已经到来,而懈怠了自己应有的努力”。

从这种解说上,可知他使用新资本主义这个名词有几层意思:在消极方面,是“免得人们因误认社会主义已经到来,而懈怠自己的努力”,这是叫人们不要把资本主义经济当作社会主义经济看;在积极方面,是要利用资本主义经济更进而把它导向社会主义经济发展,这是与一般资本主义不同的地方。他还接着补充这种意思说:“我们说的新资本主义经济,也可以说是一种带着混合性的过渡形态。这种形态,只有在劳动人民掌握或领导政权的时候才能实现,因而也可以说是一种保证走向社会主义的过渡形态。”

可是,施先生用这些理由这些道理所支持的“新资本主义”,他自己也并不认为十分妥当,他是这样坦白自承了的:“我用新资本主义经济来表示今后中国的经济,也许不很恰当,同样可以发生误解或流弊。”关于这误解或流弊,他没有明白提出来,现在把我所感到的提出来,就正于施先生,看与他自觉得而未说出的,有没有一些出入。

首先,我们最近将来待发展的经济,如施先生在上面列举出来的,虽然只有“没收官僚资本,扩大国营事业……”那一项,具有社会主义的性质,其余机械的看去,诚然都是资本主义的。但假使我们把施先生自己也经指明出来的“在劳动人民掌握或领导政权”下的这一能动的主导的因素附加进去,所有那些为施先生所视为资本主义的东西,都将带有一种特别的社会意义;从反面来说,假使没有这一纲维全面经济的因素,就是那“没收官僚资本,扩大国营事业……”,像是在消极上积极上具有社会主义性质的一项，也不过是没收甲官僚资本，在“国家”的名义下造出乙官僚资本罢了。简言之，由劳动人民掌握或行使领导的经济，在形式上是资本主义的，其实质是大大改变了的，否则把那种经济“导向”本格的社会主义就不可能了。

其次，惟其这种经济不是由资本家“掌握”“领导”，而是由劳动人民“掌握”“领导”，故称之为“新资本主义”，以别于“旧资本主义”，本来没有什么讲不过；但那种经济的实质，那种经济的目标，如都不在成全资本主义，而在“有计划的”把促使资本主义相当发展，作为实现社会主义的物质的技术的或其他社会化的手段，则“新资本主义”这个名词，就至多只能表示达成一种并非“混合的”(此点在本书前一章已详细论到)过渡经济形态的政策措施，而不是它本身。

又其次，在政略运用的目的上，为了号召，为了取得中下资产者的拥护，用“新资本主义”这个名目，也许有点类似苏联在实施新经济政策之始，所提出的“国家资本主义”的口号①。中国今日任何政权，显然还有争取民族资本家合作的必要，但新资本主义这个号召，虽如施先生所说，“免得人们误认社会主义已经到来，而懈怠了自己的努力”，在另一方面，是否又须顾及“免得人们误认新资本主义即是什么官办资本主义的变相，而懈怠了自己的努力”呢？

最后，就我们所知道的，在美国那方面，早前主张在资本经营股本中，参加劳动者股份，使劳动者不仅在观念上且在“实质”上也变成资本家的经济革命的卡浮尔(T.N.Carver)，曾使用“新资本主义”这名目；又有讲技术统治(Technocracy)的那一批人物，还曾由蒙尼(James D.Mooney)写一部《新资本主义》(New Capitalism)的著作；罗斯福的“新政”(New Deal)，亦被人通称为新资本主义；而前年美国商会长约翰斯敦(Johnston)且大声疾呼一种让每个个人都有竞争机会，都有变为资本家的机会的新资本主义②。要之，新资本主义早被当作“资本主义再生”的一个号召在为人滥用着，这个名词拿来应用到反资本主义的指导原理上，

---

① 作者曾在《中国建设》所刊《国家资本主义经济形态与国家社会主义经济形态》一文中详细论及此点。

② “The new capitalism must encourage competition and thereby open up opportunity。The goal is every man a capitalist”——见 Readers Digest 1946 年 8 月号。

是有百害而无一利的。

上面这几点意思,施先生也许漠然感觉到了。我的这一段说明,对于他,也许是多此一举,但对于我们这好捕风捉影并惯于望文生义的论坛,应不是全无益处的吧。

最后,我似乎还得附论到与本题有关的一种事实,那就是我们的论坛乃至与它密切关联着的政坛,近来特别是最近,正像充满了一种"社会主义气息"。朝野上下党政军学都喜欢谈论社会主义,其中仿佛有两个可以从外面来予以归纳的系统:一是属于英国的费边社会主义系统(Fabian Socialism),一是属于德国的毕斯麦社会主义系统(Bismarckischen Sozialismus)。为什么大家对此发生兴趣呢?究其动机,如在大时代想"左"一点,"新"一点,立志为人民求福利,也许是可以鼓励的;如在阶级利害上想借此作为一种防御,仍是可以原谅的。但我们稍有一点社会运动史ABC常识的,就应当可以指证这任一社会主义,都无所益助于上述任一目的。费边社会主义与毕斯麦社会主义(虽然毕斯麦自承是一种压迫社会主义的策略,我仍没有权利妨阻我们论坛把它看成"社会主义"的自由)有一共同点,即都是产业发达时的产物;而其不同点,仅是前者旨在"应付"产业劳动大众,而后者则在"对付"产业劳动大众。不论其分别作去的效果如何,移用到中国来,从社会经济的基本条件说,是会牛头不对马嘴的。一个产业不发达的国家,它要"应付",要"对付"的并不是密集在都市的产业劳动大众,而是不得接近都市的广大农村人民。我们就是用费边社会主义、毕斯麦的社会主义把都市的那一部分产业劳动者的生活改进了,或把他软化了,而"改进"或"软化"他们所付的代价,还是要直接间接取偿于农村穷苦人民。这究是怎样一种"社会主义"呢?我们不时十分自夸的要把三民主义向世界输出传播,同时却又甘于把适合中国要求的民生主义抛在一边,去高谈阔论外国的"社会主义",且居然有许多专家学者之流在从中应和。旁的方面不说,站在研究的立场上,我真为中国社会科学知识水准的低落程度捏一把汗。

附录 当作一个社会革命思想体系来看的新民主主义

一

在目前,新民主主义已日益成为我们日常生活中的一个重要因素了。

随着人民革命势力向全国迅速扩展,全国各社会阶层,不论他们是从事政治的、军事的、文化的或经济的活动,也不论他们主观愿不愿意,仿佛都会在不知不觉间,感到有一种时代潮流或新的思想力量,在吸引他们、拘束他们、鼓舞他们乃至改变他们。这新的思想力量是什么?就是新民主主义。

特一切左右我们思想生活的东西,一切当作一种思潮流行着的东西,我们往往很容易凭常识或情感去接近它,把它定型化成"就是这样","必须是这样"的简单定式中,而怠于对它作进一步的科学的分析。

关于新民主主义,它的创论人毛泽东先生,原在所著《新民主主义论》中,有了精辟而系统的概括解析;他那有关新民主主义的基本概念与原则的提示,早经成为广大人民革命运动的实践指南,成为把人民革命运动推向一切政治、经济、文化领域的指导力量。这事实,一方面说明我们需要就各别革命实践领域的体验,去丰富它的内容,并由是进一步拓展它的应用范围;同时也需要把它理解为或高扬为亘及全社会生活的一个完整的社会思想体系,并由是明白确定它这个整体,对于包含在它里面的各构成部分的关联。

从时论上,我们很不难发现:有些人有意无意的在把新民主主义当作一个政治的意识形态来理解;还有些人在把它当作一个经济的意识形态来理解。这是很不妥当的,这是会妨碍我们对于新民主主义的本质的认识的;而这也正是我想写这篇文章的主要动机。在下面,我想先从正面来解述它如何被确认为一个完整的社会思想体系，再分别就政治经济两方面来解述它如何当作一个整体，来规定这两方面的内容与属性的方法论。

二

依照我现刻的认识，我可以比较一般的把新民主主义定义为：在苏联社会出现后，第二次世界大战前后，为一切落后国家求得解放的社会革命思想体系。为什么要作着这样严格的时空规定呢？因为它在思想的渊源和本质上，可以说是马列主义在这样特定时空的社会关系下的应用与发展。

马列主义最根本的指示："物质生活的生产方式，决定着社会的、政治的和一般思想的生活过程"，必得社会经济基础变革，然后始能引起法律、政治和思想的全部上层建筑的改变。一切落后国家的社会经济基础，大体还是以长期陷在分解动摇状况中的封建生产方法为核心，从而，大体还是把封建的土地所有关系与使用关系，即把地主阶层对于农民的剥削，作为其存在依据。现代性的产业不容易发展起来，国际资本控制的强化与深入，买办商业金融的全面展开，以及依托国际资本买办资本所建立起来的法律政治关系，或新的专制官僚统治，乃至生活意识形态，归根结底，都得从那种最有基础性的封建生产方法与生产关系中去加以说明。这样一种科学认识方法，必定引导我们去作着这样的革命程序：即要从根掘去帝国主义、专制官僚统治的存在基础，要使产业发展的桎梏得到解脱，须把封建的土地所有与使用关系，全面加以清除。然而革命的实践，是不能像革命的认识那样直截了当的。当专制的买办官僚统治，是把农村的封建剥削关系作为其物质存在基础的限内；当帝国主义——国际资本对中国的支配，是通过那种买办官僚统治来施行的限内，反封建的革命任务的达成，就必然要碰到买办官僚统治和帝国主义的阻碍。结局，反封建、反买办官僚统治、反帝国主义的这种革命三重奏，就要求改变以往的革命章法：革命的性质变得不单纯了，革命的阵线变得复杂了，整个革命的内容是多方面的了。于是，亘及这一切方面，但同时却明确限定其主从关系的革命思想体系，就在这种社会被提出了，新民主主义被提出了。

特这样一种社会的革命思想体系，不是在任何时期，在任何落后社会都可以提出的。为帝国主义、买办官僚统治、封建主义所压抑迫害着的各落后国家人民，直到苏联社会主义形态出现，直到苏联劳动人民从封建的、军国主义的、专制官僚统治下解放出来，他们始第一次受到鼓舞；始相信他们的命运，不是被掌握在上帝或老天爷或“代天行道”的统治者手里，而是掌握在他们自己手里。由是，他们始确认马克思主义、列宁主义是他们争取解放的犀利精神武器；他们此后斗争的方向、斗争的步骤，也更符合科学的革命实践要求了。然而我们同时还得明了：苏联对于他们的模范作用，马列主义对于他们的感召影响，是要他们有了更多的解放机会，更大的便于解放的客观条件，才能更深刻的更广泛的显示出来的。第一次世界大战的结果，不仅苏联出现了，若干帝国主义国家削弱灭亡了，整个资本主义的世界统治动摇了，各资本主义国家间的不平衡发展增大了，同时还使被广泛动员到帝国主义战争中的落后地域的人民，由战争的负担与磨折，在不同的程度上觉醒了。他们是在这种种有利的客观条件下，在自己自觉自动的进到争取解放的实践过程中，去接受苏联的模范作用和马列主义的感召影响的。并且，他们也还是在那种革命实践过程中，才知道如何灵活运用马列主义，去发现他们不尽同于苏联的革命道路和革命方式的。在第二次世界大战前后，各落后国家人民，已经分途在依着斗争的实践，和斗争经验的累积，去尝试“走出”或“找出”一种适合于他们自己的革命道路和革命方式的包括的主义或思想体系。中国人民依据许多理由，特别是依据长期陷在封建势力、帝国主义与买办官僚统治下的被奴役地位，和自第一次世界大战以来即进入连续不断的再接再厉的反帝反封建的长期斗争中的理由，首先提出了这个主义，这个思想体系。在新民主主义已经成为一种世界的思潮或有力号召的今日，我们原是无庸计较它的“发明权”的；但当作一种历史事实来说，只有在长期革命斗争中的中国，才不但更可能率先提出它，同时还更必须率先提出它。虽然当作一个革命思想体系来看，它在政治方面受了人民阵线号召的极大影响，而在经济方面则采取了民生主义的大体原则。

我们且由此进而解述到一般人所不时疏忽了的新民主主义的政治属性和经济属性的问题。

三

首先，在被看作一个落后国家人民求得解放的社会革命思想体系的限内，新民主主义尽管是比照着旧民主或资产者的民主提出来的，但旧民主大体是属于政治的范畴；在现代化运动中，民主政治是当作资本主义的经济的要求提出的；但新民主主义扩大了它的意义，它包括有政治以外的经济的、文化的、民族的诸范畴在内，但虽如此，我们却得承认它的政治性的表现非常强烈；这就是为什么许多人不知不觉的单把它看作是一个政治范畴的原因。至若它的政治表现强烈的道理，第一，可以说是由于任何一种革命运动，最初都会表现为一种对既成政权或既成法律秩序表示反抗的行动，或者表现为一种争取政权的行动；但第二，新民主主义的革命号召，是和社会主义的号召有些相近的，它有两点不同于资产者的民主号召的地方：其一是，资产者的民主革命，对于旧社会的法律秩序及其有关的各种意识形态，特别是关于私有财产的法律同思想，并不要求破坏，甚至曲加保留；新民主主义对于那一些，虽然不像社会主义那样要求澈底变革，同资产者的民主革命比较起来，是会显得更加激越的。其二是，资产者的民主革命，用恩格斯的话说[①]，是由于资本主义经济已经发达起来了，是由于“产业的及商业的中等阶级之经济利益，在当时已经充分的强大，它终于决定了国家的一般政治”；反之，社会主义革命，或新民主主义革命，却正好是因为社会的财富，社会的经济力量，被大资产者豪门帝国主义者垄断去了，无产者劳动人民，乃至一般被压迫剥夺的中小资产者、知识份子，需要团结成一种强有力的政治力量，去作着酷烈的政治斗争。所以，当代表着独占资本豪门资本利益的法西斯蒂，在若干资本主义国家乃至落后国家出现的时候，反抗它的人民阵线也在这些国家以不同的步调发展起来了。然而，利害不同的各阶层人民，如何才能叫他们好好团结在一个政治组织中呢？如何才能叫他们相信参加那种政治组织才是为他们自己也为整个社会的利益呢？单是着眼在政治团结斗争上的人民阵线不能解答这些问题，而把变革要求扩展到全社会各方面，特别是扩展到经

① 见《费尔巴哈论》。

济方面的新民主主义，才给这些问题一个明确的解答了。

新民主主义科学的表明：当落后国家封建土地关系固执的存在，现代性产业资本不易发达起来的时候，被奴役的广大农民层，是要团结在有长期斗争经验与斗争热情的无产劳动阶级周围，并把受尽了坎坷痛苦的普遍商工业者、自由职业者联合在一条阵线内的，但要这阵线坚实而有力量，就得确定一种兼顾到他们各方面利益的经济体制，或经济实施步骤，使他们都清楚明白的知道，他们能在那种政治斗争中"各尽所能"，同时就能在社会经济上"各得所需"，或各有前途。农民由土地改革，解除封建剥削，获有自己的地权；工商业者由帝国主义势力与垄断豪门打倒，而预期到资本发达的展望；一般无产者劳动大众，由国家经济国家事业的扩展保证，看清了他们摆在眼前的光明地位，他们就会好好发挥他们各别的斗争情绪，而使革命大业迅速完成。像这几项经济的纲领，确曾由孙中山先生在他的民生主义中大体的提到了，但如我在其他场合①讲过，民生主义在本质上，是与市民性的民权主义抵触的，就是孙中山先生后来见到此点，用三大政策来予以补充，也不曾构成一个在实践上不引起步调参差的系统。新民主主义在经济上，是显然把民生主义实践方面的困难克服了。所以，我认定，新民主主义的经济，或新民主经济，是民生主义在实践上的充实与发展。

四

尽管篇幅限制了意义的发挥，甚至拘束了措辞的通畅，但幸而是处在可以自由发表意见的环境下，至少总可使我由上面简括的说明，达到以次几点也许不是不很重要的认识：

第一，新民主主义应被理解为一个有包括性的，十分接近社会主义那一广博概念的社会革命思想体系，它不是政治、经济、文化……任一方面的单独表现，从而，也不能单由这任一方面来说明。

① 见最近在《新中华》发表的《中国社会经济改造指导原理问题》——那篇文章尽管是去年九、十月在不自由环境拘束下极尽委婉措词的能事写述出来，而编者却仍不能不把它"囤积"到最近才敢于发表，想不到竟由此引起若干人的疑难，真是"求全之毁"了。附志数句于此，借资解答。

第二，因为新民主主义是二十世纪三四十年代的落后国家人民，为了争取解放所依据的理论与实践指挥的科学说明，是把马列主义灵活运用在那种特定社会状况下的结果，所以，从它的渊源和本质上讲，它不能不是马列主义的应用与发展。

第三，这种主义由中国人民革命运动的领导者创论出来，那并不能形而上的看为是完全天才的产物，而必须认清那是在中国特殊环境下，在中国工农革命人民长期实践斗争过程中，在不知多少次尝试失败牺牲的痛苦体验中，所迫切要求天才启发与创造性发挥的成果。

第四，这种主义的绝对性或创建性，并不因为它在政治上吸收了人民阵线主张，在经济上吸收了民生主义纲领，乃至在文化上吸收了五四运动以来的各种进步号召而受到丝毫影响；反之，正惟它是分别扬弃了或批判吸收了这些方面的革命的因素，它才能构成包括一切的全体——社会革命的思想体系。

我不敢说我的说明在体现着何种真理，或发现了何种真理，我只希望它不太远于真理。所以我极盼得到我们进步论坛的进一步的教正和指示。

一九四九年四月十五日

中国社会经济改造思想研究

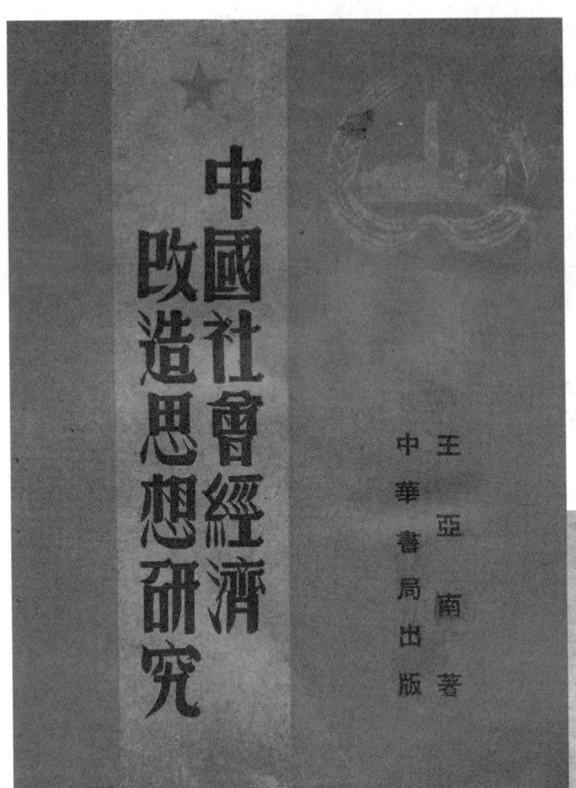

原书封面

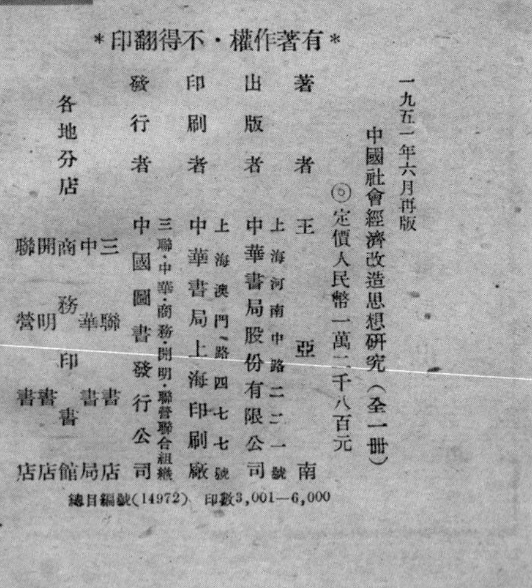
有著作權・不得翻印

一九五一年六月再版

中國社會經濟改造思想研究（全一冊）

⑥定價人民幣一萬二千八百元

著者 王亞南

出版者 中華書局股份有限公司 上海河南中路二二一號

印刷者 中華書局上海印刷廠 上海澳門路四七七號

發行者 中國圖書發行公司 三聯・中華・商務・開明・聯營聯合組織

各地分店 三聯書店 中華書局 商務印書館 開明書店 聯營書店

總目編號(14972) 印數3,001—6,000

原书版权页

本书内容提要

本书分上下两卷，上卷对数十年来资产阶级和小资产阶级关于中国社会经济改造的各种意见，就其最有代表性的，加以批判，借以清除许多人头脑中的改良主义意识，并衬托出新民主主义的正确。下卷则对中国社会经济改造的正确途径——新民主主义经济，作深入的研究。

序　言

现在拿来问世的这个著作物,包括了三个不同成分:一部分是解放前的旧作,大体照原样保留下来;一部分是旧作经过重新改编或增订;一部分则是新写的。这说明临到一个新的转形时代,体现着时代思想的正面或某一侧面的著作,是需要不绝更新,不绝补充增订的。

在上海解放后不久,我曾把以前数年中分别发表的有关中国社会经济改造的论文,集印成为一册《中国社会经济改造问题研究》。是希望把它作为拙著《中国经济原论》的一个续编,把《中国经济原论》中理论上的结论,应用到实践方面去,但不到一年工夫,局势发展得太快也太大了,那里面所针对着的研究对象,完全改换面目了,前此在特定场合个别场合还有些进步作用的见解,已经变得非常不适合,甚且是不很妥当了。于是,依据我在新环境下的学习与体验,决定为《中国经济原论》写一个下卷,研究新民主主义经济;而把原来的诸篇作为上卷,研究半封建半殖民地经济;由半封建半殖民地经济转向新民主主义经济的内在必然联系的揭露,就成为它的基本任务。但因我在写作过程中,设想到上卷所研究的对象,是已经成形了的旧经济,是着重它中间存在的法则或规律的发现;下卷所研究的对象,是尚待逐渐形成的新经济,因而不能不是它的诸基本原则的推论,体裁章法是颇不相同的,把它们合在一起,似乎有些不很调和。加以《中国经济原论》如此增订,并没有给《中国社会经济改造问题研究》中的不妥当见解一个改正的机会。所以,经过再三考虑,才把有关新民主主义经济研究的部分,移到这里来,作为本书的下卷,而把原来集载在《中国社会经济改造问题研究》中的失了时效的诸篇勾销去,并增订其余的部分,作为本书的上卷。所有包括在上卷中诸篇,是把过去数十年来资产者的小资产者的关于中国社会经济改造问题的意见,就其最有代表性的,加以批判的考察;那些意见,哪怕就在半封建半殖民地经济已经在大踏步的向着新民主主义经济转化的今天，还在许多人头脑中相当执着的残存着。比如，从自然观点，技术观点，资本观点去看问题，那原是资产者小资产者的思想界的一个非常普遍的现象，但我没有想到，极浅薄庸俗的马尔萨斯的人口观点，竟在社会已经大变革的现阶段，还是那样有力的支配着学者们的头脑。所以，我读到最近出版的有关这一方面的见解，特别新补上一篇。事实上，这几方面的看法，并不是彼疆此理的孤立的存在着的。一个采取技术观点的人，他是最容易把资本问题，人口问题搅在一起的。但我们不要以为从土地的观点出发，就一定比上述那些观点高明；凡是强调中国人口问题的严重性的人，大抵都会把土地不够人口分配及人口分布在土地上的不均匀，看成中国土地其所以发生问题的症结。因此，把所有这些方面的皮相的片面的看法，系统的按照一定的顺序予以复习回顾性的检讨，加以明确的科学的鉴定，那也许不止有利于以往资产者与小资产者的改良主义意识的清除，同时还更有利于从反面来陪衬比较出新民主主义革新见解的正确。所以，我把本书上卷各篇总括在“中国社会经济改造之路的摸索”这个标题下，表明我们在长期摸索中，犯过哪些错误；下卷则标题为“中国经济改造之路”，表明我们终于发现了正确的途径。上卷四篇附论，《从生产力与生产关系的矛盾的观点看中国社会经济改造问题》，《论中国的讲坛社会主义者》，《论混合经济制度》，《论国家资本主义经济形态与国家社会主义经济形态》；下卷两篇附论：《当作一个社会革命思想体系来看的新民主主义》，《马列主义与新民主主义社会经济形态》，都是分别看作这两方面有关认识的补充。因此，合上下两卷构成的这个著作物，就毋宁说是在批判和阐述中国近几十年来的社会经济改革思想。我把书名题称写《中国社会经济改造思想研究》，是认为这样妥当些。

当然哪，其中有不够明确妥当的地方，如蒙指教，我是会随时予以补充改正的。

一九五〇年二月十五日于首都清华园

上卷
中国社会经济改造之路的摸索
——有关资产者与小资产者的改良主义的总考察

编者注：本书上卷第一、二、三篇分别与本卷收录的《中国社会经济改造问题研究》有关章节内容重复，故此处不再收录，可参阅相关内容。具体如下：

第一篇“从自然观点看中国社会经济改造的思想的批判”，参阅《中国社会经济改造问题研究》第三章“中国社会经济改造上的自然条件问题”(本卷第272～275页)；

第二篇“从技术观点看中国社会经济改造的思想的批判”，参阅《中国社会经济改造问题研究》第四章“中国社会经济改造上的技术问题”(本卷第276～286页)；

第三篇“从资本观点看中国社会经济改造的思想的批判”，参阅《中国社会经济改造问题研究》第五章“中国社会经济改造上的资本问题”(本卷第287～296页)。

第四篇　从人口观点看中国社会经济改造的思想的批判

一、代表的人口理论

当学者们由自然的观点移到技术的观点，再移到资本的观点，或者径直由这任一观点，来考察中国社会经济落后的原由，长期动乱的背景，乃至向前求改进的途径时，他们总是不能忘怀于人口这个因素的。仿佛中国人口的众多，或者用他们的话，“人口的压力”，就是中国其所以贫困，其所以混乱，其所以不易求改进的基因。而中国历史上的一治一乱局面，总穿插着“安抚流亡”，或“老弱转乎沟壑，壮者散而之四方”一类纪载，也自然而然的会引导他们发生这种联想。

在现代，特别到了晚近，我们有了不少的人口理论专家。在国民党反动统治下，需要许多人口理论专家，来解脱他们误国殃民的责任，即表示人民贫困的理由，就在人民自身，于他们贪赃枉法没有关系。把所有如此这般的理论罗列起来，虽然是非常有趣的，但却也显然是非常乏味的。比如说，有一位学者这么主张：中国人口有四万万，假使少一半，中国人的生活水准一定要改进一倍。这逻辑在算术上也许相当准确，但用到社会事象上来，就不能那样简单了。且不忙分析这样天真的大见解，为了偷懒起见，姑从刚到手里的一册中央研究院社会科学研究所出版的《中国社会经济史集刊》中，就《太平天国革命前的人口压迫问题》（罗尔纲先生撰）一文，转引几项类似议论：

（一）陈长衡在《三民主义与人口政策》第五章中说：“我们中国的人口就现在的生计状况之下，实已超过时中的密度。”又说：“全国已耕及未耕之土地，总共只能供给二万五千万人，是为理想的时中人口密度，可见中国早已达到人满为患的时期。”

(二)许仕廉在《人口论纲要》第九章说:“依现有耕地和现有经济生产技术,中国社会,已有很重大的人口压力。”

(三)竺可桢在《论江浙两省之人口密度》中说:“吾国则目前已人满为患,何需更待之百年以后,举凡内乱之频仍,饥馑之屡告,以及生活程度之所以低,乞丐盗贼之所以多,推其原因,莫非由于我国人口之过多。”

就把这几项算作中国人口理论专家们的代表意见,大概是不中不远的。如其说他们的议论的根本精神,是马尔萨斯主义的,那大概也是他们首肯的罢。

就在罗尔纲先生那篇长达六十页的大文中,他还很兴奋的这样告知我们,马尔萨斯主义,并不是出自大英帝国的“洋货”,我们也有这种“特产”。马尔萨斯的《人口论》出版于一七九八年,在这前五年,中国清代学者洪亮吉,已在他的《意言》小著的生计、治平二篇中,揭示了民生艰苦,社会动乱“问题的核心,在于人口比生活资源增加快,所以生活资源不足以应人口的需求”。我不想在这里引述洪亮吉的高见,只要提到罗先生是怎样欣赏他的创意主张就行了。人口比生活资料增加得快,洪亮吉认为靠水旱疾疫的“天地调剂法”不成,靠开源节流的“君相调节法”也不够,即都不能澈底解决人口问题,所以“社会迟早总要变乱,治平绝不能持久”。他以为:“亮吉之说,精密详尽自不及马氏说,但两人同时异地,学说不谋而合,这也算是中西学术史上一段佳话。”又说:“他的人口论的理论和见解,以及他的独具慧眼的预言,都深切的反映他的时代出来。”

真没有想到:在人民革命惊天动地的大时代,在社会发展的基本律已从革命实践上表现得这样明显,这样充分的大时代,我们的大大小小的马尔萨斯主义者,竟还是这样看不清事理!

二、马尔萨斯主义早破产了

本来,把人口与生活资料相较量,说它们在一定社会条件下,有时相对的存在着人口增加超过生活资料增加的事实,原是没有什么讲不通的。但马尔萨斯主义的最大过错或最大罪恶,就在用自然主义的说教,把社会罪过,“换算”成自然不可免的罪过;把社会变革,看成了违反自然的无益的举动,即是说:

（一）不问社会条件如何，社会制度如何，径直把人口增加超过食物增加的事实，绝对化成一个超历史的自然现象，以为那是从“食色性也”的自然命题出发的自然法则。于是

（二）社会制度的罪恶，即在我们所理解的私有财产制度的罪恶，便被轻轻看过，而使大家把注意集中到不可控制的或无法变更的自然命定论上。结局，

（三）社会制度的改良变革，都变成了没有效果，没有多大意义的事。人类命定了要由贫困、罪恶、疾病、自然灾害，乃至相互屠杀的战争，来限制或调剂自然超过的人口。

事实上，以自然观点来看社会问题，第一步就是大错特错的。我没有充分时间在这里批判这种早已破产了的马尔萨斯主义，但在本题范围内应当指明：第一，以自然的性欲来说明人口增加趋势；以自然的食欲来说明生活资料增加趋势，先就得问一问：在同一社会中，有些人能满足食欲性欲，有些人不能或不容允满足食欲性欲，而须以贫困、饥饿、禁欲来惩治，那究是一个自然现象，还是社会现象？其次，人口增加与食物增加趋势之间的比例，或者人口对生活资料表现的压力，假使依公平分配的方法加以调剂，假使把全社会的生活资料平均分配给全社会的人口，是否还会显得那样严重？即是说：那种人口对生活资料的过剩现象，究是绝对的？还是相对的？又其次，每一个性质不同的社会，都有它特定的人口法则；在同一个自然环境下，游牧民族几万人几十万人尽管生存不下去，而经常要发生争夺猎场、争夺牧场的悲剧，但到了农业乃至工业阶段，却可很优裕的养活几十倍乃至几百倍的人口。我们稍从历史发展过程上加以考察，就会发现：以往社会劳动生产力的增加，如其没有或者如其少受到人为的社会制度的限制，那末，人口绝对过剩的现象，是决不致发生的；就是到了我们想像到的将来，至少，谁也不会相信：我们要用贫困、战争、疾疫来限制过剩人口。

可知马尔萨斯主义不仅在理论上为一种胡说，在历史事实演变过程中，早已证示为是阶级利益保守者的滥调。但尽管如此，它却是可以在太不愿意社会进步，或太看不清社会进步前景的人的头脑中“永生”的。

三、开脱社会罪恶与取消社会变革

在几千年的中国历史过程中，每到一个朝代之末，或到一个朝代中叶以后，“人太多”“人口过剩”的现象，就由农民失土、失业，老者转乎沟壑，壮者散之四方，流为乞丐、盗贼而显现出来。照“古典的”马尔萨斯主义的解释，那就是由朝代初期，劝农务桑，休养生息，以致生齿日繁所造成的结果。人口太多，土地就不够人口的分配；土地上生产的生活资料，就不够供养日益增多起来的人口。依极粗浅的算术公式，同多的土地，由更多的人来耕作；同多的甚至稍多的生活资料，由多得多的人来享用，自然会发生出人口的压力来。但问题是不能这样简单处理的。我们应当问：在人口增加的过程中，同时在整个社会政治各方面，该相伴发生了哪一些基本的促使那种人口压力显现得更强烈的现象。我曾在其他场合[①]讲过：大概中国新王朝的最初几代君主官僚们，为了收拾人心，特别是为了增加生产，以裕税源，多少还能保持一点戒慎恐惧的精神，留意人民疾苦；对于其下属乃至农村豪绅土劣的各种压榨人民的非法活动，尚可予以防范或拑制。等到安而忘危，积久玩生，或者消费欲望逐渐随着经济恢复生机而增强起来，官场腐败，贪污横行的现象，就不期然而然的发生；不幸，每逢这种场合，又照例是对内对外大张挞伐的年头。在以往的社会，耀武扬威往往是当作一种权力的炫示，或特殊消费场面的演出，但由此制造出的贪污机会，与借端敲榨的口实，就成为一般劳动人民被损害与被勒索的生死关头。中国官僚政治是最有包容性与渗透性的；那个官僚体制的某一部分一发生破绽，立刻就把它的病菌延殖到全体机构，全部机能上，使一般农民大众接触到它的任何机体，都成为一可怕的灾害。商业、高利贷、地权兼并、差役、摊派、贪污，四方八面，像是“配合”得非常周密。农民的生活本来是非常艰苦的，本来是把他们的生活资料压缩到了尽够维持生存的限度的，他们一遇到自然的灾害（如前面第一篇所说，一切封建社会的自然灾害，都带有更大的社会性质[②]），或额外的差遣，或摊派，或需索，就只

① 见拙著《中国官僚政治研究》第 200 页。

② 参阅《中国社会经济改造问题研究》第三章——编者注

好尽可能的缩减其生产支出；生产支出减少，收入将相应减少，而他们对于扩大消费，增繁刑政，加重摊派所必然导出来的负担，却可能加多。等到被各种负担、各种勒索方式迫着离开土地，离开生产过程的人愈来愈多了，而承受原来负担的人愈来愈少了，负担的总额即使不再增加，他们更少数的人的个别负担，已无法不再增加；假使这时为了维持治安，为了救济贫困流亡，而再增大支出，那就无异叫那些生产收入愈来愈少，生产人数也愈来愈少，而还勉强留在生产过程的农民，除了负担原来各种各色的消费者以外，又去负担那些被迫脱离生产过程的新消费者。结局，能继续在生产上挣扎的人，将愈益减少，流亡匪盗队伍将愈益增大，生活资料不足或人口过剩现象，将愈益显示得严重。

所谓"人口的压力"，是从这样一列活生生的事实中，是从封建官僚制度中，当作必然无可避免的逻辑演化出来的。它怎样也不能孤立的理解为是土地不够人口分配的结果，而是土地被集中到不生产者手中的结果；也不是土地生活资料不够养活过多人口的结果，而是土地未被充分利用，生活资料未得合理分配的结果。

用千千万万的史实，用千千万万的个别例子，归纳出中国历代王朝末期的社会动乱是由于人口过剩，而不肯用那些史实或实例去说明人口过剩现象的本质的社会的阶级的原因，那究是历史害了我们，还是我们诬蔑了历史？

不错，中国传统的人口问题，到了现代是有一些改变的。约在一百八十年前，大资产经济学者亚当·斯密，曾在他的大著《国富论》中，说中国劳动人民那样勤勉，那样聪明，却只是获得那样仅少的一点报酬；过着那样牛马不如的一般生活；推厥原因，他以为是中国社会一直在停滞中，中国社会政治制度，早已不容许它的经济活动有进一步的发展。设加一些限制，他的说法是相当妥当的。可是到了现代，那种社会政治制度即官僚封建制度已在崩解中，即使天灾、兵祸、疫疠、贫困，在非常频繁，非常大规模的发生残酷的调节限制作用，而我们像还是在"要求"用更大的天灾、兵祸、疾病、贫困来抑制由农村到都市的过多失业、流亡、叛乱的人口。这现象一反映在学者们的头脑中，就结论出："举凡内乱之频仍，饥馑之屡告，以及生活程度之所以低，乞丐盗贼之所以多，推其原因，莫非由于我国人口之过多。"

帝国主义势力侵入引起中国社会的深刻变化，引起农村的全面破产；帝国主义与买办商业高利贷结托，与官僚政治结托所造出的各种剥削压榨劳动人民的罪行，那已是稍有现代史常识的人所充分理解的，用不着再加解说。我在此须得补说明白的，只是这一点：把一切社会病源都推到人口过多上去，那不但是为一切罪行者开脱，同时也是对一切社会经济改革者批判。以为人太多，人口的压力太大，用怎样的新制度新办法，也是无济于事的。一切从资本观点来考察中国社会经济变革的人，每每就强调太多的人消费，就使社会不容易有剩余，就使资本不容累积起来"吃空了"！是他们的反口号。但把人口和资本连同考察的人，究没有把人口和土地连同考察的人那么多。

且进一步看看他们的高见的"发展"罢！

* * *

编者注：本书上卷第五、六、七篇及附论一、附论二分别与本卷收录的《中国社会经济改造问题研究》有关章节内容重复，故此处不再收录，可参阅相关章节内容。具体如下：

第五篇"从土地观点看中国社会经济改造的思想的批判(上)"，参阅《中国社会经济改造问题研究》第七章"中国社会经济改造上的土地问题(上)"(本卷第312～325页)；

第六篇"从土地观点看中国社会经济改造的思想的批判(中)"，参阅《中国社会经济改造问题研究》第八章"中国社会经济改造上的土地问题(中)"(本卷第326～333页)；

第七篇"从土地观点看中国社会经济改造的思想的批判(下)"，参阅《中国社会经济改造问题研究》第九章"中国社会经济改造上的土地问题(下)"(本卷第334～340页)；

附论一"从生产力与生产关系的矛盾的观点看中国社会经济改造问题"，参阅《中国社会经济改造问题研究》第六章"中国社会经济改造上的生产力与生产关系的问题"(本卷第297～311页)；

附论二"论混合经济制度"，参阅与《中国社会经济改造问题研究》第十章"中国社会经济改造上的指导原理问题(上)"(本卷第341～351页)。

附论三　论国家资本主义经济形态与国家社会主义经济形态

一、名实离反的评正

国家资本主义[①]与国家社会主义，是两个习见的语辞，后者也许比前者更为一般社会科学研究者所不时论及，但它们各别的以及相互的概念，就不但在理论上，被弄得非常暧昧，在实践上，也被应用得极其含糊。我们甚至可以说，它们的概念的暧昧，往往竟是由于实践上的要求。

首先，我们且就国家社会主义这个语辞讲起。

前在纳粹德国，一直在把国家社会主义这一语辞，拿来表识它的国体，表识它的党团，而一般人亦像是毫不迟疑的在照着纳粹德国宣传的意向，如此这般的称谓着。国家社会主义已仿佛变成了德国的专用语或纳粹德国的别称。然而这种事实的形成，并不能完全归功于纳粹党人的宣传技俩，它实有其"谬种流传演变"的历史渊源在。美国乃特博士(Dr. Knight)曾对此作过极有鉴别性的说明，那是说："国家社会主义代表了一种杂有危险性的奇异杂合物，那是一种综合，一种协调。德国历史学派的经济学者，颇与此种主义接近，后来且有拥护此种定义的。拉萨尔之被称为国家社会主义的创建者，那只是因为他企图利用国家，实行达成其所希望的社会主义秩序——那种社会主义秩序，与立基于私有财产制度上的

---

① 依最近的研究和理解，"国家资本主义"这一个名称：在资本主义国家和社会主义国家或新民主主义国家，有极不同的涵义和内容。因为"国家"的性质，在它们是根本不同的，在资本主义国家，国家资本主义，是独占资本家阶级直接指挥国家控制国家来从事资本主义剥削的一种经济形态，它是对金融寡头支配或统制主义经济的一种别称。而在社会主义国家，则是劳动人民国家，与其国内被容许存在的私人资本主义经济的合作。所以，这种经济形态，在苏联，只存在于容许私人资本成份存在的新经济政策阶段。

国家社会秩序不同。在这同一意义上，罗贝尔图也算是一个国家社会主义的建立者……

"国家社会主义之见诸实行，当溯诸俾斯马克之镇压社会主义团体，他为了同时要倾覆那团体的道德势力，于是乃模仿罗贝尔图与拉萨尔的纲领。至若这所谓国家社会运动之正式发端，其为期当较早。自一八六三年以来，德国历史学派经济学者，即已发行刊物，宣传经济原理应大受时间地理及环境限制的思想……他们反对自由放任主义，并视国家为一大道德的与教育的机关……

国家社会主义所条陈的种种确切要求，只可利用以达成俾斯马克之攻击真正社会主义，并使劳动阶级投靠帝国政府之目的……一八八一年他开始确立偶尔伤害者疾病者的保障，往后，又确立老年者的生活保障。此种保障，导来了一八八三年到一八八九年的诸般法律。"①

上面的简括的解说，会给我们以以次的诸般概念：

第一，国家社会主义有两个不同性质的范畴，一是由拉萨尔及罗贝尔图所"企图利用国家来实现的社会主义秩序"，一是"立基于私有财产制度上之国家社会主义秩序"。

第二，后一范畴的国家社会秩序，系由新历史学派即所谓讲坛社会主义者们所创导，照基特(Gide)氏所说："它的基本要求，完全是从道德的国民的考察出发，而不是从社会主义者们惯常加诸私有财产及不劳而获的严正批判出发。"②

第三，不触及私有财产不劳而获的这种范畴的国家社会主义，是由俾斯马克用社会政策所包含的一列劳动保险法案来付诸实行。而俾斯马克所以如此宣传，如此做法，主要是为了"要倾覆真正社会主义团体的道德势力，于是乃模仿罗贝尔图及拉萨尔的纲领"。

由是，如上述《欧洲经济史》作者所说，利用国家来达成社会主义秩序的真正国家社会主义，就和利用"国家社会主义"之名，以达成反对社会主义之实的冒牌国家社会主义，从十九世纪七十年代以来，一直就传统的成为德国论坛上，特别是政治运动和斗争上"并行而相悖"的两大社会经济思

---

① 参阅拙译《欧洲经济史》第 421～424 页。

② 见 History of Economic Doctrine p.444.

想潮流。德国特别需要拿社会主义的“招牌”来对抗社会主义运动的究竟，我们在后面还有谈到的机会，这里只须指出：纳粹德国所标榜的国家社会主义，实际不过是在继承讲坛社会主义和俾斯马克社会政策的传统。而希特勒党徒不同于其“先辈”的地方，也许只是在他们依着德国资本主义更高度发展，其内在矛盾更尖锐曝露的客观条件，致不能不更险恶巧诈的运用政治手腕，以达成其政治目的而已。因此，希特勒在一九三三年取得政权以前所强调的国家社会主义纲领，就不但不忽视一般社会主义者“所加诸私有财产及不劳而获的严正批判”，他甚且大声疾呼“反资本主义”的口号，并具体提出种种叫其先辈俾斯马克一流人物也会感到惊怍的反资本主义主张，如“凡属公司组合之大企业（指托辣斯）都收归国有”（纲领第十三条），“大百货公司立即收归市区所有”（第十六条），“为公众利益计，制定一无代价没收土地之法律，废止土地租金，且阻止土地投机”（第十七条）等等。就因此故，不管希特勒君临第三帝国以后，是如何认真的进行着护卫大资本的业作，但他凭了德国历史上造成的传统和其反犹太资本的澈底施行，也就够令他振振有词的把“国家社会主义”作为其宣传号召了。

可是，国家社会主义这个名目既为纳粹德国僭污着，而原本应拿来表识纳粹德国甚至拿来表识俾斯马克德国的国家资本主义一词，就始终不容易从正面、从现实体认上提示出来。也许主要因了这个原因，国家资本主义的现实历史，虽然远较真正国家社会主义的现实历史悠久得多，它当作一个社会体制，当作一个经济范畴被人所认识，却是苏联实行新经济政策的当时。“一九二一年新经济政策承认资本主义，以课税代征发，不久还树立了一种新制度。这种资本主义，由国营的企业、国家及私人合营的企业、合作社及纯粹私营但受国家节制的企业所构成。此种变形的资本主义，通常被称为‘国家资本主义’……这是列宁所用的名词，将来也许会沿用下去”①，列宁在新经济政策开始时提出这个名词，那同俾斯马克或希特勒提出“国家社会主义”一辞，一样是出于“实者虚之，正者反之”的政治战略性的号召要求。他为要使战争及革命破坏了的国民经济得到昭苏机会，遂一变其军事共产时期的诸般过激经济措施，对于私人资本，采取一种以退为进的妥协战略。“国家资本主义”正好成为这个场合的具有极

① 见拙译《欧洲经济史》第767页。

大含蓄性和诱惑性的语辞。列宁底后继者里考夫(Rykov)尽管认定实施新经济政策几年后的苏联经济秩序,与其称为国家资本主义,毋宁称为国家社会主义,即认定在经济秩序逐渐恢复,社会主义经济成份逐渐成长,逐渐取得优势当中,原来的号召已无妨改变过来,或者简直需要改变过来,但事实上,已给人一种印象,以为至少在苏联实施新经济政策当时的经济秩序,是名符其实的国家资本主义形态。这一来,就不但国家资本主义的概念,不易明确表现出来,反由是而影响到"国家社会主义"的认识。

因此,在科学的研究上,我们需要把那些由传统的实践的关系强附在这两个语辞本身上的观念翳障,加以清除,由是使我们对于摆在我们面前的这两大经济体制,它们各别的本质,它们相互的关联,有一个正确的理解。这也许不仅有学术上的意义,同时还会在实践上,使我们知道这任一种经济体制的形成,都有其"事有必至"的内在的客观要求在。

二、两者表象上的类似及其本质的差异

国家资本主义与国家社会主义容易被人混淆的类同点,首先似乎就在它们都同样强调国家经济权力,同样企图利用国家来达成其不同要求和目的。并在这种限度内,反对过去自由主义者们的消极性的国家观。

在亚当·斯密所理想的资本主义之国中,国家被规定只有以次三件事情可做:其一是保护社会,使不受其他社会的扰害侵犯;其次,是尽其所能,保护各国人,使不受社会上任何其他个人的虐待压迫,即设立严正的立法机关;又其次是建设并维持一定的公共土木事业的一定的公共设施[①],他主张把政府权力缩小到这种限度,系认定社会上每个人都有改良自己状况的希望;人由出生到死,对于自身地位,总有一种不满的感觉,总想进步,总想改良。只要是在自由竞争状况下,谁都为自己的利益,勤勉努力。并且关于利益追求的事,各个人自己依当时当地情形来下判断,分明要比政治家立法家代他判断的,高明得多。因此,国家对于个人经济活动,只须"垂拱而治"的听其"善自为之"就得了。迨至斯密理想的自由竞争王国到十九世纪初叶,虽已大体实现了,但其自利必然利他的新社会,

① 参见拙译《国富论》下卷第四篇第九章末段。

事实上早被现实无情的证示为过于素朴的达观。正如西斯孟底(Sismondi)所说社会财富是在空前的增加，但其结果，“只是把忧患、缺乏、危险和完全没落传向一切社会阶级”，仿佛“生产数量的增加，正好招致幸福数量的减少”①。可是，就在这当中，为亚当・斯密视为金科玉律的自由主义原则已开始在被怀疑被修正，而政府对于经济的旧有权力，到了十九世纪中叶前后，却宁在继续被削弱着。因为照斯密的后继者如马尔萨斯及李嘉图等的说法，那种恐慌与贫困现象的产生，不是由于个人自由竞争还不够澈底，就是由于无可奈何的自然的必然。自十九世纪二十年代到五十年代，个人主义自由主义可以说是在英国乃至在法国实现到了这样极端的程度，致使言大而夸的经济学者巴师夏(Bastiat)认定政府的职权，只合“保障公共安全和管理公有土地”。可是现实的暗影，已逐渐不允许继续怀抱乐观。大体上缵承斯密及李嘉图丕绪的约翰・穆勒，在英国撤废谷物条例，使自由主义得到最后决定胜利的一八四六年，正好在完成其一八四八年出版的大著《经济学原理》，而在这部书中，他已主张扩大政府的经济权力，主张从分配方面加强国家的干涉。

然而，对自由主义个人主义采取极端敌视态度的思想，却不是在英国和法国，而是在德国。德国的国家社会主义者和国家资本主义者，恰好是从不同的立场，来反对英法自由主义经济学者的国家观的。被理解为真正国家社会主义建立者的拉萨尔，他在其一八七三年的《劳动纲领》(Das Arbeitrprogramn)中，就包含有以次的见解，他认为：布尔乔亚学者的国家的目的，专在保护个人之人格的自由及其所有。这完全是视国家为一个更夫，仿佛国家的整个职分，就是在防守强夺和盗窃的要求下，保障布尔乔亚的特权。然而拥有此特权的布尔乔亚，据他所说，只不过是全国民十分之一以下，而劳动阶级却占十分之九。国家不过此十分之一的布尔乔亚的机关。十分之九的劳动者，不但得不到国家什么利益，反为受着租税征收的政治的榨取。如此状态的国家，只不过作着有产者阶级之财富的防卫者的工作。劳动者要改变其不利的被压迫的状况，必须自己组织起来，必须参加政治运动，必须由要求平等普选，由多数对于少数的胜利，使国家由听任各个人自利打算致妨阻全社会福利的机构，变成使每个人

① 见西氏所著《经济学新原理》序言。

得达到其所不能达到的目的及生存阶段，使每个人都能获得其个人所不能企图的教养力及自由总额的机构。

就在拉萨尔发表其上述见解以后十年，即一八七三年，德国被戴上讲坛社会主义者名号的一群学者们，曾在爱因那哈开过一次会议，主席希莫勒(Schmoller)在以次的开会致辞中，包括有他们关于国家的共同意见："他们一致信奉一个国家观，这种国家观，不但和赞美个人及其欲望的自然法则不同，同时还和蚕食一切国家权力之绝对主义的理论不同，他们把国家放在历史的成长的潮流之中，认国家的使命，乃随文化状态的程度如何而变化，有时狭小，有时增大。他们虽如自然法学论者及曼彻斯特学派一般，视国家为必然的，但却认国家为务须加以限制的东西。他们以为国家是教育人类的伟大的道义的制度。而且他们不愿意把立宪制度，委给种种互相斗争的经济阶级所支配。他们喜欢那种超越利己的阶级利益，行公正的法律和行政，保护弱者，使下层阶级向上起来巩固的国家权力。他们在国王为法律的和平，为克服上层阶级的一切特权，为下层阶级的解放与向上而战，而得到胜利的二百年的斗争中，认定他们决不能不信仰德意志国家的最优良传统。"①

在我们的理解上，这所谓"讲坛社会主义者"们，正好是国家资本主义的说教者，他们把国家看作一种道义制度，看作保护弱者解放下层阶级的机构。从表面上看，他们像和国家社会主义者拉萨尔的见解有许多类同的地方，这正是人们惯把国家资本主义"鱼目混珠"的看为国家社会主义的要因之一。但在本质上，它们的差别是非常明显的。

像拉萨尔以及其他国家社会主义者在当时想利用以实现社会主义秩序的国家，是需要劳动者阶层自己起来参加立宪的政治运动，反之，讲坛社会主义者们，却"不喜欢把立宪制度委给种种互相斗争的经济阶级"，却希望国家权力超越一切阶级利益，而由是"克服上层阶级的一切特权"，使"下层阶级得到解放"。他们认定德国国王数百年来都在为此努力，而获有极大成果，以至使德国社会经济状态，达到使他们不但"否定财产和分配的极不平等，否定深刻激烈的阶级斗争，还否定自由政治制度"，怕会由此导来绝对主义政府的危险。而他们全理论体系更明快的表现，即是：

① 参见周译加田哲二著《德意志经济思想史》第388页。

“他们虽不满意于现社会的诸关系，痛感有改良的必要，但他们不能赞成变革一切科学，打破一切现存的诸关系，他们反对一切社会主义的实验。”[①]在这里，我们已很明确理解到所谓“讲坛社会主义”，是根本反对社会主义的实验的，事实上他们已变成反对社会主义的“社会主义者”。他们这种不伦不类的表现，是需要进一步探述其根源的。

国家资本主义与国家社会主义还有容易被混同的地方，就因为它们不但是同时产生于同一德意志国土的两种社会经济思潮和运动，并且国家资本主义的主张者，在立论上，不仅极力回避对于资本主义的拥护，反而以社会主义者的口吻，甚且使用比社会主义者更其激越的辞句来责骂大资本家阶级，或同情下层贫困阶级。关于这一点，我们只要把上述拉萨尔和戴上讲坛社会主义者头衔（这头衔，原是从正面反对他们的社会民主主义者 Oppenhain 以讥嘲口吻为他们加上的，他们却在“名我固当”的意向上，安然接受下来）的那批新历史学派经济学者的论调加以比较，就可明白。如其我们需要鉴别他们，就须得把它们其所以特别明确的表现于德国的原因，探索出来。

德国资本主义的发展过程，显出了它和英法诸国资本主义发展的“殊途同归”的特点。

第一个特点就是德国资本主义的封建残余性。我们知道，德国资本主义的发展，比英国约迟 100 年，比法国约迟三四十年。资本主义的发展，大体是取决于三个要素：即资本、劳动、国家主权。在德国，这三个要素都形成得很慢而且很不充分。先就资本言，在十四世纪前后，德国的汉撒同盟，虽曾一时独占了欧洲——尤其是波罗的海、北海方面——的商业，但其后各国的商业，渐于各国国民自己经营之下次第勃兴起来，同时更因为新大陆发现和绕道好望角东航的结果，欧洲对外贸易的舞台，已由北海移到南大西洋方面，汉撒同盟的势力，便马上衰落下来。迄三十年战争发生，德国地方几沦于荒废，德国的商业资本积蓄，遂不能得到充分广大的成长。次就劳动言，德国自一四三一年以来，到处都发生农民暴动，延至一五二五年，更爆发了一次有名的农民战争，但结果终被地主阶级以武力镇压下去，农民被紧束于土地关系之上。资本主义所要求的自由劳

---

① 参见周译加田哲二著《德意志经济思想史》第 390 页。

动力,因此不能顺利的充分产出。再就国家主权言,迟至十八世纪末十九世纪初,德国地图还是四分五裂,独立的邦国大小共有300多个,各邦间旗帜互异,政府系统不同,关税和军队亦归各邦所有。国家主权在此种情形之下,也当然无法利用劳动力与资本。有此三种原因,所以德国资本主义的发展,较英法都要迟缓。德国走上资本主义的道路,是开端于一八三四年的关税同盟,此后国家由三次有利的战争(一八六四年普丹战争、一八六六年普奥战争、一八七〇年普法战争),而形成统一,而加强主权,始利用战争的成果,输入英国的机器、技术、劳动者,乃得成就其发展。所以我们可以说,德国因其处于英俄法奥四强之间,她的资产阶级的革命,主要并不是由于社会生产力发展的结果,而是由于外力的压迫,由于自上而下的改革。这种发自上面的改革,当然无法澈底,当然是把许多旧的贵族领主,新装起来。所以Phlipgy说德国资产阶级革命,直到一九一八年方始完成。这就是说,在此以前,德国的资本主义制度,实保持了浓厚的封建残余势力。

第二个特点是德国的产业军事化。产业革命原分为两个时期:第一期始于一七七〇年前后,这时,瓦特蒸汽机以及其他种种有关纺织业的发明,都是属于轻工业性质。第二期产业革命则始于一八七〇年前后,以重工业为其特征。德国正在此时结束普法战争,开始加速资本主义化。故其工业的发展,可能带有重工业的倾向,加之轻工业的纺织业市场既早为英国所垄断,而德国海外殖民地的缺少,又复无法为其纺织业一类轻工业制品提供销路,于是德国的工业便只有向重工业方面加紧发展,同时,普法战争收回的煤铁产地亚尔萨斯洛林,更给予它以向这方面发展的可能。但德国产业每向前发展一步,就进一步感到其先进诸国特别是英国所加于她的束缚与阻碍,这样就逼使她不得不实行产业军事化,企图用武力来破除其前途的阻碍。

第三个特点是德国的产业集中化。在德国,各种企业所有权无疑是委诸私人,但因德国产业的军事化性质,德国产业是以国家或政府为其产品的大主顾,政府对于产业的管理处分,将颇有过问的余地,加之,德国产业是在保护关税政策下发展的,政府对产业既曲尽保护的能事,自然有理由有权力把产业部署在更经济的、更没有相互竞争排斥的状态下的可能。因此,制定法令,强制产业集中合并,就形成了德国产业集中化的特点。

有人把加迭尔组织拿来代表德国产业组织，就因为德国产业，差不多全部加迭化了。在一九三〇年，全德国的加迭尔，已达到了 2100 个之多。

这三个特点，已决定了德国经济体制在政治上的表现，先天的带有反民主主义反自由主义的倾向，而同时由此三个特点，加上这些派生的倾向，更决定了它是国家资本主义和国家社会主义思想的温床。

原来在资本主义的发展过程中，作为其发展之最基本条件的劳动力，从而劳动者阶级，也必然以相应的程度增长起来。这是每个资本主义国家都经验到了，且还在经验中的事实。但德国劳动者阶级在德国正式踏上资本主义旅程以后不久，就对资本主义阶级采取对敌的威吓的运动姿态，这原因，单从德国劳动者阶级甫一出现，就承袭了英法诸国劳动者阶级的许多战斗经验，知道如何为自己利益而组织起来，是还不够的，德国产业的集中化形态，当然大有助于他们的结合和组织，但当德国集中化产业开展之始，其他诸资本主义国家的产业，也在日渐加重这种倾向。因此，德国劳动者阶级比在其他诸资本主义国家特别表现得活跃而不可终日的理由，除上述原因外，一方面是由于德国社会落后性所导来的薄弱经济基础、殖民地的缺少、海外市场之遭受他国限制与有力竞争，以及资本主义开始成长在社会各方面引起的不适应的动荡关系，特别需要把劳动者阶级位置在比较安全而驯顺的状态下，以便使生产能在较有利的条件下进行，好借此加强对外的竞争力，而它这种要求，在另一方面，就变成一个弱点，一个容易诱致国外社会主义思想在德国繁殖、在德国试验的客观条件。十九世纪初期以至四十年代的德国素朴的观念的社会主义，差不多都受了法国傅利叶圣西门的影响，此后马克思恩格斯的社会主义理论，大体虽是把英国的产业发展状态作为其分析对象，但他们在国外研究的成果，很快就变成了国内劳动者阶级政治运动的有力武器。而由马克思和拉萨尔两派社会主义者结合所形成的政治活动，到了普法战争开始的一八七〇年，已极度活跃，翌年在帝国议会议员投票总数中 3892160 中社会主义者得票为 124665、选出议员 2 名；在一八七五年的 5190254 总投票中，所得票数为 351952，选出议员 9 名；到一八七七年在 5411021 总投票数中得票 493288，选出议员 12 名。

此种社会主义势力发展的趋势，诚然会使当时当政的俾斯马克震惊，同时也必然引起整个市民学者的殷忧。讲坛社会主义派在骨子里尽管是为反对社会主义而奋起，但因社会主义势力的抬头，正好是浮在议会政治的高潮中，从而是昂扬在自由主义与民主主义要求的喧嚷中，由是抨击自由主义经济思想，反对所谓德意志曼彻斯特学派，就有了间接借以打击社会主义的侧面作用，而打击代表新兴资产阶级的曼彻斯特学派及其所主张的自由主义经济学说，就更使他们这些讲坛社会主义者，取得了反资本主义或超越一切阶级利害的"外观"。甚至在这种限度内，显示了同社会主义者采取同一步调的可能的"假象"。

然而事实上，对于资本主义的拥护，是并不一定要采取自由主义立场的。特别是在满含有封建残余色调，而又以保护主义起家的德国，它在上述诸般客观条件规制下，要增进资本家特别是大资本家阶级的利益，确实需要借国家的力量，化除资本家阶级内部的竞争，缓和劳资阶级间的对立；能这么做，对于某些具有特别竞斗能力的资本家，即令会使其尽量取得特殊利益的贪求受到限制，而对于整个资本家阶级，却是异常必要的。因此，不论讲坛社会主义及其实践者们的主观意象如何，在客观上，他们却是想借国家权力来保证资本主义发展的国家资本主义的立案者。

三、最后的资本主义形态与最初的社会主义形态

上面的说明，仍不外是局限在国家社会主义与国家资本主义的观念形态及其表象形态上；我们至多只算触到了它们的本质，却不曾将其本质完全曝露出来。

看作经济的体制，国家社会主义与国家资本主义，是两个历史发展的范畴，即都有其必然产生的客观社会条件。在这种理解上，我们对于这两个体制的研究，就须得脱出我们前面主要限定在德国社会方面的考察范围，甚至需要求一般的研究结果，拿来证验德国所以形成为有关这两种体制之思想及其运动率先显现的究竟。而且在这种理解上，我们对于德国由俾斯马克施行诸种社会政策所体现的国家资本主义，还不曾脱却初期的形态，正如同当时由罗贝尔图乃至拉萨尔所理念的国家社会主义，还不免因客观条件的限制，而不能不带有若干幼稚的空想的成分一样。

国家资本主义与国家社会主义，同是发生在由资本主义过渡到社会主义的经济转形期。不及这个经济转形阶段，资本主义是尽可能避免国

家干涉的(就是在以保护政策起家的德国,它在国内经济上,亦大体是听任个人自由活动的)。超过这个经济阶段,社会主义是尽可能否定国家存在的。因此,如其说国家资本主义是高度化的变形的资本主义,国家社会主义就是不够理想化的变形的社会主义。前者可以说是资本主义的最后形态,后者可以说是社会主义(或共产主义)的最初形态。

照此推论,由资本主义经济到共产主义经济发展的历史序列,一般的似乎经历过以次诸阶段:

典型的资本主义——变形的或国家资本主义——初期的或国家社会主义——本格的社会主义(或共产主义)。

我们提出这个经济发展顺序,与其说是为了要机械的指证各资本主义国家发展上的必然不可避免的命运,宁可说是为了要说明它们对于那种命运所由体现的社会因果法则关系是否可依各别具有的自然的和历史的特殊条件和特殊的努力,而多少受到修正。于是这里就有三个问题,需要我们加以解答。

第一:是否每个资本主义国家,都必须走上国家资本主义的路?

第二:是否采行了国家资本主义,即可以避免走上国家社会主义的路?

第三:是否实现社会主义,必须经历国家资本主义和国家社会主义的发展阶段?

这是我们要在下面分别来说明的。

(一)关于第一个问题,即每个资本主义国家,是否必须走上国家资本主义之路的问题,我们的答覆是肯定的。不过各个国家的情形都不一样。即是说,它们的资本主义经济国家资本主义化的阔度和深度都不一样。

照一般的说法,资本主义经济得解析为三个重要的经济体制:一是私有财产制,一是工资劳动制,一是商品生产制。这三者是极密切的关联着的。只有在现代型的私有财产制的基础上,生产手段始得被私人资本家所占有;惟其他们能占有生产手段,那些没有生产手段,而又须依赖生产手段,以发挥其劳动力,从而借以谋取生活的劳动者,就不能不向拥有生产手段者出卖其劳动力,于是工资劳动制因以形成;有了这工资劳动制的存在,劳动者群就不能像他们在变为专靠出卖劳动力生活以前的情形一样,自己消费自己所生产的东西,在他的劳动力当作商品出卖的瞬间,他所生产的生产物，就不是属于他所有，而是属于雇用他的资本家所有，换言之，他要消费，就得向资本家购买了。结局，商品生产制的基本前提因以确立。

单就这样的依存关系来看，资本主义经济的各构成因素，很像“天作之合”的镶配得非常妥适。在某一个阶段，确也是表现得非常妥适的。但其实，在资本主义生产方法开始作用的时候，它本质的就存在着以次的诸矛盾：资本主义的有利条件的发挥，其本身在不绝强制的要求资本主义生产方法支配的加强与扩大，在这限度内劳动力所有者的劳动者阶级，就伴随资本主义生产扩增的需要，而益增多其人数并增大其势力；劳资间的对立就在这种基本关系上，由以次的事实而尖锐起来；即在商品生产条件下，劳动者阶级是以商品生产者和商品消费者两重资格报效资本的，劳动者以劳动力出卖者资格，所得于资本家的愈多，他以劳动生产物购买者资格所能提供于资本家的也相应愈多。反之，也相应愈少。而资本在扩大生产过程中，作为其有机构成部分的不变资本部分，势将对其可变资本部分，不绝增大其比例；可变资本部分是资本家用以购买劳动力的基金，亦是劳动者用以购买资本家的商品的“基金”，这一部分基金既随着资本主义的发展而相对减少，那除了会造出劳动力的过剩而增大产业预备军或劳动失业者人数外，还会造成劳动生产物的过剩，使大批商品找不到销路；这种局面的形成，势将加强资本家间的竞争，加重生产界的无政府状态，使整个资本家阶级的利得因某些拥有特殊有利条件，拥有较大竞争力的超额利润而减少；使整个劳动者阶级的声势因大批失业者群的存在而增大。这种情势愈向上发展，将愈使资本家阶级与劳动者阶级之间的对立关系，益形尖锐化。

为了缓和这种尖锐对立关系，资本家阶级只有两途径可循，一是化除他们内部的竞争，一是改善他们对于劳动者阶级的生活待遇。他们确实不止一次这么做了，但在多方竞争对立的情形下，局部的化除内部竞争，必然会形成有更大竞争力的经济结合，如托辣斯、卡特尔等，个别的改善劳动者生活待遇，只不过加大特定产业上的劳动强度使失业劳动人口相应增加。于是，一种能为全资产阶级利益设想的通盘筹划是必要的，在这场合，资本主义需要在国家指导国家规制国家负起干涉私人经济活动责任的条件下，始能继续发展，这和它在初期，需要在国家采行放任主义少干预私人经济活动的条件下，始得曲遂其成长，是正相反对的。

上面的说明，使我们知道：资本主义经济不向前发展则已，愈向前发展，它就愈需要代表全资本家阶级利益的国家，能为它采行化除内部竞争，缓和劳资冲突的种种经济措施，所谓国家资本主义，就是把具有这种性质的诸般经济措施作为它的内容。一国劳资对立的激化程度，和资本家阶级内部由那种对立激化而益加强的斗争关系，决定了它的资本主义要求国家行政干涉的限度，而构成一国社会生产力诸力的因素，及配适那生产诸力的社会关系，又决定了它的劳资对立与资本家阶级内部斗争的强度。因此同是资本主义国家，社会资力雄厚，国内或殖民地市场广阔的英美，比之资本主义根底较为薄弱的德意诸国，就比较不要急迫的采行国家资本主义的步骤。但这并不是它们永不会走上那种道路。

（二）关于第二个问题，即采行国家资本主义，是否就能避免走上国家社会主义之路的问题，我们的答覆是否定的。通过了典型的或对经济作了全面有效统制的国家资本主义，它向国家社会主义经济形态转化的可能性是更大了，而且会更迅速的予以实现。

本来，资本主义向前发展，一定会从以次两方面来表现它的历史任务，其一是劳动生产力的提高，又其一是生产的社会化。这两者无疑是紧密的关联着。在劳动生产力提高的当中，就在为生产社会化提供技术的基础。而在某种限度内，劳动生产力的提高，应当理解为生产资本中的不变资本部分对可变资本部分的比例的增大。应当理解为个别生产资本的必要数量的增大，还应理解为个别资本的独立性的减少和其社会性的增大。因为劳动社会生产力的增大，是以大规模的合作为前提，只有在那种前提下，劳动的分割与结合，才能组织起来，生产手段才得由大规模的累积而经济；只有在那种前提下，那些物质方面只适用于共通目的的劳动手段（如机械体系），始能出现；巨大的自然力，始能配置于生产之下；生产过程始得转化为科学之技术的应用[①]。而此生产规模或经济规模的扩大，可能是蓄积的结果，可能是集中的结果。集中的进行，有时是通过平坦道路，将既经存在或在形成中的多数资本，合同设施股份公司，有时是借强力的手段，而强行合并。而合并的方式，或者是当作自由竞争的结果，由优胜资本击败其他较落后资本，而吸收或收编其各各分散的片断；有时则

① 《资本论》卷二，第524页。

是由国家制定法令，强使后者并合于前者。无论采行哪一方面的联结方式，其经济的结果是一样的，即生产社会化性质的增大，其政治的结果亦是一样的，即强力统治基础的形成，而这当作经济上结果的生产社会化和当作政治上结果的强力统制，同时又反过来成为造成那些结果的更有力的原因。

国家资本主义正好是这种经济这种政治的具体表现。这种经济虽然仍是私有的，但集中联合的过程，在不绝扬弃私产业，不绝使个别私产业在扩大中丧失其独立性；这种政治虽然亦是适应那种集中的私有经济形态而为大资本的寡头统治，但寡头统治正好说明被统治的对象，不仅为广大无产劳动者，且为可能并急速向着无产者深渊没落的小资本家乃至中等阶级。这两方面，都好像在痛痛快快的为国家社会主义准备技术的社会的基础。

因此，像战前德意诸国，特别是典型国家资本主义的纳粹德国，所施行的(1)由克虏伯(Kruppe)、第森(Thissen)等大资本行使的所谓经济领袖制，(2)把全国劳动者群组成一个总体的所谓"劳动战线"，(3)为了化除内部竞争，并促进资本集中，把全国产业分成十二部门，使分别加以管理督导的所谓"德国经济建设法案"，以及在战争刚发动前所施行的劳动强制法、新金融制、新股份公司制等等，在在都可视为是希特勒及其所代表的大资本家们，为了避免国家社会主义的苦心设计的"创作"，但这每一项措施又都可视为是一步逼紧一步在实现国家社会主义所要求实现的前提条件。

"不论资本家的愿意与意识如何，资本主义发展到了帝国主义阶段，一定会拖着他们进入一种新的社会秩序，即从完全的自由竞争转入完全的社会化的过渡秩序"，一个新的资本主义代替自由竞争的旧的资本主义，这个新资本主义，带有某种过渡性质，带有某种自由竞争和垄断间的混合物。这个新的资本主义将过渡到什么呢？[①]

最后(三)关于第三个问题，即实现社会主义，是否必须经历国家资本主义和国家社会主义的经济阶段的问题。我们的答覆是肯定的，同时在一定限制的意义上，又是否定的。

---

① 见列宁《帝国主义论》第一章。

我在前面已把资本主义过渡到社会主义，必须通过转形期的变形资本主义与变形社会主义，作了一个发展序列的表式。又曾在前面论述第一问题时，说明资本主义在其发展过程中必须走上国家资本主义的路。又曾在论述第二问题时，说明采行国家资本主义，并不能回避国家社会主义的出现。在这种理论逻辑上，似已表明，实现社会主义必然要通过国家资本主义，从而，必然要通过国家社会主义；如此推论起来，我们就要遇着以次的结论：一个未完成资本主义经济发育的国家，一个不曾经历资本主义和国家资本主义的国家，就不能有社会主义的前途。

而且经济科学曾告诉我们："自从资本主义生产出现于历史舞台以来，单独个人或整个学派，曾时常有一种多少模糊的未来理想，要把一切生产手段转化为全社会所有。可是，这种理想，只在它的实现的物质条件已经存在的时候，方才成为可能，方才成为一种历史的必然。全部生产手段之归于社会，和其他一切的社会进步一样，并不是因为有了一种理想，认为阶级的存在，不合于正义平等，也不是因为有了一种简单的要去废止阶级的意志，便能实现，而是因为有了一定的新的经济条件，它才能够实现。"[①]把这段话同我们论及的问题关联起来，这所谓一定的新的经济条件，大体可以说是作为准备的过渡的国家资本主义经济条件和国家社会主义经济条件。在这些条件未具备以前，当作理想来努力的本格的社会主义，就没有实现的希望。

然而，我们上面的引论，马上就要遇到现实的反驳。帝俄原是一个资本主义不够高度成育的国家。它也不曾出现过纳粹德国式的国家资本主义。它刻下已经在由国家社会主义向着本格的社会主义迈进中，这将作何解释呢？

首先，我们得明白，资本主义在各国无疑都会表现出它的通性，但同时亦会在各国分别表示出它的特性。惟其如此，每个国家的资本主义，尽管如我们前面所说，必然会走向国家资本主义，从而走向国家社会主义的路，通到这条路的途径，其中途经历的时间，其在达到那条通路上表现出的过渡经济姿态、内容，及其强弱的程度，几乎每个国家，都和任何其他国家不能一样。比如，就俄国的资本主义发展情形来说，它在大体上，同任

---

① 参见吴译《由空想社会主义到科学社会主义》第 112 页。

何一个现代国家比较——英美法固不必说，即使是同德日意诸国比较，亦显得它的落后。事实是这样的："近几十年来，在大工业交易和财政资本的压力之下，世界各国之均等化，各国经济与生活条件之平等化，虽然进步得很快，但是，相互间的区别，还是很大的，并且，在上述英美法德日俄六国中，我们可以看到，一方面是青年的异常急进的资本主义国家（美德日）；另一方面，却是资本主义发展的老大国家（法英），它们近来进步得比上述各国慢得多。在第三方面，还有一个在经济上最落后的国家（俄国），在那里，最新的资本帝国主义与资本主义前的制度，结成特别稠密的网子"[①]，这最新的资本主义，尽管"与资本主义前的制度"结托着，但又表现它"最新的"现实经济条件在：即"全俄罗斯工厂工人，大部分系集中于大企业之内，集中在每一工厂平均在四八八二人以上的大机器企业之内"[②]。由大工业的集中，金融资本也体现了它的威力。第一次世界大战前"列宁格勒最大银行的全部实力，有八十二万万三千五百万卢布……在此八十二万万三千五百万总数的营业资本中，三十六万万八千七百万（即百分之四十以上），是投入于新迪卡的；如煤炭新迪卡，五金新迪卡，冶金、煤油和水门汀等新迪卡。所以，因资本主义垄断的形成，银行资本和工业资本间的合并，就在俄国亦有长足的进步"[③]。这表明：俄国虽为后进，但在工业上金融业上，却仿行了最新型的集中形态，这使它的新资本主义与落后的农业关系之间，造出了较大的距离，使它的都市对于农村，表示了较大的支配力量，同时也使它在一方面以集中的产业与金融业为基础，另一方面又以落后农村关系为基础的政治形态，可能而且必须表现为传统专制与寡头统治的混合，而这种传统专制与寡头统治的混合政治形态，正好在对抗的意义上，诱使都市方面集中的产业劳动者阶级，与分散的广大被压迫的农民群，处在政治利害密切相关的地位，而由是造出了传统专制和寡头统治的不利的孤悬的形势。这是资本主义不够高度发展的俄国，反而首先实现了国家社会主义形态的本质的说明。

诚如一位大经济学者所说："一个社会就令已经把自身的运动法则发

---

① 列宁著《帝国主义论》中译本第 89 页。

② 见列宁著《俄国资本主义的发展》下卷中译本第 237 页。

③ 列宁著《帝国主义论》中译本第 60 页。

现，也不能跳过，或以法令废止自然的发展阶段，它只能把生育的痛苦减少或缓和。"[①]我们由现在来返观俄国的社会发展过程，就知道，俄国由资本主义向社会主义的转化，一方面，确不曾跳过自然的发展阶段，同时却由于明确的把握了自身的历史运动法则，显然把它在转化过渡阶段上的痛苦减少或缓和了。在资本主义经济已发展成为世界的经济范畴的二十世纪，每个国家的经济，虽然还相当保留了它在各别自然历史条件限制下的特点，但由于世界交易交通以及文化交流关系日益进于繁密，日益在以极大的压力，压平那些特点所显示的不平衡性，那使我们有理由相信，每个国家的社会经济变动，同时可能在把整个世界的社会经济结构，及附丽在那种世界性社会经济结构上的诸般文化运动思想运动，作为其变动方面及程序所由规制的大动境。比如说，在俄国所发生的社会经济变动，除了上述俄国客观社会条件的规制之外，同时还大可视为是当时整个资本主义世界经济现实及随伴那种经济现实条件而产生的社会文化运动作用的结果。在这种限度内，我们甚至可以说，俄国社会经济变革，是整个资本主义经济所强烈要求的变革，是先爆发于其最弱一环的产物。离开了当时资本主义支配世界的全般社会经济条件，是无法解释俄国的社会经济变动的。正因此故，我们对于今后任何一个世界角落的经济变革，都不应把那种变革所由造成的客观社会条件，完全理解为局限于那个角落的窄狭天地之中。在这种认识下，我们关于俄国资本主义不够高度发展，却首先通过了转形阶段的事实，就算得到一个较为有力的说明依据了。

然而，在转化阶段过渡阶段的痛苦，即对于由典型资本主义演变到国家资本主义，再转化为国家社会主义的过渡阶段的生育痛苦，一方面固可依上面的解说，由全世界社会经济大动境的一般趋势，予以催生促进而减少，但同时还更可依世界经济变动法则妥当性的明确证验，在主观方面把握住变动的方向，转向的可能条件，因而预先计划指导，设法回避不必要的困难与牺牲而减少。苏联在实施新经济政策阶段的诸般措施，姑不论其如何具有国家资本主义的外观和国家社会主义的本质，那显然是其指导者明确认知了缓和过渡阶段痛苦所须采行的必要步骤。由实行新经济政策到第一次五年计划，其间仅经历了几年的短短期间，即使我们不究问

① 见《资本论》第一卷原著者初版序。

本质，不究问列宁当时提出国家资本主义这个口号的“政略性”的动机，率直把新经济政策实施的那个阶段，看为是国家资本主义阶段，而把开始第一次五年计划以后，才看为是国家社会主义阶段，则苏联在这短短期间，竟能成就由前一阶段到后一阶段的转化和发展，那不能不认为是预先计划，预先把握了社会经济变动之必然的结果，预先知道如何缓和经济过渡阶段之生育痛苦的结果。

惟其苏联革命指导者确实把握了经济科学所诏示的社会经济变动的定则，并根据此定则以确立其经济建设程序，故他们的社会经济实状，就不会当作一个压力，来支配着他们，反之，他们在支配社会经济，到了这一场合，人类才算大抵由客观必然得到了解放，由必然到了自由，由被动的适应到了自动的创制；通过转化阶段的痛苦，是更能由其自由利用一切有利条件，自由回避一切不必要牺牲而大大减少。苏联的三个五年计划，如其不是“自由的”把整个社会经济放在有意识的计划下去进行，或者按照帝俄原有的经济发展速率去进行，恐怕三个五十年也不能完成罢！无疑的，苏联依旧在“社会主义”头上，戴着“国家”的帽子，这就是说，本格的社会主义，还有待于今后的努力，但在这里，我们需要记取这样一段古典文句：“国家真正成为整个社会代表的第一次行动，即以社会名义，取得生产手段所有权的行动，同时也便是国家之所以为国家的最后的一个独立行动。国家权力对于社会关系的干涉，各处各地都将成为不需要而自行停止下来。此时管理物品和指导生产过程的机关，便代替治人的政府。国家不是被废除的，而是自行归于无效的。从这种观点来估量所谓‘自由人民的国家’的辞句，这一辞句会有理由在宣扬鼓吹中暂被应用。”①

四、由理论的研讨到实践的体认

由上面的研究，我们似已把国家资本主义与国家社会主义这两个经济体制之历史的概念弄明白了。我们由此知道：对于一种科学的研究，或者关于国家资本主义和国家社会主义经济之科学的说明，其困难不在如何去理解它们的历史法则或历史的必然，而在如何去运用基本法则或基

① 参见吴译《由空想社会主义到科学社会主义》第111～112页。

本命题，以解释经济现实；现实是比法则丰富的，正因此故，我们又知道，其困难并不在释明与法则相符的经济现实，而在释明不与法则相符甚至在表象上与法则相离相反的经济现实。说国家资本主义是资本主义达到高度发展阶段的转形经济形态，又说国家社会主义是本格社会主义实现以前的转形经济形态，而由是把它们理解为一个发展序列，那是再简单不过的事。真正的科学研究，决不是这样简单了事的，懂得了这样的发展序列，并不算是懂得了科学。

在现实上，仿佛就没有一个国家的社会经济形态，在整齐划一的按照这个序列发展。差不多竟都是不明确的照着这个序列发展的。英法是古老的资本主义国家，早经走上了高度发展阶段，然而典型的国家资本主义，迄今在英法还不曾明显的当作一个形态表征出来；日意德诸国同属落后的资本主义国家，差不多是在同一个时期踏上资本主义的旅程，但它们的资本主义，在还没有赶上英法诸国的发展程度，甚至还在开步走的阶段，就采行了国家资本主义的形态；另一方面如我们前面所说，最落后的资本主义国家的俄国，却最先在实施着国家社会主义。这种种表象，似乎无一不在对历史的发展法则，表示着批判的抗议。而炫惑于这些表象的学者们，特别是前此纳粹德国的说教者，遂把"人定胜天"的命题，夸张到了它有效的限界以上。

"经济不是我们的命运。

经济也无所谓本身的法则。

经济非系自然过程（Natural process），而是一个由人类自由意志形成的文化组织。非特以前如此，将来亦然。所以经济的将来如何，以及某一种经济制度的将来如何，也视我们具有自由意志的人们如何决断而定。由此看来，经济将来如何形成，最主要的并非是知道的问题（Wissens problem），却是一个意志的问题，所以与有关'知道的问题'的科学家们不相干。"①

这位"希特勒式"的社会主义的宣扬者，显然是因为他震炫于苏联的成功建设，以为落后的俄国经济，竟首先出现了国家社会主义，可见只要我们有意志，有果断，想怎么创造，就怎么创造，想怎么改变经济的历史行

---

①　参见张译 Sombart 著《资本主义的将来》。

程，就可怎么改变。所以认定在这当中，无关于知的问题，而一味研究“知的问题”的科学家，是不能赞一辞的，只要有创造，有改变历史行程的“坚强意志的领袖”就得了。

我们在这里没有从长讨论这位阿谀学者的“高见”的余裕。不过，他这种“高见”，可说是近代浪漫主义学者们共同的见解。他们因为刻板的机械的去理解科学，一旦看到科学，或者看到我们这里所论及的经济科学，不能生吞活剥的拿来说明各种错综参差的经济表象，遂回过头来否认科学。其实，苏联的经济建设，与其说是靠着它的领袖们的坚强意志，毋宁是靠着他们那种意志所由形成，所由坚定的对于经济科学法则的确信。能够依据科学法则，来把握社会经济发展演变的动态，那里才有决定经济发展方向的“自由意志”存在的余地。纳粹德国反其道而行之，反对科学，不能由科学确定现实经济演变的动态，现实经济就显然在以更大的压迫，加担在它的领袖及学者们的幻想上，使他们在其经济方面的努力，更无“自由意志”可言。所以，纳粹德国尽管大声疾呼“国家社会主义”，它的一切措施，却愈来愈显示为是替大资本家服务，愈来愈感到经济像不可理喻不受控制的“自然过程”，在希特勒登台的一九三三年起，德国就开始只有一个铁道系统，一个邮政系统，一个电话电报系统。一个公司控制化学业，两个公司控制航海业务，两个公司控制炼钢，一个联合贩卖统制全国木炭出产，另一个统制煤与亚煤。德国机器联合会统制十分之九的机械工业，德国工业联合会，则为全国工业协调机关……整个国民经济都在国家统制干涉之下。这似乎可以看为是希特勒“意志”的产物，但在事实上希特勒的“意志”，却是大资本家大实业家的“意志”。“实业家统制经济事业的方法有二：一是直接对经济部长作有效要挟，一是借代表名义，保护自己利益。经济部长虽对它们有统制之权，甚至没夺它们的资产，但它们仍为所欲为，不受阻碍，且统制了统治者”①，“大公司就是国家的国家”②。

在今日，纳粹德国已经食其反对经济科学的恶果了。希特勒原希望用战争来解救其碰壁的经济危机，战争却又对他的坚强意志独立发展着，把他根本否定了。

---

① 参见俞译 Brady 所著《德国法西斯制度之研究》第 150 页。

② 参见俞译 Brady 所著《德国法西斯制度之研究》第 173 页。

在第二次世界大战以后，保卫资本主义的神圣任务，由美国承担起来了；不管美国的国情怎样与德国不同；不管杜鲁门——马歇尔主义，怎样与希特勒、戈林主义异其姿态，但美国典型的自由的资本主义，早在大踏步的向着独占的国家资本主义发展，却是非常明白的事实，正因此故，我们对于今日美国的世界政策，美国在国内外所采取的一些类似法西斯蒂的措施，就用不着惊异，而且相信它正好是在体现着历史的必然了。

而同时在许多落后国家，在东南欧，在中国，却因明确认知其落后社会经济条件，利用苏联出现以后的有利国际环境在国家资本主义经济形态与国家社会主义经济形态以外，提出新民主主义的过渡经济形态来，似把社会经济发展的序列弄得更错综了。但懂得了前两者的必然，也就不难了解后者是历史的无可避免。

附论四　论中国的讲坛社会主义者

一

在今年[①]我们的大学教授们，关心社会改革事业，倡议社会改革方案，已经普遍到变为一种“社会时尚”的程度，或者普遍到使我们得把它当作一个特定的社会现象来加以讨论的程度了。特别自去年下半年以来，全国各地，特别是文化活动比较集中活跃的京沪平津一带，要求政治革新经济改造的呼声，不期然而把问题伸展到全社会，或突入到隐在政治经济后面的社会关系里面去了。揭开任何一种不相干的刊物或报章杂志，都不难从其中发现各种各色的社会改革主张；我们不用如何费力的统计，即可指数出一切好听而令人神往的社会主义，都被提出、被主张了：“民主社会主义”、“和平社会主义”、“自由社会主义”、“改良社会主义”，还有像是十足国粹的“中庸社会主义”；有的仍恐用单一形容词来表示，意有未尽或怕人误解，竟“双料的”昌言“自由民主社会主义”，或“和平民主社会主义”了。“社会主义满天飞”，到了本年四五月已达到了最高潮。倡议社会主义的人，种种色色：记者、政论家、官僚、政客、军人、大学教授，其他各种自由职业者，真是时代进步，“大家都有些左倾了”。但自北平社会经济研究会成立，一大堆教授夹在实业家、政客中露其头角以后，南京各大学的教授们，都争先恐后的站起来了，四十七教授的改革宣言发布未久，一百教授的策进号召，紧接着见诸报章，传为“佳话”了。其他如在上海，在广州，曾有各种各色的改革座谈，改革团结的酝酿，虽然不知怎的未曾十分具体化，但大学教授以“自由主义者”，以“第三方面”的姿态，起来过问社会改革大业，却已经成为一种“风气”了。此后可能还有一些更精彩的节目表

① 此文发表于1948年《中国建设》杂志第四期。

演，就是到此为止，已够我们提出"讲坛社会主义"这名色，把它当作一个范畴，一个新时代的产物或"适用品"，来加以论列，加以"欣赏"了。

二

我借用"讲坛社会主义者"这个名目，来范围今日中国大学校中的社会改革宣扬者，除了我觉得这个名目具有深长意味以外，还想借已往当作一个学派，乃至当作一个社会改革运动主体而作用着的"讲坛社会主义"的实际表演，而彰往察来的作一比较的说明。

"讲坛社会主义"(Der Kathedersozialismus)是十九世纪下期出现于德国大学中的一种政治改革主张。在一八七〇年的普法战争前后，德国社会正立在一个转形歧途。当时有两个社会思想运动存在着、发展着。其一是自由主义思潮，领导者为"德意志经济学者会议"的组织者约翰·普朗士·斯密斯(John Prince Smith)，所谓德意志的"曼彻斯特学派"，大体就是指着他们这一群。又其一是社会主义思潮，有属于拉萨尔(Lassalle)系统的，有属于卡尔·马克思(Karl Marx)派的，这两个派系的运动组织，在一八七五年，始依有名的"哥达纲领"(Gotha Prsgramme)结合成为"德意志社会主义劳动党"。"德意志经济学者会议"，代表资产阶级的要求；"德意志社会主义劳动党"，代表劳动阶级的要求。落后的德国资本主义，一开始其历史发展旅程的时候，就碰上麻烦千万的劳动问题。在劳资两势力对立激化的当中，德国资产阶级的政权，凭其落后性所渗透于其中的专制主义、封建主义与官僚主义的因素，扮饰出超越在劳资两对立阶级以上的"伪装"，而当作德国政府之一个支体而存在的德国官学或大学，对于当时异常流行、异常惹人注目的自由主义运动与社会主义运动，当然不能视若无睹。最与现实社会问题有关的经济学教授、历史学教授、法学教授等等，开始在后来变为讲坛社会主义者机关报的《汉堡通信》(Hamburger Cerrespondenten)上大放厥词了。他们在先还是个别的零星的与自由主义者、社会主义者论战；到了一八七二年，他们依着"同类相求""同声相应"的浅显原则，在旧历史学派领导者喜尔德布兰主持之下，开起团结的大会了，到会的人物，可说都是"一时之选"：主要者如罗雪尔(Roscher)、华格涅(Wagner)、因格尔(Engel)、康纳(Johnes Conrad)、克拉普(Georg Knapp)、希莫拉(Sehmoller)、布伦塔诺(Brentano),乃至埃加尔特(Dr.Eckart),梅耶(Meyer)等等。他们开会的主旨,是想集思广益的商定一个有关社会改造的政策纲领,借供政府采择;而于翌年十月在爱因拉哈召集的所谓"社会政策协会"第一次大会,更由新历史学派领导者希莫拉以主席资格发表开会致词,把他们"讲坛社会主义"的改革基本原则,和盘托出了,其中有几个值得注意的要点:

(一)"他们一致信奉一个国家观"……"以为国家是教育人类的伟大的道义的制度。而且他不喜欢把立宪制度,委给种种互相斗争的经济阶级所转变的阶级的支配,他们喜欢那种超越利己的阶级利益,行公正的法律和行政,保护弱者,使下层阶级向上起来巩固的国家权力……"

(二)"他们以为大多数的劳动者和有产者阶级、知识阶级的尖锐对立,并非是经济状态的对立,却是感情、教养、思想及理想上的罅隙,是危险的东西……"

(三)"在社会主义意义上的平均化,不是他们的理想;他们以为有种种生活阶段的等级,并且以为容易由一阶级移到其他阶级的社会,是很正当、很健全的……"

(四)"他们虽然不满意于现社会的诸关系,痛感着有改良的必要,但不能说变革一切科学,打破一切现代的诸关系,他们反对一切社会主义的实验。"

从上面这几点,我可以见到他们的改良理想是很明白的。"不苟同"于资产阶级,亦不倾向劳动阶级,而是赞同一切社会阶级抛去思想上的"迷妄",在超阶级利害关系的国家或政府的指导下,大家过着一种相安而相互协助的美满生活。他们显然是以"第三方面"的姿态出现的。他们的全部主张,原没有一点社会主义的气息,他们自己也并不曾掩饰他们是改良主义者,但等到自由主义派的奥本海姆(Oppenheim)揶揄他们也是讲坛社会主义者,他们往后便在"名我固当"的意境下,接受这个称呼了。

"讲坛社会主义"的出现,在现代德意志的历史上,是一个非常重大的事件。但在历史的演变过程中,他们的意图,却慢慢显示得不像他们自我礼赞的那样纯洁,那样超然了。拉萨尔曾经一针见血的指称他们所强调的超阶级利害的国家,事实上不外是以全社会百分之十的资产者,支配百分之九十的劳动大众的国家。而拉萨尔的指责，且已由铁血宰相俾斯马克在爱因拉哈大会后数年（即一八七九年）颁布的“镇压社会主义法令”充分证实了。俾斯马克在经验到霸道的“镇压法令”，不足以对付当时日形膨大的社会主义运动以后，乃虚心接受讲坛社会主义者们所倡议的“王道缓和剂”，到这时，原来是站在政治圈外的超然者，都相率成为铁血宰相相府幕后的策划者了。后之历史学者毫不留情，把他们这种“西洋景”，全盘暴露出来，以为：“国家社会主义之见诸实行，当溯诸俾斯马克之镇压社会主义团体，他为了同时倾覆那些团体的道德势力，于是乃模仿罗贝尔图与拉萨尔的纲领……国家社会主义所条陈的种种确切要求，只可利用以达成俾斯马克之攻击真正社会主义，并使劳动阶级投靠帝国之目的”①。其实，还不仅如此，俾斯马克并曾拿着这些讲坛社会主义者的号召，去分化“德意志社会主义劳动党”中的拉萨尔派，使他们相信政府也在实行社会主义了。

一切历史戏剧，到头是会被揭露内幕的。但是，却并不因此就缺乏表演者。

三

由德意志讲坛社会主义者的出现，一直到现在，时间的经历，还不过数十年，人类进步虽快速得很，但政治戏法表演的技巧，仍赶不上看戏者的敏感与透视。中国讲坛社会主义者甫一露其头角，探究其动机，追询其内幕的文字，就在论坛上骚然起来。在我个人，觉得任何一种社会事象，特别是当作一种社会运动形态的政治集团的出现，与其分别就那些集团的组成分子，去探索其背景动机及展望，就宁不如反过来看当时当地的实际社会政治诸条件，为什么，并且究在何种程度，允许哪些集团，乱放“革新大炮”，或大展改造“宏图”。

现在谁都不讳言，晚近中国政治，是专制主义、官僚主义与封建主义的混合体。它就连对普法战争当时德国所施行的那种不澈底的民主程序，也还大有距离。主要寄生在封建剥削关系上的专制官僚主义，尽管在

① 见拙译 Knight 等著《欧洲经济史》第 421～424 页。

某些方面，例如在工业建设、物质享受以及政治文化排场诸方面，也愿意努力去同现代水准接近，可是在本质上，却命定了不肯把改革努力面对着那种封建关系，以自毁其依存的社会基础。同时，同样依存于中国社会落后关系的帝国主义势力，在某些方面，比如，在市场及交通开拓，在税制诸方面，虽然也希望中国能迅速采行现代化程序，可是，一触到那基本社会生产关系，它们又唯恐损害它们在中国所享有的诸般特权和特殊利益。因此，在中国改革问题上，中国政府所愿意并企图去实现的改革的方面和程度，也许和那些在中国有切身利害关系的帝国主义诸国家所希望的，并多方设法去促成的，不尽相同，或者其间还有不少抵触背离的地方，可是，对于从根改造中国社会关系，革除以传统土地所有与使用方式为核心的封建剥削，无论是中国政府，抑是与中国政府利害攸关的外国政府，都似不约而同的具有戒心，或多方予以阻害。这是中国现代化坎坷的症结所在。

第二次世界大战结束以后，尽管中国国内的情形与国际的关系，都有了急遽而深刻的变化；尽管在那种变化的过程中，更明如观火的表明：一个落后国家的社会变革，不能从浮面的上层性的局部的努力，得到有效的成果，且反而会由是加深内在的矛盾，扩大更普遍的危机，并进而导来一个在社会深处痛处生起根来的反对势力。但无奈切身利害更容易加深人们的成见。局势愈坏，困难愈多，想“由上面革到下面”，去抵消“由下面革到上面”的要求，便愈形紧迫。政府在大敌当前、国家多“故”的关头，始终戡乱不忘“建国”，加速施行宪政，赶制建设纲领，无非想借此遏乱源，收人心，挽颓局。可是颠倒了本末先后的表现愈多，破绽缺点的曝露亦愈加显著。结局，政府像是“动辄得咎”了。再加以政府威信伴随着军事政治控制力量的缩减而大形减弱，于是在国外，由出钱出力对中国取得了发言权的友邦美国，就因其属望过殷，而过于感到失望，焦急愤懑之情，溢于代表美国政府意旨的司徒大使的言表；在最近一年来，他到处鼓吹中国学生过问政治，随又呼吁中国自由主义者、大学教授们起来担当革新任务；不知是偶合，还是由于感应，同时或者也由于政府控制力量的削弱，中国学生居然起来过问政治，中国大学教授居然起来要求革新了。这里把学生过问政治的情节抛开不讲，且看看在现实国内外的政治情况下，我们具有“革新”意识与决心的教授们，或者我们的讲坛社会主义者们，究会有怎样的前途。

四

首先，我得指出，二十世纪的四十年代，比之德国讲坛社会主义出现时的十九世纪六七十年代，特殊社会文化权威是相对的更不重要了。特别是在中国的目前，一切性质的权威都在瓦解中。而战前曾受到相当尊重的大学教授，亦并不例外，甚且可以说，其评价更跌落得厉害。本来，在一个过渡期中的落后社会，特殊的知识份子，是可能得到特别一些好处的：旧的专制官僚体制残存，旧的“养士”“下士”的作风，犹未尽去；更益以教育普及有待，知识独占场面，还不曾打破，而为行新政，从事新建设，由国外“预定生产”回来的“洋翰林”，更是“天之骄子”。然而，特殊知识份子享有的这二重便利，久而久之，便因现实，过渡期间拉得过长，而辩证的转化为二重的困厄。旧的“礼貌”愈来愈不能维持，新的用途愈来愈显得狭窄；拥挤、排斥、倾轧现象一经发生，其社会评价，就随着“内幕”的外露，而贬低得可怕了。特别是在对内对外战争过程中，照例是武夫扬眉吐气，文人低头落眼的时候；“一切为了前线”，在后方的大学教育，不但变得极不重要，反而成为政府财政乃至政治上累赘。所以，在特定政治目的下，当作“文化收容所”，当作“思想管制营”，而被维持，甚至被变态扩张着的大学专门学校，研究设备自然谈不到，教授们一向的优厚报酬，也随着通货膨胀贬削到了极可怜的程度。社会优越地位动摇了，苍白面，寒酸相，在达官、要人、纠纠武士、便便大贾的心目中，已经是一堆没有出息的文丐了。无怪去岁某次全国各大学争求改善待遇的呼吁，曾被当时某位极有权势的将军，斥骂为不知趣的骚嚷。中国有句老话：“人微言轻”，“人穷志短”，我们大学教授们，在此国事蜩螗，政府危如累卵的时候，虽不自揣“固陋”，奋臂起而要求改革。社会反应冷淡不常，固不必说；就在政府方面，即使在某些场合，为了表示它也能容忍“革命”革新主张，而当作一种民主的装饰；甚且为了表示它也有“社会主义”，而师承德国俾斯马克，当作一种打击敌对势力的精神手段，“赵孟之所贵，赵孟能贱之”；然而平素划一思想格式，要他们“不要想走了样”，临时“需要改革”关头，就会很慷慨宽容的允许他们无妨“新”一点，也就新得有限了。无怪北方教授们集结的

“北平社会经济研究会”的纲领第一条，是“政治制度化，制度民主化，民主社会化”，这样流俗空洞而不知所云的呓语；而南京“中国社会经济研究社”的《中国论坛》发刊词所揭橥的改革内容，又是“改组政府，以一种哲人政治贤人政府来执行，并完成各种澈底的改革”这类无关痛痒，但却像另有目的或“我来其苏”的高见。姑不论现在政府中，正多的是“哲人”、“贤人”、科学家、大学教授，并像在多方努力的使“政治制度化”、“民主化”。事实上，历年来，由当局所直接间接颁布的昭告天下的改造纲领，改革主张，不但是层出不穷，甚且有的比我们这些讲坛社会主义者们所侃侃条陈的，还要系统，还要精彩，还要新颖得多。因此，当前争先恐后出现的与大学教授有关的，或者，完全由大学教授组织的革新团体，极其像也不过像以往胡适一流贤人哲学家科学家所领导的“问政”集团一样，在言论或行动的表现过程中，为政府“朝选一人焉援其尤”，“暮一人焉援其尤”，由是帮同造成当前这样的贤人科学家政治，表演出当前这样的民主场面；实不够，也不配推动政府前进，甚且也不能有所裨益于政府的“革新姿态”了。也许就因此故，自行公认对这些革新团体，立在“发纵指示”地位的友邦美国，一方面虽由其在中国的机关报[①]欣然表示“由于美国官方与非官方鼓励的结果，大批所谓自由份子团结已经开始工作了”，但同时却也并不满意，以为“假使中国的自由主义者有一天从现在叫喊口号的阶段生长出来而变成一个活跃的政治力量，它将需要有力的领袖，能把对现政府的学院式的批评转变为一个脚踏实地的民众运动”。我真不敢，也极不愿相信，我们大学教授的革命运动，竟是由外国官方非官方所“鼓励”起来的。美国人带有极端侮辱意味的这种“天真的”声明，我原希望我们的“革命团体”会起来“义正辞严”的予以驳正；不幸得很，他们有的早经像煞有介事的从正面来证实了，前述南京“中国社会经济研究社”已明白声明：“司徒大使在燕京大学所发表的讲演，唤醒我们所要作的新革命运动。”这就是说：如其没有那种讲演，我们的“新革命运动”就一定不能被“唤醒 ”了，我们自诩领导群伦，推动社会经济革新的大知识份子、教授、自由主义者，竟忘记了我们自己革命先知孙中山先生的诸般教义，忘记用那种教义去“唤醒民众”，却竟堕落到被那种言不由衷的浅薄幼稚的说教所“唤醒”；美国

① 上海英文《大美晚报》的四月二十六日社论。

在世界每个角落压迫革新运动，就连英国式的所谓“温和社会主义”，也在它排斥嫉视之列，它的代言人有何资格，有何面孔劝导鼓励人家革命！而它居然在中国“鼓励”出不少的“革命集团”了。

我们的讲坛社会主义者啊！

五

然而，我说，我们已有的讲坛社会主义者前途的黯淡，并不表示，我们的大学教授群，根本不应从事革命运动，恰恰相反，他们是更应该，或者在某方面说，是更有资格站起来了；他们的生活诚然更苦，他们的社会地位诚然更低落，他们所遭值的国家危乱诚然更深沉，但这些却正好使他们更正视时代，更体认中国社会性质，更鞭策他们前进了。我觉得，我们教授们，不讲革新，不讲从事什么革命运动则已，要认真站起来，起码要有几项认识：

第一，当前世界已在大踏步的向着一个“人民的时代”前进。任何集团的革命号召，不仅应当是“为人民的”，把穷苦人民大众的利益放在第一位，且应当“是人民的”，看重人民的意见，看重人民的力量。大学教授要把自己放在革命运动中，也自没有理由把自己同人民，甚至向与自己较切近的学生孤立或对立起来。大学一般本来是与社会间树有一层藩篱的，大学教授要使自己的革新运动，离开讲坛变成一种社会运动，他们就特别需要一开步就打破一些普通流行的成见，抛去自己在观念上还牢固保留的“与众不同”的优越感。当作一个知识分子，知识份子一般具有二面性，可以是属于民的，亦可以是属于官的；当作社会革新运动者，他却必须是民的，而不应当是官的，不应当是特权者的。

第二，我们得随时不要忘记这是一个科学的时代。在社会转形的阶段，虽然并没有减少自然科学的重要性，但却更加大了社会科学的重要性。大学教授不是自然科学家，便是社会科学家，或是其他的人文科学家。当作一个纯粹的大学教授，他可以在他们各别的研究传习部门，分别去发现真理，说明真理，证验真理；但当作一个社会革命运动者，即使是一个自然科学者，他却有对于有关社会科学方面了解一个大体趋势的义务，就我们当前社会经济革新运动说，他却至少有对中国社会一般性质及其改革途径明确了解一个轮廓的义务。现在我们学术界有一个很不好的现象，对某门科学有了一点研究成果的学者，就像因此取得了对其他非所专习的学科的胡说乱道的“自由”。一个对中国社会发展史，对中国经济特质毫没有研究的人，居然因了他是一个什么自然科学者，或人文科学者，而毫不谦逊的提出社会经济改造的方案来。事实上，一个没有取得什么学位，没有成功为什么专家的普通知识份子，甚至一个普通的工人或农民，自己切身利害的体验，由参加某种社会运动的实地考察与学习，他对中国社会经济的理解，可以比我们不懂“世故”的学者、大学教授，还要高明得多，深刻得多。这是我们有志从事社会革命运动的教授们，应当深切反省的。在科学的时代，不许有万能的博士学者。

第三，当前是一切被压迫民族觉醒的时代。第二次世界大战以后，欧亚各地被压迫的民族，都逐渐在以各种方式，要求从帝国主义国家得到解放。中国是亚洲被压迫民族的领导者，我们自认是领导群伦的大知识份子、教授，首先得理解这是我们求解放的时代，这是我们人民要求挣脱从物质到精神的奴役地位的时代。以往我们有意无意“贮备的”买办意识，媚外心理，借外人势力获取某种权益的卑贱打算，至少应当清洗一番。否则甫一踏上改革运动的旅程，就大言不惭的说是为了响应外国人的号召，那第一步就会遭到他们最切近的学生们的鄙视，而成为不折不扣的革新运动的对象。

要之，我们大学教授奋起为中国社会经济革新运动努力，第一，不要把自己放在人民之上或人民之外，而必须站在人民之中；第二，不要以为自己有如何高深的知识，只合指导人民，而同时必须以科学的态度，随时随地去向人民学习，去接受人民合理而正确的实地考验；第三，不要把中国社会的改革运动，看成是满足外国人的要求，反之，外国人的帝国主义的花言巧语说教，正是我们应当革新的一个最重要的项目。——然而，具备有人民的、科学的、真正民族主义精神这三种性质的革新者，他又不是一个“讲坛社会主义者”了。

下卷
中国社会经济改造之路
——有关新民主主义经济理论的研究

第八篇　由半封建半殖民地经济到新民主主义经济

一、两个反历史的经济变革运动

现代中国经济之带有半封建半殖民地的特质，已经有半世纪以上的历史。而我们把它这种特质发现出来，说它是半封建半殖民地的形态，并科学的论证它当作一个确定的形态所显示的内在诸法则，则是当它这种形态，已大体近于完成的时候，是在国民党统治或“蒋王朝”建立起来的时候，是在抗战发生的时候；直到这时乃至现在为止，中国统治阶层——由清末以至“蒋王朝”——对于我们这带有半封建半殖民地的经济，不但不曾设法改造它，并且在努〔力〕加强它，成就它。我们很可以说，中国半封建半殖民地的经济，是由清末统治者的错误经济变革政策开其端绪，而由“蒋王朝”的倒行逆施的诸经济建设方案予以完成的。

本来在现代的所谓落后国家，都是一些封建的或更古旧的原始的国家。当这类国家已经不由自主的被迫与先进资本主义国家发生经济交往关系的时候，他如其不曾变为那些先进国家的殖民地，便会依种种不平等条约或不等价的交换关系，而带有半殖民地的性质，这很明显的，它的半殖民地性格，是由它以落后的封建国家的资格，与先进诸资本主义国家交往所必然要发生的。不过，它愈同这些先进国家建立起了不平等的经济交往关系,它的原来的封建生产方式,便愈不易维持。中国的封建生产方式,在与欧西诸国正式交手的鸦片战役当时,特别是在太平天国农民革命运动出现的当时,原已在动摇分解中。按照历史的发展的必然道路,和社会改革的必然顺序,这时要步武先进资本主义国家,先得破除封建生产关系,破除原有的土地制度,以开拓资本发展的道路。但清末王朝乃至“蒋王朝”的统治阶层,却反其道而行了,“蒋王朝”所大吹大擂所谓国民经济建设运动,在本质上是清末变法图强的洋务运动的继续。它们的共同点:第一,通是由专制封建的官僚发动,企图在他们所寄生的原有社会基础上,在已经动摇而未崩解的封建秩序中,建立起现代性产业;第二,它们都不但要求牺牲农村来建设都市,并且企图借都市的军需性工业和军事交通网的扩展,以镇压农村,以保障其依各种原始蓄积方式对农村的剥削;第三,它们都是直接间接进行在帝国主义国家的支援与策划下,因为帝国主义国家愈到后来,愈需要维持落后国家的封建组织,特别是当那里已经发生了反封建反帝国主义的统一革命运动的时候。

可是,同是歪曲历史发展的措施,国民党统治下的国民经济建设运动,无论从执行者的动机讲,抑从施行的作用与后果讲,都要比初期洋务运动,恶劣得多,有害得多。比如,不问社会性质如何,社会基础如何,见到外国的坚甲利兵,国强致富,就来开始模仿,那是大革命前法国诸路易王朝的作法;未改革农村,遽然从事都市建设的法国失败教训,虽对后来较落后的日俄诸国的现代化,发生了极大的鉴戒影响,因而在十九世纪初,德国有农奴解放法令,在同世纪六七十年代,日俄两国分别施行了温和土地改革,但对于甫经平定的太平天国农民叛乱且还继续受着捻回叛乱威胁的清末封建官僚,他们因为自身都是地主,他们因此就不敢正视现实,接受各国现代化历史教训,而贸然采行“不变旧而维新”的洋务运动途径了。在洋务运动维新运动失败过程中,国际资本势力,已依着一连串的侵略战役和由是签订的不平等条约而深入了;对外的隶属性增大了,已在动摇中的封建生产组织,更加不易支持了。然而,如我在前面指明了的,中国社会的半封建半殖民地经济形态,究还只是由这些醉心洋务运动的旧官僚们的错误政策开了一个端绪,而那种经济形态的发展与完成,则当归咎于此后提倡国民经济建设运动的,以四大家族为首班的新官僚们。

所谓国民经济建设运动,系开于“蒋王朝”,“定鼎”于南京的一九二八年前后，在当时他们不但有了清末旧官僚洋务运动失败的教训，不但有了他们所口头维护的民生主义遗教，不但有了民国十三年国民党改组后执行三大政策，发动北伐的胜利经验，且还有了苏联出现后的国际新形势和逐渐普及于世界各国的马列革命理论和革命实践潮流，然而，这一切，不但不能教好他们，却反而促使他们更无保留的走向反革命的道路。初期国民革命运动发展到宁沪一带以后，蒋家班的买办、地主、军阀、官僚们，就开始勾结江浙商业金融巨头，结托帝国主义，一面在农村内地加紧镇压围剿人民革命势力，一面则在都市号召以军需工业、军事交通网和消费性为中心的国民经济建设运动。伴随着或假托着这种运动而获有的搜括勒索效果，鼓励他们在抗战期中还要"抗战同时建国"，在大发过了"劫收财"之后，还要"戡乱同时建国"，他们更加强制勒索工农大众、知识份子、小生产者、民族资本家，他们就更须结托帝国主义。他们一面在经济上通过各种聚敛榨取方式，破坏生产机构，一面又在政治上通过基层保甲组织和特务系统，以维系旧有的统治基础。然而在结局，就在他们像是很得策的完成了半封建半殖民地经济体系，完成了与帝国主义结托的四大家族统治的同一瞬间，飞跃发展起来的人民革命力量，已对他们违反历史法则，违反人民大众利益的倒行逆施的暴虐统治，给予以澈底毁灭性的清算。

二、在长期坚苦革命斗争中发现的新道路

由清王朝、"蒋王朝"的没落的过程中，我们非常明确的知道了，对于一个半封建半殖民地的社会经济形态，要改革它，就不单纯是一个变革农村封建社会生产关系——封建性的土地占有与使用——的问题，在国际资本和与国际资本勾结的买办官僚系统，是寄存在这种封建剥削基础之上的限内，那同时必然是一个反帝国主义、反专制的买办的官僚统治的问题。

然则叫谁来遂行这个历史的革命任务呢？被压迫被残酷剥削的广大贫苦农民么？他们在中国历史上不知多少次"铤而走险"的起来反叛过封建专制官僚统治。太平天国的革命运动，大体也属于这种农民自发的叛变。但由于他们在本质上是分散的，没有组织的，叛变即使成功，也不过是甩掉一个旧主人，而发掘起来一个新主人；推翻一个旧王朝，而建树起

来一个新王朝。而在现代，在反动阶级凭借着外援和新的支配组织与技术，以加强其统治的现代，要单靠他们农民来发动一个全面性的叛变，也是很少可能的。

被多方压制束缚的民族资产者阶层么？一切反对封建主义反专制主义的历史任务，一般原是由他们来担当。但中国民族资产阶级的发生与成长，是先就受到了传统专制官僚统治的限制；帝国主义势力侵入以后，他们一部份被歪曲到买办资本的活动上了，而到抗战发生前后，四大家族又用种种手段来侵凌削弱乃至吞并他们，他们的孱弱无力，他们的分化，就命定了他们无法担当起那种反封建的历史任务，同时也说明了中国为什么不能建立起资产阶级的旧民主政权。

寄希望于一般知识份子和小资产者么？以两面性动摇性见称的这些人物，他们历来在历史的变革运动中，只是演着附随的角色。而况中国现代的知识份子，不但在数量上受了国民教育不发达，更基本的说，受了国民经济不发达的限制，而在质量上还有旧的封建士大夫意识和新的买办市侩意识在捉弄他们，他们能由这新旧泥坑中振拔起来，已经是难能可贵了；但许多人一时奋勇跳出泥坑，不久又陷溺其中了。五四运动当时的许多启蒙运动英雄，不是分别做了"蒋王朝"的封建买办官僚么？革命的知识份子，是必须依托革命的社会阶级才能成就其历史任务的。

最后，我们不是只好期望无产阶级么？就一般常例说来，产业落后的国家，它的无产阶级的量与质，也是要受到相应的限制的，这就是现代先进各国无产阶级，其所以要在现代民主革命运动中，帮助资产阶级推翻封建专制统治的原因。但中国现代历史的发展，把这个程序改变了。在一方面，民族资产阶级的脆弱性，既已没有可能组织领导起反封建反专制且反帝国主义的资产者的民主革命，同时，在无产阶级方面，却因有以次几个有利的条件，把它在量与质上的限制减少了：首先，任何一个陷在长期过渡阶段的社会，那里就是酝酿阶级斗争情绪的温床。受着封建主义、资本主义、帝国主义三重压迫的产业工人，他们的阶级情绪与战斗意志，是最容易诱导培育起来的，而在事实上，在任何一次革命斗争运动中，都有他们在积极参加或领导。其次，我们的新式产业工人，虽只 300 万至 250 万这样少的数目，可是，我们得明白，在我们这种经常慢性恐慌与失业洪水弥漫的社会，每个就业者的傍边，经常有多个无业者或失业者在候补着，而都市二千万左右旧式手工业上的雇佣劳动者，和农村三千万左右的农业雇佣劳动者，乃至更多数量的贫苦自耕农，他们或者是准无产阶级[①]，那都可以在一定条件下，成为真正产业无产阶级的同志或联盟者；又其次，在俄国十月革命胜利以后，世界任何一个国家的无产阶级的革命运动，是经常在受着极大的鼓舞和声援的，连带着马列主义的革命学说的普及与渗透，特别是共产党的领导，哪怕是一个落后国家的无产阶级，他们的认识社会，他们对于其前途的展望，比较起先进国家的无产阶级来，也许还要进步，还要充满乐观气氛的。

由上面的说明，我们知道，在中国半封建半殖民地社会经济基础上，要从事革命：

第一，必须把封建主义、帝国主义势力、豪门资本，连同当作革命的对象；

第二，必须由这些被压迫阶级中的最有革命性的无产阶级，通过共产党把其余的阶层组织领导起来，来完成那种革命任务。

可是，这在今日像是明如观火的途径，把它发现出来，却是付出了极大的社会代价，或者是经历过了不少曲折有致的坚苦奋斗与惨痛的牺牲。

为了探索出这一条尽可能减少社会阻力，尽可能增大革命队伍的正确道路，国民党的创建者孙中山先生，曾提出了三民主义，特别是有关社会经济改革的民生主义，如其我们不妨把民族主义理解为反帝国主义的，民生主义中之平均地权——“耕者有其田”理解为反封建的，那么他的三民主义留下的最大漏洞，就是民权主义一部份，讲得非常含混，对于革命对象，虽然揭出了帝国主义不平等条约，和封建的土地所有与使用关系，可是谁是革命主体呢？由谁组织领导那种革命斗争呢？他不曾给我们一个清晰的概念，而我们从他那含糊的说明中，倒可认知他的民权主义在本质上，仍是资产者的。这一缺陷就给他自己的不肖的党徒们，利用来实施军政训政，并伪造宪政，把一般买办官僚地主捧上政治舞台，干脆的取消去民族主义的民生主义的纲领。不错，在国民党一九二四年改组发表的第一次全国代表大会宣言中，孙中山先生的许多讲得不够明确的意见，是

① 列宁曾称俄国的贫苦农民为村落无产阶级（Darfproletarier）或半无产阶级（Halbproletarier），见《联共（布）党史》德文本第9页。

有了进一步发展的，特别是当时联俄联共农工三大政策的确定，对于此后初期国民革命运动的胜利，可以说是一个最关重要的关键，然而，这同时也正好是一个革命与反革命分道扬镳的重要关键。

中国共产党自一九二一年建党以来，反帝反封建一开始就成为它的革命中心任务，为了达成这一任务，它也自始就认定把知识份子，把小资产者，团结在无产者工农大众的周围，是非常必要的。只有对于资产者阶层，它是到了抗战快要结束的期间，到了经过无数次联络，无数次破裂，最后才真正认清了所谓中国资产阶级的真面目或特殊性的期间，即到了资产阶级内部明确分化为反动的大资产者豪门与被压迫的民族资产阶级的期间，才逐渐确定的完成了新民主主义的革命理论体系。新民主主义创论者毛主席在一九三九年十月四日的《共产党人》发刊词中，已经很明白讲述到这一点。他说："我们党的历史，从一九二一年六月第一次全国代表大会那个时候起，到现在，已经整整十八年了。十八年中，党经历了许多伟大的斗争。党员、党的干部、党的组织，在这些伟大斗争中，锻炼了自己。他们经历过伟大的革命胜利，也经历过严重的革命失败。经历过同资产阶级建立民族统一战线，又经历过这统一战线遭受分裂，并同资产阶级及其同盟者进行严重的武装斗争，最近三年则又处于同资产阶级建立民族统一战线的时期中。中国革命与中国共产党的发展道路，是在这样同中国资产阶级的复杂关联中走过的。这是一个历史的特点，殖民地半殖民革命过程中的特点，而为任何资本主义国家的革命史中所没有的。"在次年即一九四〇年一月，他又指出："由于中国资产阶级是殖民地半殖民地的资产阶级，是受帝国主义压迫的。所以，虽然处在帝国主义时代，他们也还是在一定时期中一定程度上，保存着反对外国帝国主义与反对本国官僚军阀（这后者，例如在辛亥革命时期与北伐战争时期，即资产阶级还没有当政的时期）的革命性，可以同无产阶级小资产阶级联合起来，反对他们所愿意反对的敌人……但同时也由于他们是殖民地半殖民地的资产阶级，他们在经济上与政治上是异常软弱的，他们又保存了另一种性质，即对于革命敌人的妥协性。中国的资产阶级，特别是大资产阶级，即是在革命时期，也不愿意与帝国主义分裂的，并且，他们同农村中的土地剥削有密切联系，因此，他们就不愿与不能澈底推翻帝国主义，更加不愿与不能澈底推翻封建势力。这样，中国资产阶级民主革命的两个基本问题，两大基本任务，中国资产阶级都不能解决。”[①]不仅如此，到抗战快临到结束的一九四五年四月，那时，反动统治阶层所实行的消极的抗日政策与反人民的国内政策，“已使得全国领土丧失大半，国民党军丧失战斗力；使得他自己和广大人民之间造成了深刻的裂痕，造成了人民凋敝，民怨沸腾，民变蜂起的严重的危机”。针对着这种事实，毛主席更明确指出：“为什么国民党主要统治集团领导下会产生这种严重情况呢？因为这个集团所代表的利益，是中国大地主、大银行家、大买办阶层的利益。这个极端少数的反动阶级，垄断着国民党政府管辖之下的军事、政治、经济、文化的一切重要的机构，他们将保全自己，保全少数人的利益放在第一位，而把抗日放在第二位——他们也‘说国家至上’，但是他们所指的国家是大地主、大银行家、大买办阶层的封建法西斯独裁国家，并不是人民大众的民主国家。因此，他们惧怕人民起来，惧怕民主运动，惧怕认真的动员全民的抗日运动。”[②]到这时，不但中国共产党看透了“蒋王朝”的大资产者，根本不能担当起中国反封建反帝国主义的民主革命任务，就是中国一般的民族资产者，也看透了他们不能成就那种任务；许多民族资产者在抗战结束前后，到过解放区，到过延安以后，他们已心悦诚服的表示，能够解救中国，能够领导他们完成他们所要求的民主革命任务的，已经不是反动的国民党集团，而是无产阶级先锋的共产党了。民主革命的领导权，由资产者阶层移到了无产阶级的手中，那种民主政治形态，就不是传统的，而是崭新的了。换言之，就不是旧民主主义，而是新民主主义了。在新民主主义政治下，处在领导支配地位的，既不是资产阶级，而是无产阶级，资本主义的经济成分，就不可能占在支配地位，而是由那些由敌伪手中接收过来的，由反动的四大家族手中接收过来的资产或厂矿设备等国家经济成分占在支配地位，结局，整个经济形态，也相应是崭新的了。

从上面的说明，我们第一知道了：新民主主义的政治与经济的路，并不是一开始就明明白白的摆在那里，等着我们去发现的，而是由无产阶级政党在长期坚苦斗争中，特别是由它与资产阶级在反封建反帝国主义革命期间的一列合作、分裂、相互火拼的角逐过程中，逐渐使自己领导的力

① 见《新民主主义论》《选集》第 242～243 页。

② 见《论联合政府》，《选集》第 303 页。

量与自信加强，逐渐使资产阶级弱点曝露和其内部分化，所造出的新形势与新客观条件而体验出来的。大资产者集团不走到反动的绝路，不做到他们本身就是帝国主义在中国的代理者，是封建势力在都市的庇护者的田地，同时被压迫的民族资产者，不从多方面衷心表示他们相信共产党的领导，并愿意接受共产党的领导的地步，纵令那条道路已经体验出来了，发现出来了，也还是不容易像目前那样顺利走通的。其次，我们又知道了：由半封建半殖民地社会经济条件所规定了的，不可能是资本主义的，也不可能是社会主义的，而必得是新民主主义的经济道路，并不是直接从经济本身作“格物致知”工夫考验出来的结果，对经济本身病象所作的直接救治，即不根究到它的社会生产关系，不问它的政治统治形态而施行的“临时诊断”，那是今日资产者社会所惯于采用的改良主义的手法。我们由半封建半殖民地社会经济条件所规定的革命对象、革命任务，要求我们在无产阶级领导下，团结一切被压迫的社会阶层——农民、知识份子、中小资产者——从事反封建、反帝国主义、反豪门统治的革命斗争；而这种尽可能团结革命队伍，以期加速完成革命任务的要求，便相应规定了新民主主义的经济内容或其诸构成因素。

可是，不管我们怎样理解新民主主义经济被发现的顺序，当作一个过渡性的社会阶段来看，它恰好是半封建半殖民地的社会经济，最可能的、最顺理成章的、最符合历史发展规律的转形形态。

三、历史发展的必然

由封建转形变质到资本主义制，再由资本主义转形变质到社会主义制，这是历史发展的一般顺序。依照马列主义，由前一社会形态到后一社会形态的推移转化，都是由其内在发展条件所规定了的，新社会的劳动生产力，新社会生产所需的技术的物质的条件，是在旧社会生产关系内准备安排好了的。而且，正因为那种劳动生产力，那些技术的物质的条件发展起来，发展到使原来的社会生产关系不能容许，这才要求改变或打破那种社会生产关系，采取一个更高级的形态，把那已经受到拘束的生产力解放出来，好让它继续发展下去。

这就是所谓历史发展的必然。

然则我们将怎样理解我们这由半封建半殖民地经济向着新民主主义的转化呢？如其认定它也是出于历史的必然，也符合历史的发展规律，那将如何去说明呢？

马列主义所指示的社会历史发展阶段，是就社会正常状况发展的，是"化验室的"标准变化，是舍象了实际上千千万万的不同经验事实和特殊遭遇而言的。对于我们，这种科学的历史阶段论的指示，与其说是在叫我们知道如何理解特定社会的常态发展趋势，就宁不如说是在叫我们如何理解并处理特定社会的变态发展问题。

由于中国的特殊封建传统，由于我们在开始现代化当时，不懂得或不愿意懂得社会发展的必然倾向，及其进行改革所应采行的自然顺序，再加以愈来愈陷入国际资本包围圈中的特殊环境，我们的社会，已经转化到半封建半殖民地的岔路了！这个在帝国主义时代的落后社会的特殊产物，不但在马恩遗教中，就在列宁遗教中，也还不曾当作一个确定的形态指出来，而其发展转化的确定途径，自然更不能指示得很清楚。走资本主义的路吧？如其在现代化开始时认识到了变革的自然顺序，把农村的封建土地关系好好改革一番，也许还有一些希望，但到了现在，那决定行不通；走社会主义的路吧？就把其他外在的妨碍丢开不讲，单从本身的技术的物质的条件和基础说，也是太不够的。这问题，确曾苦恼过，而且在某种程度还在继续苦恼着当代求改进求变革的许多落后国家。

然而在事实上，只要我们知道灵活运用马列主义的革命理论与策略，我们就不难在它那有关社会正常发展规律的指示中，体认到社会特殊发展的必要路径。比如说，社会劳动生产力发展，到了一定限度，便必然要受到既成的生产关系，既成的统治形态的束缚的基本原则，不已明确的告诉我们，落后社会的封建的和帝国主义支配下的买办豪门统治，早已成为一切生产事业，一般社会劳动生产力发展障碍么？同时，新的社会生产关系，必须在它所适应的生产力，已经在旧社会母胎孕育好了，才能创立起来的基本原则，不已明确告诉了我们，落后社会要顺应潮流，建立起社会主义的生产关系，必须借着多方努力增进它的社会劳动生产力，而就过去的社会讲，资本主义生产方式，又被认定是最能促进那种生产力的，结局，在消极方面，能够铲除封建势力、帝国主义势力、买办豪门统治，而在积极方面，能够容允资本主义经济因素，同时并加强增进社会主义经济因素的一种适合现存生产力的新社会生产关系，即包容各种社会阶层，但却是由无产阶级领导的新民主主义政权，就成为必要了。所以，毛主席的新民主主义理论，是把马列主义灵活运用到现阶段国际关系下的中国这种特殊社会的革命运动中的产物。它的最基本特征，就在于他明白透澈的看到，只有新民主主义的社会政治形态，才能最有效的最迅速的解放，并发展现存的社会劳动生产力。

如其我们对一种社会经济改革，是就它是否能解放社会劳动生产力，来测定它是否符合于社会发展的规律，又是就它是否符合社会发展的规律，来测定它是否出于历史的必然。那末，对于混合着封建主义与帝国主义势力的国民党的统治形态或者如他们自己所夸称的国民革命，就因为它在众多方面妨碍一般社会劳动生产力的发展，我们有理由断定它是违反社会发展规律，违反历史必然的。反之，对于新民主主义革命或其所采的社会经济形态，就因为它不论在都市方面抑在农村方面，都在尽可能的设法增进个别生产者资本家的乃至国家形态的生产，那就保证它是符合于社会发展规律的，是出于历史的必然。

由是我们可以明了：当一个资本主义发达的国家，是把社会主义社会当作它的正常发展途径；一个资本主义经济不发达或落后的国家，特别在现代国际关系下，就必得把新民主主义社会经济形态，当作它的正常发展途径。这就是为什么在中国特殊社会变革条件下产生的新民主主义，已经在今日世界落后而求变革的一切国家中，变成了一般的世界的革命运动形态。

自然，本文所论，仅止于从原则上说明半封建半殖民地经济转形到新民主主义社会经济，是顺理成章的，是最能解放并发展社会劳动生产力的必由途径。至若何以要这样才能达成那种解放并发展社会劳动生产力的效果的问题，那是须得就我们农村土地改革与都市工商业改进诸方面的实际状况去分别加以详细解说的。

第九篇　旧社会生产关系与土地改革过程中表示的诸规律

一、中国地权的封建性的揭露

土地改革被认定或被历史条件规定是当前人民革命运动的最基本任务，是实现新民主主义经济的最先决条件。

一切落后社会人民的被奴役与被剥削——无论这奴役剥削他们的势力，是来自国内或国外——一般是通过带有封建性的土地所有与使用所形成的社会生产关系。但这关系，在该落后社会与先进国家发生经济交往以后，已经起了一些变化，致使我们对于它的本质或它的封建特质的认识，会相应引起迷糊之感。特别像中国社会的封建制，如我在一切有关场合强调过的，它原本就和欧洲社会的典型封建制不同：后者是领主经济的，由领主贵族与农奴结成相当固定的或带有严格拘束性的封建身份关系，而前者则大体是地主经济的，土地在相当限度内，可以自由买卖，佃耕土地的农民，在相当限度内，可以自由转移。尽管在实际上，不论是采取领主形态，抑是采取地主形态，都是把土地当作榨取直接生产者的重要手段，把土地占有的广狭程度，当作社会支配势力的测量尺度，但因土地能相当自由买卖，劳动力能相当自动移动，取得了资本主义的外观，于是有意避讳或曲解中国封建土地制的人，就多了一个可资利用的口实。结局，在中国社会改造的出发点上，他们就只昌言资本主义式的建设，而不肯触到对于封建制的革命，就只强调资本问题，而把土地问题看得极不重要。自然哪，当中国共产党自始就宣传土地革命，而这种革命又会从根挖去他们存在的社会基础的时候，他们的阶级利害关系，无疑会驱使他们，把注意集中到反面去。而况他们的代言人——市侩学者，买办学者——所研究的经济学中，也实在是把老早解决了或清除了封建土地关系的经济——末期资本主义经济——为研究对象咧！依据上述的这些理由，他们尽管不时也嚷着中国社会的落后性，但那似乎只是指着资本主义不曾发达，而不是意味着封建生产关系没有革除。然而各种有关农民生活及土地分配状况的个别的分区的乃至综合的统计数字，却几乎大体一致的证示：

(1)在中国农村人口中，仅占4%的地主，拥有全耕地面积的51%(据马扎尔：西南诸省地主，占有土地60%～70%，扬子江流域占有50%～60%，河南陕西占有50%，山东占有30%～40%，东北诸省占有50%～70%；据拉西曼：自耕农在中国南部12省只占23%，半自耕农占25%，而纯粹佃却占有43%)，仅占6%的富农，却拥有全耕地面积18%，即合计10%的地主富农，占有全耕地面积68%；另一方面，即农村人口中90%的中小农，却仅占全耕地面积32%。这是比较保守的数字。毛主席是亲自在湖南江西等地作过调查的，他曾综合地说："地主富农在乡村人口中所占比例，虽然有多有少，但按一般情形来说，大约只占百分之八左右(以户为单位计算)，而他们所占土地，按照一般情况，则达全部土地百分之七十至八十"[①]。同时，占人口90%以上的中小农，所占土地不过全耕地中的20%到30%。

(2)佃农向地主租地所付代价，各地情形，互有不同，但除租地押金劳动义务和各种动植物产品的贡纳外，一般定规租额，总要占土地生产物50%以上，有高到百分之七八十的。设以租率计，或以购买年数换算，把土地年租额挪来除它的总价格，就可得出若干年度始可收回购买价格的"购买年数"，购买年数愈少，即租率愈高。德国一位研究农业经济的专家，曾实地考察山东农村经济状况，说佃农要缴出合地价18%的地租，并表示这在中国还不算是最高。就把租额以外课加的义务与苛杂抛开不说，试比较一下现代各国的租率，我们农民的非现性的负担，也是一目了然的。英国在产业革命时期的租率，仅4%或5%，第一次战后仅3%左右。德国原是一个残有浓厚封建气习的国家，但在毕斯马克时代的租率，曾低到3%左右，第一次大战后增加了，也不过5%。

可是对于这样明如观火的事实，怕面对事实的国民党统治阶层，是用

---

① 见《毛泽东选集》第7页。

“中国没有大地主”“中国农民中，自耕农占多数”这类向壁虚构的呓语来搪塞的。他们即使有时也不得不承认土地问题的存在，但却认为那是起于人口在地上的分布不平衡，或耕地根本不敷人口的分配，而不是由于土地集中，不是由于地租率太高，反之，地租率高，正好是耕地不敷人口分配率的结果。一句话，他们是不承认中国土地制的封建性的。

不错，我也曾这样强调过：“如其我们的土地成为问题，单是由于地权集中，及当作其结果看的地租率太高，那改革起来，也许只是要惊动领有大土地，并勒取高率地租地那一部分人”①，那就是说，中国土地其所以成为全面的社会问题，不能单从土地分配不均和租率太高两件事得到说明，那两者，不过是最具体，最直接显现在土地问题上的表象，而隐在他们后面的以次一列社会经济关系，才真是中国土地问题的症结所在，例如：

(1)土地所有仍确实表现为一种社会特权；土地拥有面积的大小，在所在社会，显示为一种社会权的指标。

(2)租赁土地除约定地租外，一般还依照惯例，有实物及劳务的报效；此外，地主或其关系人代理人，并还无形的具有支配佃农及其家属之人格的权力。

(3)土地所有因系社会权势所寄托，一般较大的地主，特别是文武官员的地主，一般皆或明或暗免除输纳及其他公民义务。

(4)一切摊派徭役、兵役，皆被转稼或课加到没有土地或仅有少量土地的贫农、佃农、中小自耕农乃至善良的小地主身上；他们除公家负担外，还成为地主阶层或大小权势者见机或制造机会侵渔剥削的对象。

(5)作为权势者爪牙的土棍、流氓、地痞，即使自己并无土地，亦大抵是以欺压、敲榨农民为生，而晚近由农村动乱而增多的，或由商人、官吏、军人等转成的所谓“不在地主”，又正好是借着这帮人为他们作着强制性的聚敛。

(6)土地所有者大体同时是高利贷者或者变相的或正式的商人，而在赋税徭役、摊派、高地租压榨之余的农民，势不能不变成高利贷业者及各式欺诈商人的俘虏。

单就上面这几项为每个略悉农村疾苦的人，可以从经验上认知的事

---

① 参见本书前面第六篇。

实，就不难明确理解到我们的封建主义，在怎样把土地制为核心而作用着，那就是说：

第一，中国土地上的严重问题，并不单在地权如何集中，而在地权因何集中，在何种条件下集中；不在地权本身是一种经济榨取手段，而在它同时还是经济外的社会政治压迫手段；就因此故，一个佃农，并不止于受直接地主的高地租率剥削，在所在地的一切地方权势者，都会光顾到他，那正如同一个地主，并不止于剥削其直接的佃农，所在社会的一切佃农、雇农、贫农乃至中农及小地主，也都可能而且实在常受到他们光顾。因此，

第二，中国土地问题，就不能单纯理解为从土地所有与土地使用所直接发生的问题，而更关重要的，宁是那些比较间接的问题，即是把那种土地所有与使用形态为基础而构成的落后社会关系政治文化关系下所发生的剥削与迫害的问题，政治不易清明，人权毫无保障，动乱没有止境，产业难期发展，一句话，我们现代化途中的无穷无尽坎坷，归根结底，殆莫不有封建的土地制度问题，横梗于其中。于是

第三，我们的土地问题，就不仅是关系地主与佃农的利害的问题。而是整个大小势力者、地主、豪商、高利贷业者以及与他们保持着极密切关系的官吏，和那些为他们所支配宰割的所谓“小民”或“下民”之间的社会的经济问题。更深入一点看，在买办官僚政权乃至帝国主义势力，在一个产业不发达的国家，通是直接间接依存于农村，依存于农村的封建剥削的限内，那同时不是关系到国内外一切有关权势者的利害或死活问题么？

二、一序列破坏性经济倾向或规律的总回顾

在上面的说明中，我们已可粗枝大叶的知道：一切国内外压迫势力所加于中国人民大众的无情剥削，不是直接在以土地制为核心的封建生产关系中进行，就是通过一些曲折的联系，最后还大体是利用或依靠那种封建生产关系来进行，所以即使是非常崭新的剥削方式，一到落后社会，就不免带有一些原始的性质。特别我在这里要解说明白的，毋宁是在我们这种半封建的殖民地经济整体中，究竟在其当作存在形势的运动当中，表现了哪些妨阻一般经济发展，否定其自身生存的一序列破坏性的倾向或

规律。因为，从经济发展的观点来看，新民主主义革命运动，一方面是当作那种半封建半殖民地经济总运动中的对立物而必然要产生的，同时也是由于明确把握了那种社会经济辩证发展的必然趋势，才能有效的组织领导其迅速展开的。

关于我们半封建半殖民地经济内在发展的一般倾向，或体现在那一般倾向中的诸规律，在拙著《中国经济原论》中，特别是在其中论“中国资本形态”，“中国地租形态”，“中国经济恐慌形态”诸篇中，已分别解述得很多，但为了在这里加强表现封建性土地制度必须澈底摧毁，始能从根挖去一切恶势力寄存基础的内在关联起见，特把那些倾向或规律，综合的系统的作一回顾。

那可以从以次三方面来说：首先，看原始性的剥削，表现在农业生产诸条件上的破坏倾向是怎样；其次，看表现在农村诸原始性资本间的恶劣倾向是怎样；再次，看表现在农村与都市经济交互间的不利倾向是怎样；然后再总合起来，看看整个半封建半殖民地经济，究在其运动过程中，造出了怎样自行否定的诸条件和倾向。现在分别来说明：

(一)表现在农业生产诸条件上的破坏倾向

一切社会的劳动条件或生活条件都不外是劳动力、劳动工具、劳动对象。但这三者的重要性，是依各社会经济发展的阶段，而互不相同的。在落后社会的农业生产条件中，土地这一条件，当然占着非常重要的地位，而包括畜力在内的农业设备及农具愈形简陋，劳动力的相对重要性就愈形增加。

现在先来看我们这在农业生产条件中占着重要地位的土地，在它同时被当作封建剥削手段的限内，究造出了那些不利于他自己的倾向或影响。耕作土地要付出极高的代价，即是说，佃农要提供异常高额的有形无形地租，始能耕种土地，那已表示，他们佃农可能用在其他农业生产条件上的费用，是相对的缩减了；特别是在租赁土地条件未现代化，地主得随时退佃加租的场合，他们慢说没有资力改进农场设备，及以肥料及休耕方式增进地力，即使勉能筹办，也不能引起他们改良培植兴趣。于是，地力日益枯竭，便成了农村租地的一个极自然趋势，其实，那趋势，并还不只表现在租耕地方面，即在贫农中农乃至富农的自耕地方面，亦是不难明显看出来的，因为佃耕土地所负代价太高，同时等着租佃土地耕种的人又是那么多，每个耕种自己土地的人，必然会把他将土地出租可能得到的报酬，即将土地自己耕种可能付出的代价，比较划算一番：在没有资力的贫农中农，耕种土地所付代价太大，自不免妨阻他们改良土地的支出；在较有资力的富农，租出土地所得报酬既多，更不免要抑制他们改良土地的兴趣。所以我们就把腐败贪污统治，根本谈不到讲求水利，致使全国各地农田大量砂砾化、荒瘠化的事实抛开不讲，一般在耕地愈来愈益贫瘠化或不生产化的现象，是稍知今日农村疾苦的人所能明白证实的。自然，这情形，若和农业上其他生产条件，如农具日益简陋，劳力日益枯竭的情势连同考察起来，其严重性就更大多了。

谈到劳动工具，中国就在富农的生产资本（姑且称作资本）构成中，也不曾占到一个像样的比重（依据马扎尔：即在中国1927年大革命当时，一般仅及包括有土地价格在内的农业资本的4%或更少一些）。对于小农或佃农，他们在劳动工具乃至畜力上的支出，当然更是少得可怜的（据毛主席在江西福建若干地区，以瑞金石水乡上杭才溪乡的调查，农民中完全无牛的，平均要占25%[①]。造成这种现象的基本原因，当然是一般农民太穷了，但要仔细分析一下连富农也不肯在这方面投资的理由，却可包括的说是有以次三种事实在作用着：第一，那是前面已经触到了的，耕作土地所支付的代价太高了；在一定的生产资金中，不能不用在土地本身的费用太大，可能用在劳动工具上的支出，就无法不太小。事实上，今日中国一般农民，根本就不易筹得或准备好一笔可以维持全生产过程的生活资金，他们一遇到摊派一类全非意外的开支，致使他们的生活资料发生影响，他们在穷极无聊，拉借无门的情形下最可能做的，就是压缩或恶化他们的生产条件，就是变卖耕牛，吃掉种子，抵押转卖犁耙等器具。这在经济科学上称为生活资料压迫生产条件的法则，而我们农民经济生活中，显然有这一法则在发生极广泛的作用。第二，经济上的常识告诉我们，无论是农具也好，畜力也好，愈是从事较大规模的生产，愈是从事较多样的经营，它们闲置呆放着的时间也比较愈少，从而，它们被使用起来也比较经济，反之，它们所费就相对愈大了。中国贫农佃农都是从事极零碎的小经营；在租

---

① 见《毛泽东选集》第135页。

佃土地或保持住自己小有地的困难愈来愈大的情形下，要他们作着较长期的打算，拉债备置起耐久的劳动工具来，那不但非事实所许可，就是他们体味得到的经济常识，也是不许可的。最后，第三，促使他们不许在劳动工具上花费，或听任劳动工具恶化的第三个理由，就是农村不曾保有土地的大批待雇的无产劳动者的存在；他们是农村中最穷苦的人，最没有生活依据的人，从而，也都是可以提供最廉价劳动力的人。当我们农村中造出这种人来的条件愈来愈多，他们所提供的劳动力愈来愈廉，其结局："除了少数富农而外，雇佣劳力的人，差不多连必须简单农具都不齐备，生活一直在困难中的中小农及佃农，他们并不是因为备了较好的农具，备有得力牲口，才雇佣劳动，反之，却正因为是备不起这些劳动条件，才以劳力来补充代替的。这说明，劳动力的价格，平均要低在畜力以下，低在农具备置费以下，才有被雇可能"①。同时这也从反面说明，用劳动力比用农具畜力划算，谁都愿意雇佣可以任意驱使的"说话的劳动工具"了。在经济科学上，由古典经济学者们，发现了一个"机械驱逐劳动"的法则，而在我们这种反常社会中，却竟存在着"劳动驱逐工具"的法则。

可是，我们农村尽管经常存在着"劳动驱逐工具"驱逐畜力的反常规律或事实，但因都市产业始终陷在坎坷不振中，依各种原由——兵役徭役摊派，兵灾水旱，疾病死亡，手工副业破产，豪劣横夺兼并……或者其他偶发事故——被迫离开原有土地，或不能保持住原来租得的土地的农民，不转化为乞丐、流氓或土匪，就只好变成候补的雇佣劳动者；当吃不饱、饿不死的农村雇佣劳动条件，因上述各种原因继续连同作用，而造出更多的无产者，而其生活变得更加恶劣时，他们所加于农具畜力的压力，固然是更大了，可是同时所加于他们自身体力智力的有害影响，也是相应更大了。我们知道，农村劳动雇佣条件，往往是会变成土地租赁条件的有力依据的；当雇佣劳动者把租得有几亩土地的佃农，当作是幸运者的时候，当小农佃农保有或租有若干亩土地，就是等于获有了剥削雇佣劳动的把柄的时候，出租土地的地主，是会抓住每一征粮征兵或其他口实，而提高他们的土地租赁条件的。地租率提高了，又会反过来在雇佣劳动条件上发生不利影响。于是这里就存在着一个可怕循环。

---

①　参见拙著《中国经济原论》新版第 171 页。

从上面的说明,我们大体可以理解到,我们农村的一般生产,其所以日益恶劣化,实在有其“事有必至”的基因在。以形容枯槁的瘦削劳动者,使用极其简陋的农具,在日益枯竭贫瘠的土地上,从事耕作,我们能够期望有很好的收获么?这情形,这可怕的趋势,是不能单由战乱来说明的。战乱本身甚且还是由这种恶劣趋势引出的结果。

可是,农村生产内部尽管在不断扩增这种惨象和险象,那并不曾因此就阻止外面通过商业高利贷业及其他剥削方式,所加于它的压力。

(二)表现在农村诸原始性资本问题间的恶劣倾向

事实上,使农业诸生产条件日形恶化的,并不仅是它们内部相互形成的上述那种破坏性的循环,在那种循环过程中,随时都有外面的破坏作用加进来,以加强它的恶劣趋势。

在这里,我们且把各种由政治社会方面招致的剥削事实,留在后面说明,单看农村间流转的诸种原始性资本,是在怎样显示其破坏影响。

一般所称的原始性资本,是在对生产立在独立地位乃至支配地位的商业资本和高利贷资本而言的。我们这里不妨把购买土地那一部分资本也包括在内,因为在领主经济型的欧洲封建制度下,土地是不容许买卖的,从而,用以购买土地的原始性资本,就不会产生,而在中国地主经济型的封建制度下,土地移转变卖既成为家常便饭,我们的原始性资本里面,就必须把购买土地,购买一种社会特权,购买一种最有效剥削手段的资本,即土地资本,也添加进去了。而且,在这几种原始性资本在农村社会的流转过程中,就是到了现代,到了最近的蒋管区,土地资本不仅是那种资本流转过程或循环圈中的一个出发点,并还是在某种限度的归着点。

我们社会的土地,既有如上面所述的那些经济的乃至经济外的特殊权益,无论是哪一种人,或操哪一种行业的人,只要有钱在手,他是不会忘记把它挪去购买土地,取得地权的。农民不必说,手工业者、商人、高利贷业者、官,都不约而同的对土地感到特殊兴趣。到晚近,这情形,虽局部的有些改变,但一般还是不妨这样说的。

可是,地权的特殊利得,虽然在众多方面阻止农村社会资金流用到改进生产条件上去,但那同时在不绝为独立性商业高利贷业资本活动,造出前提。因为农民耕种土地,在土地本身所付代价太高了,他们的艰难困苦状况，就是使他们同时不得不供奸商（无论是买办的、土著的、抑是官的）及高利贷业者任意的敲诈与剥削，尽管在现实上，土地所有者、商人、高利贷业者往往兼备于一人，或者一人至少具有两重剥削者的资格，但从资本运动立场来看，他们都是在分别显示着不同的作用。

当土地成为一种社会权势的表征，利得又大，而购买土地又不一定会发生困难的时候，有钱从事商业或高利贷业，就可能要求比土地收入还大的报酬，因为在一般情形之下，投资土地比较没有风险，而做一个商人或高利贷业者，毕竟在农村没有做一个地主那样威风，那样受人尊敬，这事实，很可说明：为什么当我们农村的一般地租率尚在20%左右的时候，而利息率一般已高到了百分之三四十以上，自然，其中在借贷关系上，还有一个为一般人所不大注意到的理由，即"中农不要借钱，雇农不能借钱，要借钱而又有抵押品能借钱的，只有贫农"①。贫农不是为生产谋利借钱，一般是为了生存急需借钱，只要能借得钱，渡过眼前的生死难关，利息率的高低，是无暇计及的。我们战前的高利贷，竟有高到百分之二三百的。即在目前的蒋管区，由农村到都市，还正风行着一种高得可怕的高利贷。但我们在这里所注意的，宁在那种高利或那种与高利上下相符或相互吸引的商业利润，怎样会回过头来拉着地租上升。农村的有钱人，是比都市的经济学家，还懂得地租是"土地利息"，而利息是"货币地租"的道理的。最先是高率地租吸引着高利率，从而吸引着高额商业利润，往后则是后面两者或两者之一面回过头来，在地租率上发生反作用。而像在有战时各种苛捐附加乃至通货不断膨胀着的情形下，它们通过各种巧妙方式，相互吸引着上升的循环，就被刺激得更快了。我们农业生产条件的加速恶劣化，这一原始性资本间的循环，实在发生了莫大的破坏作用。

然则，像上面所述的那样，用各种带有原始性的剥削方式，所累积起来的资财，是否一直都逗留在农村呢？恰恰相反，我们农村的资金枯竭情形，战前已够严重了，在抗战期间以及在目前的新解放区，那已经成了一个不可终日的问题。

为什么呢？我们是要进一步去找得解答的。

① 见《毛泽东选集》第68页。

(三)表现在农村与都市经济交互间的诸不利倾向

在讨论农村与都市的经济关系的时候,我们只要把以次几点有关的事实弄明白,就不难看出一个梗概。中国原是一个有集权封建传统的国家,到现代,特别到“蒋王朝”建立的晚近,那种传统不但没有完全破坏,甚且在某些方面还将它在不同姿态上强化了。官僚的,专制的,封建的,再揉合以买办的政体,遂使中国的都市,具有三种有联带关系的性质,一是政治的,一是消费的,一是商业的,其中如上海、天津以及其他少数都市,虽然点缀有现代性的产业,但其比重,不但不足以改变其他一般都市的性质,甚至也不曾完全改变那少数拥有现代产业的都市本身的性质。惟其如此,第二,我们的都市,一般就不得不由农村取得其营养:赋税、公债、各种方式的摊派,特别是在战时普遍推行的征实征购,以及无情而毒辣的通货膨胀,都是都市方面通过政治权力,向农村强制索取的,但与此同时,或因缘这些榨取方式,在农村造成的动乱,又在极有效的把农村可能挣出的资财,驱集到都市中,而经由买办商业,带进农村的舶来品或经过都市加工了的半舶来品,势必要由农村付出大得多的代价;而况第三,都市愈需向农村取得营养,或者需要依赖农村,它就需得加强其对于农村的统治,而为要确保对于农村经济榨取所集中强化并扩大化的政治机构与庞大军事组织,又反过来加深了都市消费化与商业化的特质。我们都市于是主要变成了输入外国武器与奢侈品,和向国外输出各种农产品或农村半制品的总枢纽,我们对农村虽用原始的半原始的蓄积方式,曲尽了竭泽而渔的搜刮本领,但仍不足以填补大量的入超;农村可能的生产能力愈来愈缩减,都市对于农村的要索,却愈来愈需要增大,结局,第四,我们又发现一种离奇现象,即农村的破产与动乱,从某一方面看,竟成了买办都市变态繁荣的有利条件:一批一批的农村大小势力者,相率把他们原始半原始的积蓄,向他们认为安稳的都市集中的结果,中外银行的存款,因此大大的增多;茶楼、酒店、旅馆、戏院、舞台的生意,因此大大的繁荣,地产、公债、标金、外汇的投机,因此大大的活跃。游资臃塞在流通界,在十里洋场踢球似的滚来滚去,在这场合,不但是一般无头无脑的商人,就是那些刮刮叫的经济学家,也像着了魔术似的,以为农村的没落与荒废,并无碍于都市的“繁荣”,直到愈来愈大额数的入超,把国内的黄金白银,都被外国轮船飞机或明或暗的弄走了，而贫弱的农村，对于都市各种各色的消费场面，再也不易弥缝供应，而用死亡、破产、叛乱来表示反抗的时候，以“发国难财”起家的官僚买办金融资本家，始高嚷着“要复兴农村”，以农贷及美国专家代为设计的技术改良，来“复兴农村”，以为可以借此继续其对于农村的剥削。

在上述这一列事实中，我们又见到了，在农村经济与都市经济间，也还存在着一种循环。在都市是依存于农村，一般是由农村取得其生存依据的限内，都市就得从政治军事诸方面，加强对于农村的支配。而这种政治军事方面的加强，实际又等于对于农村的经济剥削的加重。而是导来的长期内战，就采取了农村反对包围都市的形势。内战的扩大与发展，都市方面仅有一点生产专业，又在直接间接受着战争及借战争发财的豪门与军阀的摧残；更大规模的战费及政治文化费用的来源，既然只好期之于区域益形缩小，生产规模益形缩小的农村，而农村由征实、征购、征兵摊派被迫游离到都市的大批人民，又相率由农村生产者变为都市寄生者，于是，都市的消费性更增大了，农村的生产性更缩小了。农村与都市经济运动中显然又存在着一种极不合理的，但却是无可抗拒的，向着毁灭之路迈进的循环。

（四）综合的说明

由上面的叙述，我们知道了：(1)我们为了叙述上的便利，或者为了社会事象的研究，必须用抽象分析法，因而在考察农业诸生产条件间形成的破坏倾向的时候，姑先把农村诸原始资本间的破坏倾向乃至农村与都市之经济交往间存在的破坏倾向舍象着，等到考察农村诸原始性资本的破坏倾向的时候，仍旧把农村与都市经济间存在的破坏倾向舍象着。实则它们是在同时交互作用着的。正惟其农村依种种原始半原始榨取方式，所蓄积起来的资财，不肯投用到生产事业止去，而依旧分别当作原始资本流转着，并当作都市买办商业，官僚资本的活动器官而作用着，它就不但不能变为农业生产资本，变为农具、畜力以及其他农场设备和技术改良的准备金，却反而变成破坏这一切的压力。(2)惟其它们这三种范围大小不同的运动，有为上面所说的内在条件网维着连贯着，它们就能形成一种整体运动，使我们有根据把它当作一个半封建半殖民地的社会经济形态来理解，我一再讲过，一个社会的半殖民地性格，是由它的落后的封建生产关系引出的，是通过它的各种封建剥削造成的。而一切原始性剥削，又是把封建土地制作为其骨干或核心。这就是为什么土地这一生产条件所付太高封建代价，竟成为破坏其他生产条件（为农具、畜力、劳力、劳动力），甚至地力本身的根本症结。诸种原始资本不能流用到农村乃至都市生产事业上去，最先亦是由于购买土地太有“权”“利”可图；而整个都市的中外大小权势者的寄生基础，即使是通过了买办商业资本高利贷资本一类中间剥削榨取环节，最后终归是“斧打凿，凿入木”的要落在土地上，可是，(3)正因为封建的土地剥削关系，成了半封建半殖民地经济的基础，而一切对土地生产所加的压力，所造出的不利倾向，又无异在不绝破坏那个基础，在不绝把农村社会劳动生产力束缚，压缩乃至支解在其可怕的衰弱境地，那就显出表示：一种对封建专制官僚统治者意志独立的，无可抗拒的，物理的辩证的发展，正在敦促他们向着“自我否定”的前途迈进。

三、土地改革的诸阶段

然而，一切腐朽的，在向着灭亡之路迈进的既成社会生产关系或统治形态，是从来不肯“知价”死去的，尤其是我们在前面直接间接提论到的：中国以土地制为核心的“封建主义，是帝国主义和官僚资本主义的同盟者及其统治的基础”（毛主席在晋绥会议席上的讲话），那在一方面固然表示：从封建土地关系挖去帝国主义和官僚资本主义的存在基础的重要，同时也说明：被看作“新民主主义之革命主要内容”的土地制度的改革，是必然要因为它牵涉到帝国主义及官僚资本主义的寄存基础，而受到一切反动势力的阻挠的。

所以，中国的土地改革，并不是一件单纯反封建剥削，反地主富农的问题，那同时还必然是要关系到国际资本及买办资本的反帝国主义势力的问题。正惟其如此，中国的土地革命运动，差不多都是在反帝反军阀反官僚统治的过程中进行，在大革命时期，在十年内战时期，在抗战时期，以及由抗战后直到当前的解放战争时期，都充分的证示了这一点。在所有这些时期的革命战争，一方面是借土地改革的号召，借土地改革所动员起来的农民大众，去保证那种革命战争的持续与进展，但同时也因各该时期的革命战争的性质及其实际的演变情形不同，而相应制约了土地改革的性质、内容、方法和范围。

（一）大革命时期，可以说是中国在现代最初把土地改革主张见诸实践的时期

孙中山先生在清末同盟会时代就提出了“平均地权”的号召；一九一八年前后，更把平均地权扩大为包括节制资本在内的民生主义；但他对实行主义，系期之于民权主义实现后的资产阶级的政府，于是，他的民生主义，就显出了两个不切实的，行不通的缺点：其一是，他把摧毁旧来封建政权的任务，与土地改革的任务分开了，没有理解到：只有在土地改革过程中，才能摧毁封建官僚统治，建立民权的密切关联。其二是，资产阶级的政权，固然不能成就节制资本的任务，资产阶级的补偏救弊的改良方式，更自无从实行澈底的土地改革。所以，直等国民党改组后，联俄联共〔扶助〕农工三大政策采行了，中国共产党把土地改革当作反封建反帝革命运动的基础任务的主张，才第一次被明确的带到革命实践中去。特在大革命那几年当中，因为领导权是把握在国民党手中，所以主要在广东两湖各地所推行了的，仍止于土地改革初步，即在农村建立起各级农会或农民协会，从政治、经济、文化各方面摧毁地主土豪们的封建权力，并厉行减租减息。然而就是这样迁就现实的和缓主张，国民党动摇份子仍觉得太过火了，太可怕了，正如毛主席在当时所说的：“嘴里天天说唤起民众，民众起来了又害怕得要死”①。等到上海南京被北伐军占领了，帝国主义就伙同买办金融资本势力，制造宁汉分裂，使革命大业归于顿挫。

（二）十年内战时期，是起于国共正式武装冲突的一九二七到抗战发生的一九三七年

在这一个时期，国民党统治完全变成了帝国主义、买办资本与地主阶级的利益保障者，从此，反帝反封建的革命任务，就完全由共产党担当起来。他们在不绝受围剿的江西福建等地区，建立起了苏维埃政权，并澈底平分了土地。区域以乡为分配单位。在先，乡中无论男女老幼一律平分，

① 见《毛泽东选集》第50页。

以后改为依照劳动力的标准来分。突围二万五千里长征以后，在苏区土地改革所留下的最宝贵的痛苦经验，就是当时因为没有好好注意到中农的利益，因而造出了革命进展中的极大阻碍。毛主席曾一再提论到此点："没收一切土地重新分配，是能够得到大多数人拥护的，但农村中略分为三个阶级，即大地主中地主的豪绅阶级，小地主、自耕农的中间阶级，此外为贫农阶级。中间阶级中自耕农部分往往与小地主部分联合在一起。自耕农部分在土地总额中占少数，但与地主部分之土地合计，则数量额颇大。……中间阶级表面上投降贫农阶级，实际则怀阴谋，利用他们从前的社会地位及家族主义，造谣恐吓贫农，延长分田的时间……"；"全国革命低潮时，最困难的问题，就在拿不住中间阶级。……现在全国是反革命高潮时期，被打击的中间阶级在白色区域内几乎完全附属于豪绅阶级了，贫农阶级成了孤军，此问题实在严重得很"①。上面的话，是一九二八年讲的，到了一九三三年，中共中央就颁布了两个文件，一是"怎样分析阶级"，一是"土地斗争中一些问题的决定"，其中关于地主、富农、中农、贫农、雇农等都有明确的规定，以免定阶级时发生错误，蒙混敌我界限，孤立了自己，帮助了敌人。这个从痛苦经验中得出的教训，对此后的土地改革乃至整个革命运动，发生了莫大的有利影响。

（三）抗战时期，是指着一九三七年到一九四五年这八九年期间

本来在陕北的边区政权建立过程中，那里的140万人口，就有一半以上分过了土地，其余像绥米警备区，陇东、鄜县及三边一带地方，则只实行减租减息法令，并帮助农民建立自己的组织，以推翻过去地方豪霸的政治社会特权。迨抗战发生，游击区分别在全国各地拓展。但在团结社会各阶层，一致从事民族革命战争的大前提下，除了没收汉奸土地外，一般只是在为了便于发展生产，动员农村人力物力，以支援前方的紧迫要求下，施行了一些有关减租减息和建立农民组织的土地改革初步。可是，这一时期的土地改革，虽然在澈底性上，受了民族革命战争的性质的限制，受了民族统一战线要求的限制，但由于战争时期的延长和战争范围的推广，在所有沦陷区，所有敌伪占领区，差不多都有八路军或新四军游击的根据

---

① 见《毛泽东选集》第530～531页。

地，进行了初步的土地改革，而为此后全面解放或进一步的澈底的土改，铺平了道路。

（四）解放战争时期，是指着抗日战争结束后直到现在的这几年反蒋反美帝的革命战争期间

这差不多可以说是中国革命斗争的总结期。同时亦是中国土地改革的全面展开期。而具有划时期意义的《中国土地法大纲》，也是在这个期间制定公布的。毛主席曾在《目前形势和我们的任务》中，明确指示了当前这一阶段与前此各期土改不同的症结："在抗日战争期间，为着和国民党建立抗日统一战线及团结当时尚能反对日本的人们起见，我党主动地由抗日以前的没收地主土地公平分配给农民的政策，改变为减租减息的政策，这是完全必需的。日本投降以后，农民迫切要求土地，我们就即时作出决定，改变土地政策，由减租减息改为没收地主阶级的土地分配给农民。我党中央一九四六年五月四日发出的指示，就是表现这种改变。一九四七年九月，我党召集了全国土地会议，制定了《中国土地法大纲》，并立即在各地普遍实行。这个步骤，不但肯定了去年五四指示的方针，而且对于去年五四指示中的某些不澈底性（把地主得到较农民为多的土地财产，富农的土地财产原则上不动），作了明确的改正。《中国土地法大纲》规定：在消灭封建性及半封建性剥削的土地制度，实行耕者有其田的土地制度的原则下，按人口平均分配土地。这是消灭封建制度的最彻底的方法，这是完全适合中国广大农民群众的要求的，为着坚决地彻底地进行土地改革，乡村中不但必须组织包括雇农贫农中农在内的最广泛群众性的农会及其选出的委员会，而且必须首先组织包括贫农雇农群众的贫农团及其选出的委员会，以为执行土地改革的合法机关，而贫农团须成为一切农村斗争的领导骨干。我们的方针，是依靠贫农，巩固地联合中农，消灭地主阶级及旧式富农的封建的半封建的剥削制度。地主富农应得的土地及财产，不能超过农民群众，但是，曾经在一九三一至一九三四年期间实行过的所谓"地主不分田，富农分坏田"的过左的错误的政策，也不应重复"。这段话的指示把当前实行土地改革的精神及其方针，都极明白的规定了：

它的目标，是消灭封建半封建剥削的土地制度；一切非封建的地权财

权，一律保证。

它的实施方针，是依靠贫农，巩固地联合中农，澈底地消灭封建的地主阶级。

它的方法，是通过富农地主除外的一切农民所组织的农会和只包括贫农雇农在内的贫农团，并以后者为领导斗争的主体；以自下而上的发动农民，来与自上而下的党的政府的决定和法令相配合。

从此，我们可以知道：《土地法大纲》和毛主席有关土地法的指示，显然贯澈了一个澈底的精神，即封建性的地权与财权，必须澈底铲除，非封建性的地权与财权，必须澈底保护。在今日中国的社会经济条件下，非澈底保护非封建的个人私有地权与财权，就不能完成澈底铲除封建的地权与财权的任务。一般人乃至许多资产学者搞不通这种道理，以为中共一方面把地主土地及其资财拿来分给贫农和雇农，同时又由《土地法》第十一条规定："承认其自由经营，买卖及在特定条件下出租的权利"，仿佛有些矛盾，或者说是把他们改革取消了。但他们不明白：封建是一种私有，非封建的资产者的是又一种私有；当前革命性质，仅止于铲除封建剥削，并没有规定铲除剥削一般；仅止于推翻封建的私有，并不曾主张推翻私有一般。假使容许非封建的个人私有，同时又不允许其把那种私有物拿来自由处置，拿来雇人经营，拿来变卖或在特定条件下出租，那不是矛盾么？至对于那些兼营商业的地主，即使当作封建的地主来看，他的土地要拿出来均给农民，而当作资产者的商工业者来看，他却依据《土地法》十二条："保护商工业者的财产及其合法经营，不受侵犯"。这也是由澈底保障非封建的私人资产的原则贯澈下来的，而在总方针上，"巩固地团结中农"，把打击面限定在只占全农村人口百分之几的地主身上，那也无非是要贯彻澈底保护非封建的私人土地所有的精神。所以，以往老解区、半老区，在土地改革斗争上，把打击面扩得太大损及中农利益，并使地主富农走头无路的过左行动，以后都依据公布的《土地法大纲》，予以制止：如"大中地主恶霸富农在没收其土地财产后，应按平分原则，分给其同样的一份，给予生活出路。小地主及旧富农，只征收其多余的土地、耕畜、农具和粮食，一律不挖底财，不赶出大院"①。甚至对于老区半老区以往做错了，还来

---

① 见《群众》三卷二期《中共东北局对新区土改指示》。

得及纠正的地方，也设法补救。如对于分配错了的中农土地财产，进行补偿。已经补过的……立即宣布地权，财产不再变动，未补偿的，最好能由贫雇农自愿帮助，合理解决，或由国家用减收公粮及其他办法加以解决[①]，又如"取消某些农会或贫农团、换工队等各种形式的财产公有制，恢复农民财产私有制"[②]。但无论是对于老区半老区已经改革过了的地权财权的补偏救弊的纠正，抑是对于新区的着手改革，因为现实情况极其错综复杂，怎样详密规定，也不易毫无遗漏的包括，所以实行起来，对于领导干部的要求，就不能不较为严格：他们不但对于现阶段只限于铲除封建剥削土地制的根本任务，要弄得清楚，对于农村各阶级的精密分析，要弄得清楚，而同时在执行政策法令当中，尤其要有勇气，有耐性，有不受一切恶势力引诱，不利用权势地位以自肥利的坚贞性格。因此，土地改革的澈底性，就同革命党员党干部的健全性，有极密切的关系，这就是土改为什么要与整党工作同时并进的原因。而今日在长江南北的新解放区，乃至将解放的华南地区，其所以还只决定实行减租减息，扶植农民建立政治社会组织的初步土地改革，也大体是为了宁可暂缓发动，不要急躁误事的理由。但虽为此，由于解放战争发展过于顺利，农民大众要求过于迫切，所以，土地改革在这短短几年中的成就，无论是就分得土地的人数讲，就改革过了的土地面积讲，都是空前的。我们殆可以说，这是中国土地革命的全面展开期。

然则由上面这几个时期的土地改革过程的概括叙述，究竟告诉了我们一些什么呢？究竟指出了中国土地改革过程的哪一些特殊规律呢？

四、土地改革过程中显示的诸规律

第一，中国的土地改革，始终是同中国的武装革命斗争密切关联着的。武装革命斗争胜利，土地改革范围也随着扩展，武装革命斗争失败，土地改革范围也随着缩小或消失；大革命的失败，江西一带苏维埃的丧失，为我们说明了后一点，抗日战争的发展以及当前解放战争的胜利，为

---

① 见《群众》三卷二期中共东北中央局关于东北一九四八年农业生产任务的决定。

② 见《群众》三卷二期中共东北中央局关于东北一九四八年农业生产任务的决定。

我们说明了前一点。这表示:只有革命武装,才能保障土地改革;也只有拥有革命武装的政党,才能要求土地改革。

第二,惟其我们的土地改革,同我们的革命武装斗争,由农民大众参加斗争的事实密切关联着,所以在某种场合,显示为土改推动革命战争,在其他场合,又显示为革命战争推动土改。比如在抗日战争期间,只有在沦陷区或敌伪占领区,由土改动员起农民大众来,才能支持战争,发动战争;又如在当前解放战争期中,又只有把战争带到蒋管区中,才能实行初步土地改革。不过土改初步发动了,革命战争就较能顺利展开;战争展开了,又必然会造出一些便于土改的有利条件,它们是相互作用着关联着,表现为同一革命运动过程中的两面。

第三,当国民党反动集团,破坏大革命统一战线,破坏联俄联共〔扶助〕农工三大政策以后,他们内部就更多人变为买办官僚,同时也更多人变为豪霸地主,所以,他们后来即使有一部分人觉悟到了:革命的武装力量,是分别由初步的或澈底的土改运动的支援与推动,把原来对他们反动武装的劣势转为优势,而喧嚷着要“总体战”,要“二五减租”,但他们的阶级利益,愈来愈不允许他们接近真理,愈来愈使他们讳言土改了。正惟其革命愈来愈成为土地改革的主体,他们就要愈来愈成为土地改革的对象。

第四,中国的土地改革,虽然始终是反帝反封建革命任务的主要而基本内容,但因革命内在外在的条件,尚未十分成熟,革命斗争的对象或打击面,不免有些出入,因而对于最基本的土地改革范围和程度,也不能不相应设定一些限制。我们已讲到大革命期间的土地改革性质,为了团结对外,亦只限于初步的了,就在解放战争全面展开的今天,我们还因为改革主观条件的限制,不能不在各解放地区间设定一些差别,设定一些波动式的推进的步骤。可是,

第五,不管我们在土地改革上采取如何慎重的措施或政策,革命的斗争,愈接近他的基本任务了,愈把全面改革土地的可能性造出了,就愈要招致国内外反动势力的阶级怨愤与惊恐,它们愈来愈明白了,席卷全国的革命战争的胜利并还不一定就是它们在中国的历史命运的终结,只有伴随战争胜利或在胜利战争掩护下的即将在全国全面展开的土地改革,把中国社会从根翻造过来的土地改革,才是它们寄存基础的最后崩解。

当我们已经明确认清了:中国封建土地制以及围绕着那种土地制的

各种剥削，是帝国主义、买办豪门及土豪阶层的榨取的来源，同时又认清了：中国由农村到都市的劳动生产力，是受着那种剥削榨取关系的破坏与摧残，那么，封建的土地制的崩溃，那种剥削榨取体系的覆亡，就显然不止意味着中国农村社会生产力的解放，并还意味着全社会一般生产力的解放与发展。

第十篇　三大经济纲领与社会劳动生产力的解放和发展

一、“一切方面从保护生产和发展生产出发”

正因为在帝国主义时代，一个落后国家反封建剥削的土地改革运动，必然要触犯到帝国主义权益，必然要触犯到作为封建势力与帝国主义势力之结合桥梁的专制官僚统治的生存，所以那种土地改革运动，便无法在和平状况下进行，也就是说，便不能不扩展为反帝反封建反官僚资本的武装革命斗争。从而，武装革命斗争的胜利，不仅意味着封建土地关系的革除，同时还意味着帝国主义在中国的特殊权益的中止和买办官僚资本及其统治的否定。然而所有这些成就，通是限于消极上的破除既成社会生产关系，而革命的根本要求，则宁是在积极方面创造一种新的生产关系，或者新民主主义的生产关系，由是解放并发展社会劳动生产力。事实上，任何一种社会革命的历史意义，不是取决于它所企图实现的理想，新到了什么程度，进步到了什么程度，而是取决于它在现实社会经济条件允许范围内，能如何有效而迅速的发展社会劳动生产力，社会主义特别是共产主义，一般是能容许更大的社会劳动生产力的发展的。但如其现实的社会经济条件不允许，它就不但不能解放发展生产力，且还可能成为生产力发展的阻碍。所以，“在中国人民的任务，还是反对民族压迫与封建压迫，在中国社会经济的必要条件，还不具备时，中国人民也不可能，因此就不应该企图实现社会主义国家制度”①，也就是说，“中国一切政党的政策及其实践，在中国人民中所表现的作用的好、坏、大、小，归根到底，看其对于中

① 《毛泽东选集》第312页。

国人民的生产力的发展是否有帮助及其帮助的大小。它是束缚生产力的，还是解放生产力的？”①

我们由此方更明确的知道：由无产阶级由中国共产党所领导的人民革命运动，其所以在现阶段不把共产主义，也不把社会主义，却只把新民主主义作为努力实现的目标和号召，那与其说是由于新民主主义的革命方式，在革命运动过程中，便于团结反帝的反封建的反买办官僚的人民力量，毋宁说是在完成了摧毁一切反动势力所托的统治以后，便于或易于解放发展长期被拘束压制着的一般社会劳动生产力。

生产力的解放和发展，决定了革命的要求，从而也决定了革命的性质。

我们在这里还应注意一点，即发展社会劳动生产力，在一方面是要社会全般的人力物力，都能适时适所的人尽其材、物尽其利的发挥其最大的功能。不管是对工业或农业，不管是对个人经济或国家经济，都要使它有尽可能迅速发展的机会。

现在且来分别检讨一下，看土地改革以后，看官僚资本打倒以后，看帝国主义特权推翻以后，我们一般社会劳动生产力会如何显示它的发展前途。

二、“‘耕者有其田’使农业生产力获得发展”

中国当前土地改革的基本任务，是从根铲除封建的剥削制度，使“耕者有其田”。“耕者有其田”，不是如学者所设计的，依立法程序、土地债券方式，从地主富农那里购来；又不是依照社会主义的章法，由国家没收一切土地，发交农民使用或耕作，而只是由国家，由人民政权，毫无补偿的把一切属于地主富农的封建土地所有，毫无代价的转变为贫农雇农佃农的个人所有。不过依据前述《土地法大纲》，中农的土地是尽可能的不予变动的，地主也可均分一份。这一来，土地虽然还是私有的，但经过这种转移再分配以后，已再不能当作一种社会权势的表征，已再不能被利用作支配佃农人格，并任意勒索其劳动与劳动生产物的手段，已再不能成为整个

① 《毛泽东选集》第333页。

地主阶层伙同高利贷业者奸商官吏鱼肉一般农民，并在意识形态上多方欺骗捉弄他们的物质凭借。换言之，封建的榨取，封建的精神锁链，是会随着土地改革而解除掉的。

但实现以"耕者有其田"为指归的土地改革，是否就可保证农业生产力的增加呢？对于这个问题，约有以次三种代表性的不同看法。

第一是根本怀疑"耕者有其田"会提高生产效率；十足的地主利益代言者董时进先生，就曾在确断"平均分配土地为不可能的事情，同时也并不合理"以后，接着表示："佃农的生产，并不一定低于自耕农"，为了补足他那种高见，他说："就我所有的一点知识说：中国的佃农，和所谓资本主义国家的佃农，并无根本性质上的不同，资本主义国家的佃农能够发展生产，我们的佃农同样也能够发展生产，所以许多关于租佃制度妨碍农业生产的理论，都没有事实的根据"，"这都过度被夸大了。一句话，租佃制度不曾妨碍生产，要由增加农业生产的目的，把土地由地主富农手中，转移到贫农雇农佃农手中，是没有意义的。而现在事实上，中国农民有半数是自耕农，其余半数又约有一半是半自耕农，他们的土地问题是全部或一部分已经解决了，然而他们的生产依旧不能改进，困苦依旧不能解除"。[①]

第二是认定"耕者有其田"，虽不会直接减少生产，也不会增加生产，但就蓄积资本来促进技术上来说，却大有不利影响。一位冯荪先生在评《中共土地法大纲》的文章[②]中，就表示了这样的顾虑："今日中国的生产大部分系由中农担任(?)《土地法大纲》对于中农利益没有妨碍，所以中国的农产品在土地分配以前和在土地分配以后，我们很难有理由想着它会减少。但单凭土地平均分配法自己，而不改良生产技术，我们亦很难有理由想着它会急剧的增加。固然我们亦不否认土地平均分配之后，农人的生活程度会高。同时工作的志愿亦要更强烈些。这虽亦可增加农人的工作效率，但因在土地平均分配之后，在土地上增加了从未有过耕作经验的成份，这会把农人平均工作效率往下降低。二者大约可以相互抵消。"本来土地改革的本意，是为了要廓清农业技术改良的障碍，但技术改良，非有蓄积不行，非有蓄积起来的资本不行。这位冯先生紧接着就提出了"土

① 以上引句均见《经济评论》第三卷第二十四期。

② 《经济评论》第二卷第二十二期。

地平均之后，自然的蓄积将会减少。在土地分配以前，所得的分配较不平均。小所得者，如佃农，固然生活程度极低，但大所得者如地主，他们在其所得之中，除了消费之外，尚有若干剩余，这一部剩余可以移交工业家，作为他所雇用的工人的工资与原料，工业因而促进，……可是土地平均分配之后，大所得者减少或消灭，小所得者增加了，这些小所得者均是（以前的）佃农，他们大半是要用来消费的。剩余的农业产品少了，当然工业的资本亦要少了”。从此看来，前述董先生尚只承认“耕者有其田”，不会增加生产，孙先生却进一步认定那即使不直接减少农业生产，却会间接减少工业生产。假使他不把圈子兜得太大，认定农民少消费或少吃少穿所蓄积到地主手中的剩余，也会用来从事农业投资，那就显然要在这种限度内减少农业生产了。

由上面的说明，我们知道第一种意见，虽然是从最保守的立场出发，但它还只说“耕者有其田”不一定会增加生产；第二种意见说得较为开明，但却认定减产的可能性同增产的可能性一样大，并还兜一个圈子，说均分土地会减少蓄积，减少剩余，从而减少增进技术改良的机会。不过，所有这些意见，都是发表在对解放区土地改革隔膜的蒋管区或国外，目下一切都摆在面前了，大家的认识不同，想法也许会是两样，但因全国大部分面积的土地，还待改革，诸如此类的原则上的怀疑见解，须得分别简括的交代。

首先，对于把中国的租佃制与资本主义国家的租佃制看成一样的见解，只要略微归纳一下，就会引出以次两个为一般皮相学者所坚持而又最易淆混视听的意见，其一必然归结到：资本主义国家的租佃制，可以容许农业生产的发展，中国的租佃制，当然也可以，可见中国发展农业生产的问题，不在土地上，而在土地以外；其二是《中国土地法大纲》，既主张“踢去地主”，消除原有租佃制，但同时又容许“有其田”了的“耕者”，得将其田地出让或出租，即是容许新地主，新租佃制，仿佛太出尔反尔，太矛盾了。这两种反对意见，尽管最庸俗，但正惟其庸俗，就最容易为传播；尽管最庸俗的想法，只要有了一点社会发展史的ABC知识，就可纠正过来，但最顽固保守的大学者和一般脑筋简陋的人，却就正好缺少这一点知识。所以，我在这里，只想提醒一句：我们现阶段土地改革的目的，只是要铲除妨碍生产技术发展的封建剥削或封建租佃制，它不是要铲除土地私有，从而也并不是禁阻可以促进新生产力的租佃形态的发生，虽然那在土地改革后的一般新社会经济条件下，是很不容易发展成为一个具有社会规模的形态的。

其次，认定那些原为“耕者有其田”，固可以提高生产热情，增加生产，但在土地按人口均分的情况下，那些原非“耕者有其田”，就不免相应把耕作效率降低，减少生产，两相较量，差可相抵，所以土地改革不伴以技术改良，是难望增产的。这样提出问题，原较前说高明，可是一个研究政治经济学的人，至少应该清楚土地改革的最本质要求，就是要为改良农业生产技术，廓清历史的障碍，土地与技改，虽是两件事，但土地改革了，封建剥削铲除了，生产技术改良，便会当作一种必然的结果表现出来。以往农民增产努力的障碍，是对耕作土地所付代价太高(不独佃地者如此，自耕农亦是如此，其理由前篇已讲得很多)，由各种原始剥削(包括徭役、摊派、高利贷等)所课加的负担太大，他们现在不但由土改获了土地，且伴随土改消失去了一切社会压力，消失去了长期积压在肩上的债务，此外，特别是消失去了改良土地会被他人囊括去增产所得的顾忌。至于担心土地由均分分散了，所得也分散了，农民食料消费加多了，剩余储蓄减少了，那是太过片面的观察。增加生产，增进生产力，原需要物质的储备，但构成生产力的最基本因素或动力，究还是劳动力，把一般农民从饥饿线上拯救出来，把广大的劳动力从各种社会经济压迫中解放出来，那已经说明了社会生产力会有如何大的增进。而况，伴随土地改革而来的人民政权，随时都会以一切可能的有效方式，帮同解除农业生产的困难，帮同增进农业生产的效率呢？至少，一般农民总不会像过去那样，把种子吃完，把耕牛变卖，把简陋工具抵押，仅仅这一点实效，就可在农业生产上造出大的转机。我们即使退一步承认新获得土地的农民，单靠分浮财不能解决土地以外的生产条件问题，要一个时期才周转得来，才有余资用在改进生产上去，但我得提醒这样提出问题的学者，我们以往由地主由富农获有的大所得、大剩余，真如他们从外国经济学教科书上所习知的，投用以购买工业股票债券么；不是在胡乱消费了之余，购买土地、放高利贷或经营破坏性商业么？

在目前土改快遍及半个中国，一切土改地区所增加生产的成果[①]证明了一件事实，就是土改的实行，“耕者有其田”了，并不单是由获得土地或分取浮财直接鼓励了他们的生产热情，而同时还由整个社会关系改变了，无论在哪一方面，在社会地位上，在社会秩序上，在农业及文化知识普及上，在技术改进上，在劳动情绪上，在信用便利上……都在不断受着党和各级政府以及人民团体的鼓励和援助。毛主席在一九四八年四月晋绥干部会议上的指示，就充分说明了这一点，他说：“在任何地区，一经消灭了封建制度，完成了土地改革任务，党和民主政府，就必须立即提出恢复和发展农业生产的任务，将农村中一切可能的力量，转移到恢复和发展农业生产的方面去，组织合作社，改良农业技术，改良种子，兴办水利，务使增产成为可能。农村党的精神的最大部分，必须放在恢复和发展农业生产及市镇上的工业生产上面。”[②]看到了这些指示，再证以政府用全部力量支助民众增加生产的事实，如动员几十万几百万人集体从事防水防旱扑蝗的工作，如创设临时性的灵活的小型生产组织，如普遍设立合作社，如多方组织补救经营分散和农具不足的换工队和犁耕社等等，就知道一个处在新社会生产关系下的小农，并不像我们依以往社会条件所设想的那样：“可能减产”或“不能增加生产”；事实上，他们就在开始土改的那天，已经在逐渐被导向集体社会生活社会意识里面。如其我们忽略了这整个的新场面、新社会生产关系，就极可能从各别窄狭的视野，去疑虑它发展的前途。

三、“取消帝国主义在中国的特权”、“保护并发展商工业”

当我们把考察视野由农村到都市的时候，我们就更明了在新民主主义经济总体下的农业或农民经济，还有着许多不能从农村社会孤立看出的便利条件，在帮同促成他的生产力的发展的。

---

① 此处请参阅毛主席在一九四二年陕甘宁边区高干会上报告的《经济问题与财政问题》中有关陕北农业增产报告，于毅夫等关于东北土改后农民组织春耕生产的《春耕视察记》，以及其他散见各报章杂志的各增产文献。

② 见标准本《目前形势和我们的任务》第 90 页。

在一方面，农村出产的食粮原料手工业制品，会把在都市发展起来的商工业作为它们的市场，同时农业生产技术改良上所要求的较新型农具、肥料、防虫药物以及衣著一类的用品，又可由适应它们的都市商工业得到供给。

不过，经过土地改革以后的农村的任何方面的需要，显然是不能由原来的半殖民的商工业得到满足的，幸而中国革命的性质，在反封建斗争过程中，必然要归结到反帝国主义，或者说反封建地主，实际就在直接间接反帝国主义，因为"地主阶级是封建残余的代表，是帝国主义统治中国的社会基础"[①]。于买办阶级之外，帝国主义还需要一个更大的力量，作为他统治中国的支柱。这种社会力量，就是中国封建的残余。他们"首先和以前社会构造的统治阶级——封建地主、高利贷资产阶级结成了联盟，以进攻大多数的民众。帝国主义到处企图保持资本主义前的榨取形式（尤其在乡村）用作反动联盟的基础"[②]。"帝国主义及其全部军阀官僚的上层建筑物，使它欧化，又使它成为守旧的力量。"[③]所以当我们实行土地改革，把"帝国主义统治中国的支柱"，把帝国主义在中国维护的"守旧的力量"予以铲除，帝国主义就不但无法通过由它"造成的买办的商业高利贷阶级，以便利其剥削广大的中国农民"，同时也因帝国主义所维护的守旧力量，即执行它的政策与命令的军阀官僚统治，在土地改革中，在革命解放战争中的溃灭，使它也不再能依据一切不平等条约，由控制中国通商口岸，控制中国交通事业，控制中国对外贸易，以压制中国民族资本主义，破坏中国的工商业了。所以，在长期被压迫剥削的农村广大农民被解放的同一瞬间，近一世纪来被窒息被歪曲着的商工业，也得到一个新生的机会。从此，中国的工商业，不但有了即将全面展开的国内广大农村来滋养它，激励它，还有一个真正代表民族利益的人民政权，在从多方面照顾它，辅导它。就在与商工业比较没有多大关联的《中国土地法大纲》中，我们就发现了这样的条款（第十二条），"保护商工业的财产及合法的营业，不受侵犯"。农村土地改革，很周到的顾虑到了这个问题，显然对于都市的改革，和对于农村不是取一个步骤。城市中社会改革的任务和方法，与农

---

① 《毛泽东选集》第 220 页。

② 共产党国际六次大会《殖民地与半殖民地运动大纲》。

③ 一九二七年斯大林在共产党国际执委会的演说。

村中反封建的土地改革完全不同。其所应采取的步骤，也应当更为慎重。“城市中的革命对象，今天一般的只限于国民党反动派统治机构和真正的官僚资本家，对于民族资产阶级，我们的任务不是革命，而是联合和改良。对于城市中的生产资料，除了确被官僚资本所强占，并可能发还的民间工商业财产，仍应发还，以利生产的发展以外，其他一律不得分散，并应尽一切力量保证其继续生产或恢复生产。”①

像这样周到体恤商工业的办法，与其说是革命经济政策所规定了的，毋宁说是由中国社会经济性质与革命任务所本质的规定了的。“由于中国经济的落后性，广大的小资产阶级与中等资产阶级所代表的资本主义经济，即使革命在全国胜利以后，在一个长时期内，还是必须允许他们存在；并且按照国民经济的分工，还需要他们一切有益于国民经济的部分，有一个发展。”②

无论我们从人民政府的各种有关商工业的文告讲，是从它关于商工业政策的实际措施讲，都不难看出它保护商工业的诚意和决心。但在目前的状况下，要使有益于国民经济的这一部分的商工业特别是其中占着基本地位的工业“有一个发展”，就似乎有几种疑虑的意见，在或明或暗的发布着：

第一是说，甫经改革或尚待改革的农村，还不能很快变成为都市商工业的有效的商品市场，或可靠的原料取给场所。

第二是说，由反对帝国主义或取消帝国主义特权所招致的有形无形的封锁，对于发展工业生产力所须从国外输入的原料机器及动力燃料等等，是会受到极大阻碍，并由是引起商工业的困难。

第三是说，新人民政权由无产阶级或工人阶级所领导改善劳工待遇的新劳动政策，将成为私人商工业发展的最不易克服的难关。

所有这些疑虑都是非常现实的，但太过现实，太过经验主义的意见，往往会陷在片面的形式逻辑的执着中。现在还有一大片土地尚待解放、尚待改革，就是已经解放了，已经土地改革的地区，因为经过长期反动统治的勒索，和长期对外对内的战争的破坏，似乎不能很快就期望它对都市

① 一九四八年七月新华社社论：《人民解放战争两周年的总结和第三年的任务》。

② 见《毛泽东选集》第10页。

工商业成为原料与生产品的很好的供销场所。

不过我们稍一考察，今日老解放区特别是东北各地城乡物资与劳力的相当规模的相当灵活的交流状况，就用不着担心改革后的农村，是否会大有造于都市商工业，问题在都市商工业自身，是否好好作过适应新农村的改造和调整。

至于第二个疑虑点，即由帝国主义勾结反动派依封锁隔绝方式在商工业上特别在工业上所造成的困难，如其我们能坚定的站在人民革命立场上，站在民族立场上，一定会看得出封锁所带给我们的困难，比之由它所带给我们的利益和有利条件，是极不足道的。中国都市长期对帝国主义服务所造成的依赖性、消费性、投机性，早经成为民族商工业的过于宽容或保护，而在某种程度保存下来；而且我们政府一再明号大召的表示，中国人民革命反对帝国主义在中国的特权，却并不反对帝国主义国家人民或商工业者在中国的合法资产或经营，但帝国主义国家人民一向在中国的资产和经营，同他们帝国主义的特权一向结合在一起，我们对于前者所采取的宽大政策，也极可能使他们那种特权也连带有所保留。这两方面连同作用起来，显然会在改造都市，发展商工业上留下极有害的影响。当前国民党反对派，在帝国主义指使下所作的封锁，毋宁在给予我们一个彻底清除那种社会痼疾与帝国主义特权的极好机会。非外国制造品不易生活下去的积习，非仰赖外国机器原料、补助材料就不易进行生产的想法与作法，以及专为帝国主义吸吮中国劳动大众血液的买办商业金融机构的活动，在新的政权下，诚然有所收敛和改变，可是，不遭遇到海外相当隔绝的封锁，或者还是和帝国主义国家保持原有的经济联系，那种积习，那种依赖根性，那种反民族的活动，也许是很不易清除的。在当前各大都市，特别是在上海的反封锁斗争运动中，我认定最值得注意的是北平《人民日报》八月九日所登载的这一段上海消息："上海工业在转变中。人们深信上海工业在全国各地广大城乡及苏联援助之下，再加上该市全体职工和产业界的艰苦努力，完全可以克服所有的种种困难，逐步走上自力更生繁荣发展的道路。上海的工业，以钢铁机械、化学及纺织为主。钢铁及机械工业过去需要从国外来的矽钢片、钢板、特殊钢、耐火材料（镁砖、铬砖）和柴油等。解放后，上海各厂已经采取了相当措施，采用各种可能的代用品。中农机械公司、上海钢铁公司、通用机器公司等厂，都已作了改装柴油炉烧煤的准备工作，上海钢铁公司已用白云石代替镁砖和铬砖，效能并不比过去差。东北和上海工业界对于矽钢片、钢波片，都已展开研究工作。鞍山已有钢板生产，继续研究后可能提高品质。上海重工业中，存储量可够目前需用。化学工业用的橡胶，在东北已经试制人造橡胶，上海除存底尚丰外，旧橡皮轮胎，还可以重制应用。汽油代用品化工界已筹备重振当年盛行西南的酒精工业。制药业方面，若干外来西药，如麻黄素等，本来是从中国买了原料去外国加工后再销到中国来的，此后都可着手自制。其他如肥皂工业等，都已经找到国产的代用品。纺织工业方面，整套棉毛纺织机器，上海都能自制，原棉当亦能解决。目前除各纱厂自行设法收购外，贸易局正在向西北华北和华中产棉区收购中。其他工业大多偏重于农产加工之类，仰给于外货的更少。因此增加了工商界自力更生的信心，东北人民政府和苏联成立易货协定的消息，给工商界带来更大的兴奋。佥信上海必能战胜敌人的封锁，摆脱帝国主义和反动派造成的各种困难而发展壮大起来。”

这消息值得我们注意和兴奋的，倒不是我们工业自力更生努力成功的程度，而实是它的努力动向；工业走向国内自给的道路，将使全国各地区间发生从未有过的配合联系。工业的转变，又会是商业新生的起点，而我们在“自力更生”的原则下，与人民国家特别是社会主义苏联所结成的更密切的经济关系，将加速促成帝国主义残余势力在中国的消亡，同时更会成为中国商工业向前发展的推动力量。

最后，关于第三点疑虑，即由无产阶级支配的政权，是否会在劳动政策方面，过于为难商工业的疑虑，我们在后面还是有详细分释机会的。这里我只想指明：一个无产阶级政权，既是由无产阶级领导和支配，它要给商工业下不去，并不限定在劳动政策方面，在赋税政策、金融政策、交通政策，特别是在价格方面，都可拿出彻底限制打击商工业的办法，不但如此，它甚至还不妨更进一步，根本不允许私人商工业或民族资本主义的生存。但，如我们一再说明了的，中国社会经济的性质，从而，中国革命的性质，既需要容许私人商工业存在，并还非常殷切的期望私人商工业有一个发展，他就不但会在在赋税、交通、金融、价格、政策诸方面给与商工业以发展的便利，同时也会在劳动政策上给与商工业以发展的便利。不过，这种便利是有条件的、合理的。当前围绕在劳动政策上的两种健全的代表意见,就劳动者方面说,是这样的:“在解放区的私营企业中,工人有两种地位,一是被剥削者的地位,“劳方”的地位;一是社会主人翁的地位,国家政权领导者的地位。因为是被剥削者,工人在自己日常的利益上与私人资本家有矛盾,但因为又是社会的主人翁,国家政权的领导者,工人便应该为了自己长远的利益,忍受一定限度的剥削,使这些私人企业能够进行生产,并适当的发展生产,以繁荣解放区的经济,支援前线的胜利,并使新民主主义的社会,因生产力的大大提高,而逐步地有依据地发展到将来的社会主义社会的方向去。”①可是正惟其是站在发展生产力的观点,同时就也不能忽略生产力中最基本因素的劳动能力的发挥,即劳动的生产积极的发挥。如其说,劳动政策中的中心政策,是工资政策,我们就“必须有正确的经常能刺激工人职员生产积极性的工资政策,正确的工资政策,应该是根据当地的当时的一般生活条件,以解放前的旧工资为基础,加以合理的与适当的调整,并在这个基础上,实行按件、按等、按分、按节约(减低生产成本)等等的合理的与适当的累进工资制度,以及按劳分红等类的累进奖励制度。这种制度,须依据各种工业部门的具体情况,各个工厂的具体条件,由厂长负责,与工厂管理委员会及工资评定委员会商量,与工人代表及工人群众商量,并由厂方与工人缔结生产计划与工资条件或奖励办法的具体协定,而工作的考察则都要把生产的数量与质量并重。”②这样在一方面限制工人过分要求,在另方面又使工人由合理待遇而发挥其积极性的两面兼顾办法,无非是要尽可能的尽快的发展生产,增进劳动生产力,这不是商工业所企望实现的么?

四、“国家垄断资本主义替新民主主义准备了充分的物质基础”

当我分别说明,土地改革后,帝国主义特权取消后的农业与商工业发展时,还不曾从反面把一个介在封建主义与帝国主义之间并揉合那两者

---

① 新华社社论,《坚持职工运动的正确路线反对左倾冒险主义》,纪念“二七”二十五周年。

② 陈伯达《发展工业的劳动政策与税收政策》——见标准本《目前形势和我们的任务》。

所构成的垄断官僚资本主义对它们所加的压力加入考虑，同时，当那种垄断官僚资本主义伴随封建主义、帝国主义的没落，转形为国家经济部门了，我也还不曾把这个领导它们农业、工商业发展的经济部门加入考虑。

事实上，正是因为这个国家经济部门的存在，新民主政权才更有理由，更有把握让那些私人的农业商工业好好努力去求发展，同时，我们在质上，在量上，还不够成为全面社会主义化之物质基础的国家经济部门，也必得借着私营农业商工业的补充与辅助，始能好好迅速发挥增大它的劳动生产力量。

一切被看作新社会之物质基础的生产力，一般是在旧社会生产关系准备着的。新民主政权由无产阶级所领导和支配，它显然不能单靠土地改革后的私人农业经济和帝国主义买办主义“去势”后的私人商工业，作为它的物质基础。正如同一个典型资本主义国家的大资产阶级，用一切可能榨取方式，增积起高度生产技术和庞大物质设备，并造出经济各部门社会化条件，为社会主义准备好物质基础一样，我们半封建半殖民地的统治阶级，也照应它的落后形态，用各种落后经济外的聚敛掠夺手段，造成功一个可观的国家垄断资本体系，造成功一些亘及交通、金融、轻重工业，乃至商业方面的相当庞大的集中的组织，在那种统治没落过程中，直接转变为人民国家的公共财产。毛主席曾用极明快的辞句，讲述到了这种关键。

“没收封建阶级的土地归农民所有，没收蒋介石、宋子文、孔祥熙、陈立夫为首的垄断资本，归新民主主义的国家所有；保护民族工商业，这就是新民主主义革命的三大纲领。蒋宋孔陈四大家族，在他们当权的二十年中，已经集中一百万万美元的巨大资本，垄断全国的经济命脉，这个垄断资本，与国家政权结合在一起，成为国家垄断资本主义。这个垄断资本主义与外国帝国主义，与本国地主阶级及旧式富农密切地结合着，成为买办的封建的国家垄断资本主义，这就是蒋介石反动政权的经济基础。这个国家垄断资本主义，不但压迫工人农民，且压迫小资产阶级，损害中等资产阶级。这个垄断资本主义，在抗日战争期间及日本投降以后，达到了最高峰。它为新民主主义革命准备了充分的物质基础。”①

① 见《毛泽东选集》第9页。

对于这段透彻的文句，应就我们此刻所论及的发展生产的问题，作以次几种理解：

首先，在我们的国家垄断资本，或官僚资本中，有一大部分是"四大家族的"国家，由敌伪手中接收过来的。那些由敌人日本，或由敌人日本领导创立乃至改编的产业组织，有许多不但是非常基本的，且还是具有相当高度的资本技术构成的。然我们同时也不应忽视美帝国主义在抗战期中及战后对于它所卵翼的那种官僚资本扩大组织改良技术所"参与"的"功绩"。

其次，那种国家垄断资本（如我在其他场合所谈到的——见拙作《中国官僚资本之理论的分析》），无论是由"蒋王朝"的官僚军阀们直接所有，或者如资源委员会所属各单位以及中纺、中茶等组织，带上国家的名义，又或者是还保留在普通私人手中，但却实在是受着他们的控制和参与，那都是看他们的意兴、方便，特别是他们诸大家族间的分配比例如何；除了前述帝国主义在中国依各种勒索抢夺的那一大部分外，其余也并不是发展生产增积剩余价值的结果，而是利用内战利用抗战所强暴聚敛的，因此，

又其次，它这种国家垄断资本的存在，不但不能笼统的说是社会劳动生产力的增加，同时，它即使取得存在了，我们也不能期待它有何等发展社会生产力的前途。因为它这种资本在本质上，即在贪污腐败无能的官僚把持下，必然要靠各种独占方式来维系，而最先使它表现为独占资本，但独占如其单靠政治权力维持，独占资本如其单是把握政治权力的结果，它就必然不可避免的反过来被用作争取政权的手段，即被在用作为政治资本，更进一步，资本一经变成为政治资本，不惜多方去结托最强有力的外国资本，把它原来的买办属性加强。四大家族资本与美帝国主义结托的故事，充分证示了这种真理。所以，

最后，中国国家垄断资本，尽管由反动的国民党统治者利用机会、制造机会、增积到了一百亿乃至两百亿的庞大数量。但因它在本质上主要不是由于现代性的产业蓄积，而是由于经济外的掠夺，由于用政治压力，用各种强制方式，勒索生产人民，特别是农民大众，并吞并中小工商业者的结果，所以它就先天的不能发挥资本的作用，却发挥反资本的作用，不能防阻外国资本的侵略，却反招致外国资本的侵略，不能借以发展社会劳

动生产力，却反要破坏社会劳动生产力。

可是，当这种国家垄断资本，由四大家族及其血缘关系者们的手中，移到了人民的手中，移到了人民政权的手中，一切就要改观了；尽管这一大宗“逆产”接收过来，还需要一个时期，把反动派所蓄意破坏的加以恢复；把反动派不合理的方式所管理的经营加以调整和再组织，把渗透在那种产业或资本构成中原有的生产关系，逐渐从根改造过来，当它既经再组织好了，改造成了生产人民的财产，生产人民的产业，生产人民的资本，它就可能很快的依照人民政权的合理指导，和预定计划大踏步的向前发展；只要一般的社会文化技术水准能配合得上来，同时，只要一般农业和私人商工业的进步，能相辅而行的跟得上它各方面的需要，它这个国家经济部门，就会领头把社会一般劳动生产力迅速向前发展。在东北乃至华北今日公营事业对一般经济活动所起的积极领导作用和模范作用，已经为我们证示了这种光明的前途。

问题是在我们该怎样明透彻底地把新民主经济各部门的性质、作用及其内部关系，弄个明白，以便决定在这一切方面的有步骤的有计划的正确指导。

第十一篇　新经济的构成与性质

一、两个有关的问题

封建势力、帝国主义势力、国家垄断资本势力消除以后，我们社会的劳动生产力，是会由原有压迫下解放出来，转形过来，而获得一般发展的。但那种发展不是自流的，不是听其盲目的自然演变的。换言之，是科学意识的，在事先设定的目标下进行的。然则我们究是依照如何的目标，并是怎样才可使它向一定预期的轨内去发展呢？这就必从其构成说起。

包括在新民主主义经济构成中的诸成份，大体是由人民革命运动过程中所要求实现的三大经济纲领所造成的，三大纲领是：土地归农民所有，没收以四大家族为首的国家垄断资本归国家所有，以及废止帝国主义在中国特权，保护民族工商业。

毛主席曾一再揭示新中国经济的内容，是(一)“在中国的条件下在新民主主义的国家统治下，除了国家自己的经济，与劳动人民的个体经济及合作经济之外，一定要让私人资本主义经济获得广大发展的便利，才能有益于全体人民，有益于社会向前的发展”①。

(二)“总起来说，新中国经济的构成是：一、国家经济，这是领导的成份，二、由个体逐向着集体方向发展的农业经济，独立小商工业者的经济，及小的与中等的私人资本经济，这就是新民主主义的国民经济”②。

这两种提示，是今日大家论究中国新经济的理论与事实的依据。在把新经济构成当作问题来探究时，或者在新经济构成上看出问题时，以次两点是应当为我们所注意到的。

---

① 见《论联合政府》。

② 见《目前形势和我们的任务》。

（一）新经济构成所包括的诸成分，是由我们在达成新民主革命任务的政治要求所引起，还是因为我们在经济上原来就需要这么作，然后才在政治上采取联合的形式。

（二）新经济构成就它最初开始的出发点讲，还是就它最后达成目标的终极点讲，又还是就它由始点到终点的过程讲。先来解答前一个问题：

从马列主义的研究观点来说，我们对于前一问题，似乎是自然的，毋庸多所解说的，我们是在半封建半殖民地的社会经济条件下，才提出新民主主义的任务，才提出反封建反帝国主义反国家垄断资本主义（但并不反资本主义）的任务；在达成这个任务时，我们在政治上为了增强革命力量，就可能而且必需包括民族资本家阶级在内的各社会阶层及其代表的民主党派参加；惟其在达成革命政治任务上，在摧毁各种统治的政治斗争过程上，容许并要求工农大众以外的小资产者、自由职业者，乃至民族资产者，分别贡献其物质的、精神的力量，他们在革命运动完成以后的经济建设当中，就自然而然的期望各有一个发展的前途，我们甚至可以说，他们是看准了或者被允许了有这一个前途，才热烈参加革命运动的。单从这一方面看来，民主革命政权中的诸阶级组成，又反过来范围了新民主主义经济中的诸构成成份。至少，新民主主义经济中所包含的那些性质不同的经济成份，大体是由新政权的性质确认了的。比如说，有资产阶级的人物，参加在新政权里，就当然显示有资本主义经济成份参加在新经济的构成里。这就是说，原本是由我们半封建半殖民地社会经济条件所规定了的新经济构成诸成份，通过新政权的组织形态、联合方式，益发把它明确化了。我们正好是在这种关系当中，更明白的看出了新民主主义政治与新民主主义经济的统一。

再来解答后一个问题，即我们当作对象来探究的新经济构成，究是就他形成过程中哪一个阶段讲的问题。

新经济构成，即使是被当作一个通过它达到更高级社会的准备形态来理解，它也同其他社会经济形态或体制一样，有它各等级的未成熟阶段，也还有它达到成熟之境的典型阶段，其差别是相当大的。忽略了这一点，或把这一点没有交代清楚，就无法科学的确定我们的研究对象。比如，新经济构成中的五个重要成份，国家经济，劳动人民自己的个体经济及合作经济，再加资本主义经济，及国家与私人资本合作的国家资本主义经济，在最初开始的出发点上，合作经济在构成中的比重是极小的，在最后达成目标的终点上，它在构成中可能达到的，或我们期待它达到的比重，却是非常之大；又如个体经济，在出发点上，它在构成中所占比重极大，而在终点，我们却期望它把它对于集体经济或合作经济的比重尽可能减小，即希望个体经济成份尽可能向着集体经济发展，虽然同时它也可能向着资本主义经济发展。这一切，都说明经济构成在出发点上和在完成点上，有了极大的分野。它是以私经济成份占着极大的比重开始，而以社会化成份占着极大的比重告终，在始点与终点，不但构成不同，相应性质也不同了。如其说，我们在始点来确定它的构成与性质，固不妥当，且非新经济的目的，就终点来确定它的构成与性质，又像是把将待形成，将待十年或二十年来形成的形态，当作已经形成了的形态来讨论，那是很不实际的。然则我们将怎样解决这个难题呢？只有从发展的研究观点，或从它由始点到终点的发展过程来研究，就比较能够使我们的说明，不至远于事实。而新民主主义经济之科学的意识设定，和依照一定计划来使其逐渐完成理想的要求，更无疑会加强保证这种说明的正确，在前述毛主席关于新经济构成的第二项提示中，他明确指出国家经济是领导成份以后，紧接着不是讲个体经济，也不是讲集体经济，而是讲由个体向着集体发展的倾向，这说明我们在研究中国新经济构成的时候，不应形式的机械的考察其静态，而必须灵活的辩证的研究其动态。

二、由构成论到性质

有关新经济的性质，一般是从其构成看出的。但单在经济构成本身，实在不够使我们明确认清它的性质，于是在我们目下有关中国新经济性质的见解中，就有不少相异相反的意见流行着。总括起来，约有四种说法：

(一)认定新经济的性质是资本主义的；其所持的论据，大约有以次两点：第一，在新经济构成中，除了资本主义经济成份被确认其存在和发展外，独立手工业和占着绝对大的比重的农业或实现了“耕者有其田”的个体农业，固然有向资本主义发展的前途，就是以个体经济为基础的合作集体经济形态，也并不排斥资本主义化，甚且在某种限度内是资本主义性的结合，这一来，新经济的资本主义性，已就非常明白了。而况第二，在新经济下的一切活动，无论在农村在都市，抑在农村与都市之间，都是靠着私人谋利或追求利得要求而展开，政府对于它们的鼓励或限制，亦都是参照它们在市场上的活动情形，依价格工资金融等政策来予以干预或指导。换言之，资本主义式的商品货币运动倾向或法则，仍被看作是新经济活动因以推进的准绳。即在国家经济部门，在经营企业化的口号下，在以合理工资激发起劳动生产积极性的号召下，似都不难见到资本主义的作用和影响，特别是它这个部门，要与围绕在它周围的其他各种经济成分发生流通交往关系，也不免要在某种限制内，被强制着采取资本主义的作法。

（二）认定新经济的性质，是社会主义的，其所持的论据，基本的当然是强调国家经济处在领导地位，而个体经济合作集体化的可能或倾向，更使这种看法受到鼓励。特关于这点，下面还有谈到的机会，这里暂且带住。

（三）认定新经济的性质，是既非资本主义的，亦非社会主义的，这可以说是在相当范围内，承认上述两种意见，而又不完全赞同那两种意见的必然结果。从新经济构成中的资本主义成份，断定其非社会主义的，又从那构成中的国家经济成份，断定其非资本主义的。在抗战期间，早有一部分国民党的信徒，"两面开弓"似的不承认民生主义是资本主义的，也不承认它是社会主义的，而说它就仅是不多也不少的民生主义。这就等于说民生主义的性质是民生主义的，"室之为言室也"，"人就是人"，一点没有解答问题。于是进一步有一个当作这种见解所引出之结果来看的意见，那就是

（四）认定新经济的性质，是混合着多种性质的，这种讲法的人，在中外论坛上很多。新经济构成中有资本主义经济成份，有社会主义经济成份，还有个体经济以及个体经济为基础的集体经济成份，各种成份混合在一起，说它是混合形态，或混合制度（Mixed System），仿佛非常言之为据。但在所有这些见解中，这是最有毛病，最有毒害的一种，一切改良主义的人物，就是挪着这一高见，来从理论上否定历史唯物论的社会发展阶段说，同时并从实际来强调当前世界上无所谓纯粹资本主义国家，许多资本主义国家中的社会主义成份在增长着；亦无所谓纯粹的社会主义国家，苏联经济结构中，还有不少的资本主义成份在。结果，世界先进国家乃至

后进新民主主义国家,彼此间的经济结构中,只不过是资本主义成份与社会主义成份混合程度不同罢了(可参阅本书上卷附论二)[①]。

也许说,有关新经济的性质,我们只可能得出这几种看法来。不论是谁,他必得支持其中任一种看法。我有条件的认定新经济是属于社会主义性质的,但不以上面有关的说明为满足。上面第二项关于把新经济看成社会主义性质的说法,与其他三种说明同样失之拘泥于形式,拘泥于构成上各别个体,而把各别个体构成后的总体意义忽略了;拘泥于已经是什么的形态而将其将变成什么的或发展成什么形态的意义忽略了,拘泥于经济本身的具体事象,而把那些隐在具体事象后面的新社会生产关系忽略了;这些都关系到经济科学或社会科学的一些基本问题的认识,所以我想移在下面一节来讨论。

三、怎样把新民主社会经济理解为是属于社会主义的范畴

我们仍不妨从经济的构成说起。

社会在历史上,划成了各种发展阶段,但没有哪一个阶段的经济构成,只单纯包含一种性质的成份。就在苏联开始新经济政策的一九二一年,列宁曾指称苏联社会经济形态,包括有以次五个要素:

(一)家长的,即大部分自给自足的农民经济。

(二)小规模的商品生产(变卖其谷物的农民的生产,属于此范畴)。

(三)私经济的资本主义成份。

(四)国家资本主义成份。

(五)社会主义成份。

现在你如叫英国工党中的任一代言人来解析英国社会经济的构成份,他将毫不迟疑的把上述苏联初期经济构成中的后面四个部分列出来,证示它已“社会主义化”到了什么程度。显然的,单就一种社会经济构成中包含有哪些因素或成份,固然不够说明它的总体性质,就是那些因素分别在总体中所占比重,比如说,苏联初期经济构成中的社会主义成份,尽

① 参阅《中国社会经济改造问题研究》第十章。——编者注

管占着极大的比重，也不够用以确定苏联社会经济的总体性质。然则对于那些总体性质，我们将怎样予以确定呢？那除了看它的构成要素以及经济构成要素所占比重以外，特别是像苏联这类国家，把它的总体当作集中形态来看的社会生产关系或政权的性质加入考虑，那可以说是一个极关重要的理论关节。

我把问题这样提法，也许任何一个有新社会科学 ABC 常识的朋友，就可以挪经济基本结构与上层建筑的主从关系来诘难我，说我不从社会经济的基本结构来看问题，却还乞怜于其上层建筑的政权性质。

这是需要加以分释的。

一般对生产问题的应用，也如同对于其他有关社会科学辞语应用一样，往往没有仔细辨识到它在实际上的确定范围。社会的基本生产关系，无疑是存在于经济结构中，表现于主要生产手段所有者与劳动者所结成的联系中。一般的说来，由于他们在生产上结有这种关系，而在这种关系中，立在主人地位的生产手段所有者，为了完成或实现他利用那种生产手段来榨取劳动者，他就必须有一套为他或他们的利益而设置的法律政治秩序，那就是所谓统治权或政权。我们通常也把这统治权或政权，理解为生产关系。但第一，不曾把这种只算是基本生产关系之集中表现的政权，与基本生产关系本身明确加以区别；惟其如此，第二，它们两者在实际上显示的距离，即如在一个以资本家作主人与劳动者结成生产关系的社会，往往在其政权中，也在某种限度容许劳动者参加政权所显示的那种距离，不大有人注意到；于是第三，在社会变革或转形过程中，往往一个原被当作基本生产关系之集中表现形态看的政治权力起来了，或者上层的新社会生产关系建立起来了，而作为基本生产关系，还不曾改变过来，或者还有待于这种新政权或新的上层生产关系去加以改造或变革，如其稍微改变一个表现方式，就是生产关系原来是要去适应生产力的，在这种场合，倒反而要努力使旧有的生产力，旧有的劳动对象、劳动工具与劳动力的结合，改变转形，以适合新的生产关系。这情形，如我在上面提到的，特别是在苏联及中国一类国家的变革过程中容易发生。为什么呢？

且先在这种限度内，来考察一下资产阶级革命与无产阶级革命的分歧点。近代资产阶级的革命运动，是在资产者的经济力量已够强大，因而要求出现一种适合于其经济的利益或使其经济利益能无阻碍的扩展的要求下产生的。反之，无产阶级的革命运动，则是在无产者阶级的政治觉醒，团结组织力量增加，而其经济上，反因恐慌失业愈益限于贫困的境况下产生的。就因这个缘故，如其说，资产阶级建立起来的政权，是为要维护并发展已经把握在他们自己手中的经济力量，而无产阶级建立起来的政权，却是要维护并发展他们从资产阶级手中夺来或没收来的经济力量。在这种比照下，我们就明了：在资产者阶级是由于他们的“财政的产业的及商业的经济利益在当时已经充分强大，终于决定了国家一般的政治”[①]。反之，在无产阶级，当资产阶级便于动员社会一切可能动员的物质的精神的力量，来巩固国家机器，压制他们的时候，他们就不得不被迫“集中自己的一切破坏力量”去反对国家政权，他们“如果不先夺得政权，不取得政治统治，不把国家变为‘组织成为统治阶级的无产阶级’，它就不能推翻资产阶级”[②]，就无从“调整社会主义经济”[③]。

在中国无产阶级领导的人民革命的全过程中，无论是由边区到中区，由农村到都市，都是先把旧有的政治权力破坏了，把新的政治权力建立起来了，然后再着手调整改造经济，即是没收封建阶级的土地归农民所有，没收大豪门的资本归国家所有，消除帝国主义特权，使商工业在新的政治权力保护下再生，因此我们考察中国新经济的性质，单单强调国家经济处在领导地位这一点是不够的。事实上，从它的构成上去看，国家经济处在领导地位之成为可能，正是由于无产阶级所领导的政权在随时予以保证，这个政权得斟酌实际情形，按照经济的经济以外的一般政治文化社会条件发展改变的状况，把整个经济带到或导向它所期望到达的理想境地。反过来看，如其英国的政权，还是把握在资产阶级手里，它的国营范围不论如何扩大，就说扩大到德国希特勒发动第二次战争当时的那个程度吧，那也会因为它的国家，还是资产阶级的国家，而把所有社会化国家化的部分，转变成为便于大资产阶级御用的东西。

从这种意义上讲，不管英国经济构成中，包括有哪些成分，也不管那些成分实际所占比重如何，资产阶级的政权，没有受到决定性的改变，它

---

① 见彭译恩格斯《费尔巴哈论》第165页。

② 见中译本《列宁选集》Ⅱ第196页。

③ 中译本《列宁选集》Ⅱ第194页。

的经济性质，仍旧是资本主义的。反之，中国新经济的构成中，即使还包括有国家经济以外的各种成份，但因为支配领导一般经济发展的，是无产阶级所领导的政权，我们就没有理由不承认它的性质是准社会主义的。

因此，不管在实际上有何等不便的地方，从理论上讲，如其我们不否认一位外国政论者，对新民主主义政权所下的定义，说它是无产阶级专政的特殊形态，我们就似乎可以为我们的新经济加一考语，说它是社会主义的特殊形态或低级形态。

我们要有了这种认识，才可进而论到国家在新经济诸范畴或其法则上的作用。

第十二篇　新经济的诸范畴其法则及其作用

一、前提认识

表现在资本主义社会的各种经济范畴，差不多都可以在我们新民主主义经济中找到。商品、价值、价格、货币、资本、利润、工资、地租……我们是应有尽有的。但这任一经济范畴，不但同资本主义社会的同一名称的东西，具有极其不同的本质，尤其重要的是，它们还会在全经济中，发生极其不同的作用。

所以，在论述我们的新经济诸范畴及其作用之前，有几个前提性的认识，是必须讲到的。

（一）理想与实际的结合

首先得指明，我们的新民主主义经济，是由人民政权所范围着的。这个政权虽然采取了联合形式，却是受着无产阶级政党所领导和支配。因此，在这个政权下的一切经济措施，即使需要在可能范围内，照顾到各社会阶层的利益，但却不能不被要求符合无产阶级或其政党的理想的要求或愿望。它对于一般经济问题和措施，尽管是从现实的情况出发，可是随时有一个待实现的较远大的理想摆在前面。比如，为了全面发展生产力，虽然它很实际的容许并鼓励私人经济，乃至私人资本经济，可是尽管如此，它丝毫也不讳言，并且一刻也不忘记，那是为着对集体经济，对社会主义经济，造出前提条件；是为着要这样，在全经济构成中的国家经济部门，才可能更迅速的向前发展。在这种要求下，个体经济也好，资本主义经济也好，就必然会在它们的经济活动上，随时随地都感到有一个较各别活动目标为大的理想在范围着。可是同时就在国家经济方面，它的活动，并不比私人个体经济或资本经济有更大的任意性或自由性；我们甚至可以说，它因为处在领导地位，就更需要照顾到全般，照顾到较远的将来。

(二)造出矛盾与解消矛盾的辩证发展

单从新经济的构成上看，它的内部，并不是怎样和谐的。或者说，那是包含有多方面的矛盾。概列出来，如

1.公经济与私经济间的矛盾。

2.城市经济与农村经济间的矛盾。

3.大企业经营与个体小经营间的矛盾。

4.劳动者与资本家间的矛盾。

5.劳动在个体与集体间，在私营组织与公营组织间的矛盾。

所有这些矛盾，有的是原先已经存在的，有的则是在改造过程中新产生的。不论如何，当我们的新社会，还不可能否定私有资本关系，甚且还在一定限度内，保护并鼓励私有资本活动的时候，对于那些矛盾，虽不认为一下子可以消除掉，但却不是像以往一样，听其自由发展的。以往是公经济（事实上是特权者的经济）压迫私经济；是城市剥削农村；是大企业经营吞并小企业经营；特别是各式资本家无情的榨取劳动者，而在劳动者间，又被统治者制造出种种行帮派属，使其相互排斥倾轧。新政权对于这些不合理的现象，并不仅是不让其自由发展，也还不是一面倒的把以往压迫者剥削者与被压迫者被剥削者的关系，完全倒转过来，叫后者来压迫剥削前者，而是依“城乡互助”，“劳资两利”，“公私兼顾”的原则与政策，叫各方面都有尽可能发展生产力的机会。生产力从各方面发展起来了，有的矛盾，就会逐渐无形减除。

由以上两点说明，我们知道，新民主主义经济的设施，是依据两个基本原则：一是就已有的社会经济条件，因势利导，这就是为什么要容许个体经济资本主义经济存在并发展的原因；一是就新政权领导支配的社会经济理想，调整改造，这就是为什么对各种经济成份，都只容许在一定轨道内一定限制下活动发展的原因。这两个基本原则，对于新经济总体固然赋予了它一种科学意识的计划性格，从而包括在这个经济总体下的各种经济范畴，以及体现在它们之间诸经济法则，也就不能同以往资本社会或我们半封建半殖民地社会的诸经济范畴和法则混为一谈了。

二、商品价值、价格

把生产物，把农工业品变成买卖的对象，变成商品，在我们新民主社会，是会在数量上，在流通速度上，随着一般生产力的提高，随着各种流通障碍的撤除，随着城乡关系的被促进与加速，而逐渐变得极其规模和极其频繁的。在农村施行土改后不久，而都市私人商工业又待恢复改造的初期调整阶段，尽管一般农民的生产品的最大部分，是留着自己消费，或者说，他们最大部分是自己消费自己所生产的东西（单一栽培化了的农业，又当别论）。但投到流通界去的，仍是他们这种当作小商品生产出来的农产品（包括农村副业品）占着最大的比重（据估计，都市工业制品，只占着全部生产品的10%）；而同时一向大都是满足都市或城乡需要的公私工业制品，虽然相对讲来，数量极其有限，但因为都市原来需要突然减缩或改变了。一时还找不到销路，这样也反过来影响到农产品的流通。在这场合，由政府担当的供销合作组织，就在促进都市与农村经济的交流上，连带负担了改造生产形态，开辟产品销场，辅助消费合作组织的任务。它通过农村各地的供销合作网，购集外销内销的农产品，同时又在都市购集起大量可能适应农村消费或生产需要的工业品，配销到各地农村。所以，在这种情形下，尽管我们社会的商品类型，还没有多大的改变，即主要还是小商品性质的，再加上若干近代性的工厂出品，但除了近代性工厂出品中的大部分，已经不是当作豪门官僚所有，而是当作国家所有，当作人民所有以外，其余全部通过国家供销机构，或由国家供销机构所引导着投向流通界，变成商品的过程，是大不相同了。在初期调整改造阶段以后，农村富农经济成份，也许会逐渐从个体农民经济中发展出来；同时都市的私人商工业，亦将因广大农村市场的开拓，而相当活跃发展，在这种限度内，小商品对资本主义性的商品的比例，无疑会有不小的改变；但就在这时候，随着国家经济成份和国家通过合作所引导起的集体经济成份的更迅速的增长，那又表示，由国家生产机构及由那些组织在国家经济部门周围的各种生产机构所生产的商品，以及通过国家供销机构买卖的商品，势将在全商品额中，占着更大的比重。这事实，显然是会深刻影响到商品所由生产与流通的价值价格关系的。

本来，一谈到商品，我们是会联想到它的价值价格关系或价值法则的。价值是生产物其所以能转化为商品的根本依据。生产物不变为商品则已，一成为商品，就已经表示是把它的价值在转移，或者已经表示它在依着价值法则的作用，依着市场价格对于价值的变动关系而转移着。但是，在新民主社会，商品的价值价格关系，不仅和听任盲目价值法则支配的资本主义社会的自由竞争阶段不同，和少数大独占组织控制着价格变动关系的资本主义社会的垄断阶段不同，也和我们以往半封建半殖民地社会的价值价格关系不同。在社会一般生产力未发展起来的时候，占着我们新民主社会流通界最大比重的商品，前面讲过，仍不免是属于农民及独立手工业者生产的小商品，其中仍不免是在较小的量的生产物中，包含着较多量价值（即生产时费去较多量劳动），拿它来与都市工厂工业制品交换，仍不免是要以较多量价值去换得较少量价值，即仍不免是不等价的交换，不过，从消极方面来说，在中国的帝国主义特权不存在了，国家垄断资本不存在了，新旧封建主义不存在了，原来这些在城乡与内外交换中造成的种种人为障碍和中间剥削，是会相应减少那种不等价的悬殊距离的。而在积极方面，新民主的四面八方都要照顾到的经济政策，特别与这里有关的城乡互助与公私兼顾的经济政策，在计划经济条件还没有成熟，国家经济还不够全面的或多面的把中小生产者组织在它周围的情形下，与其说它要破坏市场的供需关系，就毋宁说它要用一切可能刺激商品自由流通的方法，以恢复市场的正常的供需关系，使城乡的工农业品间，使公私企业的产品间，能以较接近于其价值的水准，进行交换。这就是说，价值法则还是自由商品市场活跃的依据。但第一，对于经济主体，至少是对于新民主社会经济政策的执行者，它已不是盲目的作用着，而是在科学意识的被运用着或利用着；惟其如此，第二，那所谓自由商品，就不尽是自流的自发的，而大体是被设定的，那不容许是有优厚经营条件者压倒没有优厚经营条件者的大鱼吃小鱼的修罗场，而被要求是相互扶助补充的共存共荣场所；所以第三，拥有许多优厚便利条件的国营事业或国家经济部门，它的生产活动或商业活动，不仅极力避免利用那些优厚便利条件，获取价值或生产价格以上垄断利益，反之，却为了发展一般生产，繁荣一般经济，往往不惜使它的生产品或购销品，在那种价值或生产价格以下发卖。

由是就可以有这样的一般理解：

(一)商品价值价格关系,在新民主经济下,这是存在着的,但它的本质变了,一开始,就在一定社会要求限制下,使它的自然的必然倾向,逐渐带有社会的必然倾向性质。

(二)大体被国家限定或被国家领导变动的商品市场价格,不论那商品的来源如何,仍须把它的生产成本(就简单商品说)或生产成本加普通利润(就资本性的商品生产的商品说),作为调节伸缩的准绳。有时,政府为要扶助农村小生产者,往往高价收买他们的农产品,同时为要缓和都市工业产品的滞销,又往往用高价从工业者手中购来,用低价向农村抛售出去,这似乎是使市场完全对它的价值脱节,但当它这样作的时候,仍得把商品价值作为据以确定它的市价究当高到什么程度或低到什么程度,才有助于促进生产而不是鼓励懒惰的标准。

(三)这种在价值价格变动当中,介入国家作用的事实,会随着新民主经济的发展,新经济中的国家经济集体经济比重的增大,随着新民主国家对经济管理的加强,而变得更加显著;也就是说,价值法则的盲目性的"自然"作用,将愈来愈被科学意识管理的社会作用所代替。

三、货币、资本、工资

商品的价值,用货币表现出来,便是价格。货币其所以能作这种表现,就是由它本身原来也是一种劳动生产物,是一种商品,一种价值。它与一般商品表示区别的地方,就是它依种种理由,取得了作为社会一般财富体现物或代表物,或作为一般商品之等价物的资格。它由是才能用以购买,用以贮存,用以支付。而归根结底的讲起来,货币所具有的这许多机能,都不外是生产物在当作商品生产流通,都不外在把劳动生产物作为私有,来与其他私有者相对立。

我们要这样一般的理解了货币的性质与作用,然后始能认清新民主社会的货币,究竟具有怎样的特质与特殊作用。

我们已知道我们新经济中的商品及其价值价格关系。当盲目的自发的价值法则,被科学意识的管理的价值关系所代替的时候,货币不仅在消极上被随着限制了它在资本家社会的那些机能。且还在积极方面,因着它的社会化性格,因着它的发行一般都由政府或国家处理的历史基础,而被新国家运用作调节商品市价，活泼资本流通，并累积社会资金来促进生产力的有力工具。

当我们企图发挥货币之积极作用或社会化功能的时候，最先决的条件，无疑是要使货币对一般商品的比价，能在有限度的变动幅内稳定下来。这就要涉论到货币的社会基础问题或货币发行的保障的问题。

当人民国家由革命战争阶段逐渐转到了和平建设阶段，国家全部支出，就将慢慢要求是直接间接为了全面展开建设的用途。在这种限度内，货币或人民币，就不是也无须是用金币或外币作为它的保障，因为就是根据资产学者的考察，无论是直接用金银流通，或把金银贮存在一傍，用其代表物纸币来流通，都表明全社会需要一大批的人力物力损耗在货币上。可是，资产者尽管知道这一点，在资产者的私有社会，却又不可能避免这个大损耗，因为一遇到他们每十年八年爆发的恐慌状况，纸币的持有者，就将因要求把纸币变成硬币，而使那些硬币存底不丰的发行机构陷在破产或瘫痪的混乱状况中。反之，在我们人民国家中，货币却在受着几种内部密切关联着的多重保障：

第一是为国家拥有的属于国家经济部门的大量资产；

第二是国家合理运用那大量直属于国家的和社会一般的财富，所可能贮备在国家手中的庞大物资；

第三是作为人民国家之基本动力的，在人民政权下最可能发挥积极性与创造力的广大人民的劳动；这道理，古典的资产学者是有些懂得的，如亚当·斯密就说："一国国民每年的劳动，就是提供该国这一年以生活必需品便利品的资源。"但有一点他不大懂得，特别是往后主张"货币国定说"的德国学者们不大懂得：在资本主义社会，那种"资源"，那些资产，是分别控制在私人资本家手中，并不能成为"国定"货币的保障。

然而，我们是须特别注意的，就是在人民国家中，有了这多重保障保证的货币或人民币，在其运用过程中，且还可能不绝把它自己位置在最少波动的境地。比如

（一）当它被当作价值尺度来作用时，它已经不是当作金银的代表，而是当作生活基本实物的代表，从而，货币价值的变动，不是金银价值变动的反映，而是基本生活实物价值变动的反映。当有谁觉到实物在市场的供需关系过于敏感多变的时候，他应当明了，金银被投机操纵的可能性，

是比实物要大得多的。所以确认劳动为价值尺度的古典资产学者(庸俗经济学者是不足以语此的),同时还表示谷物也是价值的真正尺度。然而,在私有制的资本社会,以谷物,特别是以劳动为价值尺度,是有很多条件限制,而不像金银那样特别适合于资本家的迅速增殖价值的欲求的。

(二)如其说,以纸币代表金银为价值尺度,更适合于私有资本社会,那末,以纸币代表劳动,代表实物作为价值尺度,就更适合非私有的社会或私有在逐渐被扬弃过程中的社会。因为在后一种社会中,商品的性质,商品的流通过程,如我们在前面指出的,与资本主义社会大不相同。当作流通手段来看,我们人民币的用途,即使随着以往种种妨阻自由障碍的撤除,和城乡间交换关系的发达而大为拓展,但除了国家经济部门内的流通,在逐渐全面采行划拨核算方式,实际无须大量货币周转以来,就在一般流通关系上,它也在依着种种鼓励禁制办法,被导向有利于社会经济的活动范围内。正惟其流通被约束在基本生活实物或基本生产资料正当移转的领域(奢侈品交易在被限制,金银外币交易在被禁止,生活生产资料囤积居奇在被取缔),人民币就不仅代表实物作为价值尺度的现实性增大了,它由其在被限制的有利活动范围内的流通手段机能的发挥,即对于生产的促进,而连带也把它的作为价值尺度的稳定性也增大了。

(三)当货币的流通,采取了上述这种特定形态,它的支付机能,也要跟着发生极大的变化。我们知道,国家经济内部的流通,愈来愈会采行拨划调配的方式,即是实物对实物的支偿;国家财政方面的支出,已差不多大部分是经由供给制或把实物作为支给公教人员薪金和工资的依据;供给制即使有所限制,支付薪资即使主要采用货币,那依旧是依实物折成货币,而不是反过来依货币去折实物。在公家与私人间的经济交往关系中,银行向商工业者,向农民或者向他们的合作组织出贷的,不论采取货币形态,抑是采取实物形态,它向农工业者收回的,也多是他们的生产品。至若在私人经济组织内部或它们之间的债权债务的清偿,亦是最可能愈来愈必须把实物作为基础的。最后,

(四)货币当作贮存手段的机能,是由它当作流通手段和支付手段的机能引出的。流通和支付的内容和范围受到了限制,贮存也就要显出一种新的特质。折实储蓄已变成了全国最普遍通行的公私两利的方式。而一切公教军事机关,不得以公款存入私人银行,必须存入国家银行。那不

但加深了国家进行灵活运用资金的便利与实力，且杜绝了一切私人商业金融机关利用公款投机倒把的积弊。

总之，无论从货币的哪种机能看，都表示，它在新民主经济下，第一，会愈向社会的基本生活资料与生产资料相结合，使它自己成为这些资料的价值的直接反映（自然，在这里我们并不否认这种以实物作为本位的币制，在技术运用上，也有许多不便地方）；第二，它将由它的一切活动，逐渐成为促进社会生产和增积社会生产资金的有效手段。至若在解放战争尚未结束，社会生产力尚未发展起来的现阶段，由发行较多引起的膨胀情形，那不是这里必须论到的。

在典型的资本主义社会，货币被假定是不当作至少主要不当作货币使用，而当作资本使用。货币是资本增殖价值运动的始点和终点。终点对始点的有利差额愈大，即表示获利愈多或剩余价值愈大。在我们新民主社会，为了克服经济的落后性，使工业化全面展开，使农业逐渐采取集体的经营方式，当然需要资本大量而迅速的累积。保证并促进私人商工业的意义在此，积极要求国家一切经济部门精简节约提高生产效率的意义亦在此。我们对于各种公私企业经营，无论用多少数量货币或由实物折成多少数量货币开始，经过一定生产时期或流通时期的周转，总期在终点的货币额或把货币折回的实物额，比始点能大许多，并且越多越好。在这种限度内，我们新民主社会的资本及资本增殖价值运动，同资本主义社会的资本及资本增殖价值运动，似乎看不出有什么区别。

然而，它们的区别，不在表象上，而在其社会的实质上。

为人民国家所拥有的资本价值，虽然在运营当中，还是分解为两个部门，即由生产手段所体现的不变资本价值，和用以购买劳动力的可变资本价值。但生产手段的所有者不是私人资本家而是国家，而是人民的国家；作为人民国家的主人的劳动阶级，对国家提供劳动力，在某种限度内，就是一种“对自〔己〕的关系”，就是为自己效劳了。明白了这个道理，就不但把我们的资本特质显露出来了，也连带把我们的工资特质显露出来了。不错，在我们社会的国家资本傍边，还被容许并被奖助有相当的私人的商工资本家存在。他们的资本及其资本活动，固然还维持着一个资本主义的形象，但我们只指出这一点，即从阶级分野上讲，向他们出卖劳动力的，已经是国家的主人，而那些购买他们的劳动力的，倒反而处在那种主人支配领导之下的这一点,就够说明他们和资本主义社会的资本家,该有怎样的区别。

不过,我们在这里特别留意的,毋宁是我们社会的资本增殖价值运动,究由刚才所讲的那种资本本质区别,引起了怎样的变化。资本家社会的资本价值增殖,基本上是由于资本家购买劳动力所支付的价值,较小于劳动者为他所生产的价值;换言之,即他的剩余价值,是出自他对劳动者没有支付的那一部分劳动,即所谓无偿劳动。个别资本家要增大他的剩余价值,都是在压低或减少对劳动力的支付上用工夫。他或者是由采用新式机械或发明,提高资本构成,以减少劳动者人数,即减少对一定资本比例中的有偿劳动的支出;或者是由这样造出的机械驱逐劳动引起失业人数加多,引起劳动者间竞争的结果,径直降低工资。不论是由哪个方式所增积起来的剩余价值,都是被利用来作为进一步以物质手段加强剥削劳动者的工具。这就是说,资本主义的资本累积运动,显示出了专门发挥物的功能来制服人——直接生产者——的特征。而在我们的新社会,则恰好相反,是要尽量发挥出人的——直接生产者的——积极性来驾驶物。所以,在国家经济部门的经营中,国家固然要运用合理而有效的劳工政策,改善劳工的待遇,保障他们的职业,并于严格执行劳动报酬等级规定,以刺激其金钱欲望外,复依集体的政治教育,以启发他们自觉自动的积极性和创造性。这一来,他们的智慧能力就可充分发挥出来,使工作的效率或劳动的组织技术,不绝有所改进。这种政策在公营企业机关实行的效果,会很快把它的影响或领导作用,传到私营企业机关去。虽然在后者的场合,也许还不免要碰到一些由私有制引起的障碍。

无论如何,在我们的新社会,在我们由直接生产者无产阶级领导并把握着政权的社会,对于累积资本的指导原理,显然是不容许物质变为生产者的精神压力,反之,却是要他们由物质压力下解放出来,用他们的智力体力去有效运用物质的。

四、剩余价值的分割及其转化倾向

论到这里,有两个问题须得说明:

(一)资本主义社会的资本价值运动,有一个显明的目标,就是要增大原来的资本价值，也就是说，要获取剩余价值。在我们新民主社会，投用资本，是否也含有那个目标？由投用资本所得的超过原资本价值部分，是否也可称为剩余价值？

（二）资本主义社会的价值增殖运动，因为其中包含有不绝改进劳动工具改进技术，以加强劳动榨取，以竞胜同业的要求存在。所以，剩余价值资本化，乃资本家在不发展便不易维持生存的客观条件下的必然倾向，也可说是资本主义经济向前迅速发展的推动力。然则在我们新民主社会，如其投用资本获有剩余，是否也有一种推动力，使那种剩余的可能的大部分，继续投用下去，以扩大再生产规模呢？

关于前一个问题，是比较容易解答的。新民主经济的基本特征，就在它能动员社会一切力量发展生产。生产诸力中最重要而又最能发挥弹性的是劳动力；劳动力能被诱导激励起来充分发挥它的力量，与劳动结合，为劳动力技术所运用的物质的生产诸力，也就可能更有效的更有组织的发挥它的力量。单从这方面看来，即把运销信用等方面的有机配合，可以帮助资本周转速度的情形抛开不讲，我们新社会即使对直接生产的劳动者给予了较资本主义社会为合理的照顾和报酬，那并不会因此就比之资本主义社会要减低剩余价值的增殖率，或减少剩余劳动生产物量。反之，在苏联，在东南欧各国，乃至在中国东北各地所已有的实际生产经验，都表示同一种类和规模的经营，都要比在资本主义社会，能挣得更多得多的剩余价值或剩余价值生产物。那很显明的，在一方面，是依劳动竞赛等方式，充分发挥劳动能力，同时更由劳动者去发挥物力；而在另一方面，则是只须改进模具技术，以压制劳动者，使他们不肯或不愿去发挥物力，那在生产效率上，是大有区别的。不仅如此，在资本主义社会，因为个别资本家都不顾死活的改进技术条件，备置新式机具，使不变资本对可变资本的比率，愈来愈加大了，他们的制造品，便将因可变资本支出的减少，即劳动者阶级收入或购买力的相对减少，而没有销路，而引起十年八年一次的周期恐慌，引起社会资本蓄积的停顿。而在社会主义社会或我们新民主社会，劳动者阶级的生活水准，在随着资本蓄积的增进而不绝提高，即生产物加多加繁了，对于生产物的需要，也在以同比例增加，自然就没有恐慌停顿的事发生。要之，在我们新民主社会，不但我们的整个政策，在要求增加生产，迅速增加社会资本蓄积。事实上，我们已有足够的经验，足够的理由，来保证那种社会资本蓄积会迅速大量累积起来。至若那种累积，是否可以称为剩余价值或剩余价值生产物，那可以和前面谈及的诸经济范畴一同看待，即名词尽管相同，实质是两样的，那已无庸多所解释。我们还可从下面第二个问题的解答中，得到一些说明。

第二个问题是说，新民主社会由公私经营所累积的剩余价值或其生产物，如果不照资本社会那样的逐利图存动机，使其资本化，究有何保证，使它不致浪费掉或转化到非生产的用途呢？这个问题，拢统一点解答，原来提出人民国家由无产阶级领导支配的政权性质及其基本的经济政策，就行了。但特别因为关系到私人商工业经营，所以这里需要就剩余价值的分割及其转化趋势加以解析。

剩余价值一般是分成几个部分：产业利润、商业利润、利息以及地租。在资本比较发达的社会，商业利润与利息，是由产业资本利润中分出，而地租则是在农业上，由农业利润对工业利润的超过额，或即所谓剩余利润或超额利润所转化而来。而在我们过去的半封建半殖民地社会中，社会的产业，并不曾像资本主义社会那样，约制着商业和利贷业，反而是受约制于后两者，结局，商业利润及利贷业资本，并非由产业利润分出，倒反而是后者由前者分出，特别是由前者中的商业利润分出。这一来，资本每度周转结果所能挣积的剩余价值，就不是先把产业资本的平均合理利润扣除下来之后，再以其余部分分配到商业资本及利贷业资本，也不是按照各种资本投下的百分比分配利得；而是把商业资本利贷业资本强要占最大可能分额所残下的部分，分配到产业资本。于是，产业资本往往就只能挣得很少利润或全没有利润，而由是造出一种社会游资不用在产业上而用到商业利贷业上的规律，并造出产业资本不逐渐由商业资本利贷业资本增积过来，而反逐渐逆化成商业资本利贷业资本的规律。这就意味着，不是再生产规模的逐渐扩大，而是它逐渐缩小。在我们新民主社会，最要禁制的，就是商业资本利贷业资本控制侵蚀产业资本的情形。尽管在国家经济部门中，也还有商业资本银行资本形态存在。从而，也还有商业利润银行资本利息存在。似这两种资本形态的最大任务，就在帮同活泼或加速生产资本的循环或周转，就在帮同促成社会的游资社会的零碎资金，累积转化到生产事业上。属于国家经济部门的资本剩余价值，在各种资本形态间的分配，只发生资金调度上、业务处理上的技术计算安排是否恰到好处的问题;或者银行利息是否定得过高过低,商业经营范围是否过于扩张或太不扩张,致碍商品资金流通、影响生产的问题,而不会有其他社会性的障碍存在,因为各种分配形态所得者都是国家。至若关于私人资本经营方面,我在前面已经讲到了,一切投机取巧囤积居奇的活动,是被限制和禁止的。只有产业资本或生产资本或确实有助于它们的商业利贷业,才受到国家的保护和奖助。不仅如此,随着集体性的经济的发展,各种商业的金融的合作组织,将普遍设立起来。在那种情况下,一切居间投机操纵的商业利贷业,便更不易有非法牟利的余地。而商业资本利贷业资本所合理分得的剩余价值或利得,除了因应社会生产事业扩张,在这些流通资本上亦须有所增加外,其余便自然会被导向生产的用途。

讲到这里,我们需要就土地地租这个形态加以交代了。在土地未改革以前,地租差不多是我们落后社会的基本剩余价值形态。以往土地上的乃至其他方面的社会所得,有最大一部分,是用来购买土地,坐食地租。地租被认为是"土地利息",利息又被认为是不大费经营的"货币地租",再加商业介乎其间,三者互相吸引,对生产事业发生决定的破坏作用。土地改革以后,封建地主阶级或者已经打倒,或者快要打倒。坐食地租的阶级不存在了。土地虽然不曾国有,土地上的地租,大体已转形变质成为土地税或国税形态。在目前,这种性质的国税,虽然还不能按照都市营业所得的比率征收,但因为涓滴归公了,公家正在一切方面帮助恢复生产。所以,在某种限度内,这种土地剩余,这种赋税,将逐渐成为保障农业生产发展的基金。

五、向着社会主义经济坦途迈进

要之,人民国家的社会剩余价值或剩余生产物,不论是从分割的比例上看,抑是从转化的用途上看,均将由其内在外在的社会经济条件规制着、敦促着,使其不绝生产资本化,不绝成为扩大再生产规模的社会保证准备,而我们也只能从这种关键、这种保证上,看出新民主经济逐渐走上社会主义经济的光明坦途。

*　　*　　*

编者注：附论五“当作一种社会革命思想体系来看的新民主主义”与本卷收录的《中国社会经济改造问题研究》一书的附录“当作一个社会革命思想体系来看的新民主主义”（本卷第364～369页）重复，故从略。读者可参阅相关内容。

附论六　马列主义与新民主主义社会经济形态

一、三个看法、三个问题

现在，新民主革命运动，已经表现为一个方兴未艾的世界潮流了。一切民主革命运动的基本问题，是政权问题；一切民主革命政权建立起来之后的基本任务，则是完成社会经济的变革或改造。[①] 旷观今日世界诸落后国家，有的还在加速酝酿着新民主革命运动，有的已经建立起了新民主革命政权，有的并还由那种政权，在创建或者已大体创建好了新型的社会经济体制。这情势，为我们指示出了两点意义：其一是，不论我们把那种新型的社会经济形态，理解为一种阶段，一个步骤，还是一个体制，它早已不是存在于理想中，宣传中，而是当着严然的事实存在着，当作惹人注意或耸人听闻的具有世界性的重大事体，而为人所研究讨论着；其二是，它这种社会经济形态，同苏联型以外的一切社会经济体制不同，它的形态与其说是由于客观社会经济事象依着盲目法则作用而展开的结果，毋宁说是由于革命主体，科学意义的运用客观社会经济条件而计划出来的结果。换言之，它是新民主政权灵活应用新社会科学乃至晚近革命实践经验的"创作物"。

这里所谓新社会科学及其实践，显然是包含在马列主义全体系中的。

但当我们这样来解述新民主社会经济形态与马列主义的关联的时候，一些皮相的机械的理解马列主义的人，或者如所谓不是站在马列主义

① 在这里，资产者的民主政权和苏联及新民主政权之间，表示了极大的分别：资产者政权所企图实现的经济形态，差不多在它争取得政权的瞬间，就已大体近于完成。反之，苏联及新民主主义政权，则要在它确实建立起来以后，才开始其所理想的社会经济的改造的。

立场,而是躺在马列主义立场[①]的人,一定会凭着他们"生硬""死板"的机械想法,以为新民主社会经济形态的产生,似乎无法解作是依据马列主义的。他们的高见,大体可以概括在以次三种看法,及由此提起的三个问题中。

第一是,就马列的社会形式发展理论,看出新民主社会发展形态与那种理论以有所抵触或脱节的问题。

关于社会形式发展理论,马克思在一八四七年出版的《工资劳动与资本》小著中,就已就奴隶农奴与工资劳动者的劳动的形态发展迹象,这样提出了,他说:"太古的社会,封建的社会,今日的社会,在人类历史发展上,各划一重要的时代。"[②]但他把这种区分更基本的依生产方法来证明,却是见于一八五九年出版的《政治经济学批判》中,那里的古典表现是"亚细亚的、古代的、封建的与现代资产阶级的生产方法,就一般的轮廓说来,可以看作依次累进的社会经济发展的诸时代"。关于资本主义时代以后的历史阶段,他在一切场合是表示由社会主义阶段来接续下去的。对于马克思这种意见,列宁在其有关社会经济发展的说明中,是当作无可怀疑的既定真理,当作唯物史观之具体而正确的表现形态来接受着的。例如:恩格斯在《家族私有财产及国家之起源》一书(一八八四年出版)中,依据马克思上述的社会形式发展论,而表示:"古代的国家是以压制奴隶为目的的奴隶所有者的国家;封建的国家是为压制农奴及隶属农民的贵族机关;近代代议制的国家,则是资本榨取工资劳动的工具。"[③]列宁在其所著《国家与革命》(一九一七年问世)中,就曾据以全面展开其阶级国家观。一句话,包括原始共产社会、奴隶社会、封建社会、资本社会,乃至社会主义社会的这种累进发展着的历史阶段论,是当作马列主义体系之一个重要构成部分而为一般所公认的。现在世界各落后国家之新民主革命运动所企图实现的那种社会经济形态,如依照各该国所已经大体形成,或在宣传计划中所要形成的经济结构的组织来看,即从它包括有资本主义的社

---

① 斯大林认为俄国的孟什维克不懂得马克思的实质,把马克思的革命的生动原理,变成毫无意思的死硬公式,因而说它不站在马列主义的立场,而是躺在马列主义的立场。(参见《列宁选集》第一卷第32页)

② 见莫斯科版英译本 Wage,Labour and Capital,第32页。

③ 参见明华社译第241页。

会主义的各种因素来看,似乎根本不能列在上述任一历史阶段中。

这个问题将如何说明呢?

第二,是就马列的生产力理论,看出新民主社会经济形态的创建,与那种理论似有所抵触或脱节的问题。

马列的社会形式发展或历史阶段理论,是把唯物历史观作为其认识基础,而唯物史观又是依据社会生产力与生产关系的以次辩证发展关系证明的:社会生产力发展到一定阶段,它就跟该社会中原来适应它并帮助它发展的生产关系,表现出矛盾。到这时,这种关系,就由帮助生产力发展的形式,变成了它发展的障碍物,于是便导来一种社会革命。不过,当生产力还有发展余地时,旧的社会生产关系,并不会事先消灭,而在旧社会胎内没有具备新的较高级的生产关系的物质条件以前,那种旧社会就不会为新的较高级的生产关系所代替。看作唯物史观公式的这一段经典,列宁在他的整个革命理论体系中,是一直都把握得牢紧,但同时也是运用得灵活的。在苏联政权施行新经济政策的当时,国内外人士的揣测,列宁的作法,似对马克思主义表示了一些距离;斯大林在一九二七年九月九日对第一届美国工人代表团的谈话中,就曾被提起了这样的问题"列宁和共产党在实际上给马克思主义补充了什么原则呢?如果说列宁相信'创造性的革命',而马克思却较为趋向于等待经济力登峰造极的发展,那是否正确呢?"①和这同样的疑问,显然是会移到我们这里有关的论题上来,而认为新民主革命者主张由新政治权力去创建新社会经济形态,像和他们认定的马克思"较为趋向等待经济力登峰造极的发展",有些抵触。

这问题又将如何说明呢?

第三,是就马列的阶级斗争理论,看出新民主政权对私人资本主义采行的温和保育纲领,似与那种理论有所抵触或脱节的问题。

一提到阶级斗争,大家很容易想到,这是马克思主义体系中的一个最生动同时也最激越的一部分。列宁曾在所著《国家与革命》一书中,引述马克思自己关于其阶级斗争说的特点,"……无论是说现代社会中有阶级存在,或发现各阶级彼此斗争,都不是我的功劳,在我以前,资产阶级的历史家,早已叙述过阶级斗争的历史发展,而资产阶级的经济学家,则早已

① 见《列宁选集》中译本第二卷第 48 页。

作过各阶级的经济解剖;我所作出的工作,就在于说明下列几点:(一)阶级存在仅仅是与生产发展过程所固有的一定历史发展阶段相联系着的;(二)阶级斗争必然引到无产阶级专政;(三)这个阶级专政,本身不过是进到根本消灭阶级,进到无产阶级社会的过渡。"[①]列宁显然是对马克思这种阶级斗争指示的忠实履行者,他毕生在为着消灭资产阶级,消灭阶级而作着坚苦的斗争;而他及他所领导的党,在斗争过程中,为应付旧统治压制,抗拒所采行的种种严峻手段或强力行动,以至在因此受着严重威胁的整个资产阶级及其所支配的舆论界,竟把马列主义者理解为是只知道破坏,不能建设;只知道战斗,不会通融和不能打和平交道的人。由是,他们对于新民主政权采行容允并保育资本主义发展的经济措施,或包含有私人商品经济成分的新社会经济形态,要就是采取怀疑态度,否则就认定那是对于马列主义的脱节行动。

这问题又将如何说明呢?

所有这些疑难问题,无论发生于各种反动份子或集团的恶意曲解,抑是由于大家对马列主义理解的不够,都会在新民主体制创建的实践上,引起一些不利的影响。为要廓清诸如此类的似是而非的见解,为要把新民主主义社会经济体制安置在明确而健全的理论依据上,最好是由马列主义学说本身来就上面提起的三个问题,分别予以解答。

二、马列主义对于第一个问题:即由社会形式发展阶级理论引起的疑难的解答

马列所提示的社会形式发展阶段说,是依据唯物史观,依据科学分析,通体研究人类历史累进诸时代之社会经济状态而达出的结果;是由特定诸国诸民族之历史而一般化而抽象化的共同序列。它虽然可以大体由抽象回到具体的通用于各个别国家民族的历史发展方面,但因人类社会经济的历史发展,会因其所禀赋的自然条件与所遭遇的历史条件而表现出种种差异,故某民族或国家在特定发展阶段所显示的社会生产规模,所延续的时间以及对照该发展阶段之经济结构上所呈现的各种上层建筑形

① 见《列宁选集》中译本第二卷第201页。

态，都不一定能与其他民族或国家在同一阶段所经历所表现者相同，这种社会经济结构上所具有的个别差异性，当然会依照其差别程度的大小，而影响到其由前一历史阶段移到后一历史阶段的转形过程。但虽如此，我们不但不会因此减少一般社会发展形式及一般社会演变程序之科学提示的重要性，却反而要靠着这一般社会发展形式，来判定特定国家或民族，究在其特定社会发展阶段对一般表示了多大的特殊性；并要靠着这一般社会演变程序，来推知特定国家或民族，究由其前一历史阶段推移到次一历史阶段的当中，究应依其特殊社会结构，采行如何不同的转形方式。

我们甚至可以说，社会史上的一般阶段认识，和一般发展法则的提示，并不是为了最符合或最接近一般发展水平和对演变规律的社会，反而是为了那些对一般发展水准、对一般演变规律显示了较多差别的社会。

当我们这样去理解去重视马列社会发展阶段学说的时候，就是表示，我们人类对于社会历史的发展，对于经济结构的变革，不再像过去一样，采取傍观的无为的态度，任客观社会经济事象自发的盲目的演变，即是如我在其他场合所讲的“……以往的，在十九世纪中叶以前的社会转形，差不多都表现为半自觉的或不自觉的一任自然的必然摆布的偶发变动，自从新的历史科学，即看作社会发展之方法论的科学，在十九世纪中叶大体完成以后，一切社会变革运动，一切社会转形，就开始依照我们对于那种新历史科学，那种新社会学理解的程度，而变为较能自觉的，变为‘知而后能’的，变为非一任‘自然的必然’支配，同时且能科学的意识的支配运用‘自然的必然’过程的社会行动了。”①我之所谓新历史科学，新社会学，正好是把上面提论到的社会形式发展阶段理论，作为其重要的具体内容的。自十九世纪中叶以来，这一科学的历史提示，就明确指示了欧洲各国革命运动的光明前途，及其可能采行的缩短社会生育痛苦的策略。苏联十月革命的成功，当前东南欧及中国的新民主革命运动的成果，恰好是灵活运用了马列主义的最大收获。

马列主义指出：由资本主义制推移到了社会主义制，是一种历史的必然；如何由前者转形到后者，可以全面的周密的审察一国资本主义发展的程度，其社会阶级构成的变化，其周遭国际关系的演变，而定下可能较快

---

① 见拙作《论社会转形中的科学研究者》——1949 年 3 月 6 日香港《大公报》星期论文。

完成那种转形的各种必要步骤或过渡阶段。我们仔细考察人类历史上各基本社会发展阶段出现的前后,差不多都参差不齐的产生了作为其准备的或过渡性的阶段。比如资本主义制在其典型形态完成的前期,就有所谓商业资本阶段,其后又有所谓独占资本阶段,或国家资本主义阶段。但当作典型社会主义实现之准备步骤看的苏联型的国家社会经济形态或东南欧的新民主社会经济形态,它同资产者社会的国家资本之经济形态,不但从所有权本质上显出了极大的分野,就产生的过程说,更是根本不同的。所谓国家资本主义经济形态,是资本主义产业发展到产业革命第二期,到固定资本愈来愈增大其比重,到产业资本家愈来愈须依赖于金融资本的情形下,必然要自发的产生的。换言之,它是依照资本累积与扩张法则的盲目作用而形成的;反之,苏联的国家社会主义经济形态,东南欧乃至新中国的新民主社会经济形态。却是对照着现实社会经济条件,而科学意识的计划安排创建出来的。

要之,为马克思所创立,又为列宁斯大林依实践予以充实了的科学的社会形式发展阶段理论,对于那些处在正常发展社会状态下,尤其是对于那些处在不正常发展社会下的被压迫的人民,第一,明确指示了他们所在社会的必然的发展途径;第二,又明确指示了他们为了缩减达到那种道路的痛苦过程,不能被动的等待着客观环境自发的演变,而必须多方加强主观的努力;最后第三,又还明确指示了,他们应该运用一切可资利用的客观主观条件,科学的设定一个容易集中力量避免阻力的转形步骤或阶段,以为达到理想的典型社会阶段或社会主义阶段的“便桥”。

三、马列主义对于第二个问题,即由社会生产力论引起的疑难的解答

马、列的社会形式发展阶段理论,在实质上,是依着社会生产力与生产关系之辩证发展关系来说明的。在任何一种社会经济形态中,通是把生产力状况和生产关系的形式,作为其社会生产总机体的构成分。因此,我们上面关于社会形式发展理论在应用上的说明,至少应该算是部分的解答了由社会生产力论所引起的疑难。但即使经过了这种把理论与实践关联起来的说明,围绕在社会生产力论上的以次论点,仍然是需要解释的。即在

资本主义经济较不发达，也可以说是，在社会生产力较不发达的国家，由新民主政权来推行一种适合于它的“社会性格”的经济制度，来培育出一种被视为它的物质基础的新生产力，那不是表示：(一)体现着旧社会生产关系的政治权力之被推翻，并非由于生产发展起来的结果，反倒像是生产力不易发展起来的结果；(二)新社会生产力，并非旧社会生产关系里面育成，倒反像是要在新政治权力下面去创建。这两个论点，显然是从一个问题或一种疑难的正反两面去看出来的，通是对马列主义的认识，还停留在形式的条文字句上，而不曾澈底的从实践关联上去辩证的理解的结果。

特定社会生产力的发展，一达到原来适合它的生产关系，阻碍它，梏桎它，使它不复能向前发展的时候，就引起一种社会革命，那是从过去社会史实演变中得出的一般的抽象化了的“化验室的”大法则，对于这种大法则，

我们第一要明了，现实社会的发展演变史，真不知道比它那个法则本身所表现的，要丰富多少，要曲折错综多少。但虽如此，我们决不应当因为现实表象上的前后错合参差，而怀疑到那种法则本身的贯澈作用，反之，正是由于社会现象过于错杂了，我们才更要求那种作为认识依据的历史法则。

第二要明了，在这种历史发展法则没有发现出来之前，我们一直是让社会生产力“自发的”发展到使那原来适合它的生产关系破裂，或使那体现着那种生产关系的政治权力倒坏。可是，当我们已经由那种社会发展法则，知道任一国家民族的必然发展前途，而又知道听任其“自发的”发展，必须支付极可怕的历史代价的时候，我们是否还应该作那种“等待”呢？而且，

第三还要明了，处在现代资本主义支配下的落后国家，它就是甘愿忍辱负重的作着那种“等待”，也极不容易实现它的现代化的社会化的发展前途。它的传统封建生产关系的残余，大都在为国际资本或帝国主义势力所利用，致使其社会生产力长期陷在坎坷困顿中不克发展起来。正因为这种缘故，

第四才明了，我们在二十世纪考察一个国家的社会生产力与生产关系的辩证发展问题，就不应单就该国国内的社会经济发展水平来衡定它，同时必须考虑到国际资本在该国发生的阻掣作用，和看该国体现着新旧

生产关系的半封建统治形态，在国际资本统治阵线中所处的地位。换言之，即同一的社会生产力与生产关系乃至其上层的政治形态，却因此赋予了一种“世界的”性质，旧生产关系从而旧统治势力是顽强还是脆弱，一方面要看它在整个国际资本统治中扮演的是怎样的角色，同时也要看，排斥它的社会生产力，是在怎样受着国际资本统治磨折和国际革命运动激荡的影响。为了补强这种意见，

最后第五，我们还要明了，所谓社会生产力，归根结底的分析起来，无非是人的因素的劳动力与物的因素的生产手段，在一定社会形式下结合作用起来所表示出的一种劳动生产力量。落后社会生产关系、落后政治统治（事实上往往是与国际资本的统治结合着）妨碍那种结合，就是使社会可能变为生产手段的物的因素，不容易现实的当作生产力的构成分而作用，使社会可能变为劳动力的人的因素，也不容易现实的当作生产力的构成分而作用。一个社会长期陷在既被国际资本控制剥削，又受封建传统压抑摧残的状态下，它不绝由农村游离出来的大量劳动力，虽不能变为现实的社会生产力要素，却不失为可能的社会生产要素。那些在都市在农村经常处在失业或半失业状态中的大批劳动者，他们即使不曾取得现代产业工人的头衔，却因为在长期民族主义运动、民主主义运动乃至农民运动的感召下，很可能并且实际上具有现代产业工人的战斗精神，至少是现代意义的无产阶级的“后备力量”。因此，以他们这类生产人民为主体而展开的新民主革命势力，我们不但不应专从国内经济发展状态去判断它的社会基础，就是就国内设想，也不应专从它的社会生产力发展水准的量的方面去考虑，同时更当从那种生产力发展水准的质的方面去说明。

也许说，上面这几点意见，只释明了生产力未在旧统治旧生产关系下发展起来，却竟发生了摧毁那种统治那种生产关系的革命运动的一面，而新的生产力并未在旧生产关系下成长，须由新政权来培育的这一面，仍得以加以解释。但这是比较容易解释的。任何旧社会的生产力，都是被看作新社会的生产力的“原料”，即原有的劳动力，原有的生产手段，都被重新组织编配在新的生产关系中。落后社会蓄积为生产手段因素的“原料”虽颇不够，但作为新社会新生产力之劳动力因素的“原料”，却大可由长期现代化坎坷磨折所造出的具有浓厚民族意识与阶级意识的大量劳动者，得到极其“充裕”的供给。一个新社会，没有旧社会遗下的诸生产条件，它

是无法取得存在的，资本主义经济不发达的落后社会，较之资本主义比较发达的社会，通体说来，当然只会对新社会——或社会主义社会，移转下较为贫弱的新生产力的“原料”，但那并不意味着它完全没有旧的“蓄积”，只不过说明，它的旧的“蓄积”不充分，因而更需采行一种过渡性的准备步骤的新民主的社会经济体制罢了。

四、马列主义对于第三个问题，即由阶级斗争理论引起的疑难的解答

由前面提论到的第一个疑难的解答，我们已明了社会形式发展阶段理论，正好是表示以后的革命运动，并无须采取等待主义，等待客观社会条件成熟才自发的爆发。为缩减自然生育痛苦，而科学意识的提前发动。于是，由第二个疑难的解答，我们又进一层的知道，社会生产力与生产关系辩证的发展理论，正好是表示革命运动并不一定要“等待”一国社会生产力发展到如何高的水准，才可展开；其生产力量上的缺点，可由其质上的优点得到补充；其国内经济基础的薄弱，可由其在国际关系中的对比地位相对予以增强；社会蓄积在革命前或在革命过程中的过度浪费，只好在革命完成后合理的计划的加以培育。以上这两种疑难的解答，已经大体为我们这里要解答的第三个疑难，即社会阶级斗争理论为什么允许对资本家阶级妥协的新民主社会经济形态的疑难提出了前提的理解。

因为为了减少“生育”痛苦要提前发动革命，因为发动革命时的经济基础不够坚实，需要设法培育，因为在落后社会内培育新生产力，仍得借助于资本主义的生产方式，于是，就有容许私人资本活动的新民主社会经济形态的创建。这一列逻辑顺序原是非常明白的，但由无产阶级领导的政权，居然容允资产阶级参加，那怎样同马、列的阶级斗争理论调和呢？

这种疑难，主要是由于抽象的去理解马列主义和望文生义的去理解它的阶级斗争理论的结果。实现社会主义，尽可能迅速的实现社会主义，无疑是马列主义在实践上的最根本目标，同时，它也明确指示了：非经过激烈的澈底的理论与实践上的斗争，一切阶级的敌人是不肯轻易认错认输的。但我们应明了，马列主义是把唯物论作为它的哲学基础的，对于一切社会问题的处理，它首先探究那解决问题的现实物质条件，已具备到了

怎样的程度。马克思在十九世纪后期，即在资本主义开始其“和平发展”的阶段，已经天才的提示了有关斗争策略的根本问题，等到同世纪末乃至二十世纪初，列宁依据他在当时社会斗争过程中的丰富而切实的体验，进一步把革命学说的实践策略，作了许多科学的规定。依据那种规定，

第一，它告诉我们，当革命的斗争已带有世界的或国际的性质的时候，即世界已由资本统治集团与反资本统治集团对垒起来，作着正面搏斗的时候，斗争的舞台，就应由革命集团自动的有计划的移到国际资本统治比较脆弱的地域或国家，那是回避攻坚或抓住弱点痛击的战略。因此，

第二，它又告诉我们，在资本主义比俄国还要落后的国家从事革命运动，那种运动当中，必然掺杂有民族问题与农民问题的性质，从而革命的对象，革命的阵线，乃至革命的步骤，就得审慎斟酌考虑明白确定；如果一开始便拢统的把一切非无产者当作敌人，那就犯了“树敌”的错误，而使自己陷在孤立的地位。所以落后国家的革命运动，必须对照其落后的程度，而区辨出最先要革除的对象；如其那对象是帝国主义与封建势力，就不妨团结一切受帝国主义封建势力压迫的各社会阶层去毫不容情的反对它，打倒它，消灭它。

第三，它还告诉我们，哪怕对于一个已确定要打倒、要歼灭的对象，在必要的场合，还不妨采取妥协、缓和、融通的策略，那或者是为了利用国际敌人的矛盾，或者是为了使自己更有喘息补整的机会，或者是为了使自己由此确立起较为坚实的社会经济基础。不管为了什么，都可以说是在施行一种革命的“改良主义”；革命者是不仅要知道如何勇敢的进攻，同时还得知道如何勇敢的后退。列宁在军事共产主义时期以后，断然实行的新经济政策，就是运用这种以退为进的革命策略的结果。联共党史中，我们见到了这样一项有关新经济政策的说明：“战时共产主义是用冲击手段，用正面进攻手段攻破城乡资本主义成份的尝试。在实行这种进攻时，党向前面跑得太远，有脱离自己根据地的危险。列宁现在主张稍许后退一点，暂时退到更接近于自己后方的地方去……以便蓄积起力量后再去开始进攻。”①

对革命者实行改良主义方策的问题，列宁自己曾有这样一种解说：

---

① 见《联共（布）党史》1948年译本第316页。

"只有马克思主义者才确切的正确的决定了改良对于革命的关系，但马克思当时只能从一方面，即是只能在无产阶级甚至在一个国家中都还没有获得多少稳固，多少长久的初次胜利的环境里看见这种关系。在这样的环境里，正确关系的基础，就是把改良看成无产阶级所作革命阶级斗争的副产品……当无产阶级即令只是在一个国家内获得胜利时，于是改革对于革命的关系上便有一种新东西出现了。在原则上事情仍如以前一样，但在形式上却已有一个为马克思本人所不能预察到的变化，虽然这个变化仍只有根据马克思主义的哲学和政治观点才能理解的。"[①]这段话是表示，革命者采行改良的步骤，是要在革命政权确立起来之后，或者是要在世界中某一个国家已经由无产阶级革命取得胜利以后，才能看出它的积极意义。显言之，苏联对资本者妥协让步的新经济政策，是十月革命建立起了苏维埃政权，可以保证那种政策更有助于社会主义经济的成长；今日，东南欧各国及中国的革命运动一开始就由容允或联合资产阶级的政权，来推行保育资本主义商品成份的经济步骤，从世界观点去看，乃因无产阶级的政权，已经在苏联建立起来了，它可以支助或示范这些国家，使它们由无产阶级领导的联合政权，能把较温和的经济措施，当作革命进程中的必要的过渡步骤。革命者在特定场合的让步，都不是消极的，而是更积极的；毛主席曾就抗日当时对国民党反动派的让步，有过极精辟的说明。他说："……没有红军的改编，苏区的改制，暴动政策的取消，就不能实现全国的抗日战争，让了前者就得了后者，消极的步骤达到了积极的目的。'为了更好的一跃而后退'，正是列宁主义，把让步当作纯消极的东西，不是马列主义所许可的。……我们的让步，退守，防御或停顿，不论是向同盟者或向敌人，都是当作整个革命政策的一部分看的，是联系于总的革命路线而当作不可缺少的一环看的，是当作曲线运动的一个片断看的，一句话，是积极的。"[②]从这段指示里，我们可以深长的体察到马列主义者科学意识的采行新民主主义社会经济措施的根本意识。

---

① 见《列宁全集》第二七卷第 84～85 页，转引自《列宁主义问题》中译本第 10～12 页。

② 《毛泽东选集》第 180 页。

五、结　语

我想把上面的说明，简括结论在以次三点意见中：

第一，任何一个新民主国家所实行的新经济措施，即以国家经济为领导，容许私经济存在与相当发展的过渡性的步骤，不但不是违反马列主义的，并且完全是依据马列主义的。

第二，马列主义的社会形式发展阶段理论、社会生产力理论、社会阶级斗争理论，是马列主义体系中相互密切关联着的序列。由这一序列理论所赋予革命运动的科学性格，所赋予革命运动的更大更多的自觉的计划的属性，把各种革命实践活动上显出的表象形态，提高到了像是同那些理论本身有所抵触的样子。但依我们上面仔细的考察，马列主义所提示教导我们的，并不是要在一定的固着的条件下，我们该如何刻板划一的去做，而是在任何变动不居的情形下，我们皆能把握革命原则，因时制宜的去做。

第三，摆在我们眼前的新民主主义政权，和为这政权所计划实现的新民主主义经济形态，就不但是灵活运用马列主义革命理论之科学意识的产物，同时，这种形态的政治与经济，也只能在马列主义这一大社会发展的镜面中，才比较容易反映出它的革命本质，和取得它的科学依据。

马克思主义的人口理论与中国人口问题

馬克思主义的人口理論与中国人口問題

王亞南

科学出版社

原书封面

内容提要

一是資产阶級人口理論和馬克思主义的人口理論，一是中国人口問題
在論述人口問題的諸表象及其本質后，即对資产阶級学者有关人口理
斯主义予以概括地批判，并深入地揭露出其阶級实質。然后系統地闡
論”中的嶄新的人口理論。第二部分，作者历述了中国历史上的人口問
並揭露在中国現代反帝反封建斗爭过程中出現的新旧馬尔薩斯主义，对
的馬尔薩斯主义者如布克(J. L. Buck)、罗尔綱、陈長蘅等的形形式式
本書的最后一段，說明解放后中国人口問題的性質，指出旧社会所遺
隨社会主义制度的建立，逐步在消失。对目前还存在的馬尔薩斯主义
分析和批判。

馬克思主义的人口理論
与中國人口問題

著者 王 亞 南
出版者 科 学 出 版 社
北京朝陽門大街117号
北京市書刊出版業營業許可証出字第061号
印刷者 中 国 科 学 院 印 刷 厂
总經售 新 華 書 店

1956年12月第一版 書号：0637 印張：3
1958年9月第二次印刷 开本：787×1092 1/18
(京) 11,361—12,480 字数：52,000
定价：(9)0.38元

原书版权页

内容提要

本书分为两个部分，一是资产阶级人口理论和马克思主义的人口理论，一是中国人口问题及其解决途径。第一部分在论述人口问题的诸表象及其本质后，即对资产阶级学者有关人口理论的代表学说——马尔萨斯主义予以概括地批判，并深入地揭露出其阶级实质。然后系统地阐明马克思在其大著《资本论》中的崭新的人口理论。第二部分，作者历述了中国历史上的人口问题及其产生的原因后，着重揭露在中国现代反帝反封建斗争过程中出现的新旧马尔萨斯主义，对那些在中国较有深刻影响的马尔萨斯主义者如布克(J.L.Buck)、罗尔纲、陈长蘅等的形形式式论调，予以坚决的驳斥。本书的最后一段，说明解放后中国人口问题的性质，指出旧社会所遗留下来的失业现象，正随着社会主义制度的建立，逐步在消失。对目前还存在的马尔萨斯主义的残余思想，作了必要的分析和批判。

序

有关人口理论——人口规律的问题，牵涉到整个社会经济生活领域。因而，在社会科学的论究中，占有非常重要的地位。特别是当着当代帝国主义——殖民主义的御用学者，把一切反动的社会学说、经济学说乃至生物学说揉杂在他们的人口理论中，构成所谓新马尔萨斯主义思想体系，为帝国主义者奴役并屠戮落后地区人民，在思想上铺平道路的时候，人口理论的研究，就更显得有了异常重大的现实意义。可是到目前为止，我们学术思想界有关这方面的努力，是非常不够的，这个小小论著的问世，是希望能引起我们社会经济学家乃至对此有兴趣的自然科学者的足够重视。

近年以来，由于若干社会人士的倡议，节育运动已经在各方面引起了相当广泛的注意。在第一届全国人民代表大会第二次会议中，邵力子先生曾提出“请加强避孕常识宣传和放宽节育限制”的提案，他认为“这是关系广大群众切身利益问题，而目前已采取的方法，确还未能满足群众的要求”，所以，他“除了希望医务工作者再进一步研究节育的办法之外，还希望卫生领导机关采取积极的措施，加强避孕常识的宣传，放宽节育技术的限制”，主张把避孕的常识，由都市传播到农村，扩大避孕药的供应范围。卫生机关确实很重视邵力子先生这个提案的意见，在今年六月召开的人民代表大会第三次会议上，卫生部长李德全的发言，就着重提到，“关于有利于妇婴的健康，子女的教育，民族的繁荣而实行的节育问题，我们宣传不够。今后应在党和政府领导下，结合有关单位，进一步地展开宣传教育工作和加强技术指导工作”。邵先生对于这段话非常满意，他在大会中还专门就这个问题，作了一次发言，主张施行手术的限制，还应进一步放宽，并认真介绍了某中医证验有效的避孕方法，即活吞蝌蚪多少条，多少次，即可多年不孕或永久不受孕的单方。关于邵先生的节育主张和卫生部在这方面的努力，我除了衷心希望它真正会“有利于妇婴的健康，子女的教育，民族的繁荣”外，没有什么意见。我在这里所不能已于言的，只是这种节育的宣传运动，会不会在我们思想上引起什么副作用。我的这个论著，既是依据马克思主义的人口理论来考察中国人口问题的解决途径，我就有责任对这个问题作一交代。我以为，对于节育问题，也正如对于其他社会问题一样，资产阶级有一个看法，马克思主义者有另一个相反的看法。关于资产阶级的或马尔萨斯主义的节育论，我在本书中已谈得相当详细了，它的要点，就是认定社会一切贫苦罪恶，都是由于人口对养活人的生活资料过剩，或人口对生产生活资料的土地过剩，而生活资料不够的人，又是限于劳动人民或比较落后地区的民族，于是，把包括着最和平的避孕术到最猛烈的细菌原子弹在内的一切方法，用来限制或减除这些多余的过剩的人口，就成为他们根绝社会贫困罪恶的紧急要图。帝国主义者殖民主义者既把国内外劳动人民看作他们的赎罪的羔羊，沿着他们的思想线索来厉行节育，就无异承认我们是应当忍受细菌和原子弹灾难的对象。解放以后，尽管以往把我们社会的贫困，罪恶，愚昧，孱弱乃至动乱的根源，都归之于我们的人口过剩过多的错误见解，都给事实驳倒了，但毕竟因为我国人口非常众多，又毕竟因为解放时期尚短，百废待兴，一般人民生活水平还不可能很快提高起来，于是国内外对中国人口众多怀抱杞忧的人，或者耽心我们人口太多会不会妨碍生产力的提高，或者耽心我们的人口太多会不会向外扩张侵略，这样那样的臆测或私议是存在的。目前的节育宣传运动，是否和这种想法有关，我未敢断言，但人们把节育问题和人口问题联系起来考虑，以至把赞同节育的人看做赞同马尔萨斯主义人口理论的人，却是很有可能的。所以，尽管我们在邵力子先生的提案中，发言中，无法明确他的主张是否把马尔萨斯的人口理论作为依据，但为了防止新旧马尔萨斯主义的传播和滋长，是有必要就我们当前的节育问题，依据马克思主义的人口理论来简单加以分释的。在马克思主义者看来，人是社会最宝贵的财富。人们的劳动，就是他们的幸福的保证和源泉。问题就要看他们的劳动或劳动力，是否得到合理的安排和利用。人口过剩或劳动人口过剩，无非是特定社会的产物，是社会财富分配不平等的产物，是劳动人口及其劳动力没有得到合理安排的结果，从而归根结底，是生产关系限制或束缚生产力的矛盾的尖锐表现。苏联十月革命以后，由于逐渐消灭了阶级剥削，消灭了失业，从而消灭了过剩劳动人口，以至人口迅速大量增加，反而经常感到劳动力不足的社会现实，已经充分证明了马克思主义者从社会生产关系与生产力是否适合，来说明劳动人口是否过剩的真理的无比正确。依据这个真理，我们当前提倡节育，决不能把我国是世界人口最为众多的国家这一点作为理由，我们最多只能这么说：我们原来是一个经济落后的国家，我们要像苏联那样澈底消灭阶级剥削，全面而迅速的发展社会主义生活，还须通过一个较为曲折的过渡时期。在这个时期，我们还不能一下子消灭失业人口，也还只能在发展生产的基础上逐渐提高人民的生活水平；对于在社会生活福利方面，帮助减轻生育子女过多者的困累和负担，还不免要受到物质的和其他社会条件的限制。所以，在这种情况下，允许生育子女过多者，有条件地实行节育，并向一般不大懂得如何节育的劳动人民，作一些启蒙性的节育宣传，那宁可说是合情理的，必要的。而且，生育子女，特别是生育子女过多过密，在任何社会，都可能给生育者以不少的困累，同时对于被养育的子女，也会引起照顾无法周到的缺憾，这就是为什么在今日根本消灭了失业并还经常感到劳动力缺乏的苏联社会，仍不禁止多子女者或生产过密者采行种种节育的办法。我希望这正是邵力子先生提倡节育的动机，也相信这正是卫生部门对节育采行若干指导措施的出发点。如果真是这样，如果我们能以马克思主义的观点来看待节育问题，那我们在当前提倡节育声中，就用不着耽心我们一向相当广泛存在的马尔萨斯主义的残余思想，又由此借尸还魂地复活了。

最后，我还有必要指明一下，这个论著的初稿，曾在厦门大学本年四月举行的科学讨论会中，作为一篇科学论文，提出讨论，由参加讨论会的校内外人士，提出了一些补充意见，我根据他们的意见，作了若干订正和补充。因此，书中如有错误的地方，虽不敢要他们代我负责，但有必要在这里对他们表示衷心的感谢。

1956年9月9日于厦门大学

引 言

中国是今天世界上人口最为众多的国家。

据 1955 年 6 月 15 日联合国秘书处发表的报告，世界人口在 1954 年中为 25.283 亿人①，而中国在 1953 年 6 月 30 日的人口普查数字，为 601912371 人②。我们差不多占有全世界总人口的 1/4。

人口多到这个程度，凡属关心中国问题的人，就很容易联想到中国的人口问题。以苏联为首的社会主义阵营的诸兄弟国家，以及许多同我国建立了友好关系并和我们一道争取世界和平的国家，都极其兴奋地看到我们这样众多的人民在中国共产党领导教育下，已经团结组织成为生产建设上和对国内外敌人斗争上的无比巨大的力量。可是，在另一方面，在一切帝国主义分子乃至支持帝国主义政策的御用学者们的心目中，我们众多人口表现的力量，却像对于他们是一种威胁。不错，对于长期奴役中国人民并还企图继续奴役中国人民的帝国主义或殖民主义来说，那确是一种致命的威胁。在第二次世界大战刚结束不久，从战火中锻炼过来，觉悟起来，并坚决要求从帝国主义殖民统治下解脱出来的亚非各国广大人民，早就使帝国主义者殖民主义者感到头痛。他们除了在政治上经济上军事上采取一惯的分化，收买和血腥镇压的策略外，并还在思想上动员起最反动最没有人性的马尔萨斯主义，特别是把马尔萨斯的人口原理和仇视人类的法西斯主义相结合而形成的新马尔萨斯主义。把社会饥饿、贫困、罪恶、战争的原因诿之于自然的规律，诿之于世界人口对于可供食用的生活资源的绝对过剩，特别是在他们看来，依据优生原理，依据适者生

① 那个报告中关于中国人口数字，是应用 1948 年发表的人口统计材料，见 1955 年 7 月 17 日《人民日报》。

② 见 1954 年 8 月 7 日《人民日报》。

存原理，早就应当淘汰的亚非各国的人口的过剩。他们宣扬鼓吹这种冷酷的仇视人类的学说，其主要目的，无非是要转移国内劳动人民特别是落后殖民地人民的斗争目标，同时并还为他们实行发动屠杀毁灭人类的细菌战原子战在思想上铺平道路。我们应当记得，美帝国主义者在朝鲜进行细菌战，不是用这种学说来激励他们的空军人员，要他们拿出勇气与良心来完成毁灭任务么[①]。

在帝国主义者御用的马尔萨斯主义和新马尔萨斯主义的宣传影响下，在解放以前，我们的知识界或社会论坛上曾经非常普遍地把我们的众多人口看作我们社会贫困、罪恶与战乱频繁的根本原因，即使到了解放以后，特别是在六万万的人口数字公布以后，把过多人口看作是一个压力、一个负担的想法，在我们高级知识份子中间，仍旧大有人在。

人是社会最宝贵的财富，人是创造繁荣幸福生活的最基本的动力。为什么嫌人口过多？为什么引起人口过剩呢？那决不是由于什么人口对生活资料对土地的自然压力或自然规律的作用，而根本是由于以私有财产为基础的社会制度不允许对有用的宝贵的人力作合理的利用和安排。人口问题，就是社会制度问题。不同的社会制度，不同的生产方式，就有不同性质的人口问题。马克思主义者曾就资本主义社会制度下的，随着资本积累而必然发生的人口过剩问题，指出了资本主义制度所特有的人口规律，那对于马尔萨斯主义者所编造的任何社会都必然要发生的人口绝对过剩的胡说，早从理论上根本予以否定。自从消灭了阶级剥削，也消灭了失业或人口过剩现象的苏联社会主义制度出现以后，马克思主义的人口理论，已经从社会实践上证明是无比的正确。但真理和事实，对于在垂死挣扎中的没落阶级，只会激起更无理性更无人性的反应。这就是为什么新马尔萨斯主义在第二次世界大战前后，更加猖獗的原因。

在帝国主义阵营和社会主义阵营正在全面展开尖锐斗争的今天，新马尔萨斯主义已经被帝国主义阵营利用为进行思想斗争的最重要的法宝。他们以此对抗反殖民主义，以此对抗马克思主义，并还进一步把这种

---

① 在朝鲜战役中，被俘的美国海军陆战队上校佛兰克·赫·许威布尔的供词（见《新华月报》1953 年 3 月号，第 63～69 页），表明美国军官在接受投掷细菌弹，毁灭朝鲜平民密集区时，还有些疑虑，那不过从反面证实新马尔萨斯主义的法西斯主义的教育，还被灌输得不够透澈。

学说拿来配合它们的法西斯主义的野蛮侵略活动。一句话，新旧马尔萨斯主义已经很突出的表现为最反动的资产阶级的一种代表意识形态。

中国是长期遭受帝国主义文化侵略的国家，在我们的有识人士中间，马尔萨斯主义的思想毒素，是相当根深蒂固的，加以我们不但是世界人口最多的国家，在解放以后，人口的增殖还非常迅速，于是，帝国主义分子就故作危言，认定中国必然因为人口过多走上侵略他国的道路，而国内的一些有识人士，亦怕过多人口影响生活水平的提高，因而怀抱杞忧，十分放心不下。所以，无论从反对帝国主义殖民主义的思想斗争上讲，抑是从清除资产阶级思想残余来坚定我们建设信心的实践上讲，都有必要依据马克思主义的人口理论，来正视中国的人口问题的现实，并给予新旧马尔萨斯主义以无情地批判和抨击。

为了说明的便利，本文将分为两个部分来展开研究。一是资产阶级的人口理论和马克思主义的人口理论；一是中国的人口问题及其解决途径。

一、资产阶级的人口理论和马克思主义的人口理论

（一）人口问题的诸表象及其本质

在政治经济学上，人口被看作是“整个社会生产行为的基础和主体”①。

一个社会的人口的密度，人口在城市、农村的分布情况，在各不同生产部门间的分布情况以及人口的阶级划分情况，那诚然都是社会经济发展的结果，同时却也不能不在一定程度上影响到它的经济发展的速度和人民生活的水平。在这里，人口问题就发生了，各种人口理论也相应发生了。究竟人口要保持怎样的密度，要怎样在不同地域不同生产部门分布，要怎样在各阶级间划分，才对于社会经济发展和人民生活水平提高有利，否则就是不利呢？意见纷纷，莫衷一是。不过，把以往有关人口问题的意见或理论综括起来，仿佛一般对于人口在城乡的分布是否适当，人口在各阶级间所占的比例的大小如何，并不曾引起严重地论争，而一直成为问题，并一直在剥削阶级论坛上发生争吵的，往往是集中在社会的人口的适当密度上面，或者至少可以这样说，他们有关人口的地域分布和阶级分划的不同看法，大体是非常含混地纠缠在社会总人口是多了还是少了的密度问题上面。究竟人口多了好，还是少一些好呢？问题被这样提出来，以资本主义社会来讲，恰好反映着它的上升和没落的两个不同阶段。在整个资本主义的手工制造业阶段，乃至由手工制造业向着机械工业过渡的那一段时间，一方面因为手工业制造业还是以劳动力为主体，因而非常需要劳动人口，同时又因为这种生产组织又不够引起农业方面的根本变革，

① 马克思：《政治经济学批判》，人民版中译本，第162页。

因而不能把农民从农村驱向都市。于是,从英国开始,用各种立法手段破坏农村,驱逐农民,接着就用那些在身上烙字,割去耳朵乃至杀头一类的严刑峻法把被驱逐"散而之四方"的浮浪游惰者,赶到比牢狱还坏的作坊或手工制造场所中[①],而对于企图偷偷逃往国外的人,更定有非常严厉的惩罚条例。英国以外的其他西欧德、奥、法诸国,差不多是照英国的样子如法炮制。美国原来就不像西欧各国那样存在有封建制度支配下的农村,过着原始氏族社会生活的土著的印地安人,又被那些欧洲殖民者剿灭或驱逐到僻远的山区了,结果,那里工业上乃至农业上需要的劳动人口,就只好由那些在非洲采用各种欺骗压迫野蛮手段把当地土著人民变成奴隶来得到供给。可是,事实尽管如此,欧美的剥削阶级及其代言者,并没有十分意识到:把人口从农村驱往都市,把那些独立的农民阶级变成隶属于工场作坊老板或资本家的雇佣劳动者;把非洲的狩猎者畜牧者变成美国的工农劳动者,已经是在处理安排人口的地域分布和阶级分划的问题,他们一味笼统地强调人口的重要性,强调人口愈多愈好,特别是像德奥那样一些长期被战争牺牲了大量人口的国家,无疑是更强调得有劲。大约由十五世纪到十八世纪上半期那个历史阶段,差不多一切经济学者的论著,都习惯于把人口放在首要的地位来讨论,而德国奥国称之为官房学家的重商主义者们几乎没有例外地都是些大人口论者或多人口论者[②]。可是好景不常,现实状况比思想变得更快。经济向前迅速发展,人口增殖率也在迅速提高,就在这当中,那个以劳力为主体的手工制造业阶段逐渐转移到以机械为主体的大工业阶段了,劳动人口已经不像以前那么需要了,同时,大工业一发展到相当程度,就不仅要对都市手工制造业引起技术革命,也要对农村的旧式生产组织从根引起社会革命,结果,农民变成无产阶级,变成雇佣劳动者,已经无须用剿灭农村,用鞭棍烙印或杀头的刑罚

---

① 在《资本论》第一卷第七篇"所谓原始积累"那一章,马克思用血与火的文字,依据无数千真万确的事例,描述了那个悲惨的剥夺过程。

② 奥国最著名的官房学者松勒福尔斯(Sonnefels)在其 1763—1767 年刊行的《警察商业及财政原理》中说:"人口数愈大,对于外敌侵攻的抵抗力愈大……人口愈大则欲望愈多,内部食养之道亦愈多。人口愈多,则外国贸易的原料,即耕作与勤劳的成果,愈觉丰富。十个人就有十个欲望,对于他的职业,是营利的手段,生活的手段。十个人就有十种营业,增加了十个人,同时就增加了十个欲望,增加十种营利之业。"——转引自拙作《政治经济学史大纲》第 81—82 页。

来把农民驱往城市的种种手段了，他们像是潮水般地自发自动地到他们应到的地方去了。这一来，人口之流，就开始漫溢起来，人口不是不足，而是过多了，于是，在资本主义发展走先了一步的英国，也率先感到这个问题的麻烦。当经济落后的德奥等国还在继续发挥大人口论多人口论的时候，英帝国已开始强调适当人口论或强调“少一点，好一点”的人口论了。极有代表性的马尔萨斯的人口理论，就是这样产生的。这是我要在下面详细论到的。

事实上，在一切剥削阶级统治的社会里面，尽管统治者照例笼统地把人口少了或多了作为问题，但他们看得严重感到头痛的，一般倒不是在前进的阶段感到人口过少，而实是临到没落的阶段感到人口过多。因为人口少了，像在封建社会的统治者阶级那样，用招抚流亡休养生息一类办法，就可以对付过去，而在资本主义初期，如我在上面谈到的那些为统治阶级所雷厉推行的变农民为无产者的办法，虽然残酷一些，在他们自己，并不感到怎样难过。若人口过剩了，过剩到以社会规模的失业、贫困、饥饿和死亡的现象表现出来，那就不免要威胁到所在社会制度本身的存在。就因为这个缘故，人口的问题便被理解为人口过剩问题，仿佛历史上根本就不曾存在过人口不足的这个阶段。他们为什么这样不顾历史事实，或忽视那些分明代表着那种事实的思想言论呢？那是不能单由统治阶级对于人口不足问题比较容易解决，因而就比较不重视这个问题来解释的，更重要的原因，应当说是由于剥削阶级的代言人要单单抓住人口过剩这一面，把人口问题归结为人口过剩问题，才便于他们得出这样结论，即人口问题是与一切社会形态相独立的自然规律作用的问题，仿佛从原始社会以来，大地上尽管只存在着非常有限的人口，那点人口仍旧由贫困饥饿和争夺猎场牧场的战争状态表现了他们的过剩，此后每一个历史时期，都有贫困饥饿和战争状态存在，以此推论，当然都是表现着人口过剩状态的存在。人口问题，就这样变成了一个和人类社会相始终的超历史的自然性质问题。

由于他们把所有的人口问题，归结为人口密度或数量问题，又进一步把数量问题归结为数量过多或人口过剩问题，并认定这是无可避免的自然性质的问题，他们就用这个指导思想，就人口的性别、年龄、职业、地位、文化知识水平，以及人口所属的种族、所在的地域等等方面，考察问题的症结。他们考察的结论，尽管措词和强调程度不尽相同，但大体是一致的，就是高级的有文化修养的有钱的人少生育，反之，则多生育；因之，人口过多过剩，总是表现在下层阶级、穷苦人或贫困种族间，到处如此，就说这是一种非人力所可挽回的自然现象。从这里，显示他们的研究又深入了一层，即把人口过剩问题，再归结为被奴役被榨取压制的劳动人口过剩或落后民族或地区的人口过剩的问题。这就无怪每个人口过剩论者，在不同程度上，都是消费阶级必要论者[①]，都是生物的适者生存论者，都是劣等种族淘汰论者。然而人口问题的本质或其社会的阶级的性质，却从他们的荒谬的逻辑推论上暴露无遗了；谁能设想，一个社会的劳动人口，社会的直接生产者，经常处在贫困饥饿状态中，变为多余的，同时，那些不事生产的人，那些游惰荒淫的吸血鬼，倒富有起来，变为社会所必要的，这种颠倒反常的情况，是由于自然的安排吗？人口问题并不是什么自然性质问题，而是一个在不同历史时期，乃至同一历史时期的各不同发展阶段都表现了不同内容不同性质的社会问题。在阶级社会里面，离开了阶级，人口便是一个没有现实意义的抽象；离开了社会经济结构，阶级也是一个空洞的名词。人口问题是从整个社会经济发展过程中产生的，从而有关这个问题的说明及其根本解决，也必须从这里下手。

马克思的人口理论，就是从人口问题的社会阶级本质出发的，它对于资产阶级学者依阶级利害偏见片面地皮相地摭拾一些表象所编造的臆说，给予了无情的批判。但这里得指明一点，马克思主义的整个经济学说，虽然是在批判资产阶级经济理论中吸收其合理的健康的成分创建起来的，但资产阶级学者有关人口问题的理论，却极少具有科学的内容，就连大经济学者亚当·斯密、李嘉图也非例外。这原因，不仅只是因为人口问题本身极密切地联系到社会贫富阶级的问题，从而，讨论起来，更需要解脱阶级的偏见；同时还因为人口问题关系到整个社会经济结构，就资本主义社会来说，关系到资本的积累或发展，不深入到资本生活的内部，就无法有正确的理解。现在且先把资产阶级学者有关的代表学说概括地予

---

① 为了避免由生产过剩引起的危机，马尔萨斯特别强调由大地主什一税收入者构成的消费阶级必须保持并扩大；其他人口过剩论者不是讲消费阶级必要，而是冠冕堂皇地讲优等种族必要。说法不同，大意是一样的。

以批判的揭露,然后再看马克思在其大著《资本论》中,是怎样科学系统地展开他的崭新的独创的人口理论的。

(二)资产阶级的人口理论——马尔萨斯主义

近代资产阶级的自然主义的人口理论,是以英国马尔萨斯在1898年出版的《人口论》中的意见作为代表。马尔萨斯主义和资产阶级的人口理论,已经成为同义语了。但这个看法,并不是说,这一大套理论的发明权是属于马尔萨斯,马尔萨斯牧师是一个剽窃专家,在经济学上,他的价值理论是剽窃自西斯蒙第;他的地租理论是剽窃自安徒生;而他的人口理论的出处,马克思是这样告知我们的:“如果读者记起1798年刊行《人口论》的马尔萨斯,我就要以下面的事实提醒读者,就那部书最初的形式来说,它不过是对于德福(Defoe)、斯杜亚(Staurt)、汤生德(Townsend)、佛兰克林(B.Franklin)、瓦拉斯(Wallace)一辈人的言论,加以小学生样浅薄的,牧师样改头换面的剽窃。里面没有包含一个创造性的命题”①。至于这个理论为什么到了马尔萨斯手中,就变得特别重要特别引人注意起来,那是要由英国当时的具体历史情况来加以说明的。在十八世纪下半期特别是七十年代以后,英国的工业革命及随后不久发生的农业革命,在以极迅速的步伐向前发展,当然财富也在以相应的速度增加,被题称为“国民之富的性质及其原因之研究”的亚当·斯密的大著《国富论》,就非常乐观地反映着当时这一方面的光明前景。可是在阶级社会里,好事总有它叫人不愉快的反面。由农业革命造成的农村小农的普遍失业与流离失所,由工业革命造成的都市一般劳动者的贫困与罪恶,致使亚当·斯密所理想的“自由王国”竟变成了“令人惊叹的悲惨国度”,连他原来的忠实信徒,也大声疾呼“财富数量的增加和幸福数量的减少”②。这情况,对于初期资产阶级经济学者为资本主义涂饰的玫瑰颜色,已显得颇不调和了。当1789年的法国大革命的凶报传播到英国以后不久,高德文(William Godwin)那部痛烈攻击私有财产制度,把私有财产制度看为是贫困罪恶的根

① 马克思:《资本论》,第一卷,第774页注。

② 见西斯蒙第:《新经济学原理》,第二版序言。

源和人类理性的翳障的著作《政治正义论》于1793年出版了，在翌年，法国康多塞(Condorcet)又公刊《人类精神发达的历史观察》，同样攻击私有财产制度，这在西欧各国思想界造成一种恐怖的情绪。就在这种环境和气氛下，牧师马尔萨斯起来捍卫私有财产制度了。因为高德文那部著作谈到：私有财产如果废除了，贫富区别没有了，一切贫困罪恶均可绝迹，虽人类繁殖，难免不为理想社会实现的障碍，但智能发达的人类，届时自知节制生育，适可而止。马尔萨斯就从他这段话的后半截钻空子，把时人及前人有关人口过剩引起贫困罪恶的理论，偷袭在他那本小册子里面，用以答复对于私有财产制度的抗议和非难。这就使得英国的寡头政治，认为它可以看作是对于高德文康多塞等人的学说的万应消毒剂，“可用以澈底铲除掉一切要求人类进步的热望，而报之以欢呼”[①]，所以，马克思说：“那部小书，竟会名噪一时，全是由于党派利害的关系”[②]，全是由于资产阶级要拿这一套无稽的谎话，来淆惑视听，镇定人心。经过资产阶级这一捧，资产阶级的人口理论，就变成了马尔萨斯的专刊。无怪马尔萨斯自己也为他的意外成功，感到惊愕了。

马尔萨斯主义的出发点或基本论点，就在于论证人类社会的贫困罪恶，不是由于社会的原因，而是由于自然的原因，也就是说，不是由于私有财产制度引起的结果，而是由于自然规律作用的结果。马尔萨斯在他的《人口论》中，是以人口问题为中心，就人口和食物或生活资料的关系来展开他的说明的。他先从人类天性出发，定立下两个自有人类以来就一直无可变易的两个命题。

1.食物是人类生存所必要的。

2.两性间的情欲是必然的，并且，大体总会像现在这样[③]。

马尔萨斯提出“食色性也”的这两大命题，就是为了把他的大理论，建立在这种任何人都不能否认的事实，同时，任何人都会理解的常识的基础上，想从常识引出科学。他是这样运用逻辑的：有了两性，就必然有两性的情欲关系，也就必然要增殖人口，人口增殖起来，接着就会发生食物问

① 马克思：《资本论》，第一卷，第775页。

② 马克思：《资本论》，第一卷，第774～775页。

③ 马尔萨斯：《人口论》，第一版，世界书局版中译本，第5页。

题。食物的增加与人口的增加,究是哪一方来得有力呢?两者间究是保持着怎样一种比例呢?马尔萨斯断定:人口的增加较之食物的增加远为迅速。他告诉我们:"人口任其增殖不加妨碍时,按几何级数率增加,若生活资料,那不过是按算术级数率增加,略有数学知识的人,大概都知道前者的增加力,远较后者为大"①。但何以见得人口的增加是按几何级数率,而食物的增加是按算术级数率呢?马尔萨斯发现生活资料较欧洲各国丰富的美国,人口曾于二十五年内增加一倍,所以他据此推定:"人口若是没有妨阻其增殖的原因存在,每二十五年加一倍,或以几何级数率增加。"②至于食物,他认为,在最初二十五年,虽可因开拓土地,奖励农业等种种方法,增加一倍,但到第二个二十五年就不行了。尽地之力,穷人之力,能做到算术级数率的增加,还算万幸。食物既为人类生存所不可少,人口的增加,就势必要与食物的增加,保持平衡,即食物只能按照1、2、3、4、5、6、7的算术级数率增加,它就妨碍人口按照1、2、4、8、16、32的几何级数率增加,换言之,就是使得人口增殖受到限制。限制有两个方面:一是预防限制,如杀婴坠胎等等。一是积极限制,如饥馑,贫困等等,他并还在其他场合指出:"尚有妇女方面的不道德习惯、大都市、不卫生的制造业、奢侈、疫疠及战争。"③所有这些限制,他认为"都可适当的还元作贫困与罪恶"④,靠了这些限制,人口增加乃得与食物增加保持平衡,所以,在原书第七章末尾⑤他提出了人口原理的三段论法:

第一,"人口增加必然要受生活资料的限制";

第二,"生活资料增加,人口也常随着增加";

第三,"占优势的人口增加力,为贫困与罪恶所抑制。因之,致使现实的人口,得与生活资料保持平衡"。

从他提出的这个人口原理的三段论法中,已经把前述高德文康多塞等就社会贫困罪恶加担在私有财产制度上的责任,推得干干净净了,贫困罪恶是一种自然倾向,是调节人口食物使之趋于均衡的必然结果。人类

---

① 马尔萨斯:《人口论》,第一版,世界书局版中译本,第7~9页。

② 马尔萨斯:《人口论》,第一版,世界书局版中译本,第10页。

③ 马尔萨斯:《人口论》,第一版,世界书局版中译本,第47页。

④ 马尔萨斯:《人口论》,第一版,世界书局版中译本,第48页。

⑤ 马尔萨斯:《人口论》,第一版,世界书局版中译本,第68页。

食与性的两大要求不能改变，人口增加超过食物增加，从而要用贫困、饥饿、疫疠、战争来调节人口的自然规律，就不能不发生作用。反过来说，要使一个社会避免这些不愉快的现象，要使人人过着幸福的安逸生活，那是违反自然，违反人类天性的妄想。他用下面这样坚决的论调，来回答理想社会的憧憬者。

“人口繁殖力与土地生产力间自然是不平衡的，而大自然法则却必须继续使其结果平衡。这就是社会完成途上横着的大困难，我认为无法克服，……对于这贯通全生物界的法则的重压，我看人类没有摆脱的可能……因之，要社会全体人的生活都安乐幸福而比较闲暇，对于他自身及其家族的生活资料供给，都不用焦心，那是无论如何办不到的”①。

不过，作为牧师的马尔萨斯，绝不会忘记宣传那种产生贫困与罪恶的无可克服的大自然法则，是由神的安排。要改变它，要根绝贫困与罪恶，只有期之于“最初调整世界组织的神力，有某种直接活动。但神为了创造物的利益，依然是按照固定法则，来遂行宇宙上种种作用”②。慈祥的神，作出这样悲观绝望的世界秩序，毕竟未免太残酷了一些。于是这位牧师在他的《人口论》第二版中，就把原来过于硬化的论点，改得和缓了一点，认为人类为了避免因过剩人口引起的贫困饥饿战争，还可用道德的节欲方法，事先预防。他把这一个“大发现”，看作是第二版对第一版有了崭新内容的特点。节欲原是非常平凡的道理，不过，马尔萨斯结合英国当时社会的实况，作了非常不平凡的透辟发挥，使资产阶级更加赞赏满意。因为他之所谓道德限制，就是指着一个人没有维持家族能力时，不应结婚；并且在那个时期，还须保持道德行为，不得有不正当的情欲关系。人类既能依道德行为，即依他的理性，限制人口，那末，由贫困由罪恶限制的人口，就要减少；换言之，人类理性多增一分，人类的贫困与罪恶便要减少一分。

这一来，他不是和他所痛烈攻击的康多塞的诉之于理性来根绝社会贫困与罪恶，来根绝社会的私有财产制度的见解，有某种程度的接近么？但恰好相反，马尔萨斯只是要劳动的贫民诉之于理性，不能结婚，便不要勉强结婚，以免繁殖出养不活的人口，来加重有钱人的救恤施舍的负担。

① 马尔萨斯：《人口论》，第一版，世界书局版中译本，第 8 页。

② 马尔萨斯：《人口论》，第一版，世界书局版中译本，第 6 页。

他们这样冷酷无情地告诉我们:“我们贫民自己,就是他们自身贫困的原因,救济手段,把握在他们自己手里。他们所在的社会,统治他们的政府,都没有救济他们的能力,……他们的劳动工资,不够赡养家属……偏偏要从事结婚,那决不是对于社会履行义务,却是加重社会无用的负担,同时并使自己陷于贫困”[①]。贫民自己陷于贫困,对他们加以救济,就等于鼓励贫困,所以他反对济贫法,反对一切慈善的救济。言外并表示贫困者愈受磨折,就对于恶行是一种惩罚,对于善行是一种鼓励。他因此坚决反对人类社会平等的讲法,他认为“人类不平等这件事,对于善行提供了一种自然报酬。一个社会充满了向上希望和失足的恐怕空气,那无疑是最适于人类精神和才能的发展的,最适于人类德行的实现和改善的”[②]。“历史证明实行平等主义的社会,必因缺少这种刺激而陷于沉滞乃至灭亡”[③]。想不到这位以“和善”“公正”见称的牧师,竟如此仇视贫苦者,竟把贫困者看作罪恶的化身,并进一步,把贫困乃至由贫困产生的罪恶,看作人们争求上进,激励善行所不可少。这就达到了仇视贫苦人类的极端。然而在他自己,他以为他的第二版《人口论》,既是通过他的同道,搜集世界各国社会限制人口的实际材料所得的结论,自然觉得再客观公正没有了。至于他原来由自然主义的观点出发,把人口问题看作是自然法则问题,最后竟离开原来的出发点,由人口问题转到贫困问题,再转贫困为社会必要的问题上,那不是太露骨地把他的阶级偏见显示出来了么?但尽管如此,由于人们习惯了资产者社会那一套生活方式,大家头脑里都充满了马尔萨斯的那一套在表面现象上兜圈子的肤浅常识,往往就不易感到那是反动透顶的说教和最没有科学气息的胡扯了。

虽然这里不许可较全面深入地批判马尔萨斯主义所代表的资产阶级的人口原理,但就上述诸论点概括起来指出其根本错误所在,仍是非常必要的。

从上面的说明,所谓马尔萨斯主义,大体包含这样的内容:

1.有人类就是有食物的要求和性欲的要求,“食色性也”,是基于自然

① 马尔萨斯:《人口论》,第二版,普及本第二册,第170页。

② 马尔萨斯:《人口论》,第二版,普及本第二册,第25页。

③ 马尔萨斯:《人口论》,第二版,普及本第二册,第25～76页。

的天性，从古如斯，无可变易。

2.由满足性欲要求繁殖的人口，要由土地上生产出足够的食物予以维持，但根据历史经验，人口繁殖在没有什么阻碍的情形下，总较受到自然丰度及面积限制的土地所能提供的食物为快，前者是以几何级数率增加，后者是以算术级数率增加。即是说，人口对食物或生活资料过剩，是自然的，是超历史的自然法则作用的结果。

3.在这种情况下，使人口数量保持在食物所能供应的限度，必然要由堕胎杀婴、贫困、罪恶、疫疠、战争等等手段加以遏止；而没有赡养家族能力的贫穷人不要结婚，不要有情欲的行为，则被认为是比较理想的事先预防的道德的限制。因此，

4.要有钱人掏腰包来救恤穷苦人的《济贫法》，就在理论上经验上被证示为是奖励过剩人口，奖励贫困罪恶，妨碍人们上进和违反神所安排的福善祸淫的自然秩序的不合理措施。

在下面，我将就资产阶级的人口原理的这几个基本论点，依照上述的顺序，加以批判分析。

首先，马尔萨斯把他人口理论的出发点建立在人类自然禀赋有食欲和性欲的天性上，他企图借此基于无可否认的不能动摇的天性，来赋予他的理论或人口原理以自然的，推之一切社会而皆准的绝对主义的性质。他把人类社会看成动物界，以为动物由于有了性欲也有食欲，就各各为了繁殖其种性，维持其生存，造成相互鱼肉的修罗场，演出所谓物竞天择，适者生存的后果。他在无形中，把人类社会看成动物界，而那个伟大的但同样具有英国人的“蠢态”的达尔文，却以动物界来比拟马尔萨斯所描述的人类社会。他们都不曾想到动物之取得食物，动物之满足性欲，并不须根据什么制度或法律，人类社会就不是这样。从原始社会起，人类对于食物的分配和两性的生活，就加了很多社会的限制；私有财产制度出现以后，规定愈来愈严密，执行愈来愈严格；婚姻制度并愈来愈成为财产制度的派生物。这一来，“食”“色”虽然是出于天性，出于自然，但谁能满足此自然的要求，谁不能满足此自然的要求，却并不是依据什么自然法则，而是依据各不同社会主体或统治者阶级所制定的法律制度。马尔萨斯的自然主义的出发点，一开始就是站不住脚的，而他根据这个出发点所作的一切推论，当然是错误的，将一一为事实所驳倒。

其次，我要谈到他基于上述人类天性必然要引起人口过剩的那一个推论。他不问人类社会的食物是如何生产出来，也不问生产出来的食物，如何在全体居民间进行分配，更不问人类社会两性间的结合，和他们的食物的生产分配保有何种密切关系，遽然丢开这一些有决定性的关节而一味抽象地把特定社会现存的人口，拿来和它的土地所能提供的食物量对比；或拿人口来和不管怎样性质的土地面积的大小对比，并从那种对比中发现：人口没有受到限制的增加率，总要大大地超过土地所能提供的食物量；马尔萨斯是搜集了大量的历史材料（特别是在第二版）来支持他的这种人口原理的，但非常奇怪，不论是在他的《人口论》的薄薄的第一版中，抑是在后来硬塞进了世界各地教友提供的大量调查材料的第二版中，竟没有发现，或者无论如何，是没有提到一个差不多普遍存在于一切阶级社会的事实，那就是现有的食物或生活资料并不曾按照现有的人口来分配。我们原不否认，一个社会，特别是劳动生产力水平很低的社会的现有生活资料，即使公平合理地被分配于全体居民间，仍可能有供不应求，仍可能有人口压迫生活资料的现象发生，但资产阶级学者们在讨论人口问题的时候，总是小心谨慎地回避这种事实，总是把“朱门酒肉臭，路有冻死骨”；或者一面是“仓廪实而府库充”，一面是“野有饿殍”，“民有饥色”的矛盾现象抛在脑后，马尔萨斯自己，确曾责难亚当·斯密，说他把一国财富增加的研究和一国劳动人民的幸福的研究看得太密切了[①]，而事实是“国富的增加，与其说会改善贫民状况，无宁说有抑低贫民状况的趋向”[②]。至少在这点上，马尔萨斯总算道出了一点阶级社会的真相，可是，马尔萨斯在他的第一版《人口论》中尽管用一全章（第16章）的篇幅，来批驳亚当·斯密的上述论点，而当他论述人口增加对食物增加表现了较大优势的时候，却故意地把这点忽视了，他显然是怕触到了这一点，触到了财富的分配，就要降低他的人口原则的超历史的自然性质。为了加重自然因素的作用，他把人口增加对食物增加表示的大优势，从土地的自然丰度，从土地收入递减的自然趋势来说明，以致土地收入递减律被表现为人口过剩律的前提。在这里，对土地收入递减律作深入的分析批判是不许可的，但却

① 参见马尔萨斯：《人口论》，中译本，第143页。

② 参见马尔萨斯：《人口论》，中译本，第151页。

有必要加以适当的交代。历史的发展，时时刻刻在驳斥一切形而上学的自然观点。原始社会的大地，对于穴居野处的较少数居民，仅能提供极贫乏而粗劣的生活资料，到了现代，在这同一大地上，却有千万倍的人口，比他们的祖先得到了远较丰富的食物的供应，单单这件人人皆知的事实，就已把资产阶级学者认为金科玉律的土地肥沃递减律或土地收入递减律的绝对主义推翻了；在一定的土地面积上，继续增加资本和劳动，假使技术水平不变，生产力状态照旧，其所得收入，诚然有递减的倾向，但正如列宁所教导我们的“那个结论，决不适用于技术正在进步的，生产力正在变革的场合”①。换言之，那只有非常相对的和有条件的适用性。把相对的原则拿来绝对化，把土地提供食物的自然限制拿来解释食物增加赶不上人口增加所造成的人口过剩现象，那将如何解释资本主义社会为了维持有大利可图的过剩的农产品价格，竟把大量耕地荒芜起来，或把大量生产资料投到海里的情况咧？我们不要忘记，在资本主义社会，人口过剩往往总是和商品生产过剩同时发生的啊！

再次，照马尔萨斯主义的逻辑，人口过剩就意味着土地可能提供的一定食物量，要供养更多的人口，那就是要降低生活条件，即是贫困，而由饥寒交迫引起的各种罪恶活动，各种疫疠乃至战争，都是连接着贫困必然发生的一连串不幸社会事故。而这一切不愉快的不幸的社会事故，都被看作是遏止过剩人口或过剩人口对食物保持平衡的限制。如果不是这些限制，世界上的人口将真要二十五年增加一倍，那将使人口过剩现象更严重，社会各种罪恶和战争更加猖獗频繁。所以有人反问：“如果世界上的人口真是每二十五年增加一倍，那么现在世界上的人口应该达到五百五十亿人了。但实际上世界上的人口却只有二十四亿人而已。”②马尔萨斯主义者对于这种反问是容易交代的，由五百五十亿减去二十四亿剩下的五百二十六亿人口，都应理解为实现那种限制的牺牲品，为饥饿、疫疠、战争的牺牲品。这不太可怕了么？但不用耽心，感谢慈祥的马尔萨斯，其中有好大一部分根据道德的限制，被先事预防着，根本就不曾出现在世上来。只有那些在现有食物或生活资料所能供应的限度以上的人口，才被

---

① 列宁：《土地问题理论》，解放社版，第 72 页。

② 雷金娜：《新马尔萨斯主义批判》，译文见《文史哲》，1955 年 8 月号，第 19 页。

失业、贫困、疫疠、战争所积极限制着。由于社会中的极大部分人口是属于劳动阶级,而这个阶级,照马尔萨斯的看法,又极没有道德的修养,不肯思患预防,结果,积极限制的那些灾难,就自然是落在他们头上。他在一方面,认定全社会的人口增殖超过全社会提供的生活资料,引起人口过剩,引起各种灾害;一方面又单就社会缺乏生活资料的劳动人口来讲他们的人口过剩,来讲他们应当受到各种灾难的磨折,这就连形式逻辑上的全称特称也混淆不清了。事实上,由于社会的财富,社会的生活资料愈来愈集中到少数的大资产者手里[①],自十九世纪末期以来,西方各资本主义国家的人口增殖尽管相对减少了许多[②],而失业贫困与罪恶的范围却在增大,到了二十世纪,在两次世界大战中,千百万劳动人民被牺牲掉,人口增

---

① 根据美国资产阶级经济学家的材料,在二十世纪二十年代,美国占人口1%的私有者,占有全国财富的59%;占人口87%的贫困阶级一共只占国民财富的8%。……1920—1921年在英国,人数不到私有者总数2%的最大私有者,占有全国财富的64%,而76%的居民只占有国民财富的7.6%……(《政治经济学教科书》,人民版本,上册,第154页)。

② 近150年来主要资本主义国家人口统计及其人口增加速率:

人口统计(单位千人)

	1800年	1871年	1913年	1949年
美国	5308	40938	97227	149215
英国	10501	26072	41510	48992
德国	24800	41059	66978	66007
法国	25100	36105	39790	41550
意大利	12800	26801	55598	45996

在各段时期中平均每年人口增加率

	1800至1871年	1871至1913年	1913至1949年
美国	2.9%	2.1%	1.2%
英国	1.3%	1.1%	0.5%
德国	0.9%	1.2%	—
法国	0.4%	0.2%	—
意大利	0.8%	0.7%	0.6%

——《经济导报》,第6年第19期(总270期),第6页。

殖率更低落了，但失业的人口却更多[①]，人民的生活水平也更降低了[②]。由此可见，不论是消极的限制，积极的限制乃至道德的限制，或者是采用其他更有效的办法，一下子把社会的人口消灭掉一大半，只要那些垄断生产资料，从而垄断着生活资料的大资产阶级仍然无恙，贫困罪恶和战争，是永远也不会消除的。事实上，社会一小部分人变为富有的过程，同时也就是其他一大部分人变为贫困的过程。而战争、疫疠、灾荒和种种罪恶，恰好就是在这两极分化过程中的必然产物。

最后，依据马尔萨斯坚决反对救济贫困者的那一套教义，就明了他提出人口原理并不是要讲什么科学真理，而是要把社会贫困罪恶的一切责任，加担在贫困者身上，为富有者解脱他们精神上物质上的双重负担；同时还知道，他提出人口原理，其目的，并不是企图缓和或消灭社会的贫困，恰好相反，他是要求把贫困保持下来，作为刺激人们上进的动力。不过，牧师马尔萨斯的这个用以阿谀英国富豪们的好见解，尽管他自己把它表现得好像是对于他的《人口论》的“深刻的”发挥和最有益世道人心的应用，无奈早在《人口论》第一版问世前十余年的1786年，他的同道的约琴克·汤生德就在所著《论救贫法》中，把这“天启”泄露了，他“赞美贫困为富有的必然条件”，他是这样说的：“劳动的法律强制，会引起过多的烦累，暴烈与叫嚣。……但是饥饿不单是和平的，恬静的，毫不放松的压迫，并还可以当作刺激勤勉与劳动的最自然的动机，唤起最大的努力。”贫困有

---

① 在第一次世界大战后，根据官方资料，在生产下降最厉害的时候，全失业者的百分数，1932年美国为32%，英国为22%，1932年德国工会会员中全失业者的百分数达43.8%，半失业者的百分数达22.6%。1932年，全失业者的绝对数字，根据官方资料，在美国为1320万人，在德国为550万人，在英国为280万人。1933年整个资本主义世界中全失业者共达3000万人。半失业者的数目非常巨大。例如美国半失业人数在1932年2月为1100万人。(《政治经济学教科书》，人民版，第一册，第295页)。在第二次世界大战以后，1950年资本主义国家全失业和半失业人数共达4500万，把家属计算在内则为1.5亿多。1952年，虽然军事生产增加，但美国全失业者仍不下300万，半失业者为1000万，英国全失业者在50万以上，西德全失业和半失业工人几达300万。意大利全失业者为200多万，半失业者则更多(《政治经济学教科书》人民版，第一册，313页)。

② “无产阶级的绝对贫困化，表现在实际工资的降低上。……在二十世纪，英、美、法、意等等资本主义国家工人的实际工资水平比十九世纪中叶还低”(《政治经济学教科书》，人民版本，上册，第154页)。“1952年在法国和意大利，工人的实际工资不到战前的一半，在英国，比战前低20%”(《政治经济学教科书》人民版本，上册，第313页)。

这大的好处！所以他认为，“救贫法有一种趋势，要把神与自然所设定的制度的调和，美好，匀整和秩序破坏”①。以博爱为怀的牧师，竟毫不觉得冷酷无情地赞美贫困，那也算表现了神与自然所设定的贫富相克相生的“调和”“匀整”的社会秩序的一个侧面罢。

然而，向财神出卖了灵魂，就不要希望在科学上维持纯洁。在近代整个资产阶级的社会经济学说中，以马尔萨斯名义发表的人口理论，要算是最庸俗的，最没有表现一点点科学良心的了。为什么呢？那不仅是因为马尔萨斯之流公然赞美贫困（其实是从反面来赞美富有）；也不仅是因为在阶级社会里面人口问题本身，就是一个最现实的阶级利害关系问题，不容许资产阶级学者对这个问题不认真曲解，那也许还更因为这个问题关系到阶级组织内部，关系到整个社会经济结构，那是连古典的资产阶级社会学者，也难望有差可人意的说明。

科学的人口理论，只有期之于马克思主义者，那是整个马克思主义经济学中的最有创造性的一个构成部分。

（三）马克思主义人口理论的建立

马克思主义者对于资产阶级的人口理论的批判，最先就着重地指出：人口问题并不是什么自然性质问题，而是一个极其现实的社会问题；人口增加的规律，不是取决于土地所能提供食物或生活资料的自然条件的限制，而是取决于物质资料的生产方式，取决于社会生产关系对劳动生产力的适合状态。因此，物质资料的生产方式不同，社会经济发展的历史阶段不同，人口规律的本质表现也不一样。超历史的一般人口规律是不存在的。

不过，一切不同的历史时期，尽管都有它的特殊人口规律，而在研究上，正如同在其他社会经济领域一样，一般是从资产阶级社会开始。马克思是这样展开他对资产阶级社会的人口问题研究的：他首先说明阶级社会的人口的阶级特质；其次说明资本主义的阶级构成和资本对雇佣劳动的关系；再次说明资本积累的增长，资本主义的发展和过剩劳动人口的产

---

① 参见马克思：《资本论》人民版本，第一卷，第 814～815 页。

生;再说明过剩劳动人口的存在,不但是资本积累的结果,并还是资本积累的杠杆;最后更论证劳动人口过剩问题,一经达到过于严重的程度,就要由资本积累的有利条件,转变为根本否定资本的力量。这几点,可以说是马克思主义的人口理论的系统提纲。下面将依次予以概括的叙述。

第一,人口在阶级社会,是应当从阶级构成去理解的。用马克思的话说,“如果我抛开了人口所由以构成的譬如阶级,人口就是一个抽象”①。资产阶级经济学者,特别是从手工制造业时代开始的初期,经济学者,非常喜欢谈人口,却很少触到人口的阶级构成。亚当·斯密以后,大家已不再讳言阶级了,但像马尔萨斯这样的人口理论“大师”,一直都没有把人口概念本身交代清楚,谈到最后,仍不能叫人明白,他之所谓人口过剩,究是指着全社会的,抑是单指着劳动阶级的,这原因,就因为他极力回避从社会阶级上去看问题,但又想要证明过剩的人口,只是属于贫穷阶级,而与那些拥有丰富生活资料的富有阶级无关。结局,他尽管讲这个那个社会的人口问题人口规律,事实上,仿佛只是关系到各该社会一部分人。这当然是非常荒谬的。马克思一开始就抓住了人口问题的阶级本质。在他的方法论上,是先要把一个社会的阶级性质和构成弄清楚了,才能谈到它的人口的。由于社会不同性质的阶级及其构成,就体现着分布在各地区各经济部门中的人们或其集团的社会经济地位和相互关系,如果撇开阶级或片面地把其中某个阶级的人口作为问题来讨论,或如马尔萨斯主义者所做的那样,单把劳动阶级的人口作为问题来讨论,即使是在讲“阶级”这个名词,却是非阶级的。因为就资本主义社会来说,离开了地主和资本家构成的资产阶级,劳动阶级也就是一个没有内容的抽象。所以,

第二,我们不能撇开阶级来谈人口,也不能撇开人们相互间的社会经济关系或生产关系来谈阶级。“如果我不认识阶级所依据的因素如雇佣劳动、资本之类,阶级又是一句空话。”②在资本主义社会,劳动阶级与资本家阶级的关系,当归结为雇佣劳动与资本的关系;马尔萨斯主义者所片面谈论的劳动阶级人口问题,实即资本雇佣劳动数量限度的问题,换言之,就是在各种资本主义经营中,究有多大数量雇佣劳动能被吸收的问

① 马克思:《政治经济学批判》,1955年人民版本,第162页。

② 马克思:《政治经济学批判》,1955年人民版本,第162页。

题。不论资产阶级学者如何假惺惺地把雇佣劳动为了资本而存在，说成是资本为了雇佣劳动而存在，但两者不可分离的密切关系是被肯定了的。在马克思主义的辞典中，一宗货币不能就是资本，正如同一栋厂房多少架机器不能就是资本一样，要使这一切取得资本的生命，取得增殖价值的机能，就须得与雇佣劳动发生关系；用以购买活劳动的货币才是资本，由活劳动占用的厂房，由活劳动推动的机器，也才是资本。资本和劳动这样结了不解之缘。所以，马克思说："资本只能在那种地方存立，在那里，生产资料和生活资料的所有者，在市场上，与当作劳动力售卖者的自由劳动者相遇。"①这里所谓自由劳动者的意思，就是这种劳动者，能自由处分他的劳动力，能把他的劳动力当作为商品，出卖于拥有生产资料和生活资料的人即资本家，使他自己被雇佣于资本家。因而使他在资本家指挥监督下进行的劳动，具有雇佣劳动的性质。这在资本主义社会本来是看得再平凡不过的事体，仔细分析起来，却是在近代初期通过了一序列社会变革过程方逐渐实现的，而现代的人口问题，也就在这种变革过程中，取得了它不同于以往社会的新的性质和特点。在由封建制度开始向着资本主义过渡的那历史阶段，农业尚是基本的生产部门，一般被束缚在土地上的农奴则是直接生产者。他们大都是以自己的简单生产工具，以自己储备的生活资料，在领主分与的土地上进行生产；就是其中有一部分人因缘赎买或其他机会，恢复了人格上的自由，也还是以生产工具及生活资料所有者的资格，继续为自己劳动。在这种情况下，诚然也有人口压迫生活资料的现象，也有人口过剩的现象。这种现象的产生，一般的讲，虽然是由于这种社会的主要生产资料即土地的占有者——领主们用过于残酷的榨取手段，剥夺了直接生产者的生活资料，妨碍或破坏了再生产，以致经常不断地演成民不聊生的悲惨局面。但我们在近代初期的变革过程中所见到的农民成批成队地离乡别井流亡转徙，饿殍载途的惨象，则是由于新的贪馋无厌的统治者，暴发户资本家们造成的；他们，一方面要使小私有土地变成整块大农地乃至变成牧场，同时又要使习惯于旧式单干生活的安土重迁的农民，通过流浪、鞭打和监禁磨折，淘汰出一批为都市新兴手工制造业所需要的自由劳动者。他们不惜用种种欺骗手段，用暴力强迫农民离

① 马克思:《资本论》，1953 年人民版本，第一卷，第 180 页。

开土地，抛弃仅有生产工具，致使“他们缺乏生产资料，但多的是人口”[1]。这种多余的人口，不但从封建制度得到了自由，还从原来束缚牵累着他们的几间小屋子，几件生产工具或若干可供食用的生产资料解脱了，他们“自由得一无所有了”。他们取得了处分自己劳动力的所有权了，他们也就在取得了处分自己的劳动力的所有权的同时，已经发现自己是处在一种非处分自己劳动力，非把自己的劳动力当作商品出卖，就无法得到生活资料的新地位。万事都有好安排，这些不幸的人们的生产资料和生活资料被剥夺的过程，也正好是那些生产资料和生活资料被集聚在另一些有幸人手中的过程，在一方出现了雇佣劳动，在另一方出现了资本，“不是冤家不聚头”，但尽管这是一个不愉快的结合，新的社会生活竟由此开始了。新的人口问题也从此开始了。

第三，资本因雇佣劳动或劳动人口而积累，劳动人口则因资本积累而以不绝增大的程度使自己变为相对的多余。把问题这样提出来，马上就要受到一种诘难：资本积累愈来愈大，它所需雇佣的劳动人口不也相应增多了？许多庸俗的经济学者就惯于这样来作着乐观的幻想。然在对资本结构有了一些解析能力的古典经济学者，却并不曾把问题看得如此简单。这在 1817 年约翰·巴登就曾在他的论著《影响社会劳动阶级状态的各种事情的考察》中，提出了非常有价值的意见。他依据亚当·斯密的说法，分资本为固定资本和流动资本两种，以为“对于劳动的需要，不是依存于固定资本的增加，而是依存于流动资本的增加……随着技术的进步及文明的普及，固定资本对流动资本的比率会不绝增大。英国生产洋纱一匹所使用的固定资本额，比印度生产同样一匹所使用的固定资本额，至少是大一百倍，也许竟是一千倍。反之，流动资本额却是少一百倍乃至一千倍。……把逐年节蓄物全部加到固定资本去，也不会在劳动需要的增加上，发生何等影响”[2]。他这段话，如果把固定资本改成不变资本，把流动改成可变资本，便完全讲对了。还有其他古典学者如李嘉图、琼斯等也看出了这个道理，但他们同样没有在固定资本和不变资本间，在流动资本和

---

① 汤玛斯·摩尔描述这些从农村逼迫出来的人，如何变成多余或剩余的过程，非常翔实，但也非常可怕——参见《资本论》，第一卷，人民版本，第 930 页注。

② 参见《资本论》，第一卷，第 795 页注。

可变资本间加以区别。资本的这种区别,是属于马克思的创见之一。没有这个创见,就无法科学地说明资本的发展趋势,因而也同样不能科学地说明资本主义社会的人口规律。因为固定资本和流动资本这两个范畴,只是问:被投用在生产过程中的资本何者一次移转其价值,何者是多次移转其价值,而不变资本和可变资本这两个范畴,则要问:被投用在生产过程中的资本,何者不能增殖价值,何者能增殖价值。资本家为购买劳动力而在工资形式支出的,诚然是属于一次移转其价值的流动资本,但它同时又是能使其价值增殖的可变资本。如像原料,它虽然也是一次移转其价值的流动资本,可是它不能增殖价值。而资本主义的生产,就是为了增殖价值,用马克思的语言,就是为了剩余价值。因之,在总资本中,雇佣劳动的那一部分,即可变资本就有决定的意义,总资本中的其他资本部分,即不变资本部分,则只有相对次要的意义,因为它的作用或机能,无非是要协助可变资本达成价值增殖的目的。在这里,我们显然又要遇到另一种诘难:既然只有雇佣劳动者的那一部分资本即可变资本增殖价值,以增殖价值为目的资本家理应多把资本投用在这一方面,而以尽可能少的部分,用在不能增殖价值的不变资本方面,这一来,不就有更多的劳动人口被吸收或得到就业的机会,而不致引起人口过剩么?为什么资本家不这样做,反把资本更多的投在不变资本方面呢?那不是说不利己并还损人么?科学就是要解答反乎常识或为常识所不能解答的问题。资本家确曾在近代初期那个手工制造业阶段,把他们的资本,主要投用在人的劳动上,用尽量延长劳动时间的方法,榨取更多的剩余劳动剩余价值——或所谓绝对剩余价值。但专用这种方法来榨取劳动者,要受到多重的限制;首先是人的生理的限制,劳动日的延长总是有限的;其次是社会的限制,延长到了一定程度以上,不仅社会责难,劳动者集体反抗,还有资本家间因竞争发生的相互挑剔指责,然而更基本的道理,则是不管劳动日的长度怎样,总得分成两个部分,从劳动者方面讲,就是为他自己劳动的必要劳动时间部分和为资本家劳动的剩余劳动时间部分。劳动者为自己劳动的那一部分时间,即为补偿劳动力价值(工资)所必要劳动的那一部分长了,他为资本家实现剩余价值(利润)而劳动的那一部分时间就相对短了,反过来,前一部分时间短了,后一部分时间就可相对拉长。问题在如何使劳动者把他们为自己劳动的时间缩短,即是如何降低劳动力价值,降低工资或降低用工资来购买的为劳动者所消费的商品价值或成本价格。在这种要求下，应用新式机具，改进技术，提高劳动生产力，就非常必要了，而在这里相伴产生的换一个方式来延长劳动日，即在一定时间内挤出更多劳动的各种加强劳动的方法，自然加重加速了这种用机器来代替劳动力的趋势，结局，资本主义发展的手工制造业阶段，就进入了使用大机器的工厂工业阶段，而资本家对于劳动者的剥削，就由绝对剩余价值生产阶段，进入了相对剩余价值生产阶段。这个阶段投用资本的显著特征，就是随着总资本的增加，在总资本中，和不变资本部分比较，用以购买劳动力的可变资本部分相对减少了，对于雇佣劳动的需要相对减少了。“因为劳动的需要，不是取决于总资本量的大小，而是取决于它的可变资本部分的大小，所以，……它不是与总资本成比例地增进，却是随总资本增大而累进地减少……资本可变部分这种加速的——随总资本增加而加速，且较其增加更迅速地加速——相对地减少，会在另一方面，相反地表现为，劳动人口的绝对增加。不断比可变资本或劳动者的雇用手段的增加更为迅速。资本主义的积累会不断产生出，并且正好是比例于它的力量和它的范围，不断产生出一个相对的超过资本平均价值增殖需要的，从而过剩的或过多的劳动人口”[①]。这就是马克思发现的资本主义的人口规律。劳动人口的过剩或雇佣劳动的过剩是和资本的积累相为表里的；劳动人口不断以更大的范围更快的程度变成过剩，是当作资本发展的一般趋势中的一个重要因素表现出来的，而绝非如马尔萨斯主义者所设想的那样，一切责任由过剩的劳动者自己负担，和资本家没有关系。

第四，一个剩余劳动人口，是资本积累的结果，同时一个摆在那里听候处分的产业后备军，又是资本积累的杠杆。马尔萨斯主义者，特别是在阶级斗争尚未尖锐化时期的马尔萨斯主义者，虽然并不怎样讳言劳动人口为富有者阶级积累的事实。但对于剩余劳动人口也有助于积累的大道理，他们还不大能想得透。所以，马尔萨斯本人在十八世纪末期，只把剩余劳动人口的存在，看作是鼓励富有者奋勉上进的动力，以为依人口的一般规律的作用，“无疑会引出许多部分的恶害，而略一反省，我们也许就会

① 马克思:《资本论》,第 792～793 页。

欣慰,它是生出了更多的善。要使人努力,强烈的刺激似是必要的"[1]。这就是说,劳动人口有劳动的机会也好,得不到劳动的机会也好,对于富有者,对于资本家阶级都是有好处的;富有者靠劳动人口的实际劳动而致富,他们还靠劳动人口得不到劳动的机会,堕入贫困的深渊而得以保持致富的警惕或贪欲。就这样,社会一部分或绝大部分人口,仅仅是为了其他一部分或极小部分人口的致富贪欲而存在的。好像动物是为了满足人类食欲而存在的一样,是出于神的安排。但到了十九世纪二十年代,马尔萨斯被现实教乖了一些,他不再单纯强调剩余劳动人口存在对于资本家的惕励作用了,他开始殷切地关心到劳动者如真的视结婚为畏途,以致把多余的或剩余的人口数量减少了,那也大有害处。他在1920年公刊的《经济学原理》中,又这样说了:"结婚的慎重习惯,如果在一个主要依赖于工商业的国家相当通行于劳动者阶级间,那将于国家有害。……从人口的性质说,要在有特殊需要时,对市场供给追加的劳动者,势非经过十六年乃至十八年不行,但由节约,以所得化为资本的过程,可以进行得远较迅速。"[2]这说法,是比较接近事实一些了,自然还是讲得含糊不清的。照马克思主义者的理解,说过剩劳动人口或失业的劳动人口的存在,是出于神的吩咐与安排!那自然是非常笑话的,事实上,他们这些多余的贫而无告者的存在,无论是采取时而被吸收时而又被解雇的流动状态,是采取待机由农村流向都市的潜伏状态,抑是采取在极不稳定极不规则的就业情况下,以任何低工资以任何坏劳动条件为满足的停滞状态[3],那都是属于资本主义制度的必然产物,从资产者阶级的角度看来,则是那种制度本身所具有的内在优点发挥的结果。这种状态的过剩人口是在资本积累过程中产生的,同时又被运用来作为推动资本更快更多积累的弹条。我们已经知道,资本是如何积累的。资本家每次投资生产的新价值,是分作两个部分:一是劳动力的价值,以工资名义支给劳动者,一是剩余价值,以利润名义留给他自己。这两个部分,是互为损益的:工资提高了,利润就相对减少了;利润提高,工资就相对减少了。在资本家和劳动者互相斗争中,连

---

① 见马尔萨斯:《人口论》,第一版,中译本,第169页。

② 参见马尔萨斯:《资本论》,第一卷,第798页。

③ 参见《资本论》,第807～811页。

资产阶级经济学者亦认为劳动者是处在不利地位，因为资本家不得利润仍可生活，劳动者没有工资就无法生存①，但比这更严重的却是前述各种状态的过剩劳动人口的存在，无异经常使在业的劳动人口受到压力；使他们不得不接受更低的工资，不能不忍受更坏的劳动条件，这无疑要成为个别资本家致富的手段。不错，在经济比较繁荣的时候，资本家间竞相争雇劳动者的情况，也是时常发生的，但和劳动者方面争取职业的情形比较，那就显得不经常不普遍，也不那么迫切了。因此，由资本积累造出的过剩劳动人口，就为资本积累造出了非常有利的条件，还不止此，资本主义的生产，是依着各个彼此独立的资本家的致富贪欲推动的，是依着他们相互拼命竞争而展开的，资本不绝从比较不利的企业向着比较有利的企业移转，向着预想获得高利的企业活动，这就随时需要有一批待雇佣的劳动人口来满足他们的要求，即是说，“为了它自由活动，需要一个和这种自然限制相独立的产业后备军”②。像是神和自然安排得再凑巧没有了：利用过剩劳动人口，很快发展起来，膨大起来的资本，由于它的自由活动，是按照我们在前面指出的方向，是更利于增大不变资本对可变资本的比例，是更利于提高有机构成，是更利于积聚和集中，而这样做的结果，正好是从都市到农村，创造出更多的剩余劳动人口，创造出更多的产业后备军，而这又反过来成为资本积累的杠杆或致富的手段。资本积累的反复作用过程，为我们指出了这样一个真理：“相对过剩人口是资本供求律依以运用的背景。它把这个规律作用的范围，束缚在绝对适合于资本剥削欲与支配欲的界限以内。”③

第五，资本积聚集中的剩余劳动人口数量增大到一定程度，但要成为资本主义生产方式本身被否定的力量。我们知道，资本主义的发展过程，就是资本家阶级和劳动者阶级结成的生产关系的再生产过程，同时，也就是这样一种社会思想意识形成的过程。那一边是拥有资本的资本家，一边是除了劳动力以外一无所有的劳动者，这两种人分别构成的两个阶级及其结成的社会关系的再生产的现象，每日每时反复出现在我们眼前，不

① 亚当·斯密：《国富论》，中华版本，上卷，第79～80页。

② 马克思：《资本论》，第一卷，第799页。

③ 马克思：《资本论》，第一卷，第805页。

但叫资产阶级及其代言人把这看作是自然的规律,就在劳动者阶级心目中,也当作自明的自然规律而接受。当整个资本主义社会的生产关系,这样被理解为自然的关系,被理解为自然规律作用的结果的时候,作为资本积累规律的一个派生物看的人口规律,也无疑要因适合资本剥削贪欲和支配欲的过剩劳动人口,在不绝以更大量更大范围再生产出来,而被人们看得非常习惯,非常自然了,资本主义经济关系发展到这个无言强制的地步,就是资本家阶级对于劳动阶级统治的胜利完成。然而,问题总有它的反面。一个社会要靠最大部分人口的贫困,饥饿苦难来维持最少数人的富有与幸福,即使被强调为是神与自然的安排,毕竟不够美满。特别是作为劳动阶级,它对资产阶级承担有两重任务,一是为资产阶级生产剩余价值,一是为资产阶级实现剩余价值。按照资本主义社会的经济秩序,劳动阶级必须有了劳动机会,承担了为资产阶级生产剩余价值的任务,它才有资格担当起为资产阶级实现剩余价值的任务;资产阶级如其在生产上榨取得太过分了,他们就不能在流通上指望劳动阶级表现出多大的购买力量;如其劳动阶级中很大一部分人干脆被机器驱逐了,变成多余的过剩的人口了,他们就只有在通过救贫法,养育院从资产阶级得到一点点救恤费(这,结局仍转嫁到在业的劳动人口的身上)的限内,才能为资产阶级的多余的过剩的商品,表示一点点兴趣。在这里,过剩商品和过剩的人口不能碰头,资产阶级及其代言人,早就察觉到这是这个神所安排的制度的美中不足的地方。以剽窃家见称的马尔萨斯,想在这里表现他的发现天才。他极力强调社会要有一个不绝增大的消费阶级,才好处分不绝增大的过剩商品。他把这个好任务,期待贵族地主阶级,十一税的获得者,文武官吏们;他以为社会真的这样分工了,由劳动阶级创造价值,由资产阶级好好积累,由贵族地主阶级消费[①],就不致发生一般的恐慌。因为在他看来,恐慌之所以发生,就是由于商品生产出来了,没有能够出或肯出包含利润的价格的购买者,势将引起过剩。有了专任消费的地主阶级,就不用

① 马尔萨斯的这个主张,载在1820年出版的《经济学原理》中,马克思曾给予以辛辣的讽刺:“为要祛除资本家胸中享受冲动与致富冲动的可怕冲突,马尔萨斯在十九世纪二十年代初期辩护过这样一种分工:实际从事生产的资本家,担当起积累的任务;则一些参与剩余价值分配的人,土地贵族和由国家及教会领受俸禄的人们,担当起滥费的任务。他说‘把支出的情欲与积累的情欲分开’,最关重要。”——《资本论》,人民版,第一卷,746页。

顾虑了。再多些过剩劳动人口,不能对于商品提供有效需要,也无关系了。但在资本积累迅速增进过程中,事实上,并不仅劳动人口愈来愈更多的变为多余,变为对于资本家阶级不能作出实现剩余价值的贡献,就连部分农村的小有产者乃至小资本家,也要在资本吸引资本,大鱼吃小鱼的集中规律作用下,变成无产者,变成多余者了。一方面是财富愈积愈多,一方面是失业、贫困、饥饿的圈子愈来愈扩大。事情早就有些不妙了,但资产阶级却用向海外落后地域伸展劫掠魔掌,或不时发动战争,屠杀去一部分多余人口的手段来转移或和缓劳动阶级对于他们的怨愤。然而拥有社会绝大多数人口并还在不断扩大其队伍的劳动阶级,不能按照原来的方式生活下去,那就不能设想由财富日益集中独占,因而日益缩小其人数的资产阶级,能按照原来的方式统治下去。事实上,随着资本积聚、集中,生产社会化所显示的庞大生产力,已经不容许这种以个人占有或独占为特征的生产关系继续存在了。而由资本主义生产过程自身机构所训练、所统一、所组织的工人阶级,就因其所处的地位,所表现的力量,作为先进生产力的代表向着这种落后生产关系表示反抗了。我们应说,过剩劳动人口的存在,实即资本主义生产方式下的生产力与生产关系的矛盾的本质的表现,这差不多是在资本生活开始时就存在的,不过,曾经是作为资本积累杠杆的过剩劳动人口,发展膨大到一定程度,就要辩证地转变为资本本身被否定的动力。

马克思关于资本主义社会的人口规律的科学说明,极明确地引导我们得出以下这几个有关人口问题——人口规律的基本认识。

1.一个社会的人口过剩问题或人口规律,是把该社会的生产方式作为其存在的依据和基础。从这个基本论点出发,我们就有足够的理由驳斥资产阶级学者所强调的超历史的通行于一切社会的所谓绝对过剩人口规律,我们就不能抛开一个社会的生产关系是否和生产力相适应的情况来说明它的人口问题。

2.一个社会的劳动人口或过剩劳动人口成为问题,多半是在它的后期或没落期,在这以前,在进步的生产关系还能容许生产力大大发展的阶段,劳动人口常有不足之虑,至少是不怎么成为问题。人口问题变成不可终日的严重问题,乃是表示它的生产关系和生产力间的矛盾,达到了非常尖锐的程度,或者表示它的生产力所受生产关系的束缚,达到了不能忍耐

的程度。那往往是伴随着经济恐慌现象一道发生,而又为那种现象加强表现的一个侧面。因此,

3.要解决社会劳动人口过剩问题,就须解决生产关系与生产力的根本矛盾问题,那种矛盾,是阶级社会关系的本质的表现。只有把阶级消灭了,把生产资料归全社会人人公有了,人人的劳动权生存权有保障了,劳动人口对生产资料过剩,因而对生活资料过剩以及相因发生的失业、贫困、罪恶、战争等现象就根本不会发生。——这在今日已不是什么逻辑上的推论,而是由苏联的社会主义的实践,由中国及其他许多人民民主国家向着社会主义过渡期间表现的具体事实,完全证明了的真理。

二、中国的人口问题及其解决途径

（一）中国历史上的人口问题

中国老早就是以人口众多见称的国家，也是老早就以人口过多问题苦恼着的国家。

史载禹平水土为九州，当时户口1300余万，垦田约920万顷。夏禹以后，差不多历代都留下了户口数字。但显然都是很不正确的数字。比如，在纪元前二千多年的大禹之世的1300余万户口，到了秦代，还减少了，仅及1200余万；汉代以平帝时人口最多，达59594970口，到了唐代玄宗天宝末期，竟只52919309口；明代人口始终保持在五六千万的限度；清初雍正时期，人口仅1063万余口，康熙末年2735万余口，降及乾隆五十七年竟突增十数倍，达到30746万口。[①] 由夏初到秦相去几千年，人口还略有减少，由西汉末到唐代中叶，相去几百年，人口还略有减少，而由清代康熙末年到乾隆末年相去不过几十年，人口竟增加了十几倍。看起来是非常奇怪的，但我们大家在蒋王朝谈及中国人口，不是或讲4亿，或讲4亿5000万，至多也是讲4亿7000万，曾几何时，在解放后的一九五三年，我们的确实人口数字，却是6亿多。这说明什么呢？人口数字的正确统计不仅不能期之于一个经济组织分散落后的社会，并还要求比较上轨道的政治环境和一定水平的文化技术条件。因此把中国历史文献为我们留下的历代户口数字，看成是一笔糊涂账，并没有夸张，可是，我们虽然不能希望从那些具体数字中去发现中国人口问题，而历代统治者却曾为人口问题大伤脑筋，有的甚至因为没有好好处理过剩农业劳动人口问题，竟从

---

① 这段话中所引历代户口数字，参见黎世衡著《历代户口通论》，世界书局版，下集，第二篇，第一章。

他们的统治宝座上跌翻下来。

单就我们经历了三千年的封建社会来讲罢。大约在周代以后，由秦以至于清代，每个王朝到了末期，差不多都是在四海困穷，民不聊生，匪盗蜂起的经济政治危机局面下灭亡的，而每个朝代之初，又差不多或多或少的作一些招抚流亡，劝农务工，省刑罚，薄税敛的措施，把原来的丧乱局面缓和恢复过来。各个朝代的末期和其初期，几乎分别是用极其相类似乃至雷同的词句，表述那种盛衰兴亡的关键，说明支配着那个关键的重复律。我们试一回顾秦末、汉末、晋末、隋末、唐末、宋末、元末、明末，乃至清末的情景，或这些朝代开国之初的情景，那显然是非常容易给人以天道好还的往复循环的印象的。在那当中，人口问题极突出地表现为：在一个朝代之初，总像是非常缺少人口，到了一个朝代之末，又像总是难得安排对付多余的过剩人口，道理在什么地方哩？有关的议论是不少的，以善读中国历史见称的“文献通考”的编者马端临曾讲了这样一段糊涂话：“古者户口少而皆才智之人，后世生齿繁而多窳惰之辈，钧是人也，古之人，方其为士则道学问，及其为农，则力稼穑，及其为兵则善战阵。投之所向，无不如意。……民众则其国强民寡则其国弱，盖当时国之与立者民也。光岳既分，风气日漓，民生其间，才益乏而智益劣……以至九流百工释老之徒，食土之毛者日以繁伙，其肩摩袂接，三孱不足以满隅者，总总也，于是民之多寡不足为国之盛衰。官既无借于民之材而徒欲多为之法以征其身，户调口赋日增月益，上之人厌弃贱薄，不倚民重，而民益穷苦憔悴，只以身为累矣。”①这段话毫无理路，矛盾百出，但却反映了一件事实，就是中国人口问题的表象，一直在苦恼着历史家们，不知道人口是多好，还是少好；他们不能弄清问题的本质，当然只好在思想言论上跟着现象打滚。依据马克思主义的人口理论，中国历史上的人口问题是并不难说明的。

正如在资本主义社会一样，封建社会的人口问题和人口规律，也是要把它的生产方式作为依据和基础的。我们不能离开封建社会的整个经济结构来理解它的人口问题，也不能离开封建社会的基本经济规律来理解它的人口规律。作为封建社会的基础的生产关系，一般地讲，是由贵族领主阶级和农奴阶级结成的关系。而就中国社会来说，是由包括最高统治

---

① 见《文献通考》，第一册（十通第七种），第 4 页，编者自序。

者帝王在内的地主阶级，和依属他们的农民阶级（包括农奴或隶农）结成的关系，但在我们社会的典型封建制度或地主经济封建制度下的剥削阶级和直接生产者阶级，比之欧洲一般领主经济封建制度下的两个阶级，不论在社会地位或身份上表现了怎样一些差别，那种差别显然不曾改变封建剥削关系的本质。土地是封建社会最主要的基本的生产资料。谁占有土地，谁就有权支配需要依靠这种生产资料而生产而生活的直接生产者。占有土地不论是由于分封，由于赐赠，由于劫夺，还是由于购买，对于离开了土地就无以为生的直接生产者，同样具有极大的制人死命的权力。不过，建立在地主经济基础上的中国封建制表现了这样一个特点，就是从地主佃得土地的农民，在一方面虽然不像农奴那样人身地隶属于土地所有者，也不必定要被束缚在他佃得的土地上，他是有某种程度自由的，但在另一方面，在他离开了土地就无以为生的社会条件下，他不隶属于特定的土地所有者，却仍非隶属于整个地主阶级不可。贵族、官僚、地主、商人、高利贷业者乃至流氓地痞，随在都要成为找口实造机会欺压勒索他的社会势力者。佃农的处境如此，自耕农也好不了多少。现在且来看看这种社会经济制度下的人口规律是怎样表现着的，或者它的农业劳动人口，是怎样变为多余的。

资本主义社会的财富是由工人农民阶级生产创造出来的，同样的，封建社会的财富，基本上是由农业劳动人口产生出来的。在这种限度内，我们以农立国的封建社会，当然有必要多方笼络争取农民。远在周末战国时代的争地争城的战斗过程中，实在包含有强烈的“争民”的要求。梁惠王向孟轲诉说他不论如何勤政爱民，为邻国所不及，但邻国的人口并没有因此减少，梁国的人口也没有因此增多，他觉得奇怪；后来僻处在西陲的秦国，因人口少了，影响生产，乃用非常有利的条件，诱三晋之人前往耕作，却大大成功了。但人口成为严重的不可终日的问题，一般毕竟还不是由于太少，而是由于过剩或过多。太少是表示重要生产资料——土地找不着劳动力耕种；过剩或过多乃表示劳动力从土地游离出来了。中国自秦汉以后，每个朝代初期，差不多都发生土地找不着人耕种的问题；而在每个朝代末期，又差不多都发生了农业劳动人口无法继续在农村呆下去的问题，个个朝代如此，就像是有节奏地表现为人口有时不足有时过剩的规律。但这个规律有时是通过整个封建社会经济变动或其阶级关系的消长变化表达出来的。一个王朝的建立，一般是紧承着前一王朝丧乱凋敝之余；战争、苛租重税、差役高利贷再加上必然相伴发生的自然灾害，照例逼着农业劳动者及其家属无法生活下去，他们原是安土重迁的，但无路可走，只好“壮者散而之四方，老弱转乎沟壑”，这逃亡的，饿死病死的，都被看为是没有食物或生活资料的多余的过剩人口。田园荒芜，人烟断绝的景象，在一方面说明了旧王朝为什么不能维持，同时也说明了新王朝应如何始得维持。于是劝农务工，招抚流亡，薄税敛，兴水利的种种措施被相率采行了；最关重要的土地问题，也想尽方法在既不损及地主利益，同时又可适当安辑农民的限内，作一些权宜的变革，限田、名田、占田、均田，甚至井田的拟议，也被提出了，有的并在一定限度内见诸实行了。其用意所在，无非是要使从土地游离流散的农业劳动人口，重新回到土地上来，使生产得以继续，使租税来源不虞匮乏。在这种情况下，原来看作是多余的过剩的劳动人口，往往还会大大感到不足。我们能够说，那全是由于人口在战乱中，在贫困饥饿颠连转徙中，乃至在疫疠中死亡太多了么？不，那至多只算是一部分原因，而更重要的却是由于新起的王朝不能照着旧王朝那样腐败、贪污、横征暴敛的统治下去，而作了一些对人民让步或“与民更始”的像上面所说的变革措施。所以，一个社会或者劳动人口不足的情况，大体总是出现在经济恢复前进或生产关系还容许生产力有一定程度的发展的时候。可是这个局面，在我们那种封建生产关系下是不能保持得很久的，并且也还是无法做得很全面的。如像汉代初期，由于高祖时达到了“天子不能具驹驷，而将相或乘牛车，齐民无盖藏”的窘状，在文帝景帝乃至武帝诸朝相率实行的一些便于农业生产恢复、更新、改进的办法，如讲究穿渠引水灌溉，提倡实施区田法，代田法，解决耕牛缺乏问题，教民使用新田器，及选种育苗，特别是伴随这些措施在政令及赋税方面所作的努力，自然都有助于农业生产的恢复与发展。所以，至昭帝时“流民稍还，田野益辟，颇有蓄积”①。然而就在文景武昭诸朝，对于关系农业生产最大的土地问题，根本就没有触到。秦代富者田连阡陌，贫者无立锥之地的情况，“汉兴循而未改”，致使农民不能不以十分纳五的田租，耕作富豪的土地。朝廷减税免税利益，都落到富豪手里，反而因此促成土地的兼并，

---

① 见《汉书·食货志》。

使农民耕种土地要付出更大更多代价。他们因此就不能不“常衣牛马之衣，而食犬彘之食”。不但如此，农业有了一点点昭苏的机会，在我们的封建社会，就是农业剩余劳动生产物租税化商品化的加多，就是各级统治阶层消费欲的增大和剥削欲的加强，同时也就是商业高利业者活动的更形猖獗。统治者阶层一把注意力从生产领域移到消费领域，以往讲求农田水利，讲求节俭，讲求不违农时，爱惜民命的一套做法，就逐渐要在无形中为讲究排场阔绰，骄奢淫逸，观兵耀武，和繁其苛敛，严其刑罚所代替，其结局，就是招致天灾人祸，就是招致外侮内乱，就是从四方八面逼迫着农业劳动人民，使他们在租税徭役兵差债务乃至其他勒索敲诈的层层压力下折磨以死，或者见机逃亡。这些直接生产者连带他们的家属到了在家乡呆不下去了，开始改变他们安土重迁的习性，他们成群结队地流亡起来，也就要开始改变他们保守安分守己的习性，他们由农民阶级变成流氓无产阶级了，不再有怕丢掉他们心爱的土地的顾虑了，不再有怕离开他们的心爱乡井的顾虑了，根本用不着敷衍税吏、土霸、高利贷业者了，这一来，他们也就自由得一无所有，成为天不管地不怕的危险人物了。于是，到处打家劫舍起义叛乱，一有人号召，几万人几十万人很迅速的啸聚起来。天下汹汹，到处多的是人，到处多的是没有同生产资料——土地结合起来的劳动人口。社会经济的大危机，或社会阶级的尖锐矛盾，就从众多的劳动人口变为失业，变为多余的险象上强烈表现出来。于是，前一个朝代的结局，就摆在眼前，后之历史家或所谓社会史学家又来喟然叹惜于人口过多，致贻伊戚！

以上是中国历史上的人口问题和人口规律的概括叙述。封建社会的人口问题和土地制度问题密切联系着，正如同资本主义社会的人口问题和资本积累问题密切联系着一样。皮相的观察者或恶意的歪曲者，不揣其本而齐其末，不根究发生人口过剩的原因，而把社会一切罪恶一切动乱都归因于人口过剩。以为中国自古以来，人口就是过剩的，到了现代人口还是过剩的；他们企图以中国人口过多过剩为口实来掩盖封建专制官僚主义的罪恶，而就现代讲，特别是用以掩盖帝国主义封建官僚主义的罪恶。这种颠倒是非模糊认识，淆惑视听的错误看法，曾经在中国现代反帝反封建的革命斗争中，起了如何大的阻碍作用，那是只要稍一检视近数十年来我国文化思想界所受新旧马尔萨斯主义的广泛深刻影响，就不难明白的。

(二)在中国现代反帝反封建斗争过程中出现的新旧马尔萨斯主义

帝国主义势力向落后地区的侵入,不单是靠着大炮商品,加上负有特殊使命的传教士,同时还有各种为它在思想上扫清侵略道路的学说,新旧马尔萨斯主义,可以说是那些学说中被吸收得最快和被应用得最广泛的一种。在说明这个道理以前,应先把新马尔萨斯主义的涵义交代一下。新马尔萨斯主义,无疑要对于上述马尔萨斯主义表现了一些新的特点。但因资本主义发展阶段不同,因客观要求不同,新马尔萨斯主义大体上有两个流派:一个是英国空想社会主义者奥文的儿子,达尔·奥文(R.Dale Owen)于1830年著《道德生理学》,所宣传的法国人依家族生活资料多寡以限制生育的方术,为了防止人口过剩,马尔萨斯主张禁欲不结婚,奥文则主张不禁欲也不妨结婚,但须人工的预防受胎;其后依据奥文这个"大发现"著论宣扬的,颇不乏人,遂形成了所谓新马尔萨斯主义。实则这种新马尔萨斯主义,不外是依据马尔萨斯的人口原理,在实践上采取的一种措施或即所谓避孕术。这样浅薄的玩艺儿,其所以在英、美、法诸国不胫而走,就是由于它非常投合资产阶级社会享乐主义的要求。事实上,如其真的按照马尔萨斯的人口原理,那些拥有大量财富的资产阶级家庭,倒是不妨多生育一些的,因为他们的人口是不会过剩的,马尔萨斯主义者,一直就把他们放在人口规律作用范围以外,足见这个流派的新马尔萨斯主义,只不过是便于资产阶级社会极其流行的变相多妻制或卖淫制的一个幌子罢了。到了社会主义的苏联出现,接着在落后的殖民地半殖民地区逐渐展开了反帝国主义反殖民主义运动的二十世纪二十年代前后,另一个流派的新马尔萨斯主义产生了,为了便于加重国内劳动人民的榨取,为了开脱殖民主义者的罪恶和为了模糊国内及落后地区人民的认识,马尔萨斯主义被扩大应用了;马尔萨斯的人口原理,原本就是把一些便于反动统治的社会经济学说,如土地收入递减说,工资基金说,适者生存说,种族优劣说等等揉合起来的大杂拌,到了这个历史阶段,特别是到了第二次世界大战后的社会民主运动高涨时期,新马尔萨斯主义就特别强调土地过狭,世界人口尤其是落后地区人口过剩为其特点;至若优等民族适于生存,劣等民族不适于生存;在国内,上等阶级宜于生存,下层阶级不宜于生存的谬论,无非是要论证这一点,就是以饥饿,以战争,以疫疠缩减或消灭国内外过剩劳动人口,乃是属于逻辑上的必要和必然。所以和前一个流派的新马尔萨斯主义比较,这一个流派的新马尔萨斯主义,就显得言行一致多了。他们可以算是马尔萨斯人口理论的实行者。第二次世界大战前后,在英美出版的有关人口理论的书籍,几乎千篇一律地在重复这个论调:人口太多了,地球容纳不下了;其结论无非要表示,用细菌,用原子弹或疫疠,或其他消灭低劣而愚昧人群的做法,都是在替天行道,或竟是由于神的仁慈的安排,不过有的讲得很明显,有的故意讲得含蓄;有的只是提供一些有关人口及其土地利用的调查估算数字,有的则根据那些数字作出种种适合于帝国主义目的的结论。就因为这个缘故,我们就有必要把注意集中到这个流派的新马尔萨斯主义,并且还不能不把它安排在这里来说明。现在就他们对于中国人口问题的看法说法指出一个轮廓。

大约在中国1926—1927年的大革命的浪潮刚刚消去以后,曾在那个浪潮中一度惊呆了的帝国主义势力者及其各色的雇佣分子,开始讲究新的对策,讲究对于反帝反封建的民主革命运动的镇压分解方策了,结果在1930年以后,许多与帝国主义有关的个人或社会文化组织,如教会的高等学校,华洋义赈会等等,分别以个人的名义或组织的名义,开始对于中国社会特别是对于中国农村,进行各种各样的调查了。不论调查者个人的主观愿望如何,或者他们整理材料时的动机怎样,显然我们不能把帝国主义乃至结托帝国主义的封建买办势力加害于中国人民的生活和生产的罪恶算进去,因而,为表现得更“客观”一些,从大家公认的事实入手,就较有说服力了。所有在这时以至世界第二次大战过程中的有关著作,都在揭示:

1.中国人口太多。

2.中国人口对中国人可以利用的土地,表现了极大的压力。

3.中国农民以较长的劳动时间劳动,但所收获的极为有限。

4.中国农民及一般劳动人民过的是极可怜的极可怕的生活。

5.由于悲惨生活的结果,文盲比率较大,疾病多,死亡率高。

6.人民愚蠢而贫困,当然容易受到煽惑蠢动。

这该是如何冷酷的自然逻辑啊！自布克(J.L.Buck)于1930年公刊《中国农业家经济》后，接着有关这方面论著如《中国的人口及其现代的增加》(W.F.Willcox)，《中国人的土地和劳动》(T.R.Henry)，《中国的消费习惯》(Lindstedt)等等，相率提供出来，布克在1937年还写了一部《中国土地利用论》。不论如何，从人口这个角度来考虑中国问题，都会给予我们这样的印象：中国人民的贫困，中国社会的动乱，都是由于自然的不可克制的原因。就在这种思想意识指导下，最有代表性的胡适的贫、病、愚、弱、顽，五鬼闹中华的大议论相应产生了。事实上何止胡适的胡说，凡属谈到中国问题的中国学者，不管他是研究社会历史科学的还是研究自然科学的，几乎都在无形中肯定着并宣扬着这样不三不四的意见，前中央研究院社会科学研究所于解放前的1949年1月出版的《中国社会经济史集刊》中，载有罗尔纲先生的一篇长达60页的论文——《太平天国革命前的人口压迫问题》，其中介绍了中国马尔萨斯——洪亮吉的有关中国人口问题的见解，同时也引述了现代中国学者及他自己的有关的见解。为了说明的便利，先从他那篇文摘抄一个注脚来概括中国现代学者的中国人口观。

> 陈长蘅《三民主义与人口政策》第五章说："我们中国的人口就现在的生计状况之下，实已超过适中的密度。"又说："全国已耕及未耕之土地，总共只能供给二万五千万人，是为理想的适中密度，可见中国早已达到人满为患时期。"许仕廉《人口论纲要》第九章说："依现有耕地和现有经济生产技术，中国社会，已有很重大的人口压力。"竺可桢《论江浙两省人口之密度》时说："吾国目前即已人满为患，何需更待之百年以后，举凡内乱之频仍，饥馑之屡告以及生活程度之所以低，乞丐盗贼之所以多，推其原因，莫不由于我国人口之过多。"①

当然，如此这般的议论，是多至不胜枚举的。就在引述这种意见的罗尔纲先生自己，他是怎样看待这个问题的呢？他的那篇大文第一节的开章明义第一句，就是："造成太平天国大革命的原因，在当时的社会经济状况看起来，最使我们注意的便是人口压迫的一个问题。"他是怎样来说明这个问题的呢？在该文第二节开始，他为我们背诵了一段马尔萨斯的"经

---

① 见《东方杂志》，第二十三卷，第一号。

典”:“我们要知道,这时期的人口是否已达到了饱和点,还应该进一步将民数与田亩作一比较。因为所谓人口问题,归根结底完全是人口与土地的比例问题。……人类必不可缺的动植物,完全为土地所限定。土地可以说是限制人口的最终条件……。”在这之后,他再根据当时中外载籍谈到中国人口数字和土地亩数及其比例,论证那个人口压迫的问题。他好像一点也没有感到,从这样一个比例中,怎么也不能结论出太平天国的运动是一种大革命运动。因为马尔萨斯主义的基本特征,就是离开社会制度来谈土地和人口的比例关系,把土地和人口的比例,看成是单纯的数量关系。不过,我们这样来理解,罗尔纲先生可能认为他不是受了外国马尔萨斯主义的影响,而是受了中国马尔萨斯主义的影响,他那篇论文着重介绍了中国马尔萨斯——洪亮吉的见解。洪亮吉的人口论,载在他1793年(乾隆五八年)写成的《意言》中,他看见各地人口滋生太快,生活资源的增加远不足以应人口的需要,以为“田与屋之数常处其不足,而户与口之数常处其有余”;该怎么办呢?曰有“水旱疾疫,即天地调剂之法也”。“然民遭水旱疾疫不幸者,不过十之一二”;其余过剩的人口何以善其后?只好设法“使野无闲田,民无剩力;疆土之能辟者,移种民以居之;赋税之繁重者,酌今昔而减之,禁其浮靡,限其兼并;遇有水旱疾疫则开仓廪,悉府库以赈之”:这一切属于“君相调剂之法”。然这样做,仍不济事,因为“治平之世,天地不能不生人,而天地之所以养人者,原不过此数也。治平之久,君相亦不能使人不生,而君相之所以为民计者,亦不过前此数法也。……一人之居,以供十人已不足,何况供百人乎?一人之食,以供十人已不足,何况百人乎?此吾所以为治平之民虑也”。洪亮吉的人口论,完成于马尔萨斯《人口论》问世前五年,照罗尔纲先生的评论:“洪亮吉之说,精密详尽,自不及马氏论,但两人同时异地,学说不谋而合,这也是中西学术史上的一段佳话了。”马尔萨斯之说如何“精密详尽”,我们已在前面领教过了,不想多讲,但从学术和人道眼光加以比较,我觉得中国的马尔萨斯,毕竟还天真而温情主义一些。他在指出“田与屋之数常处其不足,户与口之数常处其有余”时,接着作了这样的暴露:“又况有兼并之家,一人据百人之屋,一户占百户之田,何怪乎遭风雨霜露饥寒颠仆而死者之比比乎?”这是外国的马尔萨斯终始不肯讲出来的社会真相,人口理论如其把这个分配上的问题考虑进去了,还不失为一种有一些现实根据的学说,而且正因为外国的马尔萨斯故意忽视富有者兼并集中的事实，他也就不能像中国的马尔萨斯那样，主张依“君相调剂之法”，多方赈救贫民，恰好相反，却异常冷酷无情地反对救贫法反对养育院，以为贫而无告的人民的悲惨状况，大有助于富有者的奋勉和惕励。我们可以说，中国的马尔萨斯主义和外国的马尔萨斯主义之不同，正好反映了封建制度和资本主义制度的不同，在前一制度下，剥削的贪欲是受到了限制的，因而尚保留了一些人情；在后一制度下，剥削的贪欲是无限的，因而就更加没有理性。罗尔纲先生没有看出中国的马尔萨斯的这个优点，所以我感到他的人口论，大体还是舶来的。

是的，关于中国人口过剩问题，大家都习惯于摭拾表面现象，都乐于传播不三不四的常识，但在他们之中，也许有人不曾意识到那是为帝国主义的各种形式的侵略在思想上铺平道路，为封建买办官僚主义的罪恶统治进行辩护，现在且先看看第二次世界大战过程中乃至在战后盛行于美英帝国主义国家的新马尔萨斯主义者，在怎样关心我们的人口问题。

比如在第二次世界大战刚要结束的时候，在一部《人口压力、战争、贫困》的著作里，作者把世界的国家就人口问题分了三类。澳大利亚、美国、瑞典是一类，日、德、意是一类，智利、印度、中国是一类。第一类没有什么人口压力，因此，无论大工业发达还是不发达，都有繁荣和平的倾向；第二类人口压力相当大，又有大工业，以至走向侵略战争；第三类国家有的有一些大工业如智利和印度，有的极少大工业，如中国：但因他们人口压力都异常大，特别是中国，以致陷于极端贫困。但因这个表象的分类，不容易恰到好处，于是对于人口压力比智利还大的日本，另有安排，认为它一方面因大工业发达走向战争，同时又因人口压力过大而不能不陷于贫困，不若中印诸国，虽然人口有极大压力，陷于极度贫困，但毕竟因工业不发达不能发动侵略战争①。这类人口压迫过大的国家又不能发动侵略战争，像中国和印度，用移民的方策，也不能解决他们贫困的问题，至于东南欧各国，也被认为是处在大体相同的境况中②。该怎么办？那些“繁荣的

① 见喜姆（Helen R.Himman）和小巴丁（W.J.Batten Jr）所著《人口压力、战争、贫困》第6页。

② 林·斯密兹（Lymn Smith），《人口分析》，第394页。

和平"的国家，为它们发急了。在它们看来，像中印的人民，以及东南欧各国，多半是愚蠢无知的，不懂得也不肯实行西欧文明社会那种禁欲避孕的道德限制方法，结局自然是人满为患，自然是贫困疾病死亡。

新马尔萨斯主义者范格特[①]及其伙伴们把注意集中到中国、印度、日本及其他东南亚国家，认为这些国家的过剩人口，始终是文明世界的威胁，是白种人的威胁，而对于一向被他们放在世界文明圈外并且基本上是属于白种人的苏联，尽管那里老早就存在着劳动人口不足的事实，他们却在坚决主张缩减中国印度日本的人口的同时，也特别关心到苏联，以为苏联人口要消灭一半或 1/4，才能创造出良好的生活条件[②]。此外，他们对日本、对印度等国家，都定出了一个应当消灭多少人口或应当保留多少人口的数字。问题在如何执行这个消灭人类的计划。他们认为疾病饥饿等等，虽然能提高死亡率，但那是间歇的，一时的，效验不大，特别是像苏联那样贫困饥饿根本不存在而医药事业卫生事业又极其发达的国家，最有效的办法，当然是采用原子武器细菌武器的战争，而在这两者之中，他们还特别着重细菌武器，因为依据他们的经济学，"细菌生产比任何其他形

---

① 当代新马尔萨斯主义的代表人物是范格特(William Vogt)，他的奇特人口理论，见于所著《生存之路》中，他用一个不同于马尔萨斯的公式，来发挥马尔萨斯的原理，那就是 C=B∶E。C 代表一定面积土地所能养活生息在它上面的人口数量，B 代表那块土地所能提供衣食住，特别是食物的潜力，E 代表天灾人祸一类因素对那种潜力发挥所加的一些限制或即所谓环境对抗；也就是一定土地所能容受的人口量，等于其生产能力和环境限制作用之比。他以为这个定律每日每时对于我们生息在地球上面的男女老幼的生命在发生影响。我们忽视它，就快要逃脱不了毁灭的命运，他依据可靠的判断，至少有 3/4 的人类要从地球上消灭去(参见 1951 年伦敦版本第 16～17 页)。然则同是生息在这个地球上的人，谁应当继续活下去，谁应当消灭呢？他的全书的目的，就是要回答这个问题。事实上在他这个著作封面底页附上的一个世界各国生活水平表中，已经把他的答案明白提出来了。以美元计算的世界各国每个工人每周收入，美国最高，占第一位，接下去是加拿大，新西兰……中国最低，倒数第二是印度，倒数第七是苏联……且不管这些数字依据的来源如何，以同一货币单位在各国所能购得的生活资料数量，就极不相同，但范格特不理会这种粗浅经济常识，竟根据一国每个工人每周收入货币的多少，来判断它的人口是否过剩，来判断它的人口究有多少应当铲除。他特别就那些应当大量缩减人口的国家，如中国，印度，苏联，日本……的自然条件，自然资源，来论证来发挥他的 C=B∶E 原理。对于生活标准最高的他的祖国即美国的人口，他也表示不能再增加下去，不过他在另一场合却又认定：假使依照亚洲人的生活标准，北美洲足够维持 577000000 人口(同书，第 146 页)。

② 雷金娜：《新马尔萨斯主义批判》，参见《文史哲》，1955 年 8 月号第 22 页。

式的武器的制造便宜，采用细菌武器会比原子弹能杀死更多的人”，特别是“细菌武器在杀死人时不毁灭财产”[①]。根据同一理由，美国社会学家们就相率以“高度道德上的勇气”，鼓吹“以任何现代医学所能奏效的办法，传播各种不同的严重传染病”[②]。几乎所有的新马尔萨斯主义者都反对医学上的新成就，以为把多余的人医好了，就无异在制造贫困，从而制造疾病。在一百余年前，马尔萨斯还只反对慈善，反对救济，到了他的二十世纪的信徒们，却进步多了，反对生人的医学，同时主张杀人的细菌学，然则对于世界各国人口，分别定出应当消灭多少，保留多少的数字，是以什么作标准呢？新马尔萨斯主义者在这里讲得有些含混了，依美国人的生活水平，或某某国人口缩减多少，就可过美国人那样的生活云云，言外似表示只有美国的人口不过剩，也只有美国人口不需要缩减；反之，作为依据健全的遗传性而“选定的民族”，或高级民族，是应当成为地球的主人的，是应当代替那些“没有充分价值”的劣等民族，据有地球这个“生存空间”的。但为了不要使他们的帝国主义面目暴露得过于丑恶，同时又感到西方各国劳动人口，也实在由他们的贫困罪恶表现得颇不雅观，由他们的罢工暴动等等表现得颇不安分了，所以新马尔萨斯主义者又回过头来大公无私地表示包括“高级”的盎格鲁萨克逊民族在内的西欧各国人口，也要大减特减。如彭德尔公开建议“杀死三千万德国人，并在十年内禁止德国生育儿童”。范格特要求“把欧洲人口（其中包括英国、法国和德国）缩减一半甚至三分之二”[③]。至于新马尔萨斯主义发祥地的美国本土，不也是存在着严重的贫困失业现象？不是以匪盗横行，罪恶贯盈的渊薮著称么？是的，他们当然会把那笔账算在“低级”民族的黑人名下，也许就因此还不曾对于美国应当缩减人口，提出明确的数字来，只是含混地表示，美国如不讲求节育，也有降低生活水平的趋势。讲到这里，也许有人会奇怪，像这样狂妄野蛮到完全没有一点人性，没有一点理性的说教，为什么竟出现于现代的“文明”论坛，并还传播得相当普遍呢？这就因为这个最反动的新马尔萨斯主义，不仅自马尔萨斯以来有一个半世纪的时间的思

① 雷金娜：《新马尔萨斯主义批判》，参见《文史哲》，1955 年 8 月号第 22 页。

② 乌亚尔伐托夫：《马尔萨斯论者与殖民地和附属国》，参见《地理知识》，1955 年 2 月号第 64 页。

③ 阿·波波夫：《反动的人口论》，参见《学习译丛》，1953 年第十期，第 139～144 页。

想准备，并还汇合了帝国主义时代的一切极端反动学说思想，如尼采的权力哲学，如魏斯曼·摩根的遗传学，如好斯贺斐的地缘政治学等等，达尔文的适者生存说，也被恶用了，而经济学上作为马尔萨斯人口理论支柱的土地收入递减说，工资基金说，更是作为自明的道理在传播着。有了这样一些思想意识的根源，再加上腐朽资产阶级临到第二次世界大战后的垂死挣扎阶段，临到它们原来的许多殖民地附属国、势力圈的人民都相率起来反抗，起来挣脱枷锁，以社会主义或民族独立的姿态站立起来，威胁其生存的阶段，他们这个阶级的代言人，要想像以往那样保持一点点科学气息或绅士仪态也是不可能的，因而最粗野狂暴的，集反动思想意识之大成的新马尔萨斯主义，就被看作是它的代表的意识形态了。

从上面的说明中，我们已不难看到，不论是旧的还是新的马尔萨斯主义的思想，该会对帝国主义侵略中国发生了多大的助长的影响；同时又该会对我们现代的反帝反封建买办官僚的运动发生了多大的妨阻作用。虽然我们中国谈人口问题的社会科学或自然科学者，如前面所指述的，大抵是属于旧马尔萨斯主义的范畴，没有多少人明目张胆地像新马尔萨斯主义者所主张的那样，把我们自己看作是低级民族，应当逐渐消灭，但我们知道，新马尔萨斯主义是马尔萨斯人口理论的扩大应用，是在马尔萨斯人口理论基础上所强调的一些具体主张或措施，只要我们的思想意识受着马尔萨斯那一套理论的支配，我们就不可能不在无形中接受新马尔萨斯主义者对我们中国人口问题所作的一些荒谬结论。我不想进一步分析过去那些五颜六色的买办思想，但在这里指明出这样一种事实是必要的：凡属不从社会制度，不从帝国主义和封建主义压迫剥削关系去看中国问题的人，他不谈中国问题，不谈中国人口问题则已，一谈到这类问题，一定会采用马尔萨斯的观点，反过来，如其他对于中国旧社会生产关系有一定程度的认识，一接触到中国人口问题，就会有另一种看法。举一个较明显的例子罢，孙中山先生曾在他的论著中论到中国人口问题，他以为中国民族的危机，不仅是受自然力的淘汰，还受政治力经济力的压迫。后两者比之自然力的淘汰还要快而且烈。“中国所受列强经济力的压迫，比之殖民地还要厉害……中国外国每立一回条约，就多一回损失。……专就这一压迫讲，比用几百万兵来杀我们还要厉害。……中国人口总是不加多，外国人口总是日日加多。……如果没有办法，无论中国领土是怎样大，人口是怎样多。百年之后,一定要亡国灭种的"[①]。不论这讲法在科学系统性方面有多大的缺点,他无论如何总算把人口问题放在整个社会问题中来处理了,他由此看出中国人口问题主要是帝国主义侵略和地权集中的问题,不但谈不到绝对过剩,甚且还有人口日益减少的危险。所以,高呼反抗帝国主义,强调耕者有其田,就成为他在逻辑上所要得出的解决中国人口问题的实践要求。可是,尽管这位伟大的民族主义革命家相当正确地看出了中国人口问题的若干症结,他的不肖的信徒们,特别是勾结帝国主义来残杀鱼肉中国人民的蒋介石集团,或四大家族,临到从大陆被赶走的前夕,仍在一方面疯狂的集中吞并全国的财富和土地,同时却昌言中国只有大贫小贫,没有大地主也没有资本家,就是把财富土地均摊起来,也不能解决过多的过剩的人口问题。他们用帝国主义者传播的新旧马尔萨斯主义为他们自己及其主子在中国所作的一切罪恶遮羞,帝国主义者,自然更加要强调中国人口过多这一点,来表示他们即使对中国再多援助救济仍是爱莫能助。1949年美帝发表的《中美关系》白皮书,不是力言中国的人口,不仅对于中国成了一种不堪重荷的压力,同时也成为它的重大负担么? 国内外敌人围绕着中国人口问题所做的文章,实在是太多了。

基于以上的说明,我们可以得出这几种认识:

1.在帝国主义统治下的半封建半殖民地的中国,一方面在受着外来的发达的资本主义的痛苦,同时又在受着国内资本主义不发达的痛苦,由农村到都市的全面破产失业景象,使贫困疾病死亡战争成了家常便饭,成了有目共睹的事实,而这同农业手工业方面游离出来的众多人口联系起来,就恰好成了马尔萨斯主义繁殖的温床。

2.帝国主义的长期文化侵略,早在无形中引导我们社会的思想意识,特别是学者们的观点,倾向马尔萨斯主义。而中国反帝反封建的人民革命运动的兴起,帝国主义者就特别需要这个综合了或宁说是揉杂了现代一切反动思想学说的新马尔萨斯主义体系,模糊我们的认识。我们应当承认,新旧马尔萨斯主义在中国人民革命过程中,是从各方面直接间接发生过为国内外反动势力辩护的作用的。

3.帝国主义在中国被打倒了,但百余年来帝国主义文化侵略,在中国

---

① 《中山丛书》,民族主义第一讲,第11～13页。

人思想上留下创痕，却并不曾完全消除；这就是为什么到了解放后相当长的时间，还在不少的有识人士，在以马尔萨斯的思想方法和观点来看待我们今日的人口问题。

（三）解放后的中国人口问题的性质及其解决途径

1953年6月30日24时，我国进行了有史以来第一次全面普查，这次全面普查的人口数字，是601912371人。这个数字的公布，结束了以往关于中国人口数字的各种不同的揣测和估计①，一下子把解放前大家公认为40000万到50000万的数字，增加了10000万到20000万多；人是社会最可宝贵的财富，是国家最可靠的建设力量。在原来估算的庞大人口数字上，又加上将近和英（本土）美两国人口相当的这么大的新数字，这给新中国乃至社会主义世界带来了无限的兴奋和鼓舞。但同时却也在不同程度上引起了国内外一向担心中国人口过多的人士的隐忧，这里姑且不问那种隐忧的出发点是什么。我们全国人口普查数字是在1954年8月公布的。英国资产阶级的喉舌，伦敦《泰晤士报》很快就反应说："这个宣布，不能不深深打动任何考虑它的重要意义的人。"这个反应当然是讲得比较含蓄的，但并不能掩饰他们的疑虑。特别是我们在宣布这个惊人的人口数字的当时，全国各地都在报道解放几年来人口迅速增加或死亡率迅速减少的事实。举两个显著的例子：

1."根据七个省及内蒙古自治区共二十三个县旗的统计，常住人口比中央人民政府内务部1953年1月汇编《全国人口统计册》的总人口数字增加了百分之四点一。……人口增加的原因，除了过去还有些遗漏未报这次登记确实，过去有些机关、学校、厂矿等公共户口没有登记，这次作了全面统计，以及城市和工矿地区由于工业建设的发展，人口有了增加以外，主要原因，是解放以后人民生活安定和改善，卫生医药条件的进步，以及新接生法的推行等，使我国人口的出生率增加，死亡率减少，自然增加

① 帕尔泽(Karl.J.Pelzer)：《土地与人口利用》，1941年版，第33页。把中国人自己的估算和外国作者的估算，分别列成两个表。由1900年到1937年这一段时间里，最少的估计数是27500万，最多的也竟有猜到是60000万的。

率有了显著的提高。”①

2.“从这次全国人口调查中，证实我国人口死亡率正在迅速下降。下降的趋势特别显明地表现在幼儿中。许多调查数字表明，仅仅在我们经济恢复时期的两三年内，死亡率就直线地降低下来。根据北京市调查，1950 年 11 月人口死亡率是百分之十一，以后逐年下降，到 1953 年 11 月已降低到百分之六。武汉市 1950 年平均每天死亡七十二人，1953 年平均每天的死亡数字已降低到四十七人。由于人民生活的提高，医疗卫生条件的改善和新婚姻法的贯澈，历史上虐杀婴儿和因医药卫生条件不好早期死亡的不幸现象已大大减少。”②

上面这两个报道，告诉了我们一些什么呢？那不是说，我们长期存在的，由劳动人民失业破产、颠沛流离、疫疠、高死亡率表现的所谓人口过剩现象，一到解放后的很短时期内，一到了赶走帝国主义势力，没收买办官僚资本归全国人民所有，没收地主土地归农民所有了，整个局面就给根本改变过来了么？建立在新的经济制度或新的生产关系上的人民政权很快就让一向受到束缚磨折和破坏的生产力，得到解放或昭苏机会。不到几年工夫，我们的社会经济，不但逐渐恢复过来了，不但有很大的发展，并还在恢复发展过程中，依照我们国家的性质，我们社会发展的方向，大大地改变了我们各种社会经济成分间的比重，也就是说，国家经济成分对私人经济成分的比重加大了，同时，工业对农业的比重也加大了。这就使得我们可能从 1953 年起，就开始国民经济第一个五年计划。到现在，我们已很顺利地有的竟还是超额地完成了第一个五年计划第三年的计划指标。生产力在迅速提高，全国人民的生活在不断改善。以往笼统归因于劳动人口过剩的各种现象，如失业、贫困、饥饿、疫疠、流亡、动乱、战争等等，有的是已经成为过去，有的快要成为过去了；代替这一切的，是未来繁荣幸福美好生活的展望。在这种情况下，为什么国内不少有识人士，还以我们国家人口过多而又增加得快为虑呢？如其说他们那种想法亦还有现实的社会基础，也许是由于我们由都市到农村的剩余劳动人口问题还有待于澈底解决，全国人民生活水平，还有待于大大提高。而极易使广大农业地

① 《人民日报》1954 年 3 月 11 日。

② 《人民日报》1954 年 6 月 14 日。

区引起饥馑现象的自然灾害，更还有待于根本治理。可是，对于所有这些问题，我们可以有两个看法，一个是马尔萨斯主义的看法，一个是马克思主义的看法。依照马尔萨斯主义的看法，就极容易首先把这些情况和我们农民分得的耕地面积太小联系起来，以为我们北方大体是采行粗放耕作，每人分得土地多的不过几十亩，少的只有几亩；南方即使是采行集约耕作，但每人分得的土地多的不过几亩，少的只有几分，耕地面积的自然限制如此，就是没有天灾水旱，也不能保证大家生活有很大的改善和提高，因为，在他们设想，人口对土地面积而言，毕竟是太多了；在这种思想方法指导下，自然会把国家统购统销政策的坚决执行，以及去年这时候，因执行统购统销发生某些偏差所引起的粮食紧张情况等等拿来作为支持其论点的有力证据。并且，在他们看来，解放以后的新的合理的社会关系的建立虽然铲除了不合理的分配现象，但并不曾因此减少粮食紧张的压力，因为粮食的有限增加，仍满足不了社会拉平了的，增多了的对粮食的需要，需要比供给，从而比生产，是跑得更快的，这在他们看来，就是解放后的粮食问题为什么反而像比解放前还显得紧张一些的根本道理；按照这个逻辑，他们并进而拿苏联的事例即苏联到了实行第五个五年计划当中，对于日益增多的人口的粮食供应问题，还解决得不够理想的事例，来论证我们社会的过于众多人口，始终未免是一个压力，一句话，他们对于中国人口问题的看法是带有悲观成分的，那正好是马尔萨斯观点的必然结论。

但马克思主义者不是这样看问题。马克思主义者承认在一定社会阶段上，人口数量的相对过少或过多，对于一个社会的经济生活的改进或经济发展速度有一定影响，但他们首先肯定，人的劳动在任何社会阶段，都是极宝贵的财富，或财富的源泉，问题在于我们的社会制度，能在何种程度，允许对于它的现有劳动力作合理的利用与安排。我们前已讲到了私有的剥削的社会制度，是浪费人类劳动力，是使社会劳动人口变为多余的根本原因，这种社会制度，特别是这种社会制度所遗留的恶害，还不是一下子就可以完全改变过来的，所以由阶级的剥削的社会进到无阶级剥削的社会，要经历一个过渡阶段，在这个过渡阶段如像我们中国当前面临着的情况，就在人口问题上表现出了这样一些特点：

1.由封建主义及帝国主义长期剥削与掠夺及长期战乱所引起的社会

一般贫困和过低生活水平，一到解放以后，就使得国家要拿出很大一部分人力物力，用减免赋税、调配物资、贷款、救济等方式，来安定改善人民的生活，因而就显得救助的众多人口，成为国家建设的一个负担；

2.同时也因为原有的物质基础太差，一般生产技术条件落后，不但大大地限制了社会生产力的发展，并还对旧有的属于个体经济的乃至资本主义的生产关系，不宜于采行过于急躁的改革步骤，因而这又不能不反过来在一定程度上影响生产力发展的速度，影响劳动就业人口较迅速增加；

3.中国以往都市，在帝国主义及封建官僚势力支配下，一般都是具有政治性的、买办商业性的、消费性的特质，解放以后，一向依托于封建买办官僚的商业工业特别是商业活动，就因为不能和新社会的要求相适应，因而使那些从事这类经营的人，不少变为多余，同时在农村方面，由于旧生产关系的不断改变，特别是自去年八月以后的合作化高潮卷起了，对于农业劳动力的特殊需要，致使都市多余人口，反而倒流到农村。

所有这些表现我们当前人口问题特点的诸般现象，以及国家在这当中，在劳动力调整、粮食调配上，采行的一系列解决问题的措施，都是由于我们尚是处在过渡期中，旧的落后的生产关系还有待于清除，新的社会主义生产关系，还有待于发展，社会的生产力，正还在从各方面努力去提高，而安排人力，调配物力以适应新情况新要求的经验还需要多方积累，如果我们不像马尔萨斯主义者所做的那样，把人口问题看成是简单的和社会经济制度没有多大联系的，孤立的自然现象，而把它看成是社会经济制度的产物，看成是和特定社会的生产方式发展有着密切联系的社会问题，我们就不能想得过于单纯，以为新政权一经建立起来，一切这类问题，就立即可以不问生产关系的变革状况和生产力的发展提高状况，而根本予以解决。这样的想法，显然是非马克思主义的，是没有从实际出发的。在这方面，苏联是为我们提供了极好的榜样的。

在十月革命前的二十世纪初年，马尔萨斯主义者用以解说人口过剩的诸般社会现象，如破产、失业、灾荒、饥饿、疫疠、流散、死亡等等，在帝俄是达到了异常险恶程度的，那体现在以次的基本情况中：

在1905年间，俄国约有1000万农户，其中至少有300多万农户是无耕马的，只耕种着很小一块土地。同时有100万富农，却占有全体耕地面积之半。“……农民不得不在最苛刻的条件下向地主租佃土地。……地主用各种掠夺方法（地租和罚款），把农民落后经济底脂膏榨取净尽。基本的农民群众因受地主方面的压迫，不能把自己的经济改善。所以，革命前的俄国农业极端落后，时常有歉收和饥馑发生。农奴制经济的残余，以及往往超过农民经济收入的苛重赋税和付给地主的赎金，引起农民大众底破产和贫困，迫使农民离乡背井出外谋生。农民进入了工厂。厂主获得了廉价的劳动力。”①

“十九世纪末欧洲爆发了工业危机。这次危机很快就蔓延到了俄国。在危机年代（1900 至 1903 年）倒闭的大小企业计有三千多家。被开除工作的有十万多工人。在业工人底工资大为减低。”②

上述的这个基本情况，在十月革命后就根本改变了。工人阶级由被剥削的，丧失生产资料所有的阶级变为掌握国家政权和基本生产资料的阶级；农民则由为地主富农百般奴役剥削的阶级，变为工人阶级的同盟军；以工农联盟为基础的苏维埃国家，由基本生产资料的公有，土地没收，铲除了或者至少大大变革了资本主义基本经济规律发生作用的经济条件，同时创造了社会主义基本经济规律发生作用的经济条件，于是，过去听任资本主义基本经济规律自发运动所造成的过剩劳动人口现象，即资本家为了追求并保证最大利润，剥削本国大多数居民，使他们破产贫困的现象，就不再存在了，而新的社会生产关系，却容许并要求迅速发展生产力，不断改进技术，扩大社会主义生产，使整个社会，使全体劳动人民的不断增长的物质和文化的需要得到保证。所以，马林科夫说：“斯大林同志发现现代资本主义的基本经济规律和社会主义的基本经济规律，给予资本主义的一切辩护者以致命打击。这些基本经济规律证明，在资本主义社会里人是服从榨取最大限度利润的无情规律的，因而人们注定要遭受沉重的苦难、贫穷、失业和流血的战争，而在社会主义社会里，全部生产都是服从人及其不断增长的需要的。”③在苏维埃经济制度中，“劳动者物质状况的不断改善，以及他们的需要（购买力）的不断增长，是扩大生产经常增长的源泉，是保证劳动者不遭受生产过剩危机及因失业和贫困的加剧

---

① 《苏联共产党（布）历史简要读本》，1955 年人民版本，第 4 页。

② 《苏联共产党（布）历史简要读本》，1955 年人民版本，第 34 页。

③ 《在十九次党代表大会上关于联共（布）中央工作的总结报告》，人民出版社版，第 104 页。

而带来痛苦”[1]。不过,在由资本主义向着社会主义过渡期间,尽管千百万劳动群众已经基本上摆脱了贫困与剥削,但为了要巩固社会主义经济,为了要创造条件从根消灭剥削,他们还不得不忍受重大的牺牲和困难,国家虽实行仅免饥饿的口粮配给制,在第一个五年计划胜利完成以前,还有一些人找不到职业。可是这种性质的困难,是前进发展中的困难,而有些人还没有就业的机会,乃是由于社会主义的生产还不曾充分发展起来。这和资本主义社会的情况是正相反对的。“在资本主义制度下,社会生产的发展必然伴随着不断补充失业大军的过剩人口的日益增长。但在社会主义社会里,却有另一个人口规律在起着作用。由于这一规律,生产的发展保证一切有劳动能力的人在不断提高其物质生活水平的情况下都有劳动权利。当然,在苏维埃政权的初期,苏联还有失业现象。但它和资本主义条件下的失业现象却有原则的区别。在资本主义制度下,失业是资本主义积累规律发生作用的结果,资本主义发展的水平愈高,失业的人数就愈多。当时苏联发生失业现象的原因是:第一,在国内经济中还存在资本主义成分;第二,社会主义本身还未得到充分的发展。社会主义生产的发展,为澈底消灭失业现象创造了一切条件,这完全是由社会主义基本经济规律的要求决定的。”[2]事实也完全证明了这个真理。斯大林在 1933 年 1 月 7 日在苏共中央委员会和中央监察委员会联席会议上,作了关于“第一个五年计划底总结”的报告:其中讲到:“从根本改善劳动者物质状况方面看来,我们在工业农业方面所有成功底基本结果是什么?第一个基本结果,就是我们铲除了失业现象,消灭了工人中间那种朝不保夕的情形。”他指出:在这时的三年以前苏联还有将近一百五十万失业者,两年以前,失业现象就不存在了,而在这两年当中,工人已经忘掉了失业现象,忘掉失业痛苦,忘掉了失业惨状。“第二个基本结果,就是几乎全体贫农都加入了集体农庄建设,就是在这个基础上打破了农民分化为富农贫农的过程,并因此铲除了农村贫穷困苦的现象。”“三四年以前,在我国农民人口中间,贫农至少占有百分之三十,即有一千余万人。”“他们经营农业时,照例

① 《列宁斯大林论社会主义经济建设》,解放社版,第 468 页。

② 阿·沙查诺夫:《关于社会主义经济规律的生产问题》,参见《社会主义经济论文集续编》,学习杂志社版,第 57~58 页。

都缺乏种子,或缺乏耕马缺乏农具,过着半饥半饱生活。”“约有一百五十万贫农,有时甚至有整整二百万贫农,每年跑到南部,跑到北高加索和乌克兰去谋生,受富农雇用……。他们每年跑到工厂门前来补充失业者队伍的人数更多。”“当时不仅贫农处于这种恶劣地位,而且中农也大半是如贫农一样受着贫穷困苦的。”可是,为时不久,“关于所有这一切苦况,农民都早已忘掉了”①。从此以后,即从在第一个五年计划实行过程中,消灭了阶级,因而也就消灭了失业,贫困,恐慌以后,苏联人的生活便愈来过得愈加丰富美满了,也就因此,苏联人口的增殖,比任何一个资本主义国家都快得多大得多了②。斯大林曾经非常愉快满意地指出苏联人口增加的特点:在我国大家都谈论着,劳动者的物质状况大大的改善了,生活更美满更愉快了,这当然是对的。但这必然使得人口比往时繁殖的快得多。死亡率降低,出生率提高,于是纯增殖率无比增长。这当然好,我们是喜欢这点的③。很清楚,在帝俄时代以同样大的或更大面积的土地,养不活16000万人口,使绝大部分劳动人民过着非人的悲惨生活,而现在苏联则使两亿以上的人口,全都过着极美满幸福的生活,这是任何人都可以从这个比较中去发现人口问题的症结的。资本主义制度就是全社会绝大部分人口的贫困、失业、饥饿、死亡;社会主义制度就是全体人民的繁荣幸福。多余的人,那就是过去过着剥削生活不肯劳动的人。

在一切方面,苏联的今天,就是我们的明天。在人口问题上也是如此。虽然我们今天的人口,为苏联人口的三倍,但在社会主义制度下,较多的人口,不是理解为更大的什么自然压力,而是理解为更大的社会的生产力。问题就在于怎样较迅速地改变我们残余的资本主义的和小生产的经济关系,以便更快的提高我们社会的生产力。当我们说,资本主义社会乃至前资本主义社会,由于社会主要生产资料集中在少数人手中,因而社

---

① 《列宁主义问题》,参见1955年人民版,第512~513页。

② 在第二次世界大战前的12年中,苏联人口的自然增加总数为15.9%,平均每年纯增殖率为1.23%。在同一时期,苏联以外的其他欧洲国家,则仅增加了8.7%,法国平均每年增殖率为0.8%(即8‰),英国为0.36%(即3.6‰),德国为0.62%。苏联人口增加速度为整个欧洲资本主义国家人口增加速度的2倍。——转引自严健羽,《从有关人口的几个问题,谈到新中国人口第一次调查的重大意义》——《新建设》,1953年五月号。

③ 阿历山大罗夫:《美帝国主义的思想体系是吃人的思想体系》,转引自严健羽前文。

会生产品也集中在少数人手里，致使大多数人陷于失业和饥饿的困境的时候，决不能因此就得出一个结论，认为只要把社会生产资料从而把社会生产品平均合理分配了，人口问题就根本解决了。这是很不全面的看法。社会主义制度并不是一个平均分配制度。社会主义其所以会并且必然要代替资本主义，基本上就是由于它允许并要求社会生产力有更大更快的发展，就我们这里论及的人口问题来说，就是由于它容许并动员更多得多的人参加到生产中去，由于它几乎能使一切参加到生产中的人都表现出忘我的劳动热情，尽量发挥潜在力量，很快地增进社会财富。我们解放后五六年来的社会经济的大变化，充分证实了这个真理。帝国主义及国民党反动派留给我们的破坏疮伤，原本就是非常深重的。民穷财匮，百废待举；当土改运动正在向全国新解放区展开的时候，极其艰巨的抗美援朝战争又发生了，水旱灾害一时还无法完全避免，但尽管如此，由于社会的生产力从原来的半封建半殖民地的生产关系得到了解放，全国的生产和全国人民的生活，却发展改进得非常迅速。1952 年的工农业总产值，已比 1949 年增长了 77.5%，其中现代工业增长了 178.6%，农业(包括农村副业)增长了 48.5%，而与人民生活最密切的农产品，以棉粮两项而论，则 1952 年分别为 1949 年的 146%和 298%。1955 年农业生产获得了丰收的结果，粮食比解放前的最高年产量增加了 20%以上，棉花比解放前的最高年产量增加了 70%。发展我国国民经济第一个五年计划中所定的农业增产数字，经过 1955 年 8 月以后农业合作高潮，已经显得非常保守了。依据 1956 年到 1967 年，全国农业发展纲要，全国农业产量将在农业合作化的基础上，大大地增加起来。到了 1967 年要求粮食的全国总产量将比 1955 年的产量增加一倍半以上，棉花的全国总产量，将比 1955 年增加两倍。这个要求是巨大的，但是完全有条件实现的。毛主席教导我们："从去年夏季以来，社会主义改造，也就是社会主义革命就以极广阔的规模和极深刻的程度开展起来。大约再有三年的时间，社会主义革命就可以在全国范围内基本上完成。""社会主义革命的目的，是为了解放生产力。农业和手工业由个体所有制度为社会主义的集体所有制，私营工商业由资本主义所有制变为社会主义所有制，必然使生产力大大地获得解放。这样就为大大地发展工业和农业的生产创造了社会条件。”[①]工农业生产的巨大发展,就是我们全体人民不断增长的物质和文化的生活得到充分满足的保证,也就是澈底消灭失业、消灭贫困的保证。当1955年7月第一届全国人民代表大会第二次会议通过发展我国国民经济第一个五年计划的时候,国务院副总理兼国家计划委员会主席李富春还曾就我们剩余劳动人口问题这样说:“旧中国遗留下来的失业现象,也还不能完全消灭,剩余劳动力还不能得到充分利用。这些问题,都需要我们在第二个第三个五年计划期间继续努力,加以解决。”[②]在农业合作化高潮以后,在大约三年之内,就可以完全实现社会主义革命的新形势出现以后,失业现象的消灭,剩余劳动力的充分利用,显然无须等到第二个第三个五年计划,才能得到解决。在最近,中共中央农村工作部廖鲁言副部长告诉我们:“全国农业发展纲要所提出的关于交通、邮电、文化、教育、卫生等项要求,也是在许多农业生产合作社和若干农村中已经实现的事情。许多人感觉短期内难于解决的城市一百多万失业人员问题,现在也出现了新的情况,浙江省嘉兴区将要求从上海移入十万个劳动力,江西省也要求把能从事农业生产的城市失业人口移五十万人到那里去。至于地多人少的边远地区迫切需要的劳动力,就更不待说了。解放以前遗留下来的这个一百多万尚未就业的失业人员,由城乡两方面去做安排,就可以在几年内使他们就业了。”[③]事实上,像浙江嘉兴区以及江西省所提出的人口要求,在全国其他实现了农业合作化的地区也都会在不同程度上提出的。失业现象很快要成为过去了。

当然,由农业合作化高潮所卷起的对于劳动力的特殊要求,因而引起都市剩余劳动力向农村回流,毕竟是一时的现象。正常发展的方向,将仍是都市大工业的迅速扩展,以及相伴发生的商业交通运输业的扩展,会从两方面来改变都市和农村的人口的分布比例,一方面是都市数量加多和范围推广,需要集中更多的人口,同时农村方面,则因从都市得到机械、化

① 1956年1月25日毛主席在讨论1956年到1967年全国农业发展纲要草案的最高国务会议上的讲话,《人民日报》1月26日。

② 《关于发展国民经济的第一个五年计划的报告》,第30页。

③ 《关于1956年到1967年全国农业发展纲要的说明》,《人民日报》,1956年1月26日。

学肥料等工业品的供应，劳动生产力大大提高，因而可能腾出大量劳动力来满足都市对于劳动人口的需要。事实上，我们在解放后的几年中，由于各种社会经济文化事业的发展，差不多全国大中小各种都市人口都在不断增加，我们决不能因为目前农村可以吸收一部分都市剩余劳动人口的暂时现象，而把全国正在迅速改变都市农村人口分布比例的事实，掩蔽了，忽视了。

要之，我们的人口问题已在沿着马克思主义者所指出的和苏联所实践过来的途径进行解决。但要记着，我们解放以后，总共还只几年工夫，即令我们目前对这个问题的解决还不十分理想，但已足够表明以往帝国主义分子及国内资产阶级学者动辄拿中国的人口对土地，对生活资料的压力，来解释中国社会的贫困和动乱，该是多么荒诞无稽！一个社会的财富的积累，并不单靠农业，更靠工业，他们首先肯定中国不能或不应发展工业，并在这个前提上，认为我们只好依赖农业：对于农业，他们又肯定我们永远要停留在封建主义残酷剥削下的那种分散的技术简陋的，农民生产情绪低落的状态。因而就依据已成的现状来判断我们未来的命运。社会的革命，首先就是对自然主义的形而上学宣告死刑。我们解放后几年内的工业建设成就，已为我们农业上的改进技术、改良土壤、兴修水利，创造了条件。而组织起来的合作化运动的全面展开，不论是谷物栽培还是经济作物栽培，都相率出现了单位面积产量迅速增加的现象。农业劳动生产率的增长，播种面积的扩大，大量的可耕的荒野的开辟，以及大小水利工程的普遍展开，已经在中国农民面前展开了异常光明的前景。目前中国6亿人口平均每人每年可摊得五百几十斤粮食。（我国解放后各年度的粮食总产量，1949年为2200亿斤，1952年为3350亿斤，1954年为3390亿斤，1955年为3650亿斤）按照由1956年到1967年全国农业发展纲要的要求，1967年每人每年平均将摊得1400多斤，即使我们的人口依照解放后的百分之二点几的自然增殖率，在这十余年中会增殖1亿以上，每人每年仍能平均摊得1000余斤。如其说，在1952年到1967年的15年内，我们的人口还增加不到1/3，而粮食却由3350亿斤，增加到8385亿斤或一倍半，那不正好把马尔萨斯的人口理论所依据的人口以几何级数率增加，粮食以算术级数率增加的数据完全倒转过来了么？马尔萨斯主义者也许会说，我们在希望1967年达到的数字，毕竟还是一个未知数，但任何一个能虚心观察中国今日农村大变革的场面的人，就应知道从封建生产关系解放过来，从个体所有制解放出来的农业，该有如何大的潜在力量在发挥着。以前北方每亩地产量不过百斤左右的土地，现在竟收获到一两百斤或更多，以前南方每亩产量不过两三百斤的稻田，现在竟收获到几百斤乃至一千余斤，今年广东有的地区的丰产稻田，打破了两千斤的记录。福建有不少地区的丰产地瓜田，打破了万斤的记录。是的，我们今天的农业劳动生产率，我们广大人民的生活水平，是还不够高，是还须大大提高的，事实上我们已经在从各方面为了改进生产和生活条件而努力。在农业上，增产热潮正在伴随着合作化热潮而高涨着，由农业高潮推动的工业建设，将会以更新式的农具，更多的拖拉机播种机收获机和水利设备，以及更丰富的各种生活必需品适用品供给农村，同时并为农业生产物或谷物和经济作物，开辟广阔的销场。这个美好的光景，正以极快速的步骤向着全国范围展开。那是农业生产合作社在社会主义工业发展的基础上走向集体农庄的道路，那是从根消灭阶级、消灭剥削、消灭贫困，从而也是消灭各种各色马尔萨斯主义的反动绝望的思想意识的道路。这个道路是苏联的党及政府依据马克思列宁主义，领导全苏联人民极勇敢地极有创造性地开辟出来的，苏联人民的繁荣幸福美好生活，为我们提供了榜样，百倍地增加了我们奋勉前进的勇气和信心。我们几年来的建设改造实践，和全世界其他许多进入社会主义国家的建设改造实践，已经非常确凿地证明了：社会主义制度就是指向繁荣、幸福、和平、安乐的康庄大道；同时资本主义世界的冷酷现实却告诉我们：那里存在着私有财产制度，那里存在着剥削阶级，不同程度的失业、贫困、罪恶、疫疠、战争，就当作一个必然不可避免的后果产生出来。财富愈集中，阶级剥削压迫愈厉害，失业的过剩人口及相应发生的贫困罪恶现象也表现得愈明显，因而那个社会的统治阶级的思想意识，就极容易倾向旧的新的马尔萨斯主义来为它们的罪恶遮羞。所以，从摆脱阶级剥削的社会主义国家的社会经济学者看来：

> ……统计材料说明：现代的生产力如能合理地利用，可以保证二十五亿人的生活，而按许多经济学家的意见，甚至可以保证约八十亿

至一百一十亿人的生活。①

而在现代亿万富翁即最大奴隶主们统治的美国，却在人口问题上发出了另外一种声音：

在1951年出版于纽约的《人口的不可遏止的增加》一书中，彭德尔宣称："人口过剩"是"现今世界一切最大不幸的原因"。他建议在全世界减少七亿人口，即减少三分之一。②

美国康乃尔大学的皮尔生和哈柏两人合写了一本《世界的饥馑》，这本书告诉我们说："地球能够维持的适当人口最多是九万万，有的人还嫌这个数字太大，减低到七万万五千万人，甚至少到五万万。"怎样才能减少这样多的人呢？他们提议："战争、鼠疫和饥荒是实现这个计划的方法。"③

对于同一问题的绝对相反的认识，充分反映了苏联和美国两个世界的现实。前者是体现着社会主义的革命乐观主义，后者则表现了没落资产阶级的绝望的悲观情绪。特别是前一个世界的人口的迅速增殖，更加要激起后者仇视人类的疯狂的绝叫。

这恰好是社会存在决定着社会意识的鲜明对照。

当我们依据马克思主义的观点，弄清了人口问题的社会本质的时候，不管帝国主义分子，不管国内若干有识人士如何为我们的众多人口担忧发愁，但我们的众多人口，却已在合理的社会制度下，向全世界显示他们就是祖国生产建设、国防建设的坚实基础，就是世界和平民主运动的伟大力量。他们本身就是自己幸福生活的丰富源泉！

---

① T.阿历山大罗夫：《美帝国主义的思想体系是吃人的思想体系》，见《学习译丛》1952年6月号，第47页。

② T.阿历山大罗夫：《美帝国主义的思想体系是吃人的思想体系》，见《学习译丛》，1952年6月号，第46页。

③ 转引自若水：《六万万》，《人民日报》1954年8月7日。

论当前两种社会制度下的两种不同经济现象和市场问题

論当前兩种社会制度下的
兩种不同經济現象和市場問題

王 亚 南 著

上 海 人 民 出 版 社

原书封面

内 容 提 要

用馬克思主义政治經济学基本原理，从本质
了为什么在两种社会制度下，存在着两种截
济現象，即資本主义社会市場上的供过于求，
社会市場上的求过于供，并論証了社会主义
过于供現象的可能性，与資本主义社会供过
疾之不可救药。本書可供广大干部、中学教
师和大专学生学习市場問題时参考。

論当前兩种社会制度下的
兩种不同經济現象和市場問題
王 亚 南 著

上 海 人 民 出 版 社 出 版
(上海紹興路54号)
上海市书刊出版业营业許可証出00号
上海市印刷四厂印刷 新华书店上海发行所发行

开本787×1092公厘1/32 印張1 1/4 字数22,000
1959年10月第1版
1959年12月第2次印刷
印数5,00—29,000

統一书号：4074·293
定 价：(五)0.09元

封面設計：曹怀苏

原书版权页

内容提要

本书运用马克思主义政治经济学基本原理,从本质上深入分析了为什么在两种社会制度下,存在着两种截然不同的经济现象,即资本主义社会市场上的供过于求,与社会主义社会市场上的求过于供,并论证了社会主义社会消灭求过于供现象的可能性,与资本主义社会供过于求这一痼疾之不可救药。本书可供广大干部、中学教师和大专学生学习市场问题时参考。

一、两种社会制度的两种不同经济现象：资本主义社会的供过于求，社会主义社会的求过于供

我们当前的世界，基本上存在着两种社会制度：资本主义制度和社会主义制度。当然，在世界很多较不发达的地区，还存在着这样那样一些落后社会制度或其残余。但我们在这里，只是把所要讨论的问题，限定在这两种处在支配地位的社会制度方面。

自从苏联在第一次世界大战期中出现以后，原来由资本主义制度全面统治着的统一的无所不包的世界，就开始分裂；在六分之一的地球上，即为社会主义制度所支配。到了第二次世界大战期间，特别是在这次世界大战刚结束后不久，许多亚欧国家陆续从资本主义体系中分解出来，实现了社会主义制度。这一来，资本主义体系进一步瓦解削弱了，而社会主义体系则相应增强和扩大，特别是占有四分之一人类的中国，由帝国主义、封建主义、官僚资本主义统治下的半封建半殖民地变成为社会主义国家，对于资本主义世界的打击，是异常沉重的。人们把 1949 年 10 月 1 日中华人民共和国的成立，看作是第二个十月革命，就不难概见其深刻而巨大的影响了。

资本主义制度的全面而统一的统治的瓦解，意味着资本主义世界殖民体系的瓦解，同时也意味着资本主义的统一而无所不包的世界市场的瓦解。

就因为这个原故，资本主义世界从第一次世界大战期中出现苏联这个社会主义国家起，就开始面临着全面的包括政治经济社会文化各方面的激烈动荡的总危机；它所统治下的广大劳动人民，不容易也不甘愿在原来的统治形态下生活生存下去，而统治阶级也感到不容易把原来的统治形态维系下去。等到第二次世界大战结束期前后，许多亚欧国家社会主

义化了，在它们的转变的影响下，更多的资本主义国家的殖民地保护国分别要求独立了，资本主义世界所能支配的世界市场和原料产地进一步大大缩小了，这就使资本主义世界面临到一个总危机的新阶段。特别是同社会主义阵营各国飞跃发展的形势对照起来，它们的日子就更难过了。

我们在一天天地好起来，他们却在一天天地烂下去。

单就经济领域而论，社会主义阵营表现的旭日东升、蓬勃发展的趋势，帝国主义阵营表现的日薄西山、衰颓没落的趋势，近几年来，更加显示得一清二楚，并且更加使人认识到，那是两种不同社会制度的历史发展的必然规律。

一种是飞跃发展，另一种却是蹒跚不前甚至向后倒退，在这个总的政治经济形势的对比中，各方面都出现了一些鲜明对照的现象。但在这里，我只想论述一下出现于社会主义经济中的求过于供的现象和出现于资本主义经济中的供过于求的现象。

在所有的经济现象中，为什么特别要提出这一关联到市场问题的现象来谈呢？这有几个原因：

第一，当前的资本主义世界，正在经历着资本主义总危机新阶段的一次较全面较持续的周期经济危机；这就是说，在资本主义制度发生经常性的政治经济社会文化各方面的激烈动荡的基础上，又加上周期性的经济危机。这个危机尽管在总危机阶段，表现了一些不大同于历来周期经济危机的形态，但生产过剩、商品堆存过多或供过于求的这一特点，却仍是表现得非常充分的。在垄断资本全面统治着资本主义的生产和流通过程的今天，为什么还有这样的现象呢？

第二，在我们社会主义阵营里面，有效需求特别大，消费胃口特别强，生产虽再快，供给虽再多，总象是填不满的无底洞。特别象前些时出现于中国市场上的一小部分商品供应紧张的情形，就叫一般不明里情或不怎么了解经济实况、经济理论的人，发生一些错觉，认为生产多了，供应来源旺了，就不应该有供不应求的现象；特别是我们在实行计划经济，为什么还有脱销或求过于供的现象呢？

第三，供过于求和求过于供这两种现象，从表面看来，好象“有余”总比“不足”好；一般人总是不大肯分析“有余”和“不足”所由形成的具体条件，尤其不能理解它们分别体现了这两种不同社会制度的本质。我们不是一般地说求过于供或供过于求，而是说，在社会主义制度下的求过于供，在人民生活水平不断提高的基础上出现的求过于供；在资本主义制度下的供过于求，在广大劳动人民不断贫困化的基础上出现的供过于求。这样，把两者综合起来加以比较观察，就更加容易了解它们是怎样分别体现着两种社会制度的本质。

任何一个社会制度，都有支配着它的一切主要经济方面和主要经济活动过程的经济规律；政治经济学上把它称之为基本经济规律。这个规律的特点与要求，就在说明它所属的那种社会制度，是怎样一种制度，是为少数人谋利益的，还是为绝大多数人谋利益的；是为了保证既得权益阶级的利润，还是为了保证广大劳动人民的福利。经济活动的目的不同，达到目的所采取的手段或做法，也完全两样。社会主义基本经济规律和资本主义基本经济规律，就是这样分别决定着或体现着这两种社会制度的本质。所有呈现于这两种社会制度下的经济现象，基本上，都应当说是分别在那两种基本经济规律作用下表现出来的现象形态。社会主义经济中的求过于供是如此，资本主义经济中的供过于求，也是如此。

我将在下面分别说明这种现象与本质的关系。

二、资本主义社会的供过于求的现象，是在资本主义基本经济规律的作用下表现出来的

我们知道，资本主义社会的生产关系，就是由资本家阶级与工人阶级结成的商品生产关系。这个社会是建立在资本与劳动的物质基础上的。资本的实质，就在于剥削和榨取劳动。资本主义制度的实质，就在于保证资本家阶级对于工人阶级的剥削和榨取。从一方面讲，资产阶级剥削榨取工人阶级，和奴隶主榨取奴隶、封建领主贵族榨取农奴不大一样，它是采取比较隐蔽的雇佣劳动方式，它的口号是“自由”“平等”，就是说，不要象奴隶主农奴主那样全部或部分占有劳动者人身，而是让劳动者“自由”，使他们以劳动力出卖者的身分，和购买劳动力的资本家处在平等的地位。可是，由于资本家阶级是在资本主义社会从事商品生产所必需的生产资料的所有者，而工人阶级则是失去了或被剥夺去了生产资料的人，他们离开了生产资料就不能生存，在这点上，他们和奴隶农奴几乎是遭遇到了同样的命运，也就是在这点上，资产阶级几乎可以象看待农奴一样看待他们所雇佣的雇佣劳动者。这就是他们能用种种方式剥削榨取劳动者的根本原因。然则他们对于工人阶级是怎样进行剥削榨取的呢？他们购买劳动力不是支付了工资，支付了代价么？问题就在这里，他们购买劳动力所支付的代价，和劳动力在使用过程中所创造的价值，是两个不同的量。这个差额，就是剩余价值。这就是资本家阶级投资从事生产所追求的目的物。所以，马克思就资本主义制度的本质要求说：“剩余价值的生产或货殖，是这个生产方式的绝对法则。”①

不过，尽管资本家从事生产的决定动机，是为了榨取剩余价值，是为了获得利润，但他们在生产过程中可能榨取到的剩余价值，是否能通过流

① 马克思：《资本论》第1卷，人民出版社1953年版，第778页。

通过程实现为利润，却很没有把握。剩余价值包含在资本家利用劳动力并也借助于他所占有的生产资料所生产的商品的价值中，他只有按照价值出卖那个商品，才能实现剩余价值，获得利润。可是，在同一市场上，可能有许多从事同类商品生产的资本家，大家都争取实现自己的商品的价值或剩余价值，结局，竞争和无政府的生产状态，就迫使每个生产者不仅力求以更低廉更美好的产品竞胜他的竞争者，还力求以更大量更多的产品压伏他的竞争者。于是，不断扩大生产，不断改进技术，不断加强劳动剥削，保证为资本家创造尽可能多的剩余价值，就成了资本主义商品生产的必然要求或基本经济规律。这个规律支配着资本主义经济的主要方面和主要经济活动过程。不论是谁，他要从事商品生产，他就得接受这个规律对于他的强制。不是客观形势以资本家的意志为转移，而是资本家的意志随客观形势而转移。“资本家的心，就是资本的心”，在盲目竞争局面下，资本不扩大就不能存在的事实，时刻激励着资本家，成为对于他的无言的压力。所以，在这个规律的作用下，更大规模的生产，资本更高度的集中，和劳动人民及一般小生产者的失业破产和广泛的贫困化，就必然要当作资本主义商品生产内部的相互依存和诸倾向而同时表现出来。这里面，存在着生产社会性和生产成果为私人资本主义占有的基本矛盾。这个矛盾，是以供给超过有效需要、生产超过可能消费的现象，不断反映到我们眼前来。稍微仔细加以分析，就知道那里包含有三种造成供过于求的事实：

首先，生产不以满足广大人民的生活和生产的需要为目的，而以满足少数资本家的殖利贪欲为目的，那在一开始，就注定了生产和需要或生产和消费的脱节。

其次，无政府的生产状态，和大家都拼命争取把更多的更大量的成品，充塞到根本就没有把握确定的市场上去，即使把更遥远的要经过多少分销转销机构才能达到消费者手中的国外贸易情况置诸不论，那也无疑要成为供给超过需要的一大原因。然而

最重要也是最有决定意义的事实，却在于生产不断集中，技术不断改进，资本有机构成不断提高，以致在社会总资本中，投用到固定资本设备或不变资本方面的部分，相对愈来愈大，而投用到可变资本或工资方面的部分，相对愈来愈小，结局，不断扩大的生产规模，就和不断压缩的有效需

要，愈来愈不相适应了。

所以，资本主义社会经常发生供过于求的现象，以及由是不断诱发的经济危机，并不象资产阶级及其经济学者们所讲的那么轻松，说那是一时供求脱节或技术安排不够等等，其实，它不仅说明了这种商品生产制度的无政府状态，还更充分体现了它那以工人阶级和广大劳动人民为牺牲品的剥削本质，以及由是产生的根本矛盾。

事实不正是这样告诉我们的么？

当前的资本主义世界，正面临着第二次世界大战后第三次，也是较严重的一次经济危机。这次危机还在继续全面化、深刻化；其表现的基本事实，无非是在农业上扩大停耕面积，在工业上关闭厂矿，缩小生产规模，商业运输业也相应停歇或缩减营业活动范围，结局是失业人口成千上万地迅速增加。——这一些衰退萧条的景况，在整个经济运动中，原来是以商品的供过于求开始的，而由此引起一系列连锁反应，即由劳动力的供过于求或大规模的失业，进一步导致消费资料生产过剩的现象，从而导致生产资料生产过剩的现象。如象在头号资本主义国家的美国，不论是钢铁也好，煤也好，机器也好，许多原料品和食粮也好，都分别发生严重的滞销现象，不断堆积起来。它的失业人口，就是根据官方公布的数字，在 1959 年 4 月就接近 600 万的大关；近两个月来虽因在财政金融上采行了各种刺激生产的打吗啡针的办法，在对外贸易上采行了以邻为壑的倾销办法，并扩大对外的侵略性的援助，勉强把那个庞大的失业数字压缩了一些，但是环顾整个资本主义世界各国的情况，谁也知道那个前景是非常不妙的。如象受到了殖民地总崩溃和统一世界市场进一步瓦解的深刻影响的英法诸国，固不必说，就连在美帝竭力扶持下曾走了几年好运，并夸称经济危机已经一去不复返了的西德，最近也尝到这个苦味了。这些国家，为了把自己的商品过剩和劳动力过剩所引起的恐慌的灾难，转嫁到旁人身上去，正在运用关税、货币这类斗争法宝，分别结成抢夺市场的同盟。以西德和法国为核心结成的所谓欧洲共同市场，和以英国为核心纠结北欧各国及瑞、奥等国形成的对抗联盟，已经在各显神通，大打出手；而贪得无厌的美帝国主义，则在坐山观虎斗，企图见机伺隙，大抓一把，来医治它自己被经济危机磨折得怪惨痛的创伤。

从表面上看来，商品过剩，劳动力过剩，倒象是一种“人财两旺”的症候;有的资产阶级经济学者,确曾炫示过:供过于求,是社会富裕的表现;而更多的经济学者还一本正经地认定:一定程度的失业,大有利于社会财富的增殖。但这种呓语,目前附和的人越来越少了。在资本主义制度下,在生产资料所有者与直接生产者分离的社会条件下,物资或商品的过剩,即使能表示生产资料所有者,也就是生产品的所有者的富裕,但同时却直接间接显示了广大消费者的贫困。少数人的富有,产生于大多数人的贫困。应当说,占全社会人口绝大比重的劳动者阶级,为资产阶级的财富的形成,负有二重的任务:在生产领域内,他们是直接生产者,是剩余价值的创造者;在生产品销售上,他们又是消费者,是商品价值(包含剩余价值)的主要的实现者。资本家阶级在生产领域内多剥削他们一些,他们在消费领域内就只能少效劳一些;资本家阶级干脆把他们从生产领域中游离出来了,他们为资产阶级在实现商品价值上,在销售上效劳的可能性也就被消除了。我们乡下形容地主富农对于佃农雇农的剥削,受到了自然生理限制,说他们是“又要马儿好,又要马儿不吃草”;但资本家的心理有些不一样,他们对于工人阶级,在榨取剩余价值的场合,是要“马儿不吃草”,而在实现剩余价值的场合,却又要“马儿能吃草”。属于资产阶级的上帝,在这里不但没有显示它的“全能”,也很难说是“至善”,作为资本的监护神,它象压根儿没有关心资本家阶级感到的矛盾。

不错,资本家们所生产的商品,并不只是工人阶级及广大劳动人民所消费的生活品或消费品,同时还有互销于他们彼此间的高级消费品乃至生活品或所谓为生产而生产的那些愈来愈加重要的大量的生产资料品;可是,任何生产资料,最后也还是为了要用来生产消费品。占全社会人口绝大比重的劳动人民的消费,不绝因资本主义基本经济规律的作用,受到压缩限制,那就不但要引起消费品的滞销,也很快要引起生产消费品的生产资料品的过剩。事实上,资本主义社会在它的无政府生产状态下,在它那大鱼吞吃小鱼的弱肉强食的情况下,每日每时都有因产品销售不出去,或者不能按照价值乃至成本销售出去,而倒产歇业的大记录;特别是面临到我们前面谈到的总危机阶段,垄断资本进一步加强统治,就使一小撮大资本家阶级的攫取最高利润和变态繁荣,和广大劳动人民的贫困化、广大中小生产者的倒产歇业,当作一种更经常更持续的现象而同时并存着。那似乎有些改变了以往周期经济危机表现的姿态,但却不但不曾改变它的本质，还把那种社会本质的矛盾表现得更明显了。

然则，垄断资本家阶级及其代言的经济学家们，不是一再昌言，通过为垄断资本服务的国家的干预，由生产过剩引起的危机可以避免么？为什么它们目前又陷在这种危机的深渊中呢？这是我打算在下面来交代的。现在且看社会主义社会是怎样表现着一种恰好和这相反的情况。

三、社会主义社会的求过于供的现象，是在社会主义基本经济规律的作用下表现出来的

当我们的考察由资本主义社会移到社会主义社会，一切方面就显得是另外一个景象。在经济领域内，和资本主义社会的供过于求的现象相反，在所有的社会主义国家，差不多都表现了不同程度的求过于供的状况。当资本主义社会到处叫嚷销售困难的时候，社会主义社会却在一定时期内，对某一部分物品感到购买困难。这是不难理解的。正如同资本主义社会有它的基本经济规律在一般地发生作用，以致在所有资本主义国家，全都发生供过于求的现象一样，一切社会主义国家的国民经济活动，也都有社会主义基本经济规律在其中发生作用，因此，在社会主义各国，就结合它自己的具体社会历史条件，而出现了不同程度不同内容的求过于供的情况。在这里，我想先谈谈社会主义基本经济规律，然后再谈谈在社会主义基本经济规律作用下出现的一般的求过于供的现象，紧接着再论证一下社会主义苏联特别是我们自己国家的具体情况。

社会主义的基本经济规律，是在社会主义经济基础上产生的。生产资料的公有，就排除了消灭了一部分人拥有生产资料，并借此来剥削那些失去生产资料的人的任何可能性。因此，这种社会的生产，就不可能有其他目的，而只能是为了大家的生活福利，为了满足大家不断增长的需要。所以列宁指示我们：社会主义就意味着“有计划地组织社会生产过程来保证社会全体成员的福利和全面发展”①。既然人与人的剥削关系不存在了，富裕产生于贫困的可能性不存在了，要积累增长社会财富，要改进大家的生活，就只有大家共同努力，不断改进技术，不断提高劳动生产率，因此，在生产资料公有的社会主义条件下，它的生产目的和达到那种目的的可

① 《列宁全集》第 24 卷，人民出版社 1957 年版，第 435 页。

能采取的手段，就被这种社会性质规定了。所有一切，社会主义企业和生产部门的主要经济活动及其过程，全都要受到这样一个规律的支配，即是：在不断提高的先进技术基础上，使生产不断增长，不断完善，俾能最充分地满足全体社会成员经常增长的物质的文化的生活需要。这就是社会主义这种生产方式的绝对规律。这也就是说，在这个社会的任何形态的生产，不可能有其他的生产目的，也不可能有其他达到目的的手段。我们称它为社会主义的基本经济规律。在这里，我们可能会感到有些奇怪：既然这种规律要求全社会的一切生产部门、一切企业单位，都努力改进技术，提高劳动生产率，来保证充分满足全体社会成员的不断增长的物质文化生活需要，为什么在这种规律的作用下，反而会出现某些消费品乃至某些生产资料品不同程度的求过于供的现象呢？资本主义生产的目的，不在满足人民的需要，结果竟是“满足需要”而有余；我们社会主义的生产目的，就在满足人民的需要，结果竟是满足需要而不足。这里显然存在着辩证法，用形式逻辑是不能说明的。资产阶级社会的御用学者或新闻记者，一在个别社会主义国家发现了人民生活水平还不够高的现象，或者发现了这个那个社会主义国家，对于某些消费物资还采行凭券购买办法或者还存在着站队购买的情况，他们就不管三七二十一，不问底细，不研究具体社会历史条件，洋洋得意地作出结论，说资本主义社会如何理想，不用实行什么经济计划，不用宣扬什么关心人民的生活需要，就使无论什么人要什么就能买到什么，要多少就能买到多少。事实上，他们都是一些现象论者，一些片面观察者。他们对于自己社会的那种要什么就能买到什么、要多少就能买到多少，究竟是限于哪些人，没有仔细分析。他们也没有想想，正是大多数人没有钱买或只能相对地买得很少，才使少数人能买得很多。由于他们不肯或不愿正视这种现实，他们就始终看不透我们社会主义社会的生产和交换的关系。当然，这里面存在着一些并不是一看就能明白的道理。现在我要进而说明，我们社会在社会主义基本经济规律作用下出现的供不应求现象，其根本原因究竟在哪里。

首先应指出的是，社会主义基本经济规律所要求保证的，是尽可能创造条件，使全体社会成员都有一定的有效需要，而不是象资本主义基本经济规律那样，用失业、用低工资或高价格尽量压缩限制广大劳动人民的需要；而要使社会全体成员的需要尽可能得到满足，就不能象资本主义社会那样，只让少数有钱人或企图囤积居奇者想买什么就能买到什么、要买多少就能买到多少，也就是说，正是由于我们要尽可能地保证满足全体人民的需要，就不能不采取措施，限制少数人的消费或任意囤积居奇。这道理，我们一般劳动人民已从生活经验中，有了深刻体会。当然，不论就社会全体成员的有效需要讲，还是就少数人的任意购买活动受到限制讲，都会在一定程度上表现出供不应求的现象。而况，

其次，我们社会主义基本经济规律要求保证的，还不只是全体社会成员当前的需要，而是他们的不断增长的需要，要使这种不断增长的需要得到满足，除了加速发展生产外，没有其他任何方法，而要加速发展生产，就不能只靠大家动手劳动，而必须不断改进技术，不断增进技术设备，提高劳动生产率，也就是说，必须优先发展重工业，更多地生产生产资料，而这就不能不在一定时期、一定程度上同迅速满足大家不断增长的需要相矛盾。这是消费与生产、消费与积累间的比例关系问题。我们只能在加速发展生产的基础上，逐渐做到充分满足全体社会成员的不断增长的需要，也就是说，我们只有在一定程度上限制大家当前的需要，才能使大家今后不断增长的需要的满足，得到保证。在这里，必然会在一定时期内，在某些产品的供应方面，出现不同程度的紧张现象。

这都是非常辩证的道理。而且这些道理，在不同历史社会条件的社会主义国家，还有不尽相同的表现形式。象在苏联这样先进的社会主义国家，它在近几十年的建设过程中，就有意识地有计划地使生产资料的生产，远远超过消费资料的生产。由于各种生产事业在迅速开展，对于所需要的生产资料、原材料的供应，无疑总是经常处在争时间、赶进度、应接不暇的繁忙紧张状态中。而在消费资料的供应方面，比起生产资料来当然更加紧张：参加各项建设的职工人数，经常在成千成万地迅速增加，而所有各方面参加建设的工农大众和知识分子的生活待遇，又在不断地随着生产的发展而改进和提高；于是，社会购买力的增长，大大超过了消费资料生产增加的速度。对于这种紧张状态，米高扬同志曾就苏联的情形这样表示过：是不是如有些人所想的，苏联的商品比前几年少了呢？不是的。苏联的日用品生产在不断增长，商品总量也在逐年增加，有的增加25%，有的增加50%，有的甚至增加100%。但是问题在于苏联人民的需要增长得更快。这就是问题的实质所在。

当然，我们国家的事例，是能够更生动有力地说明这个真理的。解放以后，我们国家的经济，一直在迅速地发展着：不论是生产资料的生产，还是消费资料的生产，都有极其显著的增长。但说来好象奇怪，我们的经济发展愈快，我们的物资增长愈多，而某些物资的供不应求的状况，反而愈形显著。特别自 1958 年大跃进以来，尽管工农业方面的发展速度，为举世所震惊，钢铁、煤炭、棉粮、各种机器制品、布匹、糖类以及各种日用品等等，产量都有了空前的增加，可是，对于生产资料的需求，特别是对于各种消费品的需求，并没有因为产量那样增加而缓和。原因在什么地方呢？我在上面已经谈过了作用于我们国家经济生活中的社会主义基本经济规律的一般特点和要求，但我们也还有必要结合中国社会的具体的历史发展情况，作较深入的概括分析。

我们目前感到供不应求的物资，除了某些消费品而外，还有生产资料方面的物资。但一般人对于某些消费品的需求较为迫切一些。他们一般不大注意生产和消费的密切关系，也不大探讨形成生产资料和消费资料供不应求的较深一层的社会原因。以生产资料而论，他们只片面地强调既然钢铁、煤炭、棉麻等等的产量增加那么多，就不应供应缺乏，而不去设想需要哪些产品作为原材料的铁道、厂矿及其他生产事业在以更大的速度增长发展。要把一个原来经济底子极其薄弱、生产力极不发达的国家，在较短促时间内建设成为用现代工业、现代农业、现代科学技术装备起来的社会主义国家，优先发展重工业、优先发展生产资料的生产是完全必要的，而在这方面，就是作了再大的努力，也是难免要感到生产跟不上需要的，特别是我们的需要在不断增长中。不错，我们社会主义国家的经济特点，是计划化，是一切按照有计划按比例发展的规律来进行工作。但在论到这个问题的时候，更有必要注意到我们国家的建设，是和我们社会的改造差不多同时进行的。对农业、手工业、资本主义工商业的社会主义改造，在 1956 年底还只是基本完成，到了 1958 年下半年度，又出现了人民公社这个崭新的社会主义生产关系，这该要在整个国民经济生活中引起多大的变化，该要在国民经济各部门的平衡上引起多大的波动啊！我们不仅有必要从这些关键性问题上去认识某些生产资料、原材料的供不应求的现象，还更有必要从这里去认识当前某些消费资料和副食品的供不应求现象。

我们还清楚地记得，中国是长期存在着残酷的封建剥削制度的。帝国主义入侵后，封建地主、买办官僚和军阀的奴役、掠夺更加苛重。所有的天灾人祸，都沉重地压在广大劳动人民的身上，结果全国90%左右的人民，始终在饥饿线上挣扎着。但寄生阶级却过得非常不错，他们吃的穿的住的，在帝国主义势力所在的大都市里，都力求向洋大人看齐；而在内地城乡，则又向大都市看齐。不仅是洋大人，不仅是买办、地主、官僚、军阀、资本家，就连直接间接为他们服务或为他们所培养的知识分子阶层，也有不少人过着一种远较一般劳动人民为优越的生活。就因为全国只有10%左右的人过得舒服，90%左右的人在死亡线上挣扎，所以，在国民党统治下，尽管只有那么一点点轻工业，尽管只生产了那么一点点消费品，反而不易销售出去，以致引起生产过剩而倒产歇业的现象。当然，这和帝国主义国家的制品源源输入有关，但基本的原因，还是广大劳动人民没有购买力，国内市场过于窄狭。解放以后，情况同过去恰好是一个鲜明的对比。我们的人口，虽然在不断增加，但我们的粮食和一般消费品，却成倍乃至几倍、几十倍地增加；增加得最快的是1958年，而有些物资最感到供不应求的也是1958年冬天和1959年春天。为什么是这样呢？这在一方面说明我们的社会生产力有很大的发展，同时也说明我们广大劳动人民的生活有很大的改善。1956年末三大改造基本完成，社会主义生产关系基本确立，1957年整风“反右”大获胜利，1958年党的社会主义建设总路线的全面贯彻执行，对于调动广大人民的积极性，发掘他们的潜在力量，在经济战线上跃进再跃进，有了决定的影响；而同时，就在这种社会经济关系的变化中，我们社会长期存在的失业状态消灭了，仅1958年由于各种生产事业的飞跃发展，全国职工人数比上年增加了约800万人，加上人民公社普遍建立，广大农村劳动人民的生活形态生活内容发生了极大变化，于是以前只限于少数人消费的许多产品，现在成为广大工农劳动人民争购的对象了。我们知道一个有5万人口的人民公社，几乎每个妇女都有三两件毛织品，每个男子都有一双胶底鞋，每家每户都需要毛巾、牙刷、牙膏、肥皂，许多人家都有热水瓶，不少的人家有自行车……。城市的工人不必讲，连农村劳动者，也要过以往一般小市民、小知识分子的生活了。这一来，我们的一般消费品乃至副食品，以前只须满足几千万人的要求就行，现在却必须满足6亿多人民的要求了。生产增长再快，也不易一下子满足突然增大得过多的需求。解放前只有几千万人需要这些消费品，他们要买什么，就能够买到什么，现在当然不行了，当然感到有些紧张了；特别是那些从前想要什么就有什么，过惯了较舒服生活的城市中的有产者和小有产者，今天当然要感到不大方便。可是，一般劳动大众的感觉，也许不大相同。他们也会和过去比较，过去他们几乎和一般消费品绝缘，副食品的享用范围也小得可怜；而今天他们的购买力有了不同程度的提高，即使一时不能满足对某些消费品的需求，并不会感到是什么了不起的事。如果他们能进一步了解到，现在资本主义国家的千百万工农业劳动者乃至一般小市民，由于长期失业，成天站成长列等待慈善家们的可怜布施，成天瞧着资本家堆积如山的产品而垂涎欲滴、徒唤奈何，那在两相比较之下，该会作何感想呢？

我们是有理智的。我们在解放以来受到了不少的政治教育，学到了不少基本的社会经济知识。我们究竟是愿意出现资本主义社会那样的由贫富悬殊引起的供过于求的怪现象呢？还是愿意出现象在我们社会这样的有饭大家吃、有衣大家穿、有物品大家用，以致在供应上一时求过于供的现象呢？我们广大的劳动人民，广大的知识阶层，以及一般的城市居民，从他们近几个月来的生活态度看，是对此作出了合理而正确的判断的。他们都以恬静而克制的心情，对待大发展大变革中出现的某些商品一时供应困难的情况：能买到什么，就享用什么；一时买不到的，就坦然自若地推迟自己的享用，让大家的需要都能得到一定的满足。我们从这里清楚地看到了，全国人民对社会主义事业的爱护，对于社会主义认识的提高，同时也从这里清楚地看到了，党的威信，党的政治思想教育，已在全国人民的精神生活中，牢牢地扎下了根子。人们的经济生活态度，是人们的政治思想倾向的最准确的反映。

当然，和出现在资本主义社会的那种供过于求的现象比较起来，我们宁愿把出现在我们社会主义国家的、特别是近几个月来出现于我们国家的求过于供的现象，看作是发展过程中的健康的可喜的症候；可是，如果因此得出结论说，我们并不要求供求相应，并不要求适应广大劳动人民及一般市民不断增长的购买力，使他们能够随时购买到他们所需要的消费品，那就不对了。事实上，我们的党和政府，不但明确确定了我们必须根据社会主义基本经济规律要求，在迅速发展工农业生产的基础上，逐渐保证满足人民不断提高的物质文化生活的需要，并且在发展的方针和步骤上，采行了一系列的措施，力求在发展重工业的同时，重视和人民消费资料密切有关的轻工业和农业；而配合大型企业全面发展地方中小型企业的方针，也并不单是为了建设得更快，同时还是为了这样较能便于及时适应人民在生产上生活上日益增长的需要。应当说，我们一年来采行这个方针，已经收到了效果，否则要应付我们上面谈到的生产上和生活上突然增大得过多的需要，恐怕还更加困难！

可是，根据社会主义基本经济规律的要求，毕竟只能指示我们从事经济建设的一个方向。在何种程度上，以怎样的速度来提高劳动生产率，以增强物质技术设备基础，和在何种程度上，以怎样的速度来提高人民的物质文化生活水平，其间有相互依存联系的一面，也有相互抵触矛盾的一面。社会的人力、物力、技术设备能力，用在生产方面、用在生产资料生产方面的较多较快了一些，用在生活方面、用在生活资料生产方面的就要相对的缩减和放慢一些。这是积累与消费的比例问题，也是国民经济各部门间发展的比例和速度问题。当我们依据国民经济有计划按比例发展的规律来定计划时，首先就要解决这个带有原则性的问题。旧社会遗留给我们的社会生产力太薄弱了，非尽快发展生产、优先发展重工业、优先发展生产资料的生产不可；可是在另一方面，旧社会给我们劳动人民的磨折与摧残又太厉害了，“一穷二白”，非尽快改变一般人民非人的生活状况不可。两面都得照顾，这是一个产业落后国家走向先进社会主义国家的道路上所面对着的现实。我们的党和政府，正视了这个现实。因而，在第一个五年计划中，在工农业迅速发展、社会生产力不断迅速提高的同时，人民的物质文化生活水平，也在不断提高。这说明，只要计划定得全面，适当照顾到各方面的具体条件，是完全可以使得不断发展的生产上的需要，和不断改善的生活上的需要，都基本上得到满足。

然而，一个经济文化比较不发达的国家，在制定国民经济计划时，即使掌握了上述的生产生活两方面兼顾的原则，在实现那个计划的过程中，仍不免要遇到一些阻挠和障碍：

首先，一个国家的经济不发达，社会生产力低下，就不仅说明它还要更多地依靠自然，也表示它要更多地受自然的支配。难于控制的自然灾害，对于一个在很大程度上依靠自然为生的国家的经济计划的准确性，或者对于它的计划的平衡的维持，就是一个不小的障碍。比如，我们在1958年农业上的大丰收，尽管是那么惊人，但各地分别受到自然水旱灾害的土地面积，仍占到全耕地面积8%左右。要在交通不发达、交通运输非常紧张的条件下，在生产上生活上进行抽肥补瘦，调盈济缺地调剂供应工作，显然是一个非常的负担。这不能不说是当前供求有些不相适应的一个重要原因。

其次，一个经济不发达的国家，要在社会主义道路上大步前进，要使它的旧生产关系不断变革，要使它的新生产关系不断趋于完善，以便能更快地提高社会生产力，那末，它所要经历的社会变动，无论就广度上或深度上讲，都是非凡的。我们的计划经济的特点，是生产发展的指标也就是劳动生产率提高的指标不断地迅速跃进，这在一方面要求不断进行社会革命，以清除前进的障碍，可是在另一方面，就难免会在一定程度上影响计划上各部门间的平衡。比如1958年，为了适应大跃进的要求而在社会各方面进行的变革，特别是人民公社的出现，就使原来的生产方式和生活形态，发生了突然的变化：旧社会遗留下来的严重失业现象，彻底消灭了；由都市到农村，都感到劳动力不足。这一巨大的社会经济变化，就使一般消费品乃至副食品的供销关系，受到了莫大的影响，因而就使原来在计划上安排的各部门间的平衡，不易很好维持。这也不能不说是近几个月来某些生产资料品、消费品供不应求的一个重大原因。

还有，在一个经济不发达而又幅员辽阔的国家，要在很短时期内，在全国范围内进行社会主义的物资交流和分配，要保证生产和生活上的计划供应，它不仅如上面所说的，要克服自然灾害和社会变革上的困难，还必须克服商业组织管理体系的不充分和不健全的缺陷。很明显的，在我们原来的半封建半殖民地的经济基础上，商业交通仅限定在为帝国主义服务，为买办、官僚及封建地主服务的范围内，那个流通管道，是非常窄狭的，商业机构是极不健全的。解放以后，虽然我们在这方面有很大的改进、充实与发展，但和生产事业全面展开的需要相较量，和广大劳动人民生活迅速提高的需要相较量，特别是和1958年生产大跃进的要求相较量，仍不大相称，这就在一定程度上影响了商业的周转活动。

最后，应当说到计划经济适应非常状况的困难情形。在常态的条件下，把一个大国的全部国民经济纳入计划中，使各地区各部门间的各种经济活动，都相互衔接配合得很好，供应保持平衡，不发生脱节现象，即使没有上述那些妨碍平衡的自然的社会的原因存在，也不是不经过相当时期的“尝试错误”过程，积累经验，创造条件，就可以得心应手，胜任愉快的。我们在这方面，无疑从苏联获得了许多宝贵经验，但任何现成的经验，都不能完全应付非常的局面。如象我们 1958 年那样，全国人民响应党所提出的社会主义建设总路线的号召，鼓足冲天干劲，热火朝天地争相大办工业，大搞农业技术革新，大搞人民公社，在那样的情况下，要求万马奔腾，比足前进，在生产上生活上一点也不发生步调参差的现象，一点也不发生供应脱节的现象，而使各地区各部门间的各种经济活动，仍毫无脱漏地维持着有计划按比例发展的节奏，那做得到么？

所有上述这几个方面的情况，都是一个社会经济落后的国家一旦变革了社会生产关系、解放了社会生产力，在社会主义前进道路上实行计划经济所必然要遇到的麻烦。它们分别单独作用起来，问题还不太大，一旦同时发生连锁反应，就会使生产和生活方面的供应比例关系受到极大的干扰，而这在很大程度上，正是我们近几个月来经验到的事实。

然而，在社会经济大变革大发展前进道路上所出现的某些商品供求不相适应——求过于供的脱节现象，在我们党及政府的正确领导下，在全国人民的大力支持下，不但是可以不断克服的，并且已经基本克服了。大家知道，我们已在这种社会经济大变革大发展中，积累了克服困难的经验，创造了克服困难的条件。应当说，我们在解放后的社会生产力的不断迅速提高，水利交通事业的大力发展，再加上组织动员群众的工作，愈来愈做得深入普遍，这就大大地增加了我们对于自然灾害的抵抗力和控制力。三大改造完成以后，人民公社出现以后，我们的社会变革，就只是要求既成的新生产关系，不断趋于完善；就只是要求残余的资产阶级思想意识，不断加以清除，这都不会在计划经济上引起怎样了不起的大变动。除此以外，党及政府还在社会经济各方面采取了一系列的措施，来保证物力人力的合理而有效的安排，来更好地发展生产，保证供给。在 1959 年 2 月初，党提出了“全国一盘棋”的号召，使工业生产上具有较好技术设备条件的企业单位的原材料供应，率先得到保证；同时在农业生产上，通过整顿巩固人民公社的措施，和采行公社内部分级管理核算的步骤，已经正确地处理了公社内部的矛盾，并充分调动起了所有的积极因素。而在重整工农业大发展大变革后的新秩序当中，还特别强调了商业的重要性，从管理组织及人事配备各方面来加强商业活动。不仅如此，在工农业商业诸方面进行着这一些重大措施的同时，还在财政金融体制和物价政策方面，作了许多配合的改进的努力。到目前为止，所有这些方面的工作，已经表现了迅速而稳定地发展生产、保证供应的巨大效果。当然，在今后一定时期内，在我们社会的劳动生产率还有待于迅速不断地提高，而我们广大劳动人民的生活水平又在日益增进，他们对于一般消费品和副食品的需要日益增加的情况下，要使他们的每种需要都完全而充分地得到满足，还不能说没有一点困难。但我们的这种困难，毕竟是在前进的大发展状况下产生的，是在社会购买力的增长超过生产力的增长的条件下产生的；象这样一种性质的求过于供的困难，是社会向前发展的健康征候，那和体现着资本主义社会的致命创伤的供过于求的现象，是绝不相同的。资本主义愈向前发展，它的那种致命创伤，就愈显得无可救药；而我们社会的求过于供的现象，则说明我们的社会生产关系，能容许并要求社会生产力无限的发展，因而也说明它是暂时存在的，是会在生产力更进一步大发展中消失的。苏联的今天，不已经指示出了我们明天的前景么？

四、社会主义社会消灭求过于供现象是有保证的，资本主义社会消灭供过于求现象是绝不可能的

从上面的说明，我们已经知道，不论是社会主义社会的求过于供现象，还是资本主义社会的供过于求的现象，都分别是在各该社会的基本经济规律作用下产生的，都分别体现了各该社会的本质。既然如此，我们就似乎容易作出这样的结论：不论是社会主义社会，还是资本主义社会，它们存在一天，它们的基本经济规律作用就存在一天，分别作为它们的本质表现的求过于供和供过于求的现象，就要一直继续下去。是不是这样呢？我们显然把问题绝对化了，而辩证的逻辑，却是这样告诉我们的：在发展的过程中，一时出现在社会主义社会的求过于供的现象，是有保证可以消灭的，所有社会主义国家，都是在努力向着消灭这种现象、使全体社会成员不断增长的需要得到满足的方向前进，而在社会主义实现较早、发展较成熟的苏联，则在这方面表现得更为突出；同时，在资本主义社会，它的供过于求的现象，却是绝不可能消灭的（虽然表现形态也可能发生一些变化），事实也正是这样向我们证明的。在这里，我们只要指出这两个社会的发展趋势就行了：社会主义社会是由按劳分配的社会主义阶段向着按需分配的共产主义阶段过渡，而资本主义社会则只能由强化垄断资本统治，而加速它的灭亡行程。

然而，这是仍须从理论上事实上分别加以说明的。

先就社会主义社会方面来讲罢。我们已明了社会主义的本质要求，就在于不断发展生产来充分保证社会全体成员的需要，来充分保证他们不断增长的需要。要保证社会全体成员的需要，而不是少数人的需要，要保证他们不断增长的需要，而不是限于原有的或现有的需要，显然非大大发展生产不可，而在生产还不曾大大发展起来的时候，在某些物资方面发生供不应求的现象，就分明表现了这种为人民需要而生产的社会本质；否

则，如象我们在国民党统治时期那样，工业生产尽管只有那样一点点，由于它在本质上限制压缩了广大劳动人民的需要和消费，就使得那样一点点工业生产，还因为产品销售不出去而倒产歇业。这样对比起来，就更明了我们的供不应求的现象，是一种带有本质的倾向的表现。

那么，社会主义存在一天，是否这种社会本质表现就要继续存在一天呢？在一种绝对化的意义上说，也许是如此的。人类的欲望和需要是历史发展的产物，是没有止境的。而况我们所指的，已经是全体社会成员的不断增长的需要。生产发展了，欲望随着增大，需要也变得复杂多样化，质量要求也不同了。在这样水涨船高的情况下，需要似乎总是要走在生产前面；而就因为这个理由，我们就是到了生产异常高度发展的共产主义社会，还只能做到按需分配，不可能各取所需。在这种意义上，就说求过于供或供不应求的现象，即使到了社会主义建成时期，乃至到了共产主义时期，还不易完全消灭；也是没有什么讲不通的。但我们不应该把问题这样绝对化。我们社会主义社会所要努力争取满足社会全体成员的那种需要，不是超现实的，不是在离开一般生产水平、生活水平的条件下提出来的；事实上，不断增长的需要，就是把不断发展的生产作为它的基础或前提。社会主义社会既然是以努力争取满足全体社会成员的不断增长的需要为它生产的目的，只要充分发挥社会主义制度的优越性，只要充分发挥每个社会成员的潜在力量，迅速发展生产、提高劳动生产率，迅速增加各种产品的种类和数量，则那种需要基本上是可以得到满足的。

不错，我在前面谈到苏联优先发展重工业和生产资料的生产，远超过消费资料生产的事实，但生产资料生产发展得更快，只证明消费资料生产有更多更快发展的可能，苏联的社会主义建设史，是这样告诉我们的，我们国家自己的十年建设经验，也是这样告诉我们的。

“目前，苏联拥有强大的、全面发展的工业、运输业和高度机械化的社会主义农业。国家的社会财富和国民收入逐年增加。在苏维埃政权存在期间，国民收入按人口计算增加了 14 倍，而国民收入的增长则意味着国民经济的普遍高涨和人民生活水平的提高。城乡劳动者的物质福利和文化水平正在不断提高。”[①]在这里，已不难看到重工业发展对于提高人民

---

① 《苏联共产党第二十一次代表大会主要文件》，人民出版社 1959 年版，第 195 页。

生活水平的巨大影响。“在重工业已达高度发展水平和顺利实现党所拟定的大力发展我国农业的措施的基础上，轻工业和食品工业正在不断发展，人民消费品的生产正在不断增长。目前，我国已经有条件在最近几年内更多地增产工业品、食品和家庭日用品，从而在解决充分满足苏联人民不断增长的物质和文化需要的任务的道路上大大向前迈进一步，即计划在七年内要能够充分保证居民对纺织品、衣服、鞋类和其他商品的需求。”①这两段话，见之于1959年2月5日苏联共产党第二十一次代表大会一致批准的《1959—1965年苏联发展国民经济的控制数字》的文献中。它在一方面说明，苏联国民收入、苏联劳动人民的物质福利和文化水平正在不断提高，同时也说明，正是由于社会全体成员的需要在不断增长和提高，它就只能说，“目前，我国已经有条件在最近几年内更多地增产工业品、食品和家庭日用品，从而在解决充分满足苏联人民不断增长的物质和文化需要的任务的道路上大大向前迈进一步”。

我们国家的情况，也充分显示了这个光明的前景。虽然我们解放还只十年，但在党和人民政府的英明领导下，利用解放了的人民的新生力量，也利用了有利的国内外环境和苏联的先进经验，我们很快就恢复了反动统治下工农业全面破产的局面，很快就使广大劳动人民的基本生活需要有所保障。由1953—1957年的第一个五年计划的顺利完成，我们已建立起社会主义工业化的初步基础，同时还实现了对农业、手工业和资本主义工商业的社会主义改造。这些都为提高并保证满足全体人民的需要创造了有利条件，所以，在第一个五年计划胜利完成的基础上，党中央又提出第二个五年计划，规定了它的五个基本任务，其中最后第五项的任务，是要“在工业农业生产发展的基础上，增强国防力量，提高人民的物质生活和文化生活的水平”②。并还明确指出：“我国的第一个五年计划规定，在1957年的工业产值计划中，生产资料工业占百分之三十八，消费资料工业占百分之六十二；……在第二年五年计划期间，生产资料工业的增长速度仍然将高于消费资料工业的增长速度，要求1962年生产资料工业和

① “《苏联共产党第二十一次代表大会主要文件》，人民出版社1959年版，第222～223页。

② 《中国共产党第八次全国代表大会关于发展国民经济的第二个五年计划(1958年到1962年)的建议》，人民出版社1956年版，第6页。

消费资料工业各占百分之五十左右。”[①]周总理关于贯彻执行这个优先、更快发展生产资料生产的原则，曾着重有所说明：“第二个五年计划期间，在发展生产和增加国民收入的基础上，我们有可能进一步改善人民的生活。从根本上说，我们国家所进行的一切建设，都是为了人民群众的福利。但是，在建设的过程中，人民的长远利益和当前利益之间，集体利益和个人利益之间，是常常不容易安排得好的。因此，我们必须妥善地安排国民收入中积累和消费的比例关系，在保证国家建设规模逐步扩大的同时，使人民生活得到逐步的改善。”[②]当时估计在第二个五年计划期间，职工的平均工资将提高 20%到 30%，如果能够完成农业增产计划的话，可能使农民的全部收入在五年之内，增长 25%到 30%。1958 年是实行第二个五年计划的第一年，也是我们工农业生产大跃进的一年。由于这一年大跃进的结果，就使得我们在 1959 年，在第二个五年计划的第二年，就能够在 1958 年大跃进的基础上，展开增产节约运动，把许多规定要到 1962 年完成的工农业产品的产量，提前三年完成。这将是我们国民经济的大发展，人民生活的大改善。我在前面已经讲到了，今年春天以来出现的某些物资供不应求的情况，基本上不是由于生产减少了，而是由于生产赶不上发展提高得更快的需要。最近周总理在《关于调整一九五九年国民经济计划主要指标和进一步开展增产节约运动的报告》中，已经用具体数字指出了问题的症结所在。他说：“今年上半年，大多数重要的商品的供应量比去年同期有很大增加。根据统计数字，供应量增长百分之十到三十的商品有粮食、煤炭、绸缎、酒、火柴等，增长百分之三十到五十的有棉布、食盐、肥皂、自行车、卷烟等，增长百分之五十直到一倍多的有针织品、毛线、呢绒、胶鞋、金笔、钢笔等，增长不到百分之十的有食油、纸、煤油、茶叶等。上半年供应量减少的商品不过十来种，即猪肉、牛羊肉、蛋品、水产品、糖、絮棉、皮鞋、电灯泡、手表等。这些商品供应量减少，也并不都是因为生产减少。象肉类、蛋品、水产品、絮棉等供应量减少，是因为农村自己消费的数量大大增加了。消费水平一向比较低的我国农民，在

---

① 《中国共产党第八次全国代表大会关于发展国民经济的第二个五年计划（1958 年到 1962 年）的建议》，人民出版社 1956 年版，第 7 页。

② 《中国共产党第八次全国代表大会关于发展国民经济的第二个五年计划（1958 年到 1962 年）的建议》，人民出版社 1956 年版，第 65 页。

生产大发展以后，一个时期自吃自用多了一些，城市人口是没有多少理由加以指责的。”“总的看来，今年上半年属于穿的和多数用的商品，粮食和一部分副食品，供应并不紧张；比较紧张的只是一小部分副食品和少数日用品。而且，有些上半年感到紧张的日用品和副食品，供应的情况在六、七月已经有了好转。”

在飞跃前进中出现了一些暂时性的局部性的困难，是没有什么值得奇怪的。事实上，我们的某些消费品一时虽然赶不上广大劳动人民迅速改善提高的生活需要，但我们的重工业或生产资料生产的飞速增长和扩大，正在为我们加速消费品的生产创造条件。我们社会主义的生产性质，作用于我们整个社会主义经济生活中的基本经济规律，是必须而且已经在要求我们尽可能做到充分满足广大劳动人民不断增长的需要的。除了重工业的发展、农业增长计划的实现以及一般劳动生产率水平的提高，将为我们满足人民需要提出物质保证外，我们在社会主义建设实践过程中，逐渐习惯或熟悉于计划经济生活，逐渐有力量克服难于预见的自然灾害，逐渐使供应管理组织趋于完善，那也都会大大有助于我们今后把这项工作做得更好。尽管我们人民的需要在不断增长，但我们的生产，却会增长得更快。所以，在社会主义发展的初期阶段，虽然为了集中力量于工业化，优先发展重工业，更快地生产生产资料，以致在某些消费品方面要一下子满足全体人民的需要，不能不发生供不应求的现象，但在我们社会主义社会，所有一切建设，结局都在为创造条件，满足人民的需要。这就是为什么在社会主义基本经济规律作用下一时出现的供应紧张情况，很快又会在同一基本规律作用下逐渐趋于解消的道理。

然而资本主义社会在资本主义基本经济规律作用下出现的供过于求的现象，为什么不能在它的发展过程中，逐渐趋于消灭呢？是这个社会的统治者——资产阶级没有在这方面作过努力么？不一定是这样的。近代资本主义其所以由自由竞争阶段，推移到垄断阶段，推移到帝国主义阶段，在许多重要原因中，显得非常突出的，却是为了要解决商品销路问题，解决市场问题。因为我们知道，资本主义商品生产的根本问题，也就是实现商品价值、实现剩余价值的市场问题。自由主义经济向着垄断组织推移，原来就是为了要这样才能更好地控制市场、独占市场，解决销售困难问题，以保证最大利润的获得。就我们这里论及的供过于求的现象来说，

它是否会因此缓和一些呢?事实是恰得其反。这是因为:

第一,资本主义的商品市场,是所有各别独立商品生产者共同角逐的市场。独占组织不但不能排除它们与非独占组织间的竞争,还不能排除这个独占组织与其他独占组织之间的竞争。这样,不断改进生产、不断提高商品质量和增大商品数量来压倒竞争者的倾向,不但没有因此减弱,反而因此加强了。

第二,垄断或独占组织的发展,说明社会财富和资本的更大积聚和集中,也就是生产社会性与生产成果为私人资本主义占有的矛盾的扩大。象英国社会那样,全人口中百分之二的富翁,占有了社会百分之六十几的财富;象美国那样,不到十分之一的资产者,占有了全国一半以上的国民收入,这样的分配,就连最忠实于垄断资本利益的经济学者(如象英国的凯因斯之流),也认定那是形成消费不足即生产过剩的一个原因,虽然他们并不敢肯定那是基本原因。还有

第三,象这样的生产社会性与生产成果为私人资本主义占有的矛盾,贫富悬殊的矛盾,还并不是定局,在现代垄断资本主义基本经济规律的作用下,它还在继续不断地加强那个倾向,增大那个矛盾。因而使更多更大量的商品供应,和日益变得更窄狭的社会需要不相适应。

这就是我们已经在前面讲过的资本主义世界当前的经济危机的根源。资产阶级及代表其利益的经济学者尽管企图扩大垄断组织,或通过为他们服务的国家,来实现所谓有组织的资本主义或有节制的资本主义,或者,就资本主义世界范围来讲,来实现所谓超帝国主义,以便弥缝每隔一段时间甚至经常苦恼着他们的那种无可救药的生产过剩的危机。但是他们的做法,他们那种为了图利而不惜牺牲国内外人民的竭泽而渔的做法,是怎么也不能叫他们那种企图实现的。

马克思主义的政治经济学告诉我们:垄断资本主义是资本主义的最丑恶最露骨也最贪馋的形态。它和自由竞争阶段的资本主义不同,它并不以平均利润为满足,而拼命争取高额利润。这种高额利润,就是由于垄断组织控制生产或交换的某个领域,而在资本主义平均利润以外获得的余额。这种高额利润,虽然仍是以资本主义企业工人所创造的剩余价值为基础,但它却包含了压低非垄断化部门和企业的平均利润率部分,还攫取了小生产者农民以及殖民地各民族所创造的大部分的价值。无论从哪

方面说，垄断资本的高额利润，都是以国内外广大劳动人民为牺牲品而取得的，都是广大劳动人民贫困化的结果。在这种局面下，在这样的垄断资本的基本经济规律作用下，怎么能希望消除供过于求的经济现象呢？事实上，假如我们不妨这样来设想，任何一个资本主义国家，就说物资最丰富、当前商品堆积也最严重的美国罢，如果因为什么奇迹，一夜变成了社会主义国家，那么，用它现有物资去供应全国全体人民的需要，恐怕生产过剩、商品过剩以至劳动力过剩现象，马上就要变为不足咧！当然，这样的奇迹，是不能希望一夜之间就在美国出现的，但在欧洲、在亚洲已经有不少出现了这种奇迹的国家，却早用无可辩驳的大量的事实，证明了这一真理，就是：社会制度一经改变，一经由资本主义变成社会主义，它的供过于求的经济现象，就会跟着很快消失；反之，当它还在资本主义制度的限内，不论是自由形态也好，是垄断形态也好，都无法消除它那个由生产过剩、商品过剩形成的致命的痼疾。

这就是我们当前两种社会制度的现实和前景。